W0051948

Vorwort

Dieses Lehr- und Arbeitsbuch folgt dem **Lehrplan** des Bundeslandes **Baden-Württemberg** für den neu geordneten Ausbildungsberuf Kaufmann/Kauffrau im Groß- und Außenhandel.

Der vorliegende Band 1 beinhaltet in kompakter Darstellung die Lerngebiete des **1. Ausbildungsjahres**, im Einzelnen:

Lernfeld 1	Aufträge kundenorientiert bearbeiten
Lernfeld 2	Beschaffungsprozesse planen, steuern und kontrollieren
Lernfeld 7	Geschäftsprozesse als Wertströme erfassen, dokumentieren und auswerten
Lernfeld 10	Den Ausbildungsbetrieb als Groß- und Außenhandelsunternehmen präsentieren

Lerngebiete, die nur die Fachrichtung Außenhandel betreffen, finden Sie in BuchPlus-Web. Das selbstständige Lernen wird in diesem Lern- und Arbeitsbuch durch folgendes durchgängiges Konzept unterstützt:

Jeder größere Lernabschnitt beginnt mit einem typischen **Problem** (durch blaue Schattierung hervorgehoben). Es enthält Handlungsaufträge, die anhand der nachfolgenden Sachdarstellung gelöst werden können. Grundwissen und Beispiele sind durch grüne Schattierungen hervorgehoben. Jeder größere Lernabschnitt schließt mit einer **Zusammenfassung** und einem Aufgabenteil (durch gelbe Schattierung hervorgehoben). Dies unterstützt das selbstständige Lernen und die Sicherung des Lernerfolgs. Am Ende verschiedener Kapitel finden Sie **Lernsituationen** mit einer lernfeldübergreifenden Aufgabenstellung.

Die praxisgerechte Abbildung der betrieblichen Prozesse geschieht durch den Einsatz der integrierten Unternehmenssoftware (IUS) Microsoft Business Solution – **Microsoft Dynamics Nav (Navision)**. Auf der Grundlage des **Modellunternehmens TRIAL GmbH**, Fahrräder und Bikewear (Beschreibung auf den Seiten 10 ff.), werden die Lehrplaninhalte computergestützt abgebildet. In dieser ganzheitlichen Sicht ist das Rechnungswesen mit den betriebswirtschaftlichen Inhalten untrennbar verbunden. Aus technischen Gründen muss bei der Arbeit mit Microsoft Dynamics Nav (Navision) mit konkreten Datumsangaben gearbeitet werden. Bei der didaktischen Umsetzung des Lehrplans im Rahmen des Modellunternehmens mit dem einmal gewählten Datenkranz führt eine stringente Fortsetzung dazu, dass an einigen Stellen Geschäftsfälle und zugehörige Buchungen in der Zukunft ‚stattfinden‘. Wir möchten daher explizit darauf hinweisen, dass dieses Buch auf dem im Impressum genannten Erscheinungsjahr basiert, was die Darstellung tatsächlicher Sachverhalte und Rahmenbedingungen angeht. Zahlreiche Übungsaufgaben zu Microsoft Dynamics Nav (Navision) und die Datenstände des Modellunternehmens finden Sie in BuchPlusWeb.

Allgemeine **Hinweise zu Microsoft Dynamics Nav (Navision)** sowie einen Methodenpool mit den wichtigsten Lern- und Arbeitstechniken finden Sie ebenfalls in BuchPlusWeb.

Auf den Seiten 505 bis 514 sind die wesentlichen Ablaufschritte zur Durchführung des **Projekts „Präsentation des Ausbildungsbetriebs"** dargestellt. Die Schüler und

Schülerinnen haben anhand dieses Projektvorschlags einen Leitfaden für die Bearbeitung weiterer Projekte.

Ein **Abkürzungsverzeichnis** (Seite 515) sowie ein ausführliches **Sachwortverzeichnis** (Seite 516 ff.) unterstützen das selbstständige Lernen. Im hinteren Buchinnendeckel finden Sie ein Faltblatt mit einem speziell auf das Modellunternehmen zugeschnittenen Kontenrahmen sowie dem **Schulkontenrahmen** für den Großhandel.

Zwecks besserer Lesbarkeit wird in diesem Lehrbuch auf eine Geschlechtertrennung verzichtet, z. B. „Schülerinnen und Schüler", „Unternehmerinnen und Unternehmer", „Kundinnen und Kunden", und stattdessen nur die männliche Form verwendet. Selbstverständlich sind stets beide Geschlechter gemeint.

Neuerungen in der vorliegenden 4. Auflage:
- Aktualisierung der Globus- und Zahlenbilder-Grafiken
- Lernfeld 1, Kapitel 4: Zahlungsverkehr. Hier wurde die SEPA-Einführung berücksichtigt.
- Lernfeld 1, Kapitel 6: Verbraucherschutz. Aktualisierung des Themas gemäß dem Gesetz zur Umsetzung der Verbraucherrechterichtlinie vom 20. September 2013, in Kraft ab 13. Juni 2014
- Lernfeld 10, Kapitel 8: Sozialversicherung wurde gemäß Stand 2014 aktualisiert.

Verlag und Autoren sind für Anregungen und Kritik dankbar und wünschen ein erfolgreiches Arbeiten mit diesem Buch.

Die Verfasser

Inhaltsverzeichnis

Vorwort 3

Das Modellunternehmen 10

Schwerpunkt Betriebswirtschaft

Lernfeld 1: Aufträge kundenorientiert bearbeiten 15

1   **Geschäftsprozess Verkauf** 15
1.1   Bearbeitung einer Kundenanfrage 15
1.2   Führung eines Verkaufsgesprächs 25
1.3   Bearbeitung eines Kundenauftrags 33

2   **Rechtliche Grundlagen des Kaufvertrags** 39
2.1   Grundrecht der Vertragsfreiheit 40
2.2   Rechts- und Geschäftsfähigkeit 40
2.3   Willenserklärungen am Beispiel des Kaufvertrags 43
2.4   Anfechtung von Rechtsgeschäften – irren ist menschlich 47
2.5   Nichtigkeit von Rechtsgeschäften – von vornherein ungültig 49
2.6   Kaufvertragsarten 50

3   **Störungen bei der Erfüllung des Kaufvertrags** 58
3.1   Schlechtleistung des Verkäufers – mangelhafte Lieferung 58
3.2   Rabatte und Rücksendungen beim Warenverkauf 64
3.2.1 Rücksendungen 64
3.2.2 Preisnachlässe wegen Schlechtleistung und Lieferungsverzug 68
3.3   Nicht-rechtzeitig-Zahlung des Käufers – Zahlungsverzug 72

4   **Zahlungsverkehr – bald nur noch online** 80
4.1   Begriffe des Zahlungsverkehrs 81
4.2   Traditionelle Zahlung über das Girokonto 81
4.3   Online-Zahlung über das Girokonto 86
4.4   Kartenzahlung am Point of Sale (POS) 88
4.5   Kundenskonti beim Warenverkauf 91

5   **Verjährung – Anspruch erlischt nicht** 96
5.1   Wirkung der Verjährung 96
5.2   Regelmäßige Verjährung 97

6   **Verbraucherschutz beim einseitigen Handelskauf** 98
6.1   Verbrauchsgüterkauf – nur für bewegliche Sachen 99
6.2   Recht der Allgemeinen Geschäftsbedingungen 99
6.3   Verbraucherrechte bei außerhalb von Geschäftsräumen
     geschlossenen Verträgen 101
6.4   Verbraucherrechte bei Fernabsatzverträgen 102

7   **Rechtliche Rahmenbedingungen von Außenhandelskontrakten** 105

8   **Internationale Kundenaufträge bearbeiten** 110
8.1   Rechtsgrundlagen der Ausfuhrkontrolle 111
8.2   Beschränkungen von Ausfuhrgeschäften. 113
8.3   Zollrechtliche Bestimmungen zur Warenausfuhr 114
8.4   Innergemeinschaftliche Warenversendungen 120
8.5   Exportdokumente 123
8.5.1   Versand-/Transportdokumente 124
8.5.2   Transportversicherungsdokumente 129
8.5.3   Handels-und Zolldokumente 131
8.5.4   Ursprungszeugnisse und Ursprungsnachweise 133
8.6   Ausfuhrrisiken und Absicherungsmöglichkeiten 135
Lernsituation: Ein Angebot für einen ausländischen Kunden erstellen 147
Lernsituation: Absicherung von Kreditrisiken. 154

9   **Geschäftsprozess Verkauf mit Microsoft Dynamics NAV (Navision)** 160
9.1   Angebot erstellen. 160
9.2   Auftrag annehmen 164
9.3   Preisnachlässe gewähren 168
9.4   Zahlungsüberwachung und Mahnwesen 170
9.5   Zahlungseingang erfassen 171
Lernsituation: Nicht-rechtzeitig-Zahlung 173

Schwerpunkt Betriebswirtschaft

Lernfeld 2: Beschaffungsprozesse planen, steuern und kontrollieren 178

1   **Beschaffungsplanung – Blindflug vermeiden**. 178
1.1   Bedarfsplanung – ABC-Analyse als Hilfsmittel 179
1.2   Mengenplanung – optimale Bestellmenge berechnen 181
1.3   Zeitplanung – Bestellzeitpunkte ermitteln 183
1.4   Bezugsquellenermittlung – intern oder extern 185
1.5   Kooperation des Großhandels im Einkauf 188

2   **Beschaffungsdurchführung und -kontrolle**. 193
2.1   Anfrage – unverbindliche Kontaktaufnahme 193
2.2   Angebotsvergleich – Lieferantenauswahl 194
2.3   Bestellung – immer öfter elektronisch. 196
2.4   Wareneingangs- und Rechnungsprüfung 199
2.5   Elektronische Beschaffung – E-Procurement 201
2.6   Liefererskonti beim Wareneinkauf 211

3   **Nicht-rechtzeitig-Lieferung – Lieferungsverzug** 216
3.1   Voraussetzungen für die Nicht-rechtzeitig-Lieferung 216
3.2   Rechte des Käufers bei Nicht-rechtzeitig-Lieferung 217
3.3   Haftung bei Nicht-rechtzeitig-Lieferung 218
3.4   Rabatte und Rücksendungen beim Wareneinkauf 222
3.4.1   Rücksendungen 222
3.4.2   Preisnachlässe wegen Schlechtleistung und Lieferungsverzug. 225

4   Internationale Beschaffungsvorgänge durchführen 229
4.1   Internationale Bezugsquellenermittlung. 230
4.2   Einfuhrkontrolle 233
4.3   Wareneinfuhr. 234
4.3.1 Zollrechtliche Einfuhrbestimmungen für Nichtgemeinschaftswaren 234
4.3.2 Überführung in ein Zollverfahren 235
4.3.3 Das Einfuhrverfahren 237
4.4   Innergemeinschaftlicher Wareneingang 241
4.5   Einfuhrabgaben 243
4.6   Importrisiken und ihre Absicherung 248
Lernsituation: Import von Kupferrohren 1 253
Lernsituation: Import von Kupferrohren 2 260

5   Rechentechniken 266
5.1   Dreisatz. 266
5.2   Prozentrechnen 269
5.3   Währungsrechnen 276
5.4   Verteilungsrechnen 281
5.5   Einkaufskalkulation (Bezugskalkulation) 283

6   Geschäftsprozess Einkauf mit Microsoft Dynamics NAV (Navision) 287
6.1   Bestellung 287
6.2   Lieferantenrechnung und Wareneingang erfassen 291
6.3   Gutschriften 293
6.4   Zahlungsausgleich 295
Lernsituation: Beschaffungsplanung und Bestandsoptimierung 297

Schwerpunkt Steuerung und Kontrolle

Lernfeld 7: Geschäftsprozesse als Werteströme erfassen, dokumentieren und auswerten 304

1   Grundlagen des Rechnungswesens 304
1.1   Ermittlung und Verwendung des Erfolgs 304
1.2   Finanzierung und Investition 309
1.3   Bilanzierung von Vermögen und Kapital 310
1.4   Inventur und Inventar 312
1.5   Zusammenhang zwischen Inventar und Jahresabschluss 318
1.6   Aufgaben des Rechnungswesens 320

2   Einführung in die Buchhaltung 321
2.1   Erfolgs- und Bestandskonten 321
2.1.1 Bestandskonten 321
2.1.2 Erfolgskonten 327
2.2   Kontenrahmen 329
2.3   Der Buchungssatz. 330

3   Warengeschäfte 336
3.1   Warengeschäfte als Grundlage des Leistungsprozesses. 336

3.2	Wareneinkauf	337
3.3	Warenverkauf	339

4	**Erstellung eines einfachen Jahresabschlusses mit Microsoft Dynamics NAV (Navision)**	**344**

5	**Besonderheiten bei Warengeschäften**	**351**
5.1	Bestandsveränderungen	351
5.1.1	Bestandsveränderungen durch Warengeschäfte	351
5.1.2	Bestandsveränderungen beim Vorratsvermögen	356
5.2	Umsatzsteuer	362
5.2.1	Steuerbare und steuerpflichtige Umsätze	362
5.2.2	Der Umsatzsteuertarif	363
5.2.3	Das Umsatzsteuersystem	364
5.2.4	Die Umsatzsteuer in der Buchhaltung	368
5.3	Bezugs- und Vertriebskosten beim Ein- und Verkauf	378
5.3.1	Bezugskosten	378
5.3.2	Vertriebskosten	383

6	**Anlagenbuchhaltung**	**388**
6.1	Die Anschaffungskosten	388
6.2	Die Bewertung von abnutzbaren Vermögensgegenständen des Anlagevermögens	391

Schwerpunkt Gesamtwirtschaft

Lernfeld 10: Den Ausbildungsbetrieb als Groß- und Außenhandelsunternehmen präsentieren

		405

1	**Funktionen und Formen des Groß- und Außenhandels**	**405**
1.1	Funktionen des Groß- und Außenhandels	406
1.2	Besondere Formen des Außenhandels	409

2	**Außer- und innerbetriebliche Beziehungen des Großhandelsbetriebes**	**412**
2.1	Großhandelsbetriebe in der Wertschöpfungskette	413
2.2	Aufbau- und Ablauforganisation	414
2.3	Kernprozesse und Supportprozesse	424

3	**Vertretungsmacht des Personals**	**431**
3.1	Handlungsvollmacht – nur für gewöhnliche Rechtsgeschäfte	432
3.2	Prokura – auch für außergewöhnliche Rechtsgeschäfte	432

4	**Unternehmensziele und Qualitätsmanagement**	**437**
4.1	Unternehmungsleitbild – Anspruch und Verpflichtung	438
4.2	Unternehmensziele – ökonomische und außerökonomische	439
4.3	Qualitätsmanagement – Qualität geht jeden etwas an	446

5	**Rechtsformen der Unternehmung**	**453**
5.1	Handelsrechtliche Grundbegriffe	454
5.2	Kriterien für die Wahl der Rechtsform	456
5.3	Einzelunternehmung – e. K.	458

5.4　Kommanditgesellschaft – KG 460
5.5　Gesellschaft mit beschränkter Haftung – GmbH 462

6　Rechtliche Grundlagen der Berufsausbildung 469
6.1　Berufsausbildungsverhältnis 470
6.2　Jugendarbeitsschutzgesetz – JArbSchG 476

7　Tarifvertrag – Garant des sozialen Friedens 481
7.1　Tarifvertragspartner – Arbeitgeberverband und Gewerkschaft ... 482
7.2　Arten und Funktionen des Tarifvertrags 482
7.3　Tarifvertragsverhandlungen – immer das gleiche Ritual 483

8　Sozialversicherung – Fehler im System? 488
8.1　Geschichte der Sozialversicherung 488
8.2　Wesentliche Leistungen der Sozialversicherung 489
8.3　Grundprinzipien der Sozialversicherung 490
8.4　Probleme der Sozialversicherung 491
8.5　Private Vorsorge – Versorgungslücke schließen 492
Lernsituation: Entscheidung über die Rechtsform 499

Präsentation des Ausbildungsbetriebs 503

1　Projektmerkmale und Projektziele 503

2　Projektmanagement – vier Projektphasen 503
2.1　Projektinitiative – Projekt skizzieren 503
2.2　Projektplanung – wer macht was, wie, bis wann? 505
2.3　Projektdurchführung – Projektergebnis präsentieren 507
2.4　Projektabschluss – Manöverkritik üben 513

Abkürzungsverzeichnis 515

Sachwortverzeichnis 516

Bildquellenverzeichnis 521

Die **TRIAL GmbH** mit Sitz in 69111 Heidelberg, Franz-Sigel-Straße 188, ist eine Gesellschaft mit beschränkter Haftung. Neben Fahrrädern (Rennrädern und Mountainbikes) vertreibt das Unternehmen auch Bikewear (z. B. Radtrikots).

Auf den folgenden Seiten werden weitere wichtige Daten zum Modellunternehmen vorgestellt.

Auszug aus dem Handelsregister – Abteilung B 1526

Amtsgericht Heidelberg						
Nr. der Eintragung	a) Firma b) Ort der Niederlassung (Sitz der Gesellschaft) c) Gegenstand des juristischen Unternehmens (bei juristischen Personen)	Grund- oder Stammkapital (in €)	Geschäftsinhaber persönlich haftende Gesellschafter Geschäftsführer Abwickler	Prokura	Rechtsverhältnisse	a) Tag der Eintragung b) Bemerkungen
1	2	3	4	5	6	7
121	a) TRIAL GmbH b) Heidelberg c) Vertrieb von Bikewear und Fahrrädern	600 000,00	Peter Gasch, 01.05.1969, Dipl.-Kaufmann, Mannheim		Gesellschaft mit beschränkter Haftung	1. Januar 2016

Auszug aus dem Gesellschaftsvertrag (Satzung)

Gesellschaftsvertrag

§ 1 Gesellschafter:
- **Peter Gasch,** Diplom-Kaufmann, geb. 01.05.1969 in Heidelberg
- **Markus Bundschuh,** Diplom-Ingenieur, geb. 12.07.1969 in Mosbach
- **Tanja Knötig,** Bankkauffrau, geb. 23.8.1965 in München

§ 2 Firma, Sitz und Gegenstand der Gesellschaft:
- Die Vertragschließenden errichten eine Gesellschaft mit beschränkter Haftung unter der Firma „**TRIAL GmbH**".
- Sitz der Gesellschaft ist die Franz-Sigel-Straße 188 in 69111 Heidelberg.
- Gegenstand der Unternehmung ist der Vertrieb von Bikewear und Fahrrädern.

§ 3 Beginn, Geschäftsjahr und Dauer der Gesellschaft:
- Die Gesellschaft mit beschränkter Haftung entsteht durch Umwandlung aus der „**TRIAL KG**".
- Die Gesellschaft beginnt am 01.01.2016.
- Geschäftsjahr ist das Kalenderjahr.
- Die Dauer der Gesellschaft ist unbefristet.

§ 4 Einlagen der Gesellschafter:

Die Gesellschafter bringen die Personenunternehmung „**TRIAL KG**" im Gesamtwert von 600 000,00 € als Stammkapital ein. Das Stammkapital ist in folgende Stammeinlagen aufgeteilt:

- **Peter Gasch:**   300 000,00 €
- **Markus Bundschuh:**   200 000,00 €
- **Tanja Knötig:**   100 000,00 €

§ 6 Gewinn und Verlustverteilung:

Der Jahresgewinn oder ein Jahresfehlbetrag wird im Verhältnis der Stammeinlagen auf die Gesellschafter Peter Gasch, Markus Bundschuh und Tanja Knötig verteilt.

§ 7 Nachschusspflicht:

Im Falle von Liquiditätsschwierigkeiten kann die Mehrheit der Gesellschafter Nachschüsse fordern. Kommt ein Gesellschafter seiner Nachschusspflicht nicht nach, so ist ihm sein Geschäftsanteil binnen 2 Monaten auszuzahlen. Der betreffende Gesellschafter scheidet mit Ablauf der Nachschusspflicht aus der Gesellschaft aus.

§ 8 Geschäftsführung:

Zum Geschäftsführer wird **Peter Gasch** bestellt.
Die Bestellung des Geschäftsführers kann nur in Fällen grober Pflichtverletzung oder Unfähigkeit zur ordnungsgemäßen Geschäftsführung widerrufen werden.

Heidelberg, den 28.12.15

gez. *Peter Gasch*   gez. *Markus Bundschuh*   gez. *Tanja Knötig*
Peter Gasch   **Markus Bundschuh**   **Tanja Knötig**

gez. *Ralf Schäckeler* (Rechtsanwalt und Notar)
Ralf Schäckeler

Waren

Artikel-Nr.	Bezeichnung		Artikel-Nr.	Bezeichnung	
201000	Mountainbike Trial One		202000	Rennrad Ventoux One	
201001	Mountainbike Trial Two		202001	Rennrad Ventoux Two	
201002	Mountainbike Trial Extrem		202002	Rennrad Ventoux Extrem	
200000	Radtrikot Tenno		200012	Radunter-hemd Tenno	
200001	Radtrikot Tremalso		200013	Radunter-hemd Tremalso	
200002	Radtrikot Altissimo		200014	Radunter-hemd Altissimo	
200003	Radhose Tenno		200015	Radsocken Tenno	
200004	Radhose Tremalso		200016	Radsocken Tremalso	
200005	Radhose Altissimo		200017	Radsocken Altissimo	
200006	Radhelm Tenno		200018	Radschuhe Tenno	
200007	Radhelm Tremalso		200019	Radschuhe Tremalso	
200008	Radhelm Altissimo		200020	Radschuhe Altissimo	
200009	Radhand-schuhe Tenno		200021	Windbreaker Tenno	
200010	Radhand-schuhe Tremalso		200022	Windbreaker Tremalso	
200011	Radhand-schuhe Altissimo		200023	Windbreaker Altissimo	

Mitarbeiter und Gesellschafter

Personal-Nr.	Name	Position / Tätigkeit
630000	Peter Gasch	Geschäftsführer (Gesellschafter)
630001	Markus Bundschuh	Abteilungsleiter Personal (Gesellschafter)
	Tanja Knötig	Gesellschafterin (keine Funktion im Betrieb)
630002	Jürgen Merkle	Sachbearbeiter Einkauf
630003	Lukas Reichert	Einkauf (Abteilungsleiter)
630004	Anna Lurka	Verkauf (Abteilungsleiterin)
630005	Thomas Horak	Sachbearbeiter Verkauf
630006	Thomas Ernst	Sachbearbeiter Rechnungswesen
630007	Stefanie Binder	Sachbearbeiterin Personalabteilung
630008	Michael Müller	Lagerarbeiter
630009	Katja Müller	Auszubildende
630010	Meral Öger	Abteilungsleiterin Lager

Organigramm

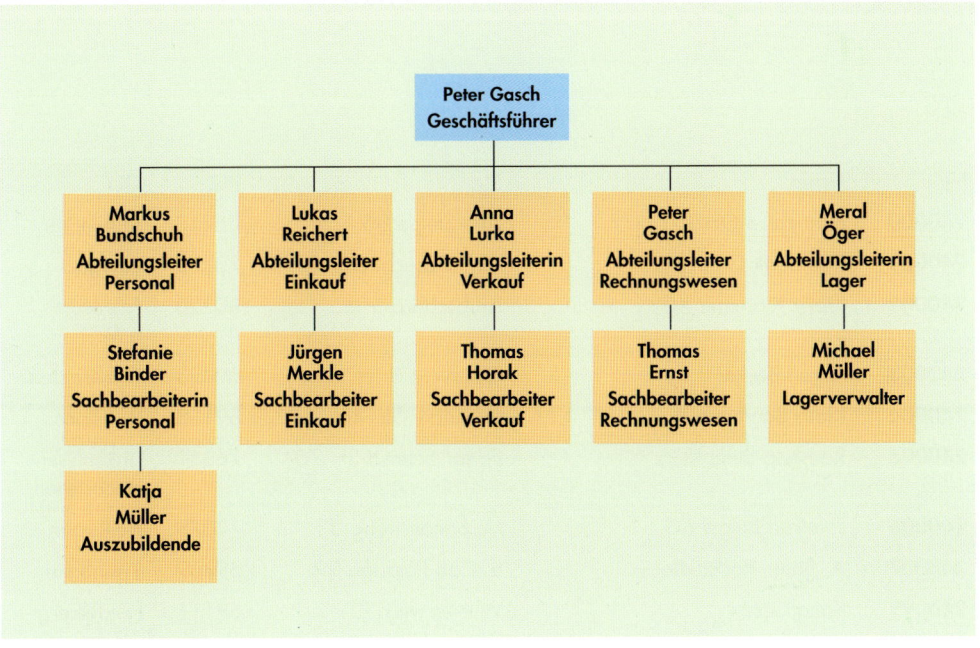

Kreditoren und Debitoren

Kreditoren

Nr.	Firma	Str.	PLZ	Ort
440000	BIKE GROHA DOLL GmbH	Berliner Str. 5	76646	Bruchsal
440001	Raddiscount Wolfsburg	Postfach 4561	38440	Wolfsburg
440002	BIKEMACHINES KG	Lessingstr. 3	68162	Mannheim
440003	Interbike Paris (Filiale Hamburg)	Hafenstr. 87	20539	Hamburg
440004	Brand WT OHG	Karlsberg 15	69469	Weinheim
440005	Zorn Bikewear	Walldorfer Str. 324	68519	Viernheim
440006	Ernst-Stahl AG	Adenauerring 54	80997	München
440007	Eichsteller Radzubehör OHG	Bierkrugstr. 34	89077	Ulm
440008	Zacher GmbH	Kerschensteiner Str. 5	76532	Rastatt
440009	Bike Industries AG	Stegwiesen 65	72766	Reutlingen
440010	Bernion GmbH	Schütterlestr. 9	68535	Edingen
440011	Meersdonk Transports	G.-Willers-Str. 35	70173	Stuttgart
440012	Deutsche Telekom AG	Postfach 10 01 64	69113	Heidelberg
440013	Crash Computerhandel	D.-Schuster-Allee 9	75179	Pforzheim
440014	Autohaus B. Reich	Ritterstr. 3	70173	Stuttgart

Debitoren

Nr.	Firma	Str.	PLZ	Ort
240000	Bunnybike OHG	Alte Steige 85	75417	Mühlacker
240001	Radfabrik GmbH	Ulmer Landstraße 54	70173	Stuttgart
240002	Franz Klammer KG	Lauberhornstr. 6	60320	Frankfurt a.M.
240003	Alfred Becker	Operweg 3	69493	Großsachsen
240004	Klaus Baumann	Östringer Str. 46	69168	Wiesloch
240005	Radshop Seile KG	Edgar-Schmitt-Str. 70	76351	Linkenheim-Hochstetten
240006	Zweirad Beigel KG	M.-Bender-Ring 33	74078	Heilbronn
240007	A. Bährs Radstudio	E.-Carl-Passage 99	69469	Weinheim
240099	Katja Götz	Wittwerweg 30	69111	Heidelberg

Schwerpunkt Betriebswirtschaft

Lernfeld 1: Aufträge kundenorientiert bearbeiten

1 Geschäftsprozess Verkauf

Bei vorrätiger Ware besteht der Geschäftsprozess Verkauf aus folgenden Teilprozessen:

Kundenanfrage bearbeiten	Verkaufsgespräch führen	Kundenauftrag bearbeiten

1.1 Bearbeitung einer Kundenanfrage

PROBLEM

Anna Lurka, Verkaufsleiterin bei der TRIAL GmbH, erhält am 16. August eine Anfrage der Fahrradhandlung Bunnybike OHG.

Stellen Sie die notwendigen Schritte der kaufmännischen Abwicklung einer Kundenanfrage auf einem Plakat dar.

Alte Steige 85
75417 Mühlacker

TRIAL GmbH
Franz-Sigel-Str. 188
69111 Heidelberg

BUNNY BIKE
OHG

Anfrage nach Radhosen   10. August 20..

Sehr geehrte Frau Lurka,

in der Fachzeitschrift „Biking Style" fiel uns Ihr Farbprospekt auf.

Da wir unser Sortiment um weitere namhafte Marken erweitern wollen, bitten wir um ein Angebot über zunächst

200 Stück Radhosen der Marke Tenno.

Bei günstigen Lieferungs- und Zahlungsbedingungen stellen wir Folgeaufträge in Aussicht.

Mit freundlichen Grüßen

i. V. *Tanja Göhner*

Bankverbindung: Sparkasse Pforzheim Calw IBAN: DE82 6665 0085 0005 9879 87
(Konto 5987987), BIC: PZHSDE66XXX (BLZ 666 500 85)

SACHDARSTELLUNG

Wesen einer Anfrage

Merke: Durch eine Kundenanfrage soll eine Geschäftsbeziehung angebahnt oder erneuert werden. Anfragen sind daher **rechtlich völlig unverbindlich** und formlos. Es können also inhaltsgleiche Anfragen an viele infrage kommende Anbieter gerichtet werden. Die Anfrage kann sich auf das gesamte Leistungsangebot eines Lieferanten **(allgemeine Anfrage)** oder auf einen ganz bestimmten Artikel des Anbieters beziehen **(bestimmte Anfrage)**.

Beispiel: Anna Lurka bearbeitet die Anfrage und prüft, ob der Kunde schon erfasst ist und ob sie gewillt und in der Lage ist, den Kundenwunsch zu erfüllen.

15

Prüfung einer Kundenanfrage

Erfassung des Kunden – besteht bereits eine Geschäftsverbindung?

Zuerst prüft der Verkauf, ob der Kunde bereits erfasst ist. Ist dies nicht der Fall, dann wird dem potenziellen Kunden eine fortlaufende Kundennummer zugeteilt, mit der er eindeutig identifiziert werden kann. Alle vorliegenden Informationen zu dem Kunden werden dann in der Kundendatei, sie heißt auch Debitorendatei[1], erfasst, z. B. Name bzw. Firma, Haus- und Kommunikationsadressen.

Bestehen bereits Geschäftsbeziehungen mit dem Kunden, dann sollte die Kundendatei Informationen über die Bedeutung des Kunden enthalten. Unternehmen mit vielen Kunden erstellen eine Rangliste ihrer Kunden und unterscheiden z. B. zwischen A-, B- und C-Kunden.

Einteilung der Kunden nach ihrer Bedeutung	
A-Kunden	**Besonders wichtige Kunden**, mit denen etwa 70 % des Umsatzes gemacht werden. Der Verlust eines A-Kunden führt zu erheblichen Umsatz- und Gewinneinbußen. A-Kunden werden auch als **Key-Account-Kunden** (Schlüsselkunden) bezeichnet und erhalten besondere Lieferungs- und Zahlungskonditionen.
B-Kunden	**Kunden mit mittlerer Bedeutung**, auf die etwa 20 bis 25 % des Umsatzes entfallen.
C-Kunden	Kunden mit relativ **geringer Bedeutung**, auf die höchstens 5 % des Umsatzes entfallen.

Prüfung der Lieferwilligkeit – wollen wir liefern?

Bei größeren Aufträgen prüft der Verkauf zuerst, ob der Kunde überhaupt beliefert werden soll. Die Lieferwilligkeit hängt von der Größe des in Aussicht gestellten Auftrags, von der Bedeutung des Kunden (z. B. A- oder C-Kunde) und von der Kreditwürdigkeit (**Bonität**) des Kunden ab.

Über Kunden, mit denen bereits Geschäftsbeziehungen bestehen, enthält die gewissenhaft geführte Kundendatei Anmerkungen zur Zahlungsmoral des Kunden. Kunden, die durch unpünktliche Zahlung aufgefallen sind, sollten nicht oder nur noch gegen Voraus- bzw. Anzahlung beliefert werden.

Vor allem bei neuen, noch unbekannten Kunden empfiehlt sich die Einholung einer Auskunft bei Kreditschutzorganisationen, Banken oder Auskunfteien (z. B. Dun & Bradstreet, Bürgel).

Prüfung der Lieferfähigkeit – können wir liefern?

Kann die Lieferwilligkeit bejaht werden, dann müssen noch folgende Fragen geklärt werden:

- Passt der Kundenwunsch in unser Produktprogramm?
- Reicht der verfügbare Lagerbestand bzw. die verfügbare Personalkapazität aus?

Beispiel:

vorhandener Lagerbestand	*400 Stück*
– Reservierungen für andere Aufträge	*– 100 Stück*
– Sicherheitsbestand für besondere Ausnahmefälle	*– 20 Stück*
= verfügbarer Lagerbestand	*280 Stück*

---

[1] von lat. debere = schulden, Debitoren sind Schuldner

- Kann der gewünschte Liefertermin eingehalten werden?
- Müssen weitere Abteilungen einbezogen werden?

Beispiele: Rechtsabteilung zwecks Vertragsgestaltung, Einkaufsabteilung zwecks Nachbestellung, wenn der verfügbare Lagerbestand nicht ausreicht, Werkstatt zwecks Herstellung benötigter Teile.

Beispiel: Die Verkaufsleiterin Anna Lurka kommt zu dem Ergebnis, dass der Bunnybike OHG ein Angebot unterbreitet werden kann.

Erstellung eines Angebots

Wesen des Angebots – verbindlich an eine bestimmte Person

> **Merke:** Das Angebot ist eine **verbindliche** Willenserklärung des Verkäufers an eine **bestimmte** Person, unter bestimmten Bedingungen einen Kaufvertrag abzuschließen.

Keine Angebote sind z. B. Schaufensterauslagen, Zeitungsanzeigen, da hier die Willenserklärung an die Allgemeinheit gerichtet ist.

Wenn dieselbe Ware mehreren Kunden angeboten wird, empfiehlt es sich, durch sogenannte **Freizeichnungsklauseln** (z. B. „unverbindlich", „ohne Gewähr", „freibleibend", „solange Vorrat reicht") die Bindung auszuschließen.

Die Bindung an ein Angebot gilt so lange, wie **„unter regelmäßigen Umständen eine Antwort erwartet werden kann"**. Das einem Anwesenden (auch fernmündlich) gemachte Angebot kann nur sofort angenommen werden (§ 147 BGB). Die Bindung an ein Angebot erlischt, wenn es zu spät oder mit Abänderungen angenommen wird.

Ging dem Angebot eine Anfrage des Kunden voraus, dann handelt es sich um ein **verlangtes Angebot**.

In ihren Angeboten nennen die Lieferanten ihre Lieferungs- und Zahlungsbedingungen. Häufig verweist der Anbieter auf seine **„Allgemeine Geschäftsbedingungen" (AGB)**. Individuell vereinbarte Lieferungs- und Zahlungsbedingungen haben immer Vorrang vor gesetzlichen Mindestregelungen (BGB § 305b). Die gesetzlichen Vorschriften gelten dann, wenn vertraglich nichts geregelt ist.

Bevor die Geschäftsbedingungen verglichen werden können, muss man ihren **Inhalt** kennen.

Beispiel: Auszug aus den Geschäftsbedingungen der TRIAL GmbH

1. *Kaufabschluss*
   Sämtliche Angebote sind freibleibend. Verträge kommen erst mit unserer schriftlichen Auftrags-bestätigung zustande.
2. *Auslieferung und Gefahrenübergang*
   Sämtliche Preise verstehen sich grundsätzlich ab Lager. Der Versand erfolgt auf Rechnung und Gefahr des Käufers.
3. *Qualität*
   Wenn nicht anders vermerkt, liefern wir handelsübliche Qualität.

Inhalt des Angebots – Vertrag geht vor Gesetz

Es ist für den Anbieter vorteilhaft, wenn er alle Einzelheiten im Angebot so ausführlich und unmissverständlich festlegt, dass der Kunde nur noch mit „Ja" antworten muss. Grundsätzlich haben vertragliche Vereinbarungen („Individualabreden") Vorrang vor gesetzlichen Regelungen. Bei unklaren oder fehlenden Angebotsbedingungen greift die entsprechende Regelung des Handelsgesetzbuchs (HGB) bzw. Bürgerlichen Gesetzbuchs (BGB).

Ein ausführliches Angebot enthält folgende Angaben:

(1) Art und Beschaffenheit (Güte, Qualität) der angebotenen Leistung,

(2) Angebotsmenge und -preis mit allen Preisbestandteilen,

(3) Lieferzeit,

(4) Verpackungs- und Beförderungsbedingungen,

(5) Zahlungsbedingungen,

(6) Erfüllungsort und Gerichtsstand.

Art und Güte der Ware	
Art	handelsübliche Bezeichnung der Ware
Güte	Beschreibung der Qualitätsmerkmale (z. B. Gütezeichen, Handelsklassen).
gesetzliche Regelung	Nach § 243 BGB und § 360 HGB hat der Käufer Anspruch auf Waren **mittlerer Art und Güte**. Diese Regelung gilt nur für Gattungswaren.

Menge und Preis			
Menge	Die Menge sollte in handelsüblichen (z. B. Ballen, Kisten) oder gesetzlichen Bezeichnungen (z. B. m, kg) angegeben werden.		
Preis	Bei zweiseitigen Handelskäufen werden **Nettopreise** (Listenpreise ohne Umsatzsteuer) angegeben. Diese Preise ermäßigen sich durch:		
	– Rabatt:	Mengenrabatt	bei Abnahme einer größeren Menge
		Treuerabatt	für langjährige Kunden (Stammkunden)
		Wiederverkäuferrabatt	für Groß- und Einzelhändler bei Preisempfehlungen und Richtpreisen
		Naturalrabatt	Rabatt in Form von Warenbeigaben
		Sonderrabatte	für Personal, bei Geschäftsjubiläen
Preis	**– Bonus:**	Umsatzrückvergütung	für gewerbliche Kunden nachträglich am Ende des Jahres
	– Skonto:	Preisnachlass bei Bezahlung innerhalb einer bestimmten Frist	
gesetzliche Regelung	Gegenüber Letztverbrauchern muss der Preis einschließlich Umsatzsteuer **(Bruttopreis)** die Verkaufs-/Leistungseinheit, die Gütebezeichnung und der Grundpreis (das ist der Preis pro Mengeneinheit, z. B. € pro kg) angegeben werden (PAngV § 1). Fallen zusätzliche Liefer- und Versandkosten an, dann ist deren Höhe anzugeben (PAngV § 1, 2).		

Lieferzeit	
Terminkauf	„Lieferung bis 31. März", „Lieferung innerhalb 14 Tagen"
Fixkauf	Der Liefertermin ist wesentlicher Bestandteil des Kaufvertrags. „Lieferung am 15. April, fix", „Lieferung genau am 31. März"

gesetzliche Regelung	Nach § 271 BGB kann der Käufer **sofortige Lieferung** verlangen, der Verkäufer kann sofort liefern. Das **Fixgeschäft** ist in § 323 BGB und § 376 HGB geregelt.

Zahlungsbedingungen

Zahlung vor der Lieferung	Vorauszahlung, Anzahlung, Zahlung bei Bestellung (bei neuen oder unzuverlässigen Kunden; Großaufträgen)
bei der Lieferung	Barzahlung „gegen Nachnahme", „netto Kasse" (im Einzelhandel, Versandhandel üblich)
nach der Lieferung	„Zahlung innerhalb zehn Tagen 3 % Skonto oder 30 Tage Ziel"; „zwei Monate Ziel"; „gegen sechs Monatsraten" (bei „guten" Kunden, zur Beschleunigung des Kaufentschlusses).
gesetzliche Regelung	Nach § 271 BGB kann der Gläubiger sofortige Zahlung verlangen. Die Kosten der Zahlung trägt der Käufer (§ 270 BGB). Bei Verbraucherdarlehensverträgen gelten besondere Schutzrechte des Verbrauchers, z.B. Angabe des effektiven Jahreszinssatzes, Widerrufsrecht innerhalb zwei Wochen, Schriftform (BGB §§ 491 ff. i.V.m. Art. 247 BGBEG).

Lieferungsbedingungen

Verpackungskosten	• Preis netto einschließlich Verpackung: Käufer zahlt keine Verpackungskosten. • Preis netto ausschließlich Verpackung: Käufer zahlt Verpackungskosten (z. B. 5,00 €). • Preis brutto einschließlich Verpackung: Käufer zahlt das Verpackungsgewicht wie das Warengewicht (**„brutto für netto"**; b/n; bfn) Kiste = 2 kg; Warenpreis = 10,00 € pro kg; Verpackung kostet 20,00 €. • Leihverpackung/Rücksendung mit anschließender Gutschrift • Käufer stellt Verpackung selbst (er schickt Verpackung zu oder holt die Ware selbst ab).

Beförderungskosten

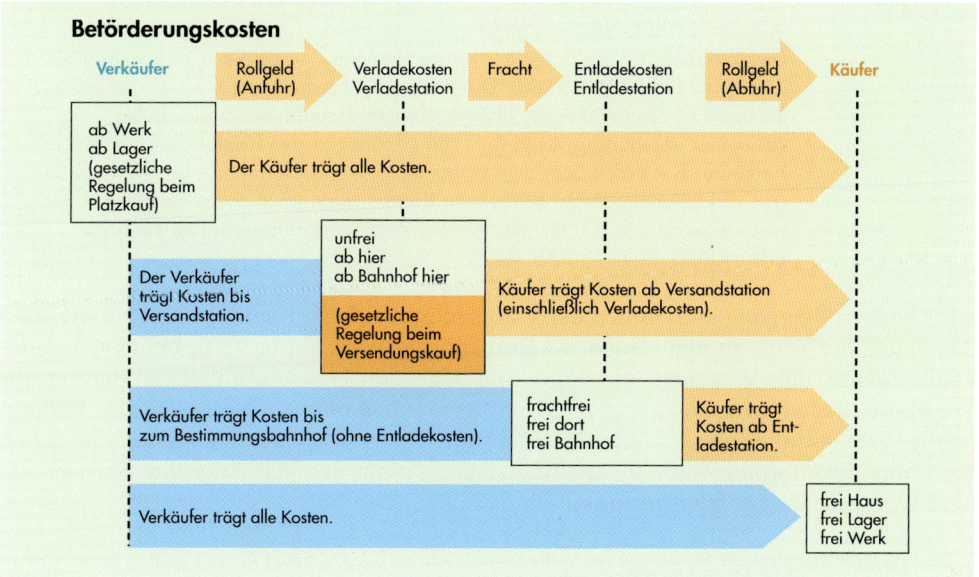

gesetzliche Regelung	Nach § 448 BGB fallen die Kosten der Abnahme und der Versendung der Ware nach einem anderen Ort als dem Erfüllungsort dem Käufer zur Last. Haben **Käufer** und Verkäufer ihren Geschäfts- bzw. Wohnsitz am gleichen Ort, dann liegt ein **Platzkauf** vor. Hier holt der Käufer die Ware meist selbst ab und trägt dabei die Beförderungskosten. Ist ein **Versendungskauf** vereinbart, dann übernimmt der Verkäufer die Beförderungskosten bis zur Versandstation (hier) ohne Verladen, der gewerbliche Käufer trägt die restlichen Beförderungskosten bis zur Empfangsstation (dort) bzw. bis zu seiner Niederlassung.

Erfüllungsort

Merke: Der Erfüllungsort (EO) regelt den Ort,

- an dem Käufer und Verkäufer ihre Leistung erbringen müssen (**Leistungsort**),
- an dem die Gefahr (**Risiko**) übergeht,
- an dem geklagt wird (**Gerichtsstand**).

Der Erfüllungsort regelt auch die **Beförderungskosten**, wenn sie nicht extra vereinbart werden.

Bis zum Erfüllungsort muss der Verkäufer als Warenschuldner für alle Schäden aufkommen, die beim Transport der Waren entstehen. Er hat auch eventuelle Lieferungsverzögerungen zu verantworten. Entsprechend hat der Käufer als Geldschuldner die Risiken im Zusammenhang mit der Übermittlung des Geldes zu tragen.

Arten des Erfüllungsorts	
natürlicher Erfüllungsort	Der Erfüllungsort ergibt sich aus der Natur (Art) des Schuldverhältnisses, z. B. die Ziegel für den Hausbau müssen zur Baustelle geliefert werden.
vertraglicher Erfüllungsort	Der Erfüllungsort wird vertraglich vereinbart, z. B. „Erfüllungsort für beide Teile ist Ulm".
gesetzlicher Erfüllungsort	• Die Leistung ist dort zu erbringen, wo der Schuldner seinen Wohnsitz bzw. seine Niederlassung hat. Geld ist an den Wohnsitz des Gläubigers zu übermitteln (BGB §§ 269, 270). Der Verkäufer (Warenschuldner) muss die Ware an seinem Ort bereitstellen (**Warenschuld ist Holschuld**). Der Käufer (Geldschuldner) muss seine Leistung an den Ort des Gläubigers übermitteln (**Geldschuld ist Schickschuld**). • Bei einem **Versendungskauf** geht die Gefahr auf den Käufer über, sobald der Verkäufer die Ware dem Transportunternehmen übergeben hat[1]. Transportiert der Verkäufer die Ware **selbst** zum Käufer, dann trägt er die Gefahr bis zur Übergabe an den Käufer, die Warenschuld wird in diesem Fall zu einer **Bringschuld** (BGB §§ 446, 447).

Der Gefahrenübergang im Rahmen der **Warenschuld** auf den Käufer erfolgt mit der Aushändigung der Ware an den Käufer, wenn dieser die Ware abholt (z. B. bei einem Platzkauf). Liefert der Verkäufer die Ware mit eigenem Transportmittel, so hat er für Transportschäden oder Lieferungsverzögerungen aufzukommen. Versendet der Verkäufer die Ware mithilfe eines fremden Transportunternehmens (Versendungskauf), so gehen Transport- und Terminrisiko auf den Käufer über, wenn der Verkäufer die Ware an seinem Wohnsitz an das Transportunternehmen übergeben hat.

---

[1] Beim **Verbrauchsgüterkauf** (Käufer ist ein Verbraucher nach BGB § 13) findet diese Regelung keine Anwendung [BGB § 474 (2)]; hier gilt der Ort der Übergabe an den Käufer als Erfüllungsort (auch im Falle des Versendungskaufs).

Auch wenn der Erfüllungsort für die **Geldschuld** der Wohnsitz des Käufers ist, trägt der Käufer das Übermittlungsrisiko, bis das Geld beim Vertragspartner eingegangen ist. Der Käufer hat rechtzeitig gezahlt, wenn er das Geld einen Tag vor dem Fälligkeitstag auf den Weg gebracht hat (BGB § 675s). Das Terminrisiko des Geldtransports trägt dann die Bank des Zahlers.

In **vertraglichen Vereinbarungen** über den Erfüllungsort sind Käufer und Verkäufer bestrebt, ihre Rechtssituation im Vergleich zum gesetzlichen Erfüllungsort zu verbessern. Je nach der Stärke ihrer Marktposition setzen sich Verkäufer oder Käufer mit ihren Vorstellungen durch.

Lautet die vertragliche Vereinbarung „Erfüllungsort für beide Teile ist der Wohnsitz des Verkäufers", so muss der Käufer die Zahlung so rechtzeitig veranlassen, dass sie am Fälligkeitstag beim Vertragspartner eingetroffen ist. Die Geldschuld wird in diesem Fall zu einer **Bringschuld**.

Die Bedeutung des Erfüllungsorts soll an vier Beispielen gezeigt werden:

Beispiele

- *Die TRIAL GmbH in Heidelberg (Warenschuldner) schickt die Radhosen, wie vereinbart, dem Kunden Bunnybike OHG in Mühlacker per Expressdienst zu. Es liegt ein Versendungskauf vor, sodass die TRIAL GmbH mit der Übergabe der Radhosen an den Expressdienst in Heidelberg ihre Leistung (Warenschuld) erfüllt hat (Erfüllungsort = Leistungsort). Damit geht das Transportrisiko auf den Käufer über.*
- *Angenommen, der Expressdienst kann bei der Auslieferung der Radhosen in Mühlacker die Radhosen nicht mehr auffinden. Da die TRIAL GmbH ihre Leistung erbracht hat (durch Übergabe an den Expressdienst), hat sie Anspruch auf die Gegenleistung des Käufers (Bunnybike OHG), da der Käufer beim Versendungskauf das Transportrisiko trägt. Er muss seiner Zahlungspflicht nachkommen, obwohl er keine Ware erhalten hat. Würde er die Zahlung ablehnen, dann müsste die TRIAL GmbH am Ort des Geldschuldners (Mühlacker) klagen (Erfüllungsort = Klageort).*
- *Hätte die TRIAL GmbH die Radhosen mit eigenem Fahrzeug transportiert, und die Radhosen wären bei der (versuchten) Übergabe an den Käufer nicht mehr auffindbar, dann hätte die TRIAL GmbH keinen Anspruch auf Zahlung, da sie die Ware nicht geliefert hat. Wenn der Verkäufer die Ware selbst transportiert, dann trägt er das Transportrisiko bis zur Übergabe an den Käufer in Mühlacker (die Warenschuld wird in diesem Fall zur Bringschuld).*
- *Die TRIAL GmbH in Heidelberg (Warenschuldner) schickt die Radhosen, wie vereinbart, der Kundin Marie Schlüter (sie verwendet die Radhosen für private Zwecke) in Ulm per Expressdienst zu. Hier liegt ein Verbrauchsgüterkauf nach BGB § 474 (2) vor, bei dem der Verkäufer seine Warenschuld erst erfüllt hat, wenn die Ware dem Käufer in Ulm übergeben wurde (Erfüllungsort = Übergabeort). Der Verkäufer trägt bei einem Verbrauchsgüterkauf das Transportrisiko auch im Falle des Versendungskaufs, d. h., wenn er die Ware nicht selbst transportiert.*

Briefentwurf: Angebot

Empfehlungen zur Formulierung eines Geschäftsbriefs (Briefstil)

Auch der Briefstil unterliegt gewissen Modewandlungen. Doch sollte der Geschäftsbrief einwandfrei formuliert und den Gepflogenheiten der internen und externen Geschäftspartner angepasst sein.

Empfehlungen für die einwandfreie Formulierung	
• **angemessene Satzlänge** • **breite Wortwahl**	Keine komplizierten Schachtelsätze bilden! Wortwiederholungen, Füllwörter (jedoch, auch, hiermit, außerdem u. Ä.) vermeiden!

Empfehlungen für die einwandfreie Formulierung

• **Indikativ** verwenden	Konjunktive vermeiden; nicht „Wir würden Ihnen vorschlagen", sondern „Wir schlagen vor"!
• **„Sie"-Standpunkt** einnehmen	Dadurch formulieren Sie aus der Sicht des Briefempfängers nicht: „Wir liefern Ihnen am …", sondern „Sie erhalten die Ware am …".
• **Aktivform** verwenden	Dadurch wirkt der Brief lebendiger und persönlicher; meiden Sie die Wörter „wurde" und „werden", nicht „von uns wird erwartet …", sondern „Wir erwarten …".
• **Verben** (Zeitwörter) verwenden	Durch Hauptwörter, Hilfsverben und Partizipien wirkt die Formulierung umständlich und leserfeindlich. Schreiben Sie nicht: „Wir stellen Ihnen in Rechnung" oder „Als Anlage haben wir …", sondern „Wir berechnen Ihnen" oder „Sie erhalten …". Meiden Sie „diesbezüglich", Ihrerseits" usw!

Beispiel: Anna Lurka, Verkaufsleiterin der TRIAL GmbH, erhielt am 10. August eine Anfrage der Fahrradhandlung Bunnybike OHG nach 200 Radhosen der Marke Tenno. Nach Prüfung der Kundenanfrage kommt Anna Lurka zu dem Ergebnis, dass der Bunnybike OHG ein Angebot unterbreitet werden kann.

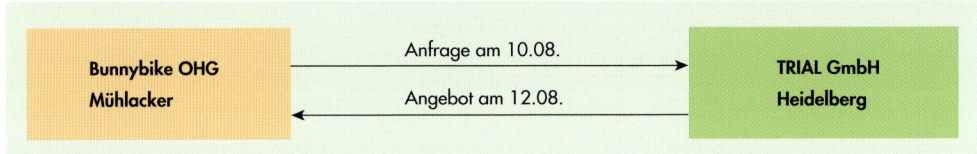

Beispiel: Formulierungsvorschlag für das Angebotsschreiben

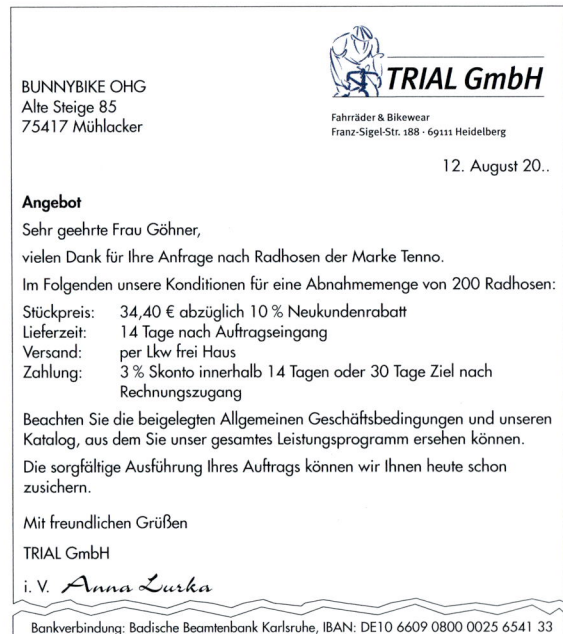

BUNNYBIKE OHG
Alte Steige 85
75417 Mühlacker

TRIAL GmbH

Fahrräder & Bikewear
Franz-Sigel-Str. 188 · 69111 Heidelberg

12. August 20..

Angebot

Sehr geehrte Frau Göhner,

vielen Dank für Ihre Anfrage nach Radhosen der Marke Tenno.

Im Folgenden unsere Konditionen für eine Abnahmemenge von 200 Radhosen:

Stückpreis:	34,40 € abzüglich 10 % Neukundenrabatt
Lieferzeit:	14 Tage nach Auftragseingang
Versand:	per Lkw frei Haus
Zahlung:	3 % Skonto innerhalb 14 Tagen oder 30 Tage Ziel nach Rechnungszugang

Beachten Sie die beigelegten Allgemeinen Geschäftsbedingungen und unseren Katalog, aus dem Sie unser gesamtes Leistungsprogramm ersehen können.

Die sorgfältige Ausführung Ihres Auftrags können wir Ihnen heute schon zusichern.

Mit freundlichen Grüßen

TRIAL GmbH

i. V. *Anna Lurka*

Bankverbindung: Badische Beamtenbank Karlsruhe, IBAN: DE10 6609 0800 0025 6541 33
(Konto-Nr.: 25654133), BIC: GENODE61BBB (BLZ: 660 908 00)

Beispiel: Gliederung des Angebotsschreibens

Absender:	*TRIAL GmbH, Franz-Sigel-Str. 188, 69111 Heidelberg*
Empfänger:	*BUNNYBIKE OHG, Alte Steige 85, 75417 Mühlacker*
Betreffzeile:	*Angebot*
Einleitung:	*Dank für die Anfrage*
Hauptteil:	*Angebotsbedingungen*
Schluss:	*Sorgfältige Auftragsausführung zusichern*

Abgegebene Angebote werden in der Angebotsdatei so lange geführt und überwacht, bis ein Auftrag dazu erteilt bzw. das Angebot gelöscht wurde.

ZUSAMMENFASSUNG

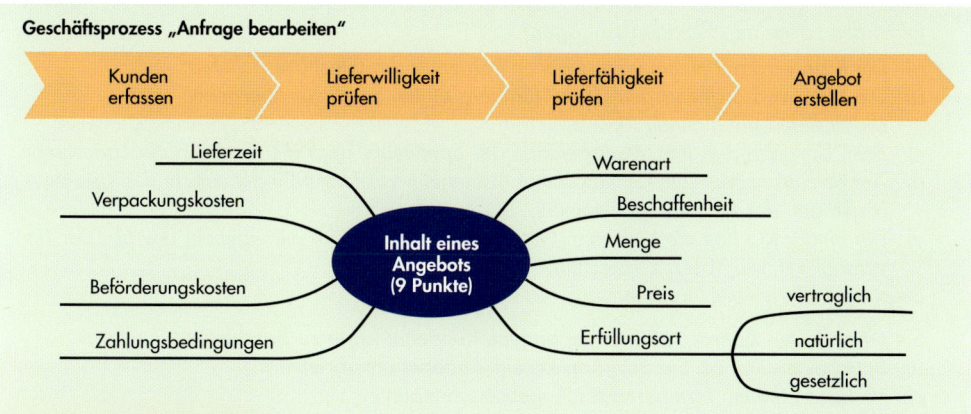

Geschäftsprozess „Anfrage bearbeiten"

AUFGABEN

1 Schreiben Sie jeden der folgenden Begriffe auf die Kopfzeile eines DIN-A6-Kärtchens:

> Anfrage, allgemeine Anfrage, bestimmte Anfrage, Key-Account-Kunde, A-Kunde, B-Kunde, C-Kunde, Lieferwilligkeit, Lieferfähigkeit, verfügbarer Lagerbestand, Bonität, Angebot, Freizeichnungsklausel, freibleibend, Angebotsinhalt, Bindungsfrist eines Angebots, Terminkauf, Fixkauf, Rabatt, Skonto, Bonus, netto Kasse, frei Haus, frachtfrei, ab hier, frei dort, unfrei, ab Werk, Platzkauf, Versendungskauf, brutto für netto, Erfüllungsort, natürlicher Erfüllungsort, gesetzlicher Erfüllungsort, vertraglicher Erfüllungsort.

a) Sortieren Sie die Begriffskärtchen nach den Kriterien „weiß ich" oder „weiß ich nicht".

b) Bilden Sie Kleingruppen mit höchstens drei Mitgliedern. Erklären Sie sich gegenseitig die „Weiß-ich-nicht"-Kärtchen. Schlagen Sie dabei die ungeklärten Begriffe im Schulbuch nach oder nehmen Sie Kontakt zu einer anderen Kleingruppe auf.

c) Schreiben Sie die Begriffserklärungen auf die Rückseite Ihrer Kärtchen und ordnen Sie die Kärtchen unter der Leitkarte „Standortfaktoren" alphabetisch in Ihren Lernkartei-Behälter ein.

2 Bilden Sie Teams mit jeweils drei Mitgliedern (Stammgruppen). Schreiben Sie jeden der Begriffe aus Aufgabe 1 auf ein separates Stück Papier und fügen Sie diese Papierkärtchen zu einer sinnvollen Struktur zusammen. Die Struktur kann durch Pfeile, Farben, Symbole, Texte (z. B. Überschriften), Bilder oder weitere Begriffe ergänzt werden.

3 Lesen Sie das Angebotsschreiben auf Seite 22. Bearbeiten Sie in Ihrer Stammgruppe die folgenden Aufgaben:

a) Überprüfen Sie, ob das vorliegende Angebot alle wichtigen Angaben enthält.

b) *Erläutern Sie zu jeder Angebotsbedingung die jeweilige gesetzliche Regelung (schlagen Sie hierzu im BGB bzw. HGB nach).*

c) *Begründen Sie, warum die vertraglichen Vereinbarungen in einem Angebot Vorrang vor den gesetzlichen Regelungen haben.*

4 *Beurteilen Sie, ob es sich in den folgenden Fällen um ein Angebot im rechtlichen Sinne handelt. Falls ja, geben Sie an, wie lange das Angebot gültig ist.*

a) *Eine Modeboutique bietet Damen-Jeans im Schaufenster an.*

b) *Das Baugeschäft Moser verschickt ein Angebot per Telefax.*

c) *Ein Elektrogeschäft bietet in einem Zeitungsinserat zehn DVD-Player mit Lackfehlern besonders preisgünstig an.*

d) *Frau Mangold bestellt bei obigem Elektrogeschäft (siehe c) telefonisch einen DVD-Player.*

5 *Die Glashütte Bayern, Nürnberg, liefert an die Haushaltswarengroßhandlung Binder KG, Mannheim, eine Kiste mit Vasen. Die Vasen gehen auf dem Transport zu Bruch. Wer hätte in folgenden Fällen den Schaden zu tragen?*

a) *Die Kiste wird mit einem werkseigenen Fahrzeug der Glashütte geliefert.*

b) *Die Kiste wird ordnungsgemäß in Nürnberg einem Spediteur übergeben. Dieser liefert mit eigenem Lkw.*

c) *Beim Umladen auf dem Werksgelände des Spediteurs kippt die Kiste von der Laderampe.*

d) *Auf dem Transport vom Güterbahnhof Mannheim zur Firma Binder rutscht die Kiste vom Lastwagen des Rollfuhrunternehmers.*

e) *Die Binder KG holt die Kiste vom Güterbahnhof Mannheim mit eigenem Lkw ab. Der Lkw verunglückt, die Vasen zerbrechen.*

Begründen Sie jeweils Ihre Meinung.

6 *Sie erhalten den Auftrag, eine eingegangene Kundenanfrage zu bearbeiten.*

a) *Entscheiden Sie, ob Sie dem Kunden ein Angebot unterbreiten.*

b) *Verfassen Sie ein formgerechtes Angebotsschreiben.*

Ihnen liegen die folgenden Unterlagen vor:

Kundenanfrage (Auszug aus der E-Mail des Kunden):

Von:	Bunnybike OHG
An:	TRIAL GmbH
Betreff:	**Anfrage nach Radschuhen**

…

Zur Ergänzung unseres Sortiments wären wir gerne bereit, 25 Paar Ihres Artikels „Radschuh Tenno" abzunehmen.
Unterbreiten Sie uns bitte ein entsprechendes Angebot.

…

Auszug aus der Lagerdatei:
Lagerübersicht:

Artikelnr.	Lagerort	Beschreibung	Lagerbestand
200000	Zentral	Radtrikot Tenno	70
200001	Zentral	Radtrikot Tremalso	0
200018	Zentral	Radschuhe Tenno	20
200019	Zentral	Radschuhe Tremalso	18

Auszug aus der Kundendatei:
Kundenübersicht:

Kundennr.	Firma	Ort	Hinweise	Zahlung
240000	Bunnybike OHG	Mühlacker	Ansprechpartner: Tanja Göhner A-Kunde	3
240001	Radfabrik GmbH	Stuttgart	Ansprechpartner: C-Kunde	4

Erläuterung zur Spalte „Zahlung":
1 = Zahlung nach Mahnbescheid
2 = Zahlung nach mehrfacher Mahnung
3 = Ziel wird stets ausgenützt, teilweise Zahlung nach 1. Mahnung
4 = stets pünktliche Zahlung mit Ausnutzung des Zahlungsziels
5 = stets pünktliche Zahlung innerhalb der Skontofrist

1.2 Führung eines Verkaufsgesprächs

PROBLEM

Verkaufssituation		Körpersprache des Kunden
1	Der Verkäufer fragt den Kunden nach seinen Kaufwünschen. Er erhält keine Antwort und zuckt mit den Schultern.	Der Kunde legt den Zeigefinger an die Lippen und schaut ins Leere.
2	Der Verkäufer führt einen Artikel vor.	Der Kunde kommt näher und zeigt weit geöffnete Augen.
3	Ein älterer Handwerker verlangt einen Artikel, der längst nicht mehr geführt wird. Verkäufer: „So was gibt es schon seit Jahren nicht mehr!"	Der Handwerker sackt zusammen, seine Schultern fallen leicht nach vorne.
4	Der Verkäufer ertappt den Kunden bei einer fehlerhaften Aussage. Verkäufer: „Das habe ich Ihnen doch soeben deutlich erklärt!"	Der Kunde verschränkt die Arme und weicht einen Schritt zurück.

1 Stellen Sie die obigen Verkaufssituationen in einem kurzen Rollenspiel nach.
2 Beurteilen Sie die Verhaltensweisen des Verkäufers und des Kunden.
3 Deuten Sie die nonverbalen Elemente in diesen Verkaufssituationen.

SACHDARSTELLUNG

Ablauf eines Verkaufsgesprächs

Das schriftliche Angebot fasst der Kunde meist als erste Verhandlungsgrundlage auf. Er macht sich anhand des Angebots ein Bild von den Konditionen und vergleicht dieses Angebot mit denen der Konkurrenz.

Wenn sich der Kunde innerhalb drei bis vier Tagen nicht meldet, sollte der Verkäufer telefonisch nachfassen und klären, weshalb der Kunde nicht reagiert. Kann sich dieser immer noch nicht entscheiden, dann sollte der Verkäufer einen Gesprächstermin vereinbaren, um alle noch offenen Fragen mündlich zu klären. Insbesondere bei einem hohen Auftragswert sind solche Verkaufsgespräche üblich.

> **Merke:** Jedes Kundengespräch beginnt mit der **Gesprächsvorbereitung**. Es schließen sich die **Kontaktaufnahme** und **Begrüßung**, die **Vorführung der Ware** mit den Verkaufsargumenten und die **Entscheidung des Kunden** an. Das Gespräch endet mit dem **Gesprächsabschluss** (Zusammenfassen der Ergebnisse, Gemeinsamkeiten feststellen, weitere Schritte und Termine wiederholen, Verabschiedung).

Verkaufsverhandlungen verlaufen erfolgreich, wenn der Verkäufer die Techniken der Gesprächs- und Verhandlungsführung beherrscht.

Techniken der Gesprächsführung

Damit Gespräche erfolgreich verlaufen, müssen sie sorgfältig vorbereitet und Verständigungsprobleme vermieden werden.

Gesprächsvorbereitung – Planung ist der halbe Erfolg

Für ein erfolgreiches Verkaufsgespräch muss der Verkäufer eine angenehme Gesprächsatmosphäre herstellen. Dazu gehören die Auswahl eines hellen, geschmackvoll eingerichteten Raums, ein angenehmes Raumklima (Temperatur, Luftfeuchtigkeit usw.), die Ausschaltung störender Nebengeräusche (Drucker, Computer, Handy, Telefon usw.) und eine Auswahl an Erfrischungsgetränken und Snacks.

Alle notwendigen Unterlagen und technischen Hilfsmittel (Overheadprojektor, Beamer, Laptop usw.) müssen für den Einsatz bereit sein. Auf keinen Fall darf das Verkaufsgespräch durch das Alltagsgeschäft oder die Suche nach Unterlagen unterbrochen werden. Der Verkäufer muss dem Kunden volle Aufmerksamkeit widmen.

Sprechverhalten – Grundregeln beachten

Die Sprache ist im Verkaufsgespräch das wichtigste Werkzeug. Der Gesprächserfolg hängt von vielen gesprächsfördernden und -störenden Elementen ab. Auch die falsche Sprechtechnik kann ein Gespräch stören (z.B. der Verkäufer nuschelt, redet zu schnell).

Gesprächsfördernde Elemente eines Verkaufsgesprächs	
aktives Zuhören	„Wenn ich Sie richtig verstanden habe, dann ...!"; „Interessant!"; „Ah ja!"
Zustimmen	„Sie sagen ganz richtig ...!"; „Ich kann Sie gut verstehen!", „Sehr recht!"
Nachfragen	„Könnten Sie bitte noch weitere Angaben machen ...?"
Denkanstöße geben	„Haben Sie schon daran gedacht, dass ...?"; „Beachten Sie folgende ...!"
kundenorientiert sprechen	Sie-Stil; kurze, einfache Sätze, Fachausdrücke erklären, anregende Aussagen, auf Vorteile hinweisen z.B. „Das fördert Ihre Gesundheit!"

Gesprächsstörende Elemente eines Verkaufsgesprächs	
Killerphrasen, Reizworte	„Davon verstehen Sie nichts!", „Unsinn, das geht ganz anders!"

Gesprächsstörende Elemente eines Verkaufsgesprächs	
Befehle	„Entscheiden Sie sich endlich!", „Sie sehen doch, dass ich keine Zeit habe!"
Überreden, Drängen	„Zögern Sie nicht lange!"; „Das ist das letzte Stück, das wir haben!"
Vorwürfe machen	„Das habe ich Ihnen doch erklärt!"; „Wären Sie gleich gekommen …!"
Kundenerwartungen dämpfen	„Das ist natürlich schwierig!"; „Das kann ich Ihnen nicht versprechen!"

Elemente der Sprechtechnik	
Betonung	• wichtige Aussagen werden hervorgehoben, das wirkt Monotonie und Ermüdung entgegen
Sprechtempo	• zu schnell wirkt nervös und verwirrend • zu langsam wirkt lustlos und ermüdend
Stimmlage	• zu hoch wirkt aufdringlich und kindlich • zu tief wirkt träge und schlecht gelaunt
Aussprache	• deutliches Sprechen erleichtert das Zuhören • Mund, Lippen und Zunge beim Sprechen bewegen
Lautstärke	• zu leise wirkt unsicher und ermüdet den Zuhörer • zu laut wirkt aufdringlich und unangenehm
Sprechpausen	• kurze Pausen nach wichtigen Aussagen geben dem Kunden Zeit zum Nachdenken • zu lange Pausen wirken unsicher und teilnahmslos • keine Sprechpausen überfordern den Kunden

Körpersprache – „der Körper lügt nicht"

Menschen sprechen nicht nur mit ihrer Stimme, sondern mit ihrem ganzen Körper. Die stummen, meist unbewussten Körpersignale, die mit den Worten einhergehen, sagen oft mehr als die Worte selbst.

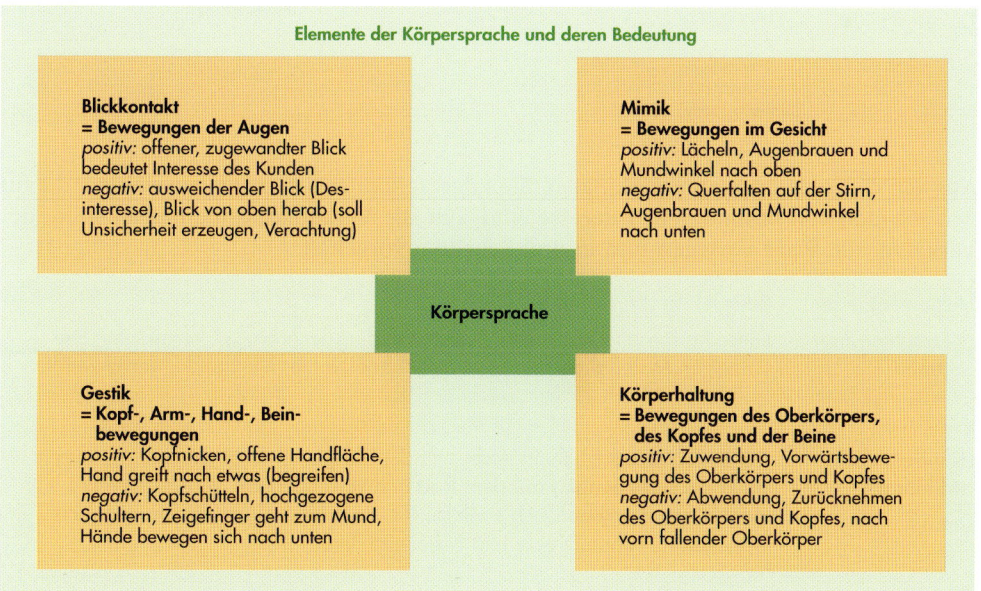

Elemente der Körpersprache und deren Bedeutung

Blickkontakt
= Bewegungen der Augen
positiv: offener, zugewandter Blick bedeutet Interesse des Kunden
negativ: ausweichender Blick (Desinteresse), Blick von oben herab (soll Unsicherheit erzeugen, Verachtung)

Mimik
= Bewegungen im Gesicht
positiv: Lächeln, Augenbrauen und Mundwinkel nach oben
negativ: Querfalten auf der Stirn, Augenbrauen und Mundwinkel nach unten

Körpersprache

Gestik
= Kopf-, Arm-, Hand-, Beinbewegungen
positiv: Kopfnicken, offene Handfläche, Hand greift nach etwas (begreifen)
negativ: Kopfschütteln, hochgezogene Schultern, Zeigefinger geht zum Mund, Hände bewegen sich nach unten

Körperhaltung
= Bewegungen des Oberkörpers, des Kopfes und der Beine
positiv: Zuwendung, Vorwärtsbewegung des Oberkörpers und Kopfes
negativ: Abwendung, Zurücknehmen des Oberkörpers und Kopfes, nach vorn fallender Oberkörper

Die **nonverbale Kommunikation** beinhaltet neben den Elementen der Körpersprache auch **Kleidung**, **Schmuck**, **äußeres Auftreten** und **Umgangsformen** der Gesprächspartner. Der Verkäufer sollte darauf achten, dass verbale und nonverbale Kommunikation übereinstimmen. Nur so ist er glaubwürdig und überzeugend. Die besten Verkaufsargumente können durch eine gegensätzliche nonverbale Kommunikation zunichte gemacht werden.

Wer die nonverbalen Signale beobachtet und richtig deuten kann, der profitiert in vierfacher Weise:

- Er kann seine eigene Körpersprache positiv einsetzen,
- er erfährt in Verhandlungssituationen Einstellungen, Empfindungen und Absichten eines Kunden, ohne dass er diese erfragen muss,
- er kann Interesse, Desinteresse, Abneigung, Sympathie, Meinungsverschiedenheiten schneller erkennen und darauf schneller reagieren,
- er kann den Kunden besser verstehen und sich leichter auf ihn einstellen.

Techniken der Verhandlungsführung

Grundlage für erfolgreiche Verkaufsverhandlungen sind gute Warenkenntnisse des Verkäufers. Außerdem sollte er die Techniken der Einwandsbehandlung und der Preisnennung beherrschen.

Warenkenntnisse – Grundlage für Verkaufsargumente

Der Verkäufer muss im Verkaufsgespräch begründen können, warum der Kunde sich für ein bestimmtes Produkt entscheiden soll. Dazu sind umfassende Kenntnisse des Waren- und Serviceangebots notwendig.

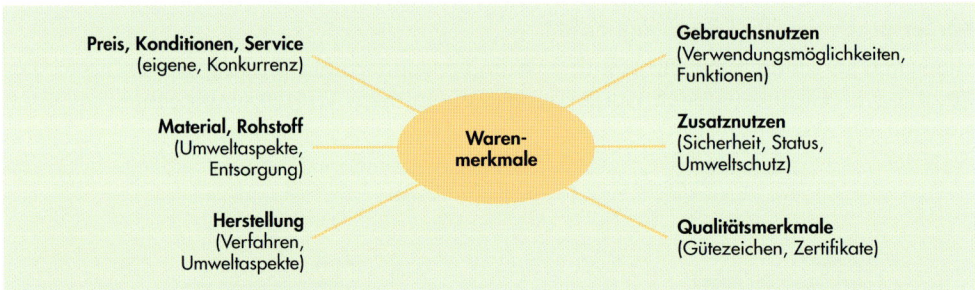

Aus der Vielzahl von Warenmerkmalen muss der Verkäufer diejenigen auswählen, die für den Kunden von besonderem Interesse sind. Für die Verkaufsargumentation sollte der Verkäufer die **Ware vorlegen** und in drei Schritten vorgehen:

Argumentation	Beispiel: Radhose Tenno
Warenmerkmal nennen	Diese Radhose ist nach der „Fusion Welding Technology" verarbeitet. Die einzelnen Materialien sind dauerhaft ohne Nähte miteinander verschweißt.
Kundennutzen erläutern	Der ergonomische Schnitt passt sich den Körperkonturen perfekt an, unterstützt die Bewegungen auf dem Rad und verhindert ein Verrutschen. Die Flachnähte schmiegen sich sanft an die Haut an und sorgen für perfekten Tragekomfort ohne Druck- und Scheuerstellen.

Argumentation	Beispiel: Radhose Tenno
Erlebnisbezug herstellen	Dank des Tragekomforts der Radhose werden sich Ihre Radkunden bei ihrer nächsten Ausfahrt rundum wohlfühlen und sich voll auf den Genuss der Landschaft konzentrieren können.

Die Verkaufsargumente dürfen nicht in Form eines Monologes und mit zu viel Fachchinesisch vorgetragen werden. Der Kunde muss durch **Zwischen-** und **Kontrollfragen** am Gespräch beteiligt werden (z. B. „Gefällt Ihnen die Passform der Hose?"; „Fühlen Sie, wie weich die Hose ist?").

Techniken zur Nennung des Verkaufspreises

Jede Ware hat ihren Preis. Hier besteht zwischen dem Kunden und dem Verkäufer ein Interessenkonflikt.

Kunde
will möglichst niedrigen Preis

Verkäufer
will möglichst hohen Preis

Der Verkäufer muss bei der Preisargumentation immer eine **Verbindung zum Kundennutzen und den Erlebnisbezug** herstellen, z. B.: „Die Radhose hat einen hohen Tragekomfort und kostet nur 34,40 € abzüglich 10 % Rabatt. Dafür ist der Stoff nahtlos verschweißt und sehr strapazierfähig."

Er sollte das Preis-Leistungs-Verhältnis herausstellen und die Ware nie als billig oder teuer bezeichnen.

Methoden der Preisnennung

Verzögerung	Die Preisnennung wird durch kundenorientierte Argumentation und Präsentation von Nutzungseigenschaften des Produkts so lange zurückgehalten, bis der Verkäufer einen verstärkten Kaufwunsch beim Kunden erkennt. Jetzt wird über den Preis eine Argumentationskette zum Preis-Leistungs-Verhältnis aufgebaut.
Sandwich-Methode	Die Preisnennung wird zwischen anderen Verkaufsargumenten (Aufzählung von Nutzungseigenschaften des Produkts) „verpackt".
Vorteil-Nachteil-Methode	Einwände des Kunden gegen den Preis werden entkräftet, indem aufgezeigt wird, dass mit einem niedrigen Preis auch die Palette der Nutzungseigenschaften des Produkts geringer wird.
hoher Preis als Verkaufsargument	Je nach Kaufmotiv eines Kunden kann ein hoher Preis auch als Verkaufsargument genutzt werden, indem Exklusivität, Image und Prestige des Produkts herausgestellt werden.

Techniken bei Einwänden des Kunden

Einwände sind Bedenken und Widerstände des Kunden, die sich gegen den Kauf richten, z. B.: „Ich finde, diese Farbe steht mir nicht."

Der Verkäufer sollte Verständnis für die Bedenken signalisieren und den Einwand entkräften. Dabei sollte er ruhig und überzeugend sprechen und die Methoden der Einwandbehandlung situationsgerecht einsetzen.

Methoden der Einwandbehandlung

Erstnennung	Der Verkäufer spricht einen zu erwartenden Einwand des Kunden selbst an, dadurch hat er die Möglichkeit, das Gespräch zu lenken, zusätzlich wirkt er glaubwürdiger.
	(„Ich sage Ihnen vorab, der Drucker ist nicht der schnellste seiner Klasse.")
Akzeptieren	Der Verkäufer akzeptiert den Einwand des Kunden bewusst und argumentiert nicht gegen ihn an. Hierdurch gibt er dem Kunden eine Chance, sich im Verkaufsgespräch gleichberechtigt oder sogar dominant zu fühlen.
	(„O.K. Sie haben da einen Punkt genannt, dem ich nicht widersprechen will.")
Ja-Aber-Methode	Dem Kunden wird zunächst recht gegeben und seinem Einwand wird Gewicht verliehen. Im nächsten Schritt werden aber den Einwand entkräftende oder völlig neue Argumente formuliert.
	(„Ja, Sie haben recht, der Preis ist auf den ersten Blick sehr hoch, aber bedenken Sie, dass wir einerseits die doppelte Garantiedauer bieten und andererseits einen 24-Stunden-Service leisten können.")
Umwandlungs-methode	Der Einwand des Kunden wird vom Verkäufer aufgegriffen und in eine Frage „übersetzt", die der Verkäufer dann selbst beantwortet.
	(„Habe ich Sie also richtig verstanden, Sie meinen die Druckgeschwindigkeit sei zu gering?" … „Also, lassen Sie uns mal die konkreten Geschwindigkeiten vergleichbarer Drucker betrachten, Sie erkennen dabei, dass der Unterschied zum schnellsten Drucker nur etwa 12 % beträgt, andererseits ist dieser Drucker der leiseste in seiner Klasse!")
Minus-Plus-Methode	Der Kunde trägt einen berechtigten Einwand vor, er wird nicht bestritten, sondern mit entsprechenden Produktvorzügen „ausgehebelt" bzw. aufgehoben.
	(„Sie haben recht, der Drucker ist nicht der allerschnellste, Sie haben eben gesagt, dass Sie pro Tag maximal 30 Seiten drucken. Mit diesem Drucker, der enorm wirtschaftlich arbeitet und solide verarbeitet ist, würden Sie also täglich nur je 1 Sekunde länger arbeiten müssen, sagen Sie selbst: Ist das noch ein Argument?")
Bumerang-Methode	Der Einwand des Kunden wird in ein neues Verkaufsargument verwandelt und ein Kundennutzen daraus abgeleitet.
	(„Sie haben recht, dies ist ein Auslaufmodell. Ich habe es Ihnen aber bewusst gezeigt, weil Sie damit ohne Funktionsverluste mehr als 100,00 € sparen können, bei gleicher Garantie und 24-Stunden-Service!")
Rückfrage-Methode	Auf den Einwand eines Kunden antwortet der Verkäufer mit einer Gegenfrage. Vorher formuliert er eine Überleitung, um nicht den Eindruck eines Wortgefechtes entstehen zu lassen.
	(„Ich bin Ihnen dankbar, dass Sie selbst diesen Aspekt ansprechen. Welche Druckgeschwindigkeit stellen Sie sich denn vor?")

ZUSAMMENFASSUNG

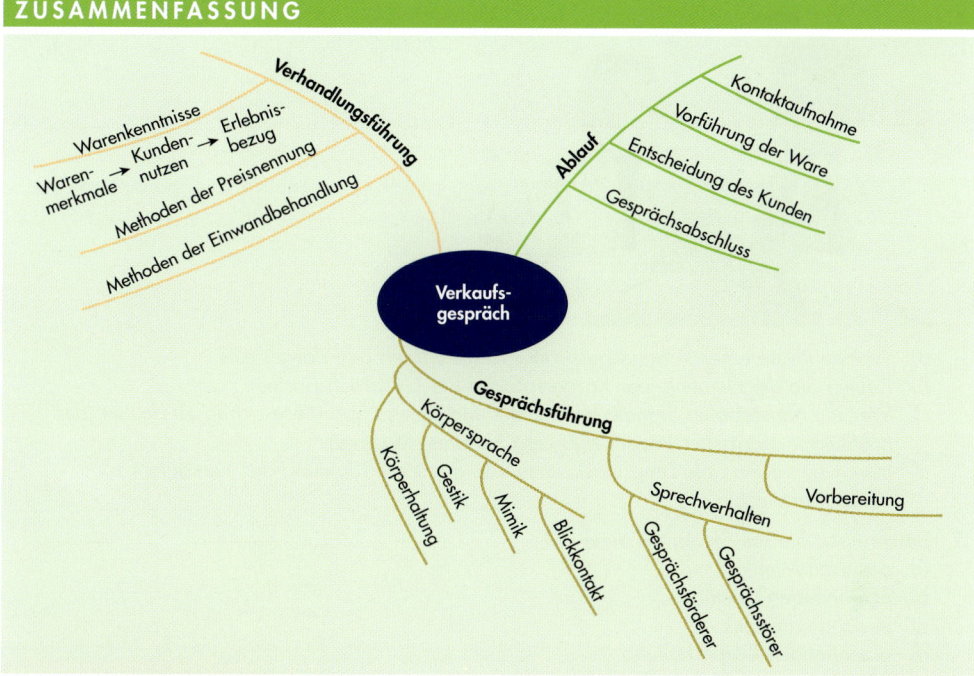

AUFGABEN

1   Schreiben Sie jeden der folgenden Begriffe auf die Kopfzeile eines DIN-A6-Kärtchens:

> Verkaufsgespräch (Ablauf), Gesprächsvorbereitung, Gesprächsförderer, Gesprächsstörer, Sprechtechnik (Elemente), Körpersprache (Elemente), Warenmerkmale, Verkaufsargumentation (drei Schritte), Preisnennung (Methoden), Einwandbehandlung (Methoden).

Sortieren Sie die Begriffskärtchen nach den Kriterien „weiß ich" oder „weiß ich nicht".

Bilden Sie Kleingruppen mit höchstens drei Mitgliedern. Erklären Sie sich gegenseitig die „Weiß-ich-nicht"-Kärtchen. Schlagen Sie dabei die ungeklärten Begriffe im Schulbuch nach oder nehmen Sie Kontakt zu einer anderen Kleingruppe auf.

Schreiben Sie die Begriffserklärungen auf die Rückseite Ihrer Kärtchen und ordnen Sie die Kärtchen unter der Leitkarte „Verkaufsgespräch" alphabetisch in Ihren Lernkartei-Behälter ein.

2   Bilden Sie Teams mit jeweils drei Mitgliedern (Stammgruppen). Schreiben Sie jeden der Begriffe aus Aufgabe 1 auf ein extra Stück Papier und fügen Sie diese Papierkärtchen zu einer sinnvollen Struktur zusammen. Die Struktur kann durch Pfeile, Farben, Symbole, Texte (z. B. Überschriften), Bilder oder weitere Begriffe ergänzt werden.

3   Begründen Sie, ob folgende Äußerungen gesprächsfördernd oder gesprächsstörend wirken. Schlagen Sie eine geeignetere Verhaltensweise bzw. Formulierung vor.
    a) „Ich fürchte, dass ich Ihnen da nicht weiterhelfen kann!"
    b) „Sie müssen doch wissen, was Sie wollen!"
    c) „Beachten Sie die Gesundheitsverträglichkeit dieser Textilien!"
    d) „Ich empfehle Ihnen diese Ausführung!"
    e) „Sie kommen leider zu spät, das letzte Stück habe ich gerade verkauft."
    f) „Die teuere Ausführung lässt sich viel leichter pflegen. Ist das für Sie wichtig?"

4

   a) Welche Phase eines Verkaufsgesprächs ist im obigen Bild dargestellt?
   b) Deuten Sie die Elemente der Körpersprache der Gesprächspartner.
   c) Wer die nonverbalen Signale beobachtet und gelernt hat, diese richtig zu deuten, der profitiert in vierfacher Weise! Erläutern Sie diese Aussage.
   d) Inwieweit tragen gute Umgangsformen und gepflegte Kleidung des Verkäufers zum Verkaufserfolg bei?

5   Beschreiben Sie die Merkmale einer
   a) positiven Mimik,
   b) ablehnenden Gestik,
   c) unsicheren Gestik,
   d) ablehnenden Körperhaltung.

6   Führen Sie mittels Pantomimespiel folgende Gesprächssituationen vor:
   a) Der Kunde ist überheblich und anmaßend.
   b) Der Kunde ist unentschlossen.
   c) Der Verkäufer ist überrascht.
   d) Der Verkäufer ist enttäuscht über das fehlgeschlagene Verkaufsgespräch und verabschiedet den Kunden.

7   a) Wählen Sie aus Ihrem Ausbildungsbetrieb vier Artikel aus. Formulieren Sie für jeden Artikel einige Warenmerkmale.
   b) Leiten Sie aus diesen Warenmerkmalen den Kundennutzen sowie einen möglichen Erlebnisbezug ab.

8   a) Ergänzen Sie die Rollenkarten für folgende Verkaufssituationen:
      Situation 1: Sie sind ein Kunde, der sich für ein neues Mountainbike interessiert. Sie möchten das Rad vorwiegend im Gelände einsetzen.
      Situation 2: Sie möchten mit dem Rad zur Arbeit fahren und suchen ein passendes Fahrrad und die zugehörige Radbekleidung.

   b) Erstellen Sie einen Beobachtungsbogen für die Rollenspiele. Berücksichtigen Sie dabei z. B. folgende Punkte:
      (1) Wie ermittelt der Verkäufer die Kundenbedürfnisse?
      (2) Beurteilen Sie die kundenbezogene Argumentation des Verkäufers?
      (3) Welche Methode/n wendet der Verkäufer bei der Preisnennung an?
      (4) Welche Methode/n wendet der Verkäufer zur Einwandbehandlung an?
      (5) Bewerten Sie die Sprechtechnik des Verkäufers.
      (6) Analysieren Sie die gesprächsfördernden Elemente des Verkaufsgesprächs.
      (7) Analysieren Sie die gesprächsstörenden Elemente des Verkaufsgesprächs.
      (8) Deuten Sie die Körpersprache des Verkäufers. Achten Sie dabei darauf, ob verbale und nonverbale Elemente der Kommunikation übereinstimmen.
      (9) Deuten Sie die Körpersprache des Kunden. Geht der Verkäufer darauf ein?

> Bilden Sie mehrere Beobachtergruppen. Gruppe 1 beurteilt die Argumentation des Verkäufers, Gruppe 2 beobachtet die Methoden der Preisnennung und Einwandbehandlung, Gruppe 3 dokumentiert die gesprächsfördernden und -störenden Elemente, Gruppe 4 achtet auf die Körpersprache der Gesprächspartner.
>
> c) Wählen Sie die Rollenspieler aus und führen Sie diese Verkaufssituationen als Rollenspiel vor. Die Beobachtergruppen 1 bis 4 werten die Rollenspiele anhand ihrer Beobachtungsbögen aus.

1.3 Bearbeitung eines Kundenauftrags

PROBLEM

Anna Lurka, Verkaufsleiterin der TRIAL GmbH, erhält am 26. August folgende Bestellung der Fahrradhandlung Bunnybike OHG.

Alte Steige 85
75417 Mühlacker

BUNNY BIKE OHG

TRIAL GmbH
Franz-Sigel-Str. 188
69111 Heidelberg

Bestellung von Radhosen   10. August 20..

Sehr geehrte Frau Lurka,

vielen Dank für Ihr Angebot vom 12. August 20.. und unser Gespräch am 14. August 20.. .

Liefern Sie uns bitte zu den dort genannten Konditionen zunächst

200 Stück Radhosen der Marke Tenno.

Auf weiterhin gute Zusammenarbeit.

Mit freundlichen Grüßen

i. V. *Tanja Göhner*

Bankverbindung: Sparkasse Pforzheim Calw IBAN: DE82 6665 0085 0005 9879 87
(Konto 5987987), BIC: PZHSDE66XXX (BLZ 666 500 85)

Stellen Sie die notwendigen Schritte der kaufmännischen Abwicklung eines Kundenauftrags auf einem Plakat dar.

SACHDARSTELLUNG

Sagt dem Kunden ein Angebot zu, dann erteilt er einen Kundenauftrag, d.h., er bestellt die angebotene Leistung.

Wesen einer Bestellung

Merke: Die Bestellung ist eine **verbindliche Willenserklärung** des Käufers, mit der er sich verpflichtet, eine bestimmte Ware zu den angegebenen Bedingungen zu kaufen.

Die Bestellung ist **empfangsbedürftig**, d.h., sie wird erst rechtswirksam, wenn sie dem Verkäufer zugegangen ist. Ein **Widerruf** seitens des Käufers muss spätestens gleichzeitig mit der Bestellung beim Verkäufer eingehen. Die Bestellung kann in **beliebiger Form** (schriftlich, per Telefax, telefonisch) abgegeben werden.

Annahme des Auftrags

Vergleich der Bestellung mit dem Angebot

Beispiel: Nach Eingang des Kundenauftrags vergleicht Anna Lurka, Verkaufsleiterin der TRIAL GmbH, den Auftrag mit dem eigenen Angebot. Dazu greift sie auf das auf Termin gelegte Angebot in der Angebotsdatei zurück.

Wenn Bestellung und Angebot inhaltlich voneinander abweichen, dann liegt, rechtlich gesehen, ein Gegenangebot vor, das erst wieder angenommen werden muss, damit ein Kaufvertrag zustande kommt. Die Annahme dieses Gegenangebots geschieht durch eine **Auftragsbestätigung** (siehe hierzu Abschnitt Willenserklärungen am Beispiel des Kaufvertrags). Vorher müssen jedoch Kunde und Auftrag erfasst werden.

Eine Auftragsbestätigung wird dem Kunden oft auch routinemäßig zugesandt, wenn ihm mitgeteilt werden soll, dass sein Auftrag angekommen ist und bearbeitet wird (Rückmeldung).

Erfassung der Kundendaten

Wenn der Bestellung des Kunden kein Angebot vorausging, dann müssen die Kundendaten mit der Kundendatei abgeglichen werden, z. B. neue Kundenadresse, geänderte Kommunikationsverbindungen. Bei neuen Kunden sind die gleichen Schritte notwendig wie bei der Bearbeitung einer Kundenanfrage (siehe Abschnitt Bearbeitung einer Kundenanfrage).

Erfassung der Auftragsdaten

Für jeden Kundenauftrag wird eine **laufende Auftragsnummer** vergeben, um den Auftrag eindeutig identifzieren zu können. Dann werden die weiteren **Auftragsdaten** (z. B. Bestelldatum, Liefertermin, Kundennummer, Artikel, Auftragsmenge und Auftragswert) erfasst.

Wenn dem Kundenauftrag (Bestellung) ein Angebot vorausging, dann können die Auftragsdaten direkt aus der Angebotsdatei in die Auftragsdatei übernommen werden. Das zugrunde liegende Angebot wird dabei gelöscht. Bei manueller Bearbeitung wird das Angebot zusammen mit der Bestellung in die Vorgangsmappe gelegt. Die eigentliche Auftragserfassung besteht dann nur noch in der Eingabe der bestellten Menge (wenn sie von der angebotenen Menge abweicht) und des zugesagten Liefertermins.

In der Regel wird jeder Vorgang getrennt als **Einzelauftrag** erfasst. Bestellt ein Kunde jedoch häufiger in kurzer Folge, dann ist die Einrichtung eines **Sammelauftrags** (Rahmenauftrags) sinnvoll, denn dadurch kann der Auftragnehmer besser disponieren und dem Kunden günstigere Konditionen einräumen.

Nach der Erfassung der Auftragsdaten erfolgt eine **Plausibilitäts- und Gültigkeitsprüfung**. Da nun Auftragsmenge und Auftragswert vorliegen, wird

- das **Kreditlimit** des Kunden überprüft. Das Kreditlimit ist der Höchstbetrag aller Forderungen (offenen Rechnungen) an einen Kunden. Der Saldo aus Forderungsbestand zuzüglich offener Aufträge und abzüglich Kreditlimit muss positiv sein.
- die **Verfügbarkeit** der gewünschten Leistung überprüft. Dabei muss der Saldo aus Lagerbestand zuzüglich Bestellbestand abzüglich Reservierungen positiv sein.

Alle Aufträge werden in die **Auftragseingangsdatei** aufgenommen. Damit können jederzeit die aktuellen Auftragseingänge nach Menge und Wert abgerufen werden.

Ist der Auftrag angenommen, dann wird dem Kunden im Regelfall eine **Auftragsbestätigung** übermittelt, die alle wesentlichen Auftragsdaten und die Terminbestätigung enthält.

1	Bezug zur Bestellung des Kunden (= Auftrag)
2	Dank für die Bestellung und das Vertrauen
3	Wiederholung der wesentlichen Auftragsdaten
4	Zusicherung einer pünktlichen Lieferung
5	Ausdruck der Freude über die Zusammenarbeit

Ausführung des Auftrags

Der noch offene Kundenauftrag wird sodann ausgeführt. Dazu gehören folgende Teilschritte:

- Auftragsumwandlung,
- Versandvorbereitung und Auslieferung,
- Rechnungsausstellung (Fakturierung) und Rechnungsversand.

Auftragsumwandlung

Um den Kundenauftrag ausführen zu können, wird dieser in

- einen **Lagerversandauftrag** umgewandelt, wenn das gewünschte Erzeugnis vorrätig und frei verfügbar ist,
- **Fertigungsaufträge** umgewandelt, wenn die Ware erst gefertigt werden muss,
- **Einkaufsaufträge** umgewandelt, wenn Werkstoffe zur Herstellung der Ware bzw. Handelswaren erst beschafft werden müssen.

Versandvorbereitung und Auslieferung

Die gefertigten Erzeugnisse bzw. die beschafften Handelswaren müssen versandbereit gemacht und ausgeliefert bzw. zur Abholung bereitgestellt werden.

Dabei fallen folgende Tätigkeiten an:

- Erstellung des **Lieferscheins**,

Bausteine eines Lieferscheins:	
1	Bezug zur Bestellung des Kunden (= Auftrag)
2	Lieferschein-Nummer und Lieferdatum
3	genaue Angabe der gelieferten Artikel, Versandart, Liefermenge
4	ggf. Verweis auf die vereinbarten Angebotsbedingungen

- Zusammenstellung des Kundenauftrags (**Kommissionierung**) im Lager anhand des Lieferscheins, wenn der Auftrag aus mehreren Artikeln besteht,
- Erstellung eines **Versandauftrags** an die Versandabteilung entsprechend der vereinbarten Versandart (Lkw, Bahn usw.),
- Ausstellung der Versandpapiere,
- **Auslieferung** des Kundenauftrags entsprechend der Tourenplanung des Werkverkehrs bzw. **Bereitstellung** der Ware zur Selbstabholung durch den Kunden.

Nach erfolgter Auslieferung bzw. Abholung wird der noch offene Kundenauftrag als erledigt vermerkt.

Fakturierung und Rechnungsversand

Die Erstellung der Ausgangsrechnung, **Fakturierung** genannt, erfolgt anhand des Lieferscheins. Der Rechnungsausgang wird im **Rechnungsausgangsbuch** registriert und in der Finanzbuchhaltung (Debitoren- bzw. Kundendatei) als offener Posten geführt.

Die Ausgangsrechnung wird dem Kunden übermittelt (bei Barverkäufen im Verkaufsbüro wird eine Direktrechnung bzw. ein Kassenbeleg erstellt) und der Lagerabgang sofort aus der Lagerbestandsdatei ausgebucht. Der Unternehmer hat ein Doppel der Rechnung zehn Jahre aufzubewahren (§ 14 b UStG).

Bausteine einer Ausgangsrechnung (§ 14 UStG ist zu beachten)	
1	Vollständige **Namen** und komplette **Anschriften** des Leistungserstellers (Lieferant) und des Leistungsempfängers (Kunde)
2	**Rechnungsdatum** und **Datum der Lieferung** bzw. Leistung
3	ggf. Bezug zur Bestellung des Kunden (= Auftrag)
4	fortlaufende **Rechnungsnummer**
5	Dank für die Bestellung und das Vertrauen
6	genaue Angabe der **gelieferten Artikel** und der Menge bzw. der Art der Dienstleistung (Einzel- und Gesamtpreise), Zahlungsbedingungen
7	**Rechnungsbetrag** netto, Umsatzsteuer (Prozentsatz und Betrag), Rechnungsbetrag brutto
8	Bankverbindung
9	**Steuernummer** des Rechnungsausstellers oder die durch das Bundeszentralamt für Steuern erteilte 11-stellige **Umsatzsteuer-Identifikationsnummer** (USt-Id-Nr.) des leistenden Unternehmers (Lieferant)

Für die Fakturierung gibt es drei Möglichkeiten:

Sofortfakturierung	Lieferschein und Rechnung werden unmittelbar nach der Auftragsbearbeitung ausgedruckt.
Vorfakturierung	Packzettel, Lieferschein und Rechnung werden in einem Druckvorgang vor dem Kommissionieren erstellt.
Nachfakturierung	Packzettel und Lieferschein werden vor der Warenauslieferung gedruckt, die Rechnung wird erst nach dem Lieferscheinrücklauf zugesandt.

Der Bearbeiter kann zwischen dem Abruf einer einzelnen Rechnung, der Erstellung von Sammelrechnungen und Barverkaufsrechnungen (**Direktrechnungen**), Rechnungen mit oder ohne zugehörigem Zahlungsträger (z. B. Überweisungsformular) wählen. Eine nachträgliche Korrektur der Rechnungspositionen kann über das Modul „Gutschriften/Storni" erfolgen. Bei Retouren (vom Kunden zurückgesandte Ware) wird der Lagerbestand des Artikels um die Rücknahmemenge erhöht. Leergut-Retouren werden über die Artikelnummer registriert und gutgeschrieben.

Der Zahlungseingang wird anhand der **Offenen-Posten-Liste** überwacht. Terminüberschreitungen haben eine Mahnung zur Folge, die automatisch über die Integrierte Unternehmenssoftware (IUS) erstellt werden kann.

Alle Auftragsbearbeitungsprogramme enthalten **Schnittstellen** zur Übergabe der bei der Auftragsabwicklung und Fakturierung anfallenden Daten an die Finanzbuchhaltung (Rechnungsausgang/Debitoren, Erlösbuchung, Umsatzsteuer), die Lagerbestandsführung (Warenausgang), das Bestellwesen oder die Betriebsstatistik.

Computergestützte Belegerstellung

Bei computergestützter Auftragsbearbeitung können ohne zusätzlichen Eingabeaufwand alle notwendigen **Belege** ausgedruckt werden, z. B. Auftragsbestätigung, Sammellisten für die Kommissionierung (Richtscheine), Lieferscheine und Warenbegleitpapiere, Lagerbelege, Ausgangsrechnung.

Im Allgemeinen werden für Auftragsbestätigung, Lieferscheine, Ausgangsrechnung und Gutschriften Formulare mit gleichem Aufbau verwendet.

Beispiel: *Anna Lurka erstellt mithilfe des Computers die Auftragsbestätigung, den Lieferschein und die Ausgangsrechnung für den Kunden Bunnybike OHG.*

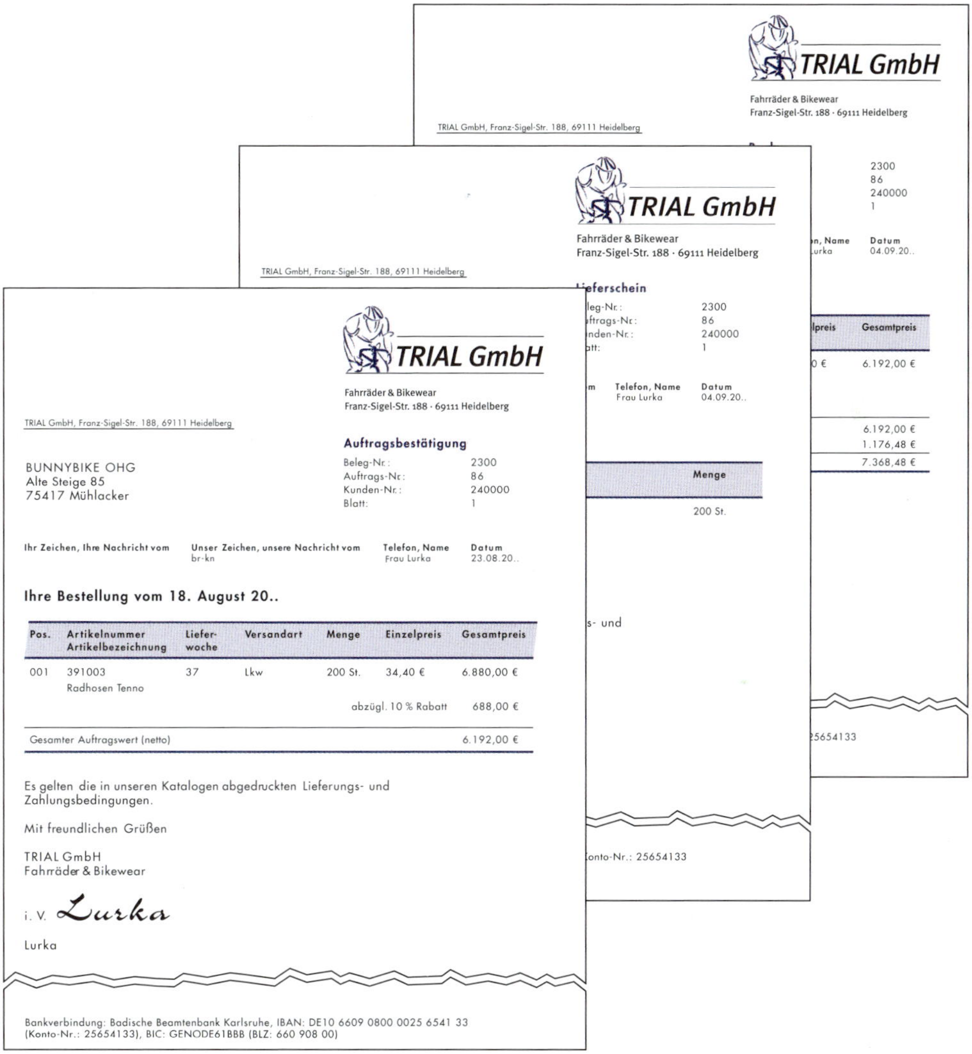

TRIAL GmbH
Fahrräder & Bikewear
Franz-Sigel-Str. 188 · 69111 Heidelberg

TRIAL GmbH, Franz-Sigel-Str. 188, 69111 Heidelberg

	2300
	86
	240000
	1

en, Name	Datum
Lurka	04.09.20..

lpreis	Gesamtpreis
0 €	6.192,00 €
	6.192,00 €
	1.176,48 €
	7.368,48 €

TRIAL GmbH
Fahrräder & Bikewear
Franz-Sigel-Str. 188 · 69111 Heidelberg

TRIAL GmbH, Franz-Sigel-Str. 188, 69111 Heidelberg

Lieferschein

eg-Nr:	2300
ftrags-Nr:	86
unden-Nr.:	240000
att:	1

m	Telefon, Name	Datum
	Frau Lurka	04.09.20..

Menge
200 St.

s- und

onto-Nr.: 25654133

TRIAL GmbH
Fahrräder & Bikewear
Franz-Sigel-Str. 188 · 69111 Heidelberg

TRIAL GmbH, Franz-Sigel-Str. 188, 69111 Heidelberg

BUNNYBIKE OHG
Alte Steige 85
75417 Mühlacker

Auftragsbestätigung

Beleg-Nr:	2300
Auftrags-Nr:	86
Kunden-Nr.:	240000
Blatt:	1

Ihr Zeichen, Ihre Nachricht vom	Unser Zeichen, unsere Nachricht vom	Telefon, Name	Datum
	br-kn	Frau Lurka	23.08.20..

Ihre Bestellung vom 18. August 20..

Pos.	Artikelnummer Artikelbezeichnung	Liefer-woche	Versandart	Menge	Einzelpreis	Gesamtpreis
001	391003 Radhosen Tenno	37	Lkw	200 St.	34,40 €	6.880,00 €
				abzügl. 10 % Rabatt		688,00 €
	Gesamter Auftragswert (netto)					6.192,00 €

Es gelten die in unseren Katalogen abgedruckten Lieferungs- und Zahlungsbedingungen.

Mit freundlichen Grüßen

TRIAL GmbH
Fahrräder & Bikewear

i. V. *Lurka*

Lurka

Bankverbindung: Badische Beamtenbank Karlsruhe, IBAN: DE10 6609 0800 0025 6541 33
(Konto-Nr.: 25654133), BIC: GENODE61BBB (BLZ: 660 908 00)

ZUSAMMENFASSUNG

Geschäftsprozess Verkauf

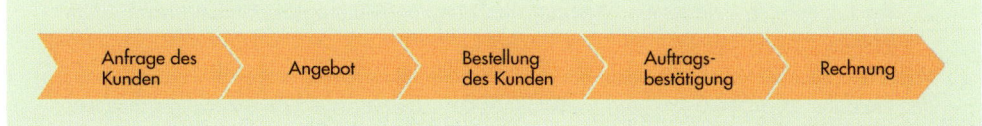

| Anfrage des Kunden | Angebot | Bestellung des Kunden | Auftrags-bestätigung | Rechnung |

Vorgangskette bei der Abwicklung eines Kundenauftrags:

Vorgang	Teilaufgaben	Erläuterungen
Auftragsannahme	Erfassen der Kundendaten	Eintrag in die Kundendatei, z. B. Kunden-Nummer, Adresse, Skontosatz usw.
	Erfassen der Auftragsdaten	Eintrag in die Auftragsdatei und Auftragseingangsdatei: Auftragsnummer, -menge, -wert, Liefer- und interner Fertigstellungstermin usw.
	Auftrags-bestätigung	Notwendig, wenn Bestellung und Angebot inhaltlich voneinander abweichen. Enthält alle wesentlichen Auftragsdaten und die Terminbestätigung.
Auftrags-ausführung	Auftrags-umwandlung	Umwandlung in Lagerversand-, Fertigungs- und Einkaufsaufträge
	Vorbereitung zum Versand und Auslieferung	Lieferschein erstellen, Kommissionieren, internen Versandauftrag erstellen (Versandart und -papiere), Auslieferung
Fakturierung und Rechnungsversand	Eintrag in Rechnungs-ausgangsbuch und Offene-Posten-Liste	Sofort-, Vor- oder Nachfakturierung, Überwachung der Zahlungstermine

AUFGABEN

1 Schreiben Sie jeden der folgenden Begriffe auf die Kopfzeile eines DIN-A6-Kärtchens:

Bestellung, Auftragsbestätigung, Kundendaten, Auftragsdaten, Sammelauftrag, Kreditlimit, Verfügbarkeit, Auftragsannahme (Schritte), Auftragsausführung (Schritte), Auftragsumwandlung, Lagerversandauftrag, Fertigungsauftrag, Einkaufsauftrag, Versandvorbereitung, Kommissionierung, Fakturierung, Sofortfakturierung, Vorfakturierung, Nachfakturierung, Direktrechnung, Offene-Posten-Liste, Lieferschein (Inhalt), Ausgangsrechnung (Inhalt).

a) *Sortieren Sie die Begriffskärtchen nach den Kriterien „weiß ich" oder „weiß ich nicht".*
b) *Bilden Sie Kleingruppen mit höchstens drei Mitgliedern. Erklären Sie sich gegenseitig die „Weiß-ich-nicht"-Kärtchen. Schlagen Sie dabei die ungeklärten Begriffe im Schulbuch nach oder nehmen Sie Kontakt zu einer anderen Kleingruppe auf.*
c) *Schreiben Sie die Begriffserklärungen auf die Rückseite Ihrer Kärtchen und ordnen Sie die Kärtchen unter der Leitkarte „Verkauf" alphabetisch in Ihren Lernkartei-Behälter ein.*

2 *Bilden Sie Teams mit jeweils drei Mitgliedern (Stammgruppen). Schreiben Sie jeden der Begriffe aus Aufgabe 1 auf ein extra Stück Papier, und fügen Sie diese Papierkärtchen zu einer sinnvollen Struktur zusammen. Die Struktur kann durch Pfeile, Farben, Symbole, Texte (z. B. Überschriften), Bilder oder weitere Begriffe ergänzt werden.*

3 *Lesen Sie die Fragen a) bis c) in Ihrer Stammgruppe durch. Delegieren Sie je einen Abgeordneten (Experten) für eine Frage. Die jeweiligen Experten treffen sich in Expertengruppen und bearbeiten die jeweilige Frage. Die Experten kehren anschließend in ihre Stammgruppen zurück und vermitteln dort ihr Wissen.*

a) *Erläutern Sie die Bearbeitungsschritte bei der Abwicklung eines Kundenauftrags.*
b) *Unterscheiden Sie Sofort-, Vor- und Nachfakturierung.*
c) *Beschreiben Sie Lieferschein, Ausgangsrechnung und Auftragsbestätigung nach ihrem Inhalt.*

4 *Vollziehen Sie die Wertströme nach, die durch den Verkaufsprozess ausgelöst werden. Unterscheiden Sie dabei zwischen Güter- und Geldströmen bzw. Leistungs-und Finanzierungsprozessen.*

2 Rechtliche Grundlagen des Kaufvertrags

Katja Müllers Freundin Ayse Alan (sie ist 17 Jahre alt) beschließt, ein Mountainbike zu kaufen. Ayse erkundigt sich zunächst bei verschiedenen Fahrradhändlern am Ort nach Preis, Ausführung und Zubehör.

Die Fahrradhändler beraten sie jeweils ausführlich und nennen ihre Preise. Das Y-Bike des Fahrradhändlers Zweirad Kohl sagt ihr wegen des günstigen Preises besonders zu. Nur die Farben der am Lager befindlichen Räder gefallen Ayse überhaupt nicht. Sie stellt sich etwas Besonderes vor, ein Mountainbike in vier Farben.

26er Fullsuspension MTB

24-Gang Shimano Acera, Fullsuspension
A-Design-Frame HiTen, Federgabel RST 156,
Schalthebel Grip Shift MRX, V-Brake
Bremsen Pro Max, Alu-Hohlkammerfelgen
mit Alu-Naben, MTB-Lenker mit Ahead-Set-
Vorbau, Barends, vormontiert

Extra sparen　　　**399,00 €**

„Kein Problem, unser Hersteller ist für Sonderwünsche offen", so der Verkäufer der Fahrradhandlung Zweirad Kohl. „Du musst jetzt nur noch den Auftrag unterschreiben, dann bekommst du dein Rad in zwei Wochen." Ayse unterschreibt und nimmt den Durchschlag der Bestellung mit nach Hause.

Zwei Wochen später ist Ayse wieder im Fahrradgeschäft Zweirad Kohl: „Sie teilten mir telefonisch mit, dass mein Mountainbike fertig ist. Ich möchte es gleich mitnehmen." Der Verkäufer bringt das Fahrrad. Ayse: „Wow, das sieht ja super aus. Genau so wollte ich es haben. Ich habe im Moment jedoch nicht so viel Geld dabei."

„Kein Problem, ich habe ja deine Adresse. Ich stelle dir eine Rechnung aus. Ich schreibe dort hinein, dass du das Fahrrad in mehreren Monatsraten bezahlen kannst. Am besten in zehn Raten zu je 50,00 €", entgegnet der Verkäufer.

Ayse ist damit einverstanden und fährt mit ihrem neuen Mountainbike gleich zwecks Vorführung bei ihrer Freundin Katja vorbei. Am nächsten Tag hebt sie die ersten 50,00 € von ihrem Sparbuch ab und überweist den Rechnungsbetrag an die Fahrradhandlung Zweirad Kohl.

1 *Vollziehen Sie die einzelnen Schritte dieses Kaufes nach.*

2 *Durfte der Fahrradhändler das Mountainbike ohne Weiteres an Ayse verkaufen?*

3 *Ab wann sind Ayse und das Fahrradgeschäft Verpflichtungen eingegangen?*

4 *Wann wird Ayse Eigentümerin des Mountainbikes?*

5 *Beurteilen Sie die Rechtslage insgesamt.*

Tipp: *Schlagen Sie im Bürgerlichen Gesetzbuch (BGB) nach.*

2.1 Grundrecht der Vertragsfreiheit

Im GG Art. 2 ist die **Vertragsfreiheit** als Grundrecht garantiert. Der Grundsatz der Vertragsfreiheit bedeutet, dass jedes Rechtssubjekt in eigener Verantwortung frei darüber entscheiden kann,

- ob, wann und mit wem es ein Rechtsgeschäft abschließen will **(Abschlussfreiheit)**,
- ob und wann ein abgeschlossener Vertrag wieder aufgelöst werden soll **(Auflösungsfreiheit)**,
- welchen Inhalt es in seinen Rechtsgeschäften aushandelt **(Inhaltsfreiheit)**.

2.2 Rechts- und Geschäftsfähigkeit

Die Gesamtheit aller Rechtsvorschriften, die das Zusammenleben der Menschen regeln, nennt man die **Rechtsordnung** des Staates. Die Rechtsordnung stellt sicher, dass in einem Staat nicht das Recht des Stärkeren gilt.

Die handelnden Personen in einer Rechtsordnung werden als **Rechtssubjekte** bezeichnet.

natürliche Personen	alle Menschen
juristische Personen	künstliche Gebilde in Form von Personenvereinigungen oder Vermögensmassen. Es werden unterschieden: • juristische Personen des **privaten Rechts**, z. B. private Körperschaften (z. B. Aktiengesellschaften, Gesellschaften mit beschränkter Haftung, eingetragene Vereine, Genossenschaften) und private Stiftungen (z. B. Stiftungen der politischen Parteien, Stiftung Warentest). Sie entstehen durch Eintragung in ein Register (z. B. Handelsregister) bzw. durch behördliche Genehmigung und erlöschen durch Eintragung der Löschung im entsprechenden Register bzw. Aufhebung der Genehmigung. • juristische Personen des **öffentlichen Rechts**, z. B. öffentliche Körperschaften (z. B. Gebietskörperschaften – Bund, Länder, Gemeinden), Einrichtungen (z. B. öffentliche Schulen und Bibliotheken, Arbeitsagenturen), Kammern (z. B. IHK, Handwerkskammer) und öffentliche Stiftungen (z. B. Deutsche Studienstiftung). Sie entstehen durch die Verleihung oder durch ein Gesetz.

Merke: Alle Rechtssubjekte können Träger von Rechten und Pflichten sein und haben damit die **Rechtsfähigkeit** im Sinne der Rechtsordnung.

Können Rechtssubjekte rechtswirksame Erklärungen im eigenen Namen abgeben und entgegennehmen, dann besitzen sie die **Geschäftsfähigkeit**.

Alle juristischen Personen sind mit Erlangen der Rechtsfähigkeit unbeschränkt geschäftsfähig. Natürliche Personen erwerben die Geschäftsfähigkeit in drei Stufen. Damit will der Gesetzgeber Kinder, Jugendliche und geistig schwache Menschen schützen.

Stufen der Geschäftsfähigkeit	Umfang der Geschäftsfähigkeit
Geschäftsunfähigkeit (BGB § 104) • Personen, die das 7. Lebensjahr noch nicht vollendet haben • Personen, deren Geistestätigkeit auf Dauer krankhaft gestört ist	Geschäftsunfähige können keine rechtswirksamen Erklärungen abgeben. Ihre Willenserklärungen sind nichtig. Für sie handeln die gesetzlichen Vertreter (z. B. Eltern) bzw. Betreuer.
beschränkte Geschäftsfähigkeit • Minderjährige, die das 7. Lebensjahr vollendet haben und noch nicht 18 Jahre alt sind	Beschränkt Geschäftsfähige können nach BGB § 106 rechtswirksame Erklärungen nur abgeben mit • Einwilligung (vorherige Zustimmung) oder • Genehmigung (nachträgliche Zustimmung) des gesetzlichen Vertreters. Schließt der Minderjährige einen Vertrag ohne die Einwilligung des gesetzlichen Vertreters, dann hängt die Wirksamkeit von der Genehmigung des Vertreters ab, das Rechtsgeschäft ist so lange schwebend unwirksam (BGB § 108[1]).
unbeschränkte Geschäftsfähigkeit • Personen, die das 18. Lebensjahr vollendet haben	Erklärungen von unbeschränkt Geschäftsfähigen sind rechtlich von Anfang an voll wirksam.

Kann ein **Volljähriger** aufgrund einer psychischen Krankheit oder einer körperlichen, geistigen oder seelischen Behinderung seine Angelegenheiten ganz oder teilweise nicht besorgen, dann bestellt das Vormundschaftsgericht auf seinen Antrag oder von Amts wegen für ihn einen **Betreuer** (BGB § 1896). Der Aufgabenkreis des Betreuers umfasst die Verwaltung des Vermögens der Betreuten, die Bestimmung des Aufenthalts und die Entscheidung über die Zustimmung zu ärztlichen Behandlungsmaßnahmen.

Ohne Zustimmung des gesetzlichen Vertreters können Minderjährige rechtswirksame Erklärungen abgeben, wenn

- damit nur **rechtliche Vorteile** verbunden sind, z. B. Annahme einer Schenkung (BGB § 107),
- sie mit Mitteln bewirkt werden, die vom gesetzlichen Vertreter oder mit dessen Zustimmung von einem Dritten zu diesem Zweck oder zur freien Verfügung (Taschengeld) überlassen worden sind (**Taschengeldgeschäft**; BGB § 110).

EXKURS

Wissenswertes zum Thema Taschengeld

Es gibt keinerlei Verpflichtung der Eltern, Taschengeld zu zahlen. Jedoch kann das Kind den Umgang mit Geld nur erlernen und den Wert des Geldes nur feststellen, wenn es mit eigenem Geld Dinge kaufen kann. Mit einem monatlichen Taschengeldbudget lernt es, Entscheidungen zu treffen (Was soll ich kaufen, was nicht?) und sich das Geld einzuteilen (Soll ich alles gleich ausgeben oder für später sparen?). Über 15-jährige Jugendliche sollten etwa 25,00 bis 40,00 € erhalten, 18-Jährige rund 60,00 €.

---

[1] Der Vertragspartner des Minderjährigen kann den gesetzlichen Vertreter ausdrücklich zur Genehmigung auffordern. In diesem Fall muss dieser die Genehmigung innerhalb zwei Wochen nach der Aufforderung erteilen, sonst gilt sie als verweigert.

Das Taschengeld steht den Minderjährigen zur freien Verfügung. Sie müssen davon **keine regelmäßigen Bedarfsartikel** finanzieren (z. B. Kleidung, Schulsachen, Geburtstagsgeschenke, Schwimmbadeintritt).

Beispiel: Ayse Alan ist 17 Jahre alt und somit beschränkt geschäftsfähig. Sie hat den Vertrag mit dem Fahrradhändler Zweirad Kohl ohne Einwilligung ihrer Eltern (gesetzliche Vertreter) abgeschlossen. Das Geschäft ist schwebend unwirksam, bis ihre Eltern es genehmigen. Sind Ayses Eltern mit dem Vertrag nicht einverstanden, dann ist das Geschäft nicht rechtsgültig. Der Fahrradhändler darf das Fahrrad nicht an eine Minderjährige verkaufen. Ein Taschengeldgeschäft liegt hier nicht vor, da der zu zahlende Geldbetrag in Höhe von 399,00 € den Rahmen des Taschengelds zweifelsohne übersteigt. Die Raten in Höhe von jeweils 50,00 € werden nach vorherrschender Auslegung des Taschengeldparagrafen nicht als Taschengeldgeschäft angesehen, da es hier auf die Summe aller Raten (also auf die Gesamtverpflichtung) ankommt.

Ermächtigt der gesetzliche Vertreter den Minderjährigen

- mit der Genehmigung des Vormundschaftsgerichts zum **selbstständigen Betrieb** eines Erwerbsgeschäftes (BGB § 112) oder
- in ein **Dienst- oder Arbeitsverhältnis** einzutreten (BGB § 113),

dann ist der Minderjährige für alle damit zusammenhängenden Rechtsgeschäfte unbeschränkt geschäftsfähig. Die Ermächtigung kann vom gesetzlichen Vertreter (im ersten Fall nur mit Genehmigung des Vormundschaftsgerichts) zurückgenommen oder eingeschränkt werden.

§ **Die Ermächtigung in ein Dienst- oder Arbeitsverhältnis zu treten (§ 113 BGB)**

Durch die Ermächtigung wird der Minderjährige für sämtliche Rechtsgeschäfte unbeschränkt geschäftsfähig, die die Eingehung, Erfüllung und Aufhebung des Dienst- oder Arbeitsverhältnisses der gestatteten Art mit sich bringen. Er kann, anders als den Berufsausbildungsvertrag (§ 11 Abs. 2 BBiG), den Arbeitsvertrag selbstständig abschließen und Vereinbarungen über Lohn und sonstige Arbeitsbedingungen treffen.

Der Minderjährige kann auch wirksam Rechtsgeschäfte abschließen, die mit der Erfüllung der beiderseitigen Rechte und Pflichten in Zusammenhang stehen (kündigen, Schadenersatzansprüche geltend machen, den Lohn annehmen usw.).

Insbesondere deckt § 113 BGB den Gewerkschaftsbeitritt des minderjährigen Arbeitnehmers. Wegen der heute ganz allgemein üblichen bargeldlosen Lohnzahlung wird die Eröffnung des Lohn- und Gehaltskontos bzw. eines Bankkontos ebenfalls von § 113 BGB erfasst. Weiter werden durch § 113 BGB die Beförderungsverträge für die Fahrt zur Arbeit, Kaufverträge für Berufskleidung und Arbeitsmaterialien, Essen in der Kantine (= Bewirtungsvertrag mit dem Kantineninhaber) gestattet.

Über den Arbeitslohn generell (also abgesehen von den gerade dargestellten Fällen) kann auch der minderjährige Arbeitnehmer nicht wirksam verfügen, sondern muss ihn abliefern. Im Einzelfall kann dem Minderjährigen der Arbeitslohn zur freien Verfügung überlassen sein (§ 110 BGB). Dies ist aber keinesfalls als Regelfall anzusehen.

Oft werden unter § 113 BGB auch die Berufsausbildungsverhältnisse gefasst. Dies ist jedoch nicht richtig. Sie sollen vielmehr die für die Ausbildung einer qualifizierten beruflichen Tätigkeit notwendigen fachlichen Fertigkeiten und Kenntnisse vermitteln (§ 1 Abs. 2 BBiG). Gleiches gilt für Volontärverhältnisse und Anlernverträge. Die Ausbildungsvergütung des Auszubildenden kann dieser also nicht im Rahmen des § 113 BGB eigenverantwortlich ausgeben.

Falls seine gesetzlichen Vertreter ihm nicht im Rahmen des § 110 BGB Geld zur freien Verfügung belassen, muss er die gesamte Vergütung gemäß dem Willen des gesetzlichen Vertreters verwenden, sie also beispielsweise auf ein Sparbuch einzahlen, falls dies gefordert würde. Im Rahmen des Unterhaltsanspruchs des Kindes gegenüber seinen Eltern (§ 1601 ff. BGB) wird man heute allerdings gewisses Taschengeld als zum Unterhalt gehörig ansehen können.

Quelle: Prof. Dr. Schmitt, Jochem: Münchener Kommentar zum Bürgerlichen Gesetzbuch, 5. Auflage, München, Verlag C. H. Beck, 2007, S. 1278 ff.

2.3 Willenserklärungen am Beispiel des Kaufvertrags

Arten von Willenserklärungen

Eine **Willenserklärung** ist die rechtlich wirksame Äußerung einer geschäftsfähigen Person, durch welche sie bewusst eine Rechtsfolge herbeiführen will, z. B. Angebot, Kündigung, Anfechtung, Rücktritt vom Vertrag.

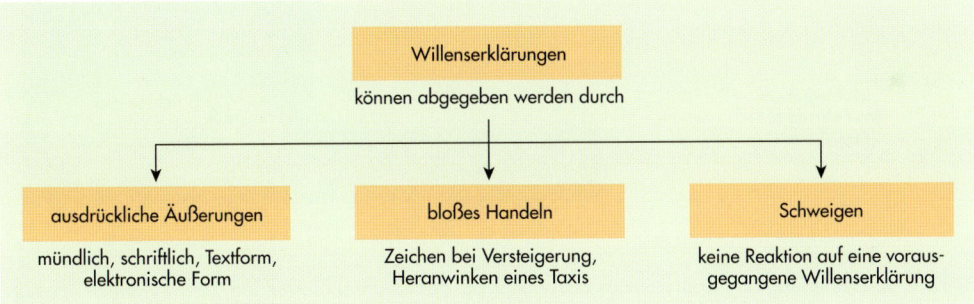

Durch Willenserklärungen entstehen **Rechtsgeschäfte**.

Jede geschäftsfähige Person kann ein Rechtsgeschäft tätigen und dadurch ein Rechtsverhältnis nach seinem Willen begründen und gestalten.

Man unterscheidet zwischen einseitigen und mehrseitigen Rechtsgeschäften. **Einseitige Rechtsgeschäfte** enthalten nur eine Willenserklärung, die entweder schon bei Abgabe rechtswirksam sein kann (z. B. Testament) oder erst nach Empfang durch einen anderen wirksam wird (z. B. Kündigung, Angebot, Bestellung).

Mehrseitige Rechtsgeschäfte (Verträge) kommen durch **übereinstimmende Willenserklärungen** von zwei oder mehreren Personen zustande. Sie begründen in der Regel beiderseitige Verpflichtungen. So ist z. B. beim Kauf der Käufer verpflichtet, den Kaufpreis zu zahlen, und der Verkäufer verpflichtet, die Sache zu übergeben und dem Käufer das Eigentum daran zu verschaffen. Nur einseitig verpflichtend ist dagegen die Schenkung. Die Person, die ihre Willenserklärung zuerst abgibt, stellt, rechtlich gesehen, einen Antrag. Ein Antrag ist immer an eine **bestimmte Person** gerichtet. Diese zweite Person kann mit einer Annahme oder Ablehnung antworten.

Verpflichtungsgeschäft am Beispiel des Kaufvertrags

Der Kaufvertrag ist ein zweiseitiges Rechtsgeschäft, bei dem beide beteiligten Personen (Käufer und Verkäufer) Verpflichtungen eingehen.

Pflichten der Kaufvertragspartner nach BGB § 433	
Pflichten des Verkäufers	• Übergabe der mangelfreien Kaufsache an den Käufer • Übertragung des Eigentums an der Sache auf den Käufer
Pflichten des Käufers	• Zahlung des vereinbarten Kaufpreises an den Verkäufer • Abnahme der gekauften Sache

Das **Verpflichtungsgeschäft** zwischen Käufer und Verkäufer (Kaufvertrag) kommt üblicherweise durch zwei inhaltlich übereinstimmende Willenserklärungen (Antrag und Annahme) zustande. Dabei kann der Antrag bzw. die Annahme sowohl vom Käufer als auch vom Verkäufer abgegeben werden.

Beispiel 1: Entstehung des Kaufvertrags durch Antrag des Verkäufers (Angebot) und inhaltlich übereinstimmende Annahme des Käufers (Bestellung).

Beispiel 2: Entstehung des Kaufvertrags durch Antrag des Käufers (Bestellung) und inhaltlich übereinstimmende Annahme des Verkäufers (Bestellungsannahme).

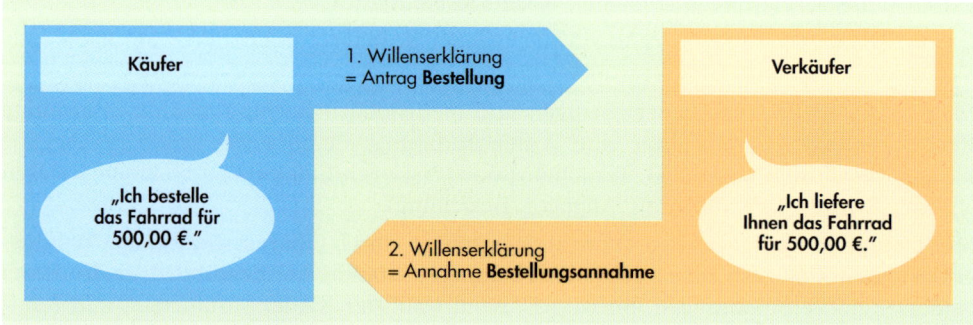

Wenn ein Kaufvertrag durch die Bestellung des Käufers zustande kommen soll, dann muss eine **Bestellungsannahme** (Auftragsbestätigung) erfolgen, wenn der

- Bestellung des Käufers kein Angebot des Verkäufers vorausging (BGB § 151),
- Bestellung des Käufers ein Angebot mit Freizeichnungsklausel vorausging (BGB § 145), z. B. „unverbindlich", „freibleibend", „ohne Obligo",
- Käufer in seiner Bestellung ein vorausgegangenes Angebot abgeändert hat (BGB § 150),
- Käufer auf ein vorausgegangenes Angebot zu spät bestellt (BGB § 150).

Beispiel: Ayse hat durch die Erklärung, dass sie das Fahrrad nimmt, wenn die Farben geändert werden, rechtlich gesehen einen Antrag abgegeben. Zweirad Kohl hat diesen Antrag angenommen, indem der Verkäufer sich mit dem Satz „Kein Problem, unser Hersteller ist für Sonderwünsche offen" zur Lieferung verpflichtet hat. Somit liegen Antrag und Annahme vor, sodass ein Kaufvertrag zustande gekommen ist.

Schweigen als Willenserklärung auf einen Antrag gilt in der Regel als Ablehnung (vgl. z. B. BGB §§ 146, 147). Geht einem Gewerbetreibenden, der regelmäßig mit einem anderen Gewerbetreibenden Geschäfte ausführt, z. B. Handelsvertreter, Handelsmakler, Kommissionär, ein Antrag von diesem zu, so gilt Schweigen als Annahme des Antrags. Will ein Gewerbetreibender einen Antrag ablehnen, dann muss er unverzüglich antworten.

Die **Bindung** an den Antrag **erlischt**, wenn dieser vom Empfänger

- abgelehnt bzw. abgeändert wurde,
- verspätet angenommen wurde:
  - Ein Antrag gegenüber **Anwesenden** kann nur sofort angenommen werden. Dies gilt auch bei telefonischem Antrag (BGB § 147). Die Parteien müssen unmittelbar von Person zu Person kommunizieren, z. B. Gespräch unter Anwesenden, Telefonat, Videokonferenz.
  - Ein Antrag gegenüber **Abwesenden** kann nur bis zu dem Zeitpunkt angenommen werden, bis unter regelmäßigen Umständen – Hinsendung, Überlegungsfrist, Rücksendung – eine Antwort erwartet werden kann (BGB § 147). Eine per E-Mail oder Telefax abgegebene Willenserklärung gilt als Willenserklärung unter Abwesenden. Es muss auf mindestens gleich schnellem Wege geantwortet werden, z. B. Antrag durch Telefax, dann unverzügliche Annahme durch Telefax oder Telefon.
  - Ist eine Frist gesetzt (z. B. „... gilt bis 15. März ..."), dann ist die Annahme nur innerhalb der Frist möglich (BGB § 148).

Wird ein Antrag verspätet angenommen oder abgeändert, so gilt die Annahme als neuer Antrag, der dann selbst wieder angenommen werden muss (BGB § 150).

Beispiel: Entstehung eines Rechtsgeschäftes trotz verspäteter oder inhaltlich abweichender Antwort.

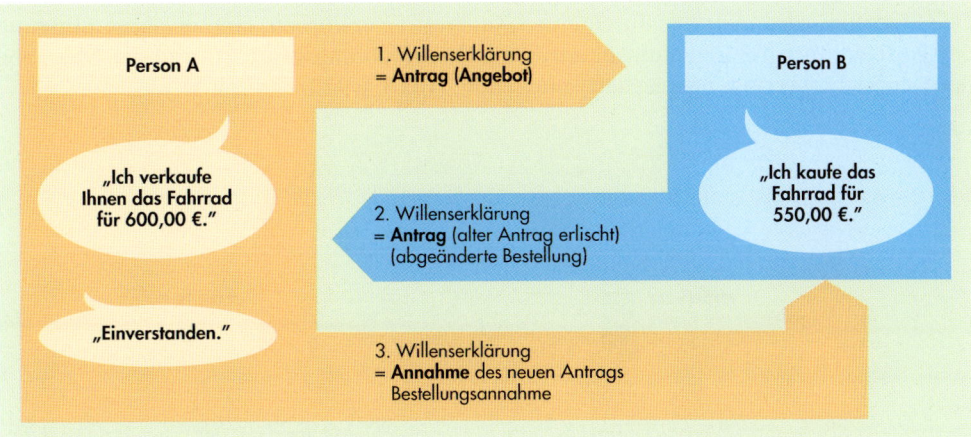

Der Anbietende kann die Bindung von vornherein durch **Freizeichnungsklauseln** ausschließen, wie freibleibendes Angebot, Zwischenverkauf vorbehalten, solange Vorrat reicht, ohne Gewähr (BGB § 145).

Verfügungsgeschäft am Beispiel des Kaufvertrags

Grundsätzlich gilt: Ein **Verpflichtungsgeschäft** (z. B. Kaufvertrag) legt den Vertragspartnern nur die Pflicht auf, die angestrebte Rechtswirkung durch eine Verfügung herbeizuführen.

Durch den Kaufvertrag (Verpflichtungsgeschäft) erwirbt der Käufer noch kein dingliches Recht an der gekauften Sache, sondern nur einen Anspruch auf Erfüllung des Kaufvertrags durch Lieferung der Sache durch den Verkäufer.

Merke: Erst durch das **Verfügungsgeschäft** (auch Erfüllungsgeschäft genannt), d. h. mit der Übergabe und Inbesitznahme des Kaufgegenstands, erwirbt der Käufer das rechtliche Eigentum an der Sache. Ebenso gelangt der Verkäufer erst durch das sich dem Verpflichtungsgeschäft anschließende Erfüllungsgeschäft in den rechtmäßigen Besitz des Zahlungsbetrags.

Beispiel: Erfüllung des Kaufvertrags durch das Verfügungsgeschäft

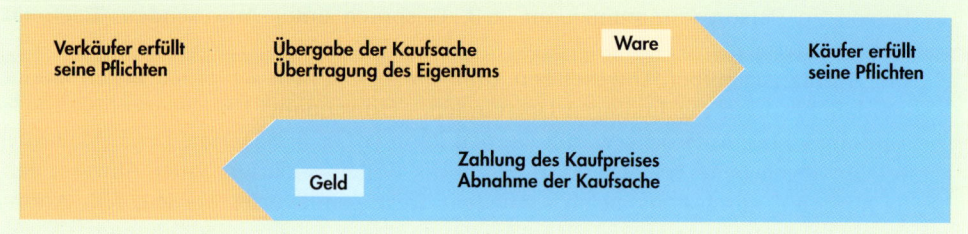

Eigentumsübertragung

Merke: Eigentum ist die rechtliche Herrschaft über eine Sache (BGB § 903). Der Eigentümer einer Sache kann mit ihr nach Belieben verfügen und andere von jeder Einwirkung ausschließen. **Besitz** ist die tatsächliche Herrschaft über eine Sache (BGB § 854).

Das Eigentum wird meistens durch einen Kaufvertrag erworben. Hierzu ist die **Einigung** der Parteien über die Eigentumsübertragung (Verpflichtungsgeschäft) und die **Übergabe** der Kaufsache (Verfügungsgeschäft) notwendig (BGB § 929).

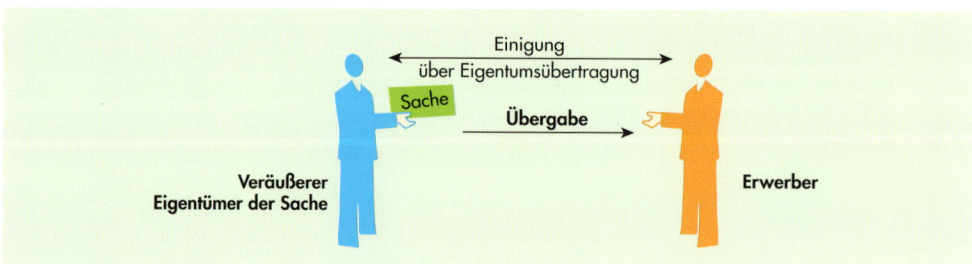

Beispiel: Der Kaufvertrag (Verpflichtungsgeschäft) ist hier gleichbedeutend mit der Einigung. Durch das Verfügungsgeschäft (Übergabe des Rades) ist Ayse Alan Eigentümerin geworden. Sie hat somit auf rechtsgeschäftlichem Weg das Eigentum an dem Mountainbike erworben. Dass das Mountainbike noch nicht vollständig bezahlt ist, spielt für die Eigentumsübertragung keine Rolle. Hier kommt es lediglich auf die Einigung und die Übergabe der Sache an.

Einfacher Eigentumsvorbehalt – sicher ist sicher

Die Vertragsklausel „Die Ware bleibt bis zur vollständigen Bezahlung unser Eigentum!" soll den Verkäufer schützen, wenn er die Ware geliefert hat. Der **Käufer** wird **Besitzer**, der **Verkäufer** bleibt **Eigentümer**, bis die Ware vollständig bezahlt ist (BGB § 449).

Der Eigentumsvorbehalt ist bei Raten- und Zielverkäufen angebracht. Kommt der Käufer mit der Zahlung in Verzug, hat der Verkäufer das Recht, die **Ware zurückzunehmen** und vom **Vertrag zurückzutreten**. Bei einem Insolvenzverfahren[1] des Käufers hat er ein Aussonderungsrecht und bei Pfändung der Ware einen **Anspruch auf Freigabe** der gepfändeten Sache (BGB § 449, InsO § 47).

Der **einfache Eigentumsvorbehalt** erlischt, wenn die Ware

- vollständig bezahlt wird,
- an einen gutgläubigen Dritten veräußert wird (BGB § 932),
- verarbeitet, verbraucht oder zerstört wird (BGB § 950),
- mit einem Grundstück fest verbunden wird, z. B. unter Eigentumsvorbehalt gelieferte Wasserrohre werden eingebaut (BGB § 946).

2.4 Anfechtung von Rechtsgeschäften – irren ist menschlich

Wenn Rechtsgeschäfte aufgrund bestimmter Gründe im Nachhinein ungültig gemacht werden können, dann spricht man von **Anfechtbarkeit**. Anfechtbare Verträge bleiben bis zur rechtsgültigen Anfechtung gültig und werden erst danach von Anfang an ungültig.

Anfechtungsgrund	Beispiel
Irrtum BGB §§ 119, 120 gewollte und tatsächliche Erklärung stimmen nicht überein	• **Irrtum in der Erklärungshandlung**, z. B. Sprechfehler, Schreibfehler, z. B. nennt der Verkäufer in seinem Angebot einen Preis von 18 000,00 €, meint aber in Wirklichkeit 80 000,00 €. • **Irrtum über wesentliche Eigenschaften einer Person oder Sache** (Inhaltsirrtum), z. B. ein Unternehmen stellt einen Fahrer ein, der jedoch keinen Führerschein besitzt. • **Irrtum bei der Übermittlung** der Erklärung, z. B. ein Bote richtet etwas falsch aus, der Angebotspreis in einem Fax ist verstümmelt (es sind nur die ersten zwei Ziffern zu lesen, z. B. 10,00 statt 10 000,00 €). • **Irrtum über die Bedeutung** der Erklärung (Inhaltsirrtum), z. B. Bernd möchte einen Motorroller kaufen, er unterschreibt aber einen Leasingvertrag.
arglistige Täuschung BGB § 123	• Verträge, die aufgrund der Vorspiegelung falscher Tatsachen zustande kommen, z. B. ein Unfallwagen wird trotz besseren Wissens des Verkäufers dem ahnungslosen Kunden als unfallfrei verkauft
widerrechtliche Drohung (BGB § 123)	• Verträge, die durch mittelbare oder unmittelbare Bedrohung eines Vertragspartners zustande kommen, z. B. ein Staubsaugervertreter erzwingt die Unterschrift vom Käufer, indem er androht, dass er sonst dessen Vorstrafen in der Nachbarschaft erzählt

Nicht jede Drohung ist widerrechtlich. So ist die Androhung eines gerichtlichen Mahnbescheids in Zusammenhang mit dem Zahlungsverzug eines Käufers nicht zu beanstanden. Bei einer **widerrechtlichen Drohung** muss eine **Verwerflichkeit** zwischen Drohung und angestrebtem Zweck vorliegen.

---

[1] Insolvenz = Zahlungsunfähigkeit

Elektronisch abgegebene und **übermittelte Willenserklärungen** können wie jede andere Willenserklärung angefochten werden. Auch sogenannte Computererklärungen, die mithilfe eines Computerprogramms **automatisiert erzeugt** und **elektronisch übermittelt** werden, sind anfechtbar, da es sich um Willenserklärungen handelt, die letztendlich auf eine willentliche Entscheidung eines Menschen zurückgehen.

*Beispiel: Ein Computer-Händler bietet ein Notebook zum Listenpreis von 2 450,00 € an. Dieses Notebook erscheint wegen eines Softwarefehlers auf der Website des Computer-Händlers für 245,00 €. Ein Käufer erwirbt dieses Notebook zu diesem Schnäppchen-Preis. In diesem Fall liegt seitens des Händlers ein **Irrtum in der Erklärungshandlung** vor (Schreibfehler). Der Händler kann den Kaufvertrag wegen Irrtums anfechten.*

Nicht zur Anfechtung berechtigen der **Motivirrtum**, also der Irrtum im Beweggrund (z. B. jemand kauft Aktien in der Erwartung von Kurssteigerungen – wenig später fallen die Aktienkurse), und der **Kalkulationsirrtum** (z. B. ein Angebotspreis wurde aufgrund falsch ermittelter Zuschlagssätze zu niedrig kalkuliert). In beiden Fällen stimmen gewollte und tatsächliche Erklärung überein, sodass kein rechtserheblicher Irrtum vorliegt. Der Irrtum besteht sowohl beim Motivirrtum als auch beim Kalkulationsirrtum darin, dass sich der Erklärende vor der Abgabe seiner Erklärung etwas anderes versprochen bzw. vorgestellt hat als dann in Wirklichkeit eintrat.

Der Anfechtende muss seinem Vertragspartner **Schadenersatz** leisten, wenn dieser einen Schaden dadurch erleidet, dass er der Gültigkeit des Vertrags vertraute (BGB § 122). Die Anpassung eines Vertrags kann verlangt werden, wenn sich die Geschäftsgrundlage, die für den Vertragsschluss maßgebend war, wesentlich verändert hat (z. B. schwere Krankheit eines Vertragspartners, neue Gesetzeslage) und den Parteien das Festhalten am Vertrag nicht zugemutet werden kann. Ist eine Anpassung nicht möglich oder einem Vertragspartner nicht zumutbar, dann kann die benachteiligte Partei vom Vertrag zurücktreten (BGB § 313 – **Störung der Geschäftsgrundlage**).

Anfechtungsgrund	Anfechtungsfrist
Irrtum (BGB § 121)	**unverzüglich**, d. h. ohne schuldhaftes Zögern, nachdem der Irrtum entdeckt wurde.
	Nach 10 Jahren seit Abgabe der Willenserklärung ist die Anfechtung ausgeschlossen.
arglistige Täuschung bzw. widerrechtliche Drohung (BGB § 124)	**innerhalb eines Jahres** nach Kenntnis der Täuschung bzw. Aufhören der Zwangslage.
	Nach 10 Jahren seit Abgabe der Willenserklärung ist die Anfechtung ausgeschlossen.

Irrtum korrigierbar

KARLSRUHE • Ein Käufer, der mit einem Notebook für nur 245 € ein Schnäppchen gemacht zu haben glaubte, muss seinen Computer wieder an den Internet-Händler zurückgeben. Der tatsächliche Preis sollte mit 2 650 € mehr als das Zehnfache betragen. Durch einen Softwarefehler war das Notebook aber zum Super-Angebot auf die Website des Computer-Händlers geraten. […] Nach dem jetzt veröffentlichten Urteil des Bundesgerichtshofs unterlag der Händler einem Erklärungsirrtum und kann deshalb den Kaufvertrag wirksam anfechten. Das Schnäppchen muss vom Käufer zurückgegeben werden (Az.: BGH VIII ZR 79/04).

(Quelle: AP, in Südwestpresse, 23.02.2005, S. 7)

2.5 Nichtigkeit von Rechtsgeschäften – von vornherein ungültig

Wenn Rechtsgeschäfte aufgrund bestimmter rechtlicher Mängel von vornherein ungültig sind, dann spricht man von **Nichtigkeit**. Nichtige Verträge werden so behandelt, als wären sie nicht abgeschlossen worden.

Nichtigkeitsgrund	Beispiel
fehlende Geschäftsfähigkeit BGB §§ 105 (1), 108	• Verträge mit **Geschäftsunfähigen** • Verträge mit **Minderjährigen ohne Einwilligung** und wenn der gesetzliche Vertreter die Genehmigung verweigert
Fehlen des rechtsgeschäftlichen Willens BGB §§ 105 (2), 117, 118	• Verträge, die im Zustand der Bewusstlosigkeit oder vorübergehenden **Störung der Geistestätigkeit** abgeschlossen werden, z. B. Verkauf eines Neuwagens für 1 000,00 € im volltrunkenen Zustand. • **Scheingeschäfte** – Verträge, die zum Schein abgeschlossen werden, z. B.: Arbeitsvertrag mit dem Ehegatten zwecks steuerlicher Geltendmachung von Betriebsausgaben – tatsächlich arbeitet dieser nicht. • **Scherzgeschäfte** – Verträge, die nicht ernst gemeint sind, z. B. Verkauf des Ehegatten für 100 000,00 €.
verbotener rechtsgeschäftlicher Inhalt BGB §§ 134, 138	• Verträge, die gegen **gesetzliche Verbote** verstoßen, z. B. Menschen-, Rauschgifthandel, Handel mit Diebesgut – Hehlerei. • Verträge, die **gegen die guten Sitten** verstoßen, d. h. wenn ein auffälliges Missverhältnis zwischen Leistung und Gegenleistung besteht oder wenn sich jemand unter Ausnutzung einer Zwangslage, der Unerfahrenheit, des mangelnden Urteilsvermögens eines anderen Vorteile verschafft (Wucher).
Nichteinhaltung einer Formvorschrift BGB § 125	• Verträge, die **gegen eine gesetzliche Formvorschrift** oder vertraglich vereinbarte Form verstoßen. • Kündigungen, Verbraucherdarlehensverträge, die Vereinbarung eines Wettbewerbsverbots – bei Privatleuten auch Schuldversprechen, -anerkenntnisse und Bürgschaftserklärungen – bedürfen der Schriftform. Notarielle Beurkundung ist erforderlich bei Veräußerung und Belastung von Grundstücken, Schenkungsversprechen, Gesellschaftsverträgen von Kapitalgesellschaften (GmbH, AG).

Stundenlohn von 5,20 € war sittenwidrig

Die Stundenlöhne von 5,20 € für zwei beim Textildiscounter Kik beschäftigte Frauen sind vom Landesarbeitsgericht Hamm als sittenwidrig eingestuft worden. Es gebe ein auffälliges Missverhältnis zwischen Lohnhöhe und Arbeitsleistung, erklärte das Gericht gestern und bestätigte damit zwei Entscheidungen des Arbeitsgerichts Dortmund. Angemessen ist vielmehr ein Stundenlohn in Höhe von rund acht Euro. Das ergibt sich aus einem Vergleich mit den branchenüblichen Tariflöhnen. Das Unternehmen muss den Frauen nun den fehlenden Lohn nachzahlen. (LAG Hamm 18.03.2009, 6 Sa 1284 u. 1372/08)

(Quelle: AP, in Handelsblatt, 19.03.2009, S. 14)

2.6 Kaufvertragsarten

Je nach den Vereinbarungen zwischen Käufer und Verkäufer können die Verträge nach verschiedenen Kriterien unterteilt werden.

Kaufverträge nach der rechtlichen Stellung der Vertragspartner

bürgerlicher Kauf	Beide Vertragspartner handeln als **Privatpersonen** (Verbraucher). Für beide gilt nur das BGB (§§ 433 ff.). **Verbraucher** ist jede natürliche Person, die ein Rechtsgeschäft zu einem Zweck abschließt, der weder ihrer gewerblichen noch ihrer selbstständigen beruflichen Tätigkeit zugerechnet werden kann (BGB § 13).
	Beispiel: Frau Schulze verkauft einen gebrauchten Kinderwagen an ihre Nachbarin.
einseitiger Handelskauf	Ein Vertragspartner ist Unternehmer. Für ihn gilt neben dem BGB (z. B. BGB §§ 433 ff.) insbesondere das HGB (HGB §§ 345, 373 ff.). **Unternehmer** ist eine natürliche oder juristische Person oder eine rechtsfähige Personengesellschaft (z. B. OHG, KG), die bei Abschluss eines Rechtsgeschäfts in Ausübung ihrer gewerblichen oder selbstständigen beruflichen Tätigkeit handelt (BGB § 14, Rechtsformen siehe LF1, Kap. Kriterien für die Wahl der Rechtsform).
	Beispiel: Herr Klein kauft im Schuhgeschäft Braun ein Paar Skistiefel.
zweiseitiger Handelskauf	**Beide** Vertragspartner sind **Unternehmer** (HGB §§ 343).
	Beispiel: Der Großhändler Müller kauft einen Computer von der Büromaschinenfabrik Klein GmbH.

Kaufverträge nach Art und Beschaffenheit der Ware

Stückkauf	Eine ganz bestimmte Sache (**Speziessache**) wird gekauft. Diese kann nicht durch eine andere ersetzt werden, z. B. Modellkleid, Originalgemälde, Gebrauchtwagen, Antiquitäten.
Gattungskauf	Hier handelt es sich um den Kauf von vertretbaren Sachen (**Gattungssachen**). Das sind solche Sachen, die nach Maß, Zahl oder Gewicht bestimmbar sind, z. B. alle mehrfach gefertigten Gegenstände wie Bücher, Serienmöbel, Konserven (BGB § 91, vgl. auch BGB § 243!).

Kaufverträge nach Liefer- und Zahlungsbedingungen

Spezifikationskauf **Bestimmungskauf**	Eine gekaufte Warenmenge wird innerhalb einer vereinbarten Frist erst genauer bestimmt, z. B. nach Größe, Farbe, Maß, Form. Verstreicht die Frist, so kann der Verkäufer selbst bestimmen (= spezifizieren) und eine Nachfrist zur anderweitigen Bestimmung durch den Käufer setzen.
	Lässt dieser auch die Nachfrist verstreichen, so gilt die vom Verkäufer vorgenommene Einteilung (HGB § 375).
	Vorteile des Bestimmungskaufs: Sicherung von Produktionskapazität, Risiko des Modewandels gering halten (z. B. bei Stoffen).

Kauf auf Probe	Der Verkäufer gestattet dem Käufer die Untersuchung des Kaufgegenstandes innerhalb einer vereinbarten Frist (**Billigungsfrist**). Dem Käufer steht es frei, ob er die Kaufsache nach Ablauf der Billigungsfrist abnimmt oder zurückgibt. Schweigen gilt als Billigung (BGB §§ 454 f.). **Beispiel:** Ein Käufer interessiert sich für Lautsprecher. Der Verkäufer gibt ihm die Lautsprecher für drei Tage mit nach Hause, damit er die Klangwirkung in seiner Wohnung testen kann. Nach Ablauf der vereinbarten Frist kann der Käufer von seinem **Rückgaberecht** Gebrauch machen oder die Lautsprecher abnehmen.
Kauf auf Abruf	Die gekaufte Ware soll **in Teilmengen** oder ganz auf besondere Anweisung des Käufers später geliefert werden. **Vorteil:** Günstigere Preise wegen größerer Abnahme, Einsparung von Lagerkosten beim Käufer.
Barkauf	**Zahlung des Kaufpreises bei Übergabe der Ware,** „Zug um Zug" (BGB § 271).
Fixkauf	Kauf, bei dem ein **fester** Termin bzw. eine fest vereinbarte Lieferfrist wesentlicher Vertragsbestandteil ist (BGB § 323 (2) Nr. 2, HGB § 376). **Beispiel:** Liefern Sie bis zum 15.10. … fix.

Kaufverträge nach dem Erfüllungsort

Platzkauf	Käufer und Verkäufer haben **am selben Ort** den Geschäfts- bzw. Wohnsitz. Erfüllungsort ist immer der Geschäfts- bzw. Wohnort des Verkäufers.
Versendungskauf	Der Verkäufer sendet die Ware auf Verlangen des gewerblichen Käufers **an einen anderen Ort als den Erfüllungsort**. Die Gefahr für Beschädigung oder Vernichtung geht mit der Übergabe an das Transportunternehmen, z. B. Post, Bahn, Spediteur, auf den Käufer über (BGB § 447) über. Eine Besonderheit des Versendungskaufs ist das **Streckengeschäft**. Hier sendet der Verkäufer die Ware nicht an den Käufer, sondern an dessen Kunden, z. B. Möbelfabrikant Weller schickt eine Polstermöbelgarnitur nicht an den Möbelgroßhändler Wenz, sondern direkt an einen Kunden von Wenz.

Besonderheiten beim Streckengeschäft

Beim Streckengeschäft lässt der Großhändler (Streckengroßhändler) die Ware **direkt durch den Hersteller** an seine Kunden ausliefern. Im Übrigen gelten die Bedingungen, die im Kaufvertrag zwischen dem Großhändler und seinem Kunden festgelegt sind.

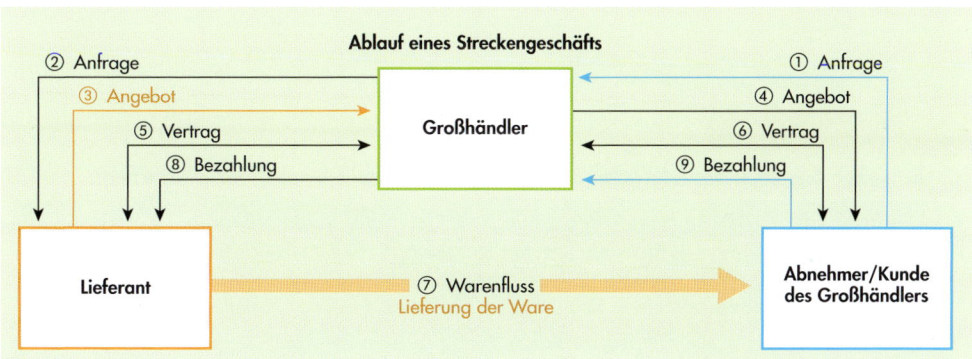

Ablauf eines Streckengeschäfts

Streckenlieferungsverträge werden vereinbart, wenn

- aus **zeitlichen Gründen** Direktlieferungen an die Kunden notwendig sind, z. B. Frischware, die möglichst bald zum Endverbraucher gelangen soll,
- wichtige **Liefertermine** (z. B. Fixkauf) leichter eingehalten werden sollen,
- für den Kunden keine ausreichende **Betreuung** möglich ist (z. B. für Randsortimente),
- **Fracht-, Verlade- und Lagerkosten** eingespart werden sollen,
- **Umladekosten** und die **Gefahr von Transportschäden** durch Umladen vermieden werden sollen, z. B. bei schwerer, voluminöser Ware (Stahl, Holz usw.) oder teuren und empfindlichen Gütern (Glas, Messinstrumente, Maschinen usw.).

ZUSAMMENFASSUNG

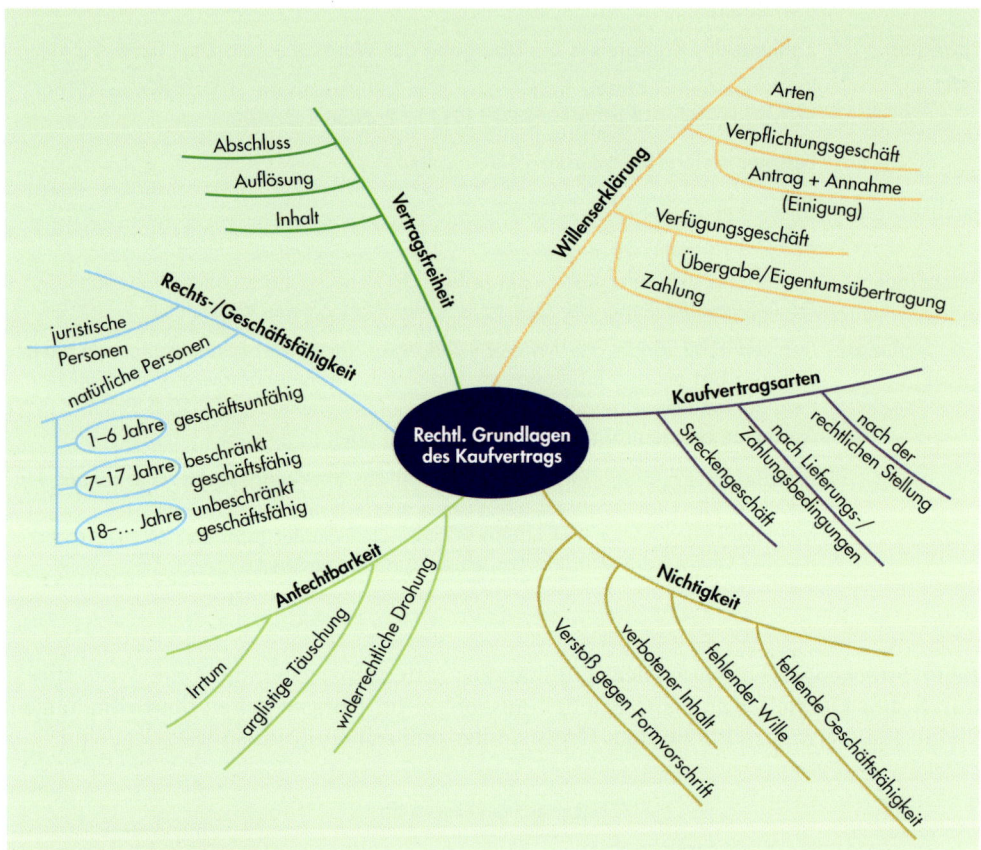

AUFGABEN

1　Schreiben Sie jeden der folgenden Begriffe auf die Kopfzeile eines DIN-A6-Kärtchens:

Rechtssubjekt, juristische Person, Rechtsfähigkeit, Geschäftsfähigkeit (Begriff), Geschäftsfähigkeit (Stufen), Betreuer (Aufgaben), Taschengeldgeschäft, Willenserklärung (Begriff), Willenserklärung (Arten), Willenserklärung (Bindungsfrist), Antrag, Annahme, Kaufvertrag (Pflichten), Kaufvertrag (Zustandekommen), Schweigen als Willenserklärung, Bestellungsannahme (rechtlich notwendig), Verpflichtungsgeschäft, Verfügungsgeschäft, Besitz, Eigentum, Eigentums-

übertragung (rechtsgeschäftlich), Eigentumsübertragung (gutgläubig), Eigentumsübertragung (bewegliche Sachen), Eigentumsübertragung (unbewegliche Sachen), Eigentumsvorbehalt (einfacher), Anfechtung (Begriff), Anfechtungsgründe, Irrtum (rechtserheblich), Motivirrtum, Kalkulationsirrtum, Anfechtungsfristen, Stückkauf, Gattungskauf, Spezifikationskauf, Kauf auf Probe, Kauf auf Abruf, Fixkauf, Platzkauf, Versendungskauf, Streckengeschäft.

Sortieren Sie die Begriffskärtchen nach den Kriterien „weiß ich" oder „weiß ich nicht".

Bilden Sie Kleingruppen mit höchstens drei Mitgliedern. Erklären Sie sich gegenseitig die „Weiß-ich-nicht"-Kärtchen. Schlagen Sie dabei die ungeklärten Begriffe im Schulbuch nach oder nehmen Sie Kontakt zu einer anderen Kleingruppe auf.

Schreiben Sie die Begriffserklärungen auf die Rückseite Ihrer Kärtchen und ordnen Sie die Kärtchen unter der Leitkarte „Kaufvertrag" alphabetisch in Ihren Lernkartei-Behälter ein.

2 *Bilden Sie Teams mit jeweils drei Mitgliedern (Stammgruppen). Schreiben Sie jeden der Begriffe aus Aufgabe 1 auf ein extra Stück Papier und fügen Sie diese Papierkärtchen zu einer sinnvollen Struktur zusammen. Die Struktur kann durch Pfeile, Farben, Symbole, Texte (z. B. Überschriften), Bilder oder weitere Begriffe ergänzt werden.*

3 a) *Worin unterscheiden sich Rechts- und Geschäftsfähigkeit bei natürlichen und bei juristischen Personen?*
  b) *Warum sind u. U. auch Erwachsene beschränkt geschäftsfähig bzw. geschäftsunfähig?*
  c) *Wovon hängt die Gültigkeit von Verträgen mit beschränkter Geschäftsfähigkeit ab?*
  d) *Wie würden Sie einen schwebend unwirksamen Vertrag beurteilen, wenn der Minderjährige inzwischen volljährig wird [vgl. BGB § 108 (3)]?*

4 *Beurteilen Sie folgende Fälle und begründen Sie Ihre Ansicht:*
  a) *Die 16-jährige Ursula kauft von ihrem gesparten Taschengeld eine Perücke für 50,00 €. Der Vater verlangt, dass sie diese zurückgibt. Der Verkäufer weigert sich, die Perücke zurückzunehmen.*
  b) *Kurt, sechs Jahre alt, hat für seine Mutter eingekauft. Vom Wechselgeld nimmt er 2,00 € und kauft fünf Kaugummis. Die aufgerissenen Packungen bringt die Mutter ins Geschäft zurück und will das Geld dafür haben.*
  c) *Der 17-jährige Angestellte Franz kündigt seinen mit Einwilligung des gesetzlichen Vertreters geschlossenen Arbeitsvertrag zum 31. März. Der Vater teilt dem Ausbildungsbetrieb mit, dass er als gesetzlicher Vertreter die Kündigung rückgängig mache.*

5 *Die 16-jährige Barbara hat von einer Tante zum Geburtstag ein Fahrrad erhalten. Da die Eltern mit der Tante Streit haben, erklären sie: „Von der lassen wir uns nichts schenken" und geben das Fahrrad zurück.*
  a) *Durfte Barbara das Fahrrad annehmen? Nehmen Sie dazu Stellung.*
  b) *Die Tante sagt: „Geschenkt ist geschenkt" und lehnt die Rücknahme ab. Was meinen Sie dazu?*
  c) *Wie wäre die Sachlage, wenn die Tante das Fahrrad mit der Auflage geschenkt hätte, dass Barbara dafür ein Vierteljahr lang, jeweils samstags, die Grundreinigung der Wohnung übernimmt?*
  d) *Wie wäre die Angelegenheit zu beurteilen, wenn Barbara erst fünf Jahre alt wäre und ein Dreirad bekommen hätte?*
  e) *Der Vater gibt Barbara 500,00 € zum Kauf eines Fahrrads. Barbara kauft beim Händler anstelle des Fahrrads ein gebrauchtes Mofa zum gleichen Preis.*
    (1) *Der Vater verlangt, dass Barbara das Mofa sofort wieder zurückgibt. Der Händler weigert sich. Ist er im Recht?*
    (2) *Auf der Heimfahrt fährt Barbara gegen einen Baum. Das Mofa hat Totalschaden. Der Vater verlangt vom Händler das Geld zurück, weil er keine Einwilligung gegeben habe. Muss der Händler zahlen?*
    (3) *Wie würden Sie den Fall sehen, wenn zwischen Kauf und Unfall vier Wochen vergangen sind?*

6   Kurt (17 Jahre alt) hat eine Ferienarbeit in einer benachbarten Diskothek begonnen. Er arbeitet dort schon eine Woche lang. Seine Eltern sind mit dieser Arbeit nicht einverstanden und verbieten Kurt, sein Arbeitsverhältnis fortzusetzen.

     a)   Kann Kurt weiterhin in der Diskothek arbeiten?

     b)   Angenommen, der Arbeitsvertrag sei unwirksam. Kurt hat bereits eine Woche lang gearbeitet. Hat Kurt einen Anspruch auf Vergütung seiner Arbeitsleistung? Der Diskothekenbesitzer ist der Meinung: „Kein Vertrag, kein Geld!"

7   Entscheiden Sie, ob in folgenden Fällen ein Vertrag zustande gekommen ist. Wodurch kommen Antrag und Annahme zustande?

     a)   Herr Braun nimmt wortlos an einem Kiosk eine Zeitung, legt das passende Geldstück hin und geht mit einem Gruß weiter.

     b)   Frau Groß winkt ihrer Freundin zu, die sie auf dem Gehweg jenseits der Straße entdeckte. Ein vorbeifahrender Taxifahrer sieht dieses Zeichen, hält an und will Frau Groß einsteigen lassen, da sie ihn ja mit dem Winken angehalten habe.

     c)   Einkäufer Maurer ruft seinen Lieferer Schulz an: „Schicken Sie mir bis 10:00 Uhr das Gleiche wie gestern." Schulz antwortet: „In Ordnung."

     d)   Frau Gruber will eine neue Geschäftsverbindung anbahnen und hat mit Telefax beim Weingut „Sonnenhalde" 200 Flaschen Kaiserstühler Weißherbst bestellt. Nach 14 Tagen trifft die Mitteilung mit der Briefpost ein, dass der Wein in den nächsten Tagen geliefert werde.

     e)   Wie würden Sie im Fall d) urteilen, wenn das Weingut nach zwei Tagen telefonisch die Lieferung ankündigt?

8   Klären Sie anhand folgender Fälle,

     a)   von welchem der Vertragspartner (Käufer oder Verkäufer, beide sind Unternehmer) der Antrag bzw. die Annahme ausgeht und

     b)   ob ein Kaufvertrag zustande gekommen ist (Begründung),

     c)   ob die Willenserklärungen in den Fällen 1. bis 7. zum Verpflichtungs- oder zum Erfüllungsgeschäft gehören.

        (1)   Der Käufer bestellt, der Verkäufer liefert daraufhin die Ware.

        (2)   Der Verkäufer unterbreitet ein verbindliches Angebot, der Käufer bestellt.

        (3)   Der Verkäufer sendet unbestellte Ware zu; der Empfänger nimmt sie in Gebrauch.

        (4)   Der Käufer bestellt ohne vorausgegangenes Angebot; der Verkäufer schweigt. Käufer und Verkäufer stehen in ständiger Geschäftsverbindung.

        (5)   Der Käufer bestellt ohne vorausgegangenes Angebot; der Verkäufer schweigt. Käufer und Verkäufer hatten bisher keine geschäftlichen Beziehungen.

        (6)   Der Verkäufer macht ein freibleibendes Angebot; der Käufer bestellt daraufhin.

        (7)   Der Verkäufer macht ein verbindliches Angebot per Fax; der Käufer bestellt nach drei Tagen per Fax.

9   Am 11. November trifft bei der Media-Mode GmbH ein briefliches Angebot der Großhandlung Stricker KG über eine Sonderkollektion Körperschmuck mit dem Zusatz „solange Vorrat reicht" ein. Die Media-Mode GmbH bestellt die Sonderkollektion am 12. November. Die Stricker KG bestätigt den Auftrag am 24. November per Fax. Die Media-Mode GmbH erklärt sich noch am gleichen Tag telefonisch mit der Lieferung einverstanden. Die Lieferung erfolgt daraufhin am 28. November.

     Wann ist der Kaufvertrag zustande gekommen?

     a)   Mit dem Eintreffen des Angebots am 11. November.

     b)   Mit der Bestellung am 12. November.

     c)   Mit der Auftragsbestätigung per Fax am 24. November.

     d)   Mit der telefonischen Einverständniserklärung am 24. November.

     e)   Mit der Lieferung am 28. November.

     f)   Zu keiner Zeit, da alle Willenserklärungen zu spät erfolgten.

10 In welchem Fall ist ein Kaufvertrag zustande gekommen?
   a) Der Käufer bestellt nach Ablauf der im Angebot gesetzten Frist.
   b) Der Käufer bestellt aufgrund einer Anzeige in der Tageszeitung.
   c) Der Käufer bestellt aufgrund eines freibleibenden Angebots.
   d) Der Verkäufer liefert die vom Käufer bestellte Ware.
   e) Der Käufer nimmt das unverbindliche Angebot des Lieferers an.

11 Bestimmen Sie für folgende Fälle das Datum, an dem das Eigentum auf die HARO GmbH übergeht.
   a) Kurt Hauser (Einkäufer der HARO GmbH) bestellt am 20. April 40 Verbandskästen bei der Jonas Brauer AG. Am 25. April erhält er eine Auftragsbestätigung per E-Mail. Die Verbandskästen werden durch die Brauer AG am 28. April angeliefert. Die Rechnung trifft am 29. April ein. Die Rechnungswesenabteilung der HARO GmbH bezahlt die Rechnung am 5. Mai per Banküberweisung. Die Garantiefrist an den Verbandskästen läuft zwei Jahre nach Eintreffen der Ware ab.
   b) Angenommen, in den Geschäftsbedingungen (sie sind Bestandteil des Kaufvertrags) der Brauer AG steht folgende Klausel: „Die Ware wird erst Eigentum des Käufers, wenn dieser sie vollständig bezahlt hat."
   c) Angenommen, auf der Rückseite der Rechnung steht o. g. Klausel (siehe b). Auf der Auftragsbestätigung der Brauer AG stehen keinerlei Geschäftsbedingungen.
   d) Angenommen, die HARO GmbH hätte die Ware bereits am Bestelltag bezahlt.

12 a) Warum kann eine unter Eigentumsvorbehalt gelieferte Ware weiterverkauft werden?
   b) In welchen Fällen ist die Vereinbarung eines Eigentumsvorbehalts anzuraten?
   c) Elektromeister Kuhn hat unter Eigentumsvorbehalt gelieferte Lichtkabel im Neubau von Herrn Groß installiert. Als Kuhn nicht zahlt, verlangt sein Lieferer die Herausgabe der Kabel. Vergleichen Sie BGB § 946 und begründen Sie, warum diese Bestimmung auch im geschilderten Fall sinnvoll ist.
   d) Weshalb genügt der einfache Eigentumsvorbehalt vielfach bei Lieferungen an den Endverbraucher, nicht dagegen bei Lieferungen an Wiederverkäufer?
   e) Wann geht das Eigentum an einer Sache auf den Käufer (Erwerber) über, wenn folgende Geschäftsbedingung vereinbart war: „... die Ware bleibt unser Eigentum, bis der Käufer sie vollständig bezahlt hat"?

13 Lesen Sie die Fälle a) bis l) in Ihrer Stammgruppe durch. Delegieren Sie je einen Abgeordneten (Experten) für vier Fälle. Die jeweiligen Experten treffen sich in Expertengruppen (maximal drei Mitglieder), überprüfen die jeweilige Rechtslage anhand des BGB bzw. des Schulbuchs und vermerken den jeweiligen Anfechtungsgrund mit dem zugehörigen Paragrafen. Die Experten kehren anschließend in ihre Stammgruppen zurück und vermitteln dort ihr Wissen.

   Tipp: Prüfen Sie nach folgendem Schema:
       (1) Liegt ein gültiges Rechtsgeschäft vor?
       (2) Liegt ein Anfechtungsgrund vor?
       (3) Wurde die Anfechtungsfrist eingehalten?
       (4) Kann Schadenersatz gefordert werden?

   a) Stefan hat sich bei Sport-Versand Stern Inline-Skates bestellt. Auf dem Bestellformular hat er in der Spalte Anzahl eine 2 eingetragen in der Annahme, er müsse einen linken und einen rechten Skate-Schuh bestellen. Daraufhin bekommt er zwei Paar Inline-Skates geliefert.
   b) Gerd wollte sich bei Sport-Versand Stern auch Inline-Skates bestellen. Er verschreibt sich bei der Artikelnummer: Statt 223314 schreibt er 223311 und bekommt statt der Skates Knieschoner.

c) Katrin will ihre Freundin Michaela am 2.1. d. J. telefonisch bitten, ihre (Katrins) Ellenbogenschoner zu verkaufen. Da Michaela nicht daheim ist, nimmt die Mutter das Telefongespräch entgegen und schreibt ihrer Tochter Michaela eine Nachricht: „Kaufe für Katrin Ellenbogenschoner".

d) Holger will einen neuen Trainer für den Club einstellen. Der Bewerber, Herr Häuber, erzählt ihm beim Vorstellungsgespräch am 10.1. d. J., dass er den sog. „Führerschein für Inline-Skater des Deutschen Inline-Skate-Verbandes e. V." habe. Holger hält ihn deswegen von allen Bewerbern für den geeignetsten und stellt ihn ein. Eine Woche später erfährt er, dass Herr Häuber einen solchen Führerschein gar nicht besitzt.

e) Martina ist im Verein zuständig für die Werbung neuer Mitglieder. Da es dem Verein finanziell nicht gut geht, braucht der Verein dringend neue beitragzahlende Mitglieder. Martina erreicht, dass Samuel den Mitgliedsantrag unterschreibt, indem sie ihm droht, seinen Eltern zu erzählen, dass er vorgestern die Schule geschwänzt hat. Samuel unterschreibt den Antrag, da er nicht will, dass seine Eltern von seinem Schulschwänzen erfahren.

f) Frank kauft von Frau Gomper über eine Zeitungsannonce am 5.12. d. J. Inline-Skates für 60,00 €. Frau Gomper versichert ihm wider besseres Wissen, dass der Preis für die gebrauchten Skates gerechtfertigt sei, da die Skates hochwertige Fiberglas-Rollen hätten, die eine optimale Speed-Technik und ein optimales Bremsverhalten ermöglichten. Als Frank die Skates am 10.01. in den Club mitbringt, lacht sein Freund Heiko ihn aus und erklärt ihm, dass die Rollen aus billigem Plastik seien.

g) Rita kauft im Auftrag der Clubmitglieder einen Trainingsanzug als Geburtstagsgeschenk für Marion. Rita hat den Anzug in Größe 38 gekauft in der Hoffnung, dass er Marion passt. Leider hat sie sich verschätzt, der Anzug ist für Marion viel zu groß.

h) Es fängt wie aus Kannen zu regnen an. Ayse kauft im nächstbesten Geschäft einen Regenschirm. Als sie den Laden verlässt, hat es aufgehört zu regnen. Sie macht kehrt und will den Regenschirm wieder zurückgeben.

i) Kai Blume verkauft ein Grundstück. Im Verkaufsgespräch behauptet er, dass das Grundstück baureif sei. Nach Abschluss des Kaufvertrags stellt sich heraus, dass das Grundstück nicht bebaut werden darf.

j) Martin Burger (5 Jahre alt) kauft sich in einem Spielwarenmarkt ein Computerspiel für 29,00 €. Das Geld stammt aus seinem Sparschwein. Seine Eltern sind mit dem Kauf nicht einverstanden.

k) Anna König zeichnet eine Ware aus Versehen mit 250,00 € aus. Der kalkulierte Verkaufspreis beträgt 520,00 €. Der Käufer besteht auf dem niedrigeren Preis.

l) Sabrina Welte verkauft ihr Sportcabrio an Klaus Kuhn gegen Ratenzahlung. Klaus Kuhn kann die Raten nicht aufbringen.

14 a) Lesen Sie die Pressemitteilungen auf Seite 48 f. und äußern Sie Ihre Meinung dazu.

b) Suchen Sie nach aktuellen Gerichtsurteilen zum Thema „Anfechtung eines Kaufvertrags" im Internet und vollziehen Sie die jeweiligen Urteilsbegründungen anhand der einschlägigen Rechtsparagrafen nach.

15 Beurteilen Sie folgende Fälle im Hinblick auf Anfechtbarkeit und Nichtigkeit. Begründen Sie jeweils Ihre Ansicht.

a) Der Hof des Bauern Köhler ist stark verschuldet. Die Bank gewährt keinen weiteren Kredit. In seiner Not erhält er von einem Privatmann ein Darlehen zu 30 % Zins jährlich.

b) Herr Kopp übernimmt für seinen Stammtischfreund Funk eine mündliche Bürgschaft in Höhe von 15 000,00 € (vergleichen Sie auch BGB § 766!).

c) Die Unternehmung Kost bestellte schriftlich statt 35 Stück 53 Stück.

d) Die sechsjährige Ruth kauft mit ihrem Taschengeld zehn Tafeln Schokolade.

e) Herr Meyers kauft im Hinterzimmer einer Gastwirtschaft zwei Pistolen und ein Jagdgewehr, ohne eine Waffenbesitzkarte zu haben.

f) Radiohändler Weiß verkauft ein Fernsehvorführgerät als fabrikneu. Die Benützung verschweigt er dem Kunden.

g) Kaufmann Bullinger droht seinem säumigen Kunden: „Wenn Sie nicht bis übermorgen gezahlt haben, schicke ich Ihnen den Gerichtsvollzieher ins Haus!"

h) Im Unterricht werden Verträge besprochen. Beim Schenkungsvertrag zieht der Lehrer einen Geldschein aus der Brieftasche und gibt ihn Fritz mit den Worten: „Den schenke ich dir!" Fritz sagt: „Danke!" und steckt den Schein ein.

i) Müller weiß, dass Schulz gerne Alkohol trinkt. Er lädt ihn in eine Kneipe ein, macht ihn betrunken und handelt ihm sein Auto weit unter dem tatsächlichen Wert ab.

j) Groß verkauft Maier ein Wochenendgrundstück, ohne den Notar in Anspruch zu nehmen. Die Notariatsgebühren sollen gespart werden.

16 Die Aufkaufgroßhandlung Sandig e. K. kauft 1000 Zentner Kartoffeln auf Abruf.
   a) Welches Recht steht dem Käufer bei dieser Kaufvertragsart zu?
   b) Welche Vorteile hat Sandig bei diesem Kauf?

17 Textilgroßhändlerin Hermine Pösel e. K. kauft bei ihrem Lieferer 1000 Pullover ein. Es handelt sich um einen Bestimmungskauf (Spezifikationskauf).
   a) Welches Recht hat Pösel sich damit eingeräumt?
   b) Welche Vorteile hat der Spezifikationskauf für Käufer und Verkäufer?
   c) Führen Sie weitere Beispiele an, bei denen ein Spezifikationskauf sinnvoll ist.

18 Der Käufer möchte die bestellte Ware nicht auf einmal abnehmen und darüber hinaus die Liefertermine selbst bestimmen. Welche Kaufvertragsart wird er wählen?
   a) Kauf auf Abruf
   b) Bestimmungskauf
   c) Kauf auf Probe
   d) Zielkauf

19 Erläutern Sie die Vorteile des Kaufs auf Abruf
   a) aus der Sicht des Käufers und
   b) aus der Sicht des Verkäufers.

20 Unterscheiden Sie zwischen
   a) einseitigem und zweiseitigem Handelskauf,
   b) Kauf auf Abruf und Spezifikationskauf.

21 Begründen Sie, welche Kaufvertragsart jeweils vorliegt. Es können auch mehrere Vertragsarten vorliegen.
   a) Da die Modefarben und Muster der kommenden Saison noch nicht feststehen, bestellt ein Mantelfabrikant 3000 m Mantelstoff bei der Tuchfabrik AG, Aachen.
   b) Um einen günstigen Mengenrabatt zu erhalten, kauft die Elektrogroßhandlung Tauber e. K. 150 Stück Kühlschränke, kann aber zz. lediglich 40 Stück lagern.
   c) Eine Großkellerei verschickt an ihre Privatkunden kostenlos Probeflaschen des neuesten Jahrgangs.
   d) Der Vertreter der Firma Fisba KG brachte vor einer Woche die neue Mustermappe für Vorhangstoffe. Der Großhändler bestellt nach diesem Muster.
   e) Teppichhändler Rosenstein legt dem Prokuristen Scholz einen Orientteppich für eine Woche in das Wohnzimmer, damit Scholz beurteilen kann, ob der Teppich in das Zimmer passt.
   f) Autogroßhandlung Stuber KG kauft einen Schreibtisch von der Büromöbelgroßhandlung Lutz.
   g) Familie Ulmer bezieht monatlich 2 kg Kaffee „Feinschmecker" von der Kaffeerösterei GmbH in Bremen. Dieses Mal bestellt sie zusätzlich 250 g der neuen Sorte „Schwarzes Gold".
   h) Fabrikant Maier kauft bei der Möbelfabrik Groß GmbH ein Regal für sein Wochenendhaus.
   i) Prokurist Hafner kauft von seinem Chef, dem Maschinengroßhändler Veith e. K., ein Obstgrundstück.

22 Nennen Sie Fälle, bei denen ein Fixgeschäft vereinbart werden sollte.

23 Erläutern Sie Vor- und Nachteile des Streckengeschäfts aus der Sicht des Großhändlers.

3 Störungen bei der Erfüllung des Kaufvertrags

Im Verpflichtungsgeschäft des Kaufvertrags übernehmen Käufer und Verkäufer bestimmte Leistungspflichten. Werden diese im anschließenden Verfügungsgeschäft nicht oder nur unzureichend erfüllt, dann liegt eine Kaufvertragsstörung vor.

Ursachen und Arten der Leistungsstörung	
Verkäufer	Schlechtleistung (mangelhafte Lieferung) Nicht-rechtzeitig-Lieferung (Lieferungsverzug)
Käufer	Annahmeverzug Nicht-rechtzeitig-Zahlung (Zahlungsverzug)
Zeitablauf	Nichteinklagbarkeit von Ansprüchen durch Verjährung

Vorgehensweise bei einer Leistungsstörung:

- (1) Liegen die **Voraussetzungen** für eine Leistungsstörung vor?
- (2) Muss der Geschädigte bestimmte **Pflichten** beachten?
- (3) Welches **Recht** ist für den Geschädigten vorteilhaft?
- (4) Ist eine gütliche **Einigung** möglich?

3.1 Schlechtleistung des Verkäufers – mangelhafte Lieferung

PROBLEM

Jürgen Merkle (Einkaufsleiter der TRIAL GmbH) erhält am 7. April folgende Fehlermeldung aus dem Wareneingang:

Fehlermeldung		Bearbeitungsdatum:	07.04.20..
Lieferant:	Bikemachines KG	Lieferschein-Nr.:	8543
Bestell-Nr.:	230	Bestelldatum:	16.03.20..
Lieferdatum:	07.04.20..	Bearbeiter/-in	Müller

Position	Artikelbezeichnung	genaue Fehlerbeschreibung
1	Mountainbike „Trial Extreme"	bei allen 10 Rädern: Rostflecken an der Kette, Schürfflecken am Sattel

Bemerkungen
Die Ware befindet sich in der Wareneingangskontrolle.
Soll die Rücksendung veranlasst werden?
Was soll mit der beiliegenden Rechnung geschehen?

1. *Was muss Jürgen Merkle unternehmen? Wie würden Sie vorgehen? Schlagen Sie dazu im HGB die §§ 377 ff. und im BGB die §§ 433 ff. nach.*
2. *Nachdem Sie einen Lösungsvorschlag erarbeitet haben, bauen Sie ein Szenenspiel für ein Telefongespräch auf. Szene: Jürgen Merkle (Einkaufsleiter der TRIAL GmbH) telefoniert mit Frau Steiger (Verkaufsteam Bikemachines KG). Führen Sie das Telefonat als Rollenspiel durch.*

SACHDARSTELLUNG

Voraussetzungen der Schlechtleistung

Durch den Kaufvertrag wird der Verkäufer einer Sache verpflichtet, dem Käufer die Sache **frei von Sach- und Rechtsmängeln** zu verschaffen (BGB § 433). Eine Sache ist **frei von Sachmängeln**, wenn sie **bei Gefahrübergang**[1] die **vereinbarte Beschaffenheit** hat (BGB § 434). Eine Sache ist **frei von Rechtsmängeln**, wenn Dritte bezüglich der Sache keine oder nur die im Kaufvertrag übernommenen Rechte gegen den Käufer geltend machen können (BGB § 435).

Arten von Sachmängeln	Erläuterungen und Beispiele
Mangel in der Beschaffenheit [BGB § 434 (1)]	• Die Sache ist für die vereinbarte oder für die gewöhnlich zu erwartende **Verwendung ungeeignet** (z. B. Staubsauger saugt nicht, Neuwagen fährt nicht, Lebensmittel sind verdorben, Regenschirm ist nicht wasserdicht). • Die Sache hat **nicht die Eigenschaften**, die der Kunde aufgrund öffentlicher Äußerungen des Verkäufers, des Herstellers oder seines Gehilfen in der Werbung oder bei der Kennzeichnung der Sache erwarten kann (z. B. der Benzinverbrauch eines Neuwagens ist erheblich höher als in den Verkaufsprospekten angegeben; eine Ferienanlage verfügt nicht, wie im Katalog versprochen, über einen Kinderclub).
Mangel bei der Montage [BGB § 434 (2)]	• Die vertraglich vereinbarte **Montage** der Sache durch den Verkäufer oder seinen Gehilfen **ist fehlerhaft** durchgeführt worden (z. B. durch einen Montagefehler funktioniert die Gangschaltung des Rennrades nicht). • Der Käufer baut die Kaufsache infolge eines **Mangels der Montageanleitung** fehlerhaft zusammen.
Falschlieferung [BGB § 434 (3)]	Der Verkäufer liefert eine andere Sache als vereinbart war (z. B. Waschlappen statt Staubtücher).
Minderlieferung [BGB § 434 (3)]	Der Verkäufer liefert eine zu geringe Menge.

Bei Falsch- oder Minderlieferung kann gleichzeitig eine Nicht-rechtzeitig-Lieferung vorliegen (siehe LF2, Kap. Nicht-rechtzeitig-Lieferung).

Übernimmt der Verkäufer oder ein Dritter (z. B. Hersteller) zusätzlich zur gesetzlichen Mängelhaftung eine **Haltbarkeitsgarantie**, dann begründet ein Sachmangel, der innerhalb der Geltungsdauer der Haltbarkeitsgarantie auftritt, die Rechte gegenüber dem Garantiegeber aus dieser Garantie (BGB § 443).

---

[1] Die Gefahr des zufälligen Untergangs und der zufälligen Verschlechterung der Ware geht mit der Übergabe der Kaufsache an den Käufer über (BGB § 446). Siehe auch Erfüllungsort.

Pflichten des Käufers bei Schlechtleistung

Pflichten des Käufers im Überblick:

Pflichten des Käufers	Käufer ist Unternehmer[1]	Käufer ist Verbraucher[2]
Prüf-, Untersuchungspflicht	Der Käufer muss die Ware **unverzüglich** nach Ablieferung durch den Verkäufer untersuchen [HGB § 377 (1)].	entfällt
Rüge-, Anzeigepflicht	• **Offener Mangel:** Stellt der Käufer bei der Untersuchung der Ware einen Mangel fest, dann muss er diesen dem Verkäufer **unverzüglich** anzeigen [HGB § 377 (1)]. • **Versteckter Mangel:** Der Käufer muss versteckte Mängel unverzüglich nach Entdeckung anzeigen [HGB § 377 (3)], längstens innerhalb der Gewährleistungsfrist (zwei Jahre).	Der Käufer muss einen Mangel innerhalb der **Verjährungsfrist von zwei Jahren** anzeigen (BGB § 438). Zeigt sich innerhalb von **sechs Monaten** ein Sachmangel, dann wird vermutet, dass die Sache bereits bei Gefahrenübergang mangelhaft war (BGB § 476 – Beweislastumkehr).
	• **Arglistig verschwiegene Mängel** müssen innerhalb der regelmäßigen Verjährungsfrist (drei Jahre – BGB § 195) angezeigt werden [BGB § 438 (3)].	
einstweilige Aufbewahrung	Der Käufer muss die beanstandete Ware einstweilen aufbewahren. Ausnahme: Notverkauf bei verderblicher Ware (HGB § 379).	entfällt

Unterlässt der Käufer diese Pflichten, dann kann er keine Rechte aus Schlechtleistung geltend machen.

Rechte des Käufers bei Schlechtleistung

Ist die Sache mangelhaft, dann kann der Käufer nach BGB § 437 Nacherfüllung verlangen (BGB § 439), den Kaufpreis mindern (Minderung BGB § 441), vom Vertrag zurücktreten [BGB §§ 440, 323, 326 (1) Satz 3], Schadenersatz (BGB §§ 440, 280, 281, 283, 311a) oder Ersatz vergeblicher Aufwendungen verlangen (BGB § 284).

Rechte des Käufers auf Nacherfüllung	
Nachbesserung BGB § 439	Die Beseitigung des Mangels durch den Verkäufer ist möglich, wenn die Ware **keine erheblichen Mängel** aufweist und die Mängelbeseitigung für BGB § 439 den Verkäufer **zumutbar** ist.
Ersatzlieferung BGB § 439	Dieses Recht ist sinnvoll, wenn die mangelhafte Sache nicht verwendbar ist und durch eine **gleichartige mangelfreie Sache** ersetzt werden kann. Dies ist nur bei vertretbaren Sachen (Gattungssachen) möglich. Der Verkäufer kann die mangelhafte Sache zurückverlangen.

---

[1] **Unternehmer** ist eine natürliche oder juristische Person oder eine rechtsfähige Personengesellschaft, die bei Abschluss eines Rechtsgeschäfts in Ausübung ihrer gewerblichen oder selbstständigen beruflichen Tätigkeit handelt (BGB § 14).

[2] **Verbraucher** ist jede natürliche Person, die ein Rechtsgeschäft zu einem Zweck abschließt, der weder ihrer gewerblichen noch ihrer selbstständigen beruflichen Tätigkeit zugerechnet werden kann (BGB § 13).

Der Käufer kann diese beiden Rechte **nach seiner Wahl verlangen**. Der Verkäufer hat die zum Zweck der Nacherfüllung erforderlichen Aufwendungen, insbesondere Transport-, Wege-, Arbeits- und Materialkosten, zu tragen (BGB § 439). Wenn die Nacherfüllung vom Verkäufer verweigert wird oder nach **zweimaligem Versuch** scheitert, dann kann der Käufer weitere Rechte geltend machen (BGB § 440).

Rechte des Käufers bei Erfüllung bestimmter Voraussetzungen	
Minderung BGB § 441	Wenn die Nacherfüllung fehlgeschlagen ist und die Sache **noch verwendbar** ist, dann kann der Käufer den Kaufpreis durch Erklärung gegenüber dem Verkäufer mindern. Die Minderung soll dem Wertverlust entsprechen, den die Kaufsache durch den Mangel erlitten hat. Maßgebend ist der Wert zum Zeitpunkt des Vertragsschlusses.
Rücktritt vom Vertrag BGB § 323	Der Käufer kann wegen nicht oder nicht vertragsgemäß erbrachter Leistung vom Vertrag zurücktreten, wenn er dem Verkäufer zuvor **eine angemessene Frist** zur Leistung oder Nacherfüllung setzt.
Schadenersatz BGB §§ 280, 281	Wenn der Verkäufer eine Pflicht aus dem Kaufvertrag verletzt, dann kann der Käufer den Ersatz des hieraus entstandenen Schades verlangen (**Schadenersatz wegen Pflichtverletzung**, BGB § 280), **wenn der Verkäufer die Pflichtverletzung zu vertreten hat.** Hat der Verkäufer die Pflichtverletzung zu vertreten, dann kann der Käufer **Schadenersatz statt der Leistung** verlangen, wenn er dem Verkäufer vorher **eine angemessene Frist** zur Leistung bestimmt hat und diese Frist erfolglos abgelaufen ist (BGB § 281). Anstelle des Schadenersatzes statt der Leistung kann der Käufer **Ersatz der Aufwendungen** verlangen, die er im Vertrauen auf die Leistung gemacht hat (BGB § 284).

Die **Fristsetzung entfällt**, wenn der Verkäufer die Leistung oder beide Arten der Nacherfüllung verweigert oder die Nachbesserung fehlgeschlagen oder unzumutbar ist. Eine Nachbesserung gilt nach dem erfolglosen zweiten Versuch als fehlgeschlagen (BGB § 440).

Die Rechte des Käufers sind ausgeschlossen, wenn er den Mangel bei Vertragsschluss kennt oder infolge grober Fahrlässigkeit nicht kennt (BGB § 442). Mängelansprüche **verjähren in zwei Jahren**, in Zusammenhang mit einem Bauwerk in fünf Jahren (BGB § 438). Im Falle des Verbrauchsgüterkaufs darf die Verjährungsfrist nicht auf weniger als zwei Jahre, bei gebrauchten Sachen nicht auf weniger als ein Jahr, verkürzt werden (BGB § 475).

Beispiel: Jürgen Merkle prüft zuerst, welche Art von Sachmangel vorliegt. Rost- und Schürfflecken sind Mängel in der Beschaffenheit. Somit liegt eine Schlechtleistung vor. Da die TRIAL GmbH die Mountainbikes für gewerbliche Zwecke (Weiterverkauf) bestellt hatte, gelten die strengeren Pflichten eines Unternehmers. Die Mountainbikes wurden unverzüglich nach Anlieferung am 7. April untersucht, die Mängel wurden der Bikemachines KG unverzüglich angezeigt und die beanstandete Ware wurde einstweilen aufbewahrt.

Zunächst hat die TRIAL GmbH nur das Recht auf Nacherfüllung (wahlweise Nachbesserung oder Ersatzlieferung). Jürgen Merkle entscheidet sich für die Ersatzlieferung, da die Mountainbikes durch gleichartige ersetzt werden können und er seinen Kunden keine nachgebesserten Räder zumuten möchte. Er telefoniert mit Frau Steiger und setzt ihr einen Nachlieferungstermin bis 9. April. Erst wenn die Nachlieferung fehlschlagen würde, könnte Jürgen Merkle eine Preisminderung (z. B. 20 % Preisnachlass) verlangen und die Räder selbst nachbessern.

ZUSAMMENFASSUNG

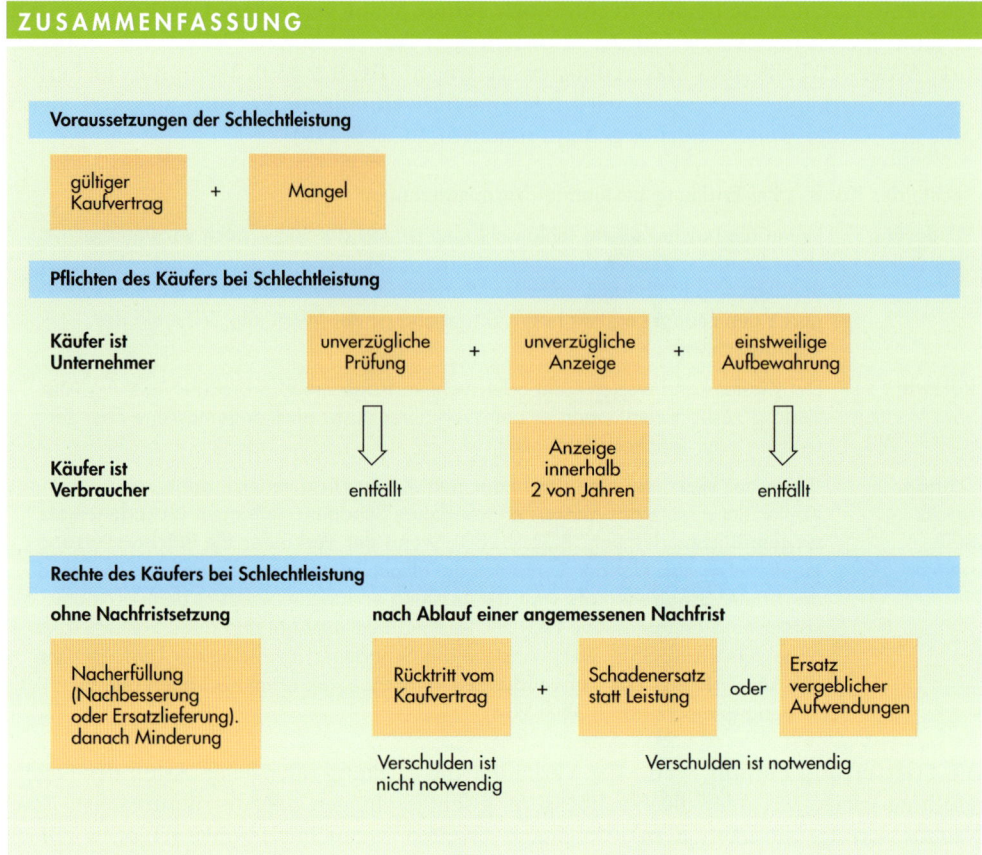

Voraussetzungen der Schlechtleistung

| gültiger Kaufvertrag | + | Mangel |

Pflichten des Käufers bei Schlechtleistung

Käufer ist Unternehmer — unverzügliche Prüfung + unverzügliche Anzeige + einstweilige Aufbewahrung

Käufer ist Verbraucher — entfällt / Anzeige innerhalb 2 von Jahren / entfällt

Rechte des Käufers bei Schlechtleistung

ohne Nachfristsetzung

Nacherfüllung (Nachbesserung oder Ersatzlieferung). danach Minderung

nach Ablauf einer angemessenen Nachfrist

Rücktritt vom Kaufvertrag + Schadenersatz statt Leistung oder Ersatz vergeblicher Aufwendungen

Verschulden ist nicht notwendig

Verschulden ist notwendig

AUFGABEN

1 Stefanie Schäfer e. K., Spielwarengroßhandlung, Wiesbachstraße 15, 75181 Pforzheim, erhält von ihrem Lieferanten Adam & Scheiber KG, 08062 Zwickau, Nürnberger Straße 24, eine Sendung (mehrere Pakete) Spielwaren per Bahn. Die Ware wird der Firma Schäfer e. K. durch einen Rollfuhrunternehmer im Auftrag der Bahn zugestellt.

a) Worauf erstreckt sich die Prüfung, die Stefanie Schäfer noch in Anwesenheit des Überbringers vornimmt?

b) Die Prüfung zeigt, dass zwei Pakete stark beschädigt sind. Der Inhalt, 20 elfteilige Kinderporzellanservices, ist z. T. zu Bruch gegangen. Der Schaden muss, da die Ware einwandfrei verpackt war (kein Vermerk auf Frachtbrief), durch unsachgemäße Behandlung während des Bahntransports entstanden sein. Was wird Stefanie Schäfer tun, um ihre Rechte gegenüber der Bahn zu wahren?

c) Stefanie Schäfer packt sodann die übrige Ware aus, um sie gründlich zu überprüfen. In welcher Frist muss sie prüfen?

d) Drei Pakete enthalten Holztraktoren. Es zeigt sich, dass ein Teil der Traktoren Lackschäden aufweist. Außer einer optischen Beeinträchtigung besitzen sie vollen Spielwert.

(1) Welches Recht wird Stefanie Schäfer in diesem Fall gegenüber dem Lieferer geltend machen? Kurze Begründung.

(2) Welche weiteren Rechte stehen dem Käufer zu, wenn der Verkäufer eine mit Qualitätsmängeln behaftete Ware liefert?

e) Die Stefanie Schäfer e. K. verkauft und liefert am 1. Dezember eine Rennbahn mit Trafo und vier Rennwagen. Innerhalb welcher Zeit kann der Kunde Mängel an der Ware geltend machen?

2 Telefongespräch der Einkaufsabteilung des Warenhauses Meinrad KG, Bahnhofstr. 12, 86150 Augsburg, mit der Esüdro-Großhandlung GmbH, Böfinger Straße 3, 89073 Ulm:

> **Frau Pelzer:** „Guten Tag, Warenhaus Meinrad, Pelzer am Apparat."
>
> **Herr März:** „Guten Tag, Frau Pelzer. Hier März, Esüdro-Großhandel."
>
> **Frau Pelzer:** „Ach der Herr März. Wir haben aber schon lange nicht mehr miteinander telefoniert! Wie geht es Ihnen?"
>
> **Herr März:** „Prima, Frau Pelzer. Bin gerade aus dem Urlaub zurück. Was gibt es denn, Frau Pelzer?"
>
> **Frau Pelzer:** „Tja, Herr März, wenn ich ehrlich sein soll: Ihre letzte Lieferung war gelinde gesagt eine Katastrophe!"
>
> **Herr März:** „Wie bitte?"
>
> **Frau Pelzer:** „Ja stellen Sie sich vor:
> – Von den 100 **Badetaschen** waren 30 stark verschmutzt!
> – Die 50 **Schminkkoffer** sind nur 2. Wahl! Das sieht man auf den ersten Blick.
> – Wir hatten 200 **Lippenstifte** bestellt. Geliefert haben Sie 200 Lidschattenstifte.
> – Und dann die 100 **Waschlappen**. Die sind allesamt nicht, wie von Ihnen zugesichert, farbecht. Die können wir so nicht verkaufen. Stellen Sie sich vor, ein Kunde wäscht die Waschlappen zusammen mit seiner Bettwäsche!"
>
> **Herr März:** „Auweia, Frau Pelzer, da haben wir aber mächtig daneben gegriffen. Haben Sie Vorschläge, wie wir die Kuh vom Eis kriegen?"

a) Erstellen Sie eine Übersicht, in der Sie jeder Fehlerart das infrage kommende Recht zuordnen. Begründen Sie Ihren Lösungsvorschlag ausführlich.

b) Kurze Zeit nach Beendigung des Telefonats ruft Herr März wieder zurück:

> **Herr März:** „Frau Pelzer, ich sehe gerade anhand des Lieferscheins, dass Sie die eben reklamierte Ware schon vor drei Wochen erhalten haben. Außer unserem Telefonat von vorhin liegt diesbezüglich keine Nachricht von Ihnen vor. Da haben wir ja ein ganz neues Problem!"

Stellen Sie anhand von BGB (§§ 434 ff.) und HGB (§§ 377–379) die **Pflichten des Käufers** bei der Warenannahme und nach Feststellung von Mängeln fest. Unterscheiden Sie zwischen Privatkäufer und Kaufmann. Warum wird ein Privatkäufer anders behandelt als ein Kaufmann? Kann die Meinrad KG noch Rechte aus Schlechtleistung geltend machen?

c) Sie vereinbaren mit Herrn März, dem zuständigen Verkaufssachbearbeiter der Esüdro-Großhandlung GmbH, einen Verhandlungstermin, um das Problem aus der Welt zu schaffen.
- Bereiten Sie die Verhandlung vor, indem Sie **Rollenkarten** für die Einkaufssachbearbeiterin der Meinrad KG, Frau Pelzer, und für den Verkaufssachbearbeiter der Esüdro-Großhandlung GmbH, Herrn März, verfassen.
- Zwei Schüler führen die Verhandlung als Rollenspiel durch.
- Die übrigen Schüler beobachten das Rollenspiel und protokollieren ihre Eindrücke auf einem Beobachtungsbogen (z. B. beobachtete Rolle, vorgetragene Argumente, Gesprächstaktik und Verhalten der Rollenspieler).
Tipp: Spielregeln für das Rollenspiel siehe BuchPlusWeb.

d) Um künftig derartige Pannen zu vermeiden, setzen sich das Einkaufsteam und das Verkaufsteam der Esüdro-Großhandlung GmbH zusammen, um eindeutige Organisationsanweisungen zu erstellen (helfen Sie dabei) über:
- das „Verhalten bei telefonischen Kundenreklamationen",
- die „Vorgehensweise bei der Annahme von Reklamationen",
- die „Vorgehensweise beim Eintreffen mangelhafter Ware".

3 a) Unsere Firma: Radio Braun e.K., Elektro-Groß- und Einzelhandel, Fallstraße 15, 81369 München.
Vorgang: Am 3. Januar .. trifft eine Sendung Stereoanlagen der Firma Import-Export Jansen KG, Ringstraße 14, 22145 Hamburg, ein. Die Verkaufsabteilung erhält folgende Meldung von der Lagerabteilung, welche die Sendung sofort überprüfte:
Beanstandungen der Lieferung EN 4008
(1)   Tuner Super 3200
(1.1) Nr. 344887: Anzeigenfenster zerbrochen
(1.2) Nr. 344889: Gehäuse hat Kratzer
(2)   Ein DVD-Player Japose NX 3 wurde zu wenig geliefert.

b) Unsere Firma: Gebr. Braunfels KG, Großhandlung für Haushaltswaren, Parkstraße 15, 60322 Frankfurt.
Vorgang: Die Prüfung der Glaswarenlieferung der Firma Südglas-AG, Am Streller 17–20, 90455 Nürnberg, ergibt folgende Sachmängel:
(1) 10 Biergläser Nr. 1008 sind in der oberen Hälfte voller Schlieren, was wohl auf einen Schmelzfehler zurückzuführen ist. Die Gläser sind nicht mehr verkäuflich.
(2) 20 Whiskygläser Nr. 735/N zeigen leichte Trübungen. Sie sind zu einem herabgesetzten Preis als 3. Wahl noch verkäuflich.
(3) Alle 150 Glasschalen Nr. 355/3/P zeigen kleine Risse. Sie sind unverkäuflich. Wir verzichten auf Nachlieferung, da wir inzwischen ein weit billigeres Angebot für ähnliche Schalen erhielten.

Aufträge für a) und b)
- Stellen Sie fest, welche Mängelarten vorliegen.
- Entscheiden Sie, welche Rechte der Käufer geltend machen sollte.
- Entwerfen Sie einen Geschäftsbrief, in dem Sie ihre Rechte geltend machen.

(Verweis: Buchungen des Warenverkaufs → Lernfeld 7, Kapitel 3.3)

3.2   Rabatte und Rücksendungen beim Warenverkauf

3.2.1   Rücksendungen

PROBLEM

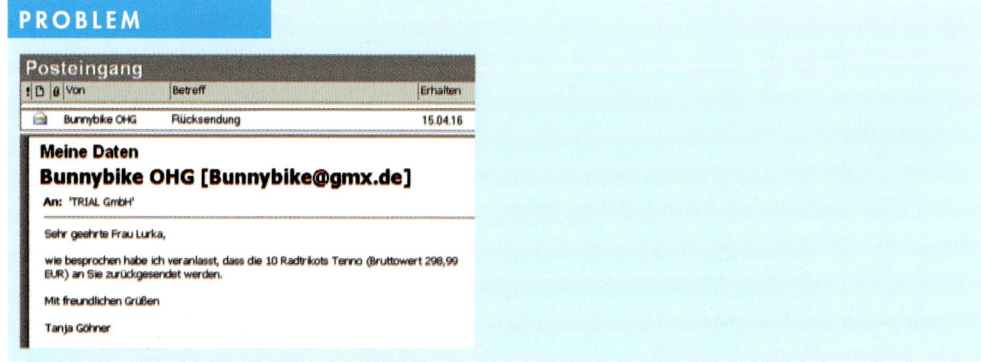

Nachdem die Radtrikots bei der TRIAL GmbH eingetroffen sind (Lieferschein), ist eine **Korrektur** (②) der bei der Erfassung der **Ausgangsrechnung** (①) gebuchten **Erlöse** (hier: Konto 5000 Umsatzerlöse (Bikewear)), der **Umsatzsteuer** und der **Forderungen** gegenüber dem Debitor notwendig.

Die Konten sind um den Wert der Rücksendung zu berichtigen. Zur besseren Übersicht werden **Rücksendungen** während des Geschäftsjahres auf **Unterkonten** (hier: Konto 5001 Preisnachlässe und Rücksendungen (Bikewear)) des Warenerlöskontos gebucht.

Die **Salden** der Unterkonten werden spätestens zum Ende des Geschäftsjahres auf das jeweilige **Hauptkonto** (hier: Konto 5000 Umsatzerlöse (Bikewear)) **umgebucht** (③):

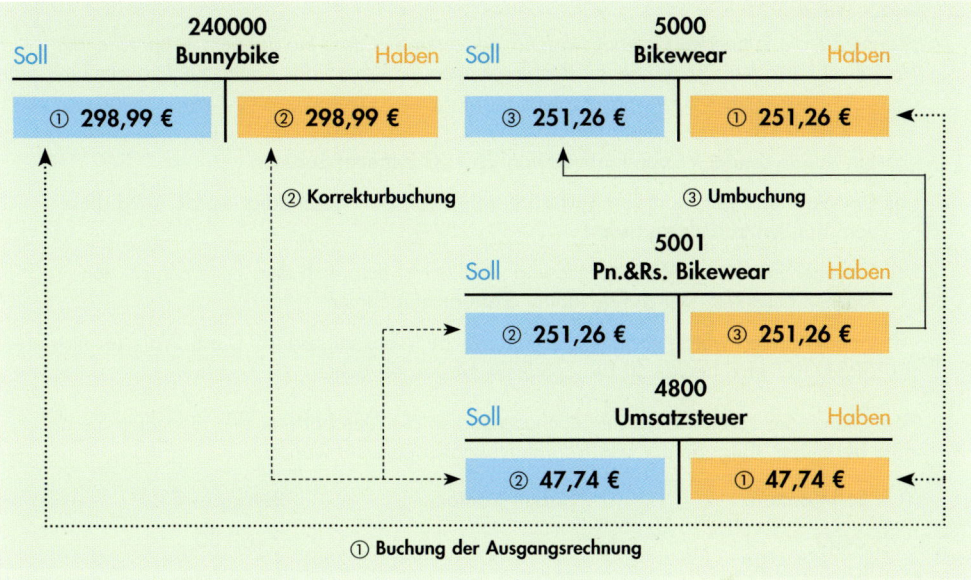

1. Buchung der **Ausgangsrechnung**

Soll-Kontonr.	Name	Haben-Kontonr.	Name	Betrag in €
240000	Forderungen gg. BUNNYBIKE			298,99 €
		5000	Umsatzerlöse (Bikewear)	251,26 €
		4800	Umsatzsteuer	47,74 €

2. **Korrekturbuchung** wegen Rücksendung

Soll-Kontonr.	Name	Haben-Kontonr.	Name	Betrag in €
5001	Rücksendungen (Bikewear)			251,26 €
4800	Umsatzsteuer			47,74 €
		240000	Forderungen gg. BUNNYBIKE	298,99 €

3. Umbuchung

Soll-Kontonr.	Name	Haben-Kontonr.	Name	Betrag in €
5000	Umsatzerlöse (Bikewear)			251,26 €
		5001	Rücksendungen (Bikewear)	251,26 €

AUFGABEN

1 Buchen Sie die folgenden Geschäftsvorfälle. Beachten Sie, dass Sie auf dem entsprechenden Hauptbuchkonto (verwenden Sie für Rücksendungen für Waren das Konto 5001) buchen müssen:

Geschäftsvorfall
a) Ein Kunde sendet Waren im Wert von 250,00 € (netto) zurück.
b) Da Ware im Bruttowert von 660,45 € beim Transport beschädigt wurde, wird diese vom Kunden zurückgeschickt.
c) Versehentlich wurde Ware (Nettowert: 445,00 €) erst nach dem Fixtermin an den Kunden gesendet. Der Kunde nimmt diese nicht mehr an.
d) Einem Kunden wurde versehentlich die falsche Ware zugesandt. Diese Ware (Bruttowert 595,00 €) wird heute von der Spedition zurückgebracht.

2 Formulieren Sie zu den folgenden Buchungssätzen die Geschäftsvorfälle. Beachten Sie dabei, dass bei dieser Aufgabe auf den Hauptbuchkonten gebucht wurde:

a)

Soll-Kontonr.	Haben-Kontonr.	Betrag in €
2400		2 403,80
	500	2 020,00
	4800	383,80

b)

Soll-Kontonr.	Haben-Kontonr.	Betrag in €
5001		1 000,00
4800		190,00
	2400	1 190,00

c)

Soll-Kontonr.	Haben-Kontonr.	Betrag in €
5001		2 000,00
4800		380,00
	2400	2 380,00

d)

Soll-Kontonr.	Haben-Kontonr.	Betrag in €
2400		2 380,00
	500	2 000,00
	4800	380,00

3 Buchen Sie die folgenden Geschäftsvorfälle aus Sicht der TRIAL GmbH:

Geschäftsvorfall

a) Beim Transport zum Kunden Radshop Seile KG wurden drei Mountainbikes TRIAL EXTREM stark beschädigt. Die TRIAL GmbH hat mit dem Kunden vereinbart, dass die beschädigten Waren (Bruttowert 7497,00 €) zurückgenommen werden.

b) Die Lieferung von zehn Radtrikots Altissimo (Nettowert 294,12 €) hat sich um mehrere Wochen verzögert. Der Kunde Alfred Becker benötigt zwei dieser Trikots nicht mehr, da der Trikothersteller mittlerweile eine neue Kollektion herausgebracht hat. Die TRIAL GmbH ist mit der Rücksendung der beiden Trikots einverstanden.

4 Dem Kunden Zweirad Beigel KG wurden zehn Rennräder VENTOUX One für netto 587,40 € je Stück auf Ziel verkauft.

a) Buchen Sie die Ausgangsrechnung. Übertragen Sie den Buchungssatz in T-Konten.

b) Da der Kunde in finanziellen Schwierigkeiten ist, wurde vereinbart, dass er fünf der Rennräder wieder an die TRIAL GmbH zurücksendet. Buchen Sie die Rücksendung der Rennräder. Welche Veränderungen ergeben sich durch die Rücksendung der Rennräder auf den in Aufgabe a) eingerichteten T-Konten?

5 Buchen Sie den folgenden Beleg aus Sicht der TRIAL GmbH:

Beleg

TRIAL GmbH

TRIAL GmbH · Franz-Sigel-Str. 188 · 69111 Heidelberg

**Klaus Baumann
Östringer Str. 46
69168 Wiesloch**

Name Thomas Horak
Telefon 06221 304942
Mail   trialgmbH@gmx.de

Verkauf- Gutschrift-Nr.: **16055**
Kunden-Nr.:   **240004**   **19. April 16**

Sehr geehrte Damen und Herren,

aufgrund der Rücksendung der untenstehenden Artikel schreiben wir Ihnen folgende Beträge gut:

Art.Nr.	Bezeichnung	Stück	Preis	Gesamt
200015	Rad-Socken Tenno	500	5,84 €	**2 920,00 €**
200017	Rad-Socken Tremalso	10	8,32 €	**83,20 €**
			19 % MwSt.	570,61 €
			Total € inkl. MwSt.	3 573,81 €

Wir bitten Sie, unsere fehlerhafte Lieferung zu entschuldigen.

Mit freundlichen Grüßen

Thomas Horak

Bankverbindung: Badische Beamtenbank Karlsruhe,
IBAN: DE10 6609 0800 0025 6541 33 (Konto-Nr.: 25654133),
BIC: GENODE61BBB (BLZ: 660 908 00)
Umsatzsteuer-ID DE 165469958

3.2.2 Preisnachlässe wegen Schlechtleistung und Lieferungsverzug

PROBLEM

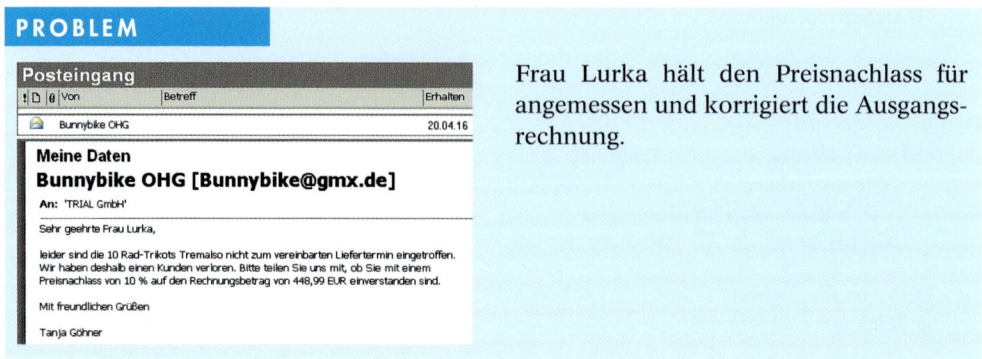

Frau Lurka hält den Preisnachlass für angemessen und korrigiert die Ausgangsrechnung.

Gemäß Bürgerlichem Gesetzbuch **(BGB)** ist der Käufer der Ware bei **Schlechtleistung** (z. B. mangelhafter Ware) berechtigt, vom Kaufvertrag zurückzutreten. Dem Verkäufer muss allerdings zunächst die Möglichkeit der Nacherfüllung eingeräumt werden (§ 439 ff. BGB). Bei geringen Mängeln ist es in der Praxis üblich, dass auf die Rücksendung verzichtet wird und dem Kunden ein **Preisnachlass wegen Schlechtleistung** gewährt wird (§ 441 BGB). Ein Preisnachlass kann auch beim **Lieferungsverzug** sinnvoll sein.

Wird der **Preisnachlass** gewährt, müssen die bei der Erfassung der **Ausgangsrechnung** (①) gebuchten **Erlöse** (hier: Konto 5000 Umsatzerlöse (Bikewear)), die **Umsatzsteuer** und die **Forderungen** gegenüber dem Debitor **korrigiert** werden (②).

Wie bei einer Rücksendung wird ein nachträglich gewährter Preisnachlass auf einem **Unterkonto** (hier: Konto 5001 Preisnachlässe und Rücksendungen (Bikewear)) erfasst, dessen Saldo bis spätestens zum Ende des Geschäftsjahres auf das Hauptkonto **umgebucht** (③) wird.

Preisnachlässe, die dem Debitor **bei** der **Rechnungsstellung** eingeräumt worden sind (z. B. Mengen-, Messerabatte), werden nicht auf diesem Unterkonto, sondern auf dem Erlöskonto (hier: Konto 5000 Umsatzerlöse (Bikewear)) gebucht:

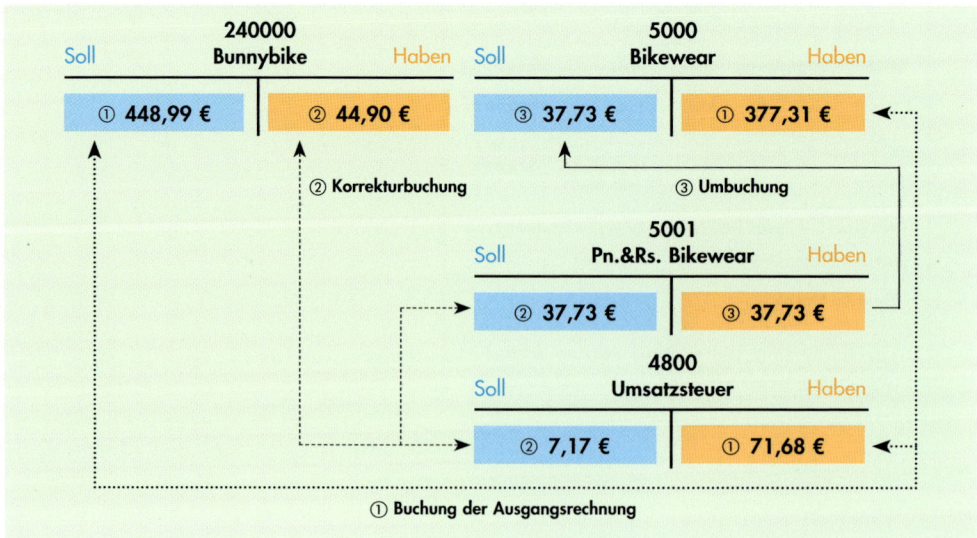

1. Buchung der **Ausgangsrechnung**

Soll-Kontonr.	Name	Haben-Kontonr.	Name	Betrag in €
240000	Forderungen gg. BUNNYBIKE			448,99 €
		5000	Umsatzerlöse (Bikewear)	377,31 €
		4800	Umsatzsteuer	71,68 €

2. **Korrekturbuchung** wegen Preisnachlass

Soll-Kontonr.	Name	Haben-Kontonr.	Name	Betrag in €
5001	Preisnachlass (Bikewear)			37,73 €
4800	Umsatzsteuer			7,17 €
		240000	Forderungen gg. BUNNYBIKE	44,90 €

3. **Umbuchung**

Soll-Kontonr.	Name	Haben-Kontonr.	Name	Betrag in €
5000	Umsatzerlöse (Bikewear)			37,73 €
		5001	Preisnachlass (Bikewear)	37,73 €

AUFGABEN

1 Buchen Sie die folgenden Geschäftsvorfälle. Beachten Sie dass Sie auf den entsprechenden Hauptbuchkonten buchen müssen:

Geschäftsvorfall

a) Einem Kunden werden 25,00 € (netto) Rabatt auf beschädigte Waren eingeräumt.

b) Die Ware wurde beim Transport minimal beschädigt. Dem Kunden wird deshalb ein Rabatt von 65,45 € (brutto) gewährt.

c) Der Kunde reklamiert leicht verschmutzte Ware im Wert von 1 500,00 € (netto). Durch die Reinigung sind für den Käufer Kosten entstanden. Er erhält deshalb einen Preisnachlass von 20 %.

d) Wegen beschädigter Ware (Bruttowert: 2644,18 €) erhält der Kunde einen Preisnachlass von 15 %.

2 Formulieren Sie zu den folgenden Buchungssätzen die Geschäftsvorfälle. Beachten Sie dabei, dass bei dieser Aufgabe auf den Hauptbuchkonten gebucht wurde:

a)

Soll-Kontonr.	Haben-Kontonr.	Betrag in €
2400		95,20
	500	80,00
	4800	15,20

b)

Soll-Kontonr.	Haben-Kontonr.	Betrag in €
2800		1 071,00
5001		100,00
4800		19,00
	2400	1 190,00

c)

Soll-Kontonr.	Haben-Kontonr.	Betrag in €
2400		57,12
	500	48,00
	4800	9,12

d)

Soll-Kontonr.	Haben-Kontonr.	Betrag in €
2800		2 231,25
5001		625,00
4800		118,75
	2400	2 975,50

3 Welcher Geschäftsvorfall der TRIAL GmbH kann dem folgenden Buchungssatz zugrunde liegen?

Buchungssatz:

Soll-Kontonr.	Haben-Kontonr.	Betrag in €
5021		540,00 €
4800		102,60 €
	240005	642,60 €

Alternative Geschäftsvorfälle

a) Der TRIAL GmbH wurden Mountainbikes im Wert von 540,00 € (netto) zurückgeschickt.

b) Da die gelieferten Rennräder beschädigt gewesen sind, hat die TRIAL GmbH mit dem Lieferanten vereinbart, dass diese zurückgesendet werden.

c) Beim Transport zum Kunden sind Rennräder beschädigt worden. Die TRIAL GmbH hat die Rennräder vom Kunden mittlerweile zurückerhalten.

d) Die Radshop Seile KG hat sich heftig über ein mangelhaftes Rennrad beschwert. Mit der Verkaufsabteilung der TRIAL GmbH wurde deshalb ein Preisnachlass vereinbart.

4   Bilden Sie für folgende Geschäftsvorfälle die Buchungssätze:

Geschäftsvorfälle

a) Die TRIAL GmbH hat dem Debitor Franz Klammer KG einen Preisnachlass bei den Mountainbikes in Höhe von 200,00 € (netto) gewährt.

b) Um den Kunden A. Bährs Radshop noch stärker an die TRIAL GmbH zu binden, wurde beim Verkauf von zehn Rennrädern VENTOUX Two ein Preisnachlass (brutto) von 1 199,00 € gewährt. Der Rechnungsbetrag beträgt daher nur noch 12 495,00 €.

c) Die TRIAL GmbH musste dem Debitor Alfred Becker wegen Mängeln auf 20 Radtrikots Altissimo (Nettoverkaufspreis je Stück 29,41 €) einen Rabatt von 25 % einräumen.

5   Dem Buchhalter der TRIAL GmbH Thomas Ernst werden folgende Belege vorgelegt. Helfen Sie Ihm dabei, die Belege zu buchen:

Beleg

TRIAL GmbH

TRIAL GmbH · Franz-Sigel-Str. 188 · 69111 Heidelberg

Radfabrik GmbH
Ulmer Landstraße 54
70173 Stuttgart

Verkauf – Gutschrift-Nr. .: **16058**
Kunden-Nr.:   **240001**   **25.04.2016**

Sehr geehrte Damen und Herren,

aufgrund Ihrer Beanstandung schreiben wir Ihnen folgende Beträge gut:

Art.-Nr.	Bezeichnung	Stück	Preis	Rabatt	Gesamt
202000	Rennrad VENTOUX ONE	15	587,39	50 %	4 405,43
201002	Mountainbike TRIAL EXTREM	10	2 100,00	50 %	10 500,00
			Total € ohne MwSt.		14 905,43
			19 % MwSt.		2 832,03
			Total € inkl. MwSt.		17 737,46

Wir bitten Sie, unsere fehlerhafte Lieferung zu entschuldigen.

Mit freundlichen Grüßen

Thomas Horak

Bankverbindung: Badische Beamtenbank Karlsruhe,
IBAN: DE10 6609 0800 0025 6541 33 (Konto-Nr.: 25654133),
BIC: GENODE61BBB (BLZ: 660 908 00)
Umsatzsteuer-IdNr. DE 165469958a

3.3 Nicht-rechtzeitig-Zahlung des Käufers – Zahlungsverzug

PROBLEM

Um die Zahlungsfähigkeit der TRIAL GmbH zu sichern, beauftragt Geschäftsführer Peter Gasch seinen Bilanzbuchhalter Thomas Ernst zu überprüfen, ob die Kunden fristgerecht bezahlen.

Gasch weist Ernst an, künftig bei säumigen Kunden stärkeren Druck auszuüben und bei möglichst geringen Kosten schnell den Zahlungseingang zu erreichen.

Ernst bearbeitet am 25.06. die ausstehenden Forderungen und erstellt eine Übersicht über die Zahlungsunregelmäßigkeiten der vergangenen Monate.

Übersicht über die Zahlungsunregelmäßigkeiten der vergangenen Monate

übliches Zahlungsziel bei der TRIAL GmbH: 3 % Skonto innerhalb 14 Tagen oder 30 Tage Ziel

	Kunde	persönliche Angaben	Rechnung Nr.	Datum	Betrag €	Säumnis	Maßnahmen	Ergebnis
101002	Franz Klammer KG Lauberhornstr. 6 60320 Frankfurt a. M.	unzuverlässig	14035	04.03.	3 456,25	keine Zahlung	Mahnung 10.04. Mahnung 30.04. 14.05. an Rechtsanwalt	
101003	Alfred Becker Operweg 3 69493 Großsachsen	meistens unpünktlich	14080	15.03.	2 678,40	keine Zahlung	Mahnung 20.04. Mahnung 10.05. 14.06. Nachnahme	Zahlungseingang am 20.06.
101004	Klaus Baumann Östringer Str. 46 69168 Wiesloch		14082	15.04.	4 569,00	keine Zahlung	Mahnung 20.05. Mahnung 10.06.	
101005	Radshop Seile KG Edgar-Schmitt-Str. 70 76351 Linkenheim-Hochstetten	langjähriger Kunde pünktliche Zahlung	14099	20.04.	1 945,33	keine Zahlung	Anruf 25.05. hat Zahlung vergessen	Zahlungseingang am 01.06.
101006	Zweirad Beigel KG M.-Bender-Ring 33 74078 Heilbronn	neuer Kunde	14125	24.04.	1 885,00	keine Zahlung	Mahnung 30.05. Mahnung 15.06.	

1. *Weshalb muss ein Unternehmen auf den pünktlichen Zahlungseingang achten?*
2. *Welche Ursachen kann die unpünktliche Zahlung von Kunden haben?*
3. *Schlagen Sie anstelle von Thomas Ernst geeignete Maßnahmen bei den einzelnen säumigen Kunden vor und begründen Sie diese gegenüber der Unternehmensleitung.*
4. *Welche Rechte stehen der TRIAL GmbH im Falle des Zahlungsverzugs zu? Schlagen Sie im BGB §§ 280 ff. nach.*

SACHDARSTELLUNG

Voraussetzungen der Nicht-rechtzeitig-Zahlung

Die Nicht-rechtzeitig-Zahlung (Zahlungsverzug) ist ein Schuldnerverzug des Käufers. Damit Zahlungsverzug eintritt, müssen nach § 286 BGB drei Voraussetzungen erfüllt sein:

Fälligkeit	Der Zahlungstermin muss eingetreten bzw. überschritten sein.
Mahnung (der Mahnung stehen die Klageerhebung oder die Zustellung eines Mahnbescheids gleich)	Der Verkäufer muss den Schuldner (Käufer) nach Eintritt der Fälligkeit mahnen, d. h. zur Leistung auffordern. **Keine Mahnung** ist erforderlich, wenn • für die Leistung eine angemessene **Zeit nach dem Kalender** bestimmt ist; hier mahnt sozusagen der Kalender, z. B. „Zahlung am 10. Mai", „Zahlung Anfang Mai" (01.05.), „Zahlung Mitte Mai" (15.05., siehe hierzu § 192 BGB), „Zahlung Ende Mai" (31.05.), „zahlbar 10 Tage nach Rechnungsdatum". • der Zahlung **ein Ereignis vorausgeht** (z. B. Ostern, Abnahme der Leistung) und der Zahlungstermin so bestimmt ist, dass er sich von dem Ereignis an nach dem Kalender berechnen lässt, z. B. „Zahlung zwei Wochen nach Abnahme"; „zahlbar innerhalb 10 Tagen nach Rechnungszugang".
Verschulden	Verschulden liegt bei Geldschulden grundsätzlich vor, denn der Schuldner (Käufer) muss für seine finanzielle Leistungsfähigkeit einstehen. Er trägt regelmäßig das **Geldbeschaffungsrisiko** aufgrund des Inhalts des Schuldverhältnisses [BGB § 276 (1)].
ggf. Ablauf der 30-Tage-Frist	Der Schuldner (Käufer) kommt spätestens in Verzug, wenn er nicht **innerhalb von 30 Tagen** nach Fälligkeit und Zugang einer Rechnung oder gleichwertigen Forderungsaufstellung (dies kann auch eine Mahnung sein) leistet [BGB § 286 (3)]. Verbraucher müssen auf diese Folgen in der Rechnung besonders hingewiesen werden.

Eintritt der Fälligkeit

Beispiel 1:

In einem Kaufvertrag wurde die Zahlungsbedingung „zahlbar 14 Tage nach Rechnungszugang" vereinbart. Die Rechnung ging dem Käufer am 10. Januar zu. Käufer und Verkäufer sind Gewerbetreibende.

*Der Käufer muss spätestens am 24. Januar bezahlen (Fälligkeitstag = 10.1. zuzüglich 14 Tage). Zahlt er nicht, dann liegt ab 25. Januar eine Nicht-rechtzeitig-Zahlung vor. Der Verkäufer (Gläubiger) muss nicht mahnen, da der Zahlungstermin ab einem Ereignis (hier: Rechnungszugang) nach dem Kalender bestimmbar ist [BGB § 286 (2) Nr. 2]. Wäre das Datum des Rechnungszugangs zweifelhaft und damit auch die Fälligkeit, dann käme der Käufer entweder durch eine Mahnung oder spätestens **30 Tage nach Zugang und Fälligkeit** der Rechnung in Verzug [BGB § 286 (3)], also ab dem 24. Februar (zweifelhafte Fälligkeit 24.1. zuzüglich 30 Tage).*

Beispiel 2:

In einem Kaufvertrag wurde die Zahlungsbedingung „zahlbar sofort nach Rechnungszugang" vereinbart. Die Rechnung ging dem Käufer am 10. Januar zu. Käufer und Verkäufer sind Gewerbetreibende.

*Bei dieser Zahlungsbedingung kann der Zahlungstermin nicht nach dem Kalender berechnet werden. Der Käufer kann also erst durch eine Mahnung des Verkäufers in Verzug kommen. Diese darf nicht vor Eintritt der Fälligkeit erfolgen. Würde der Verkäufer am 15. Januar (hier ist die Rechnung mit hoher Wahrscheinlichkeit zugegangen und fällig) mahnen, dann befände sich der Käufer ab dem 16. Januar in Verzug [BGB § 286 (1)]. Hätte der Verkäufer die Mahnung unterlassen, dann käme der Käufer spätestens **30 Tage nach Zugang und Fälligkeit** der Rechnung in Verzug [BGB § 286 (3)], also ab dem 10. Februar (Zugang und Fälligkeit 10.1. zuzüglich 30 Tage).*

Der **Geldschuldner** kann die Leistung in keinem Fall verweigern (BGB § 275). Hindernisse bei der Geldbeschaffung hat der Käufer auch ohne Verschulden zu vertreten, da Geld immer beschafft werden kann.

Rechte des Verkäufers bei Nicht-rechtzeitig-Zahlung

Wenn die Voraussetzungen des Zahlungsverzugs vorliegen, dann kann der Verkäufer seine gesetzlichen bzw. vertraglichen Rechte geltend machen.

Rechte des Verkäufers nach Aufforderung zur Leistung ohne Fristsetzung	
Nachzahlung BGB § 433	Der Verkäufer besteht auf nachträglicher Erfüllung des Kaufvertrags, da die Leistungspflicht des Käufers weiter besteht.
Schadenersatz wegen Pflichtverletzung BGB § 280 (2)	Der Käufer muss dem Verkäufer den durch seine Pflichtverletzung entstandenen Schaden ersetzen. Ein Verzugsschaden liegt vor, wenn der Schaden aufgrund der verspäteten Zahlung entstanden ist, z. B. Auslagen, Zinszahlungen.

Eine Geldschuld ist während des Verzugs zu verzinsen (BGB § 288). Der **gesetzliche Verzugszinssatz** beträgt für das Jahr **fünf Prozentpunkte über dem Basiszinssatz**[1].

Bei Rechtsgeschäften, an denen ein Verbraucher nicht beteiligt ist, beträgt der Zinssatz **acht Prozentpunkte über dem Basiszinssatz** (BGB § 288). Kann der Gläubiger aus einem anderen Rechtsgrund höhere Zinsen verlangen, so sind diese anzusetzen.

Beispiel: Berechnung der Verzugszinsen

Am 2. Oktober d. J. lieferte die TRIAL GmbH einen Sonderposten Fahrräder für insgesamt 20 000,00 € an die Zweirad Beigel KG. Im Kaufvertrag wurde als Zahlungstermin der 15. Oktober d. J. vereinbart. Die Rechnung ging der Zweirad Beigel KG zusammen mit der Lieferung am 2. Oktober zu. Bis heute (30. November) konnte die TRIAL GmbH keinen Zahlungseingang feststellen. Sie möchte nun den Zahlungsbetrag zuzüglich Verzugszinsen eintreiben. Erstellen Sie eine Zinsabrechnung. Die TRIAL GmbH wird selbst mit 8 % Zins auf ihrem Geschäftskonto belastet.

Lösung: Der Rechnungsbetrag war am 15. Oktober fällig. Eine Mahnung war nicht erforderlich, da der Zahlungstermin nach dem Kalender bestimmt ist. Die 30-Tage-Frist ist unerheblich, da die Rechnung schon vorher fällig war (15.10.). Da ein Verbraucher nicht beteiligt ist, beträgt der Verzugszinssatz 8 Prozentpunkte über dem Basiszinssatz, also −0,63 % + 8 % = 7,37 % (BGB § 288).

Nach der **Eurozinsmethode** *wird jeder Monat kalendergenau, das Jahr mit 360 Zinstagen gerechnet (Methode „aktuell/360"). Der erste Kalendertag und der letzte Kalendertag des Verzugszeitraums werden mitgezählt (BGB §§ 187, 188).*

Beispiele: Verzugszeit: 20.02. – 20.03. = 29 Tage; Verzugszeit: 28.02. – 31.03. = 32 Tage

Rechnungszugang 2. Okt.	Zahlungstermin (Fälligkeit) 15. Okt.	heute 30. Nov.
Zahlungsziel	Verzugszeit = **46 Zinstage** (16.10. bis 30.11.)	

---

[1]   Der **Basiszinssatz** beträgt −0,63 % p. a. (Stand: 01.07.2013). Er verändert sich zum 1. Januar und 1. Juli um die Prozentpunkte, um die der Zinssatz für Hauptrefinanzierungsgeschäfte der Europäischen Zentralbank seit der letzten Änderung gestiegen oder gefallen ist (BGB § 247).

Berechnung des Verzugsschadens:

Rechnungsbetrag	*fällig seit 15.10.*	20 000,00 €
+ Verzugszinsen	*7,37 % · 46 · 20 000/360/100*	188,34 €
+ nachweisbare Auslagen	*Telefonate, Porto, Zeitaufwand*	20,00 €
Forderungsbetrag am 30.11.		**20 208,34 €**

Der Verkäufer kann erst dann weiter gehende Rechte verlangen, wenn er den Käufer zuvor unter Setzung einer angemessenen Frist zur Zahlung aufgefordert hat.

Rechte des Verkäufers nach erfolglosem Ablauf einer Nachfrist	
Rücktritt vom Vertrag BGB § 323	Der Verkäufer kann wegen nicht oder nicht vertragsgemäß erbrachter Zahlung vom Vertrag zurücktreten, wenn er dem Käufer zuvor eine **angemessene Frist** zur Zahlung oder Nacherfüllung setzt.
Schadenersatz statt Zahlung BGB § 281	Der Verkäufer kann Schadenersatz statt der Zahlung verlangen, wenn er dem Käufer vorher eine **angemessene Frist** zur Zahlung gesetzt hat und diese Frist erfolglos abgelaufen ist.

Diese Rechte beansprucht der Verkäufer dann, wenn er die Ware anderweitig zu günstigeren Konditionen weiterverkaufen kann. Bereits empfangene Leistungen (z. B. gelieferte Sache) muss der Käufer zurückgewähren (BGB §§ 326; 346). Das Schadenersatzrecht wird durch den Rücktritt nicht ausgeschlossen (BGB § 325). Die **Fristsetzung entfällt**, wenn der Käufer die Zahlung endgültig verweigert [BGB §§ 281 (3)] oder, im Fall des Rücktritts, wenn für die Zahlung ein Termin bestimmt war und der Gläubiger sein Leistungsinteresse an die Einhaltung dieses Zahlungstermins gebunden hat [BGB § 323 (2)].

Außergerichtliches Mahnverfahren – Mahnstufen

Bezahlt der Käufer nach Fälligkeit der Zahlung und Rechnungsstellung nicht, dann mahnt der Verkäufer die fällige Forderung meistens zunächst ohne **Einschaltung des Gerichts** an,

- um die guten Geschäftsbeziehungen nicht zu gefährden,
- weil der Kunde den Zahlungstermin aus Versehen versäumt haben könnte.

Mahnt der Verkäufer regelmäßig unverzüglich nach Eintritt der Fälligkeit, dann erzieht er seine Kunden zur pünktlichen Zahlung; denn gute Kunden wollen ihren guten Ruf wahren. Zu große Rücksichtnahme zahlt sich meistens nicht aus, da die Kunden die Grauzone zwischen Fälligkeit und erster Mahnung sonst systematisch für sich ausnutzen und so den Verkäufer selbst in Zahlungsschwierigkeiten bringen (Vorsicht ist besser als Rücksicht).

Das außergerichtliche Mahnverfahren durchläuft in der Regel mehrere **Mahnstufen**. Dabei muss die 30-Tage-Frist nicht beachtet werden, da der Käufer jederzeit nach Fälligkeit zahlen kann.

Mahnstufen und Maßnahmen des Verkäufers	
Mahnstufe 1 (3 Tage nach Fälligkeit)	Zusendung einer höflichen **Zahlungserinnerung** („... sicher haben Sie übersehen, dass ...“).

Mahnstufe 2 (nach 7 Tagen)	**erste Mahnung** in Form eines höflichen Briefes
Mahnstufe 3 (nach 7 Tagen)	**zweite Mahnung** mit Zusendung einer Rechnungsdurchschrift mit Zahlungsträger (z. B. Überweisungsformular)
Mahnstufe 4 (nach 7 Tagen)	**dritte Mahnung** mit Androhung des Forderungseinzugs durch ein Inkassounternehmen oder durch eine Postnachnahme (maximal 1 600,00 €) Dem Kunden sollte ein Finanzgespräch angeboten werden. Neulieferungen sollten nur unter Eigentumsvorbehalt oder gegen Vorauskasse oder Barzahlung erfolgen. Zusätzlich sollten eine eingehende Bonitätsprüfung des Kunden und ggf. ein Lieferstopp erfolgen.
Mahnstufe 5 (nach 7 Tagen)	Forderungseinzug durch ein **Inkassounternehmen** bzw. eine **Postnachnahme**
Mahnstufe 6 (nach 7 Tagen)	**Letzte Mahnung (Terminbrief)** mit Androhung des gerichtlichen Mahnverfahrens oder der Klage

Das Mahnen ist für Geschäftsleute eine heikle Angelegenheit, denn durch eine ungeschickte Zahlungsaufforderung kann man den Kunden verletzen und damit verlieren. Die Mahnung muss daher ganz auf die Art des Kunden und die vermutliche Ursache für die Zahlungsverzögerung abgestellt sein. Ein allgemein gültiges Schema für das Mahnverfahren gibt es nicht.

Bei **wiederholten** Mahnungen sollten **Sofortmaßnahmen** eingeleitet werden, z. B.
- vorläufiger Stopp von Neulieferungen (auch noch nach Zahlung der Rechnung),
- Lieferung zunächst nur gegen Barzahlung oder Vorauskasse,
- Einholung von aktuellen Informationen bei Auskunfteien (z. B. Bürgel, Dun & Bradstreet), um die Bonität des Kunden zu überprüfen,
- Finanzgespräch mit dem Kunden selbst, um das weitere Vorgehen festzulegen.

Nicht zuletzt wegen der psychologischen Wirkung sollte bei kritischen Kunden ein **Inkassounternehmen** oder ein Rechtsanwalt mit dem Forderungseinzug beauftragt werden. Durch die frühzeitige Einschaltung eines Dritten bekommt der Kunde das Gefühl, dass ausstehende Forderungen konsequent verfolgt werden.

Briefentwurf: außergerichtliche Mahnung

Tipp: Empfehlungen zur Formulierung eines Geschäftsbriefs siehe Seite 21 f.

Beispiel:

1. Situation

Die TRIAL GmbH bot der Bunnybike OHG am 16. August 200 Radhosen der Marke Tenno an abzüglich 10 % Neukundenrabatt für 9 000,00 €, zahlbar mit 3 % Skonto innerhalb 14 Tagen oder 30 Tage Ziel ab Rechnungszugang.

Die Bunnybike OHG bestellte am 21. August und erhielt die Ware, wie vereinbart, am 4. September. Gleichzeitig ging der Bunnybike OHG die Rechnung zu.

Bis heute, 14. Oktober, ist der Rechnungsbetrag über 9 000,00 € zuzüglich 19 % Umsatzsteuer (insgesamt: 10 710,00 €) noch nicht eingegangen.

Anna Lurka, Verkaufsleiterin der TRIAL GmbH, prüft, ob die Voraussetzungen der Nicht-rechtzeitig-Zahlung zutreffen. Gegebenenfalls will sie den ausstehenden Betrag samt Verzugszinsen anmahnen, da die Bunnybike OHG schon häufiger zur Zahlung aufgefordert werden musste.

Lösung des Sachverhalts	
Liegt ein gültiger Kaufvertrag vor?	Ja, da die Bestellung (per Brief) inhaltsgleich mit dem Angebot (per Brief) war und rechtzeitig (innerhalb 7 Tagen) zugegangen ist. Damit liegen sowohl Antrag als auch Annahme vor.
Ist die Rechnung fällig?	Die Rechnung Nr. 145 (Rechnungsdatum: 03.09.) ist am 04.09. zugegangen und am 4. Oktober fällig (04.09. + 30 Tage Ziel).
Ist eine Mahnung notwendig?	Nein, da der Zahlungstermin nach dem Ereignis Rechnungszugang kalendermäßig bestimmbar ist (04.09. + 30 Tage Ziel).
Liegt Verschulden vor?	Bei Geldschulden übernimmt der Käufer immer das Beschaffungsrisiko (BGB § 276).
Greift die 30-Tage-Frist?	Nein, da der Käufer bereits früher in Verzug gesetzt werden kann. Nach der 30-Tage-Regel wäre der Käufer spätestens ab dem 04.11. im Verzug (04.09. + 30 Tage Ziel + 30-Tage-Frist).

Beispiel

Rechnungszugang 04. Sept.	Zahlungstermin (Fälligkeit) 04. Okt.	heute 14. Okt.
Zahlungsziel	Verzugszeit = **10 Zinstage** (05.10. bis 14.10.)	

Ergebnis

Die Bunnybike OHG befindet sich seit 05.10. im Zahlungsverzug. Anna Lurka will den Kunden zur pünktlichen Zahlung erziehen und verlangt deshalb für die Verzugszeit gemäß § 288 (2) BGB Verzugszinsen in Höhe von 8 Prozentpunkten über dem Basiszinssatz (z zt. −0,63 %).

Verzugszinsen = 10 710,00 € · 10 Tage · 7,37 % : 360 Tage = 21,93 €

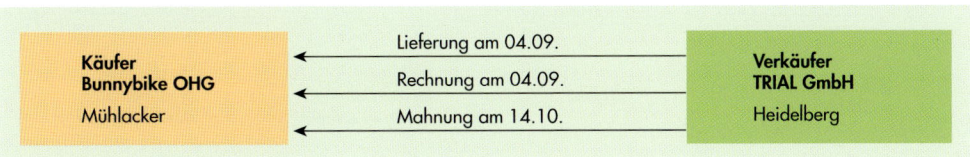

2. Gliederung des Mahnschreibens

Absender: TRIAL GmbH, Franz-Sigel-Str. 188, 69111 Heidelberg
Empfänger: BUNNYBIKE OHG, Alte Steige 85, 75417 Mühlacker
Briefdatum: 14. Oktober
Betreffzeile: Erste Mahnung
Einleitung: Rechnung Nr. 14005 vom 3. September ist seit 4. Oktober fällig
Hauptteil: Rechnungsbetrag (10 710,00 €) zuzüglich 7,37 % Verzugszinsen anmahnen und Zahlungsfrist bis 21. Oktober setzen
Schluss: Kunde auffordern, dass er in Zukunft pünktlich zahlt

Beispiel: **3. Formulierungsvorschlag für das Mahnschreiben**

BUNNYBIKE OHG
Alte Steige 85
75417 Mühlacker

TRIAL GmbH
Fahrräder & Bikewear
Franz-Sigel-Str. 188 · 69111 Heidelberg

14.10.20..

Erste Mahnung

Sehr geehrte Frau Göhner,

sicher haben Sie übersehen, dass unsere Rechnung Nr. 14005
vom 3. September d. J. seit dem 4. Oktober zur Zahlung fällig ist.

Überweisen Sie bitte auf unten stehendes Konto

bis spätestens	**21. Oktober d. J.**
den Gesamtbetrag von	**10731,93 €.**

Der Gesamtbetrag setzt sich wie folgt zusammen:

Rechnungsbetrag:	9 000,00 €
zuzüglich 19 % USt.:	1 710,00 €
zuzüglich Verzugszinsen für 10 Tage (Zinssatz 7,37 %):	21,93 €

Achten Sie bitte zukünftig auf sorgfältige Einhaltung unserer Zahlungsbedingungen. Sie ersparen uns dadurch Mehrkosten und Mühe.

Mit freundlichen Grüßen

TRIAL GmbH

i. V. *Anna Zurka*

Bankverbindung: Badische Beamtenbank Karlsruhe, IBAN: DE10 6609 0800 0025 6541 33
(Konto-Nr.: 25654133), BIC: GENODE61BBB (BLZ: 660 908 00)

Abgesandte Mahnungen werden in der Mahndatei so lange geführt und überwacht, bis
die zugehörige Zahlung eingeht.

ZUSAMMENFASSUNG

Voraussetzungen der Nicht-rechtzeitig-Zahlung

gültiger Kaufvertrag	+	Fälligkeit	+	Mahnung (entbehrlich bei Kalendertermin)	+	Verschulden (liegt bei Geld-schuld immer vor)

oder

gültiger Kaufvertrag	+	Fälligkeit	+	Zugang der Rechnung	+	Ablauf der 30-Tage-Frist

Rechte des Verkäufers bei Nicht-rechtzeitig-Zahlung

nachträgliche Zahlung + Verzugsschaden	oder	Rücktritt vom Kaufvertrag	+	Verzugsschaden BGB § 325	oder	Schadenersatz statt der Zahlung BGB § 281

AUFGABEN

1 Entscheiden Sie in Ihrer Stammgruppe, ob in folgenden Fällen eine Mahnung erforderlich ist, um den Käufer in Verzug zu setzen.
   a) „zahlbar Anfang Mai d. J.", *keine Mahnung*
   b) „zahlbar ab 1.10. d. J.", *Mahnung*
   c) „zahlbar Ende Mai d. J.", *keine Mahnung*
   d) „sofort nach Rechnungserhalt zahlbar", *Mahnung*
   e) „innerhalb 10 Tagen nach Rechnungsdatum zahlbar", *keine*
   f) „innerhalb 10 Tagen nach Rechnungszugang zahlbar", *keine*
   g) „zahlbar innerhalb 10 Tagen nach Erhalt der Leistung", *keine*
   h) „zahlbar innerhalb 30 Tagen". *keine Mahnung*

2 Überprüfen Sie in folgenden Fällen, ob und ggf. ab wann Nicht-rechtzeitig-Zahlung vorliegt. Schlagen Sie vor, welches Recht der Verkäufer geltend machen sollte, und berechnen Sie ggf. die Verzugszinsen (Rechnungsbetrag: 10 000,00 €).
   a) In einem Kaufvertrag zwischen der Wenz KG und der Weller GmbH wurde folgende Zahlungsbedingung vereinbart: „Zahlung innerhalb zwei Wochen nach Abnahme der Ware". Die Rechnung der Wenz KG ging der Weller GmbH am 10. Januar zu. Die Ware traf bei der Weller GmbH am 8. Januar ein. Heutiges Datum: 20. Februar.
   b) In einem Kaufvertrag wurde die Zahlungsbedingung „zahlbar drei Wochen nach Rechnungszugang" vereinbart. Die Rechnung ging dem Käufer am 20. Juni zu. Käufer und Verkäufer sind Gewerbetreibende. Heutiges Datum: 15. August.
   c) In einem Kaufvertrag wurde die Zahlungsbedingung „zahlbar sofort nach Rechnungszugang" vereinbart. Die Rechnung ging dem Käufer am 25. September zu. Käufer und Verkäufer sind Gewerbetreibende. Heutiges Datum: 10. November.

3 Die Kleiderfabrik Meinrad KG verkaufte am 1. Dezember zehn Wintermäntel an das Modehaus Weinmann GmbH im Gesamtwert von 5 000,00 €, zahlbar sofort nach Rechnungszugang. Die Rechnung ging der Weinmann GmbH am 3. Dezember zu. Bis heute (22. Januar) sind keine Zahlungen eingegangen. Die Meinrad KG möchte nun endlich zu ihrem Geld kommen.
   a) Prüfen Sie alle Voraussetzungen der Nicht-rechtzeitig-Zahlung für diesen Fall.
   b) Machen Sie einen Vorschlag, wie die Meinrad KG weiter vorgehen soll.
   c) Berechnen Sie die Verzugszinsen für diesen Fall.

4 Die Spezialmaschinenfabrik Bäcker GmbH, 68259 Mannheim, Heilbronner Straße 2, hat der Pharmazeutischen Fabrik Fama AG, 60386 Frankfurt, Fuldaer Straße 12, am 12. November d. J. eine im Sonderauftrag gefertigte Kunststoffspritzgussmaschine im Wert von 87 000,00 € zuzüglich 19 % Umsatzsteuer geliefert. Im Kaufvertrag wurde die Zahlungsbedingung „zahlbar innerhalb 30 Tagen ab Rechnungsdatum" vereinbart. Die Rechnung (Nr. 240) ging bei der Bäcker GmbH am 15. November heraus. Bis heute (10. Januar) hat die Fama AG darauf nicht reagiert.
   a) Überprüfen Sie anhand aller Voraussetzungen für die Nicht-rechtzeitig-Zahlung, ob und ggf. ab wann sich die Fama AG im Zahlungsverzug befindet. *Ab 16. Dez.*
   b) Welche Rechte könnte die Bäcker GmbH im Falle der Nicht-rechtzeitig-Zahlung geltend machen? Begründen Sie, welches Recht Sie anstelle der Bäcker GmbH wählen würden.
   c) Berechnen Sie die Verzugszinsen nach § 288 BGB (beachten Sie dabei den zurzeit geltenden Basiszinssatz).
   d) Verfassen Sie ein Mahnschreiben, in dem Sie die Fama AG zur Zahlung des Rechnungsbetrags samt Verzugszinsen auffordern. Beachten Sie dabei, dass die Fama AG ein A-Kunde ist und bisher noch nicht durch Nicht-rechtzeitig-Zahlung aufgefallen ist.
   e) Machen Sie sich Gedanken über die weitere Vorgehensweise, falls der Kunde auf die Mahnung nicht reagieren sollte. Beschreiben Sie mögliche weitere Schritte des außergerichtlichen Mahnverfahrens.

f) Machen Sie Vorschläge, welche begleitenden Maßnahmen die Bäcker GmbH gegen die Fama AG durchführen sollte.

g) Durch welche Vorsichtsmaßnahmen hätte die Bäcker GmbH diese für alle Beteiligten unangenehme Situation vermeiden können?

5 Sie kontrollieren folgendes Debitorenkonto (Forderungen an Kunden) am 08.03.

Papiergroßhandel Treffaur & Munz KG, 18199 Rostock

1273 Konto: F. Müller e.K., Ulm			Zahlungsbedingungen		
			14 Tage 2 % oder 30 Tage nach Rechnungszugang		
Buchungs-datum	Rechnungs-datum	Journal-seite	Soll	Haben	Saldo
01.01.	–	13	1 300,00		1 300,00
03.01.	02.01.	14	2 800,00		4 100,00
04.02.	04.02.	14	3 400,00		7 500,00
05.02.	–	18		1 300,00	6 200,00
08.02.	07.02	19	800,00		7 000,00

a) Wie beurteilen Sie die Zahlungssituation der Firma Müller e.K. aus Ulm?

b) Was muss gegen Müller unternommen werden?

c) Etwa 25 % aller Unternehmen zahlen ihre Lieferantenverbindlichkeiten unpünktlich, im Durchschnitt mit zwei Monaten Verspätung. Etwa 4 % aller Forderungen sind uneinbring-lich und müssen Jahr für Jahr abgeschrieben werden.
Wie können die Schuldner zu besserer Zahlungsdisziplin erzogen werden?

4 Zahlungsverkehr – bald nur noch online

PROBLEM

Bei der TRIAL GmbH geht am 5. März folgende Rechnung ein:

ZACHER GMBH
Kerschensteiner Str. 5
76532 Rastatt

Eingegangen am:
05.03.20..

TRIAL GmbH
Franz-Sigel-Str. 188
69111 Heidelberg

03.03.20..

Rechnung

Rechnungs-Nr.: 4711
Kunden-Nr.: 97964
Steuer-Nr.: 154/265
USt-Id-Nr.: DE147033654
Telefon: +49 7222 923

Bestell-Nr.	Artikel	Menge	Preis
9879	Schaltwerk Shiatsu Ultra	160 + 19 % MwSt. Rechnungsbetrag	7798,32 € 1 481,68 € 9 280,00 €

Bei einem Rechnungsausgleich innerhalb von 14 Tagen dürfen Sie 3 % Skonto abziehen.

Mit freundlichen Grüßen

i.V. *Caroline Zimmer*

Zahlungsbetrag abzüglich 3 % Skonto:
9 280 · 97 % =
9 001,60 €

Volksbank Baden-Baden Rastatt BIC: VBRADE6KXXX IBAN: DE06 6629 0000 0004 6465 46
BLZ: 662 900 00 Konto-Nr. 4646546

Thomas Ernst (Rechnungswesen) erhält die Eingangsrechnung mit dem Auftrag die Zahlung zu veranlassen.

1. *Welche Zahlungsmöglichkeiten hat die TRIAL GmbH?*
2. *Besorgen Sie Zahlungsvordrucke bei Ihrer Bank und füllen Sie diese aus. Die Kontoverbindung der TRIAL GmbH lautet: Badische Beamtenbank Karlsruhe,*
   IBAN: DE10 6609 0800 0025 6541 33 (Konto-Nr.: 25654133),
   BIC: GENODE61BBB (BLZ: 660 908 00).

SACHDARSTELLUNG

4.1 Begriffe des Zahlungsverkehrs

Als **Zahlungsverkehr** werden alle Vorgänge bezeichnet, durch die Zahlungsmittel von einer Person auf eine andere übertragen werden. **Zahlungsmittel** sind Geld oder Geldersatz. Geld ist entweder **Bargeld** (Münzen und Banknoten) oder Buchgeld. **Buchgeld** entsteht durch Einzahlung von Bargeld auf ein Konto oder durch Kreditgewährung. **Geldersatz** sind Schecks, Wechsel, Bank- und Kreditkarten.

In Deutschland sind auf Euro lautende Banknoten **unbeschränkte gesetzliche Zahlungsmittel**, d.h., sie müssen von Gläubigern in jeder Höhe angenommen werden. Euro-Cent-Münzen sind **beschränkte gesetzliche Zahlungsmittel**, da sie nur bis zu einem Umfang von 50 einzelnen Münzen pro Zahlungsvorgang angenommen werden müssen (MünzG § 3).

Die meisten Dinge des täglichen Lebens, die man kauft, z.B. die neue DVD oder das Schulheft, bezahlt man mit Bargeld **(Barzahlung)**. Wer ein Konto hat, der kann am bargeldlosen Zahlungsverkehr teilnehmen und so das Mitführen bzw. Versenden größerer Geldbeträge mit der damit verbundenen Verlust- und Diebstahlsgefahr vermeiden. Kaum ein Gehaltsbüro ist heute noch bereit, das Gehalt für die Mitarbeiter bar auszuzahlen. Bei der **bargeldlosen Zahlung** wird kein Bargeld bewegt, sondern es wird nur Buchgeld von einem Konto auf ein anderes Konto übertragen.

4.2 Traditionelle Zahlung über das Girokonto

Gironetze – beschleunigen die bargeldlose Zahlungsabwicklung

In Deutschland haben sich gleichartige Geldinstitute zu Gironetzen zusammengeschlossen.

Über die **Gironetze** stehen alle Geldinstitute in Kontoverbindung miteinander. Deshalb ist es gleichgültig, bei welchen Geldinstituten Zahler und Zahlungsempfänger ihre Konten führen. Es können problemlos Geldbeträge z.B. von einem Konto der Deutschen Bank, Filiale Ulm, auf ein Konto bei der Postbankfiliale Mannheim übertragen werden.

Die Gironetze ermöglichen die kostengünstige, schnelle und reibungslose Abwicklung von Zahlungsaufträgen. Alle Geldinstitute unterhalten darüber hinaus Verrechnungskonten bei den Filialen der Deutschen Bundesbank, sodass Forderungen und Verbindlichkeiten untereinander miteinander verrechnet werden können (**Clearingverfahren**) und nur noch die Salden bargeldlos beglichen werden müssen. Solange sich die Konten des Zahlers und des Zahlungsempfängers innerhalb desselben Gironetzes befinden (z.B. Sparkasse Neu-Ulm und Sparkasse Stuttgart im Gironetz der Sparkassenorganisation), werden Geldabflüsse aus der eigenen Institutsgruppe vermieden.

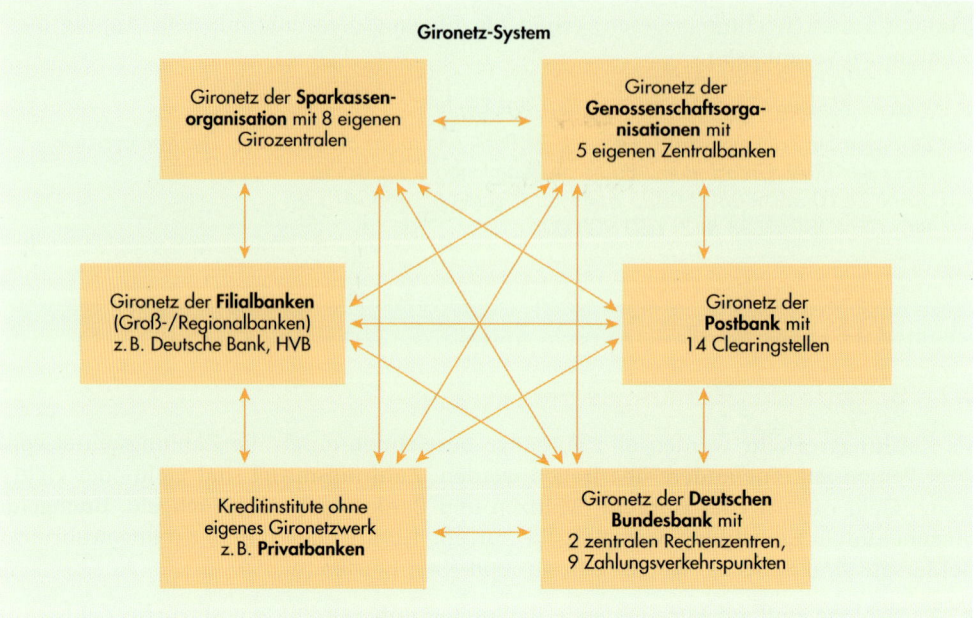

Zahlung mit Überweisung – von Konto zu Konto

Die bargeldlose Übertragung eines Geldbetrags vom Girokonto des Zahlers (Schuldner) auf das Girokonto des Zahlungsempfängers (Gläubiger) wird **Überweisung** genannt. Auf dem Girokonto des Zahlers wird der Betrag abgebucht (**Lastschrift**), auf dem Girokonto des Zahlungsempfängers erfolgt die **Gutschrift**.

Beispiel: Zahlungsweg der Überweisung

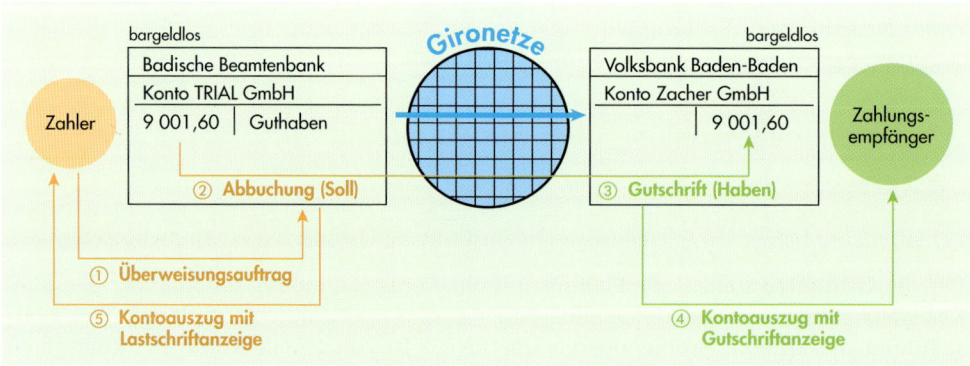

Der Zahlungsdienstleister des Zahlers ist verpflichtet sicherzustellen, dass der Zahlungsbetrag spätestens am Ende des auf den Zugangszeitpunkt des Zahlungsauftrags folgenden Geschäftstages beim Zahlungsdienstleister des Zahlungsempfängers eingeht (BGB § 675s). Überweisungen in Papierform müssen innerhalb von **maximal zwei Bankgeschäftstagen** gutgeschrieben werden. Online-Überweisungen müssen innerhalb eines Bankgeschäftstages ausgeführt werden.

EXKURS

Dem Girokonto liegt ein Kontovertrag zugrunde. Dadurch besteht ein Dauerschuldverhältnis zwischen Kreditinstitut und Kunden. Dieses beruht auf den Vorschriften des BGB über die **Geschäftsbesorgung** (BGB § 675) und hat folgenden wesentlichen Inhalt:

- Die Verpflichtung der Bank, Aufträge des Kunden mit der Sorgfalt eines ordentlichen Kaufmanns auszuführen und dem Konto diejenigen Beträge gutzuschreiben, die für den Kunden eingehen.
- Die Verpflichtung des Kunden, die ihm von der Bank überlassenen Unterlagen, z.B. Kontoauszüge, sorgfältig zu prüfen und Formulare der Bank sorgfältig aufzubewahren.

Ausgefüllter Überweisungsvordruck

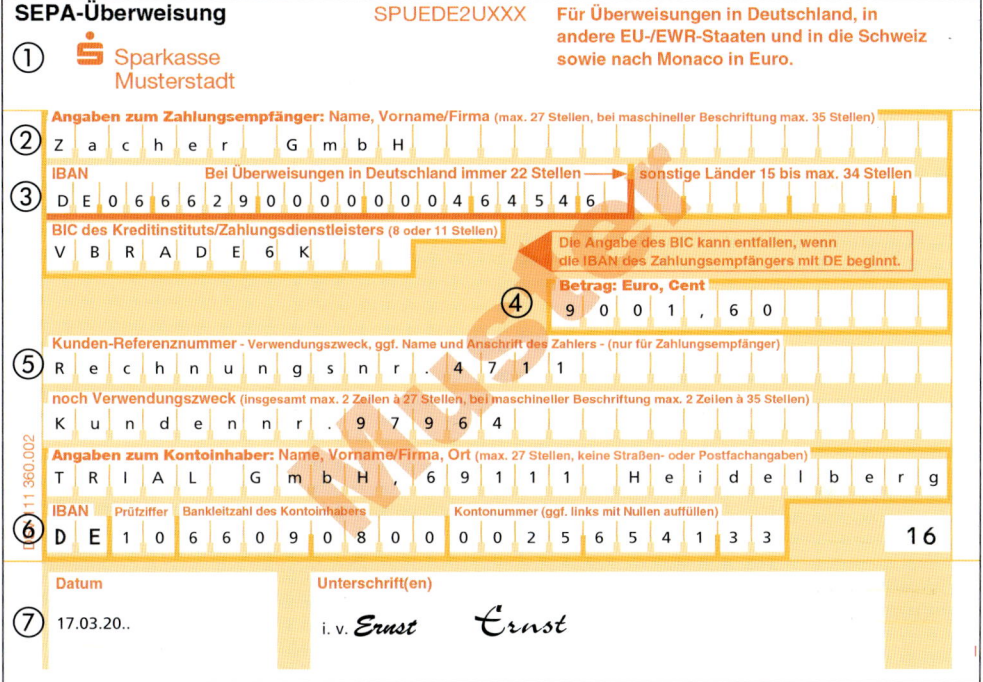

① Bank des Zahlers (Zahlstelle)
② Zahlungsempfänger
③ Kontoverbindung des Zahlungsempfängers
④ Zahlungsbetrag
⑤ Zahlungsgrund (z.B. Rechnungsnummer)
⑥ Kontonummer des Zahlers
⑦ Datum und Unterschrift des Zahlers

Alle Zahlungsvorgänge (Zahlungsausgänge und -eingänge) werden mittels **Kontoauszug** dokumentiert. Dieser dient als Nachweis und als **Buchungsbeleg** für den Zahlungsvorgang.

Mit der **SEPA-Überweisung**[1] können Zahlungen in € in unbegrenzter Höhe innerhalb des EU/EWR-Raums genauso einfach überwiesen werden wie im Inland. Dazu muss der Zahler seine internationale Kontonummer (**IBAN** = International Bank Account Number) und die internationale Kontonummer sowie die internationale Bankleitzahl (**BIC** = Business Identifier Code) des Zahlungsempfängers in das Formular eintragen. Der BIC muss nach dem 1. Februar 2014 für Inlandszahlungen und nach dem 1. Februar 2016 für grenzüberschreitende Zahlungen nicht mehr angegeben werden (Ausnahmen: Schweiz, Monaco).

Mit einem **Sammelüberweisungsvordruck** können mehrere Überweisungsaufträge zusammen eingereicht werden. Dadurch werden Kosten gespart, da das Buchungsentgelt nur einmal berechnet wird.

Zahlung mit Dauerauftrag – Zahlungsbetrag bleibt gleich

Durch einen **Dauerauftrag** kann der Zahler sein Geldinstitut (Zahlstelle) veranlassen, einen feststehenden Geldbetrag an sich wiederholenden Terminen (z. B. jeder 1. eines Monats) von seinem Konto abzubuchen und dem Konto des Zahlungsempfängers gutzuschreiben. Der Zahler muss den Dauerauftrag nur einmal erteilen und kann ihn jederzeit widerrufen. Die Abbuchungen erfolgen bis auf Widerruf bzw. bis zu einem festgelegten Zeitpunkt ohne weitere Aufforderung.

> **Merke:** Daueraufträge eignen sich für Überweisungen, die **regelmäßig wiederkehren** und **in ihrer Höhe längere Zeit gleich** bleiben, z. B. Mieten, Zinsen, Vereins-, Versicherungsbeiträge.

Zahlungseinzug durch Lastschrift – Zahlung nicht mehr vergessen

Beim Lastschriftverfahren leitet der Zahlungsempfänger den Zahlungsvorgang ein. SEPA-Lastschriften können **nur elektronisch eingereicht werden**. Es werden zwei Formen des **SEPA-Lastschriftverfahrens** unterschieden:

SEPA-Basislastschrift (ähnlich dem früheren Einzugsermächtigungsverfahren)	Sie steht sowohl Verbrauchern als auch Unternehmen offen.
	Der Zahlungspflichtige erteilt dem Zahlungsempfänger ein **Lastschrift-Mandat** („Einzugsermächtigung") in Textform. Es kann sich auf *wiederkehrende Zahlungen* oder auf eine *einmalige Zahlung* beziehen. Das Mandat enthält die Zustimmung des Zahlungspflichtigen gegenüber dem Zahlungsempfänger zum Einzug fälliger Forderungen mittels Lastschrift und die Weisung an seinen Zahlungsdienstleister (Zahlstelle) zur Einlösung durch Belastung seines Zahlungskontos.
	SEPA-Basislastschriften, bei denen ein gültiges Mandat vorliegt, können bis zu *acht Wochen* nach dem Belastungstag ohne Angabe von Gründen zurückgegeben werden (fehlt das unterschriebene Mandat, verlängert sich die Frist auf 13 Monate).
SEPA-Firmenlastschrift (ähnlich dem früheren Abbuchungsverfahren)	Sie ist ausschließlich für den Zahlungsverkehr mit Unternehmen (Nicht-Verbrauchern) vorgesehen. Die Zahlungspflichtigen müssen vor der ersten Zahlung ein SEPA-Firmenlastschrift-Mandat erteilen und ihre Bank darüber informieren.
	SEPA-Firmenlastschriften können **nicht zurückgegeben werden**. Solange der Bank das Mandat vorliegt und es nicht widerrufen wird, **gelten alle folgenden Zahlungen als autorisiert** und *können nicht widerrufen werden*.

---

[1] SEPA = Single Euro Payments Area. Seit 01.02.2014 sollen alle Überweisungen und Lastschriften nach dem SEPA-Verfahren abgewickelt werden.

Inhalt eines Mandats für eine SEPA-Basislastschrift

„Ich ermächtige (Wir ermächtigen) [Name des Zahlungsempfängers], regelmäßig Zahlungen (bzw. einmalig eine Zahlung) von meinem (unserem) Konto mittels Lastschrift einzuziehen. Zugleich weise ich mein (weisen wir unser) Kreditinstitut an, die von [Name des Zahlungsempfängers] auf mein (unser) Konto gezogenen Lastschriften (bzw. gezogene Lastschrift) einzulösen.

Hinweis: Ich kann (Wir können) innerhalb von acht Wochen, beginnend mit dem Belastungsdatum, die Erstattung des belasteten Betrages verlangen. Es gelten dabei die mit meinem (unserem) Kreditinstitut vereinbarten Bedingungen."

Zusätzlich muss das SEPA-Lastschriftmandat folgende Angaben enthalten:

- Name, Adresse des Zahlungsempfängers mit Gläubiger-Identifikationsnummer (sie wird von der Deutschen Bundesbank vergeben, z. B. DE99ZZZ05678901234),
- Mandatsreferenz (sie wird vom Zahlungsempfänger vergeben, z. B. Vertragsnummer, Versicherungsnummer – maximal 35 Stellen),
- Angabe, ob das Mandat für wiederkehrende Zahlungen oder eine einmalige Zahlung gegeben wird,
- Name, Adresse, Kontoverbindung und Unterschrift des Kontoinhabers (Zahlers),
- Ort und Datum der Unterschrift.

Der Lastschrifteinreicher muss dem Zahler eine **Vorabinformation** (z. B. Rechnung, Police, Vertrag) zukommen lassen, die eine Belastung mittels SEPA-Lastschrift ankündigt. Die Vorabinformation muss das Fälligkeitsdatum und den genauen Betrag enthalten und kann auch mehrere Lastschrifteinzüge ankündigen. Sie muss dem Zahler rechtzeitig (*mindestens 14 Kalendertage vor Fälligkeit*, sofern mit dem Zahler keine andere Frist vereinbart wurde) vor Fälligkeit zugesandt werden, damit er sich auf die Kontobelastung einstellen und für entsprechende Deckung sorgen kann.

Verbraucher können z. B. SEPA-Lastschriften dem Betrag nach begrenzen, bestimmte Zahlungsempfänger zulassen („White List") oder ausschließen („Black List") oder ein Zahlungskonto gänzlich für Lastschriften blockieren.

Vorteile des Lastschriftverfahrens

Zahler	• kostenlose und bequeme Zahlungsabwicklung (Ausschreibung von Belegen entfällt) • Überwachung der Zahlungstermine (z. B. Wasser-, Gas-, Strom-, Steuervorauszahlungen, Versicherungs-, Vereinsbeiträge) ist leichter bzw. entfällt. • Nichtrechtzeitig-Zahlungen und Mahngebühren werden weitgehend vermieden.
Zahlungsempfänger	• Zeitpunkt des Zahlungseingangs kann selbst bestimmt werden. • Debitorenkontrolle ist einfacher (sie beschränkt sich weitgehend auf nicht eingelöste und zurückgegebene Lastschriften). • Koordination der eigenen Zahlungsverpflichtungen wird erleichtert.

Die Lastschrift ist ein **Einzugspapier**, d.h., der Geldbetrag wird nur unter dem Vorbehalt des Zahlungseingangs gutgeschrieben.

Beispiel: Die Zacher GmbH zieht den Rechnungsbetrag (siehe Eingangsrechnung zum Problem) per Lastschrift ein. Caroline Zimmer füllt hierfür einen Lastschriftvordruck aus.

Beispiel: Zahlungsweg einer SEPA-Basislastschrift

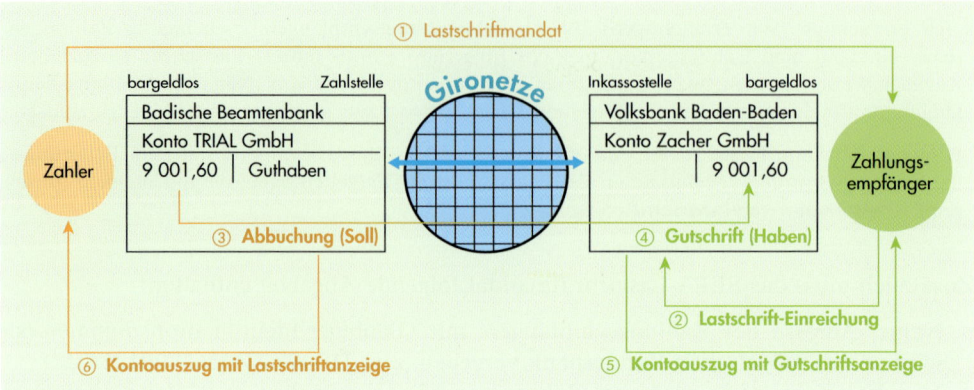

4.3　Online-Zahlung über das Girokonto

Je nach Wünschen und technischer Ausstattung gibt es vier Zugangswege zum Electronic Banking: Electronic Banking per Telefon (Telefonbanking), per Handy (Mobilbanking), per Onlinedienst (Homebanking) und per Internet (Internetbanking)

Überblick über die Möglichkeiten des Electronic Banking

Homebanking	Hier wird die Verbindung zum Onlinedienst (z. B. T-Online, AOL) per Internet hergestellt. Der Bankkunde benötigt einen PC mit ISDN- bzw. DSL-Anschluss, die entsprechende Zugangssoftware und er muss sein Konto für das Homebanking freischalten lassen. Nachdem sich der Zahler bei seinem Onlinedienst eingeloggt hat, kann er die Leitseite seiner Bank anwählen – und schon kann er sein Bankkonto von zu Hause aus führen. Daher der Begriff Homebanking.
	Vorteile und Möglichkeiten: Der Homebanker spart Kontogebühren, ist unabhängig von Öffnungszeiten seiner Bank, kann jederzeit den aktuellen Kontostand abfragen, Kontoauszüge abrufen, Einzel-, Sammel-, Terminüberweisungen durchführen, auf bereits ausgefüllte Überweisungsvorlagen zugreifen, Daueraufträge einrichten, ändern und widerrufen, Lastschriften durchführen, Wertpapiergeschäfte abschließen, sein Wertpapierdepot verwalten usw.
Internetbanking (Direct Banking)	Heute ist das **Internetbanking** am meisten verbreitet. Im Unterschied zum Homebanking loggt sich der Zahler nicht über seinen Onlinedienst bei seiner Bank ein, sondern *direkt* auf der Bank-Homepage. Der Bankkunde hat dieselben Vorteile und Möglichkeiten wie beim Homebanking. Zusätzlich kann er weltweit auf sein Konto zugreifen, sogar von einem fremden PC oder Laptop aus.
Telefonbanking	Hier benötigt der Zahler ein Girokonto, ein Telefon und eine *Telefon-Geheimzahl.* Die Zahlungsabwicklung ist schnell, weil sowohl der Sprachcomputer als auch die Bankmitarbeiter rund um die Uhr erreichbar sind.

Mobilbanking (Mobile Payment)	Das Mobilbanking steckt noch in der Versuchsphase. Zum Einsatz kommen unterschiedliche Systeme, von Apps und virtuellen Geldbörsen über Kartenleser für Handys bis zu Funkchips in Smartphones oder auf Geldkarten sowie verschiedene Technologien der kontaktlosen Übermittlung. Ein einheitlicher Standard hat sich noch nicht etabliert. Durchsetzen dürfte sich das Bezahlen über **NFC (Near Field Communication)**. Dann wird es möglich, Daten aus wenigen Zentimetern Entfernung vom Funkchip auf ein passendes Terminal zu übertragen. Der Kunde legt dazu lediglich sein Handy in die Nähe des Empfängers und gibt seinen PIN-Code ein.

Risiken und Probleme beim Electronic Banking

Das Electronic Banking ist für alle Beteiligten mit Sicherheits- und Haftungsrisiken verbunden.

Beim **Datenschutz** geht es um den Schutz der Privatsphäre, also darum, vertrauliche Kontoinformationen vor unbefugtem Einblick und Missbrauch zu bewahren.

Datenschutz beim Internetbanking – fünffache Sicherung	
1.	Nach der Freischaltung seines Bankkontos erhält der Bankkunde einen **Netkey bzw. Alias-Namen**, den er bei jedem Zugang zu seinem Konto eingeben muss. Er kann den Netkey jederzeit ändern.
2.	Vor jedem Zugang zu seinem Konto muss der Bankkunde eine **Persönliche Identifikationsnummer (PIN)** eingeben. Diese kann er selbst bestimmen (Tipp: Ziffern mit Buchstaben kombinieren).
3.	Sobald der Zugang zum Bankkonto hergestellt ist, wird die Internetverbindung **verschlüsselt** (erkennbar am Schlosssymbol).
4.	Jedes Bankgeschäft (Transaktion) muss der Bankkunde mit der Eingabe einer sechsstelligen **Transaktionsnummer** (TAN) freigeben. Die TAN entnimmt er einer TAN-Liste, die er nach der Freischaltung seines Bankkontos zugesandt bekommt.
5.	Zum besseren Schutz vor dem sogenannten „Phishing"[1] sind die TANs meist indiziert (**iTAN**), d. h. von 1 bis 100 fortlaufend nummeriert. Bei jeder Transaktion führt das System eine TAN-Abfrage durch, d. h., es wählt per Zufallsgenerator eine Nummer aus der iTAN-Liste aus (z. B. 27). Nur die dazugehörende TAN kann für die Transaktion verwendet werden. Wird die **TAN-Abfrage** nicht innerhalb eines Zeitfensters von wenigen Minuten beantwortet, dann wird die zugehörige TAN entwertet. Noch größere Sicherheit versprechen Verfahren, bei denen die TAN bei Bedarf per SMS auf das Handy übertragen wird bzw. mithilfe des Chips auf der Bankkarte in einem TAN-Generator (dieser muss käuflich erworben werden) selbst erzeugt wird.

Bei vermutetem Missbrauch der Kontodaten muss das Konto sofort gesperrt werden. Ein finanzieller Schaden durch Missbrauch Dritter muss der Bank sofort gemeldet werden. Dies geschieht am besten durch die dreimalige Eingabe einer falschen PIN bzw. TAN.

Bei der **Haftungsfrage** geht es um die Übernahme der Beweislast und des entstandenen Schadens, wenn beim Electronic Banking etwas schiefläuft. Mit zunehmender Kundenorientierung und Verlässlichkeit ihrer Software übernehmen die Banken meist die

---

[1] Im Allgemeinen beginnt eine **Phishing**-Attacke mit einer persönlich gehaltenen, offiziell anmutenden E-Mail. Der Empfänger soll eine betrügerische Website (Startseite der Internetbank) besuchen, die täuschend echt aussieht und unter einem Vorwand zur Eingabe seiner Zugangsdaten auffordert. Der Betrüger kann dann die Identität seines Opfers übernehmen und in dessen Namen Handlungen (z. B. Zahlungen) ausführen.

Beweislast und den Schaden. Aufgrund einer Grundsatzentscheidung des BGH (Az XI ZR 138/00) sind AGB unwirksam, wonach die Bank bei zeitweiligen Beschränkungen und Unterbrechungen des Zugangs zum Electronic Banking aus technischen und betrieblichen Gründen auch bei grobem Verschulden nicht haftet. Ebenso unwirksam sind AGB, wonach die Bank den Zugang zum Electronic Banking aus wichtigem Grund jederzeit sperren kann (OLG Köln Az 6 U 135/99).

4.4 Kartenzahlung am Point of Sale (POS)

Zahlung mit Kreditkarte – überall einsetzbar

Der Inhaber einer **Kreditkarte** kann bis zu einem vereinbarten Verfügungsrahmen (Kartenlimit) mit seiner Kreditkarte weltweit am Point of Sale zahlen. Werden die einzelnen Zahlungsvorgänge gesammelt und einmal monatlich per Lastschriftverfahren vom Girokonto des Kontoinhabers abgebucht, dann spricht man von einer **Charge Card**. Bekommt der Karteninhaber einen tatsächlichen Kredit eingeräumt, dann hat er eine Kreditkarte im klassischen Sinn **(Credit Card)**. Hier kann der Karteninhaber nach Erhalt der Monatsrechnung den Abrechnungsbetrag entweder sofort in einer Summe oder in mehreren Raten zurückzahlen.

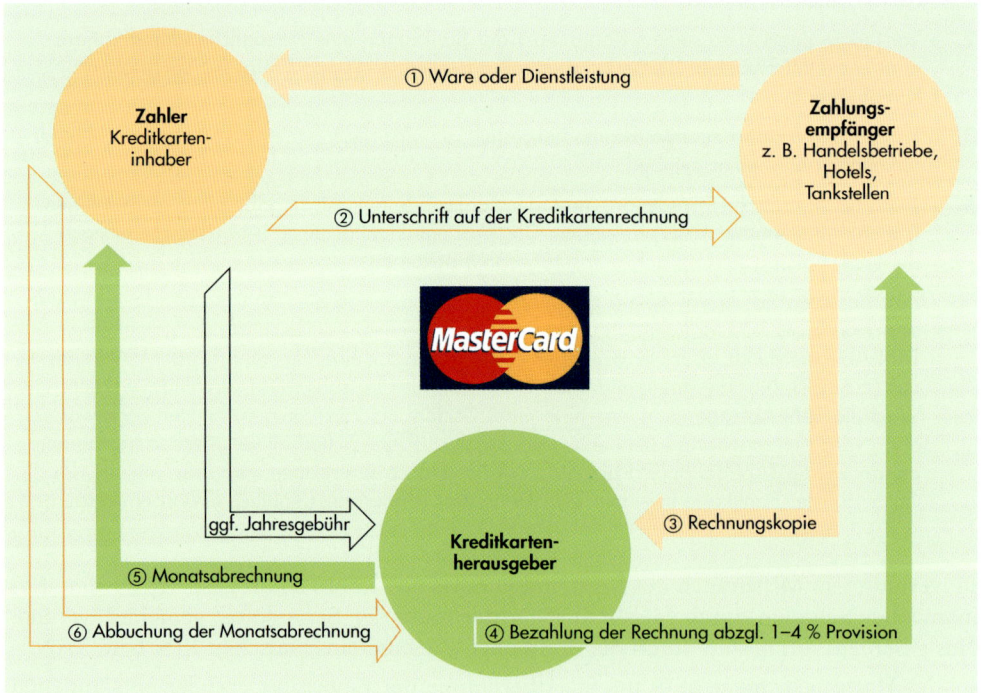

Zahlung mit Bankkarte (Maestro-Karte)

Der Inhaber einer Bankkarte kann sich an Geldautomaten mit Bargeld versorgen und Überweisungen tätigen. Er kann aber auch Warenkäufe an den Datenkassen des stationären Handels, also direkt am Ort des Verkaufs (**POS = Point of Sale**), bezahlen.

Bankkarten sind sogenannte **Debitkarten**. Der Karteninhaber hat keinen Kreditrahmen und kann nur über das Guthaben seines Girokontos verfügen. Dieses wird bei der Zahlung sofort belastet (debitiert). **Maestro** ist eine Funktion auf der Debitkarte, die weltweit bargeldlose Zahlungen im Handel und Geldabhebungen an Geldautomaten ermöglicht. Die Bankkarte kann in über 100 Ländern eingesetzt werden. Weltweit kann an über fünf Millionen elektronischen Kassen mit dem edc/Maestro-Logo bezahlt werden (**edc = electronic debit card**).

Verfahren der Kreditwirtschaft	Verfahren des Handels
Electronic Cash	**ELV** (Elektronisches Lastschrift-Verfahren)
Bezahlen mit **Zahlungsgarantie** für den Zahlungsempfänger	Elektronisches Lastschriftverfahren **ohne Zahlungsgarantie** für den Zahlungsempfänger (bis 01.02.2016 zulässig).
Karte wird in den Kartenleser eingeführt, der Zahler gibt seine PIN ein. Das System überprüft die korrekte Eingabe der PIN, ob die Karte gesperrt ist und das Kreditlimit noch nicht erreicht ist, und bestätigt die Zahlung. Der Zahler erhält eine Kassenquittung.	Karte wird in den Kartenleser eingeführt. Das System erstellt mittels der auf dem Magnetstreifen gespeicherten Daten eine Lastschrift. Der Zahler unterschreibt die entsprechende Einzugsermächtigung. Es erfolgen keine PIN-Eingabe und keine Sperrdateiabfrage.
Händler müssen 0,3 % des Umsatzes (mindestens 8 Ct.) an die Banken abführen; die Sperrdateiabfrage kostet 5 Ct.	kostenlos für den Händler

ZUSAMMENFASSUNG

AUFGABEN

1 Schreiben Sie jeden der folgenden Begriffe auf die Kopfzeile eines DIN-A6-Kärtchens:

Zahlungsverkehr (Begriff), Zahlungsmittel, Buchgeld, Geldersatz, gesetzliches Zahlungsmittel, bargeldlose Zahlung (Begriff, Vorteile), Bargeld, Gironetz, Clearingverfahren, Überweisung (Begriff), Überweisungsformular (Bestandteile), Überweisung (Zahlungsweg), Sammelüberweisung, SEPA-Standardüberweisung, Dauerauftrag, SEPA-Basislastschrift, SEPA-Firmenlastschrift, Einzugspapier, Lastschriftverfahren (Vorteile), Electronic Banking (Möglichkeiten), Internetbanking, Homebanking, Telefonbanking, Kreditkarte (Zahlungsweg), Electronic Cash, ELV, Geldkarte, PIN-TAN-Verfahren, iTAN.

a) Sortieren Sie die Begriffskärtchen nach den Kriterien „weiß ich" oder „weiß ich nicht".

b) Bilden Sie Kleingruppen mit höchstens drei Mitgliedern. Erklären Sie sich gegenseitig die „Weiß-ich-nicht"-Kärtchen. Schlagen Sie dabei die ungeklärten Begriffe im Schulbuch nach oder nehmen Sie Kontakt zu einer anderen Kleingruppe auf.

c) Schreiben Sie die Begriffserklärungen auf die Rückseite Ihrer Kärtchen und ordnen Sie die Kärtchen unter der Leitkarte „Zahlungsverkehr" alphabetisch in Ihren Lernkartei-Behälter ein.

2 Bilden Sie Teams mit jeweils drei Mitgliedern (Stammgruppen). Schreiben Sie jeden der Begriffe aus Aufgabe 1 auf ein extra Stück Papier und fügen Sie diese Papierkärtchen zu einer sinnvollen Struktur zusammen. Die Struktur kann durch Pfeile, Farben, Symbole, Texte (z. B. Überschriften), Bilder oder weitere Begriffe ergänzt werden.

3 Bei der TRIAL GmbH geht am 8. Januar folgende Rechnung ein.

Thomas Ernst (Abteilung Rechnungswesen bei der TRIAL GmbH) erhält die Eingangsrechnung mit dem Auftrag, die Zahlung zu veranlassen. Die Bankverbindung der TRIAL GmbH lautet: Badische Beamtenbank Karlsruhe, IBAN: DE10 6609 0800 0025 6541 33 (Konto-Nr.: 25654133), BIC: GENODE61BBB (BLZ: 660 908 00).

a) Prüfen Sie die Eingangsrechnung[1].

b) Füllen Sie einen Überweisungsvordruck aus. Welche Voraussetzung müsste erfüllt sein, damit die BIKE GROHA DOLL GmbH das Lastschriftverfahren anwenden kann?

d) Schildern Sie den Zahlungsvorgang, wenn die TRIAL GmbH diese Rechnung per Internetbanking bezahlen würde. Erklären Sie in diesem Zusammenhang die Begriffe PIN und TAN (ggf. HBCI).

---

[1] siehe hierzu auf Seite 200 f.

4 Welche Zahlungsform würden Sie in folgenden Fällen wählen? Begründen Sie Ihre Ansicht.
   a) Ein Schneider hat für ein Textilgeschäft Anzüge geändert und insgesamt 650,00 €
      berechnet. Der Schneider hat kein Girokonto. Er möchte das Geld sofort haben.
   b) Auf einer Lieferantenrechnung steht: Bankverbindung Sparkasse Köln,
      IBAN: DE59 3705 0198 0000 338756 (Konto Nr. 338756, BLZ 370 501 98); Commerzbank
      Köln, IBAN: DE43 3704 0044 0000 0882 35 (Konto-Nr. 88235, BLZ 370 400 44); Postbank
      Köln, IBAN: DE28 3701 0050 0004 8937 50 (Konto-Nr. 4893750, BLZ: 370 100 50). Der
      Schuldner hat sein Girokonto bei der Sparkasse.
   c) Der Schuldner wohnt in Hamburg, der Gläubiger in Dresden. Beide haben kein Konto,
      Betrag 10 000,00 €.
   d) Die Monatsmiete des Geschäfts beträgt 3 800,00 €. Der Mieter und der Hauseigentümer
      haben Girokonten.
   e) Sie haben ein Girokonto. Wie zahlen Sie am zweckmäßigsten die Gas-, Wasser-,
      Strom- und Telefonrechnungen?

5 Wie können Sie Kosten sparen, wenn täglich viele Beträge an verschiedene Lieferer überwiesen werden müssen?

6 a) Warum ist es nicht selbstverständlich, am Lastschrift-Einzugsverkehr teilzunehmen?
   b) Unterscheiden Sie Abbuchungs- und Einzugsverfahren.

7 Unterscheiden Sie zwischen Dauerauftrag und Lastschrift.

8 Worin unterscheiden sich Zahlschein- und Überweisungsvordruck?

9 Was können Nutzer von Onlinebanking für die Sicherheit tun? Erstellen Sie einen Regelkatalog für ein sicheres Onlinebanking. Recherchieren Sie hierzu ggf. im Internet.

(Verweis: Buchungen des Warenverkaufs → Lernfeld 7, Kapitel 3.3)

4.5 Kundenskonti beim Warenverkauf

PROBLEM

Katja Müller soll den **Zahlungseingang** des Debitors in der Buchhaltung erfassen. Sie stellt fest, dass die **BUNNYBIKE OHG** den Rechnungsbetrag um einen **Skonto** reduziert hat.

Kontonummer	**KONTOAUSZUG**	Auszug	Blatt
25654133	Badische Beamtenbank	25	1
IBAN: DE10 6609 0800 0025 6541 33	BIC: GENODE61BBB		
Buchungsanlass	Verwendungszweck	Buchungstag	Umsätze Zu Ihren Lasten=S Zu Ihren Gunsten=H
Gutschrift BUNNYBIKE	R.-Nr. 14018 vom 20.03.16 abzügl. 3% Skonto	02-04-16	639,25 € H
Auszugsdatum	Alter Kontostand	Neuer Kontostand	
	46 155,98 € H	46 795,23 € H	
TRIAL GmbH Franz-Sigel-Str. 188 69111 Heidelberg			

Ein **Skonto** ist ein in den **Zahlungsbedingungen** vereinbarter **Preisnachlass** für die Begleichung einer Rechnung innerhalb der **Skontofrist**. Der Debitor soll durch diese

Vereinbarung dazu veranlasst werden, den Rechnungsbetrag früher zu bezahlen. Endet die Skontofrist, hat der Debitor noch bis zum Ende des **Zahlungsziels** Zeit, den Rechnungsbetrag zu begleichen, ohne in **Zahlungsverzug** zu geraten. In diesem Fall hat die TRIAL GmbH das Recht, **Verzugszinsen** und **Mahngebühren** zu erheben.

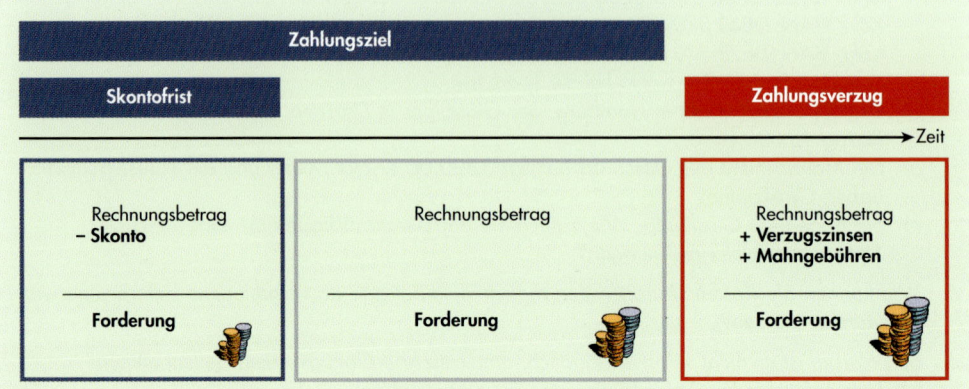

ARBEITSAUFTRAG

*Finden Sie auf der auf Seite 339 abgebildeten Rechnung (Nr. 14018) heraus, ob die **BUNNYBIKE OHG** berechtigt gewesen ist, den Rechnungsbetrag um den Skonto zu reduzieren.*

Hat der Debitor von seinem im Kaufvertrag vereinbarten Recht, den Skonto abzuziehen, Gebrauch gemacht, müssen die bis zu diesem Zeitpunkt (①) gebuchten **Erlöse** (hier: Konto 5000 Umsatzerlöse (Bikewear)), die **Umsatzsteuer** und die **Forderungen** gegenüber dem Debitor korrigiert werden (②).

Zur besseren Übersicht werden **Skonti** während des Geschäftsjahres auf **Unterkonten** (hier: Konto 5002 Kundenskonti (Bikewear)) des Warenerlöskontos gebucht.

Die **Salden** der Unterkonten werden spätestens zum Ende des Geschäftsjahres auf die jeweiligen **Hauptkonten** (hier: Konto 5000 Umsatzerlöse (Bikewear)) **umgebucht** (③):

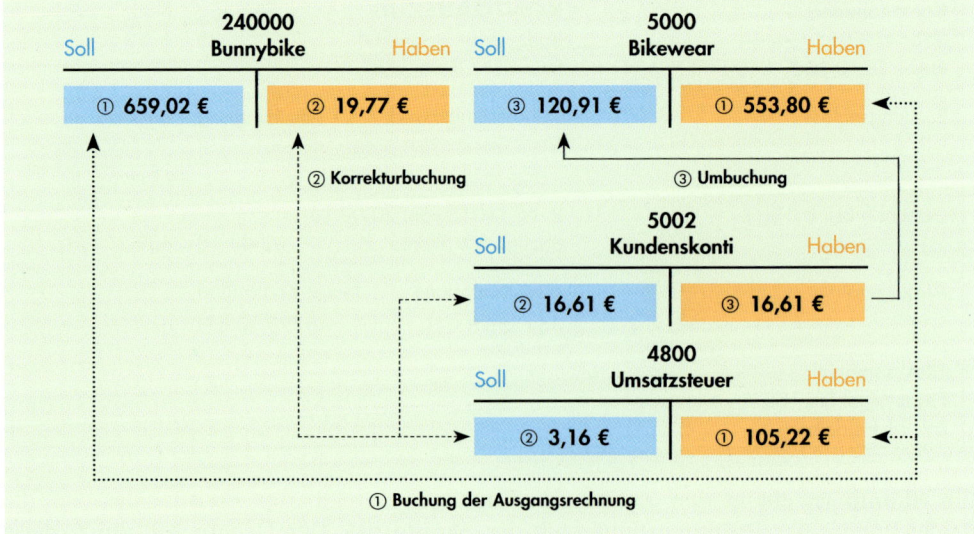

1. Buchung der **Ausgangsrechnung**

Soll-Kontonr.	Name	Haben-Kontonr.	Name	Betrag in €
240000	Forderungen gg. BUNNYBIKE			659,02 €
		5000	Umsatzerlöse (Bikewear)	553,80 €
		4800	Umsatzsteuer	105,22 €

2. **Korrekturbuchung** wegen Kundenskonti

Soll-Kontonr.	Name	Haben-Kontonr.	Name	Betrag in €
5002	Kundenskonti (Bikewear)			16,61 €
4800	Umsatzsteuer			3,16 €
		240000	Forderungen gg. BUNNYBIKE	19,77 €

3. **Umbuchung**

Soll-Kontonr.	Name	Haben-Kontonr.	Name	Betrag in €
5000	Umsatzerlöse (Bikewear)			16,61 €
		5002	Kundenskonti (Bikewear)	16,61 €

4. Buchung des **Zahlungseingangs**

Soll-Kontonr.	Name	Haben-Kontonr.	Name	Betrag in €
2800	Bank			4 652,12 €
		240000	Forderungen gg. BUNNYBIKE	4 652,12 €

AUFGABEN

1 Buchen Sie die folgenden Geschäftsvorfälle. Beachten Sie, dass Sie auf den entsprechenden Hauptbuchkonten buchen müssen:

Geschäftsvorfall

a) Ein Kunde überweist unter Abzug von 3 % Skonto 2 200,00 € auf das Bankkonto.

b) Der Kaufpreis von 2 000,00 € wird der TRIAL GmbH unter Abzug von 3 % Skonto bar übergeben.

c) Auf dem Bankkonto ist eine Gutschrift von 242,50 € eingegangen. Ein Kunde hat eine Rechnung unter Abzug von 2 % Skonto überwiesen.

2 Formulieren Sie zu den folgenden Buchungssätzen die Geschäftsvorfälle. Beachten Sie dabei,
   dass bei dieser Aufgabe auf den Hauptbuchkonten gebucht wurde:

a)

Soll-Kontonr.	Haben-Kontonr.	Betrag in €
2800		2 915,50
5002		50,00
4800		9,50
	2400	2 975,00

b)

Soll-Kontonr.	Haben-Kontonr.	Betrag in €
2400		6 247,50
	500	5 250,00
	4800	997,50

c)

Soll-Kontonr.	Haben-Kontonr.	Betrag in €
2820		2 308,60
5002		60,00
4800		11,40
	2400	2 380,00

d)

Soll-Kontonr.	Haben-Kontonr.	Betrag in €
2400		71,40
	500	60,00
	4800	11,40

3 Buchen Sie folgende Geschäftsvorfälle aus Sicht der TRIAL GmbH:

Geschäftsvorfall
a) Der Kunde Alfred Becker kauft Bikewear. Der Rechnungsbetrag (brutto) ist 5 236,00 €.
b) Alfred Becker bezahlt die Rechnung (siehe Geschäftsvorfall (a)) unter Abzug von 3 % Skonto bar.
c) Die Zweirad Beigel KG kauft für netto 11 000,00 € Bikewear von der TRIAL GmbH ein.
d) Die Rechnung (siehe Geschäftsvorfall (c)) wird per Banküberweisung unter Abzug von 2 % Skonto überwiesen.
e) Der Kunde Klaus Baumann bezahlt Bikewear im Wert von 300,00 € (netto) bar.
f) Die Debitorin Katja Götz überweist den Rechnungsbetrag von 225,00 € unter Abzug von 3 % Skonto.
g) Der Kunde Zweirad Beigel KG hat Bikewear im Wert von 1 500,00 € (netto) erhalten.
h) Die Rechnung (Geschäftsvorfall (g)) hat die Zweirad Beigel KG überwiesen. Der Skonto von 3 % wurde in Anspruch genommen.

4 Formulieren Sie zu den folgenden Buchungssätzen die Geschäftsvorfälle:

a)

Soll-Kontonr.	Haben-Kontonr.	Betrag in €
2800		1 547,00
	240002	1 547,00

b)

Soll-Kontonr.	Haben-Kontonr.	Betrag in €
240000		3 395,00
	5000	2 926,72
	4800	468,28

c)

Soll-Kontonr.	Haben-Kontonr.	Betrag in €
2820		2 352,00
5002		40,34
4800		7,66
	240000	2 400,00

5 Welcher Geschäftsvorfall kann dem folgenden Buchungssatz zugrunde liegen?
Buchungssatz:

Soll-Kontonr.	Haben-Kontonr.	Betrag in €
2820		8 080,10 €
5012		210,00 €
4800		39,90 €
	240005	8 330,00 €

Alternative Geschäftsvorfälle
a) Die TRIAL GmbH hat ihrem Kunden Alfred Becker einen Preisnachlass gewährt.
b) Die Eingangsrechnung wurde unter Abzug von Skonto beglichen.
c) Die Rechnung vom 14.04.16 wurde vom Kunden Radshop Seile KG am 27.04.16 überwiesen. Der Rechnungsbetrag wurde um den Skonto gekürzt.

6 Der Buchhalter Thomas Ernst hat über das Internet den folgenden Kontoauszug abgerufen.
Helfen Sie ihm dabei, den Beleg zu buchen.

Beleg

Kontonummer	Kontoauszug	Auszug	Blatt
25654133	Badische Beamtenbank	27	1
IBAN: DE10 6609 0800 0025 6541 33	BIC: GENODE61BBB		
Buchungsanlass	Verwendungszweck	Buchungstag	Umsätze Zu Ihren Lasten=S Zu Ihren Gunsten=H
Gutschrift A. Becker	R.-Nr. 14055 abzügl. 3 % Skonto	28-04-16	6 694,94 € H
Auszugsdatum	Alter Kontostand	Neuer Kontostand	
	50 806,10 € H	57 501,04 € H	

TRIAL GmbH
Franz-Sigel-Str. 188
68111 Heidelberg

7   Erläutern Sie, warum Unternehmen ihren Kunden Skonto gewähren.

8   Kunden- und Liefererskonti werden wie Preisnachlässe und Rücksendungen während des
    Geschäftsjahres auf einem Unterkonto gebucht. Welche Vorteile bietet diese Vorgehensweise?

5   Verjährung – Anspruch erlischt nicht

PROBLEM

Die TRIAL GmbH erhält folgendes Schreiben von einem Kunden:

> München, 3. Januar 2019
>
> …
> Es tut uns leid, dass wir Ihren Anspruch auf Bezahlung der Rechnung Nr. 338759,
> fällig am 3. Januar 2016, über 5 600,00 € ablehnen müssen. Nach Ablauf von drei Jahren ist
> die Forderung verjährt …

Thomas Ernst (Buchhalter der TRIAL GmbH) schmunzelt und meint: „Keine Sorge, unser Anspruch
ist noch nicht verjährt."

1. Hat Thomas Ernst recht? Schlagen Sie im BGB §§ 194 ff. nach.

2. Diskutieren Sie über den Tatbestand der Verjährung.

SACHDARSTELLUNG

5.1   Wirkung der Verjährung

> **Merke:** Das Recht, von einem anderen ein Tun oder Unterlassen zu verlangen
> (Anspruch), unterliegt der **Verjährung** (BGB § 194). Nach Eintritt der Verjährung
> ist der Verpflichtete berechtigt, die Leistung zu verweigern (BGB § 214).

Der Verpflichtete (z. B. Schuldner) hat das Recht auf **Einrede der Verjährung**. Der
Grundsatz der Rechtssicherheit hat bei der Verjährung Vorrang vor dem Rechtsgrundsatz der Einzelfallgerechtigkeit. Ohne das Rechtsmittel Verjährung müssten alle Rechtssubjekte ihre Belege ein Leben lang aufbewahren. Zudem sorgt die Möglichkeit der
Verjährung dafür, dass Rechtsgeschäfte zügig abgewickelt werden.

Ein verjährter **Anspruch erlischt nicht**, sodass das Geleistete nicht zurückgefordert wer-
den kann, wenn in Unkenntnis der Verjährung geleistet worden ist (BGB § 214). Das
Gleiche gilt bei einem vertragsmäßigem Anerkenntnis sowie einer Sicherheitsleistung des
Verpflichteten nach Eintritt der Verjährung.

Mit dem Hauptanspruch (z. B. Darlehensforderung) verjährt auch die von ihm **abhängige
Nebenleistung** (z. B. Zinsforderungen), auch wenn Letztere noch nicht verjährt ist (BGB
§ 217).

5.2 Regelmäßige Verjährung

Die **regelmäßige Verjährungsfrist** beträgt **drei Jahre** (BGB § 195) und beginnt mit dem Schluss des Jahres, in dem der Anspruch enstanden ist und der Gläubiger von dem Anspruch und der Person des Schuldners Kenntnis erlangt.

Die Verjährungsfrist kann vertraglich **verkürzt oder verlängert** werden. Sie kann jedoch nicht über 30 Jahre hinaus erweitert werden. Bei einem Verbrauchsgüterkauf muss die Verjährungsfrist mindestens zwei Jahre, bei gebrauchten Sachen mindestens ein Jahr betragen (BGB § 475).

Beispiel zur Berechnung der Verjährung:

Sachverhalt	Lösung
Ein Großhändler hat an einen Einzelhändler eine Forderung in Höhe von 5 000,00 €, fällig zwei Monate nach Rechnungszugang. Die Rechnung geht am 19. November 2013 zu.	**Anspruch:** Zahlung des Kaufpreises **Verjährungsfrist:** drei Jahre **Fälligkeit des Anspruchs:** 19.01.2014 **Beginn der Verjährung:** 31.12.2014 (24 Uhr) **Eintritt der Verjährung:** 01.01.2018 (0 Uhr)

Zeitstrahl für das Beispiel:

Fälligkeit 19.01.2014	Beginn der Verjährung 31.12.2014 (24 Uhr)	Verjährung 01.01.2018 (0 Uhr)
	Verjährungsfrist = drei Jahre	

ZUSAMMENFASSUNG

- **Verjährung** bedeutet, dass ein berechtigter Anspruch nach Ablauf einer bestimmten Zeit nicht mehr durchgesetzt werden kann. Nach Eintritt der Verjährung ist der Verpflichtete berechtigt, die Leistung zu verweigern (BGB § 214). Er hat das Recht auf **Einrede der Verjährung**.
- Die **regelmäßige Verjährungsfrist** beträgt drei Jahre (BGB § 195). Sie beginnt mit dem Schluss des Jahres, in dem der Anspruch entstanden ist. Für einige Ansprüche gelten besondere gesetzliche Verjährungsfristen (zwei, drei, fünf, zehn und 30 Jahre).

AUFGABEN

1 Innerhalb Ihrer Stammgruppe
   a) erklären Sie den Begriff Verjährung,
   b) nennen Sie Zeitraum und Beginn der regelmäßigen Verjährung.

2 Welche konkurrierenden Rechtsgrundsätze stehen bei der Verjährung einander gegenüber? Für welchen Rechtsgrundsatz hat sich der Gesetzgeber entschieden?

3 Wann verjähren folgende Ansprüche? Stellen Sie das genaue Datum fest.
   a) Einzelhändler Meinrad schuldet seiner Bank seit dem 12. Oktober 2013 die Darlehens-zinsen. 01.01.17 (0 Uhr)
   b) Die Verkäuferin Kirsch hat ihre Umsatzprovision vom 30. November 2013 immer noch nicht erhalten. 01.01.17 (0 Uhr)

c) Einzelhändler Abel kaufte am 15. November 2015 beim Großhändler Bunz Waren, zahlbar in zwei Monaten. *01.01.20 (0 Uhr)*

d) Frau Zeller zahlt eine Rechnung des Versandhauses Braun, die am 10. November 2013 fällig war, trotz zweier telefonischer Mahnungen nicht. *01.01.17 (0 Uhr)*

e) Der Großhändler Wörz fordert den Einzelhändler Wenz am 12. Januar 2014 durch schriftliche Mahnung zur Zahlung auf. Die Zahlung ist seit dem 15. Dezember 2013 fällig. *01.01.17 (0 Uhr)*

4   Das Bekleidungshaus Laule KG in Ulm bezog am 15. November 2013 von der Textilgroßhandlung Busch GmbH in Stuttgart 100 Wintermäntel im Gesamtwert von 18 000,00 €. Die Zahlung ist am 15. Dezember fällig.

Da die Zahlung der Laule KG ausbleibt, schickt die Busch GmbH am 20. Dezember eine schriftliche Mahnung.

a) An welchem Tag ist die Forderung der Busch GmbH verjährt? *01.01.17 (0 Uhr)*

b) Durch welche Maßnahmen hätte die Busch GmbH diese unangenehme Situation vermeiden können?

gerichtlich vorgehen → Mahnung
nur noch Vorauskasse oder Bar

6   Verbraucherschutz beim einseitigen Handelskauf

PROBLEM

Katjas Freundin Lisa Gerber möchte sich einen Kleinwagen kaufen. Es ergibt sich folgendes Verkaufsgespräch:

Lisa:	„Ich möchte dieses neue Modell da kaufen."
Händler:	„Ein vernünftiger Entschluss, gnädige Frau."
Lisa:	„Das hängt allerdings davon ab, ob Sie meinen alten Wagen in Zahlung nehmen, und was ich dafür noch bekomme."
Händler:	„Aber, Gnädige Frau! Kein Problem! Ich schau ihn mir gleich mal an. – Na, ich denke … 1 000,00 € können wir Ihnen dafür geben."
Lisa:	„Prima, dann kann ich den neuen Wagen kaufen."
Händler:	„Dann wollen wir mal! – Hier ist der Kaufvertrag für Ihren alten Wagen. Und hier ist der Vertrag für den neuen."

Einige Wochen später kann Lisa den Wagen beim Händler abholen.

Händler:	„So, da steht das neue Prachtstück."
Lisa:	„Herrlich! Und hier ist der Scheck über die restlichen 7 999,00 €."
Händler:	„Tut mir leid, gnädige Frau. Aber das reicht leider nicht mehr. In der Werkstatt mussten wir leider feststellen, dass Ihr gebrauchtes Fahrzeug nur noch 500,00 € wert ist."
Lisa:	„Aber … Sie haben doch den Kaufvertrag unterschrieben!"
Händler:	„Sehr richtig. Nur, in dem Kleingedruckten hier steht … dass wir uns vorbehalten, den Kaufpreis zu ändern."
Lisa:	„Das ist ja die Höhe!"

1.   Was würden Sie anstelle von Lisa Gerber unternehmen? Schlagen Sie im BGB §§ 305 ff. nach.

2.   Begründen Sie anhand dieses Falls die Notwendigkeit des Verbraucherschutzes.

6.1 Verbrauchsgüterkauf – nur für bewegliche Sachen

Schließt ein Unternehmer mit einem Verbraucher einen Kaufvertrag, dann liegt ein **einseitiger Handelskauf** vor (HGB § 345). Handelt es sich dabei um eine bewegliche Sache, dann gelten die besonderen Schutzvorschriften des **Verbrauchsgüterkaufs** (BGB § 474).

Beim Verbrauchsgüterkauf
- findet der Gefahrübergang bei einem Versendungskauf erst bei Übergabe an den Verbraucher statt [BGB § 474 (2)],
- entfallen die Prüf- und Aufbewahrungspflicht bei Schlechtleistung (HGB gilt nicht für Verbraucher),
- verlängert sich die Anzeigepflicht bei Mängeln auf zwei Jahre (BGB § 438),
- trägt der Verkäufer die Beweislast, dass die Ware zum Zeitpunkt des Gefahrübergangs bzw. Übergabe keine Mängel hatte, wenn der Verbraucher einen Mangel innerhalb von sechs Monaten anzeigt (BGB § 476).

Bei einseitigen Handelskäufen gelten besondere Verbraucherschutzvorschriften (insbesondere BGB §§ 305 ff., 312 ff., 355 ff.). Sie sollen den in rechtlichen Dingen meist unerfahrenen Verbraucher vor übereiltem Vertragsabschluss durch Überrumpelung und vor Übervorteilung durch den gewerblichen Verkäufer bewahren.

6.2 Recht der Allgemeinen Geschäftsbedingungen

Werden von einer Vertragspartei (Verwender) Vertragsbedingungen für eine Vielzahl von Verträgen vorformuliert, liegen **Allgemeine Geschäftsbedingungen** vor (BGB § 305). Allgemeine Geschäftsbedingungen (kurz: AGB) liegen nicht vor, soweit die Vertragsbedingungen zwischen den Vertragsparteien im Einzelnen ausgehandelt sind. Solche **Individualabreden haben Vorrang** vor vorformulierten Allgemeinen Geschäftsbedingungen (BGB § 305b).

Die AGB vereinfachen die Abwicklung des Tagesgeschäfts. Sie werden häufig auf der Rückseite des Auftragsformulars in kleiner Schrift abgedruckt („Kleingedrucktes"). Der Vertragspartner sollte die AGB sorgfältig durchlesen, bei Verständnisproblemen nachfragen und benachteiligende Klauseln streichen lassen.

Voraussetzungen für Allgemeine Geschäftsbedingungen (BGB § 305)

Allgemeine Geschäftsbedingungen werden gegenüber Verbrauchern nur dann Vertragsbestandteil, wenn der Verwender bei Vertragsabschluss
- den Käufer **ausdrücklich auf sie hinweist** (wenn dies nur unter unverhältnismäßigen Schwierigkeiten möglich ist, genügt ein deutlich sichtbarer Aushang am Ort des Vertragsabschlusses);
- dem Käufer die Möglichkeit verschafft, **in zumutbarer Weise von ihrem Inhalt Kenntnis zu nehmen** (z. B. muss das Kleingedruckte leserlich sein);
- und wenn der Käufer **mit ihrer Geltung einverstanden ist.**

Strenge Regeln für Internet AGB

Sollen die AGB Vertragsbestandteil sein, dann genügt es nicht, wenn ein Internetshop dem Vertragspartner bei seiner Suche nach einem Angebot die Möglichkeit gibt, bei seiner Recherche mehr oder weniger zufällig auf die AGB des Anbieters zu stoßen. Es ist erforderlich, dass der Internetanbieter entweder jedes Einzelangebot mit seinen AGB verbindet oder aber für eine wirklich sichere Kenntnisnahme sorgt. Dies kann durch die Verknüpfung des AGB-Textes mit den Angeboten erfolgen oder durch einen eindeutigen Hinweis auf die AGB an einer Stelle, die jeder Nutzer passieren muss.

(OLG Hamburg, Urteil vom 13.06.2002, 3 U 168/00)

Allgemeine Schutzrechte – „Auffangklauseln"

AGB-Klauseln, die so ungewöhnlich sind, dass der Vertragspartner mit ihnen nicht zu rechnen braucht (**überraschende Klauseln**), werden nicht Vertragsbestandteil. Zweifel bei der Auslegung der AGB (**mehrdeutige Klauseln**) gehen zulasten des Verwenders (BGB § 305c). AGB, die den Vertragspartner des Verwenders entgegen den Geboten von Treu und Glauben unangemessen benachteiligen, sind unwirksam (BGB § 307). Eine **unangemessene Benachteiligung** liegt vor, wenn eine Bestimmung von einer gesetzlichen Regelung abweicht, wenn sie wesentliche Rechte oder Pflichten erheblich einschränkt oder nicht klar und verständlich ist. Diese Schutzbestimmungen gelten auch gegenüber einem Unternehmer [BGB § 310 (1)].

Einige AGB-Klauseln sind gegenüber Verbrauchern in jedem Fall verboten (Klauseln **ohne Wertungsmöglichkeit**, BGB § 309), andere Klauseln je nach Auslegung des Einzelfalls (Klauseln **mit Wertungsmöglichkeit**, BGB § 308).

Unwirksame AGB-Klauseln ohne Wertungsmöglichkeit

Unwirksam sind z. B. folgende Klauseln in Allgemeinen Geschäftsbedingungen:

- **Kurzfristige Preiserhöhungen** (BGB § 309 Nr. 1)
  Verträge dürfen keine Preiserhöhungsklauseln enthalten, wenn innerhalb vier Monaten nach Vertragsabschluss geliefert werden soll.
  Beispiel: Die Klausel „Bei allen Lieferungen behalten wir uns eine Preiserhöhung vor" ist unzulässig. Zulässig wäre sie, wenn die Lieferzeit über vier Monate betragen würde.

- **Ausschluss der Mängelansprüche** und Verweisung auf Dritte [BGB § 309 Nr. 8 b) aa)]
  Beispiel: Die Klauseln „Jegliche Sachmängelhaftung ist ausgeschlossen" oder „Lackschäden sind von der Gewährleistung ausgenommen" sind unzulässig, weil sie die gesetzlichen Mängelansprüche (BGB § 437) des Käufers ausschließen. Die Klausel eines Elektrohändlers „Der Käufer hat nur Ansprüche gegenüber dem Hersteller" ist unwirksam, da er selbst als direkter Vertragspartner für die ordnungsgemäße Lieferung haftet. Dem steht nicht entgegen, dass er die defekte Ware an den Hersteller schickt und sie dort reparieren lässt.

- **Beschränkung der Mängelansprüche** auf Nacherfüllung [BGB § 309 Nr. 8 b) bb)]
  Beispiel: Die Klausel „Der Käufer kann nach Wahl nur Ersatz oder Nachbesserung verlangen. Weiter gehende Ansprüche sind ausgeschlossen" ist unzulässig. Sie müsste heißen: „Gelingt die Nachbesserung nicht oder wird kein Ersatz geliefert, kann der Kauf rückgängig gemacht werden oder Minderung des Kaufpreises gefordert werden."

- **Beschränkung des Aufwandsersatzes** bei Nacherfüllung [BGB § 309 Nr. 8 b) cc)]
  Beispiel: Die Klausel „Fahrtkosten sowie Fracht- und Verpackungskosten übernimmt im Gewährleistungsfall der Käufer" ist unzulässig, wenn die Mängel innerhalb der Gewährleistungsfrist festgestellt wurden.

- **Vorenthalten der Nacherfüllung** [BGB § 309 Nr. 8 b) dd)]
  Der Verkäufer darf die Mängelbeseitigung nicht von der vollständigen Bezahlung des Kaufpreises abhängig machen.
  Beispiel: Die Klausel „Nachbesserung oder Ersatzlieferung wird nur gewährt, wenn der Käufer einen Großteil des Kaufpreises bezahlt hat" ist unzulässig.

- **Ausschlussfrist für die Mängelanzeige** bei versteckten Mängeln [BGB § 309 Nr. 8 b) ee)]
  Bei versteckten Mängeln darf die Zeit für die Mängelanzeige nicht kürzer sein als die Verjährungsfrist. Rügefristen sind nur für offensichtliche Mängel zulässig.
  Beispiel: Die Klausel „Jegliche Mängel müssen innerhalb acht Tagen angezeigt werden" ist unzulässig, wenn es sich um versteckte Mängel handelt.

- **Verkürzung der Verjährungsfrist** [BGB § 309 Nr. 8 b) ff)]
  Beispiel: Die Klausel „Die Gewährleistungsfrist beträgt in allen Fällen drei Monate" ist unzulässig, da sie die gesetzliche Gewährleistungsfrist (z. B. zwei Jahre) verkürzt.

Unwirksame AGB-Klauseln mit Wertungsmöglichkeit

Nach § 308 BGB sind u. a. folgende Klauseln in AGB unwirksam:

- Vorbehalt einer unangemessen langen oder ungenauen Annahme- oder Ablehnungsfrist für ein Angebot oder für die Erbringung einer Leistung oder für die Stellung einer Nachfrist;
- Rücktritts- und Änderungsvorbehalt ohne sachlichen Grund;
- Unangemessen hohe Vergütung für die Nutzung einer Sache im Rücktrittsfall bzw. unangemessen hoher Ersatz von Aufwendungen.

Die Schutzvorschriften der §§ 308 und 309 finden keine Anwendung gegenüber einem Unternehmer [BGB § 310 (1)].

Beispiel: Das Autohaus hat nicht ausdrücklich auf seine Allgemeinen Geschäftsbedingungen (AGB) hingewiesen. Die AGB-Klausel „wir behalten uns vor, den Kaufpreis zu ändern" wurde damit nicht Bestandteil des Kaufvertrags, sodass der vereinbarte Kaufpreis gilt. Diese Klausel ist außerdem unwirksam, da kurzfristige Preiserhöhungen nicht zulässig sind, wenn innerhalb vier Monaten geliefert werden soll (BGB § 309 Nr. 1). Lisa Gerber muss nur noch den ausstehenden Betrag in Höhe von 7999,00 € bezahlen und hat einen Anspruch auf Lieferung des gewünschten Fahrzeugs.

6.3 Verbraucherrechte bei außerhalb von Geschäftsräumen geschlossenen Verträgen

> **Merke: Außerhalb von Geschäftsräumen geschlossene Verträge** haben eine entgeltliche Leistung zum Gegenstand und kommen nach § 312b BGB bei gleichzeitiger körperlicher Anwesenheit des Verbrauchers und des Unternehmers zustande durch **mündliche Verhandlungen**
> - an seinem Arbeitsplatz oder in seiner Wohnung,
> - auf einem von dem Unternehmer oder mit seiner Hilfe organisierten Ausflug,
> - im Anschluss an ein überraschendes Ansprechen in Verkehrsmitteln oder im Bereich öffentlich zugänglicher Verkehrsflächen.

Einem Verbraucher steht bei Haustürgeschäften mit einem Unternehmer ein **Widerrufsrecht** (BGB §§ 355, 356) zu.

Der Widerruf muss keine Begründung enthalten und in Textform oder durch Rücksendung der Sache innerhalb von zwei Wochen erfolgen. Zur Fristwahrung genügt die rechtzeitige Absendung. Die Frist beginnt mit dem Zeitpunkt, zu dem der Verbraucher eine deutlich gestaltete Belehrung über sein Widerrufsrecht erhalten hat. Die **Widerrufsbelehrung** muss Namen und Anschrift des Widerrufsempfängers sowie einen Hinweis auf den Fristbeginn und die 14-Tage-Frist enthalten. Sie ist dem Verbraucher auszuhändigen. Wurde keine Widerrufsbelehrung ausgehändigt, erlischt das Widerspruchsrecht spätestens zwölf Monate und 14 Tage nach Vertragsschluss.

Das Widerrufsrecht besteht nicht, wenn die mündlichen Verhandlungen auf vorhergehende Bestellung des Verbrauchers geführt worden sind oder die Leistung bei Abschluss der Verhandlungen sofort erbracht und bezahlt wird und das Entgelt 40,00 € nicht übersteigt (BGB § 312).

6.4 Verbraucherrechte bei Fernabsatzverträgen

Merke: Fernabsatzverträge sind Verträge über die Lieferung von Waren oder über die Erbringung von Dienstleistungen, die zwischen einem Unternehmer und einem Verbraucher unter ausschließlicher Verwendung von Fernkommunikationsmitteln abgeschlossen werden. Fernkommunikationsmittel sind insbesondere Briefe, Kataloge, Telefonanrufe, Telekopien, E-Mails sowie Rundfunk, Tele- und Mediendienste (BGB § 312c).

Beim Abschluss von Fernabsatzverträgen müssen der geschäftliche Zweck und die Identität des Unternehmers für den Verbraucher eindeutig erkennbar sein (BGB § 312d). Der Unternehmer hat den Verbraucher rechtzeitig über alle wesentlichen Elemente des Vertrags zu informieren (BGB § 312d i.V.m. Art. 246b BGBEG). Die Informationen sind dem Verbraucher spätestens bei Lieferung auf einem dauerhaften Datenträger zur Verfügung zu stellen.

Bei Fernabsatzverträgen mit einem Unternehmer steht dem Verbraucher ein **Widerrufsrecht** zwei Wochen nach BGB §§ 355, 356 zu.

Die Frist für das Widerrufs- und Rückgaberecht beginnt bei Fernabsatzverträgen nicht vor Erfüllung der Informationspflichten, bei der Lieferung von Waren nicht vor dem Tag ihres Eingangs beim Empfänger, bei der wiederkehrenden Lieferung gleichartiger Waren nicht vor dem Tag des Eingangs der ersten Teillieferung und bei Dienstleistungen nicht vor dem Tag des Vertragsabschlusses (BGB § 356). Das Widerrufsrecht erlischt spätestens nach zwölf Monaten und 14 Tagen.

Nach § 312g BGB besteht **kein Widerrufsrecht** des Verbrauchers bei Verträgen, die

- zur Lieferung von Waren, die speziell nach Kundenwunsch angefertigt werden oder die nicht für eine Rücksendung geeignet sind oder schnell verderben können oder deren Verfalldatum überschritten wurde,
- zur Lieferung von Ton- oder Videoaufzeichnungen oder von Software, sofern die gelieferten Datenträger vom Verbraucher entsiegelt worden sind,
- zur Lieferung von Zeitungen, Zeitschriften und Illustrierten,
- zur Erbringung von Wett- und Lotterie-Dienstleistungen oder
- die in der Form von Versteigerungen (§ 156 BGB) geschlossen werden.

Widerrufsrecht bei Bestellung individuell gefertigter Ware

Im Versandhandel bestellte Waren können nach einem Urteil des Bundesgerichtshofs auch dann zurückgegeben werden, wenn der Artikel speziell nach Kundenwünschen angefertigt worden ist. Eine spezielle Ausfertigung liegt dann nicht vor, wenn der Artikel (hier: Laptop) nach den Wünschen des Käufers aus vorgefertigten Standardbauteilen zusammengesetzt wurde, die mit relativ geringem Aufwand wieder auseinander gebaut werden können. Damit gilt künftig das Widerrufsrecht nicht nur für Massenprodukte, die bei Rückgabe problemlos an den nächsten Kunden verkauft werden können.

(Vgl. Urteil des BGH: VIII ZR 295/01 vom 19.03.2003)

ZUSAMMENFASSUNG

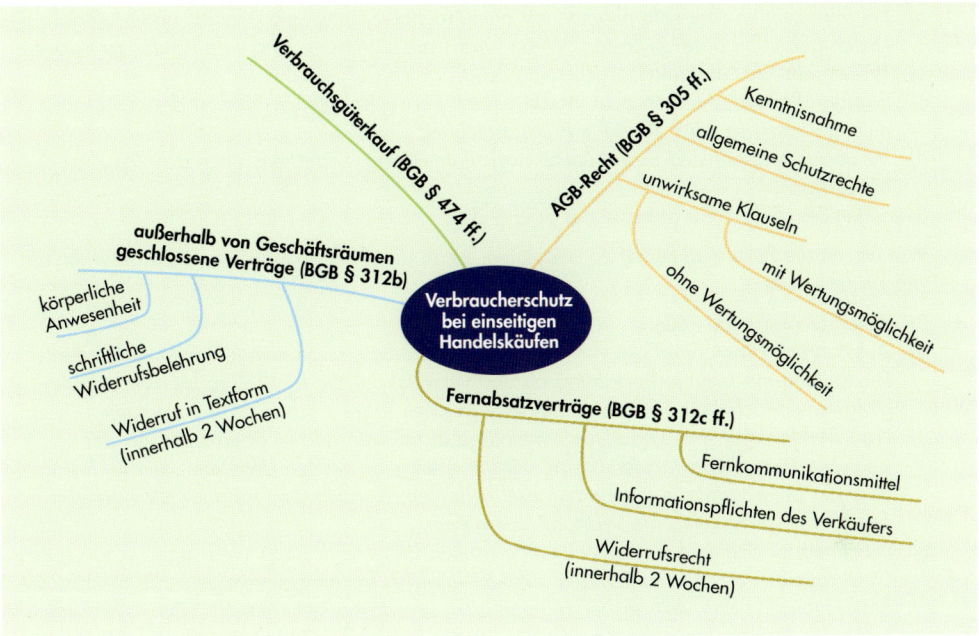

AUFGABEN

1   Schreiben Sie jeden der folgenden Begriffe auf die Kopfzeile eines DIN-A6-Kärtchens:

> einseitiger Handelskauf, Verbrauchsgüterkauf, Allgemeine Geschäftsbedingungen (Begriff), Individualabrede, AGB (Voraussetzungen für die Gültigkeit), überraschende Klauseln, unangemessene Benachteiligung, unwirksame Klauseln (ohne Wertungsmöglichkeit), unwirksame Klauseln (mit Wertungsmöglichkeit), außerhalb von Geschäftsräumen geschlossene Verträge, Widerrufsbelehrung, Widerrufsrecht, Fernabsatzvertrag, Informationspflichten (Fernabsatzvertrag).

   a) Sortieren Sie die Begriffskärtchen nach den Kriterien „weiß ich" oder „weiß ich nicht".
   b) Bilden Sie Kleingruppen mit höchstens drei Mitgliedern. Erklären Sie sich gegenseitig die „Weiß-ich-nicht"-Kärtchen. Schlagen Sie dabei die ungeklärten Begriffe im Schulbuch nach oder nehmen Sie Kontakt zu einer anderen Kleingruppe auf.
   c) Schreiben Sie die Begriffserklärungen auf die Rückseite Ihrer Kärtchen und ordnen Sie die Kärtchen unter der Leitkarte „Verbraucherschutz" alphabetisch in Ihren Lernkartei-Behälter ein.

2   Bilden Sie Teams mit jeweils drei Mitgliedern (Stammgruppen). Schreiben Sie jeden der Begriffe aus Aufgabe 1 auf ein separates Stück Papier und fügen Sie diese Papierkärtchen zu einer sinnvollen Struktur zusammen. Die Struktur kann durch Pfeile, Farben, Symbole, Texte (z. B. Überschriften), Bilder oder weitere Begriffe ergänzt werden.

3   a) Erklären Sie die wirtschaftliche Bedeutung der AGB für den Unternehmer.
   b) Unter welchen Bedingungen sind AGB für Verbraucher bindend?

4 Die Verbraucherin Schulze kauft beim Haushaltsgerätehändler Motz eine Waschmaschine. Die
   AGB der Firma Motz e. K. werden zugrunde gelegt. Darin steht u. a.:
   a) Bei angezeigten Mängeln nehmen wir eine Nachbesserung vor. Arbeits- und Material-
      kosten gehen zu unseren Lasten. Wege- und Transportkosten sind vom Käufer zu tragen.
   b) Weitergehende Mängelansprüche sind ausdrücklich ausgeschlossen.
   c) Erfolgen Preiserhöhungen acht Wochen nach Vertragsabschluss, und ist die Ware noch
      nicht geliefert, so wird der neue Preis berechnet.
   d) Versteckte Mängel sind unverzüglich nach Entdeckung, spätestens nach acht Wochen
      anzuzeigen.
   Beurteilen Sie diese AGB anhand des BGB § 309.

5 Wie wären die Fälle 4 a) bis d) zu beurteilen, wenn die AGB gegenüber einem Unternehmer
   verwendet würden?

6 Beurteilen Sie folgende Fälle:
   a) Autofahrer Flott montiert die vor zwei Tagen gekauften, aber mangelhaften Autoreifen.
      Die Reifenfirma lehnt jede Haftung ab und verweist auf die Klausel in ihren Lieferbedin-
      gungen, wonach Mängelanzeigen innerhalb eines Tages nach Lieferung erfolgen müssen.
   b) Frau Mahler lässt sich eine Blitzschutzanlage installieren und ist überrascht, als der
      Lieferant nach einem Jahr erscheint, um die Anlage zu warten. Jetzt erst stellt sie fest,
      dass die Lieferbedingungen eine Klausel enthalten, wonach die Firma für die nächsten
      zehn Jahre gleichzeitig die Wartung übernimmt.
   c) Das Ehepaar Schirm kauft sich einen Fernseher, der jedoch nach zwei Tagen schon seinen
      Geist aufgibt. Als alle Mahnungen auf Anrufe nichts fruchten, verweigern die Schirms die
      Restzahlung. In den Vertragsbedingungen der Lieferfirma steht jedoch: „Zur vollen oder
      teilweisen Einbehaltung des Kaufpreises bis zur Mängelbeseitigung ist der Käufer nicht
      berechtigt."
   d) In einem Fahrzeug-Mietvertrag steht die Klausel: „Der Mieter erkennt mit der Übernahme
      des Wagens an, dass dieser sich im verkehrssicheren und fahrbereiten Zustand befindet
      und keinerlei Mängel aufweist." Der Händler beruft sich auf diese Vertragsbedingung,
      obwohl eindeutig nachweisbar ist, dass der strittige Schaden durch den Vormieter
      verursacht worden ist.
   e) Auf der Vorderseite der Bestellungsannahme steht im Textteil: „Zahlbar innerhalb von zehn
      Tagen mit 3 % Skonto, 30 Tage Ziel."
      Auf der Rückseite ist bei den AGB u. a. vermerkt: „Alle Preise sind Nettopreise und sofort
      ohne Abzug zahlbar." Der Käufer hat die AGB anerkannt.

7 Schlagen Sie vor, was Sie in folgenden Fällen tun würden.
   a) Maria Kornhuber nahm an einer Kaffeefahrt teil. Der Veranstalter versprach einen
      kostenlosen Tagesausflug mit vielen Sehenswürdigkeiten und einem leckerem Mittagessen
      inklusive. Dann entpuppte sich die Kaffeefahrt als Werbeveranstaltung für alle möglichen
      Haushaltsartikel. Da sie nicht als Schmarotzerin dastehen wollte, erwarb Maria eine
      Wolldecke, die als besonderes Schnäppchen angepriesen wurde. Einen Tag später blättert
      sie in einem Prospekt. Dort wird eine ähnliche Wolldecke für einen erheblich günstigeren
      Preis angeboten.
   b) Katja Müllers Mutter erwarb auf einer Verkaufsparty, die eine Nachbarin abhielt, ein
      15-teiliges Kunststoffgeschirr. Der Vater war überhaupt nicht begeistert und meinte, dass
      sie das Geschirr doch wieder zurückbringen sollte.
   c) Bernd Nieberle ist ein begeisterter Internet-Surfer. Auf der Webseite eines Onlineshops
      stößt er auf ein besonders günstiges Angebot. Es handelt sich um ein hochwertiges
      Mountainbike. Er bestellt das Mountainbike und erhält es, wie versprochen, nach drei
      Tagen zugesandt. Zu seiner Enttäuschung fällt die grüne Farbe des Bikes nicht so aus, wie
      am Bildschirm. Bernd ist mit seinem Mountainbike nicht glücklich.

8 Nehmen Sie zu folgendem Text Stellung:

Beliebte Tricks bei außerhalb von Geschäftsräumen geschlossenen Verträgen

Immer wieder sind unseriöse Vertreter und Werber unterwegs, die mit unlauteren Mitteln arbeiten.

Tricks, die bei außerhalb von Geschäftsräumen geschlossenen Verträgen immer wieder leider erfolgreich in letzter Zeit angewandt werden:

1. Auf Werbematerial wird angekündigt, das bestellte Informationsmaterial würde „vorgelegt", d.h., ein Vertreter kommt ins Haus.

2. Der Einsender von Werbekarten wird angerufen und gefragt, ob es ihm recht sei, wenn das bestellte Werbematerial von einem Firmenvertreter persönlich vorbeigebracht werde.

3. Ein Vertreter ruft bei Kunden an oder klingelt an der Tür, um einen späteren Besuchstermin zu vereinbaren – um hinterher zu behaupten, er sei bestellt worden.

4. Auch bei Vertragsabschlüssen lassen sich manche schwarzen Schafe unter den Vertretern auf einem Extra-Blatt von den Kunden unterschreiben, sie seien auf Bestellung gekommen.

5. Weil aber bei Zeitungs- und Zeitschriften-Abonnements ein zweiwöchiger Widerruf auch dann möglich ist, wenn der Werber „auf Bestellung" gekommen ist, gibt es neben diesen neuen Maschen den „bewährten" Trick, Kaufvertrag und Belehrung über das Rücktrittsrecht mit einem früheren Datum zu versehen. Die Zweiwochenfrist ist dann schon bei Vertragsabschluss abgelaufen.

7 Rechtliche Rahmenbedingungen von Außenhandelskontrakten

PROBLEM

Andere Länder – andere Rechtssysteme

Hat ein deutsches Unternehmen sich entschlossen, Waren in die Vereinigten Staaten zu exportieren, muss es sich im Klaren sein, dass in den USA ein völlig anderes Rechtssystem als in Deutschland besteht. Kommt es zu Störungen bei der Erfüllung des abgeschlossenen Kaufvertrags und in der Folge zu einer gerichtlichen Auseinandersetzung in den USA, gelten völlig andere „Spielregeln" vor Gericht.

In den USA sind die Kosten des Gerichtsverfahrens, wie in Deutschland auch, vom Prozessverlierer zu bezahlen. Im Unterschied zu den Verfahrenskosten in Deutschland sind diese in den USA aber äußerst gering und stellen deshalb keine Hemmschwelle zum Führen eines Prozesses dar.

Die Anwaltskosten sind in den USA aber individuell zu vereinbaren und deshalb weitaus höher als in Deutschland. Allerdings zahlt der Kläger an seinen Rechtsanwalt nur ein Erfolgshonorar. Der Anwalt bekommt also nur Geld, wenn er den Prozess gewinnt. Verliert er den Prozess, geht er leer aus und der Kläger muss kein Anwaltshonorar tragen. Im Erfolgsfall bekommt der Anwalt allerdings einen bestimmten Prozentsatz vom erhaltenen Schadenersatz, was ein erheblicher Betrag sein kann.

Der Beklagte muss auf jeden Fall seine Anwaltskosten bezahlen; selbst im Erfolgsfall gibt es keine Möglichkeit, die Erstattung dieser Kosten zu verlangen. Folgen dieser Regelungen des amerikanischen Prozessrechts sind:

- Ein Prozess stellt für den Kläger praktisch kein Risiko dar; die Bereitschaft zu klagen ist in den USA deshalb auch erheblich stärker ausgeprägt als in Deutschland. Darauf muss sich ein Unternehmen, das in die Vereinigten Staaten exportieren will, frühzeitig einstellen.
- In den USA kommt es häufiger vor, dass der Beklagte, trotz günstiger Beweislage, einen Vergleich mit dem Kläger eingeht, um jahrelange Prozesse mit riesigen Anwaltskosten und möglicherweise enormen Imageschäden zu vermeiden.

Ein weiterer Unterschied in den Rechtssystemen der beiden Länder besteht in der Höhe des Schadenersatzes, den ein Gericht einem Kläger zusprechen kann. Während in Deutschland laut Gesetz ausdrücklich ein „angemessener" Schadenersatz vereinbart werden soll, fehlt diese Formulierung im amerikanischen Recht, mit der Folge völlig überzogener Schadenersatzregelungen.

Beschreiben Sie Unterschiede in den beiden Rechtssystemen und ihre Auswirkungen.

SACHDARSTELLUNG

Der weltweite Gütermarkt öffnet sich aufgrund fallender Zollschranken und zurückgehender Handelshemmnisse immer mehr mit der Folge, dass der internationale Konkurrenzkampf um Kunden heftiger wird. Es wird in Zukunft deshalb auch für kleinere Unternehmen immer wichtiger, Kunden nicht mehr nur national, sondern auch international zu suchen. Um bei dieser Internationalisierung der Absatzvorgänge bestehen zu können, ist eine umfassende Kenntnis des internationalen Kaufvertragsrechts, der Auftragserteilung und der Auftragsbearbeitung im Rahmen von Exportgeschäften notwendig.

Internationale Lieferungsbedingungen – Incoterms®

Schon bei Inlandsgeschäften ist die Frage, wer die Transportkosten, die Transportversicherung und das Risiko beim Transport der Güter trägt, von Bedeutung. Bei Auslandsgeschäften, wo Güter teilweise über mehrere tausend Kilometer befördert werden, sind die Kosten und das Risiko beim Transport der Güter ungleich höher. Zusätzlich müssen bei Außenhandelsgeschäften Dokumente erstellt und u. U. behördliche Auflagen (Beispiel: Exportgenehmigungen, Endverbleibsnachweise, Ursprungsnachweise usw.) erfüllt werden.

Da in den einzelnen Ländern der Kosten- und Gefahrenübergang sehr unterschiedlich gehandhabt wird, ist eine international einheitliche und rechtsverbindliche Regelung dieser Fragen dringend erforderlich. Die Internationale Handelskammer (ICC) in Paris hat sich bereits 1936 dieser Fragen angenommen und „internationale Regeln zur Auslegung von Handelsverträgen" formuliert. Diese International Commercial Terms (**Incoterms®**)

haben zwar keinen Gesetzescharakter, sondern sind nur ein internationaler Handelsbrauch, trotzdem sind sie vor Gericht einklagbar, wenn sie von Käufer und Verkäufer ausdrücklich als Vertragsbestandteil vereinbart wurden. Diese Incoterms® werden laufend aktualisiert.

In der aktuellen Fassung „Incoterms® 2010" gibt es 11 Klauseln. Durch sie werden folgende Punkte eines länderübergreifenden Güter-/Warenkaufs international einheitlich geregelt:

- Der Ort, an dem die Transportkosten vom Verkäufer auf den Käufer übergehen (**Transportkostenübergang**).
- Der Ort, an dem das Risiko, dass die Güter/Waren zerstört oder beschädigt werden, vom Verkäufer auf den Käufer übergeht (**Gefahrenübergang**).
- **Sonstige Pflichten**, die vom Verkäufer oder vom Käufer zu erfüllen sind (Beispiel: Beschaffung von Genehmigungen, Erstellung von Ein- und Ausfuhrdokumenten, Frachtpapieren usw.).

Im Kaufvertrag einigen sich Käufer und Verkäufer auf eine der verschiedenen Incoterms®, die dann Vertragsbestandteil wird. Dadurch ist dann für beide Vertragspartner klar, wer welche Transportkosten, wer welches Risiko usw. zu tragen hat. Selbstverständlich wird der Exporteur, je nachdem, welche Kosten er zu übernehmen hat, dies in seiner **Preisgestaltung** berücksichtigen. Muss er beispielsweise wegen einer vereinbarten Lieferbedingung sämtliche Kosten bis zum Importeur übernehmen, ist der in Rechnung gestellte Preis für den Importeur höher. Preise im Rahmen von Export- oder Importgeschäften sind deshalb immer in Verbindung mit der zugrunde liegenden internationalen Lieferungsbedingung zu sehen.

Incoterms®[1] ohne Bezug auf ein bestimmtes Verkehrsmittel (multimodale Klauseln)

Lieferungs-bedingung	Kostenübergang	Gefahrenübergang	sonstige Pflichten (Dokumenten-beschaffung, ...)
1. ab Werk (EXW) (Beispiel: EXW Werk Stuttgart, Halle 10) Ware wird auf dem Betriebsgelände des Verkäufers zur Verfügung gestellt.	• VK übernimmt transportgerechte Verpackung der Ware. • Kostenübergang ist identisch mit dem Gefahrenübergang. • VK muss die Ware nicht auf das Transportmittel des Kunden verladen. Verlädt er doch, geschieht dies auf Kosten und Gefahr des Käufers. • Kosten einer Qualitätsprüfung der Ware trägt der Käufer.	VK trägt die Gefahr bis zur ordnungsgemäßen Zurverfügungstellung der Ware auf seinem Betriebsgelände und in der richtigen Zeit.	• VK ist verpflichtet, dem Käufer bei der Beschaffung der Exportdokumente (Genehmigung, Zollpapiere, Ursprungsnachweis, ...) zu helfen; allerdings geschieht alles auf Kosten und Risiko des Käufers. • VK stellt die Handelsrechnung aus. • Käufer muss Ware vertragsgemäß oder in der „üblichen Zeit" abholen. • VK muss Käufer über Ort und Zeit der Abnahme informieren (Bsp.: per Fax).

---

[1] Incoterms® ist ein eingetragenes Markenzeichen der Internationalen Handelskammer (ICC). Diese gibt die Incoterms® heraus. Den kompletten Text der Incoterms®2010 finden Sie hier: www.iccgermany.de.

Lieferungs-bedingung	Kostenübergang	Gefahrenübergang	sonstige Pflichten (Dokumenten-beschaffung, ...)
2. frei Frachtführer (FCA) (Beispiele: <ul><li>FCA Güterbahn-hof Ulm</li><li>FCA Flughafen Köln</li><li>FCA Seehafen Bremen</li><li>FCA Daimler-Werk Sindelfin-gen, Halle 10, Lkw)</li></ul> Ware wird dem Frachtführer am benannten Ort zur Verfügung gestellt. Bei Containerversen-dungen sind FCL- bzw. LCL-Bedingungen zusätzlich anzuwenden.	<ul><li>Findet die Lieferung beim VK statt (Lkw), ist er für die Verla-dung verantwortlich; in allen anderen Fällen ist der Käufer dafür zuständig.</li><li>VK trägt die Trans-portkosten bis zur Übergabe an den Frachtführer.</li><li>VK trägt Versicherung bis zur Übergabe.</li></ul> <u>Praxis:</u> Es ist aus Beweis-gründen empfehlenswert, keine zwei Versicherungen abzuschließen, sondern eine Haus-Haus-Versiche-rung und die Kosten u. U. zu teilen. <ul><li>VK trägt die Kosten der Beschaffung, der Ausfuhrbewilligung und der Zollpapiere (Export).</li></ul>	Gefahrenübergang auf den Käufer mit Übergabe der Ware an den Frachtführer.	<ul><li>VK beschafft Ausfuhrbewilligung und Zollpapiere.</li><li>VK muss Ware fristgerecht am vereinbarten Ort übergeben.</li><li>VK benachrichtigt den Käufer nach erfolgter Übergabe der Ware an den Frachtführer.</li><li>Käufer beschafft die Konnossemente (beschafft der VK im Rahmen einer dokumentären Zahlungsbedingung (Bsp.: Akkreditivzah-lung) die Konnosse-mente, geht dies auf Kosten des Käufers).</li></ul>
3. frachtfrei (CPT) (Bsp.: CPT New York, Central Station) VK liefert die Ware frachtfrei bis an den exakt benannten Bestimmungsort.	<ul><li>VK trägt die Kosten der Verpackung.</li><li>VK trägt die Trans-portkosten bis zum benannten Bestim-mungsort.</li><li>VK trägt die Kosten der Ausfuhrbewilli-gung und der Zollformalitäten.</li></ul>	VK trägt das Risiko bis zur Übergabe an den ersten Fracht-führer.	Vgl. Pflichten FCA; statt Grenzort hat der VK diese Pflichten bis Bestimmungsort zu erfüllen.
4. geliefert, verzollt und versteuert (DDP) (Bsp.: DDP New York) VK liefert Ware frachtfrei und versi-chert einschließlich aller Einfuhrabgaben an den benannten Ort im Einfuhrland.	VK trägt alle Kosten bis zum Importeur (Trans-port-, Versicherungs-, Verlade- und Einfuhrkos-ten, wie Zölle, Steuern,...)	VK trägt das Risiko bis zur Übergabe der Ware an den Importeur.	Zusätzlich zu CPT beschafft der VK die Frachtpapiere bis zum Importeur. Er ist auch verantwortlich für die Erledigung der Einfuhrformalitäten.

Incoterms® mit Bezug auf den Schifffahrtsverkehr

Lieferungs-bedingung	Kostenübergang	Gefahrenübergang	sonstige Pflichten (Dokumentenbeschaffung, …)
5. frei an Bord (FOB) (Bsp.: FOB Hamburg) VK hat seine Lieferver-pflichtung erfüllt, wenn die Ware die Schiffs-reling im Verschiffungs-, Abladehafen hafen überschritten hat.	VK trägt alle Transport-, Versiche-rungs-, Be- und Entladekosten, bis die Ware an Bord des Schiffes im Abladehafen ist.	VK trägt das Risiko, bis die Ware im benann-ten Verschiffungs-hafen/Abladehafen an Bord des Schiffes ist.	• VK muss zusätzlich zu den Pflichten bei FCA die Frachtpapiere bis zum benannten Abladehafen schaffen. • Der Käufer hat auf eigene Kosten und Gefahr einen Beförde-rungsvertrag mit einem Reeder abzuschließen.
6. Kosten, Versiche-rung, Fracht (CIF) (Bsp.: CIF Santos) VK liefert die Ware frachtfrei und versichert bis zum Bestimmungs-, Löschungshafen.	VK trägt zusätzlich zur FOB die Kosten der Versicherung bis zum Bestimmungs-hafen.	Vgl. FOB.	VK schließt zusätzlich zu den Pflichten bei FOB einen Versicherungsvertrag für den Transport der Ware bis zum Bestim-mungshafen ab.

Unter BuchPlusWeb finden Sie weitere Inhalte speziell zum Thema Außenhandel.

AUFGABEN

1 Erstellen Sie in Ihrem Heft/Ordner eine Tabelle, die folgendermaßen aussieht:

Incoterms® / Merkmale	EXW = Ex Works = ab Werk	FCA = Free Carrier/frei Frachtfüh-rer	FOB = Free On Board/ frei an Bord	CIF = Cost, Insurance, Freight/ Kosten, Versiche-rung, Fracht	CPT = Carriage Paid To/ frachtfrei benannter Bestim-mungsort	DDP = Delivered Duty Paid/ geliefert, verzollt und versteuert
Beispiele	Ex Works Fa. Daimler AG, Werk Untertürkheim	FCA Flughafen Frankfurt	FOB Bremen	CIF Boston	CPT New York	DDP New York
Kosten-übergang						
Gefahren-übergang						
sonstige Pflichten						
Verkehrs-mittel						

Vervollständigen Sie die Tabelle mit Stichworten. Nehmen Sie das Kapitel Internationale Lieferungsbedingungen (Incoterms®) auf den Seiten 107–109 zu Hilfe.

2 Die Firma TRIAL GmbH in Heidelberg verkauft 200 Rennräder Ventoux Extrem in die
Vereinigten Staaten nach Salt Lake City. Im Kaufvertrag wurde als Lieferungsbedingung CIF
Miami vereinbart. Folgende Daten stehen zur Verfügung (Beträge in €):

- Ab-Werk-Preis   305 000,00
- Rollfuhrkosten bis zum Bahnhof Heidelberg   200,00
- Verladekosten im Bahnhof Heidelberg   150,00
- Frachtkosten der Bahn AG bis Hafen Hamburg   950,00
- Versicherungskosten bis Hamburg   50,00
- Ausfuhr- und Zolldokumente in Deutschland   100,00
- Kaigebühren im Hafen Hamburg   200,00
- Verladekosten auf das Schiff   300,00
- Seefracht bis Miami   1 500,00
- Entladekosten im Hafen Miami   250,00
- Seetransportversicherung   100,00
- Einfuhrabgaben in den USA   5 600,00
- Frachtkosten bis Salt Lake City   1 500,00
- Transportversicherung bis Salt Lake City   300,00

Ermitteln Sie die Preisstellungen bei den folgenden Lieferungsbedingungen:

a) FCA Bahnhof Heidelberg
b) CPT Hamburg
c) FOB Hamburg
d) CIF Miami
e) DDP Salt Lake City

8 Internationale Kundenaufträge bearbeiten

PROBLEM

Exporteure stehen immer mit einem Bein im Gefängnis

Exportunternehmen leben gefährlich, es sei denn, sie haben ein ausgeklügeltes Risiko-
management, was die Ausfuhrkontrolle betrifft. So wollte vor einigen Jahren ein
Exporthändler handelsübliche Aluminiumrohre nach China liefern. Es handelte sich
um Massenware, die für eine Vielzahl von friedlichen Zwecken eingesetzt werden, aber
auch für atomare Zwecke benutzt werden kann. Obwohl in dem späteren Gerichtsver-
fahren nicht bewiesen werden konnte, dass die Rohre für atomare Zwecke eingesetzt
und von China nach Nordkorea weitergeliefert werden sollten, wurde der Angeklagte
bestraft, weil er keine Ausfuhrgenehmigung eingeholt hatte.

Es gibt in der Exportkontrolle nicht nur eindeutig nachvollziehbare Genehmigungspflichten, beispielsweise für den Export von Waffen und Rüstungsmaterial, sondern
auch eine Vielzahl von Genehmigungspflichten für Güter, die zwar in erster Linie zivil,
aber auch militärisch verwendet werden können (Dual-Use-Güter). Zusätzlich besteht
seit dem Jahr 2002 ein Verbot, Waren an Personen zu liefern, die mit dem Netzwerk
al-Qaida in irgendeiner Verbindung stehen.

Ohne die Nutzung einer ständig aktualisierten Software hätte vor allem der Versandhandel bei Exporten mit ständig neuen Kunden stets ein Problem. Der Verstoß gegen die Ausfuhrkontrolle ist im besten Falle eine Ordnungswidrigkeit (Geldbuße bis 500 000,00 €); bei schweren Vergehen eine Straftat (Freiheitsstrafe bis fünf Jahre). Hinzu kommt, was die Unternehmen oft noch viel härter trifft: Als Konsequenz eines Verstoßes können die zuständigen Behörden alle Exportanträge ablehnen, alle Verfahrenserleichterungen entziehen und dem Ausfuhrverantwortlichen ein Berufsverbot auferlegen. In extremen Fällen kann es sogar zu einer Gewerbeuntersagung kommen.

Beschreiben Sie, welche Risiken bezüglich der Ausfuhrkontrolle deutschen Exporteuren drohen.

SACHDARSTELLUNG

Die Ausfuhrkontrolle in Deutschland hat ihren Ursprung in den 50er-Jahren, als die NATO-Staaten festlegten, dass die Ausfuhr von Waffen, Munition und Rüstungsmaterial einer Genehmigung bedarf. Als NATO-Mitgliedstaat war Deutschland verpflichtet, diese Vorschriften einzuhalten. Im Jahre 1961 wurden mit der Einführung des Außenwirtschaftsgesetzes die Zuständigkeiten und Vorschriften bei der Ein- und Ausfuhr erstmals gesetzlich geregelt.

8.1   Rechtsgrundlagen der Ausfuhrkontrolle

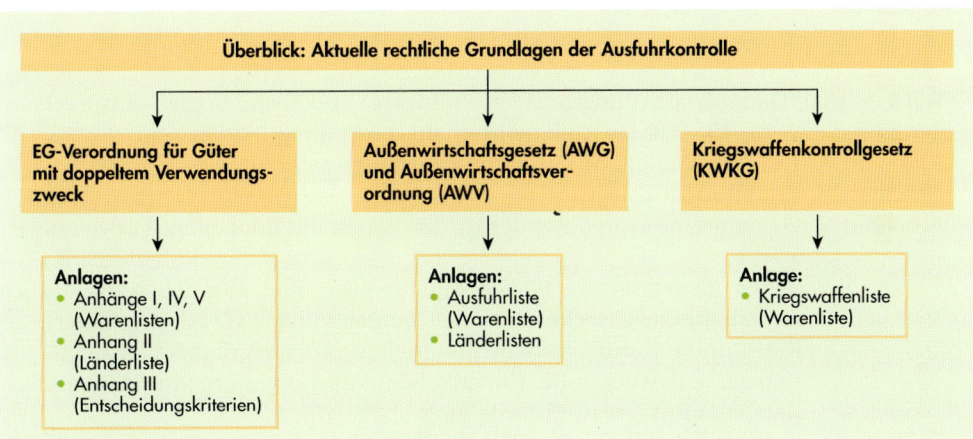

Außenwirtschaftsgesetz (AWG) und Außenwirtschaftsverordnung (AWV)

Das deutsche Außenwirtschaftsrecht ist ein **Rahmengesetz** mit folgenden Inhalten:

1. Anwendungsgebiet des Außenwirtschaftsrechts:
   - räumlich: Gebiet der Bundesrepublik Deutschland in den Grenzen vom 03.10.1990
   - sachlich: Waren, Dienstleistungen, Kapital, …
2. Beschränkungsmöglichkeiten:
   - Verbote
   - Genehmigungspflichten
3. Genehmigungsbehörden:
   - Bundesamt für Wirtschaft und Ausfuhrkontrolle (Einfuhr und Ausfuhr von Waren)

– Bundesamt für Ernährung und Landwirtschaft und die Bundesanstalt für landwirtschaftliche Marktordnung für die Erzeugnisse der Land- und Forstwirtschaft
– Bundesministerium für Verkehr für den Bereich des Dienstleistungsverkehrs und des Verkehrswesens
– Deutsche Bundesbank für den Bereich des Kapital- und Zahlungsverkehrs

4. Straf- und Bußgeldvorschriften

Grundsätzlich ist der Waren-, Dienstleistungs-, Kapital-, Zahlungs- und sonstige Wirtschaftsverkehr mit fremden Wirtschaftsgebieten sowie der Verkehr mit Auslandswerten und Gold nach dem deutschen Außenwirtschaftsgesetz frei (§ 1 AWG). Allerdings kann durch Rechtsverordnung (AWV) vorgeschrieben werden, dass Rechtsgeschäfte und Handlungen allgemein oder unter bestimmten Voraussetzungen einer **Genehmigung** bedürfen oder einem **Verbot** unterliegen (§ 2 AWG).

Während das Außenwirtschaftsgesetz nur diese grundlegenden Sachverhalte regelt, werden in der **Außenwirtschaftsverordnung** die einzelnen Waren aufgelistet, welche bei der Ausfuhr in bestimmte Länder einer Genehmigungspflicht unterliegen. Die **Ausfuhrliste**, eine Anlage zur Außenwirtschaftsverordnung, enthält die detaillierte Auflistung aller genehmigungspflichtigen Waren. Die Kombination aus Gesetz und Verordnung hat den Hintergrund, dass das Gesetzgebungsverfahren in Deutschland relativ aufwendig und zeitintensiv ist; Änderungen bei der Ausfuhrgenehmigung von Waren müssen aber mehrmals pro Jahr sehr schnell durchgeführt werden. Die Bundesregierung kann dies kurzfristig ohne Gesetzesänderung mittels einer Änderung der Außenwirtschaftsverordnung veranlassen.

Ausfuhrliste – Inhaltsübersicht

- **Teil I**: Waren, Datenverarbeitungsanlagen (Software) und Technologien entsprechend der §§ 5, 5c, 7, 40, 45, 45b der Außenwirtschaftsverordnung (AWV).
  Abschnitt A: Liste für Waffen, Munition und Rüstungsmaterial
  Abschnitt B: derzeit nicht belegt
  Abschnitt C: Gemeinsame Warenliste der EU für Waren mit doppeltem Verwendungszweck:
  Waren, die selbst keine Waffen, Munition usw. sind, aber neben zivilen auch für militärische Zwecke verwendet werden können **(Dual-Use-Güter)**.
  Kategorie 0: Kerntechnische Materialien, Anlagen und Ausrüstung
  Kategorie 1: Werkstoffe, Chemikalien, Mikroorganismen und Toxine
  Kategorie 2: Werkstoffbearbeitung
  Kategorie 3: Allgemeine Elektronik
  Kategorie 4: Rechner
  Kategorie 5: Telekommunikation und Informationssicherheit
  Kategorie 6: Sensoren und Laser
  Kategorie 7: Luftfahrtelektronik und Navigation
  Kategorie 8: Meeres- und Schiffstechnik
  Kategorie 9: Antriebssysteme, Raumfahrzeuge und die zugehörige Ausrüstung

- **Teil II:** Waren pflanzlichen Ursprungs

  Beispiel: Blumen, Gemüse, Sträucher usw., bei deren Ausfuhr innerhalb bestimmter Fristen (beispielsweise vom 1. Juni bis 31. Oktober) eine Genehmigung beantragt werden muss. Grundlage dafür ist in aller Regel die Forderung nach Einhaltung bestimmter Qualitätsvorschriften.

EG-Verordnung für Güter mit doppeltem Verwendungszweck

In dieser EG-Verordnung wird erstmals einheitlich für alle Mitgliedsländer der heutigen EU die Ausfuhr von Gütern mit doppeltem Verwendungszweck geregelt; dies sind Güter, die sowohl militärisch als auch zivil genutzt werden können.

Die Verordnung regelt die Ausfuhr dieser Dual-Use-Güter
- aus der Gemeinschaft („Extra-EG-Warenverkehr") und
- das Verbringen dieser Güter innerhalb der Gemeinschaft („Intra-EG-Verkehr").

Diese EG-Verordnung gilt supranational und wurde von Deutschland in das deutsche Außenwirtschaftsrecht mit aufgenommen. In der **Ausfuhrliste** wurden diese Güter und Dienstleistungen in den **Teil I, Abschnitt C** mit aufgenommen, ergänzt durch einige nationale Sonderpositionen, die durch eine 900er-Nummerierung erkenntlich sind.

Kriegswaffenkontrollgesetz (KWKG)

Beim Export von Rüstungsgütern des Teils I Abschnitt A der Ausfuhrliste ist neben den Genehmigungspflichten der Außenwirtschaftsverordnung auch das Kriegswaffenkontrollgesetz zu beachten. Es enthält Verbote für ABC-Waffen und Genehmigungspflichten für die Herstellung, die Beförderung und das Inverkehrbringen von sonstigen Kriegswaffen. Das KWKG nimmt Bezug auf die Kriegswaffenliste (KWL). Im Gegensatz zum Außenwirtschaftsgesetz gilt im Kriegswaffenkontrollbereich der Grundsatz des Verbots mit Erlaubnisvorbehalt.

8.2 Beschränkungen von Ausfuhrgeschäften

Exportverbote

- **Verbot des Exports von Massenvernichtungswaffen** (ABC-Waffen) entsprechend den Regelungen des deutschen Kriegswaffenkontrollgesetzes (§§ 17, 18 KWKG).
- **Einhaltung von Embargos internationaler Organisationen**
  Embargos gegen bestimmte Länder liegen i. d. R. die Beschlüsse internationaler Organisationen (EU, UNO, …) zugrunde. Sie dienen dazu, den Außenwirtschaftsverkehr mit diesen Ländern zu beschränken oder ganz auszuschließen. Embargos beschränken sich nicht nur auf Länder (länderbezogene Embargos), auch personenbezogene Embargos gegen bestimmte Personen oder Unternehmen sind zu beachten. Je nach Umfang der Embargos sind **Total-, Teil-, Waffenembargos oder Erfüllungsverbote und Finanzierungsverbote** zu unterscheiden. Embargos können nicht nur die Ausfuhr und die Einfuhr von Gütern, sondern auch die Durchfuhr, den Kapital- und Zahlungsverkehr, die Erbringung von Dienstleistungen sowie den Abschluss und die Erfüllung von Verträgen umfassen.
- **Personenbezogene Embargos**
  Im Rahmen der Bekämpfung terroristischer Personen und Organisationen gilt ein Embargo für die Belieferung von Personen und Unternehmen, die in Verbindung zu Terrororganisationen wie beispielsweise der al-Qaida stehen. Ergibt sich bei der Prüfung des geplanten Exportvorgangs, dass man mit der Lieferung gegen ein Exportverbot verstoßen würde, darf der geplante Export nicht durchgeführt werden.

Genehmigungspflichten

Ausfuhrverbote sind als strengste Form der Ausfuhrkontrolle relativ selten. Sehr viel häufiger ist die Genehmigungspflicht bei der Ausfuhr von Gütern. Der deutsche Staat hat in der sogenannten „Ausfuhrliste" alle Güter (Waffen, Munition, Rüstungsmaterial, …) gesammelt, deren Export nur mit einer Exportgenehmigung vorgenommen werden kann. Kommt das Unternehmen bei der Prüfung der Ausfuhrliste zum Ergebnis, dass eine Genehmigungspflicht besteht, muss es diese beim Bundesamt für Wirtschaft und Ausfuhrkontrolle in Eschborn beantragen.

Hilfsmittel bei der Prüfung, ob beim Export einer Ware eine Exportgenehmigung beantragt werden muss, ist das Umschlüsselungsverzeichnis. Hier wird die achtstellige Warennummer (aus dem Warenverzeichnis für die Außenhandelsstatistik) in eine vierstellige Nummer aus der Ausfuhrliste „umgeschlüsselt". Nur genehmigungspflichtige Waren erhalten eine Nummer aus der Ausfuhrliste. Ist die Ware nicht genehmigungspflichtig, taucht die Warennummer beim entsprechenden Kapitel des Umschlüsselungsverzeichnisses nicht auf und ist damit nicht genehmigungspflichtig.

Unter BuchPlusWeb finden Sie weitere Inhalte speziell zum Außenhandel.

Für die Möglichkeiten der **Beschränkung der Ausfuhr** nennt das AWG folgende **Ursachen:**

- Erfüllung zwischenstaatlicher Vereinbarungen (§ 5 AWG)
  Beispiel: Die Embargomaßnahmen der UNO gegen bestimmte Länder. Diese Embargovorschriften sind sowohl für die Import- als auch die Exportvorgänge zu beachten.

- Schutz der Sicherheit und der auswärtigen Interessen (§ 7 AWG)
  Unter Vorkehrungen zum Schutz der Sicherheit und der auswärtigen Interessen versteht man die Kontrolle bei der Ein- und Ausfuhr von Waffen, Munition und Kriegsgerät.

- Schutz der inländischen Interessen (§ 8 AWG)
  Beispiel: Sicherung der Inlandsversorgung mit lebenswichtigen Waren; als Folge ist der Export dieser Güter verboten bzw. reglementiert.

8.3   Zollrechtliche Bestimmungen zur Warenausfuhr

Beim Zollrecht geht es um die Frage, welche Vorschriften beim **Überschreiten der Zollgrenze eines bestimmten Landes** im Personen- und Wirtschaftsverkehr zu beachten sind. Die folgenden Ausführungen beschränken sich dabei auf die Vorschriften für den gewerblichen Warenverkehr.

Grundsätzlich ist jede Ware, die die Zollgrenze überschreitet, **Zollgut**, das bedeutet, dass die Zollbehörden grundsätzlich die Verfügungsgewalt über diese Ware haben. Die Ware steht dem Importeur zur freien Verfügung, wenn sie vom zuständigen Zollamt zur endgültigen Einfuhr in die EU abgefertigt wurde. Grundsätzlich müssen beim Export und Import von Waren Zollpapiere erstellt werden, jedoch nur der Import wird mit Zollabgaben belegt. Der Export von Waren ist grundsätzlich abgabenbefreit.

Im Unterschied zum Außenwirtschaftsrecht hat die Europäische Union im Zollrecht eine einheitliche europäische Regelung erreicht. Dieses EU-Zollrecht wird auch von allen EU-Staaten beim grenzüberschreitenden Personen- und Warenverkehr angewandt. Rechtsgrundlage ist der EU-Zollkodex, den die EU für alle Mitgliedstaaten erlassen hat. Das deutsche Zollrecht hat die Bestimmungen des EU-Zollkodex übernommen und regelt darüber hinaus nur Fälle, in denen die EU keine Regelungen getroffen hat. Rechtsgrundlagen sind:

- die Abgabenordnung (AO),
- das Zollverwaltungsgesetz (ZollVG),
- die Zollverordnung (ZollV).

Mit dem 01.01.1993 trat der **EU-Binnenmarkt** in Kraft. Gleichzeitig mit der Geburt des EU-Binnenmarktes kam die Vereinigung mit drei Ländern der Freihandelszone „EFTA" (Norwegen, Liechtenstein, Island) zum Europäischen Wirtschaftsraum (EWR) zustande. Für die Mitgliedsländer der EU hat dies folgende Auswirkungen auf das Zollrecht:

1. Die Zollgrenzen zwischen den Mitgliedsländern existieren nicht mehr; der innergemeinschaftliche Warenverkehr unterliegt keiner zollamtlichen Überwachung mehr. Voraussetzung ist allerdings, dass es sich bei den Waren um welche aus der EU handelt oder dass Ursprungswaren aus Drittländern zum endgültigen Verbleib in der EU abgefertigt wurden. Stattdessen erfolgt nur noch eine **statistische Erfassung dieser Warenströme.**

2. Nur bei einem Warenverkehr über eine Zollgrenze hinweg spricht man zollrechtlich von einem Export. Beim Warenverkehr innerhalb der EU-Länder handelt es sich um eine „**innergemeinschaftliche Versendung**" (Warenverkauf) oder einen „innergemeinschaftlichen Eingang" (Wareneinkauf).

3. Alle Nichtmitgliedstaaten des EU-Binnenmarkts sind **Drittstaaten.** Im Warenverkehr mit Drittstaaten bleiben die Zollgrenzen erhalten, der Warenverkehr mit diesen Staaten unterliegt einer strengeren zollamtlichen Kontrolle.

4. Der **Warenverkehr** innerhalb des **Binnenmarktes** ist **zollfrei,** der **Warenverkehr** mit **Drittländern** unterliegt einem **einheitlichen Außenzollsatz.** Das bedeutet, dass eine bestimmte Ware, die in irgendein Land der EU importiert wird, grundsätzlich in jedem Land mit dem gleichen Eingangszollsatz belegt wird.

5. Beim **Warenverkehr** innerhalb der **EWR** müssen zwar Zollpapiere erstellt werden, der Warenverkehr ist aber zollbefreit. Die gleiche Regelung gilt für den Warenverkehr mit der Schweiz, auch wenn diese nicht Mitgliedstaat des EWR ist.

Ausfuhrverfahren

Grundsätzlich ist für jede Warenausfuhr in ein Drittland eine Ausfuhrerklärung abzugeben (Ausnahme: Für Waren im Wert unter 1 000,00 € muss keine Ausfuhrerklärung erstellt werden). Die Ausfuhrerklärung dient ausschließlich der Information der deutschen Behörden und gelangt nicht ins Ausland. (Ausnahme: Die Warenlieferung wird über ein anderes EU-Land in ein Drittland exportiert. Das Ausgangs-/Grenzzollamt befindet sich also in dem anderen EU-Land.)

Aufgaben der Ausfuhrerklärung

Nach den Angaben in den Ausfuhrerklärungen wird die **Außenhandelsstatistik** der Bundesrepublik Deutschland erstellt. Adressat dieser Informationen ist in erster Linie also das Statistische Bundesamt in Wiesbaden.

Zusätzlich dient die Ausfuhrerklärung der **Überwachung der Ausfuhr** entsprechend den **Regelungen des Außenwirtschaftsgesetzes.** Das zuständige Zollamt prüft mithilfe der achtstelligen Warennummer, inwieweit die Ware beim Export irgendwelchen Beschränkungen unterliegt. Ergibt sich beispielsweise eine Genehmigungspflicht für einen gewerblichen Warenexport, wird vom Exporteur die Vorlage einer Ausfuhrgenehmigung des Bundesausfuhramtes verlangt. Liegt keine Genehmigung vor, kann die Ausfuhr nicht erteilt werden. Zur Überprüfung kann das Zollamt eine Gestellung der Ware verlangen. In diesem Fall muss der Exporteur die Ware dem Zoll vorlegen bzw. im Betrieb überprüfen lassen.

Möglichkeiten der Abgabe der Daten im ATLAS-System

Seit dem Jahr 2009 dürfen Unternehmen die Ausfuhrerklärung nicht mehr als Papier-Zollanmeldung (Einheitspapier) abgeben, sondern es muss eine elektronische Ausfuhrerklärung erstellt werden. Ein Einheitspapier darf nur noch bei einem Systemausfall verwendet werden. Der Regelfall ist aber die Abgabe der Daten im Rahmen des ATLAS-Systems (automatisiertes Tarif- und Zollabwicklungssystem) der Zollverwaltung. Das ATLAS-System ist eine interne IT-Lösung der Zollverwaltung. Mit dem ATLAS-Verfahren sind alle Ausfuhrerklärungen, die auf dem Einheitspapier beruhen, möglich, d. h. das Normalverfahren und auch die vereinfachten Verfahren (unvollständige Ausfuhrerklärung, …).

Abgabe der Ausfuhrerklärung

1. Nutzung der Internetzollanmeldung (IAA) der Zollverwaltung

A. Internetzollanmeldung (IAA)

Das exportierende Unternehmen ruft im Internet die **Internetzollanmeldung** der Zollverwaltung auf, füllt die Ausfuhrerklärung (AE) aus, druckt diese aus und gibt die unterschriebene AE bei der zuständigen Zollstelle ab. Dort werden die Daten in das ATLAS-System eingelesen. Der **Zoll prüft** die abgegebene **Ausfuhrerklärung (AE)** u. a. hinsichtlich folgender Kriterien:

1. Vollständigkeit der AE,
2. Gültigkeit der Warennummer,
3. Waren- und personenbezogene Ausfuhrkontrollvorschriften,
4. Verstoß gegen Ausfuhrverbote.

Nach der Prüfung erstellt der Zoll das **Ausfuhrbegleitdokument (ABD)**, anschließend kann der Exporteur seine Waren mit dem ABD zur Grenzzollstelle befördern. Die Grenzzollstelle erstellt eine Ausfuhrbestätigung und schickt sie direkt zum Exporteur. Diesen Ausgangsvermerk braucht der Exporteur zum Nachweis der umsatzsteuerfreien Ausfuhr gegenüber dem Finanzamt.

Beim **zweistufigen Verfahren** (Voraussetzung: Warenwert bis 3 000,00 €; Waren unterliegen keinen Ausfuhrbeschränkungen) druckt der Exporteur die Internetzollanmeldung aus und fährt mit dieser an die Grenzzollstelle. Dort werden die Daten in das ATLAS-System eingespeist.

B. Internetzollanmeldung Plus (IAA)

Daneben kann die Internetzollanmeldung Plus von Unternehmen angewandt werden.

Vorgehensweise:

Das exportierende Unternehmen ruft im Internet die **Internetzollanmeldung** der Zollverwaltung auf, füllt die Ausfuhrerklärung (AE) aus und schickt diese an das zuständige Zollamt. Eine Unterschrift ist auf dieser AE nicht mehr notwendig, da die IAA Plus eine **digitale Signatur** ermöglicht.

Voraussetzung dazu ist, dass ein **Elster-Zertifikat** für dieses Unternehmen bei der Finanzverwaltung vorliegt.

Das Elster-Online-Portal erzeugt ein elektronisches Zertifikat, das in Zukunft für alle ELSTER-Anwendungen genutzt werden kann. Die Finanzverwaltung kann damit feststellen, von wem eingehende Steuererklärungen stammen.

Das Zertifikat von ELSTER ist eine elektronische Verschlüsselung; es bietet höchste Sicherheit für Bürger und Finanzverwaltung. Es ermöglicht erstmals völlig papierlose Steuererklärungen, die von den meisten Ländern akzeptiert werden. Bei Verwendung dieses Zertifikats wird also auf die Unterschrift verzichtet.

Die Ausfuhrerklärung wird vom zuständigen Zollamt an die Grenzzollstelle übermittelt. Passiert die Ware dann die Grenze, erstellt das Grenzzollamt eine **Ausfuhrbestätigung**, die der Exporteur auf elektronischem Weg von seiner zuständigen Zollstelle (nach Eingang von der Grenzzollstelle) erhält.

Die Nutzung der Internetzollanmeldung ist für die Unternehmen **kostenlos**. Sie eignet sich vor allem für Unternehmen mit **wenigen Ausfuhrvorgängen**.

2. Nutzung des elektronischen Ausfuhrverfahrens ATLAS (Online-Lösung)

Unternehmen, die jeden Monat viele Exporte anmelden müssen, kaufen die ATLAS-Software selbst und führen die komplette Ausfuhrerklärung online in eigener Regie durch oder sie nutzen die Software in einem Rechenzentrum eines Dienstleisters. Bei der Rechenzentrumslösung wird die Software durch den Dienstleister gegen Gebühr zur Verfügung gestellt.

Vorteile der Online-Lösung:

Die ATLAS-Software ist für die Unternehmen deutlich komfortabler, weil sie bereits beim Ausfüllen der AE im Unternehmen folgende Informationen liefert:
1. Fehler beim Ausfüllen der AE
2. Kontrolle, ob der Empfänger einem personenbezogenen Embargo unterliegt,
3. Information, ob das vereinfachte Verfahren des Anmelders für diesen Ausfuhrvorgang anwendbar ist.

Allerdings – dies gilt für alle Möglichkeiten im Rahmen des ATLAS-Systems – muss jeder einzelne Ausfuhrvorgang mit einer Ausfuhrerklärung gemeldet werden.

Auch Sendungen mit einem Wert unter 1 000,00 € können über das ATLAS-System angemeldet werden; sie müssen es aber nicht.

Ablauf des elektronischen Ausfuhrverfahren ATLAS (Online-Lösung)

Für die Teilnahme am ATLAS-Online-Verfahren muss ein Unternehmen folgende Voraussetzungen erfüllen:
- Das Unternehmen nutzt die ATLAS-Software eines Rechenzentrums oder besitzt selbst eine zertifizierte ATLAS-Software (Anschaffungskosten!).
- Die Teilnahme am Verfahren bei der koordinierenden Stelle ATLAS wurde beantragt.
  Adresse der Koordinierende Stelle ATLAS-Südwest
  Bundesfinanzdirektion Südwest
  76187 Karlsruhe
  Hertzstr. 10
- Das Unternehmen hat eine eigene Zollnummer.
- Das Unternehmen erhält eine Beteiligten-Identifikations-Nummer (BIN). Diese ersetzt beim elektronischen Datenaustausch mit dem Zoll die handschriftliche Unterschrift.

Hat das Unternehmen die BIN-Nummer, läuft die elektronische Ausfuhrerklärung nun folgendermaßen ab:
1. Der Anmelder (Exporteur oder Spediteur) sendet die Ausfuhrerklärung als Nachricht im EDIFACT-Format an die zuständige Ausfuhrzollstelle.
2. Nach Überprüfung der Ausfuhrerklärung erhält der Anmelder ein elektronisches Ausfuhrbegleitdokument (ABD) als PDF-Dokument. Mit diesem ABD wird die Ware vom Zoll zur Ausfuhr freigegeben.
3. Die statistische Meldung wird ans Statistische Bundesamt gesendet.

Beispiel für eine elektronische Ausfuhrerklärung (Ausfuhranmeldung)

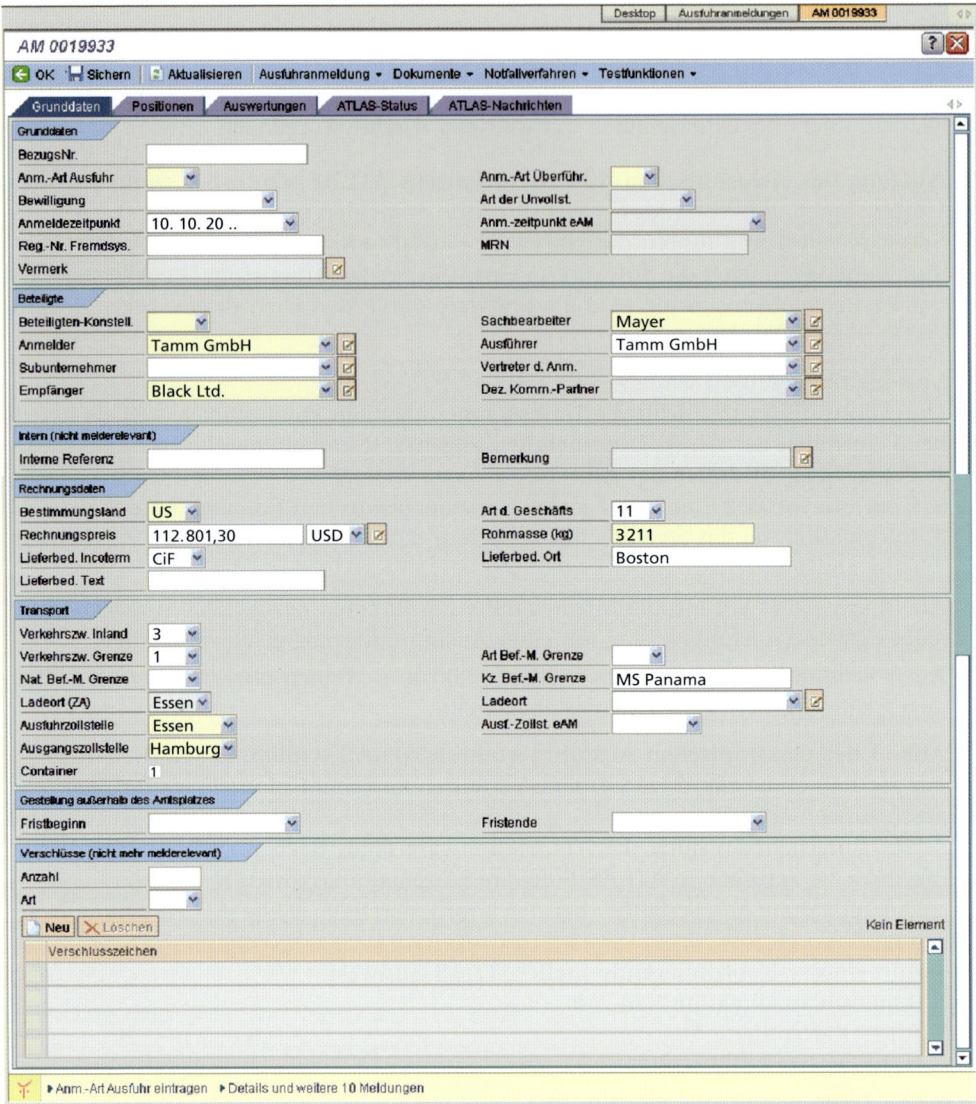

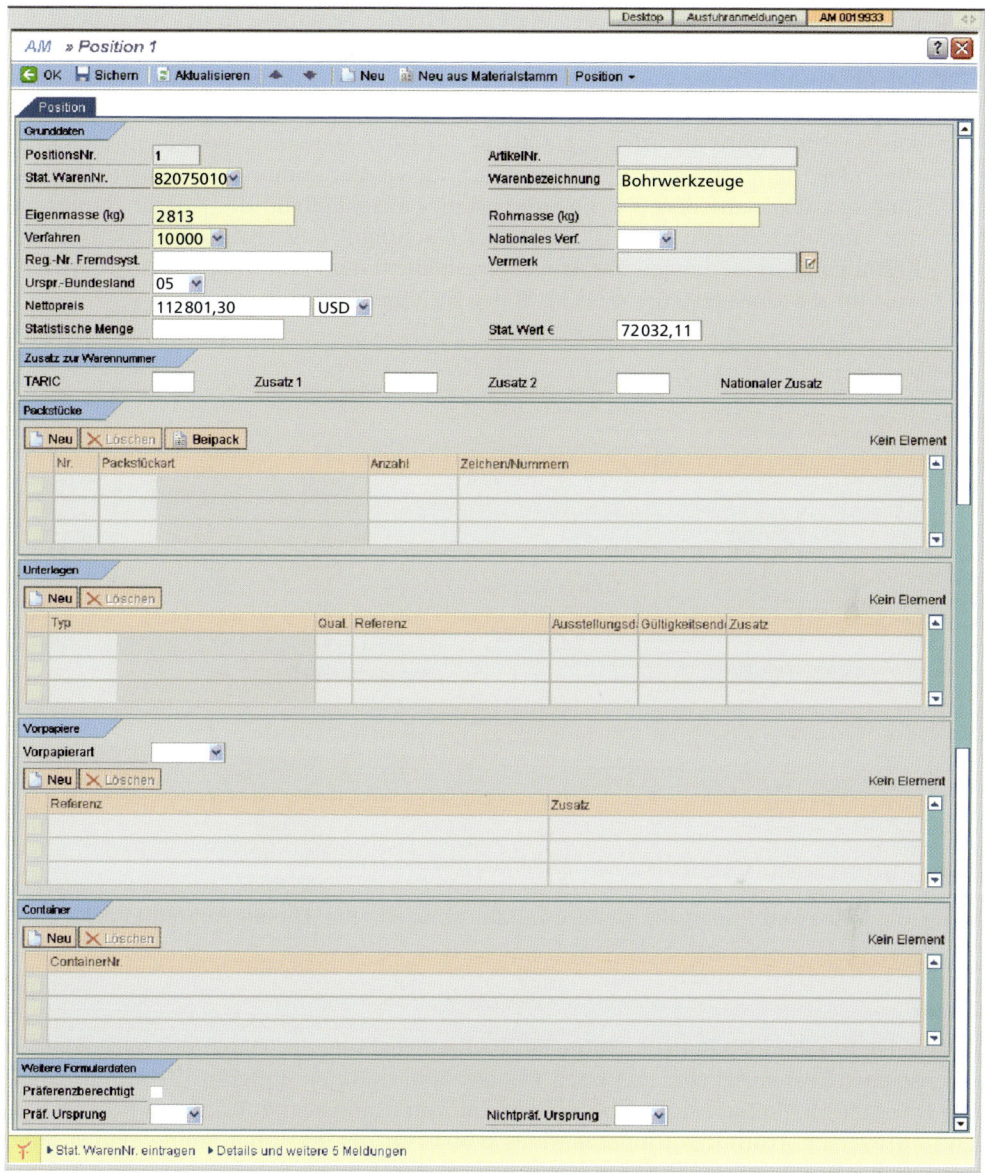

4. Erst jetzt kann der Transport der Ware zur Grenze beginnen. In der Regel begleitet dieses ABD die Ware beim Transport zur Ausgangszollstelle.[1]

5. Jedem Ausfuhrvorgang wird eine Vorgangsnummer zugeteilt; unter dieser Vorgangsnummer wird der Datensatz beim Zoll-Zentralrechner gespeichert. Beim Ausgang der Ware am Ausgangszollamt wird der Datensatz vom Zentralrechner abgerufen, damit die gestellte Ware überprüft werden kann. Der körperliche Ausgang der Ware aus dem EU-Gebiet bestätigt anschließend die Ausgangszollstelle der Ausfuhrzollstelle mittels EDIFACT-Nachricht („Ausgangsvermerk"). Diese Bestätigung erhält danach der Anmelder; sie dient dem Exporteur als Ausfuhrnachweis für die Umsatzsteuer oder als Beleg für eine Zollprüfung.

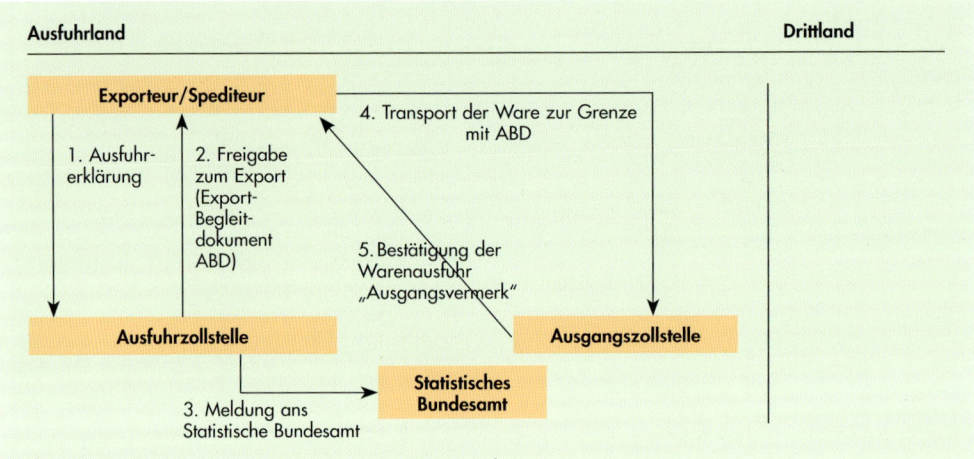

8.4   Innergemeinschaftliche Warenversendungen

Unter BuchPlusWeb finden Sie weitere Inhalte speziell zum Thema Außenhandel.

Statistische Warenerfassung

Zweck

Zweck der Intrahandelsstatistik (Intrastat) ist die Erhebung der Daten des tatsächlichen gegenseitigen Warenverkehrs zwischen Deutschland und den anderen EU-Mitgliedstaaten. Intrastat-Meldungen sind dabei sowohl im Versendungsland als auch im Eingangsland abzugeben. Trotz des Binnenmarktes gibt es in der EU noch keine gemeinsame Wirtschafts- und Steuerpolitik. Für diese beiden Bereiche sind Informationen über die Warenströme in andere Länder aber von entscheidender Bedeutung. Die Intrastat-Vordrucke dienen dabei zur Übermittlung der statistischen Angaben des Auskunftspflichtigen über seine innergemeinschaftlichen Warenverkehre **mit Gemeinschaftswaren.** Gemeinschaftswaren sind Waren, die in der EU hergestellt oder gewonnen werden bzw. sich im freien Verkehr der Gemeinschaft befinden.

---

[1] Geht die Ware über eine Ausgangszollstelle, die nicht in Deutschland liegt (Hafen Rotterdam), muss das ABD die Ware begleiten, da sie ohne ABD die Zollgrenze bspw. im Hafengelände nicht überschreiten darf.
Wird die Ware über eine deutsche Ausgangszollstelle (Hafen Hamburg) in ein Drittland befördert, muss das ABD nicht unbedingt die Ware begleiten. Zwischen dem Erhalt des ABD und der Verschiffung im Hafen vergeht i.d.R. eine Woche. In dieser Zeit kann der Spediteur, der mit dem Transport beauftragt wurde, das ABD auch elektronisch der Ausgangszollstelle zusenden. Dies ist nur in Deutschland möglich.

Der innergemeinschaftliche Warenverkehr mit **Nichtgemeinschaftswaren** wird statistisch wie der Warenverkehr mit Drittlandswaren mit der Ausfuhrerklärung deklariert. Eine Intrastat-Meldung darf in diesem Fall nicht erfolgen. Werden Gemeinschaftswaren über einen anderen Mitgliedstaat in ein Drittland ausgeführt, ist für die innergemeinschaftliche Versendung eine Intrastat in Deutschland abzugeben.

Beispiele für Online-Anmeldungen in der Versendung

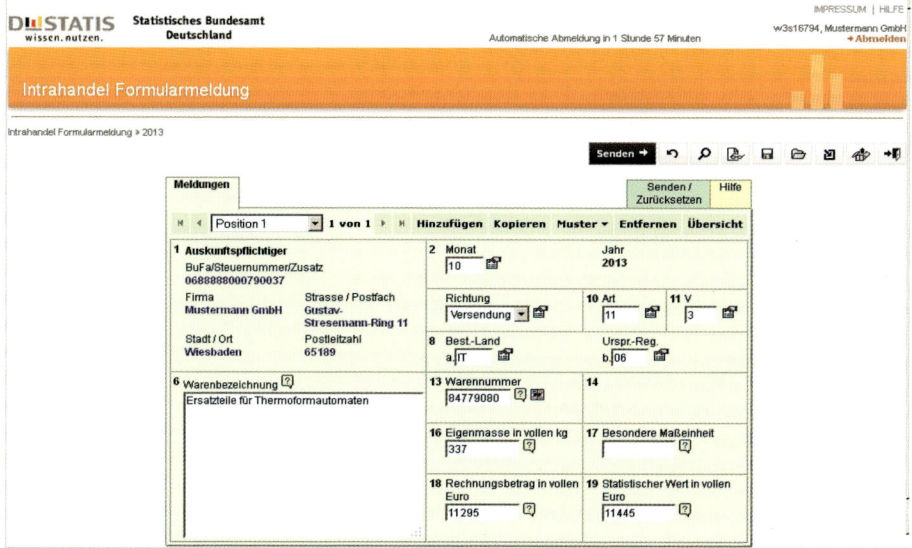

Quelle: Statistisches Bundesamt, Merkblatt zur Intrahandelsstatistik, Wiesbaden 2014, S. 45, online unter: https://www. destatis.de/DE/OnlineMelden/Aussenhandel/Intrahandel/Intrahandel_Merkblatt_Intrahandelsstatistik.pdf?__blob=publicationFile, Stand: 14.05.14

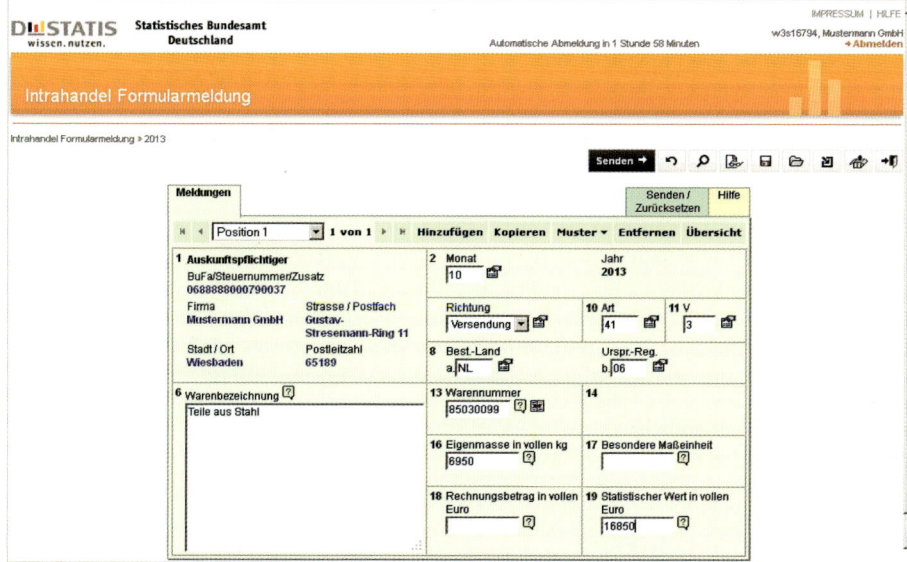

Quelle: Statistisches Bundesamt, Merkblatt zur Intrahandelsstatistik, Wiesbaden 2014, S. 45, online unter: https://www. destatis.de/DE/OnlineMelden/Aussenhandel/Intrahandel/Intrahandel_Merkblatt_Intrahandelsstatistik.pdf?__blob=publicationFile, Stand: 14.05.14

Anzumeldende Merkmale

Versendung	
Feld 1	– Bundesland: anzugeben ist die Schlüsselnummer, – Steuernummer aus der Umsatzsteuervoranmeldung (10- oder 11-stellig je nach Bundesland), – Zusatz: anzugeben ist die vom Statistischen Bundesamt zugeteilte dreistellige Nummer zur Unterscheidung von getrennt zur Statistik meldenden Unternehmen innerhalb einer umsatzsteuerrechtlichen Organschaft
Feld 1	weitere Teilfelder: Adresse des Auskunftspflichtigen
Feld 2	Monat/Jahr – anzugeben ist der Bezugszeitraum
Feld 3	
Feld 4	
Feld 5	
Feld 6	Warenbezeichnung (nach dem Warenverzeichnis für die Außenhandelsstatistik)
Feld 7	
Feld 8a	Bestimmungsmitgliedsstaat – anzugeben ist der EU-Mitgliedstaat, in den die Waren verbracht werden
Feld 8b	Ursprungsregion (Ländernummer des Bundeslandes)
Feld 10	Art des Geschäfts – (Kauf, Miete, …) Angabe der Schlüsselnummer
Feld 11	Verkehrszweig – anzugeben ist das Beförderungsmittel an der deutschen Grenze (nach Schlüsselnummer)
Feld 13	8-stellige Warennummer laut dem Warenverzeichnis für die Außenhandelsstatistik
Feld 14	Dieses Feld ist nicht auszufüllen.
Feld 16	Dieses Feld ist nicht auszufüllen.
Feld 17	Eigenmasse in vollen kg = Masse der Ware ohne alle Umschließungen
Feld 18	Menge in besonderen Maßeinheiten – Bsp: Stück, inch, …
Feld 18	Rechnungsbetrag in vollen Euro
Feld 19	Statistischer Wert in vollen Euro

Meldepflichtig

Die Meldepflicht besteht grundsätzlich für alle natürlichen und juristischen Personen, die eine deutsche Umsatzsteuernummer haben und die einen Vertrag mit einem ausländischen Unternehmer abschließen, der das Verbringen einer Gemeinschaftsware von Deutschland in einen anderen EU-Mitgliedstaat zum Inhalt hat. Diese Personen müssen auch über eine Umsatzsteuer-Identifikationsnummer (siehe S. 246f.) verfügen. Darüber hinaus erstreckt sich die Meldepflicht auch auf besondere Versendungen wie beispielsweise Lohnveredlungen. Wird ein Dritter (z. B. ein Spediteur) mit der Intrastat beauftragt, bleibt der Auskunftspflichtige nach wie vor für die Richtigkeit der Angaben verantwortlich.

Befreiungen von der Meldepflicht

* Privatpersonen sind grundsätzlich von der Meldepflicht befreit;
* Von der Meldepflicht sind auch umsatzsteuerpflichtige Unternehmer befreit, deren Versendungen im Jahr die Meldeschwelle von 500 000,00 € (Stand 2014) im Vorjahr nicht überschritten haben. Wird die genannte Meldeschwelle erst im laufenden Kalenderjahr überschritten, beginnt die Meldepflicht mit dem Monat, in dem die Schwelle überschritten wurde. Für diesen Monat ist die erste statistische Meldung abzugeben.

Berichtszeitraum

Berichtszeitraum ist grundsätzlich der Monat, in dem die innergemeinschaftlichen Versendungen stattgefunden haben. Um die Bearbeitung zu erleichtern, sollten die Intrastat-Meldungen kontinuierlich wöchentlich oder monatsweise übermittelt werden. Die Meldung muss aber spätestens am 10. Arbeitstag nach Ablauf des Berichtsmonats direkt beim Statistischen Bundesamt in Wiesbaden mit dem Formular „**Intrastat Versendung**" abgegeben werden.

Die Meldungen können bequem und zeitsparend auf elektronischem, Weg über das Intrastat-Online-Portal oder mit dem Intrastat-Vordruck „Versendung" verschickt werden. Die Formularversion ist aufwendiger und kommt in der Praxis kaum mehr zur Anwendung. Alle abgegebenen Meldungen sollten zumindest ein Jahr aufbewahrt werden, um bei etwaigen Rückfragen Auskunft erteilen zu können.

8.5 Exportdokumente

Kaufverträge, die zwischen Unternehmen abgeschlossen werden, die ihren Sitz im Inland haben, sind in der Regel reine **Warengeschäfte**, d.h., die beiden Vertragspartner haben ihre Pflichten aus dem Kaufvertrag erfüllt, wenn der Verkäufer die Ware ordnungsgemäß (Kriterien: Qualität, Ort, Zeit) übergibt und der Käufer die Ware annimmt und sie entsprechend den Regelungen im Vertrag bezahlt.

Kaufverträge, die als vertragliche Grundlage von Außenhandelsgeschäften abgeschlossen wurden, bestehen aus zwei Teilen: dem Warengeschäft, vergleichbar dem Warengeschäft im Binnenhandel, und dem **Dokumentengeschäft**. Bei einem Dokumentengeschäft werden neben der Ware vom Verkäufer zusätzlich noch Dokumente übergeben. Mit diesen **Exportdokumenten** soll z.B. die vertragsgemäße Übergabe der Ware an den jeweiligen Frachtführer, der Nachweis der Transportversicherung oder der Ursprung der Waren nachgewiesen werden. Zudem ersetzt bei Außenhandelsgeschäften die Übergabe der Dokumente häufig die Übergabe der Ware, insbesondere dann, wenn Dokumente das Verfügungsrecht über die Ware verbriefen. Aus diesem Grund ist bei bestimmten Außenhandelsgeschäften das Dokumentengeschäft wichtiger als das Warengeschäft.

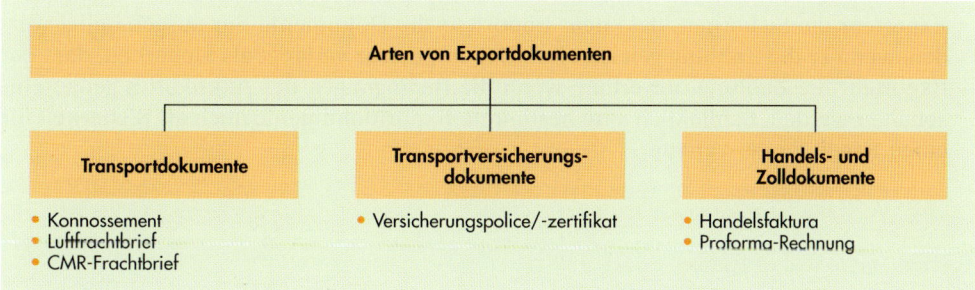

Typische Exportdokumente sind Dokumente, die beim **Transport der Waren** notwendig werden, **Transportversicherungsdokumente**, die über die Art und den Umfang des Versicherungsschutzes Informationen enthalten, und **Handels-und Zolldokumente**, die zum Beispiel über den Wert der Ware und deren Ursprung Auskunft geben.

Bedeutung und Rechtscharakter der Dokumente bei Außenhandelsgeschäften

- **Beweisfunktion:** Jedem Exportdokument kommt eine Beweisfunktion zu, allerdings ist der Umfang der Beweisfunktion von Dokument zu Dokument verschieden. Während ein Posteinlieferungsschein nur die Abgabe der Sendung an einem bestimmten Tag bei der Post dokumentiert, beweist ein Konnossement die Vereinbarungen zwischen Abholer und Reederei, z.B. die Übergabe der Ware, die Art und Menge der Ware, den Transportweg, die äußerliche Beschaffenheit der Ware, die berechtigte Person, die die Ware erhalten soll, etc.

- **Dispositionsfunktion:** Darunter versteht man das Recht des Absenders die Ware anzuhalten, zurückzugeben oder sie an einen anderen Ort als den im Dokument benannten Ort auszuliefern. Ein solches Recht verbriefen alle Transportdokumente. Die Ausübung des nachträglichen Verfügungsrechts durch den Exporteur ist an den Besitz der Urkunde geknüpft. Wurde die Urkunde z.B. an den Importeur weitergegeben, geht diese Dispositionsfunktion für den Exporteur verloren. Die Dispositionsfunktion ist in jedem Fall dann nicht mehr gegeben, wenn die Ware an den Empfänger ausgehändigt wurde. Diese Ausschaltung des Verfügungsrechts ist von großer Bedeutung bei Dokumenteninkassi oder Dokumentenakkreditiven. Nur durch die Ausschaltung dieses Verfügungsrechts lässt sich eine „Zug-um-Zug-Abwicklung" der Dokumente gegen Zahlung sicherstellen.

- **Legitimationsfunktion:** Darunter versteht man die Berechtigung zum Empfang der Ware bzw. weiterer Rechte. Zur Herausgabe der Ware und zur Geltendmachung des Versicherungsanspruchs ist derjenige legitimiert, der auf dem Dokument als Berechtigter ausgewiesen wird (vgl. Inhaber-, Order-und Rektawertpapiere). Diese Legitimationsfunktion weisen alle Exportdokumente auf, die Wertpapiere sind (Konnossement, Transportversicherungspolice). **Wertpapiere** sind Urkunden über Vermögens- und sonstige Rechte. Bei den übrigen Transportversicherungsdokumenten muss der Empfänger sich nicht durch die Vorlage dieses Dokuments legitimieren.

- **Sicherungsfunktion:** Wird im Rahmen eines Exportgeschäftes eine „Zug-um-Zug-Abwicklung" Ware gegen Geld vereinbart, dienen Dokumente als Sicherheit, dass diese Abwicklung so zustande kommt. Bei einem Dokumentenakkreditiv verlangt der Exporteur die Sicherheit, dass dem Importeur die Dokumente nur ausgehändigt werden, wenn er die Zahlung geleistet hat. Der Importeur verlangt als Sicherheit, dass der Exporteur die Zahlung nur erhält, wenn die Bedingungen des Akkreditivs genau eingehalten werden. Schließlich sind bestimmte Exportdokumente auch als Sicherheit für einen Kredit zu verwenden.

8.5.1 Versand-/Transportdokumente

Konnossement (Bill of Lading – B/L)

Das Konnossement ist ein im Seeverkehr ausgestelltes Transportdokument. Aussteller des Konnossements ist der Reeder bzw. Verfrachter. Mit der Ausstellung des Konnossements geht der Verfrachter folgende Verpflichtungen ein:

1. Übernahme der Ware,
2. Verpflichtung zur Beförderung der Ware bis zu dem im Konnossement benannten Hafen,
3. Übergabe der Ware an den durch das Konnossement legitimierten Empfänger.

Carrier: Hapag-Lloyd Aktiengesellschaft, Hamburg

Bill of Lading

Multimodal Transport or Port to Port Shipment

Shipper:

Hapag-Lloyd

Carrier's Reference:	B/L-No.:		Page:

Export References:

Consignee (not negotiable unless consigned to order):

Forwarding Agent:

Notify Address (Carrier not responsible for failure to notify; see clause 20 (1) hereof):

Consignee's Reference:

Place of Receipt:

Vessel(s):   **Voyage-No.:**

Place of Delivery:

Port of Loading:

Port of Discharge:

Container Nos., Seal Nos.; Marks and Nos.	Number and Kind of Packages, Description of Goods	Gross Weight:	Measurement:

Shipper's declared Value [see clause 7(2) and 7(3)]

Total No. of Containers received by the Carrier:	Packages received by the Carrier:

Above Particulars as declared by Shipper. Without responsibility or warranty as to correctness by Carrier [see clause 11]

RECEIVED by the Carrier from the Shipper in apparent good order and condition (unless otherwise noted herein) the total number or quantity of Containers or other packages or units indicated in the box opposite entitled "Total No. of Containers/Packages received by the Carrier" for Carriage subject to all the terms and conditions hereof (INCLUDING THE TERMS AND CONDITIONS ON THE REVERSE HEREOF AND THE TERMS AND CONDITIONS OF THE CARRIER'S APPLICABLE TARIFF) from the Place of Receipt or the Port of Loading, whichever is applicable, to the Port of Discharge or the Place of Delivery, whichever is applicable. One original Bill of Lading, duly endorsed, must be surrendered by the Merchant to the Carrier in exchange for the Goods or a delivery order. In accepting this Bill of Lading the Merchant expressly accepts and agrees to all its terms and conditions whether printed, stamped or written, or otherwise incorporated, notwithstanding the non-signing of this Bill of Lading by the Merchant.

IN WITNESS WHEREOF the number of original Bills of Lading stated below all of this tenor and date has been signed, one of which being accomplished the others to stand void.

Movement:	Currency:

Place and date of issue:

Freight payable at:	Number of original Bs/L:

Charge	Rate	Basis	Wt/Vol/Val	P/C	Amount

Total Freight Prepaid	Total Freight Collect	Total Freight

Inhalt des Konnossements (§ 643 HGB)

1. Name des Verfrachters (Carrier/Reederei). Die Reederei ist gleichzeitig der Aussteller des Konnossements.
2. Name und Nationalität des Schiffes.
3. Name des Abladers (im Regelfall der Exporteur). Durch die Nennung auf dem Konnossement erhält der Empfänger die Verfügungsberechtigung über die Ware. Dadurch wird das Konnossement zu einem **Warenwertpapier**. Diese Nennung kann erfolgen, indem das Konnossement an die Order des Empfängers oder nur an Order ausgestellt wird. Wenn das Konnossement nur an Order lautet, kann es durch Indossament an den gewünschten Empfänger übertragen werden.
4. Name des Abladehafens.
5. Name des Löschungshafens.
6. Art, Maß, Zahl, Gewicht und äußerliche Verfassung („clean on board" bzw. „goods in bad order") der Waren. Mit dem Zusatz „clean on board" oder „shipped in apparent good order" bestätigt der Verfrachter den äußerlich guten Zustand der Waren, die er an Bord genommen hat (reines Konnossement). Unrein ist ein Konnossement dann, wenn auf dem Konnossement Mängelvermerke eingetragen sind („goods in bad order"). Ein unreines Konnossement kann der Empfänger der Waren ablehnen. Wird ein Konnossement im Rahmen einer dokumentären Zahlungsbedingung eingesetzt, lehnt die Akkreditivbank ein unreines Dokument ab.
7. Bestimmung über die Fracht. Hier wird beispielsweise bestimmt, ob die Fracht bereits bezahlt wurde („freight prepaid").
8. Ort und Tag der Ausstellung. Dieser Eintrag ist insbesondere im Zusammenhang mit dokumentären Zahlungsbedingungen (Akkreditiv) sehr wichtig, weil mit dem Eintrag des Verladedatums überprüft werden kann, ob der Ablader innerhalb der ihm vorgegebenen Frist verladen hat.
9. Zahl der ausgestellten Ausfertigungen. Wird die Anzahl der Originaldokumente auf beispielsweise drei festgelegt, bilden diese drei Originale einen „vollen Satz" (full set). Dieser volle Satz an Originaldokumenten wird aber in der Regel nur im Rahmen eines Akkreditivs verlangt. Zur Abholung der Ware im Löschungshafen genügt ein Originalkonnossement.

Einsatz von Konnossementen im Seeverkehr

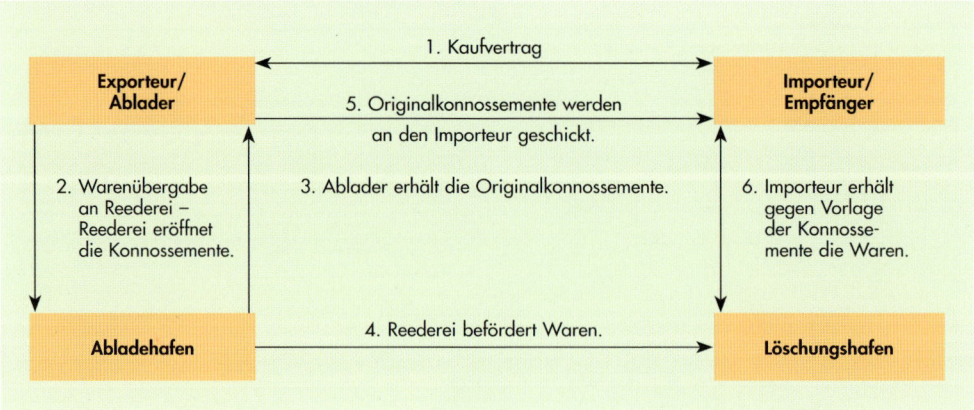

Frachtbrief

Der Frachtbrief ist eine Beweisurkunde, die vom Absender ausgestellt wird. Im Frachtbrief beschreibt der Absender den Beförderungs- und Ablieferungsauftrag des Frachtführers, gleichzeitig wird der Empfang der Ware durch den Frachtführer bestätigt. Anschließend begleitet der Frachtbrief die Ware bis zum Empfänger.

Inhalt des Frachtbriefes (§ 408 HGB)

1. Ort und Tag der Ausstellung
2. Name und Anschrift des Absenders
3. Name und Anschrift des Frachtführers
4. Stelle und Tag der Übernahme des Gutes sowie die für die Ablieferung vorgesehene Stelle
5. Name und Anschrift des Empfängers
6. übliche Bezeichnung des Gutes und die Bezeichnung der Verpackung
7. Anzahl, Zeichen und Nummern der Frachtstücke
8. Rohgewicht
9. vereinbarte Fracht und sonstige Kosten

Bedeutung des Frachtbriefs

- Der Frachtführer wird verpflichtet, das Gut zu befördern und es an den Empfänger abzuliefern.
- Der Absender wird verpflichtet, die vereinbarte Fracht zu zahlen.
- Die ordnungsgemäße Übergabe der Ware wird bestätigt (Beweispapier).
- Der Frachtbrief ist ein Dispositionspapier, d.h., der Absender behält durch das Frachtbriefdoppel das Recht, über die Ware zu disponieren (Anhalten der Ware, Abliefern an einen anderen Empfänger, Zurückholen der Ware etc.)
- Auf der Grundlage des Frachtbriefes berechnet der Frachtführer seine Fracht, die er in Rechnung stellt.
- Die Transportversicherung wird auf der Grundlage des Frachtbriefes berechnet.
- Ein Durchschlag des Frachtbriefs geht an das Statistische Bundesamt in Wiesbaden. Auf der Grundlage dieser Daten werden die Statistiken zum Güterverkehr erstellt. Aus diesen Statistiken lassen sich dann Umfang und Art der verschiedenen Beförderungsmittel erkennen, mit denen Güter in Deutschland bewegt werden.

Fehlende Funktionen

- Frachtbriefe sind keine Legitimationspapiere, d.h., sie berechtigen nicht zur Entgegennahme der Ware durch den Inhaber.
- Frachtbriefe sind keine Wertpapiere. Sie repräsentieren nicht die Ware.

Internationaler Frachtbrief im Straßengüterverkehr (CMR)

Der CMR-Frachtbrief ist eine internationale Form des Frachtbriefes, der nur im grenzüberschreitenden Güterverkehr mit Kraftfahrzeugen eingesetzt wird. Grundlage des CMR-Frachtbriefes ist die „Convention relative au Contract de transport de Marchandise par Route", ein Abkommen von 20 europäischen Staaten. In diesem Abkommen wird festgehalten, dass ein CMR-Frachtbrief eingesetzt werden muss, wenn bei Warentransporten der Ablieferungs-und der Übernahmeort in verschiedenen Staaten liegen.

Der CMR-Frachtbrief wird in drei Originalen ausgestellt (für Empfänger, Absender und Frachtführer) und von Absender und Frachtführer unterschrieben. Der Absender haftet für alle Kosten, die dem Frachtführer durch falsche oder unvollständige Angaben auf dem Frachtbrief entstehen. Bei CMR-Frachtbriefen gibt es kein Frachtbriefdoppel.

1. Exemplar für Tarifkontrolle	Exemplaire pour controle tarifaire	Exemplaar voor tariefcontrole	Essemplare per controllo tarifario	Copy for tariffcontrol	Exemplar for tarifkontrolen
2. Exemplar für Absender	Exemplaire de l'expéditeur	Exemplaar voor Afzender	Essemplare per mittente	Copy for sender	Exemplar for Afsender
3. Exemplar für Empfänger	Exemplaire du destinataire	Exemplaar voor Geadresseerde	Essemplare per destinatario	Copy for consignee	Exemplar for Modtager
4. Exemplar für Frachtführer	Exemplaire du transporteur	Exemplaar voor vervoerder	Essemplare per trasportatore	Copy for carrier	Exemplar for befordrer

1 Absender (Name, Anschrift, Land) / Expéditeur (nom, adresse, pays)
Mehmet Gamep A.S.
1203 - 1 Sok. No. 49 - 51
TR - 35110 Yenisehir - Izmir
Türkei

INTERNATIONALER FRACHTBRIEF
LETTRE DE VOITURE INTERNATIONAL
Diese Beförderung unterliegt trotz einer gegenteiligen Abmachung den Bestimmungen des Übereinkommens über den Beförderungsvertrag im internat. Straßengüterverkehr (CMR).
Ce transport est soumis, nonobstant toute clause contraire, à la Convention relative au contrat de transport international de marchandises par route (CMR).

2 Empfänger (Name, Anschrift, Land) / Destinataire (nom, adresse, pays)
Mayer KG
Sonnenstraße 12
D - 89077 Ulm
Deutschland

16 Frachtführer (Name, Anschrift, Land) / Transporteur (nom, adresse, pays)
Istanbul - Transporte
1405 - 3 Sol. No. 3 - 4
Istanbul
Türkei

3 Auslieferungsort des Gutes / Lieu prévu pour la livraison de la marchandise
Ort/Lieu D - 89077 Ulm
Land/Pays Deutschland

17 Nachfolgende Frachtführer (Name, Anschrift, Land) / Transporteurs successifs (nom, adresse, pays)

4 Ort und Tag der Übernahme des Gutes / Lieu et date de la prise en charge de la marchandise
Ort/Lieu Yenisehir Izmir
Land/Pays Türkei
Datum/Date 1. November ..

18 Vorbehalte und Bemerkungen der Frachtführer / Réserves et observations des transporteurs

5 Beigefügte Dokumente / Documents annexés
Handelsrechnung / Lieferschein
Carnet TIR A.100410
ATR.1 Nr. A 564180

6 Kennzeichen und Nummern / Marques et numéros	7 Anzahl der Packstücke / Nombre des colis	8 Art der Verpackung / Mode d'emballage	9 Bezeichnung des Gutes / Nature de la marchandise	10 Statistiknummer / No statistique	11 Bruttogewicht in kg / Poids brut, kg	12 Umfang in m³ / Cubage m³
MG/AS 1 - 1 000	1 000	Kisten	Feigen		16 870	

Klasse / Classe	Ziffer / Chiffre	Buchstabe / Lettre	(ADR) / (ADR)

13 Anweisungen des Absenders (Zoll- und sonstige amtliche Behandlung) / Instructions de l'expéditeur (formalités douanieres et autres)
Werksverzollung
„Zugel. Empfänger, 9200 ZE 100"

19 Zu zahlen vom / A payer par		Absender / L'expéditeur	Währung / Monnaie	Empfänger / Le Destinataire
Fracht / Prix de transport				
Ermäßigungen / Reductions	—			
Zwischensumme / Solde				
Zuschläge / Supplements				
Nebengebühren / Frais accessoires				
Sonstiges / Divers	+			
Zu zahlende Gesamtsumme / Total à payer				

14 Rückerstattung / Remboursement

15 Frachtzahlungsanweisungen / Prescription d'affranchissement
Frei / Franco: Ulm (DDP Ulm)
Unfrei / Non Franco

20 Besondere Vereinbarungen / Conventions particulières

21 Ausgefertigt in / Établie à: Yenisehir - Izmir   am/le 1. November   19 ..

24 Gut empfangen / Réception des marchandises   Datum / Date   am/le   19

22   **23**

Unterschrift und Stempel des Absenders (Signature de l'expéditeur)   Unterschrift und Stempel des Frachtführers (Signature du transporteur)   Unterschrift und Stempel des Empfängers (Signature du destinataire)

25 Angaben zur Ermittlung der Tarifentfernung mit Grenzübergängen

28 Berechnung des Beförderungsentgelts

von	bis	km	frachtpfl. Gewicht in kg	Tarifstelle / Sonderabmachung	Güterarten	Währung	Frachtsatz	Beförderungsentgelt
Izmir	Ulm		16870			€	1,00€/km	1700,00

26 Vertragspartner des Frachtführers ist - kein - Hilfsgewerbetreibender im Sinne des anzuwendenden Tarifs

27	Amtl. Kennzeichen	Nutzlast in kg
Kfz	TPH 1503	
Anhänger	TCV 1468	25 000

Summe: 1700,00

Benutzte Gen.-Nr.   ☐ National   ☐ Bilateral   ☐ EG   ☐ CEMT

Luftfrachtbrief

Der Luftfrachtbrief (Air Waybill) wird ausgestellt, wenn es zum Abschluss eines Luftfrachtvertrages zwischen dem Verkäufer und einer Fluggesellschaft gekommen ist. Auch beim Wechsel der Fluggesellschaft während des Transports kann dieser Luftfrachtbrief weiter benutzt werden. Der Luftfrachtbrief wird wie der CMR-Frachtbrief in drei Originalausfertigungen ausgestellt (für den Absender, den Empfänger und die Fluggesellschaft).

Alle Originale sind gleichwertig, d.h., mit jeder Ausfertigung kann der Beweis über den Abschluss eines Frachtvertrages angetreten werden.

Inhalt:

1. Absender,
2. Empfänger,
3. Abflughafen,
4. Bestimmungsflughafen,
5. Warenbeschreibung,
6. Angaben zur Fracht,
7. eventuelle Weisungen des Absenders,
8. Angaben über die Versicherung.

Der Luftfrachtbrief muss von der Fluggesellschaft (Carrier) bzw. von deren Agenten unterschrieben sein.

8.5.2 Transportversicherungsdokumente

Als Nachweis, dass die Ware auf dem Transportweg versichert ist, wird zwischen dem Versicherungsnehmer und einer Versicherungsgesellschaft ein Versicherungsvertrag abgeschlossen. Welcher der beiden Vertragspartner den Versicherungsvertrag mit der Versicherungsgesellschaft abschließen muss, ergibt sich aus der vereinbarten Lieferbedingung im Kaufvertrag.

Der Abschluss eines Versicherungsvertrages ist vor allem deshalb notwendig, weil es für die Haftung der Verfrachter einige Ausschlüsse (§ 608 HGB) gibt:

- Havarie,
- Krieg und Unruhen,
- Streik und Aussperrung,
- Beschlagnahme,
- Handlungen und Unterlassungen des Abladers,
- Beschaffenheit der Ware,
- Errettung von Leben und Eigentum zur See.

Arten der Transportversicherungsdokumente

Grundsätzlich dokumentiert die **Versicherungspolice** den Abschluss einer Versicherung zwischen Versicherungsnehmer und Versicherungsgesellschaft. Die Versicherungspolice wird entweder namentlich auf den Berechtigten ausgestellt (Orderpapier) oder es wird ein Versicherungsschein auf den Inhaber ausgestellt. Dabei ist derjenige, der den Versicherungsvertrag abschließt, nicht immer der Berechtigte aus der Versicherung. Beispielsweise schließt bei der Lieferbedingung „CIF" der Exporteur eine Versicherungspolice ab, auf der als Berechtigter der Importeur genannt wird. Im Schadensfall ist dann zwar eine Transportversicherung abgeschlossen worden, den Anspruch gegen die Versicherungsgesellschaft hat aber der Importeur.

Wird ein einmaliger Warentransport versichert, wird hierüber eine **Einzelpolice** abgeschlossen. Werden häufig gleichartige Transporte durchgeführt, bietet sich der Abschluss einer **Generalpolice** an. Auch im Rahmen einer Generalpolice wird im Regelfall bei jedem durchzuführenden Transport ein übertragbares **Versicherungszertifikat** ausgestellt.

Versicherungszertifikat und Einzelpolice haben beide die gleiche rechtliche und wirtschaftliche Bedeutung. Oft verwenden Versicherungsgesellschaften nur ein Formular „Versicherungszertifikat" (Einzelpolice). Anhand des Formulars ist also nicht unbedingt zu erkennen, ob es sich um eine Einzelpolice oder um ein Zertifikat im Rahmen einer Generalpolice handelt. Generalpolicen haben als längerfristiger Rahmenvertrag mit der Versicherungsgesellschaft den Vorteil, dass günstigere Konditionen vereinbart werden und der Transport im Einzelfall schneller zu versichern ist.

Beispiel: *Versicherungszertifikat*

Versicherungsnehmer TRIAL GmbH Franz-Sigel-Straße 188 69111 Heidelberg	Wipperfürth Co. Assekuranzmakler Postfach 202034 80020 München

Original

Vertragsnummer: 142356
Kundennummer: 235412

Datum: 16.10.20..

Versicherungszertifikat

Versicherungszertifikat Nr. 342

Fall-Nr.:	63/1
Menge:	50 Stück
Warenbezeichnung:	Mountainbike Trial Extrem
Lieferant:	Candonfale Ltd., Newman/California
Ladehafen/-ort:	Oakland/USA
Dampfer/Lkw	OOCL Fidelity
Inländische Beförderung:	Lkw

Warenwert EXW Newman:	51 530,17 €	
Vorlaufkosten inkl. Gebühren (USA)	759,10 €	
Seefracht bis Hamburg:	827,22 €	
Versicherungsprämie – Zollgrenze EU (110%)	87,77 €	in %: 0,15
Zollbetrag:	2 500,60 €	in %: 4,70
Nachlaufkosten inkl. Gebühren (EU)	646,40 €	
Versicherungsprämie Inland (EU) (110%)	5,19 €	in %: 0,15
Prämienbetrag	**92,90 €**	in %: 0,15

Unter BuchPlusWeb finden Sie weitere Inhalte speziell zum Thema Außenhandel.

8.5.3   Handels-und Zolldokumente

Exportrechnung

In der Exportrechnung weist der Exporteur den Betrag aus, den er für die Waren und sonstigen erbrachten Leistungen vom Importeur fordert. Im Unterschied zu normalen Handelsrechnungen werden in der Exportrechnung mehr Angaben verlangt, wie beispielsweise spezielle Bedingungen des Kaufvertrags oder Vereinbarungen im Rahmen eines Akkreditivs (Anzahl der Rechnungen, Incoterms® etc.).

Inhalte einer Exportrechnung
1. Anschrift und Bankverbindung des Exporteurs
2. Anschrift des Importeurs
3. Rechnungsdatum und -nummer
4. präzise Warenbeschreibung
5. Einzel-und Gesamtpreis sowie unter Umständen getrennt ausgewiesene Transport- und Versicherungskosten
6. vereinbarte Lieferungsbedingung
7. Zahlungsbedingung und Versandart
8. Zolltarifnummer der Ware

Die Exportrechnung ist Grundlage der Verzollung und, in Verbindung mit der Erstellung der Zollpapiere, Grundlage für die Statistik der Ein-und Ausfuhrzahlen. Im Übrigen wird die Exportrechnung bei der Berechnung der Transportversicherungsprämie benötigt. Art und Umfang der Ursprungsnachweise sind teilweise von der Höhe des Warenwertes abhängig; insofern ist die Exportrechnung auch Grundlage für die Bestimmung der Ursprungsnachweise (Beispiel für eine Exportrechnung – vgl. S. 132).

Bei der Erstellung von Exportrechnungen ist zu beachten, dass Ausfuhrlieferungen umsatzsteuerbefreit sind; folglich sind Exportrechnungen ohne Umsatzsteuer auszuweisen. Lieferungen an EU-Unternehmen sind im Bestimmungsland erwerbssteuerpflichtig. Auf Rechnungen an Unternehmen, die ihren Sitz in der EU haben, ist deshalb die Umsatzsteuer-Identifikationsnummer (vgl. S. 247) des Exporteurs und des Importeurs zu vermerken.

Pro-forma-Rechnung

Pro-forma-Rechnungen sind, wie der Name schon sagt, nicht die endgültigen Rechnungen, sondern eine Art „Vorausrechnung", bei der der Kunde über den zu erwartenden Rechnungsbetrag informiert wird.

Pro-forma-Rechnungen werden bei kostenlosen Mustersendungen, bei der vorübergehenden Verwendung von Waren, beispielsweise auf einer Messe oder Ausstellung, bei kostenlosen Ersatzlieferungen oder bei der Erstellung von Angeboten für Unternehmen in bestimmten Ländern eingesetzt. Eine Pro-forma-Rechnung wird ebenfalls im Rahmen von Dokumentenakkreditiven verwendet, wenn die Akkreditivbank die Höhe des Akkreditivbetrags bestätigt haben möchte. Wird als Zahlungsbedingung Vorauskasse verwendet, kann eine Pro-forma-Rechnung als „Zahlungsbescheid" vorausgehen; in diesem Fall erfolgt die Zahlung tatsächlich aufgrund der Pro-forma-Rechnung. Die eigentliche Rechnung kommt erst mit der Warenversendung.

Berg GmbH
Mannheimer Str. 23–25
74072 Heilbronn

Trailer Ltd.,
10760 Byrne Avenue,
Los Molinos,
California 97324

11.11.20..

Invoice No. 1273/34

Marking	Product	Quantity	Amount USD
HLCD 571263 – 7	Textile goods	13 700 kg	
Packing	1 Container No. HLCD 571263 – 7 40'		
Weight Gross	19 550.00 kg		
Term of Delivery	FOB Hamburg		
Country of Origin	Germany		
Certificate of Origin	Chamber of commerce/Heilbronn		
Port of Loading	Hamburg		
Port of Discharge	Oakland		
			149 500,00

Geschäftsräume
Mannheimer Straße 23–25
74072 Heilbronn
Tel.:   +49 0721347653
Fax: +49 0721347655
E-Mail: berg@t-online.de

Bankverbindung
Bank: Sparkasse Heidelberg
IBAN: DE85 6725 0020 0124 8973 33
BIC: SOLADES1HDB
Konto: 124897333
BLZ: 67250020

8.5.4 Ursprungszeugnisse und Ursprungsnachweise

Präferenznachweise

Als Nachweis für die zollermäßigte Einfuhr von Waren (präferenzberechtigte Einfuhr) muss der Importeur der Zollstelle Ursprungsnachweise vorlegen. Dabei sind die eingeräumten Zollvorteile je nach Präferenzzone unterschiedlich hoch; im Extremfall geht die Zollpräferenz bis zur Zollbefreiung. Aus diesem Grund verlangt der Zoll je nach Ursprungsland verschiedene Ursprungs- oder Präferenznachweise.

Überblick über die Ursprungs- oder Präferenznachweise

Art des Warenverkehrs	Präferenznachweise
Warenverkehr mit präferenzberechtigten Staaten	Warenverkehrsbescheinigung EUR 1
Warenverkehr innerhalb der EU-Staaten	Lieferantenerklärung
Warenverkehr mit Entwicklungsländern	Ursprungszeugnis Form A
Nachweis des Warenursprungs bei Ländern, die nicht präferenzberechtigt sind	IHK Ursprungszeugnis

Warenverkehrsbescheinigung EUR 1

Die Warenverkehrsbescheinigung EUR 1 ist ein Präferenznachweis, der grundsätzlich im Warenverkehr mit den Staaten eingesetzt wird, mit denen die EG ehemals Freihandels- oder Präferenz- bzw. Assoziierungsabkommen vereinbart hat.

Aussteller der Warenverkehrsbescheinigung

Aussteller der EUR 1 ist die für den Ausführer zuständige Zollstelle. Die EUR 1 ist dabei ausgefüllt bei der Zollstelle einzureichen. Nachweispapiere, die den Ursprung beweisen (Beispiel: EUR 1 eines anderen Landes), sind beizulegen. Die Gültigkeit der EUR 1 beträgt im Allgemeinen vier Monate, d. h., die Papiere müssen innerhalb dieser Frist bei der Zollstelle des Einfuhrstaates vorgelegt werden.

Lieferantenerklärung

Ein **vereinfachter Nachweis der Ursprungseigenschaft** ist mit der Lieferantenerklärung (LE) möglich. Die LE ist eine privatrechtliche Zusicherung, die der Ausführer eigenverantwortlich ausstellt und mit der er den Ursprung der Ware nachweisen kann. Die LE kann also ohne Mitwirkung des Zolls ausgestellt werden, allerdings können die Zollbehörden die Erklärung nachträglich überprüfen.

Einschränkend gilt aber, dass die LE als eigenständiger Ursprungsnachweis nur innerhalb der EU eingesetzt werden kann. Ein Unternehmen **(Aussteller der LE)**, das seinen Sitz in der EU hat, kann einem anderen Unternehmen **(Empfänger der LE)**, das ebenfalls seinen Sitz in der EU hat, den **EU-Ursprung der Waren** bestätigen.

Ursprungszeugnis Form A

Die EU gewährt zahlreichen Entwicklungsländern allgemeine Zollpräferenzen. Dadurch beabsichtigt sie, den Entwicklungsländern einen besseren Zugang ihrer Waren in die Europäische Union zu ermöglichen.

Das Ursprungszeugnis Form A wird vom Exporteur bei der zuständigen Behörde seines Landes beantragt und vom Importeur beim Warenimport der Zollstelle seines Landes vorgelegt.

Ursprungszeugnis (IHK)

Mit dem IHK-Ursprungszeugnis wird ein „nichtpräferenzieller Warenursprung" nachgewiesen; das bedeutet, dass dieser Ursprungsnachweis von den Zollstellen als Nachweis
zur Gewährung einer Zollpräferenz nicht anerkannt wird. IHK-Ursprungszeugnisse werden nur dann ausgestellt, wenn beispielsweise der Warenursprung aufgrund von Akkre-
ditivbestimmungen oder Kaufvertragsbedingungen nachgewiesen werden muss.

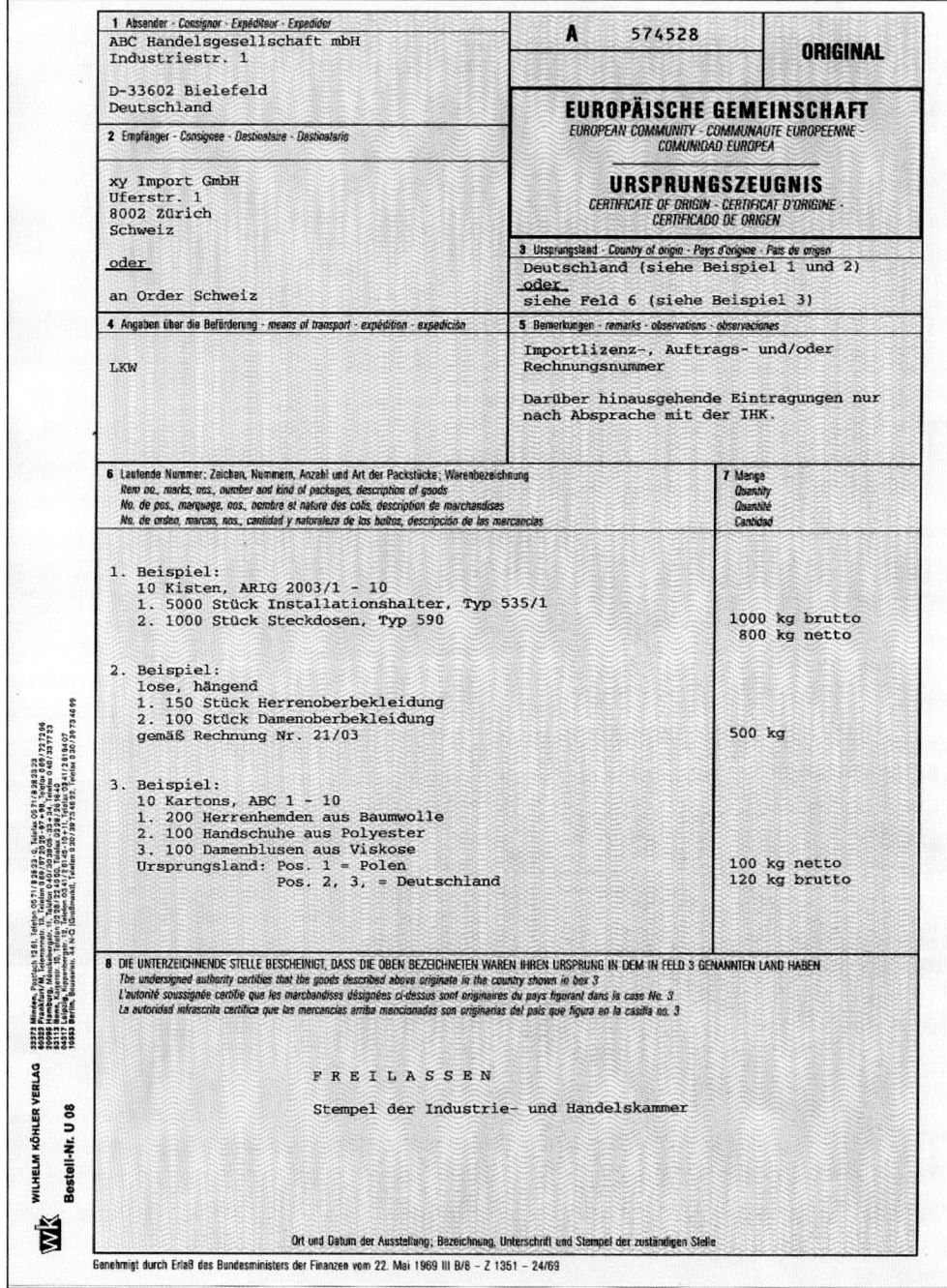

8.6 Ausfuhrrisiken und Absicherungsmöglichkeiten

Aufgrund der fremden Währung, anderer Rechtsverhältnisse, unsicherer politischer Verhältnisse oder einfach aufgrund der größeren Entfernung entstehen bei Exportgeschäften größere Risiken als bei Inlandsgeschäften mit möglicherweise den gleichen Waren. Unternehmen, die im Auslandsgeschäft tätig sind, müssen sich auf diese Risiken einstellen und unter Umständen geeignete Vorsorgemaßnahmen treffen.

Ausfuhrrisiken

Transportrisiko

Die Entfernungen bei Exportgeschäften sind größer, bestimmte Güter können unter Umständen nur mit einer Reihe verschiedenartiger Verkehrsmittel (Schiff, Lkw, Bahn usw.) befördert werden. Aufgrund dieser Tatsachen ist das Risiko von Beschädigungen der Güter beim häufigen Be- oder Entladen auf die verschiedenen Verkehrsmittel oder aufgrund von Unfällen (Havarie usw.) sehr viel größer. Auch die Gefahr, dass Güter zu spät angeliefert werden, ist erheblich größer als bei Inlandsgeschäften.

Transportrisiken werden abgesichert, indem der Transport der Waren bei Versicherungsgesellschaften versichert wird; wessen Pflicht die Versicherung des Transports ist, wird bereits im Kaufvertrag durch die Festlegung der Lieferungsbedingung bestimmt.

Kreditrisiko

Zahlt der Importeur die im Rahmen eines Außenhandelsgeschäfts vertragsgemäß gelieferten Waren nicht, ist dies das sogenannte Kreditrisiko des Exporteurs. Kredit wird also im Sinne einer Warenlieferung ohne vorherige Bezahlung vom Exporteur an den Importeur verstanden (Warenkredit).

Politisches Risiko

Unter politischen Risiken versteht man die Vorgänge, bei denen ein Unternehmer aufgrund politischer Ereignisse in einem Land (Krieg, Bürgerkrieg, Einfuhrverbote, Devisenkontrollmaßnahmen usw.) nicht liefern oder nicht bezahlen kann. Politische Risiken betreffen folglich vor allem den Exporteur, der nach einer Warenlieferung in das Land des Importeurs bei Eintritt solcher Risiken in diesem Land um sein Geld fürchten muss.

Währungsrisiko

Währungsrisiken ergeben sich nach Abschluss eines Kaufvertrags, weil die Währungsrelationen sich verändern können. Je nachdem, wie sich die Währungsrelation (Wechselkurs) verändert, geht dies eventuell zum Nachteil des Exporteurs. Innerhalb der EU ist dieses Währungsrisiko mit dem Inkrafttreten der gemeinsamen Währung nicht mehr vorhanden. Dies ist neben dem Wegfall der Zollschranken eine der wesentlichsten Ursachen für die starke Ausweitung des Handels unter den EU-Ländern. Mit allen Ländern, die den Euro nicht eingeführt haben, besteht dieses Währungsrisiko aber weiter, d.h., dass der Exporteur Maßnahmen zur Währungsabsicherung treffen muss.

Absicherungsmöglichkeiten

1. Transportversicherung und Versicherungsdokumente

Mit dem Abschluss einer Transportversicherung wird das Schadensrisiko auf dem Transportweg auf den Versicherer übertragen. Der Versicherer verlangt für diese Risikoübernahme eine Versicherungsprämie, die nun als Kostengröße vom Versender oder vom

Empfänger in der Kalkulation erfasst wird. Das bis dahin nicht abschätzbare Kostenrisiko wird zu einem festen, abschätzbaren Kostenfaktor. Im Schadensfall übernimmt der Versicherer den Transportschaden.

Haftung der Frachtführer und Spediteure

An einer internationalen Warenversendung sind oft viele Frachtführer (Lkw, Bahn, Schiff, Flugzeug usw.) und Spediteure (Hauptspediteur, Zwischenspediteure in anderen Ländern, Grenz- und Hafenspediteure usw.) beteiligt. Im Schadensfall wird die Frage, ob diese für die Schadensregulierung verantwortlich sind, teilweise nach gesetzlichen Bestimmungen geregelt, teilweise greifen internationale Abkommen, teilweise müssen auch die Allgemeinen Geschäftsbedingungen zugrunde gelegt werden. Auch die Höhe der Haftung für einzelne Kisten, Pakete, Container und deren Inhalt ist je nach Transporteur und Transportart verschieden. Will ein Exporteur bzw. ein Importeur seine Rechte wahrnehmen, ist ein enormes juristisches Fachwissen vonnöten, das im Regelfall nur spezialisierte Rechtsanwälte haben.

Der Abschluss eines Versicherungsvertrages ist für den Ablader (i. d. R. der Exporteur) aber vor allem deshalb notwendig, weil es für die Haftung der Verfrachter laut Gesetz (§ 608 HGB) einige Ausschlüsse gibt:

- Havarie,
- Krieg und Unruhen,
- Streik und Aussprerrung,
- Beschlagnahme,
- Handlungen und Unterlassungen des Abladers,
- Beschaffenheit der Ware,
- Errettung von Leben und Eigentum zur See.

Aufgabe einer Transportversicherung ist deshalb in erster Linie, die durch den gesetzlichen Haftungsbeschluss offen bleibenden Risiken abzudecken.

Zuordnung des Schadens

Wird keine „Von-Haus-zu-Haus-Versicherung" abgeschlossen, gibt es immer wieder Probleme bei der Feststellung, wo der Schaden entstanden ist. Für die Zuordnung des Schadens bei entsprechenden Lieferbedingungen ist es aber wichtig, ob der Schaden im Vor-, Haupt- oder Nachlauf entstanden ist, da die Incoterms® genau festlegen, wann die Gefahr auf den Importeur übergeht. Vor allem bei Gütern, die in Kisten oder Containern verpackt sind, ist es sehr schwierig festzustellen, wo der Schaden entstanden ist (**verdeckter Schaden**). Eine Versicherung wird im Falle eines bestimmten Gefahrenübergangs und keiner genauen Schuldzuordnung die Schadenübernahme verweigern.

Aus diesem Grund ist es wichtig, dass Exporteur und Importeur sich bei Vertragsabschluss darauf einigen, dass einer von beiden eine „Von-Haus-zu-Haus-Versicherung" abschließt.

Als Nachweis, dass die Ware auf dem Transportweg versichert ist, wird zwischen dem Versicherungsnehmer und einer Versicherungsgesellschaft ein Versicherungsvertrag abgeschlossen. Welcher der beiden Vertragspartner den Versicherungsvertrag mit der Versicherungsgesellschaft abschließen muss, ergibt sich aus der vereinbarten Lieferbedingung im Kaufvertrag.

Dauer der Versicherung und Versicherungswert

Der Versicherungsschutz beginnt bei einer „Von-Haus-zu-Haus-Klausel" mit Verladung der versandfertigen Ware beim Versender und endet mit dem Erreichen der Ablieferungsstelle. Hat der Versender im Rahmen beispielsweise einer FOB-Regelung nur eine Versicherung bis Reling Schiff im Verschiffungshafen abgeschlossen, endet der Versicherungsschutz an diesem Ort.

> Der **Versicherungswert** lässt sich aus folgenden Größen ermitteln:
>
> Verkaufspreis der Ware laut Rechnung (FOB-Basis)
>
> + Versicherungsprämie
>
> + Kosten der Beförderung
>
> + u. U. imaginärer Gewinn (nach den Allgemeinen Deutschen Seeversicherungsbedingungen kann ohne Rücksprache mit dem Versicherer ein imaginärer Gewinn in Höhe von 10 % mitversichert werden).

Der imaginäre Gewinn ist der Gewinn, den der Käufer durch den Verkauf der Ware bzw. die Weiterverarbeitung erzielen möchte.

2. Ausfuhrgewährleistungen des Bundes

Zur Absicherung der mit Exportgeschäften verbundenen Käuferrisiken (Delkredererisiko) und Länderrisiken (politisches Risiko) können deutsche Exporteure sowie Kreditinstitute die **Ausfuhrgewährleistungen des Bundes** zur Förderung der deutschen Ausfuhren in Anspruch nehmen. Rechtliche Grundlage für Entscheidungen über Anträge auf Gewährung von Bundesdeckungen sowie deren vertragliche Abwicklung sind in den **„Richtlinien für die Übernahme von Ausfuhrgewährleistungen"** geregelt.

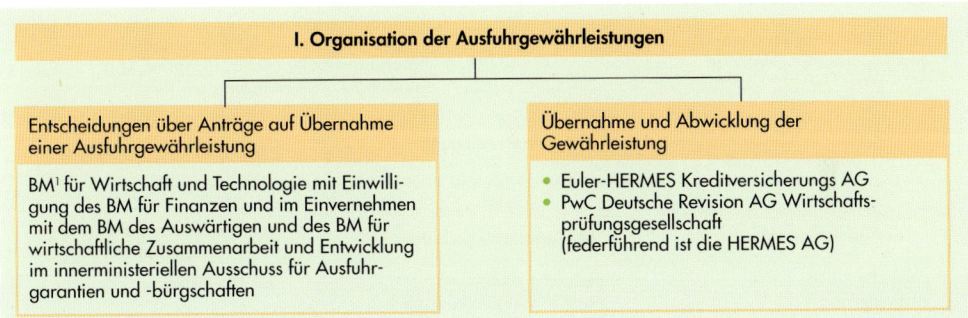

Formen von Ausfuhrgewährleistungen

- **Ausfuhrgarantien**: Ausländischer Vertragspartner ist eine privatrechtlich organisierte Firma.
- **Ausfuhrbürgschaften**: Ausländischer Vertragspartner ist ein für das Forderungsrisiko voll haftender Staat, eine Gebietskörperschaft usw.

Art der Ausfuhrgeschäfte

1. Exportgeschäfte deutscher Exportunternehmen

a) Risiken vor Versand (Fabrikationsrisiko)

Darunter versteht man die Absicherung der Selbstkosten, die dem Exporteur dadurch entstehen, dass die Fertigstellung oder der Versand der Ware aufgrund politischer oder wirtschaftlicher Umstände nicht mehr möglich ist.

---

[1] BM = Bundesministerium

b) Risiken nach Versand (Ausfuhrdeckungen)

Ausfuhrdeckungen schützen den Exporteur ab Versand der Ware bis zur vollständigen Erbringung der Leistung. Übernommen werden alle Geldforderungen einschließlich der Kreditzinsen bis zur Fälligkeit.

Formen:

- Einzeldeckung: Forderung aus einem Ausfuhrvertrag,
- revolvierende Ausfuhrgarantie: Forderungen aus mehreren Bestellungen desselben ausländischen Bestellers im kurzfristigen Bereich,
- Ausfuhr-Pauschal-Gewährleistungen: Forderungen gegen eine Vielzahl von ausländischen Bestellern in verschiedenen Ländern.

2. Exportkredite deutscher Kreditinstitute

Im Rahmen von Ausfuhrgewährleistungen werden deutschen Kreditinstituten, die deutschen Exporteuren Kredite für Exportsendungen zur Verfügung stellen, Garantien oder Bürgschaften angeboten.

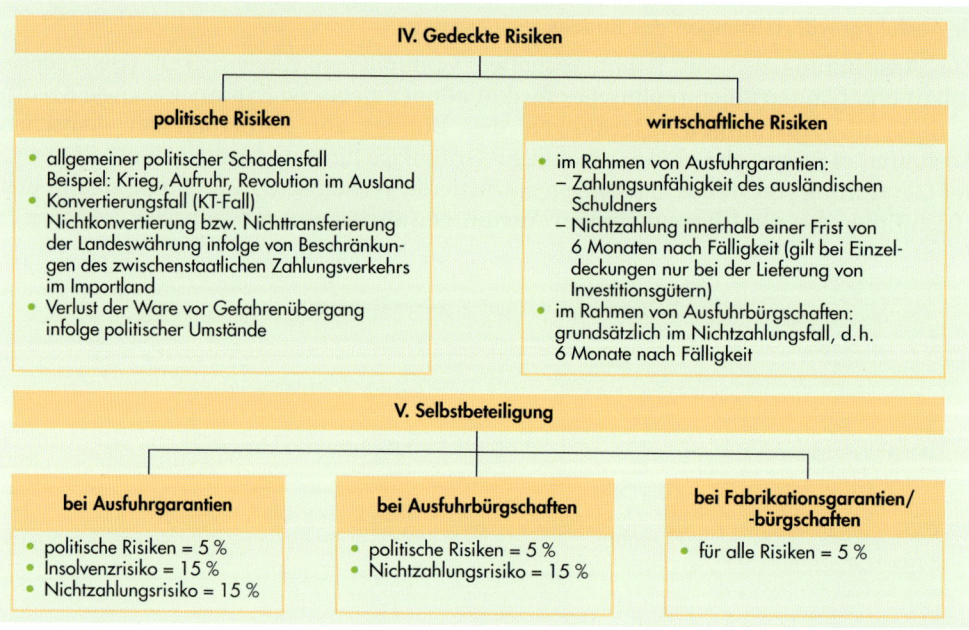

Unter BuchPlusWeb finden Sie weitere Inhalte speziell zum Thema Außenhandel.

3. Dokumentäre Zahlungsbedingungen

Zu den grundlegenden Inhalten eines Kaufvertrages mit einem ausländischen Unternehmen gehört neben der Festlegung der Lieferbedingung auch die Festlegung der Zahlungsbedingung. Bei der Inanspruchnahme dokumentärer Zahlungsbedingungen wird der Zahlungsverkehr mit einem Inkasso- oder einem Akkreditivgeschäft verbunden. Dokumente werden hier für verschiedene Zwecke verwendet, u.a. als Beweismittel, als Nachweis der Verfügungsberechtigung über die Ware, als Dokument zur Auslösung der Zahlungspflicht usw.

Mit der Vereinbarung einer dokumentären Zahlungsbedingung sind der Zahlungsweg, die Zahlungsart, die Aufteilung der Kosten der Zahlungsabwicklung und die Bedingungen, unter denen ein Zahlungsversprechen vom Käufer geleistet wird, festgelegt. Hauptaufgabe der dokumentären Zahlungsbedingung ist es, das Kreditrisiko für den Exporteur möglichst zu minimieren.

Dokumenteninkasso (Documents against Payment – D/P)

Liegt einem Handelsgeschäft ein Dokumenteninkasso als Zahlungsbedingung zugrunde, bedeutet das, dass der Exporteur seine Hausbank („Einreicherbank") beauftragt, Dokumente (Handelsrechnung, Konnossemente, Versicherungsdokumente, …) an die Bank des Importeurs („Inkassobank") weiterzuleiten. Diese darf die Dokumente dem Importeur nur dann aushändigen, wenn dieser den Rechnungsbetrag begleicht („Zug-um-Zug-Geschäft").

Die rechtliche Grundlage für die Handlungen der Einreicher- und der Inkassobank ist der Inkassoauftrag (Geschäftsbesorgungsvertrag), den der Exporteur an seine Einreicherbank und diese dann an die Inkassobank weitergibt. Der **Inkassoauftrag** sollte folgende **Mindestinhalte** enthalten:

1. Daten über den Auftraggeber (Exporteur), den Bezogenen (Importeur), die Einreicherbank und die Inkassobank,
2. die Höhe des einzuziehenden Betrags sowie die Währung, in der bezahlt werden soll,
3. Auflistung von Art und Zahl der beigefügten Dokumente,
4. Bedingungen, unter denen die Zahlung zu erhalten ist,
5. Bedingungen für die Aushändigung von Dokumenten,
6. Höhe der Gebühren und der Zinsen,
7. Art und Weise, wie der Rechnungsbetrag bezahlt werden soll,
8. Anweisungen für den Fall, dass der Bezogene nicht bezahlt bzw. die Dokumente nicht annimmt.

Bei den beteiligten Banken werden Dokumenteninkassi nach den „Einheitlichen Richtlinien für Inkassi (ERI 522)" abgewickelt. Nach diesen Richtlinien müssen die Banken prüfen, ob die erhaltenen Dokumente den im Inkassoauftrag genannten Dokumenten entsprechen. Falls Dokumente fehlen, muss sofort der Auftraggeber benachrichtigt werden. Eine weitergehende Verpflichtung der Banken zur Prüfung der Dokumente besteht nicht. Die Inkassobank muss auch eingehende Teilbeträge des Bezogenen annehmen; die Dokumente dürfen ihm aber in jedem Fall erst nach vollständiger Bezahlung ausgehändigt werden.

Wenn die Inkassobank die Dokumente präsentiert, muss der Bezogene diese bei erster Präsentation einlösen. Der Bezogene darf die Ware vorher weder besichtigen noch darf er den Einfuhr- und Verzollungsvorgang durchführen. Auf eigenes Risiko kann die Inkassobank dem Importeur die Dokumente zu treuen Händen andienen.

Vorteile und Risiken des Dokumenteninkassos

Vorteile:

- Kostengünstiger als eine Akkreditivabwicklung,
- Verfahren garantiert, dass der Importeur ohne Bezahlung auch keinen Zugang zur Ware bekommt.

Risiken:

- Der Exporteur hat das Dokumentenaufnahmerisiko, d. h., es besteht die Gefahr, dass der Importeur dem Inkassoauftrag nicht entspricht und der Aufforderung zur Zahlung nicht nachkommt. In diesem Fall muss der Exporteur auf eigene Kosten die Ware an Ort und Stelle weiterverwerten oder einen Rücktransport organisieren.

- Der Importeur hat bei dieser Zahlungsbedingung (auch beim Akkreditiv) das Risiko der Nichtlieferung, der verspäteten Lieferung oder der mangelhaften Lieferung.

Avisierung von Dokumenten durch die Inkassobank

Importinkasso Avisierung	Inkasso-Nr. 18437

	Ort, Datum _Heidelberg, 11.11.20.._
TRIAL GmbH Franz-Sigel-Str. 188 69111 Heidelberg	Absendende Bank _Dresdner Bank_ _Sedanstr. 11-13_ _69113 Heidelberg_
	Geschäftsstelle _Hamm_
	Sachbearbeiter Telefon/Durchwahl

Wir sind beauftragt, Ihnen die in der Dokumentenspezifikation aufgeführten Dokumente zu den angekreuzten Bedingungen auszuliefern. Die Dokumente liegen an unserem Schalter zur Einsichtnahme bereit.

Fälligkeit	Betrag/Währungseinheit		
bei Vorlage	_USD 35 000,–_	☐ + unsere Spesen ☒ + fremde Spesen Auf Zahlung der Spesen darf nicht verzichtet werden.	

Auftraggeber

Dokumente	Wechsel	Faktura	Konnossement	Luftfracht-brief	Duplikat-Frachtbrief	CMR-Frachtbrief	Spediteur-Beschein.	Versich. Pol./Zert.	Ursprungs-zeugnis	Packliste	Sonstiges
Erstpost		2	2					1	1		
Zweitpost		1	1					1	1		

☒ Fotokopien der Rechnungen/Frachtpapiere sind beigefügt.

☒ Gegen **Zahlung** des oben stehenden Betrags.   ☐ Gegen **Akzeptierung** der Tratte(n) per

☐ Gegen   ☐ Die Tratte liegt zur Akzeptierung an unserem Schalter bereit.

☐ Die Tratte ist beigefügt. Wir bitten um umgehende Rücksendung des akzeptierten Abschnitts.

☐ Wir sind beauftragt, mangels   ☐ Zahlung   ☐ Annahme   Protest erheben zu lassen.

☐ Wir bitten um rechtzeitigen Auftrag auf beigefügtem Formblatt; die Durchschrift ist für Ihre Akten bestimmt.

Eine Verantwortung für die rechtzeitige Vorlage von Dokumenten, die bei Ankunft des Schiffes/der Ware zahlbar sind, können wir nicht übernehmen. Diese Mitteilungen geben wir Ihnen ohne Verbindlichkeit für uns, insbesondere für den Fall einer Zurückziehung bzw. Änderung des uns erteilten Auftrags. Wir übernehmen weder eine Gewähr für Echtheit, Rechtsgültigkeit und Vollständigkeit der Dokumente sowie Art, Menge und Beschaffenheit der darin erwähnten Waren noch für die Erfüllung der Verpflichtungen des Verkäufers.

Weitere Weisungen

Die Ausführung dieses Auftrags erfolgt unter Zugrundelegung der „**Einheitlichen Richtlinien für Inkassi**" (ERI 522) der Internationalen Handelskammer, Paris.	Unterschrift der Bank _Dresdner Bank_

275 200 | **DG** VERLAG [FA] 2.13   **Avisierung für den Kunden**

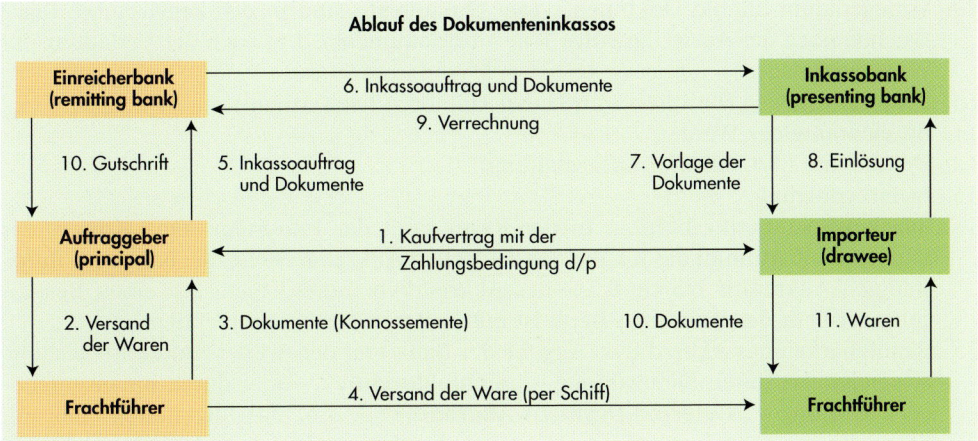

Ablauf des Dokumenteninkassos

Dokumentenakkreditiv (Letter of Credit – L/C)

Unter einem Dokumentenakkreditiv versteht man die vertragliche Verpflichtung eines Kreditinstituts im Auftrag eines Kunden, nach seinen Anweisungen und auf seine Kosten einem Begünstigten gegen Vorlage konkret bestimmter Dokumente und bei Erfüllung aller Bedingungen einen bestimmten Geldbetrag zu leisten.

Das Dokumentenakkreditiv ist ein vom Grundgeschäft völlig losgelöstes Zahlungsversprechen **(abstraktes Schuldversprechen i. S. von § 780 BGB)**. Kreditinstitute, die in das Dokumentengeschäft eingebunden sind, haben mit dem Vertrag zwischen Exporteur und Importeur nichts zu tun. Darüber hinaus befassen sich alle Beteiligten bei dem Dokumentenakkreditiv nur mit den Dokumenten und nicht mit Waren, Dienstleistungen usw. Ist das Grundgeschäft nichtig bzw. mangelhaft, bleibt das abstrakte Schuldversprechen gültig.

Die Beteiligten beim Dokumentenakkreditiv sind

- **der Auftraggeber** (Importeur, der seine Bank beauftragt, ein Akkreditiv zu eröffnen);
- **die Akkreditivbank** (Bank des Importeurs, die das Zahlungsversprechen gegenüber dem Begünstigten abgibt);
- **der Begünstigte** (Exporteur, zu dessen Gunsten das Zahlungsversprechen gegeben wird);
- **die Akkreditivstelle** (Bank des Exporteurs, die bei der Abwicklung des Akkreditivs mitwirkt, ohne selbst ein Zahlungsversprechen abzugeben).

Inhalte des Akkreditivs

1. Begünstigter (Name, Adresse, Bankverbindung)
2. Auftraggeber (Name, Adresse, Bankverbindung)
3. Verfalldatum des Akkreditivs
4. Akkreditivbetrag (Betrag, Währung)
5. Art des Akkreditivs
6. Übermittlung des Akkreditivs (brieflich, Telekommunikation usw.)
7. Angaben zu Details der Warenverladung (Teilverladungen, Umladungen)
8. Verladedatum

9. Vorlagedatum für die Dokumente (die Dokumente sind in der Regel einige Tage/ Wochen nach der Ausstellung des Transportdokuments, d. h. nach der Verladung der Ware, vorzulegen)

10. Beförderungsweg (Beispiel: vom Hafen Hamburg nach Miami)

11. Bezeichnung der Ware

12. Dokumente (Art, Anzahl, Ausgestaltung)

13. Lieferbedingung

14. Regelung der Bankgebühren. In der Regel zahlt der Importeur seine Kosten, der Exporteur übernimmt die Kosten der deutschen Akkreditivstelle, die bei einem unbestätigten Akkreditiv bei ca. 0,5 % des Akkreditivbetrages liegen. Für einen Bestätigungsvermerk der deutschen Bank ist mit weiteren Kosten zu rechnen.

15. Benutzbarkeit des Akkreditivs (Angabe der Bank und der Art der Akkreditivleistung, beispielsweise durch Sichtzahlung – „**Sichtakkreditiv**" – oder durch hinausgeschobene Zahlung – „**Deferred-Payment**-Akkreditiv" –, d. h., dass der Betrag nicht mit Einreichung der Dokumente, sondern eine bestimmte Zeit danach ausbezahlt werden kann).

16. Übertragbarkeit des Akkreditivbetrags. Bei Exportgeschäften mit angelsächsischen Ländern wird das beschriebene Akkreditiv durch einen **Commercial Letter of Credit (CLC)** ersetzt. Im Unterschied zum Akkreditiv wird der von der Auslandsbank eröffnete CLC nicht an die Akkreditivstelle, sondern an den Exporteur direkt adressiert. Der Begünstigte kann in diesem Fall jeder von ihm gewählten Bank die Dokumente und Tratten[1] zur Negoziierung vorlegen.

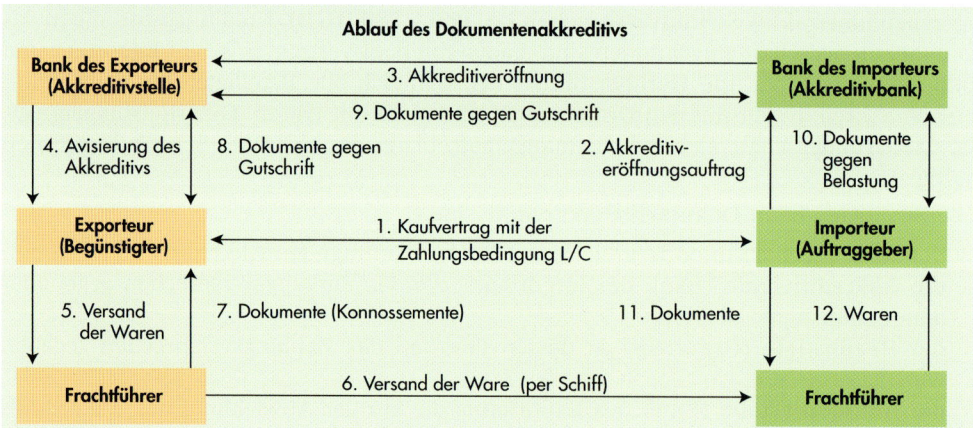

Ablauf des Dokumentenakkreditivs

---
[1] Gezogene Wechsel.

An die (eröffnende Bank)	**Auftrag zur Akkreditiv-Eröffnung**	Nummer

Volksbank Heidelberg

Datum und Ort des Verfalls des Akkreditivs

08.10.20.. Oakland, FL, USA

Auftraggeber	Begünstigter
	Candonfale Ltd, Rockefeller Avenue 14 23001 Oakland, FL, USA

Das Akkreditiv ist zu eröffnen:
[ ] unwiderruflich [ ] widerruflich [X] übertragbar
[ ] brieflich [ ] per Telekommunikation
[ ] mit Voravis per Telekommunikation

Betrag
65.000,00 EUR

Bank des Begünstigten (falls bekannt) – Sie sind berechtigt, das Akkreditiv dem Begünstigten auch über eine Korrespondenzbank Ihrer Wahl zuzuleiten. –
Chase Manhattan, Oakland, USA

Verladung von	nach	nicht später als
Oakland, FL	*Hamburg*	*22.09.20..*

Teilverladung [X] gestattet [ ] nicht gestattet   Umladung [ ] gestattet [X] nicht gestattet

Akkreditiv benutzbar bei

[X] durch SICHTZAHLUNG [ ] durch HINAUSGESCHOBENE ZAHLUNG PER   [ ] durch AKZEPTLEISTUNG [ ] durch NEGOZIIERUNG
gegen Vorlage der nachstehend genannten Dokumente

[ ] und der Tratte(n) des Begünstigten per
gezogen auf (Name der Bank)

Ware (kurze Bezeichnung)
50 Mountainbikes

[ ] FOB   [ ] CFR   [X] CIF

andere Bedingungen

Ausfertigung für die Bank

Vom Begünstigten vorzulegende Dokumente
[X] Handelsrechnung *3* fach, davon *3* Originale
[X] Voller Satz reiner An-Bord-Seekonnossemente [X] ausgestellt an Order
   [ ] blanko indossiert   [ ] mit dem Vermerk „Fracht bezahlt"   [ ] mit dem Vermerk „Fracht zahlbar am Bestimmungsort"
   [X] zu benachrichtigen: (Name und Anschrift) *TRIAL GmbH, Franz-Sigel-Str. 188, 69111 Heidelberg*

[ ] Eisenbahn-Dublikatfrachtbrief   [ ] Internationaler Frachtbrief (CMR) (Exemplar für Absender)   [ ] Posteinlieferungsschein/Postversandbescheinigung
[ ] Luftfrachtbrief (Original for shipper)   [ ] Multimodales Transportdokument   [ ] Kurierempfangsbestätigung
Adressiert an:

[ ] Andere(s) Transportdokument(e) (zu spezifizieren):   [ ] Spediteur-Übernahmebescheinigung Adressiert an:

[X] Voller Satz des/der Versicherungspolice/-zertifikats, deckend
[ ] Andere(s) Dokument(e) (zu spezifizieren):

Zusätzliche Bedingungen (z.B. zu Aussteller, Inhalt, Unterzeichnung von Dokumenten; ggf. unter Angabe des als Erfüllungsnachweis vorzulegenden Dokuments)

Die Dokumente sind innerhalb von *16* Tagen nach Verladedatum vorzulegen, jedoch innerhalb der Gültigkeitsdauer des Akkreditivs

Das Akkreditiv ist durch die Auslandsbank zu avisieren
[ ] per Telekommunikation [ ] brieflich   [X] ohne Bestätigung [ ] mit Bestätigung [ ] Mit Bestätigung auf Wunsch des Begünstigten

Fremde Bankspesen gehen [X] zu unseren Lasten [ ] zu Lasten des Begünstigten
Versicherung [ ] wird durch uns gedeckt [X] ist vom Begünstigten zu decken

Wir bitten Sie, für unsere Rechnung ein Akkreditiv gemäß den obigen Bedingungen (Zutreffendes ist angekreuzt) zu eröffnen. Für die Ausführung des Auftrags gelten die von der Internationalen Handelskammer veröffentlichten „ICC Einheitliche Richtlinien und Gebräuche für Dokumenten-Akkreditive – ERA 600". Die gemäß § 59 AWV notwendige Meldung wird von uns erstattet.

Wir ermächtigen Sie, unser Konto Nr. _____ zu belasten.

Ort und Datum der Auftragserteilung   Stempel und Unterschrift(en)
TRIAL GmbH

– Einreichung zweifach erbeten – 1

© 2007 Bank-Verlag Medien GmbH 44-109 (07/07) I

Prüfung des Akkreditivs

Prüfmerkmale:

- Ausstellungsdatum der Dokumente (z. B. Ausstellungsdatum des Konnossements),
- fristgerechte Ausnutzung des Akkreditivs (Akkreditive sind immer befristet),

- Vollzähligkeit der Dokumente (Prüfung von Art und Menge).
- Sind die Dokumente akkreditivgemäß, d.h., enthalten sie alle im Akkreditiv geforderten Angaben? (Bereits fehlerhafte Buchstaben beispielsweise eines Namens oder einer Warenbezeichung sind streng genommen Abweichungen vom Inhalt des Akkreditivs.)
- Entspricht die äußere Aufmachung der Dokumente den Bedingungen im Akkreditiv? (Z.B. müssen die Formulare vollständig ausgefüllt, abgestempelt und unterschrieben worden sein.)

Die Dokumentenprüfung beinhaltet nicht:

- die Überprüfung des Grundgeschäftes zwischen Exporteur und Importeur,
- die Überprüfung von Qualität und Menge der Ware,
- die inhaltliche Richtigkeit der Dokumente (sie müssen nur mit den Inhalten des Akkreditivs übereinstimmen, d.h., wird im Akkreditiv beispielsweise ein Name vom Importeur falsch geschrieben, ist er auch in den Dokumenten so zu schreiben).

Eine Haftung für die Form, Vollzähligkeit, Echtheit oder Rechtswirksamkeit von Dokumenten übernehmen die Banken aber nicht. Ebenso übernehmen sie keine Haftung für die Menge, das Gewicht, die Beschaffenheit, den Wert, die Verpackung usw. der Ware. Für die fristgerechte Ausnutzung des Akkreditivs ist es notwendig, dass der Begünstigte die im Akkreditiv verlangten Dokumente innerhalb der vorgegebenen Fristen, beispielsweise 20 Tage nach Ausstellung des Konnossements, bei der Akkreditivstelle vorlegt.

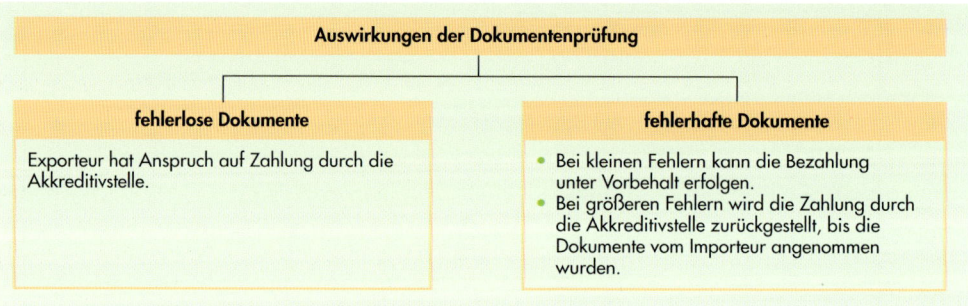

Arten des Akkreditivs

- **Bestätigtes und nicht bestätigtes Akkreditiv**

  Bei der oben beschriebenen Form des Akkreditivs handelt es sich um ein **nicht bestätigtes Akkreditiv**. Das einzige Zahlungsversprechen stammt von der Akkreditivbank und wird gegenüber dem Begünstigten abgegeben. Bei dieser Form des Akkreditivs wird nur das sogenannte wirtschaftliche Risiko abgedeckt, d.h., bei einer Zahlungsunfähigkeit bzw. einer Zahlungsunwilligkeit des Importeurs zahlt die Akkreditivbank die im Akkreditiv zugesicherte Summe. Ein politisches Risiko ist durch diese Form des Akkreditivs nicht abgesichert, da im Fall eines Krieges oder Bürgerkrieges auch eine Bank in diesem Land möglicherweise nicht mehr zahlen kann.

  Wird ein bestätigtes Akkreditiv vereinbart, gibt neben der Akkreditivbank noch eine zweite Bank, in der Regel die Bank des Exporteurs, ein Zahlungsversprechen ab. Diese Bestätigung des Akkreditivs ist ebenfalls ein abstraktes Schuldversprechen, bei der die bestätigende Bank die gleichen Verpflichtungen wie die Akkreditivbank eingehen kann. Der Begünstigte hat damit Ansprüche gegen die Akkreditivbank und die bestätigende Bank. Mit der Bestätigung einer Bank aus einem anderen als dem Importland lässt sich auch das politische Risiko ausschließen. Je problematischer ein Land bezüglich seiner politischen Stabilität ist, umso eher wird die Bank des Exporteurs allerdings eine Bestätigung verweigern, da sie dieses Risiko nicht eingehen möchte. Im Zweifelsfall muss eine Euler-Hermes-Deckung zur Absicherung des politischen Risikos beantragt werden.

- **Widerrufliches und unwiderrufliches Akkreditiv**

Bei einem **unwiderruflichen Akkreditiv** besteht für die Akkreditivbank eine feststehende Verpflichtung, im Gegensatz zu einem **widerruflichen Akkreditiv**, bei dem die Bank das Zahlungsversprechen widerrufen kann. Diese Form des Akkreditivs kommt in der Praxis in aller Regel nicht vor, da der eigentliche Zweck eines Akkreditivs, nämlich die Lieferung der Ware im Vertrauen auf eine feste Zahlungszusicherung, nicht mehr gegeben ist.

Mögliche Verpflichtungen der Akkreditivbank bei einem unwiderruflichen Akkreditiv
- Zahlung bei Vorlage der Dokumente (Sichtzahlung)
- Zahlung an dem im Akkreditiv bestimmten Datum (hinausgeschobene Zahlung)
- Akzeptierung von Tratten, die auf die Akkreditivbank gezogen werden
- Bezahlung von Dokumenten bzw. Tratten ohne Rückgriff auf Aussteller bzw. Inhaber

- **Übertragbares und nicht übertragbares Akkreditiv**

Im Rahmen eines **übertragbaren Akkreditivs** kann der Begünstigte die zur Zahlung ermächtige Bank beauftragen, den Akkreditivbetrag als Ganzes oder teilweise auf einen anderen Begünstigten zu übertragen. Bei einem **nicht übertragbaren Akkreditiv** kann die zur Zahlung beauftragte Bank den Akkreditivbetrag nur an den Begünstigten auszahlen.

Sofern im Akkreditiv nichts anderes angegeben ist, kann ein Akkreditiv nur einmal übertragen werden.

- **Revolvierendes und nicht revolvierendes Akkreditiv**

Bei revolvierenden und nicht revolvierenden Akkreditiven kann der Begünstigte das Akkreditiv bis zum bestimmten Akkreditivbetrag mehrfach ausnutzen; das revolvierende Akkreditiv füllt sich nach der Ausnutzung automatisch wieder auf. Das nicht revolvierende Akkreditiv erlischt nach Ausnutzung.

ZUSAMMENFASSUNG

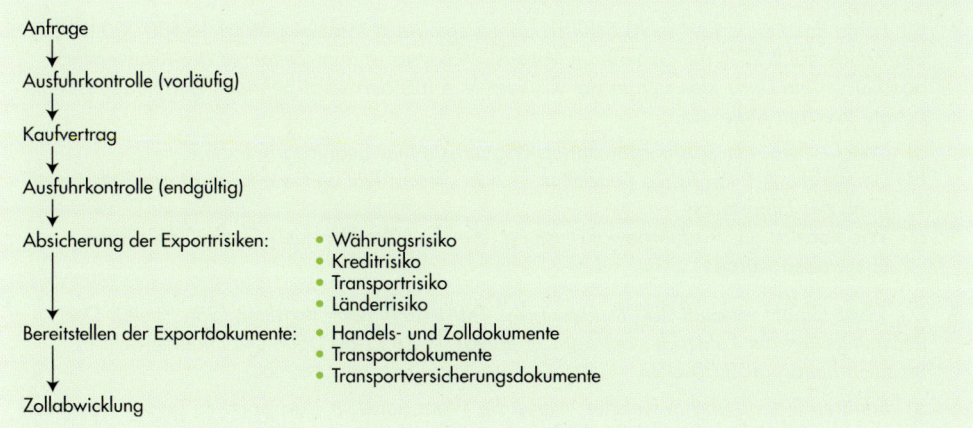

AUFGABEN

1 Die Holztechnik GmbH, Dresden, ein namhafter, im Auslandsgeschäft jedoch noch relativ wenig erfahrener Großhändler von Spezialmaschinen für die Holzbearbeitung, steht in Vertragsverhandlungen mit der Wood-Industries Ltd., São Luis (Hafenstadt), Brasilien. Es geht um die Lieferung von Spezialmaschinen im Gegenwert von 1,9 Millionen €.

a) Vor dem endgültigen Abschluss des Kaufvertrages möchte die Holztechnik GmbH in Dresden noch die Frage einer möglichen Genehmigungspflicht überprüfen.
Welche Vorgehensweise ist bei einem erstmaligen Export in dieses Land notwendig?

b) • Warum wird in Deutschland überhaupt eine Ausfuhrerklärung erstellt, wo doch Exporte grundsätzlich abgabenfrei sind?
• Beschreiben Sie den genauen Ablauf des Zollverfahrens in diesem Fall.
• Angenommen, die Maschinen würden nach Italien verkauft. Welche Änderungen ergeben sich gegenüber dem Ausfuhrverfahren?

c) • Wie könnte sich die Holztechnik GmbH dagegen absichern, dass ihr ausländischer Kunde durch politische Maßnahmen in seinem Land seinen Abnahme- bzw. Zahlungsverpflichtungen nicht nachkommen kann?
• Zählen Sie vier Maßnahmen auf, durch die die Holztechnik GmbH das wirtschaftliche Kreditrisiko eingrenzen könnte.
• Nennen Sie zwei weitere Risiken, die der Export für die Holztechnik GmbH mit sich bringen kann.

d) Im internationalen Handel sind besondere Zahlungsbedingungen üblich. Als Zahlungsbedingung soll „Kasse gegen Dokumente" vereinbart werden.
• Erklären Sie diese Bedingung.
• Geben Sie je einen wesentlichen Nachteil an, der durch diese Kondition für den Exporteur einerseits und den Importeur andererseits weiterhin besteht.

e) Die Finanzierung des Geschäfts zwischen der Holztechnik GmbH und der Firma Wood-Industries Ltd. übernehmen einerseits die Commerzbank AG, Dresden, als Hausbank des deutschen Großhändlers und andererseits die Brasilia Commercial Bank Ltd., São Luis. Die Wood-Industries Ltd. lässt bei ihrer Bank ein bestätigtes, unwiderrufliches und befristetes Akkreditiv zugunsten der Holztechnik eröffnen.
• Unter welchen Voraussetzungen wird die brasilianische Bank ein solches Akkreditiv eröffnen?
• Beurteilen Sie diese Bedingung aus der Sicht des Exporteurs.
• Beurteilen Sie diese Bedingung aus der Sicht des ausländischen Kunden.

Web

Unter BuchPlusWeb finden Sie weitere Aufgaben speziell zum Thema Außenhandel.

2 Die Firma Raka exportiert sechs Schiffsradarsysteme nach Malaysia, Wert 16 500 000,00 USD. Der Kunde zahlt 20 % der Summe im Voraus. Malaysia ist zum Zeitpunkt des Kaufvertragsabschlusses ein Land, das sich in der Risikostufe 5 (Länderrisiko) befindet. Der Kunde ist eine private Werft in Malaysia.

a) Welche Form der Ausfuhrgewährleistung müsste hier beantragt werden?

b) Um welche Art von Risiko handelt es sich in diesem Fall und wie hoch ist die Selbstbeteiligung des Exporteurs?

c) Wie hoch ist die Ausfuhrgewährleistung, die die Euler-Hermes AG der Firma Raka überweisen würde?

3 Die TRIAL GmbH verkauft 200 Moutainbikes TRIAL ONE nach Brasilien (São Paulo). Der Rechnungswert der Fahrräder beträgt CIF Santos 112 632,00 USD. Die Inlandsfracht in Brasilien beträgt 400,00 USD.

a) Erklären Sie, ob und in welcher Weise die Ware auf dem Transportweg gegen Transportrisiken abgesichert ist und wer die Kosten dafür übernimmt.

b) Die Ware kommt beim Importeur stark beschädigt an. Der Exporteur kann beweisen, dass er die Ware ordnungsgemäß verladen hat. Der Transport ist ohne Zwischenfälle verlaufen. Die Frachtführer lehnen folglich jegliche Haftung ab.
- Wie wird die Versicherung des Exporteurs auf eine Schadensmeldung reagieren?
- Welche Konsequenz ergibt sich daraus in der Praxis?

4 Die Vogel GmbH ist eine mittelständische Sanitärgroßhandlung mit Sitz in Ulm. Seit einigen Jahren hat sie ihr Verkaufsgebiet auch auf die Länder Portugal und die Schweiz ausgedehnt. In der Schweiz verkauft sie hauptsächlich Badewannen und Duschkabinen.

a) Vor der Versendung der Ware müssen die Zollformalitäten erledigt werden. Erklären Sie den genauen Ablauf des Zollverfahrens an diesem Beispiel.

b) Erklären Sie, weshalb ein Zollpapier im Unternehmen nach Beendigung des Verfahrens im Unternehmen aufbewahrt werden muss.

c) Erklären Sie im Einzelnen, ob der Frachtbrief folgende Funktionen erfüllt:
- Warenbegleitpapier,
- Legitimationspapier,
- Dispositionspapier.

d) Nach Portugal verkauft die Vogel GmbH hauptsächlich Sanitärarmaturen; im vergangenen Jahr für insgesamt 245 000,00 €. Die Waren werden mit dem Lkw nach Hamburg und dann mit dem Schiff nach Portugal (Hafen Lissabon) transportiert.
- Welches Dokument wird im Seefrachtverkehr ausgestellt. Erklären Sie zwei Funktionen, die dieses Dokument zusätzlich zum Frachtbrief erfüllt.
- Beschreiben Sie den Weg der Ware und dieses Dokuments am vorliegenden Beispiel.
- Erklären Sie, ob Zoll und Statistisches Bundesamt in diese Verkäufe nach Portugal eingebunden werden.

Lernsituation: Ein Angebot für einen ausländischen Kunden erstellen

UNTERNEHMENSPROFIL

Die Beck GmbH ist eine mittelständische Metallgroßhandlung mit Sitz in Ulm. Die Beck GmbH hat 250 Mitarbeiter; ihr Verkaufsgebiet erstreckt sich nicht nur auf Deutschland, sondern auf alle Regionen der Welt, in denen sie ihre Metallprodukte verkaufen kann. Der Firmenchef, Herr Walter Beck, hat schon vor vielen Jahren festgestellt, dass weiteres Wachstum nur im internationalen Rahmen für sein Unternehmen möglich ist.

Trotz der Tatsache, dass in den letzten Jahren vor allem die Umsätze mit den ausländischen Kunden anstiegen, wurde bisher keine Niederlassung im Ausland gegründet. Der weltweite Markt wird ausschließlich von der Niederlassung in Ulm bearbeitet.

Das Sortiment der Beck GmbH umfasst folgende Warengruppen:

Warengruppe 1	Warengruppe 2	Warengruppe 3
Stabstahl, Formstahl, Edelstahl	Messingrohre, Kupferrohre, Aluminiumrohre, Profilstahlrohre	Flachstahlerzeugnisse, Spezialprofile, Bauelemente

ARBEITSAUFTRÄGE

Sie sind Verkaufssachbearbeiter der Beck GmbH und erhalten den Auftrag, dem Kunden Clipper Company auf seine Anfrage ein Angebot zu unterbreiten. Die Clipper Company hat von uns in den letzten Jahren mehrere Lieferungen dieses Typs Messingrohre erhalten. Benutzen Sie die Informationen aus den beiliegenden Materialien!

1   Entscheiden Sie zunächst, ob und unter welchen Bedingungen der Kunde Clipper Co. überhaupt ein Angebot erhält.

2   Der Kunde ist sich laut seiner Anfrage noch nicht sicher, welche Incoterm er eingehen möchte. Stellen Sie mithilfe des Schemas „Kosten- und Gefahrenübergang" die unterschiedlichen Kosten- und Gefahrenübergänge aus der Sicht ihrer Unternehmung grafisch dar (Kosten- und Gefahrenpfeile – verschiedene Farbe). Informieren Sie sich auf S. 107 ff. im Buch.

3   Kalkulieren Sie ein Angebot auf der Grundlage der vom Kunden Clipper gewünschten Incoterms® und formulieren Sie anschließend ein Angebot in deutscher und/oder in englischer Sprache.

Der Kunde akzeptiert nur einen Angebotspreis in der Währung seines Landes.

Schema: Kosten- und Gefahrenübergang

Incoterms®	Übergang	Kosten- und Gefahrenübergang							
		Exporteur ⟷ Importeur							
		Verpackung	Zollabwicklung, Transportkosten bis zum Frachtführer	Verlade- und Transportkosten bis Hafen	Kaigebühren, Verladekosten auf das Schiff im Hafen	Seefracht, Seeversicherung	Löschkosten, Kaigebühren	Transportkosten bis zum Importeur	Verzollung, Einfuhrumsatzsteuer, sonstige Abgaben
EXW – Ulm	Gefahr								
Ex Works, ab Werk	Kosten								
FCA – Spedition Honold Ulm	Gefahr								
Free Carrier, frei Frachtführer	Kosten								
CPT – Hafen Hamburg	Gefahr								
Carriage Paid To, frei benannter Bestimmungsort	Kosten								
FOB – Hamburg	Gefahr								
Free On Board, frei an Bord benannter Beladehafen	Kosten								
CIF – New York	Gefahr								
Cost, Insurance, Freight, Kosten und Versicherung bezahlt	Kosten								
DDP – West Orange	Gefahr								
Duty Delivered Paid, geliefert, verzollt und versteuert	Kosten								

MATERIALIEN

Der Artikel Messingrohr (Gussrohr), gerade, mit den Maßen

Maße:	129,616 mm x 120,015 mm x 4,8 mm x 390,00 cm
Innendurchmesser:	120,015 mm
Wanddurchmesser:	4,8 mm
Länge:	390,00 cm

ist ein Artikel, der vor allem von ausländischen Kunden nachgefragt wird. Die ausländischen Kunden, die diesen Artikel bei der Beck GmbH einkaufen, sind alle in der Rüstungsindustrie (Herstellung von Geschützen) tätig. Die Warennummer nach dem Warenverzeichnis für die Außenhandelsstatistik lautet 74112110.

Gegen den Kunden Clipper Co. besteht kein personenbezogenes Embargo. Im Übrigen können die Rohre nicht für atomare, biologische oder für chemische Kampfeinsätze verwendet werden.

Informationen über Wechselkurse, Transport- und Versicherungskosten:

- Kurs in Deutschland: EUR/USD = 1,3621/1,3734.
- Ware ist in Folien verschweißt und hat damit einen Spritzwasserschutz; die Rohre liegen in mehreren Holzkisten; die Holzkisten werden schließlich in einen 20 FT Container verladen.
- Warenwert der verpackten Rohre · 51 530,17 EUR
- Nachlaufkosten von New York bis West Orange (Transport mit Lkw) · · · · 579,83 EUR
- Umschlagsgebühren im Hafen Hamburg · · · · · · · · · · · · · · · · · · 203,98 EUR
- Versicherungsprämie bis Hafen/Zollgrenze USA · · · · · · · · · · · · · · 87,39 EUR
- Vorlaufkosten von Ulm bis Hafen Hamburg (Transport mit Lkw) · · · · · 422,18 EUR
- Umschlagsgebühr im Hafen New York · · · · · · · · · · · · · · · · · · · 195,84 USD
- Seefracht Hamburg – New York (deutsches Schiff „MS Mexiko") · · · · · 808,36 EUR
- Versicherungsprämie – Inland USA · 7,84 USD
- Einfuhrzoll in das Zollgebiet der USA · · · · · · · · · · · · · · · · · · · 3 975,63 USD
- Der Gewinnzuschlag auf den Selbstkostenpreis in West Orange beträgt 15%.

Unsere Angebote an ausländische Kunden sind in der Regel zwei Monate gültig. Die Zahlungsbedingung lautet „Dokumentenakkreditiv".

Clipper Company

741 Northfield Avenue - West Orange - New Jersey 64001 - USA
Tel: 0070 – 13 – 6723   Fax: 0070 – 13 – 6724   e-mail: clipper@aol.com
Clipper Company - 741 Northfield Avenue

Beck GmbH
Steinbeissstraße 43

89070 Ulm

Germany

West Orange   September, 10..

Enquiry

Dear Sir or Madam,

We would be pleased if you could state us your terms of payment* for the following product:

brass tubes*, straight, 134 m
129, 616 mm x 120, 015 mm x 4,8 mm x 390,00 cm

As terms of delivery* we expect DDP West Orange, alternatively FOB Hamburg and CIF New York.

If your conditions of sale meet our expectations, we would be interested in establishing a steady business connection with your company.

We are looking forward to hearing from you in due course.

Yours faithfully

Jeff Miller

Jeff Miller

(Export Manager)

* brass tubes – Messingrohre
* terms of delivery – Lieferbedingungen
* terms of payment – Zahlungsbedingungen

Arten von Exportkontrollen:

I. Exportverbote

a. **Verbot des Exports von Massenvernichtungswaffen** (ABC-Waffen) entsprechend den Regelungen des deutschen Kriegswaffenkontrollgesetzes (§§ 17,18 KWKG).

b. **Einhaltung von Embargos internationaler Organisationen**
Embargos gegen bestimmte Länder liegen i. d. R. die Beschlüsse internationaler Organisationen (EU, UNO, …) zugrunde. Sie dienen dazu, den Außenwirtschaftsverkehr mit diesen Ländern zu beschränken oder ganz auszuschließen. Je nach Umfang der Embargos sind **Total,- Teil-, Waffenembargos, Erfüllungsverbote und Finanzierungsverbote** zu unterscheiden.

c. **Personenbezogene Embargos**
Im Rahmen der Bekämpfung terroristischer Personen und Organisationen gilt ein Embargo für die Belieferung von Personen und Unternehmen, die in Verbindung zu Terrororganisationen wie beispielsweise al-Qaida stehen. Ergibt sich bei der Prüfung des geplanten Exportvorgangs, dass man mit der Lieferung gegen ein Exportverbot verstoßen würde, darf der geplante Export nicht durchgeführt werden.

II. Genehmigungspflichten

Ausfuhrverbote sind als strengste Form der Ausfuhrkontrolle relativ selten. Sehr viel häufiger ist die Genehmigungspflicht bei der Ausfuhr von Gütern. Der deutsche Staat hat in der sogenannten „Ausfuhrliste" alle Güter (Waffen, Munition, Rüstungsmaterial,…) gesammelt, deren Export nur mit einer Exportgenehmigung vorgenommen werden kann. Kommt das Unternehmen bei der Prüfung der Ausfuhrliste zum Ergebnis, dass eine Genehmigungspflicht besteht, muss es diese beim **Bundesamt für Wirtschaft und Ausfuhrkontrolle** in Eschborn beantragen.

Die Prüfung erfolgt mithilfe der statistischen Warennummer. Taucht die Ware mit der entsprechenden Warennummer in der Ausfuhrliste auf, ist die entsprechende Ware genehmigungspflichtig; taucht die Warennummer nicht auf, liegt keine Genehmigungspflicht vor.

Übersicht über Embargoländer	
Ägypten	Finanzsanktionen
Armenien	Waffenembargo
Aserbaidschan	Waffenembargo
Cote d'Ivoire (Elfenbeinküste)	Waffen- und Teilembargo
China	Waffenembargo
Demokratische Republik Kongo	Waffen- und Teilembargo, Reisebeschränkungen, Finanzsanktionen
Nordkorea	Waffen- und Teilembargo, Reisebeschränkungen, Finanzsanktionen
Haiti	Erfüllungsverbot nach Totalembargo
Irak	Waffenembargo, Finanzsanktionen, irakische Kulturgüter, Erfüllungsverbot
Iran	Waffenembargo, Finanzsanktionen, Investitionsverbot
Libanon	Waffen- und Teilembargo
Liberia	Waffen- und Teilembargo

Übersicht über Embargoländer	
Libyen	Waffen- und Teilembargo, Finanzsanktionen, Reisebeschränkungen, Erfüllungsverbot
Myanmar	Waffen- und Teilembargo, Investitionsverbot, Reisebeschränkungen, Finanzsanktionen
Sierra Leone	Waffen- und Teilembargo
Simbabwe	Waffen- und Teilembargo
Somalia	Waffen- und Teilembargo
Sudan	Waffen- und Teilembargo
Syrien	Waffen- und Teilembargo, Reisebeschränkungen, Finanzsanktionen
Tunesien	Finanzsanktionen*
Weißrussland	Finanzsanktionen, Teilembargo

Auszug aus der Ausfuhrliste

Teil 1 der Ausfuhrliste, Abschnitt A: Liste für Waffen, Munition und Rüstungsmaterial
(Nummerierung in der Ausfuhrliste: 0001–0026)

Nummer der Ausfuhrliste	Beschreibung der Waffen, Munitionsgüter und Rüstungsmaterialien
0014	Spezialisierte Ausrüstung für die militärische Ausbildung … Der Begriff spezialisierte Ausrüstung für die militärische Ausbildung schließt militärische Ausführungen von folgender Ausrüstung ein: Angriffssimulatoren, Einsatzflug-Übungsgeräte, Radar-Zielübungsgeräte, Radar-Zielgeneratoren, Feuerleit-Übungsgeräte, Übungsgeräte für die U-Boot-Bekämpfung, Flugsimulatoren, Radartrainer, Instrumentenflug-Übungsgeräte, Drohnen,…
0015	Bildausrüstung oder Ausrüstung für Gegenmaßnahmen, besonders konstruiert für militärische Zwecke,…. a) Aufzeichnungsgeräte und Bildverarbeitungsausrüstung, b) Kameras, fotografische Ausrüstung und Filmverarbeitungsausrüstung, c) Bildverstärkerausrüstung, d) Infrarot- oder Wärmebildausrüstung, e) Kartenbildradar-Sensorausrüstung.
0016	Schmiedestücke, Gussstücke, Messingrohre und halbfertige Erzeugnisse, besonders konstruiert für die von den Nummern 0001 (Handfeuerwaffen), 0002 (Geschütze), 0003 (Munition), 0004 (Bomben, Torpedos), 0006 (Panzer), 0010 (Luftfahrzeuge), 0023 (Laser-Systeme), … erfassten Waffen.
0017	Verschiedene Ausrüstungsgegenstände, Materialien,… a) unabhängige Tauch- und Unterwasserschwimmgeräte, wie Atemgeräte mit geschlossener und halbgeschlossener Atem- Lufterneuerung, b) Bauausrüstung, besonders konstruiert für militärische Zwecke, c) Roboter, Robotersteuerungen, … besonders konstruiert für militärische Zwecke.

Lernsituation: Absicherung von Kreditrisiken

UNTERNEHMENSPROFIL

Bei der Beck GmbH (vgl. Angebot Buch, S. 151ff.) ist man über jeden Auftrag aus dem Ausland froh, mindert er doch die Abhängigkeit von dem sehr umkämpften inländischen Markt. Allen Beteiligten ist aber auch klar, dass mit der Annahme eines Exportauftrags grundsätzlich erheblich mehr und höhere Risiken eingegangen werden als bei der Abwicklung eines vergleichbaren Auftrags mit einem inländischen Kunden. Um diesen Exportauftrag nicht zu einem unüberschaubaren Risiko für die Beck GmbH werden zu lassen, müssen alle notwendigen Maßnahmen getroffen werden, um zumindest das Kreditrisiko so weit wie möglich auszuschließen.

ARBEITSAUFTRÄGE

Sie sind Auszubildender und gerade in der Verkaufsabteilung damit beschäftigt, weitere Einblicke in den Export von Waren zu erhalten.

1　*Veranschaulichen Sie an diesem Auftrag den Ablauf der Tätigkeiten bei den infrage kommenden dokumentären Zahlungsbedingungen als Mittel zur Vermeidung von Kreditrisiken. Benutzen Sie die beiden Schemata in den Materialien.*

2　*Entscheiden Sie sich begründet für die in diesem Fall infrage kommende Zahlungsbedingung und eröffnen Sie das entsprechende Dokument mit den zur Verfügung stehenden Daten.*

MATERIALIEN

1. Dokumenteninkasso (Documents against Payment – D/P)

Dokumenteninkasso ist eine sogenannte dokumentäre Zahlungsbedingung. Der Importeur braucht bestimmte Dokumente (insbesondere das Konnossement), um die Ware, die mit einem Schiff zu seinem Hafen transportiert wird, dort zu erhalten. Diese Dokumente, die über die Bank des Exporteurs zur Bank des Importeurs weitergeleitet werden, dürfen von dieser Bank dem Importeur nur überlassen werden, wenn dieser seine Schuld aus der Rechnung beglichen hat. Weigert er sich, erhält er keine Dokumente und damit auch keine Ware. Um die Zahlungsbedingung d/p durchführen zu können, müssen folgende Beteiligte mitwirken:

- Exporteur (verschickt die Ware und beschafft die Dokumente),
- Importeur (erhält gegen Vorlage der Konnossemente die Ware im Hafen),
- Einreicherbank (Bank, bei der der Exporteur die Exportdokumente einreicht, mit dem Vermerk: „Übergabe der Dokumente nur gegen Bezahlung/Inkasso"),
- Inkassobank (Bank, die die Exportdokumente dem Importeur nur übergeben darf, wenn dieser den auf den Dokumenten geschuldeten Rechnungsbetrag bezahlt).

Übertragen Sie das Schema, sortieren Sie die Tätigkeiten in der richtigen Reihenfolge ein und korrigieren Sie nötigenfalls die Nummerierung.

1. Abschluss eines Kaufvertrags mit der Zahlungsbedingung d/p
2. Übergabe der Dokumente und Inkassoauftrag an die Einreicherbank
3. Gutschrift des Geldbetrages auf dem Konto des Exporteurs
4. Vorlage der Dokumente im Hafen
5. Erhalt der Ware
6. Transport der Ware zum Abladehafen

7. Ware wird auf das Schiff verladen und zum Löschungshafen transportiert.
8. Versand der Dokumente und Inkassoauftrag
9. Gutschrift des Geldbetrages auf dem Konto der Einreicherbank
10. Vorlage der Dokumente und Bezahlung
11. Exporteur erhält Konnossemente.

Ablauf der Zahlungsbedingung Dokumenteninkasso:

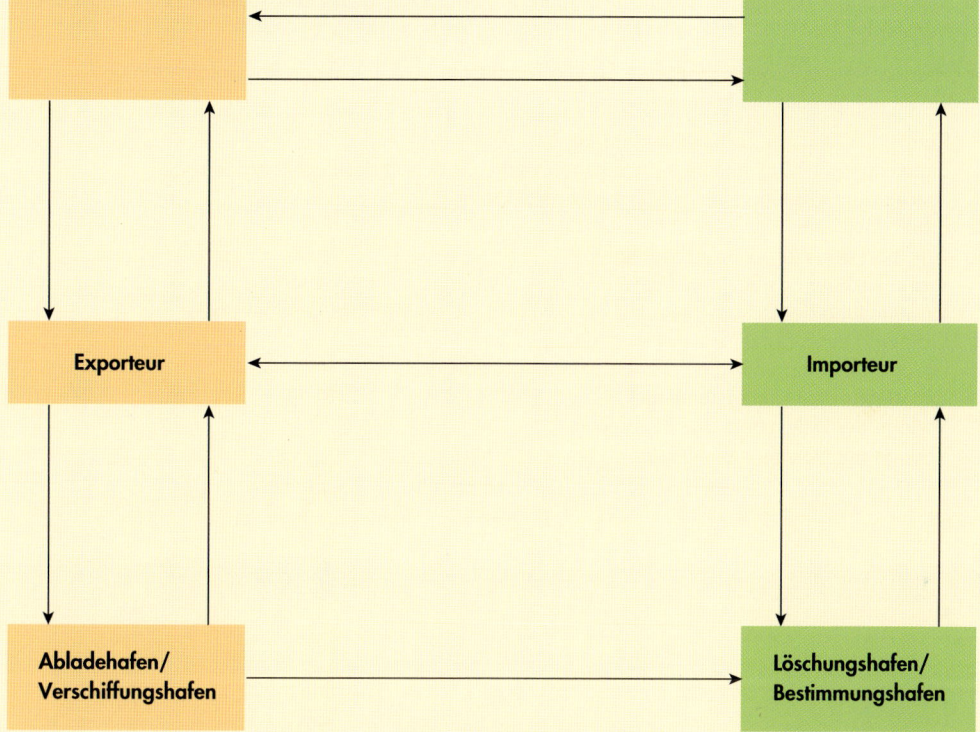

Exporteur

Importeur

Abladehafen/
Verschiffungshafen

Löschungshafen/
Bestimmungshafen

2. Dokumentenakkreditiv (Letter of Credit – L/C)

Im Unterschied zum Dokumenteninkasso muss bei dieser Zahlungsbedingung die Akkreditivbank (i. d. R. die Hausbank des Importeurs) vor der Warenversendung durch den Exporteur ein Zahlungsversprechen abgeben. Sie versichert darin, dass sie die Ware bezahlt, wenn die Bedingungen des Dokumentenakkreditivs durch den Exporteur erfüllt werden. Damit erhält der Exporteur eine Zahlungsgarantie einer Bank vor Versendung der Ware. Um die Zahlungsbedingung l/c durchführen zu können, müssen folgende Beteiligte mitwirken:

- Exporteur (verschickt die Ware und beschafft die Dokumente),
- Importeur (stellt den Antrag auf Eröffnung eines Akkreditivs [= Zahlungsversprechen einer Bank]. Erhält nur gegen Vorlage der Konnossemente die Ware im Hafen.)

- Akkreditivbank (Bank, bei der der Importeur die Eröffnung eines Akkreditivs beantragt. Eröffnet die Bank dieses Akkreditiv, gibt sie ein Zahlungsversprechen zugunsten des Exporteurs ab. Dieses Zahlungsversprechen muss eingehalten werden, wenn die Dokumente entsprechend den im Akkreditiv vereinbarten Bedingungen vom Exporteur eingereicht werden. Das Zahlungsversprechen hat nichts mit der Ware zu tun.)
- Akkreditivstelle (Bank, die die Exportdokumente vom Exporteur erhält und diese verbunden mit einem Inkassoauftrag an die Akkreditivbank weitergibt. Diese darf die Dokumente dem Importeur nur übergeben, wenn dieser den auf den Dokumenten geschuldeten Rechnungsbetrag bezahlt.)

Übertragen Sie das Schema, sortieren Sie die Tätigkeiten in der richtigen Reihenfolge ein und korrigieren Sie nötigenfalls die Nummerierung.

1. Kaufvertrag mit der Zahlungsbedingung l/c
2. Einreichung der Dokumente mit Inkassoauftrag – Gutschrift des Rechnungsbetrags
3. Antrag auf Eröffnung eines Dokumentenakkreditivs
4. Erhalt der Ware
5. Transport der Ware zum Abladehafen
6. Ware wird auf das Schiff verladen und zum Löschungshafen transportiert
7. Weiterleitung der Dokumente mit Inkassoauftrag – Gutschrift des Geldbetrages
8. Eröffnung eines Dokumentenakkreditivs
9. Benachrichtigung über die Eröffnung eines Akkreditivs
10. Exporteur erhält Konnossemente
11. Vorlage der Dokumente und Bezahlung
12. Vorlage der Dokumente im Hafen

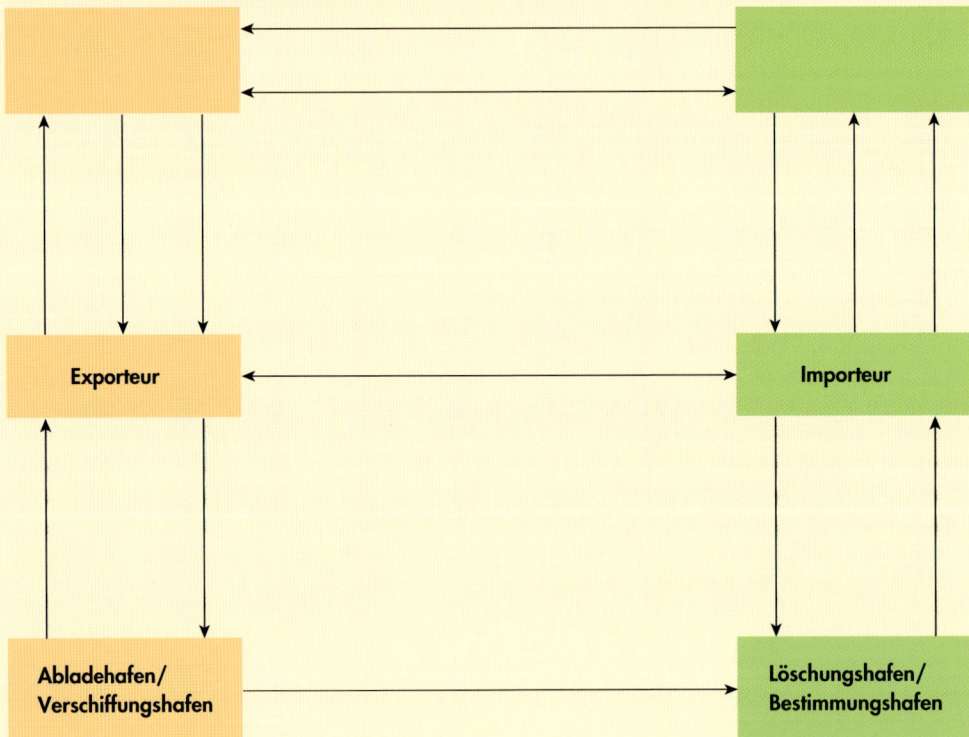

Information 3 (Daten Dokumentenakkreditiv)

Akkreditivbank:	Bank of America, George Washington Street 15, West Orange, New Jersey 64001
Akkreditivstelle:	Volksbank Ulm, Olgaplatz 1, 89073 Ulm
Übertragung:	Das Akkreditiv ist nicht übertragbar und nicht bestätigt
Eröffnung:	Das Akkreditiv soll mit SWIFT (bankinterner Übertragungsmodus) eröffnet werden
Datum, Ort des Verfalls:	15 Tage nach Ausstellung des Konnossements (27.11....), West Orange
Nutzung des Akkreditivs:	Bei der Ulmer Volksbank durch Zahlung bei Sicht
Teilverladungen/ Umladungen:	Sind nicht zulässig
Verschiffung:	Die Verschiffung der Messingrohre erfolgt spätestens am 27.11.....
Vorlage der Dokumente:	Vorlage innerhalb von 15 Tagen nach dem Verladedatum
Bestätigung:	Das Akkreditiv soll unbestätigt sein
vorzulegende Dokumente:	Faktura (3), reine An-Bord-Seekonnossemente (3), Versicherungszertifikate (2), Ursprungszeugnisse (2)
Versand:	Reederei Maersk Line
Spesen:	Inländische Spesen – zu unseren Lasten; ausländische Spesen zulasten des Begünstigten
Datum:	West Orange, 05.10.....
Belastung:	USD-Konto
Meldung Zahlungs- pflicht (AWV):	Bank des Importeurs
Exporteur:	Beck GmbH, Steinbeissstraße 43, 89070 Ulm
Importeur:	Clipper Company, 741 Northfield Avenue, West Orange, New Jersey 64001
Betrag:	89 264,00 USD
Incoterm:	DDP West Orange
Akkreditivbetrag:	89 264,00 USD

Information 4

Die Zahlungsbedingung Dokumenteninkasso kann empfohlen werden, wenn
1. zwischen Verkäufer/Exporteur und Käufer/Importeur ein Vertrauensverhältnis besteht,
2. die Zahlungswilligkeit und -fähigkeit des Importeurs keinem Zweifel unterliegt,
3. im Importland stabile politische, wirtschaftliche und rechtliche Verhältnisse bestehen,
4. der Zahlungsverkehr des Landes nicht durch Devisenkontrollen behindert wird.

Vorteile des Dokumenteninkassos:
1. Der Importeur erhält die Ware nur, wenn er die Dokumente angenommen und bezahlt hat.
2. Im Vergleich zum Akkreditiv ist das Inkasso eine einfache und kostengünstige Art der Abwicklung.
3. Die einheitlichen Richtlinien für die Abwicklung von Inkassi (ERI) gelten international.

Nachteil des Dokumenteninkassos:
Wenn der Importeur die Annahme der Dokumente ablehnt muss der Exporteur auf eigene Kosten die Ware zurückholen und anschließend im Land des Importeurs klagen.

Auftrag zur Eröffnung eines unwiderruflichen Dokumenten-Akkreditivs – Teil A	
Wir bitten Sie, gemäß ihren „Allgemeinen Geschäftsbedingungen" sowie der „Einheitlichen Richtlinien und Gebräuche für Dokumenten-Akkreditive (ERA) der Internationalen Handelskammer Paris" in unserem Auftrag und für unsere Rechnung ein unwiderrufliches Dokumenten-Akkreditiv zu nachstehenden Bedingungen zu eröffnen.	
Bank des Auftraggebers	
Das Akkreditiv soll öffnet werden ☐ per SWIFT ☐ übertragbar	**Bankverbindung des Begünstigten**
Datum und Ort des Verfalls (Gültigkeit)	**Währung/Betrag**
Auftraggeber	**Begünstigter**

Das Akkreditiv soll benutzbar sein:
 ☐ bei der
 ☐ bei der ausländischen Korrespondenzbank
     bei jeder Bank am Ort des Verfalls
     („frei negoziierbar")
     durch
 ☐ Zahlung bei Sicht
 ☐ Hinausgeschobene Zahlung per
                Tage nach
 ☐ Verladung   ☐ Sicht
 ☐ Negoziierung
 ☐ Akzeptleistung
     Tratten des Begünstigten
     per
     gezogen auf
 gegen Einreichung der nachstehend
 genannten Dokumente
	Teilverladungen sind
	 ☐ gestattet
	 ☐ nicht gestattet
	 Umladungen sind
	 ☐ gestattet
	
	    nicht gestattet
	
	 Verschiffung/Versendung/Übernahme von:
	
	 zur Beförderung nach:
	
	 spätestens am:

Warenbeschreibung: (bitte Kurzbezeichnung verwenden)	
Lieferbedingung/Incoterm:	
Die Dokumente sind innerhalb _____ von Tagen nach dem Verladedatum vorzulegen, jedoch innerhalb der Gültigkeit des Akkreditivs	
Die Eröffnung des Akkreditivs ist: ☐ unbestätigt ☐ bestätigt	

Auftrag zur Eröffnung eines unwiderruflichen Dokumenten-Akkreditivs – Teil B	
Währung/Betrag (Wiederholung von Teil A)	**Name des Begünstigten**

Vorzulegende Dokumente (Zutreffendes bitte ankreuzen bzw. Angaben ergänzen)
☐ unterschriebene Handelsrechnung
Transportdokumente
☐ voller Satz reiner   ☐ „an Bord" Seekonnossemente
☐ „an Bord" Konnossemente des multimodalen Transports
   ausgestellt an Order und blanko indossiert
☐ ausgestellt an Order _____
☐ Dokument des multimodalen (kombinierten) Transports
☐ Luftfrachtbrief
☐ Internationaler Lkw-Frachtbrief
☐ Spediteur-Übernahmebescheinigung
☐ anderes Transportdokument (genaue Bezeichnung) _____

Notify-Adresse: _____
Versand soll erfolgen durch: _____
Frachtkostenvermerk gemäß der Lieferbedingung _____

Andere Dokumente
☐ Versicherungspolice/-zertifikat in übertragbarer Form über 11% des CIF-Wertes mit dem
   Vermerk „Prämie bezahlt", Deckungsumfang
   gemäß Institute Cargo Clause
☐ einschließlich Haus-zu-Haus-Versicherung
☐ weiter zu deckende Risiken _____
☐ Ursprungszeugnis _____
   mit Angabe des Ursprungslandes _____
☐ Packliste,   -fach
☐ Gewichtsliste   -fach

Weitere Dokumente oder zusätzliche Bedingungen (belegbar durch Dokumente):

Inländische Provisionen und Spesen gehen	☐ zu unseren Lasten
	☐ zulasten des Begünstigten
Ausländische Provisionen und Spesen gehen	☐ zu unseren Lasten
	☐ zulasten des Begünstigten

	Von der Bank des Auftraggebers auszufüllen
☐ Meldung der Zahlungspflicht nach der AWV	Wir bitten um Eröffnung des vorgenannten
wird bei unserer Bank vorgenommen	Dokumenten-Akkreditivs, für das wir das
Bitte belasten Sie unser ☐ USD-Konto	Obligo übernehmen:
☐ Währungskonto	
bei Abrechnung der Provisionen und Spesen.	
West Orange, den	den
Unterschrift:	**Unterschrift:**

9 Geschäftsprozess Verkauf mit Microsoft Dynamics NAV (Navision)

9.1 Angebot erstellen

Am **3. März 2016** erhielt unsere Verkaufsleiterin Frau Lurka per E-Mail folgende **Anfrage**:

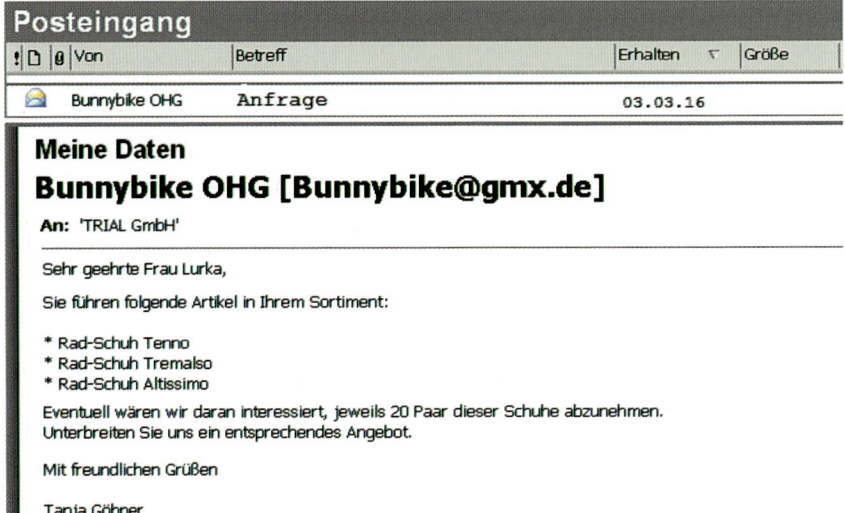

Posteingang

!	D	0	Von	Betreff	Erhalten	Größe
			Bunnybike OHG	Anfrage	03.03.16	

Meine Daten
Bunnybike OHG [Bunnybike@gmx.de]

An: 'TRIAL GmbH'

Sehr geehrte Frau Lurka,

Sie führen folgende Artikel in Ihrem Sortiment:

* Rad-Schuh Tenno
* Rad-Schuh Tremalso
* Rad-Schuh Altissimo

Eventuell wären wir daran interessiert, jeweils 20 Paar dieser Schuhe abzunehmen.
Unterbreiten Sie uns ein entsprechendes Angebot.

Mit freundlichen Grüßen

Tanja Göhner

AUFGABEN

1. Stellen Sie den Geschäftsprozess **Angebot erstellen** dar. Füllen Sie dazu das Arbeitsblatt **Geschäftsprozess Verkauf** 🌐 aus.

2. Laden Sie im Ordner **Geschäftsprozess Verkauf** den Mandanten **Verkauf00**.

3. **Forderungen** gegenüber Kunden werden in **Navision** auf eigens eingerichteten **Debitoren-konten** gebucht.

   Finden Sie im Modul **Verkauf & Marketing** heraus, ob die **Bunnybike OHG** schon in **Navision** erfasst ist. Notieren Sie gegebenenfalls die entsprechende **Debitoren-Nr.**, die Höhe der offenen **Forderung** (Ansprüche gegenüber Kunden) und das **Kreditlimit**. Wiederholen Sie die Suche bei den übrigen Geschäftspartnern (siehe Arbeitsblatt **Geschäftsprozess Verkauf**).

Debitorenkarte aufrufen:

① Öffnen Sie im **Navision**-Hauptmenü das Modul **Verkauf & Marketing**.

② Wählen Sie den Hauptmenüpunkt **Auftragsabwicklung** aus. Klicken Sie anschließend mit der Maus auf den Punkt **Debitoren**.

③ Eine **Übersicht** über die erfassten **Debitoren** lässt sich über das Menüsymbol ● aufrufen. Von dort aus können Sie mit der Maus **sämtliche Debitoren** auswählen. Um zur **Karte** zurückzukehren, bestätigen Sie mit **Ok**.

④ Mit den Schaltflächen ● ● ● ● können Sie zwischen den **Karten** wechseln.

②

| Allgemein | Kommunikation | Fakturierung | Zahlung | Lieferung | Außenhandel |

Debitor Nr. . . . .   240007 [...] ✎

Debitorname 1 . . . . .   A. Bährs Radstudio   Saldo 1.795,12

Debitorname 2 . . . . .   Kreditlimit 7.000,00

Register

Höhe der Forderungen

---

4   Finden Sie im **Kontenplan** heraus, wie hoch **die Forderungen aus Lieferungen und Leistungen insgesamt** ausfallen, und übertragen Sie diese auf das Arbeitsblatt **Geschäftsprozess Verkauf**.

Kontenplan aufrufen:

① Öffnen Sie das Modul **Finanzmanagement**.

② Wählen Sie den Hauptmenüpunkt **Finanzbuchhaltung** aus. Klicken Sie anschließend mit der Maus auf den Punkt **Kontenplan**.

③ Der Kontenplan enthält die Konten der **Bilanz** und der **G**ewinn- **u**nd **V**erlustrechnung der TRIAL GmbH. Diese sind in Staffelform angeordnet. Die Salden ergeben sich aus der Verrechnung von Soll- und Habenbetrag.

---

5   Die Geschäftsleitung möchte von Ihnen wissen, ob der **Bunnybike OHG** ein Angebot unterbreitet werden kann bzw. soll. Erläutern Sie der Geschäftsleitung in einem kurzen Schreiben **Gründe**, die bei dieser Anfrage **für** bzw. **gegen** die Erstellung eines **Angebots** sprechen.

6   Stellen Sie fest, ob die **Artikel** (siehe Anfrage) zum Sortiment der TRIAL GmbH gehören. Befinden sich genügend Artikel im **Lager**? Ermitteln Sie zudem den **Verkaufspreis** des jeweiligen Artikels. Übertragen Sie Ihre Ergebnisse auf das Arbeitsblatt **Geschäftsprozess Verkauf**:

Artikelkarte aufrufen:

① Öffnen Sie im Modul **Verkauf & Marketing** den Hauptmenüpunkt **Lager & Preise**.

② Unter dem Punkt **Artikel** können Sie eine **Übersicht** über die erfassten **Artikel** über das Menüsymbol ◎ aufrufen. Von dort aus können Sie mit der Maus **sämtliche Artikel** auswählen. Um zur **Artikelkarte** zurückzukehren, bestätigen Sie mit **Ok**.

③ Mit den Schaltflächen ◎ ◎ ◎ ◎ können Sie zwischen den **Karten** wechseln.

②

Verkauf & Marketing

- ⊞ 📁 Verkauf
- ⊞ 📁 Auftragsabwicklung
- ⊟ 📂 Lager & Preise
  - ▦ Artikel

| Allgemein | Fakturierung | Beschaffung | Planung | Außenhandel |

Nr. . . . .   200000 [...] ✎   Lagerbestand   10

Beschreibung . . . . .   Rad-Trikot Tenno   Menge in Bestellung . . .   0

Basiseinheitencode . . .   STÜCK ▲   Menge in Fertigung . . .   0

                                                     Menge in Auftrag   0

Höhe des Lagerbestandes

7 Überprüfen Sie, ob bereits Aufträge anderer Kunden eingegangen sind, die sich auf den Lagerbestand der Artikel auswirken. Übertragen Sie Ihr Ergebnis auf das Arbeitsblatt **Geschäftsprozess Verkauf**.

8 Erstellen Sie zum 3. März 2016 mithilfe von **Navision** ein **Angebot**.

Angebot erstellen:

① Öffnen Sie im Modul **Verkauf & Marketing** den Hauptmenüpunkt **Auftragsabwicklung**.

② Wählen Sie den Hauptmenüpunkt **Angebote** aus. Klicken Sie anschließend mit der Maus auf den Punkt **Debitoren**.

③ Klicken Sie auf das Symbol 🔁 oder **[F3]**, um ein neues **Angebot** einzugeben. Sie können im Register **Allgemein** die **Angebots-Nr.** selbst eingeben. Allerdings ist es sinnvoller, die **automatische Ausfüllfunktion** zu nutzen. **Aktivieren** Sie die Ausfüllfunktion mit **[TAB]**. Geben Sie die entsprechende **Deb.-Nr.** ein. Die **Adresse** füllt **Navision selbstständig** aus.
Erstellen Sie das **Angebot** entsprechend der **Abbildung** ③.

④ Über die Schaltfläche **Drucken** gelangen Sie zum Fenster **[Verkauf – Angebot]**. Im Register **Optionen** ist ein Text für das Angebot vorgegeben. Diesen können Sie **individuell** abändern.

⑤ Sobald Sie auf die Schaltfläche **Drucken** klicken, wird das Schreiben gedruckt. Sie sollten dieses aber zunächst über die Schaltfläche **Seitenansicht** überprüfen.

③

Allgemein	Fakturierung	Lieferung	Außenhandel

Angebot Nr.	10000 ... 🖉	Buchungsdatum	
Debitor Nr.	240000 ⬆	Auftragsdatum	
Debitorname 1	BUNNYBIKE OHG	Belegdatum	03.03.16
Debitorname 2		Voraussichtl. Liefertermin	
Adresse 1	Alte Steige 85	Verkäufercode	AL ⬆
Adresse 2			
PLZ / Ort	75417 ⬆ Mühlacker ⬆		

Art	Nr.	Menge	Einheitenc...	VK-Preis ...	Zeilenbetrag ...	Beschreibung
Artikel	200018	20	PAAR	58,82	1.176,40	Rad-Schuhe Tenno
Artikel	200019	20	PAAR	79,83	1.596,60	Rad-Schuhe Tremalso
Artikel	200020	20	PAAR	109,16	2.183,20	Rad-Schuhe Altissimo

④

Verkaufsangebot	Optionen

Anzahl Kopien . . . . . . ⬚ 0
Interne Informationen . . . ☐
Beleg archivieren . . . . ☑
Aktivität protokollieren . . ☑

Kopftext Zeile 1 . . . . . | Sehr geehrte Damen und Herren,
Kopftext Zeile 2 . . . . . |
Kopftext Zeile 3 . . . . . | vielen Dank für Ihre Anfrage. Die gewünschten Artikel bieten wir Ihnen wie folgt an:
Kopftext Zeile 4 . . . . . |
Kopftext Zeile 5 . . . . . |

Fußtext Zeile 1 . . . . . | Beachten Sie, dass noch eine Rechnung über 1 000,00 EUR offen ist.
Fußtext Zeile 2 . . . . . | Bezahlen Sie diese, damit wir den Auftrag sofort ausführen können.
Fußtext Zeile 3 . . . . . | Mit freundlichen Grüßen

Tipps: Bei der Erstellung des Angebots überprüft **Navision** automatisch, ob der Debitor noch offene Rechnungen hat. Beachten Sie, dass das aktuelle Arbeitsdatum als Grundlage für die Überprüfung verwendet wird. Dieses können Sie unter dem Menüpunkt **Extras – Arbeitsdatum** an die Daten des Geschäftsprozesses (hier 03.03.16) anpassen.

⚠ Maximales Kreditlimit des Debitors wurde überschritten, möchten Sie trotzdem übernehmen?

Nr. 240000
Name. . . . . BUNNYBIKE OHG
Saldo 1.000,00
Aktueller Betrag. 5.897,88
Totalbetrag. 6.897,88
Kreditlimit 5.000,00
Fällige Beträge zum
03.03.16 . . . . 1.000,00

Navision zeigt bei der Eingabe des Angebots Informationen zum **Debitor** bzw. zum **Artikel** an. Über diese Bildschirmmaske lässt sich z. B. die entsprechende **Artikelkarte** aufrufen. Zudem wird die aktuelle Verfügbarkeit des Artikels angezeigt.

Debitoreninformationen

Verkauf an Debitor ✎
• Lief. an Adressen (0)
• Kontakte (0)

Rech. an Debitor
• Verfügb. G... 4.000

Artikelinformationen
• Artikelkarte ✎
• Verfügbarkeit (60)

• VK-Preise (0)
• VK-Zeilenrab... (0)

Artikelkarte

9 Ermitteln Sie den Einstandspreis für die Radschuhe Tenno (Nettoverkaufspreis 58,82 €), wenn mit einem allgemeinen **Handlungskostenzuschlagssatz** von 40 % und einem Gewinnzuschlagssatz von 5 % kalkuliert wurde. Kontrollieren Sie Ihr Ergebnis mithilfe der EXCEL-Arbeitsmappe **Kalkulation**.

10 Welche **Inhalte** werden im **Angebot** geregelt? **Drucken** Sie dazu das Angebot aus.

11 Erläutern Sie, ob durch das Angebot ein **Kaufvertrag** zustande kommt. Zeigen Sie weitere Möglichkeiten auf, wie ein Kaufvertrag geschlossen werden kann.

9.2 Auftrag annehmen

Die Antwort (**Bestellung**) der **Bunnybike OHG** geht am **9. März 2016** ein:

AUFGABEN

1   Bilden Sie den Geschäftsprozess **Auftrag annehmen** auf dem Arbeitsblatt **Geschäftsprozess Verkauf** ab.

2   Laden Sie den Mandanten **Verkauf 01** 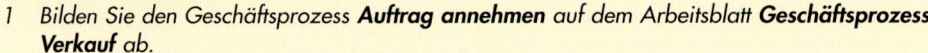. Überprüfen Sie, ob die Bestellung vom Angebot abweicht. Stellen Sie zudem fest, ob der Lagerbestand für eine Lieferung ausreicht. Übertragen Sie Ihr Ergebnis auf das Arbeitsblatt Geschäftsprozess Verkauf.

3   Ermitteln Sie, ob die **Bunnybike OHG** die bei der Angebotserstellung noch offene Rechnung beglichen hat.

4   Erläutern Sie, ob die TRIAL GmbH die Bestellung annehmen muss. Die Geschäftsleitung fordert Sie auf, die Bestellung (Auftrag) der Bunnybike OHG anzunehmen. Bestätigen Sie der **Bunnybike OHG**, dass Sie die **Bestellung** (Auftrag) **annehmen**.

Bestellung annehmen:

① Wählen Sie im Modul **Verkauf & Marketing** den Hauptmenüpunkt **Auftragsabwicklung** aus. Öffnen Sie das entsprechende Angebot (hier: Nr. 10000).

> Tipp: **Bevor** Sie den Auftrag annehmen, müssen Sie kontrollieren, ob die **Bestellung** vom **Angebot** abweicht.

② Klicken Sie unter dem Menüpunkt **Angebote** auf die Schaltfläche **Auftrag erst.**.

③ Im Modul **Verkauf & Marketing** können Sie im Hauptmenü **Lager & Preise** unter dem Menüpunkt **Artikel** sehen, dass die Artikel für den Auftrag **reserviert** worden sind.

④ Können die Waren **nicht** sofort geliefert werden, ist es möglich, dem Debitor eine Auftragsbestätigung auszudrucken. Wählen Sie dazu im Modul **Verkauf & Marketing** unter dem Hauptmenüpunkt **Auftragsabwicklung** (Menüpunkt Aufträge) die Schaltfläche **Drucken** aus.

⑤ Wählen Sie den Auftrag im Modul **Verkauf & Marketing** unter dem Hauptmenü-punkt **Auftragsabwicklung** (Menüpunkt **Aufträge**) aus und erstellen über die Schaltfläche **Buchen** und den Befehl **Buchen** einen **Lieferschein** und eine **Rechnung**. Dazu müssen Sie aber zunächst das **Buchungs-**, das **Auftragsdatum** und eine **Debitoren-Bestell-Nr.** (hier: 109) eingeben.

⑥ Bestätigen Sie, dass die Ware **geliefert und fakturiert** werden soll.

⑦ **Lieferschein** und **Rechnung** lassen sich unter dem Hauptmenüpunkt **Verkauf & Marketing** unter dem Hauptmenüpunkt **Historie** (Menüpunkte **Gebuchte Rechnungen/Verkaufslieferungen**) ausdrucken.

③

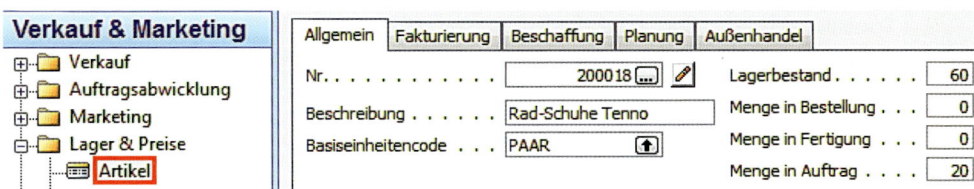

⑤

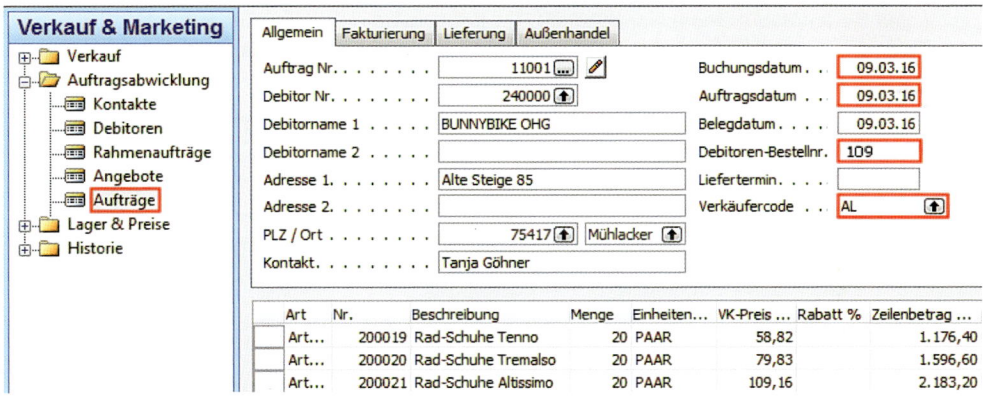

⑥

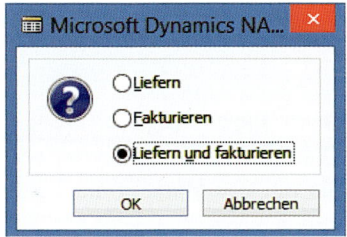

---

5 Bilden Sie den Buchungssatz für die **Ausgangsrechnung** und übertragen Sie diesen anschließend in die **T-Konten** auf dem Arbeitsblatt **Geschäftsprozess Verkauf**.
Prüfen Sie im **Journal** nach, ob **Navision** die gleichen Buchungen vorgenommen hat.

Tipp:	Das **Journal** befindet sich im Modul **Finanzmanagement** unter dem Hauptmenüpunkt **Finanzbuchhaltung**. Sie können es unter dem Punkt **Historie** aufrufen.

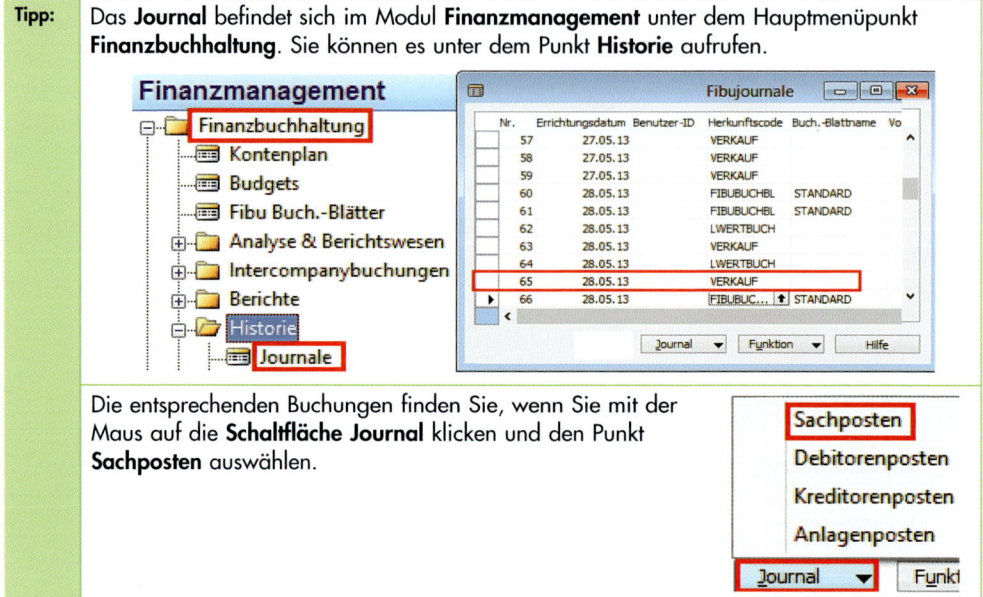

	Die entsprechenden Buchungen finden Sie, wenn Sie mit der Maus auf die **Schaltfläche Journal** klicken und den Punkt **Sachposten** auswählen.

6   Rufen Sie im Modul **Finanzmanagement** den **Kontenplan** auf und ermitteln Sie, welche Veränderungen sich durch die Buchung auf dem **Konto 5000 Umsatzerlöse Bikewear** ergeben haben (Arbeitsblatt **Geschäftsprozess Verkauf**). Erläutern Sie, warum die Veränderung geringer als der Rechnungsbetrag ausfällt.

Tipp:	Informationen zu den Ursachen von Veränderungen auf Bestands- oder Erfolgskonten lassen sich über den Kontenplan abrufen. Wählen Sie dazu mit der Maus den Saldo des jeweiligen Kontos aus. Wählen Sie den daraufhin erscheinenden Listenpfeil.

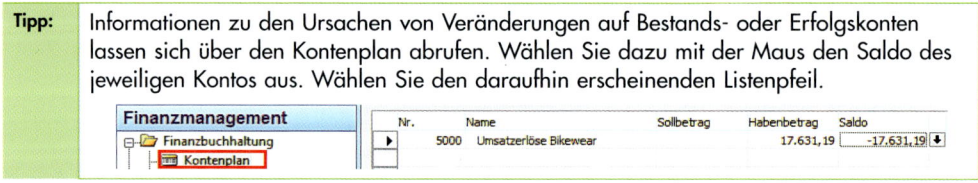

7   Laden Sie den Mandanten **Verkauf 02**. Welche **Auswirkungen** hatte die Auslieferung der Waren auf den **Lagerbestand**? Tragen Sie die Werte in das Arbeitsblatt **Geschäftsprozess Verkauf** ein.

Bestandsveränderungen nachvollziehen:

① Öffnen Sie im Modul **Verkauf & Marketing** das Hauptmenü **Lager & Preise** (Menüpunkt **Artikel**).

② Rufen Sie die jeweilige Artikelkarte auf und klicken Sie mit der Maus in das Feld **Lagerbestand**.

③ Über den Listenpfeil ⊙ erhalten Sie genauere Informationen, wie der Lagerbestand zustande gekommen ist.

③

Allgemein	Fakturierung	Beschaffung	Planung	Außenhandel

Nr.	200000 [...] ✎		Lagerbestand	10
Beschreibung	Rad-Trikot Tenno		Menge in Bestellung . . .	0
Basiseinheitencode . . .	STÜCK ⬆		Menge in Fertigung . . .	0
			Menge in Auftrag	0

④

Buchungsdatum	Postenart	Belegnr.	Lagerortc...	Menge	Fakturierte Menge	Restmenge	Einstandsbetrag (tatsächl.)
	Einkauf	1	ZENTRAL	60	60	40	1.598,40
09.03.16	Verkauf	12000	ZENTRAL	-20	-20	0	-519,33

8   Wie hoch sind die **Forderungen** gegenüber der **Bunnybike OHG**? Rufen Sie dazu die **Debitorenkarte** auf (Arbeitsblatt **Geschäftsprozess Verkauf**).

9   Finden Sie im **Kontenplan** die Höhe aller **Forderungen** der TRIAL GmbH heraus (Arbeitsblatt **Geschäftsprozess Verkauf**).

10 Informieren Sie die Geschäftsleitung über die zwei Kunden, mit denen **vom 01.01.16 bis zum 14.03.16** die **höchsten Umsätze** erzielt wurden. Übertragen Sie Ihre Ergebnisse auf das Arbeitsblatt **Geschäftsprozess Verkauf**.

Debitoren-Top-10-Liste aufrufen:

① Öffnen Sie im Modul **Finanzmanagement** den Hauptmenüpunkt **Debitoren**.

② Wählen Sie unter den **Berichten** den Bericht **Debitor – Top 10 Liste**.

③ Tragen Sie im Register **Debitor** unter dem Datumsfilter den Zeitraum ein (beachten Sie dabei, dass das **(Start)Datum** durch zwei Punkte (..) vom **(End)Datum** getrennt wird).

④ Über die Schaltflächen **Drucken** oder **Seitenansicht** können Sie sich die **Liste** ausdrucken oder am Bildschirm anzeigen lassen.

② + ③

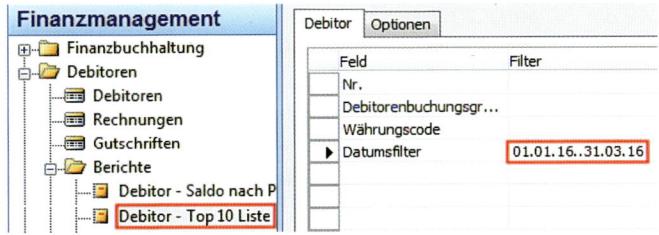

9.3 Preisnachlässe gewähren

Am **14. März 2016** erhalten wir folgendes Schreiben der **Bunnybike OHG**:

Bunnybike OHG
Alte Steige 85
75417 Mühlacker

TRIAL GmbH
Franz-Sigel-Str. 188
69111 Heidelberg

Mängelrüge 635   **14. März 2016**

Sehr geehrte Frau Lurka,

leider mussten wir bei Überprüfung der Ware feststellen, dass die Radschuhe Tenno leicht verschmutzt gewesen sind. Die Schuhe lassen sich nur mit einem erheblichen Preisabschlag weiterveräußern. Wir bestehen daher auf einem Preisnachlass von 50 % auf **alle** gelieferten Radschuhe Tenno.

Mit freundlichen Grüßen

Tanja Göhner

> Bankverbindung: Sparkasse Pforzheim Calw IBAN: DE82 6665 0085 0005 9879 87
> (Konto 5987987), BIC: PZHSDE66XXX (BLZ 666 500 85)

AUFGABEN

1   Öffnen Sie den Mandanten **Verkauf03** .

2   Bevor Frau Lurka der **Bunnybike OHG** antwortet, möchte sie sich anhand der **Rechnung** einen Überblick über die Höhe der Forderung **und** die verkauften Artikel verschaffen. Rufen Sie über den Menüpunkt **Verkauf & Marketing** die entsprechende Rechnung (Rechnungs-Nr. **14009**) auf.

Nachdem Frau Lurka die Rechnung kontrolliert und mit dem Hersteller der Schuhe Kontakt aufgenommen hat, antwortet sie am **14. März 2016** mit folgender E-Mail:

An...	Bunnybike@gmx.de
Cc...	
Betreff:	Reklamation der Warenlieferung vom 09.03.16

```
Sehr geehrte Frau Göhner,

die Verunreinigung ist auf eine Unachtsamkeit unseres Lagerarbeiters zurückzuführen.

Ich hoffe, dass Sie mit dem Preisnachlass von 50 Prozent auf alle gelieferten Rad-
Schuhe Tenno einverstanden sind.

Für die Unannehmlichkeiten entschuldigen wir uns vielmals.

Mit freundlichen Grüßen

Anna Lurka
```

3 Ordnen Sie die folgenden Symbole in der **richtigen Reihenfolge** dem Geschäftsprozess (Arbeitsblatt **Geschäftsprozess Verkauf**) zu.

4 Ermitteln Sie die **Höhe der Gutschrift** (Preisnachlass) und der **Umsatzsteuerkorrektur** (Dreisatz!). Bilden Sie anschließend den **Buchungssatz** (Arbeitsblatt **Geschäftsprozess Verkauf**).

5 Übertragen Sie die Gutschrift ins **System**.

Gutschriften buchen:

① Öffnen Sie unter dem Hauptmenüpunkt **Auftragsabwicklung** (Modul **Verkauf & Marketing**) den Punkt **Gutschriften**.

② Die **Gutschriftsnummer (Nr.)** legt **Navision** automatisch fest, sobald Sie mit der Maus in das Feld **Verk. an Deb.-Nr.** klicken.

③ Rufen Sie über die Schaltfläche **Funktion** und den Befehl **Beleg kopieren** die gebuchte Rechnung (hier: **14009**) auf.

④ Löschen Sie alle Zeilen (Artikel), die **nicht** von der Gutschrift betroffen sind (nicht zurückgesandt werden).

⑤ Wählen Sie über den **Listenpfeil** in der Spalte Art **Sachkonto** aus. Geben Sie anschließend das Konto für Preisnachlässe (**Nr.**), die **Menge** der Artikel, die vom Preisnachlass betroffen sind, und den **Verkaufspreis ohne MwSt.** ein. Berücksichtigen Sie dabei auch eventuelle **Rabatte**, die bei der **ursprünglichen Rechnung** gewährt wurden.

⑥ Stellen Sie die Gutschrift über die Schaltfläche **Buchen** und den Befehl **Buchen** ins System ein.

③

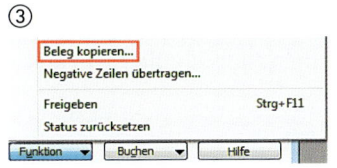

③

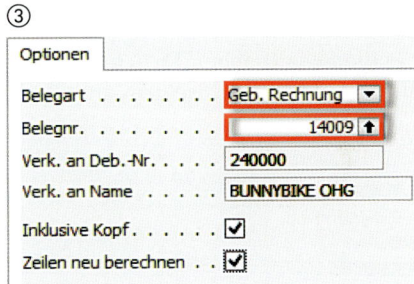

④

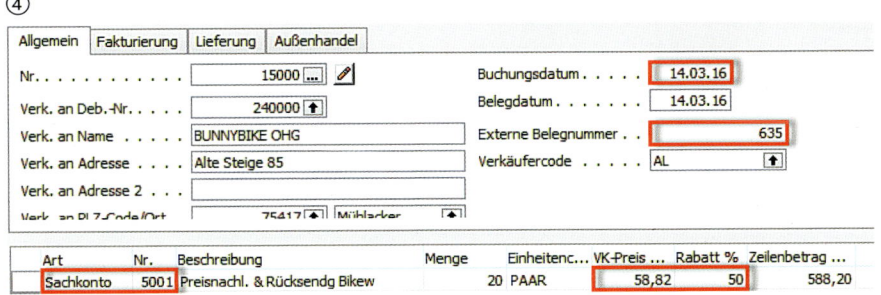

6 Kontrollieren Sie im **Journal** (Herkunftsblatt: Verkauf), ob die Buchungen, die **Navision** vorgenommen hat, mit denen der Aufgabe 4 übereinstimmen.

9.4 Zahlungsüberwachung und Mahnwesen

Zufällig entdeckt **Frau Lurka**, dass die **Bunnybike OHG** die geforderten Rechnungsbeträge noch **nicht** bezahlt hat.

Allgemein	Kommunikation	Fakturierung	Zahlung	Lieferung	Außenhandel

Debitor Nr. . . . . 240000 [...] ✍

Debitorname 1 . . . . . BUNNYBIKE OHG	Saldo	5.197,92
Debitorname 2	Kreditlimit	6.000,00
Adresse 1 . . . . Alte Steige 85	Verkäufercode	⬆

AUFGABEN

1 Zeigen Sie anhand des Geschäftsprozesses **Zahlungsüberwachung** *(siehe Arbeitsblatt* **Geschäftsprozess Verkauf***)*, wie Frau Lurka in Zukunft die Zahlung der **fälligen Posten** überwachen sollte.

2 Überprüfen Sie, welche **Forderungen** am **1. Juni 2016 fällig** sind. Öffnen Sie aber zunächst den Mandanten **Verkauf05** 🌐. Übertragen Sie die fälligen Forderungen auf das Arbeitsblatt **Geschäftsprozess Verkauf**.

Liste der fälligen Forderungen aufrufen:

① Öffnen Sie im Modul **Finanzmanagement** den Hauptmenüpunkt **Debitoren**.

② Wählen Sie unter den **Berichten** den Bericht **Debitor – Fällige Posten**.

③ Tragen Sie im Register **Optionen** das **(End)Datum** ein, bis zu dem die Forderungen berücksichtigt werden sollen.

④ Über die Schaltflächen **Drucken** oder **Seitenansicht** können Sie sich die **Liste** ausdrucken oder am Bildschirm anzeigen lassen.

② + ③

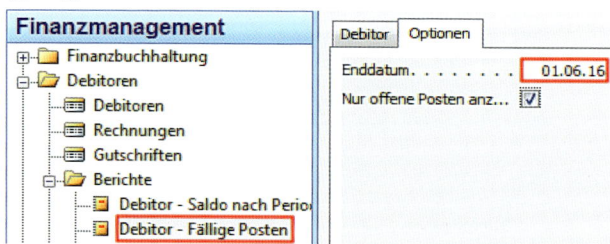

---

3 Da die **Bunnybike OHG** die Forderung noch nicht bezahlt hat, sollte Frau Lurka diese anmahnen:

Mahnung erstellen:

① Öffnen Sie im Modul **Finanzmanagement** unter dem Hauptmenüpunkt **Debitoren** den Punkt **Periodische Aktivitäten**.

② Öffnen Sie das Fenster **Mahnung** über den Menüpunkt **Mahnungen**.

③ Klicken Sie auf die Schaltfläche **Funktion** und den Befehl **Mahnungen erstellen** …

④ Geben Sie im Register **Optionen** das **Buchungs-** und das **Belegdatum der Mahnung** an. Bestätigen Sie Ihre Eingabe mit **Ok**.

⑤ Wenn Sie auf die Schaltfläche **Registrieren** klicken, wird die Mahnung gebucht.

⑥ Die Mahnung können Sie sich unter dem Hauptmenüpunkt **Periodische Aktivitäten** im Menü **Registrierte Mahnungen** ausdrucken lassen.

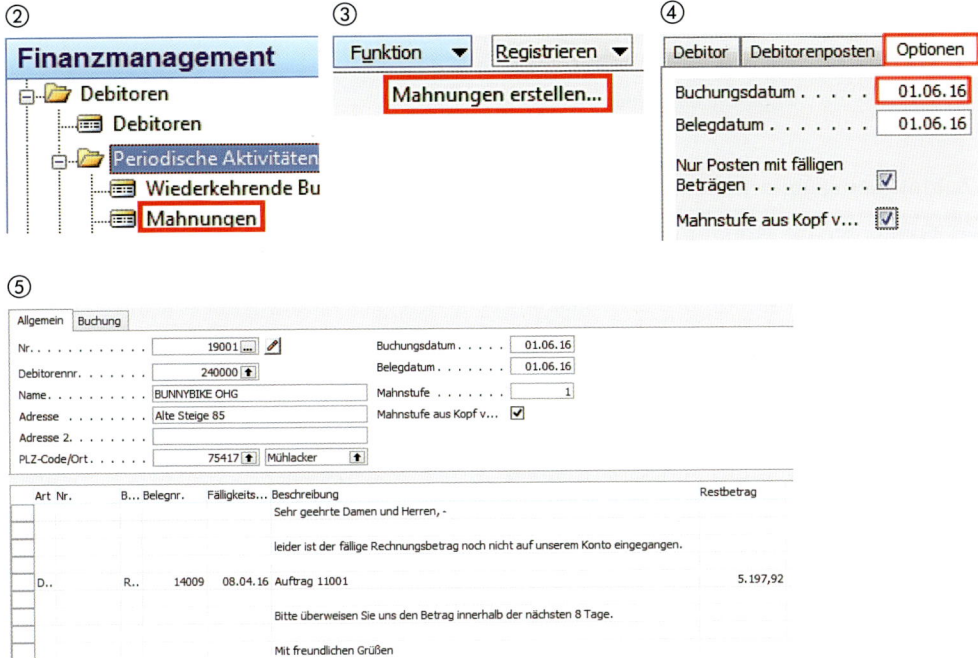

9.5 Zahlungseingang erfassen

Folgender Kontoauszug wurde der TRIAL GmbH am **7. Juni 2016** von der **Badischen Beamtenbank** zugestellt:

Kontonummer 25654133 IBAN: DE10 6609 0800 0025 6541 33	**KONTOAUSZUG** Badische Beamtenbank BIC: GENODE61BBB	Auszug 12	Blatt 1
Buchungsanlass	Verwendungszweck	Buchungstag	Umsätze Zu Ihren Lasten = S Zu Ihren Gunsten = H
Gutschrift Bunnybike	RNr. 14009	06-06-16	5 197,92 € H
Auszugsdatum	Alter Kontostand		Neuer Kontostand
	96 437,73 € H		101 635,65 € H
TRIAL GmbH, Franz-Sigel-Str. 188, 69111 Heidelberg			

AUFGABEN

1 Zeigen Sie anhand des Geschäftsprozesses **Zahlungseingang**, welche **Arbeitsschritte** Frau Lurka beim **Zahlungseingang** vollziehen sollte (siehe Arbeitsblatt **Geschäftsprozess Verkauf**).

2 Öffnen Sie den Mandanten **Verkauf06**.

3 Ist der Debitor **Bunnybike OHG** in diesem Fall berechtigt, einen **Skonto** in Anspruch zu nehmen? Berechnen Sie die Höhe des „möglichen" Skontos. Kontrollieren Sie den Kontoauszug daraufhin, ob der **Überweisungsbetrag** korrekt ist (siehe Arbeitsblatt **Geschäftsprozess Verkauf**).

4 Bilden Sie den Buchungssatz für den gesamten **Zahlungseingang** und übertragen Sie diesen auf dem Arbeitsblatt **Geschäftsprozess Verkauf** in die T-Konten.

5 Erfassen Sie den gesamten **Zahlungseingang** im System:

Zahlungseingang erfassen:

① Öffnen Sie im Modul **Finanzmanagement** den Menüpunkt **Finanzbuchhaltung**.

② Klicken Sie mit der Maus auf **Fibu Buch.-Blätter** und wählen Sie **Allgemein**. Achten Sie unbedingt darauf, mit der Maus im Feld **Belegart Zahlung** auszuwählen. Dann berechnet **Navision** automatisch, ob die **Skontofrist** eingehalten wurde und wie hoch der **Skontobetrag** ist.

③ Übertragen Sie den Buchungssatz bis zum Feld **Betrag**.

④ Über die Schaltfläche **Funktion** und den Befehl **Posten ausgleichen …** gelangen Sie zur Ansicht **Debitorenpostenausgleich**.

⑤ Markieren Sie den **offenen Posten**, der durch den Zahlungsausgang **ausgeglichen** werden soll.

⑥ Verknüpfen Sie über die Schaltfläche **Ausgleich** und den Befehl **Ausgleichs ID setzen** den offenen Posten mit der Zahlung. **Navision** ermittelt nun den Skontobetrag.

⑦ Bestätigen Sie mit **Ok**. Der Ausgleichsbetrag wird in die **Buchungszeile** übertragen.

⑧ Stellen Sie die Buchungszeile über die Schaltfläche **Buchen** und den Befehl **Buchen** ins System ein.

③ + ④

Buchungsdatum	Belegart	Belegnr.	Externe Belegnr.	Kontoart	Kontonr.	Gegenkontoart	Gegenkontonr.	Ausgleich-Belegnr.	Betrag
06.06.16	Zahlung	030	KONTOAUSZU...	Sachkonto	2800	Debitor	240000		0,00

⑤

Allgemein | Optionen

Buchungsdatum 06.06.16
Belegart . . . . Zahlung   Betrag   0,00
Belegnr.   37   Restbetrag   0,00
Debitorennr.   2800
Beschreibung . . . . . . Bank

Ausgleich...	Buchungsdatum	Belegart	Belegnr.	Beschreibung	Sollbetrag	Habenbetrag	Restbetrag	Fälligkeitsdatum	Skontodatum	Restskonto möglich	Offen
▶	09.03.16	Rechnung	14009	Auftrag 11001	5.897,88		5.197,92	08.04.16	23.03.16	155,94	✓

⑥

Ausgleichs-ID setzen	F9
Ausgleich buchen...	F11

Ausgleich ▼

⑥

Ausgleichsbetrag	Skontobetrag	Saldo
5.197,92	0,00	5.197,92

⑦

Betrag	Beschreibung
5.197,92	Bank

Lernsituation: Nicht-rechtzeitig-Zahlung

UNTERNEHMENSPROFIL

Der Elektrogeräte-Großhändler Geiz & Sinn KG, Neue Straße 12, 89073 Ulm, ist ein eingeführtes Unternehmen in der regionalen Elektrobranche. Junge Leute stellen einen Großteil der Zielgruppe dar. In einem Outlet am Ort und im Internet bieten Geiz & Sinn selbst montierte und fremdbezogene Produkte an. Endverbrauchern wird der Service „Kauf gegen Rechnung" angeboten.

Sie absolvieren Ihre Ausbildung zum Kaufmann bzw. zur Kauffrau im Groß- und Außenhandel bei der Geiz & Sinn KG. Derzeit sind Sie Mitglied des Teams Auftragsbearbeitung. Teamleiterin ist die Juniorchefin Maria Geiz.

ARBEITSAUFTRÄGE

1 *Im Rahmen eines Ausbildungsgesprächs sollen Sie einen Kurzvortrag halten über*
   - *Voraussetzungen der Nicht-rechtzeitig-Zahlung,*
   - *Rechte des Verkäufers im Falle der Nicht-rechtzeitig-Zahlung sowie*
   - *Gründe für Zahlungsversäumnisse.*

   Sie machen sich dazu Notizen in Form von Checklisten.

2 *Am 19.07.20.. legt Ihnen Frau Geiz einen Auszug aus der Offene-Posten-Liste vor und bittet Sie,*
   - *die Zahlungseingänge auf Termineinhaltung zu überprüfen und ggf. eine Liste mit säumigen Kunden anzufertigen und*
   - *ggf. eine Gliederung für ein Mahnschreiben zu erstellen.*

   Sie beachten dabei die Notiz Ihrer Teamleiterin auf der Offene-Posten-Liste.

3 *Am 20.07.20.. gibt Ihnen Frau Geiz einen Kontoauszug. Dieser enthält u.a. die Zahlung des Kunden Franz Löns. Frau Geiz beauftragt Sie, die Kontierung vorzubereiten. Sie notieren sich die Buchungssätze*
   - *zum Zeitpunkt des Rechnungsausgangs und*
   - *zum Zeitpunkt des Zahlungseingangs.*

   Sie beachten dabei die Allgemeinen Geschäftsbedingungen der Geiz & Sinn KG.

4 *Für das wöchentliche Ausbildungsgespräch bittet Sie Frau Geiz im Zuge einer beabsichtigten Prozessoptimierung, eine Prozesskette mit den wichtigsten Teilprozessen für den Prozess „Bearbeitung einer Ausgangsrechnung" anzufertigen.*

   Sie erstellen hierzu eine PowerPoint-Folie.

MATERIALIEN

Auszug aus der Offene-Posten-Liste

Kunde Nr.	Kunde Kurzname	Rechnungs-zugang	Beleg-Nr.	Beschreibung Artikel	Fälligkeit Datum	offener Betrag (€)
240058	Mario Baloti Nelkenweg 4 73434 Aalen	09.05.20..	AR 0113	LCD-TV PTV421 100W	09.06...	559,00
240100	Lisa Abt Fischergasse 12 89073 Ulm	19.06...	AR 0114	Microanlage DCB2070	19.07...	359,00
240123	Bernd Kast Rebengasse 2 89250 Senden	26.06...	AR 0115	Surround Heimkino-anlage HK-E6787W	26.07...	439,00
240132	Ali Baysal Kramgasse 12 89073 Ulm	04.07...	AR 0116	Beamer DS 267	04.08...	598,00
240157	Franz Löns Jahnstraße 112 89233 Neu-Ulm	10.07...	AR 0117	Musik Stand-box Heco Music Colibri 300	10.08...	249,90
...		*Wenn die Verzugszeit 30 Kalendertage überschreitet, dann bitte mahnen und gesetzliche Verzugszinsen verlangen.*				
...						
...						
...		*Maria Geiz*				

Auszug aus den Allgemeinen Geschäftsbedingungen der Geiz & Sinn KG

1. Unsere Lieferungen und sonstigen Leistungen einschließlich Beratungsleistungen erfolgen aufgrund dieser Geschäftsbedingungen.

...

5. Es gelten die zum Zeitpunkt der Bestellung aufgeführten Preise. Die angegebenen Preise sind Endpreise, das heißt, sie beinhalten die jeweils gültige gesetzliche Mehrwertsteuer und sonstige Preisbestandteile jedoch zzgl. Versandkosten wie im Bestellvorgang ersichtlich. Eine Zahlung ist der vollständige und spesenfreie Eingang des Rechnungsbetrages bei der Geiz & Sinn KG.

6. Bei Zahlung innerhalb 10 Tagen nach Rechnungszugang kann der Kunde 3% Skonto vom Rechnungsbetrag abziehen. Erfolgt die Zahlung innerhalb 30 Tagen (Zahlungsziel) nach Rechnungszugang, ist der volle Rechnungsbetrag fällig.

7. Nicht-rechtzeitig-Zahlung (Zahlungsverzug) liegt vor, wenn der Kunde den Fälligkeitstermin der Zahlung ummindestens 10 Kalendertage überzieht. Während der Verzugszeit ist die Geiz & Sinn KG berechtigt, Verzugszinsen in gesetzlicher Höhe zu verlangen. Falls ein höherer Verzugsschaden nachweisbar entstanden ist, ist die Geiz & Sinn KG berechtigt, diesen geltend zu machen.

8. Ein Recht zur Aufrechnung steht dem Kunden nur zu, wenn seine Gegenansprüche rechtskräftig festgestellt oder von der Geiz & Sinn KG unbestritten sind. Außerdem ist er zur Ausübung eines Zurückbehaltungsrechts nur insoweit befugt, als sein Gegenanspruch auf dem gleichen Vertragsverhältnis beruht.

9. Die gelieferte Ware bleibt bis zur vollständigen Bezahlung im Eigentum der Geiz & Sinn KG.

…

12. Es gilt deutsches Recht unter Ausschluss des UN-Kaufrechts (CISG). Soweit die Vertragspartner Kaufleute sind, wird als Gerichtsstand Ulm vereinbart.

13. Sollten einzelne Bestimmungen dieses Vertrages nicht oder nur teilweise rechtswirksam sein, so bleibt die Wirksamkeit der übrigen Bestimmungen davon unberührt.

Kontoauszug vom 20.07.20..

Kontoauszug

BIC: GENODEF1NUV

DE40730900000004503000   Datum   **20.07.20..**   Auszug: 10   Blatt: 1

Nr	Buch.	Wert	Buch-Nr.	Vorgang / Buchungsinformation		Kontokorrent	Betrag in €	
1	20.07.	20.07.	1245	Gutschrift	Franz Löns, 89233 Neu-Ulm Rechnung 0117		242,40	+

Kontoinhaber		
Geiz & Sinn KG		
Neue Straße 12	**Alter Kontostand**	30 506,35 +
89073 Ulm	**Neuer Kontostand**	30 748,75 +

IBAN	DE40730900000004503000	Zinssatz für Dispositionskredit p. a.	13,50 %
SWIFT-BIC	GENODEF1NUV	Zinssatz für geduldete Überziehung p. a.	17,50 %

Auszug dem Bürgerlichen Gesetzbuch (BGB)

§ 280 Schadensersatz wegen Pflichtverletzung

1 Verletzt der Schuldner eine Pflicht aus dem Schuldverhältnis, so kann der Gläubiger Ersatz des hierdurch entstehenden Schadens verlangen. Dies gilt nicht, wenn der Schuldner die Pflichtverletzung nicht zu vertreten hat.

2 Schadensersatz wegen Verzögerung der Leistung kann der Gläubiger nur unter der zusätzlichen Voraussetzung des § 286 verlangen.

3 Schadensersatz statt der Leistung kann der Gläubiger nur unter den zusätzlichen Voraussetzungen des § 281, des § 282 oder des § 283 verlangen.

§ 281 Schadensersatz statt der Leistung wegen nicht oder nicht wie geschuldet erbrachter Leistung

1 Soweit der Schuldner die fällige Leistung nicht oder nicht wie geschuldet erbringt, kann der Gläubiger unter den Voraussetzungen des § 280 Abs. 1 Schadensersatz statt der Leistung verlangen, wenn er dem Schuldner erfolglos eine angemessene Frist zur Leistung oder Nacherfüllung bestimmt hat. Hat der Schuldner eine Teilleistung bewirkt, so kann der Gläubiger Schadensersatz statt der ganzen Leistung nur verlangen, wenn er an der Teilleistung kein Interesse hat. Hat der Schuldner die Leistung nicht wie geschuldet bewirkt, so kann der Gläubiger Schadensersatz statt der ganzen Leistung nicht verlangen, wenn die Pflichtverletzung unerheblich ist.

2 Die Fristsetzung ist entbehrlich, wenn der Schuldner die Leistung ernsthaft und endgültig verweigert oder wenn besondere Umstände vorliegen, die unter Abwägung der beiderseitigen Interessen die sofortige Geltendmachung des Schadensersatzanspruchs rechtfertigen.

3 Kommt nach der Art der Pflichtverletzung eine Fristsetzung nicht in Betracht, so tritt an deren Stelle eine Abmahnung.

4 Der Anspruch auf die Leistung ist ausgeschlossen, sobald der Gläubiger statt der Leistung Schadensersatz verlangt hat. […]

§ 286 Verzug des Schuldners

1 Leistet der Schuldner auf eine Mahnung des Gläubigers nicht, die nach dem Eintritt der Fälligkeit erfolgt, so kommt er durch die Mahnung in Verzug. Der Mahnung stehen die Erhebung der Klage auf die Leistung sowie die Zustellung eines Mahnbescheids im Mahnverfahren gleich.

2 Der Mahnung bedarf es nicht, wenn
  1. für die Leistung eine Zeit nach dem Kalender bestimmt ist,
  2. der Leistung ein Ereignis vorauszugehen hat und eine angemessene Zeit für die Leistung in der Weise bestimmt ist, dass sie sich von dem Ereignis an nach dem Kalender berechnen lässt,
  3. der Schuldner die Leistung ernsthaft und endgültig verweigert,
  4. aus besonderen Gründen unter Abwägung der beiderseitigen Interessen der sofortige Eintritt des Verzugs gerechtfertigt ist.

3 Der Schuldner einer Entgeltforderung kommt spätestens in Verzug, wenn er nicht innerhalb von 30 Tagen nach Fälligkeit und Zugang einer Rechnung oder gleichwertigen Zahlungsaufstellung leistet; dies gilt gegenüber einem Schuldner, der Verbraucher ist, nur, wenn auf diese Folgen in der Rechnung oder Zahlungsaufstellung besonders hingewiesen worden ist. Wenn der Zeitpunkt des Zugangs der Rechnung oder Zahlungsaufstellung unsicher ist, kommt der Schuldner, der nicht Verbraucher ist, spätestens 30 Tage nach Fälligkeit und Empfang der Gegenleistung in Verzug.

4 Der Schuldner kommt nicht in Verzug, solange die Leistung infolge eines Umstands unterbleibt, den er nicht zu vertreten hat.

§ 323 Rücktritt wegen nicht oder nicht vertragsgemäß erbrachter Leistung

1 Erbringt bei einem gegenseitigen Vertrag der Schuldner eine fällige Leistung nicht oder nicht vertragsgemäß, so kann der Gläubiger, wenn er dem Schuldner erfolglos eine angemessene Frist zur Leistung oder Nacherfüllung bestimmt hat, vom Vertrag zurücktreten.

2 Die Fristsetzung ist entbehrlich, wenn
    1. der Schuldner die Leistung ernsthaft und endgültig verweigert,
    2. der Schuldner die Leistung zu einem im Vertrag bestimmten Termin oder innerhalb einer bestimmten Frist nicht bewirkt und der Gläubiger im Vertrag den Fortbestand seines Leistungsinteresses an die Rechtzeitigkeit der Leistung gebunden hat oder
    3. besondere Umstände vorliegen, die unter Abwägung der beiderseitigen Interessen den sofortigen Rücktritt rechtfertigen.

§ 288 Verzugszinsen

1 Eine Geldschuld ist während des Verzugs zu verzinsen. Der Verzugszinssatz beträgt für das Jahr fünf Prozentpunkte über dem Basiszinssatz.

2 Bei Rechtsgeschäften, an denen ein Verbraucher nicht beteiligt ist, beträgt der Zinssatz für Entgeltforderungen acht Prozentpunkte über dem Basiszinssatz.

3 Der Gläubiger kann aus einem anderen Rechtsgrund höhere Zinsen verlangen.

4 Die Geltendmachung eines weiteren Schadens ist nicht ausgeschlossen.

Anmerkung:
In der Zeit vom 01.01.2014 bis 30.06.2014 beträgt der Basiszinssatz −0,63 % pro Jahr.

Schwerpunkt Betriebswirtschaft
Lernfeld 2: Beschaffungsprozesse planen, steuern und kontrollieren

Der **Geschäftsprozess Beschaffung** ist, nach seinem Beitrag zur betrieblichen Wertschöpfung, ein **Kernprozess**, der aus folgenden Teilprozessen besteht:

| Beschaffung planen | Beschaffung durchführen | Beschaffung kontrollieren |

1 Beschaffungsplanung – Blindflug vermeiden

PROBLEM

Auf der wöchentlichen Montagssitzung des Führungsteams der TRIAL GmbH entwickelt sich folgendes Gespräch:

Anna Lurka (Verkaufsleiterin):	„In letzter Zeit fragen immer wieder Kunden nach einem hochwertigen Mountainbike in der Preisklasse um 3 000,00 €."
Peter Gasch (Geschäftsführer):	„Interessant! Soviel ich weiß, ist unser Trial Extrem unser bestes Modell. Wir sollten diese Kundenwünsche unbedingt ernst nehmen. Ich denke, dass das nicht zu unserem Nachteil ist. Im hochpreisigen Segment lassen sich bestimmt höhere Gewinnmargen erzielen. Wir sollten uns da mal schlau machen."
Anna Lurka (Verkaufsleiterin):	„Ich hätte auch schon einen neuen Markennamen für dieses Modell: Trial Extrem Plus."
Lukas Reichert (Einkaufsleiter):	„Ich werde mich mal nach Lieferanten umschauen, die bereit sind, hochpreisige Mountainbikes unter unserer Handelsmarke zu vertreiben."
Peter Gasch (Geschäftsführer):	„Bei dieser Gelegenheit sollten wir auch überprüfen, für welche Artikel wir das meiste Geld ausgeben."
Lukas Reichert (Einkaufsleiter):	„Kein Problem, die Daten habe ich alle parat."
Peter Gasch (Geschäftsführer):	„Frau Lurka und Herr Reichert, könnten Sie bis nächste Woche feststellen, mit welchen Verkaufszahlen bzw. welchem Jahresbedarf wir bei dem Trial Extrem Plus rechnen können?"
Lukas Reichert (Einkaufsleiter):	„Daraus könnte ich auch die Bestellmengen und Bestellzeitpunkte ermitteln."

1. *Wie kann Lukas Reichert (Einkauf) vorgehen, um festzustellen, für welche Einkaufsartikel das meiste Geld ausgegeben wird?*
2. *Welche Daten benötigt Lukas Reichert, um den Jahresbedarf, die richtige Bestellmenge und die richtigen Bestellzeitpunkte festzustellen?*
3. *Woher kann Lukas Reichert Informationen über mögliche Lieferanten für das Mountainbike Trial Extrem Plus bekommen?*

1.1 Bedarfsplanung – ABC-Analyse als Hilfsmittel

Ausgangspunkt des Beschaffungsprozesses ist der Bedarf. Fehler bei der Bedarfsermittlung ziehen sich durch den ganzen Beschaffungsvorgang. Deshalb muss die Zusammensetzung des Bedarfs nach Menge, Wert und Zeit genau analysiert werden.

Merke: Bedarf ist die Menge an Gütern (hier: Waren), die für einen bestimmten Zeitraum benötigt wird.

ABC-Analyse – Wichtiges von Unwichtigem unterscheiden

Wegen der Vielzahl von Artikeln im Sortiment wird der Großhändler kaum in der Lage sein, seine Aufmerksamkeit in gleicher Weise auf alle Produkte zu richten. Im Beschaffungsbereich erzielt man die höchste Wirkung, wenn die Aktivitäten auf diejenigen Güter konzentriert werden, die den größten Anteil am Gesamtwert ausmachen (A-Güter). Hier hilft die ABC-Analyse.[1]

Die ABC-Analyse unterteilt die Artikel bzw. Warengruppen in drei Gruppen:

Güterart	Anteil am Gesamtwert[1]	Anteil an der Artikelzahl
A-Güter	ca. 65 % bis 80 %	ca. 5 % bis 15 %
B-Güter	ca. 15 % bis 35 %	ca. 15 % bis 35 %
C-Güter	ca. 5 % bis 15 %	ca. 65 % bis 80 %

Beispiel: ABC-Analyse (Wert- und Mengenanalyse) der TRIAL GmbH

ABC-Analyse (Wert- und Mengenanalyse) der TRIAL GmbH

Grundtabelle nach Warengruppen					nach dem Wert geordnet				nach der Menge	
Warengruppen		Ø Einkaufspreis in €	Verkaufsmenge in Stück	Einkaufswert in €	Warengruppe	Einkaufswert in €	% kumuliert	A-B-C-Gut	Anzahl der Warengruppen	% kumuliert
WG 1	Trikots	16,00	1 500	24 000,00	WG 9	745 920,00	51,2	A	1	10,0
WG 2	Hosen	19,00	2 000	38 000,00	WG 10	236 000,00	67,4	A	1	20,0
WG 3	Helme	25,00	1 800	45 000,00	WG 4	110 000,00	75,0	B	1	30,0
WG 4	Handschuhe	11,00	10 000	110 000,00	WG 7	105 000,00	82,2	B	1	40,0
WG 5	Unterhemden	10,00	2 400	24 000,00	WG 8	98 400,00	89,0	B	1	50,0
WG 6	Socken	3,00	10 000	30 000,00	WG 3	45 000,00	92,1	C	1	60,0
WG 7	Schuhe	35,00	3 000	105 000,00	WG 2	38 000,00	94,7	C	1	70,0
WG 8	Windbreakers	41,00	2 400	98 400,00	WG 6	30 000,00	96,8	C	1	80,0
WG 9	Mountainbikes	666,00	1 120	745 920,00	WG 1	24 000,00	98,4	C	1	90,0
WG 10	Rennräder	590,00	400	236 000,00	WG 5	24 000,00	100,0	C	1	100,0
Summe				1 456 320,00		1 456 320,00			10	

---

[1] Grundlage für die Wertermittlung können Einkaufspreise oder Verkaufspreise sein.

Erläuterungen: Lukas Reichert, Einkaufsleiter der TRIAL GmbH, stellt für jede Warengruppe den durchschnittlichen Einkaufspreis und die Verkaufsmenge fest. Daraus kann er den Einkaufswert für jede Warengruppe (Preis · Menge) und insgesamt berechnen. Danach sortiert er die Warengruppen absteigend. nach dem Einkaufswert. Dann berechnet er die prozentualen Anteile der Warengruppen am Gesamtwert (Einzelwert · 100 : Gesamtwert) und kumuliert die Prozentzahlen. Anhand der kumulierten Prozentzahlen unterteilt er die Warengruppen in A-, B- und C-Güter. Zuletzt berechnet er die mengenmäßigen Anteile der Warengruppen an der Gesamtzahl aller Warengruppen und kumuliert die Prozentanteile.

Die ABC-Analyse zeigt, dass relativ wenige Artikel (hier: 20 %) einen großen Anteil am gesamten Einkaufswert haben (hier: 67,4 %).

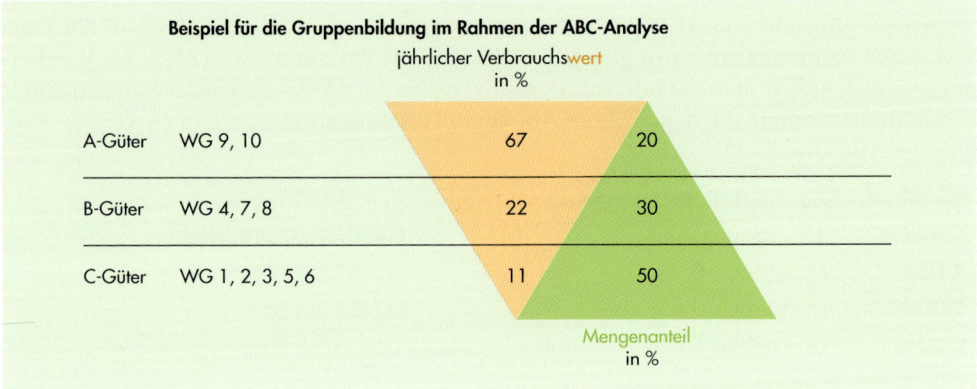

Beispiel für die Gruppenbildung im Rahmen der ABC-Analyse

jährlicher Verbrauchswert in %

A-Güter	WG 9, 10	67	20
B-Güter	WG 4, 7, 8	22	30
C-Güter	WG 1, 2, 3, 5, 6	11	50

Mengenanteil in %

Bei der Einteilung der Güter muss beachtet werden, dass nicht ein hoher Einzelpreis ein Gut zu einem A-Gut macht, sondern dass die Verbrauchsmenge erst den Ausschlag gibt. Selten benötigte, teure Beschaffungsgüter können auch C-Güter sein, während billigere, aber in großer Stückzahl benötigte Güter zur Gruppe der A-Güter gehören können.

A-Güter beeinflussen mit ihrem hohen Wertanteil die Wirtschaftlichkeit der Beschaffung maßgeblich. Deshalb ist hier eine genaue und zuverlässige Beschaffungsplanung zu empfehlen.

Bedarfsplanung – kein Einkauf ohne Bedarf

Aufgabe der Bedarfsplanung ist die Feststellung des **künftigen Jahresbedarfs** für jeden Einkaufsartikel.

Die genaue Ermittlung der jährlichen Bedarfsmenge stellt sicher, dass für jeden Artikel die notwendigen Mengen rechtzeitig bereitgestellt und dabei die **Lagerhaltungskosten** so niedrig wie möglich gehalten werden können. Besonders bei umweltgefährdenden Gütern (Gefahrstoffen) ist aus **ökologischen** Gründen eine möglichst exakte Vorhersage der Bedarfsmengen wichtig, um unnötige Lagerung und Entsorgung mit den damit verbundenen Risiken zu vermeiden.

Im Regelfall liegen zum Zeitpunkt der Bedarfsermittlung noch keine Kundenaufträge vor, sodass sich der Einkäufer ganz auf die Planung der Absatzmengen verlassen muss, die er von der **Verkaufsabteilung** erhält. Die Aufgabe des Einkäufers besteht dann nur noch darin, auf dem Beschaffungsmarkt nach Liefermöglichkeiten zu suchen. Marktveränderungen müssen sowohl auf dem Absatz- als auch auf dem Beschaffungsmarkt rechtzeitig festgestellt werden; sonst wird für den Großhändler folgender Ausspruch wahr: „Wer nicht mit der Zeit geht, geht mit der Zeit!"

Bei **Saisonwaren** liefern Statistiken über Einkauf und Verkauf in der Vergangenheit wertvolle Anhaltspunkte für den richtigen Bedarfszeitpunkt. Aus den Saisonkurven erkennt der Einkäufer, wann die Saison für die verschiedenen Warengruppen beginnt und endet und wie der Verkauf bisher verlief. Für den Großhändler kommt es darauf an, Saisonwaren zum Saisonbeginn vollständig präsent zu haben. Bei **Stapelartikeln** ist der Verkauf gleichmäßig über das Jahr verteilt. Hier können die Bestellzeitpunkte aus der Beschaffungsplanung des Vorjahrs übernommen werden. Die Bestellzeitpunkte müssen hier nur bei starken Veränderungen im Marktvolumen (Nachfrageeinbrüche, Konsumzurückhaltung usw.) und in der Marktstruktur (z. B. Eindringen von Billiganbietern, Vormarsch ausländischer Marken) neu festgelegt werden. Bei Stapelartikeln stehen Nachbestellungen (Wiederholungskäufe) im Vordergrund.

1.2 Mengenplanung – optimale Bestellmenge berechnen

Beispiel: Für das neu ins Sortiment aufgenommene Mountainbike TRIAL Extrem Plus überlegt Lukas Reichert, Einkaufsleiter der TRIAL GmbH, ob es wirtschaftlicher ist, den gesamten Jahresbedarf (geplant sind 36 Stück) auf einmal zu bestellen oder in Teilmengen.

Bei der Mengenplanung wird der **Zielkonflikt der Beschaffung** deutlich. Liegt die Bestellmenge **zu niedrig**, dann treten Fehlmengenkosten durch mangelnde Lieferbereitschaft auf. Teure Expresslieferungen, Konventionalstrafen und Kundenverluste sind die Folge. Dafür sind die Lagerhaltungskosten und das Lagerrisiko aufgrund der geringen Lagerbestände niedrig. Ist die Bestellmenge **zu hoch**, dann schlägt sich dies in hohen Lagerbeständen und den damit verbundenen hohen Lagerkosten nieder. Dafür entstehen keine Fehlmengenkosten, da die Lieferbereitschaft gesichert ist. Bei hohen Bestellmengen können zudem günstige Beschaffungspreise ausgehandelt werden.

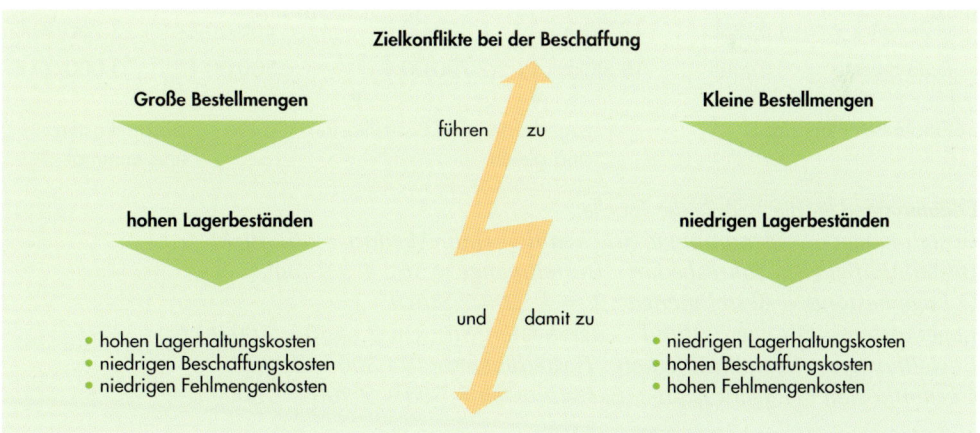

Zentraler Bestandteil der Mengenplanung ist die Bestimmung der **optimalen Bestellmenge**. Hier wird der Zielkonflikt der Beschaffung deutlich. Jeder Bestellvorgang verursacht **Bestellkosten**, z. B. Arbeitskosten für den Sachbearbeiter, Übermittlungskosten, Kosten für die Sachmittel und den Transport. Die Bestellkosten sind unabhängig von der bestellten Menge (also Fixkosten), d. h., es ist gleichgültig, ob nur ein Stück bestellt wird oder hundert Stück eines Artikels – der Bearbeitungsaufwand ist jeweils derselbe.

Weiter muss beachtet werden, dass die Ware nach dem Eingang gelagert werden muss. Je höher die bestellte Menge, desto höher sind die Lagerbestände und damit die **Lagerhaltungskosten** (z. B. Zinsaufwand für das im Bestand und in der Lagereinrichtung gebundene Kapital, Versicherungsaufwand, Personalaufwand, Miete für die Lagerfläche).

$$Lagerhaltungskostensatz = \frac{Lagerhaltungskosten \cdot 100}{durchschnittlicher\ Lagerbestand}$$

Lagerhaltungskosten pro Stück $= Lagerhaltungskostensatz \cdot Einstandspreis$

Beispiel: Bei der TRIAL GmbH betragen die Bestellkosten 300,00 € pro Bestellung. Mit dem Lagerhaltungskostensatz (10 %) und dem Einstandspreis (1 500,00 €) kann Lukas Reichert die Lagerhaltungskosten für ein gelagertes Mountainbike Extrem Plus errechnen: 1 500 · 10 % = 150,00 €. Weiter ist zu beachten, dass im Durchschnitt immer die halbe Bestellmenge auf Lager liegt (Annahme: gleichmäßiger Verkauf während des Jahres). Bei einem Jahresbedarf von 36 Mountainbikes ergibt sich folgende Situation:

Tabellarische Ermittlung der optimalen Bestellmenge

Bestell-menge	Bestell-häufigkeit im Jahr	Ø Lager-bestand = ½ Bestell-menge	Lagerkosten = 150,00 € pro Stück	Bestell-kosten = 300,00 € pro Bestellung	Gesamt-kosten
4 Stück	9-mal	2 Stück	300,00 €	2 700,00 €	3 000,00 €
8 Stück	4,5-mal	4 Stück	600,00 €	1 350,00 €	1 950,00 €
12 Stück	3-mal	6 Stück	900,00 €	900,00 €	1 800,00 €
16 Stück	2,25-mal	8 Stück	1 200,00 €	675,00 €	1 875,00 €
18 Stück	2-mal	9 Stück	1 350,00 €	600,00 €	1 950,00 €
24 Stück	1,5-mal	12 Stück	1 800,00 €	450,00 €	2 250,00 €
36 Stück	1-mal	18 Stück	2 700,00 €	300,00 €	3 000,00 €

optimale Bestellmenge   Lagerkosten und Bestellkosten sind gleich   Gesamtkosten sind minimal

Erläuterungen für die 1. Zeile der Tabelle:
Bestellmenge = angenommene Stückzahlen (Jahresbedarf = 36 Stück)
Bestellhäufigkeit = Jahresbedarf : Bestellmenge = 36 : 4 = 9-mal
Ø Lagerbestand = Bestellmenge : 2 = 4 : 2 = 2 Stück
Lagerkosten = Ø Lagerbestand · Lagerkosten/Stück = 2 · 150 = 300,00 €
Bestellkosten = Bestellhäufigkeit · Bestellkosten = 9 · 300 = 2 700,00 €
Gesamtkosten = Lagerkosten + Bestellkosten = 300 + 2 700 = 3 000,00 €

Merke: Die Bestellmenge ist dann optimal, wenn die Gesamtkosten minimal sind und die Lagerhaltungskosten und Bestellkosten gleich hoch sind.

Für das Mountainbike Trial Extrem Plus sind diese beiden Bedingungen bei einer Bestellmenge von zwölf Stück am ehesten erfüllt. Die optimale Bestellmenge beträgt also zwölf Stück, vorausgesetzt, der Verkauf des Mountainbikes verläuft über das Jahr gleichmäßig und der Einstandspreis bleibt konstant.

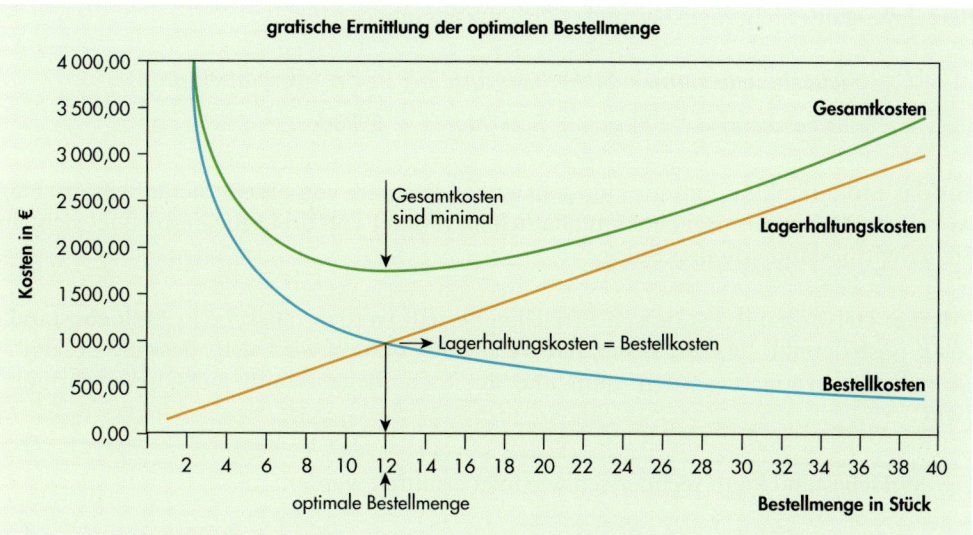

Die optimale Bestellmenge lässt sich auch mithilfe der Bestellmengenformel[1] berechnen.

$$optimale\ Bestellmenge = \sqrt{\frac{200 \cdot Jahresbedarf \cdot Bestellkosten}{Einstandspreis \cdot Lagerhaltungskostensatz}}$$

Beispiel:

$$optimale\ Bestellmenge = \sqrt{\frac{200 \cdot 36 \cdot 300}{1\,500 \cdot 10}} = 12\ Stück$$

1.3 Zeitplanung – Bestellzeitpunkte ermitteln

Wie die Bestellmenge trägt auch der Bestellzeitpunkt zur Lösung des Zielkonflikts der Beschaffung bei. Wird zu früh bestellt, dann bilden sich unnötige Lagerbestände und damit zu hohe Lagerkosten. Wird zu spät bestellt, dann entstehen Fehlmengen. Es kommt zu Lieferverzögerungen auf der Verkaufsseite, Kunden werden verärgert aufgrund mangelnder Lieferbereitschaft.

Der Zeitpunkt der Bestellung sollte so gewählt werden, dass mit dem vorhandenen Lagerbestand die **Beschaffungszeit** (z. B. Zeit für die Bestellabwicklung, Lieferung, Wareneingangskontrolle und Einlagerung) überbrückt werden kann, ohne dass der Sicherheitsbestand angegriffen wird.

Der **Sicherheitsbestand** (= Mindestbestand, eiserner Bestand) soll stets vorrätig sein, denn er soll folgende drei Unsicherheiten (Risiken) ausgleichen:

- Lieferunsicherheit, wenn der Lieferer den Liefertermin überschreitet,
- Bestandsunsicherheit, wenn der Istbestand niedriger ist als der Buchbestand (z. B. durch Diebstahl, Verderb der Ware),
- Nachfrageunsicherheit, wenn außer- und innerbetriebliche Kunden mehr nachfragen, als in der Bedarfsplanung vorgesehen war.

[1] Stefanic-Allmayer, Karl: Die günstigste Bestellmenge beim Einkauf; in: Sparwirtschaft, Zeitschrift für wirtschaftlichen Betrieb, Wien 1927, Seite 504 ff; Andler, Kurt: Rationalisierung der Fabrikation und optimale Losgröße, München, R. Oldenbourg, 1929.

Berechnung des Sicherheitsbestands (ZE[1] = Zeiteinheiten):

> ***Sicherheitsbestand** = Sicherheitszuschlag in ZE · Verbrauch pro ZE*
> *Beispiel:* *Sicherheitsbestand = 1 Monat · 3 Stück/Monat = **3 Stück***

Für das Mountainbike Extrem Plus geht Lukas Reichert von einem Sicherheitszuschlag von einem Monat aus. Bei einem monatlichen Verkauf von drei Stück errechnet sich ein Sicherheitsbestand von drei Stück.

> **Merke:** Der Bestand, bei dessen Erreichen bestellt werden muss, heißt **Meldebestand** oder Bestellpunkt. Er stellt sicher, dass rechtzeitig bestellt wird, d.h., dass die Beschaffungszeit überbrückt werden kann und der Sicherheitsbestand nicht unterschritten wird.

Der Meldebestand kann rechnerisch wie folgt ermittelt werden:

> ***Meldebestand** = Beschaffungszeit · Verbrauch pro ZE + Sicherheitsbestand*
> *Beispiel:* *Meldebestand = 2 Monate · 3 Stück/Monat + 3 Stück = **9 Stück***

Lukas Reichert errechnet einen Meldebestand von neun Stück. Bei diesem Lagerbestand muss bestellt werden, wenn die Beschaffungszeit überbrückt und der Sicherheitsbestand nicht unterschritten werden soll.

Grafische Darstellung der Lagerbewegung

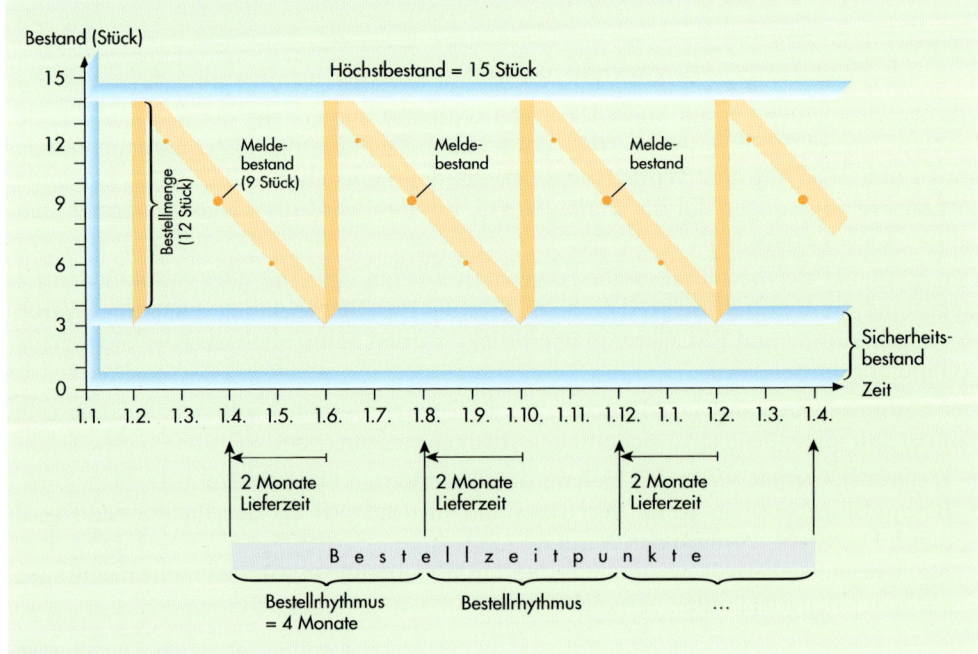

---

[1] ZE = Zeiteinheiten (z.B. Monate, Tage, Wochen)

Erläuterung: Lukas Reichert muss für das Mountainbike Extrem Plus zunächst einen Sicherheitsbestand von drei Stück aufbauen. Er muss also bei der ersten Beschaffung die Bestellmenge (zwölf Stück) um drei Stück erhöhen. Der Höchstbestand beträgt nach Lieferung der Mountainbikes am 01.02. 15 Stück. Davon werden jeden Monat drei Stück verkauft bis der Sicherheitsbestand (drei Stück) erreicht ist. Dies ist am 01.06. der Fall. Es wäre zu spät, wenn Lukas Reichert jetzt erst bestellen würde, denn die Beschaffungszeit beträgt zwei Monate. Da während dieser zwei Monate sechs Stück (2 Mo., 3 Stück/ Mo.) verkauft werden und der Sicherheitsbestand (drei Stück) nicht unterschritten werden darf, muss er zwei Monate vorher, also am 01.04. (01.06. abzüglich 2 Mo.) bzw. bei einem Meldebestand von neun Stück spätestens bestellen.

*Beispiel: Aus der dargestellten Lagerbewegung kann Lukas Reichert die **Bestellzeitpunkte** (01.04., 01.08., 01.12.) und den Lagerbestand ablesen, bei dem bestellt werden muss (Meldebestand = neun Stück).*

Das Bestellverfahren, bei dem bei Erreichen des Meldebestands bzw. Bestellpunkts bestellt wird, nennt man **Bestellpunktverfahren.** Es ist bestandsabhängig, da der Bestellzeitpunkt von der Höhe des Meldebestands abhängt.

Wird die Bestellung unabhängig vom aktuellen Lagerbestand in bestimmten Zeitabständen (hier: alle vier Monate) ausgelöst, dann handelt es sich um das **Bestellrhythmusverfahren.** Das Bestellrhythmusverfahren ist zeitabhängig und führt zu überhöhten Lagerbeständen, wenn der tatsächliche Verkauf geringer ausfällt als der geplante Verkauf. Bei unerwartet hoher Nachfrage führt das Bestellrhythmusverfahren zu Fehlmengen.

Beispiel: Aus der dargestellten Lagerbewegung kann Lukas Reichert den Bestellrhythmus, also den Abstand zwischen zwei Bestellzeitpunkten (z. B. 01.08. – 01.04.), ablesen. Der Bestellrhythmus beträgt vier Monate.

1.4 Bezugsquellenermittlung – intern oder extern

Beispiel: Nachdem Lukas Reichert, Einkaufsleiter der TRIAL GmbH, für das Mountainbike Trial Extrem Plus den Jahresbedarf, die optimale Bestellmenge und die Bestellzeitpunkte ermittelt hat, beauftragt er Jürgen Merkle (Einkaufssachbearbeiter), Bezugsquellen für diesen Artikel ausfindig zu machen.

Wenn es darum geht, Bezugsquellen für Artikel/Materialien zu finden, die laufend benötigt werden, dann kann auf einen im Lauf der Zeit aufgebauten Lieferantenstamm zurückgegriffen werden (innerbetriebliche bzw. **interne Bezugsquelleninformationen**). Für neue Artikel/Materialien müssen außerbetriebliche bzw. **externe Bezugsquelleninformationen** erschlossen werden. Dies empfiehlt sich auch für die laufend benötigten Teile, da immer die Möglichkeit besteht, einen noch leistungsstärkeren Lieferanten zu finden.

Innerbetriebliche Informationsquellen

Sucht der Einkäufer für einen bestimmten Artikel den Lieferanten, dann greift er zunächst auf die interne **Artikel-/Warenbezugsdatei** zurück. Sie ist nach Artikel-/Materialnummern geordnet und enthält alle zugehörigen Lieferanten, mit denen bereits Geschäftsbeziehungen bestehen.

Beispiel: Auszug aus der Artikeldatei der TRIAL GmbH

Artikel-/Warenbezugsdatei								
Artikel-Nr./Material-Nr.: Artikelbezeichnung:			20026 Mountainbike TRIAL Extrem					
Lieferer Nr.	Firma	Listen-Preis €	Rabatt %	Skonto %	Barein-kaufspreis €	Liefer-zeit Tage	letzte Liefe-rung	Bean-stan-dungen
440000	Bike Groha Doll	1 007,00	5%	2%	937,52	30	03.12.	–
440003	Interbike Paris	1 007,00	–	3%	976,79	60	04.01.	–

Will der Einkäufer sich lediglich vergewissern, ob er den richtigen Lieferanten für ein bestimmtes Beschaffungsgut hat, dann greift er auf die **Lieferantendatei** zurück, die nach Lieferanten-Nummern geordnet ist und neben dem Lieferprogramm zahlreiche weitere Informationen (Lieferungs- und Zahlungsbedingungen, letztes Bestelldatum usw.) enthält. Die Lieferantenkartei ist der „Steckbrief" des Lieferanten.

Weitere lnformationsmöglichkeiten über Bezugsquellen sind Berichte der Handlungsreisenden, Messeberichte der Einkäufer, Preis-, Einkaufs- und – vor allem im Handel – Absatzstatistiken.

Außerbetriebliche Informationsquellen

Viele Unternehmen legen sich für alle hochwertigen Materialien und Artikel ein **Bezugsquellenverzeichnis** an, in dem sie systematisch Informationen (Prospekte, Zeitungsberichte, Vertreterbesuche) über alle wettbewerbsfähigen Lieferanten sammeln. Im Bedarfsfall können die Einkäufer auf dieses Verzeichnis zurückgreifen, wenn für eingehendere Analysen nicht genügend Zeit ist.

Ein guter Einkäufer informiert sich ständig über mögliche neue Lieferanten. Wichtige außerbetriebliche Informationsquellen sind

- Adressbücher und Branchenverzeichnisse („Gelbe Seiten" usw.),
- Messebesuche, Vertretergespräche,
- Berichte und Annoncen in Fachzeitschriften.

Bequemer ist die Informationsbeschaffung über das Internet.

So bietet z. B. die Hamburger „Wer liefert was?"-GmbH unter **http://www.wlw.de** den Zugriff auf eine Datenbank, in der Namen, Adressen, Produkte und Produktpreise von über 200 000 Firmen aus europäischen Ländern enthalten sind. Über ein Suchformular lässt sich die Datenbank online nach Produkt- oder Firmennamen durchsuchen. Die Suchergebnisse werden in Listenform angezeigt. Für Detailinformationen lassen sich aus den Kurzlisten mehrere Firmenprofile selektieren und ausdrucken. Per Mausklick können Angebote für ein bestimmtes Produkt angefordert werden.

Lieferanten können über ihre Homepage, über Suchmaschinen, über Firmendatenbanken sowie über **Trade-Page-Services** (Pinboards, schwarze Bretter mit Angeboten und Suchwünschen nach Produkten, z. B. www.world-trade-web.com) ausfindig gemacht werden.

Informationsquellen im Internet

Web-Adresse	Erläuterungen
www.abconline.de	ABC der deutschen Wirtschaft
www.branchenbuch.de	Branchenverzeichnis
www.firmendatenbank.de	Deutsche Firmendatenbank (Hoppenstedt)
www.tradeweb.com	Trade-Page
www.wlw.de	Wer liefert was?
www.yellowmap.de	Gelbe Seiten
www.auma.de	Seite des Ausstellungs- und Messe-Ausschusses der Deutschen Wirtschaft e. V. (AUMA)
www.expodatabase.de	weltweite Messedatenbank
www.genios.de	GENIOS Wirtschaftsdatenbank

Beispiel: Jürgen Merkle recherchiert im Internet nach passenden Lieferanten. Bei „Wer liefert was" (www.wlwonline.de) wird er fündig. Gleich drei Lieferanten in der Umgebung kommen infrage: Bike Groha GmbH in Bruchsal, Interbike Paris in Hamburg und die Bernd Cotta GmbH in Wendelstein. Bike Groha und Interbike Paris gehören bereits zu den Stammlieferanten der TRIAL GmbH.

Um auf ausländische Bezugsquellen zugreifen zu können, sind oft aufwendige Recherchen im Ausland notwendig. Einen ersten Überblick bieten folgende Informationsquellen:

Informationsquellen über ausländische Lieferanten

IHK	Auslandsabteilungen der Industrie- und Handelskammern verfügen über ausländische Geschäftsadressen. In den IHK-Mitteilungsblättern inserieren auch ausländische Anbieter.
Germany Trade and Invest (GTAI), Gesellschaft der Bundesrepublik Deutschland für Außenwirtschaft und Standortmarketing	Servicestelle des Bundesministeriums für Wirtschaft und Technologie in Berlin und Köln. Die GTAI veröffentlicht aktuelle Informationen über den Außenhandel (z. B. Länderberichte, Geschäftswünsche). Kostenpflichtige Informationsdienste: • schriftliche und telefonische Direktauskunft, • Datenbank-Recherche über das Internet. Homepage: http://www.gtai.com; viele Links zu weiteren Informationsquellen aus dem Außenhandel
Deutsche Auslandshandelskammern	Sitz in allen wichtigen Außenhandelsländern der Bundesrepublik Deutschland. Sie verfügen über Geschäftsadressen und haben besondere „Vor-Ort-Kenntnisse" des jeweiligen Auslandsmarktes (kostenpflichtige Serviceleistungen). Internet-Kontakt z. B. über die IHK-Homepage: http://www.ihk.de, Link „AHK"
Fachverbände, Informationszentren Trade-Center	Z. B. Außenhandelsverbände, international über Dachverbände organisiert (z. B. Confederation of International Trading Houses Associations – C. I. T. H. A.). Sie helfen ihren Mitgliedsunternehmen bei der Anbahnung internationaler Geschäftskontakte. Z. B. japanische Außenhandelszentrale, Düsseldorf; Korea Trade Center, Frankfurt a. M. Sie vermitteln Geschäftskontakte in das vertretene Land.

Elektronischer Marktplatz auf der Beschaffungsseite

Immer mehr Großunternehmen drehen den Spieß um. Ihre Einkaufsabteilungen richten eigene **elektronische Marktplätze** für die Materialbeschaffung ein, auf denen sich interessierte Lieferanten über die Einkaufsbedingungen und neue Absatzmöglichkeiten informieren und Kontakt aufnehmen können (siehe Kap. 2.5 Elektronische Beschaffung).

Lieferantenaudits[1]

Weitere Informationen über den Beschaffungsmarkt lassen sich dadurch gewinnen, dass **Selbstauskunftsfragebögen** an eine Vielzahl von Lieferanten verschickt werden.

Aufgrund der niedrigen Rücklaufquote der Selbstauskunftsfragebögen (40% wären schon viel) und oft mangelnder Vollständigkeit und Genauigkeit der Antworten wird die Zahl der möglichen Lieferanten bereits stark eingegrenzt. Die rechtlich unverbindlichen Anfragen beantworten die Lieferanten oft mit rechtlich verbindlichen Angeboten, deren Inhalt dann verglichen werden kann.

Durch ein **Lieferantenaudit** kann anhand einer Checkliste, in der alle Kriterien und Vorgaben enthalten sind, die Eignung eines Lieferanten überprüft und beurteilt werden. Aufgrund der Ergebnisse der Audits (Umwelt-, Qualitätsaudits) werden Lieferanten in die innerbetriebliche Liste zugelassener Lieferanten aufgenommen oder bei mehrmaligem schlechten Abschneiden gestrichen. Die Durchführung eines Audits erfordert die **aktive Mitarbeit** des Lieferanten. Gegebenenfalls wird die Befragung durch Teilbegehungen der Betriebsstätten ergänzt. Der Zeitraum zwischen den Audits ist abhängig vom Ergebnis des vorangegangenen Audits, von der Bedeutung des Lieferanten und vom Auftragsvolumen.

1.5 Kooperation des Großhandels im Einkauf

Merke: Die Zusammenarbeit mehrerer Unternehmen **auf vertraglicher Basis** heißt **Kooperation**. Die beteiligten Unternehmen bleiben dabei **rechtlich und wirtschaftlich selbstständig**, d.h., sie behalten ihre Firma und ihre unumschränkte Geschäftsführungs- und Vertretungsbefugnis.

Mittelstandskartelle – Verhandlungsposition stärken

Kleine und mittelständische Unternehmen, die ihre Wettbewerbsfähigkeit durch vertragliche Absprachen über Preise, Abnahmemengen, Geschäftsbedingungen und Rabattregelungen verbessern wollen, bilden ein **Kartell**. Solche **Mittelstandskartelle** beschränken zwar den Wettbewerb, sind jedoch erlaubt, weil kleinere Unternehmen auf diese Weise mit großen Herstellern bzw. Kunden bessere Vertragsbedingungen aushandeln können (GWB § 3). Es darf aber keinen Bezugs- bzw. Abnahmezwang der Kartellmitglieder geben.

Meist sind solche Mittelstandskartelle dem Zweck nach **Rationalisierungskartelle**. Mehrere Großhändler fassen ihre Einkaufs- bzw. Verkaufseinrichtung, Lagerhaltung, Transportorganisation, Datenverarbeitung und Entsorgungs- und Recyclingsysteme zusammen und sparen dadurch Kosten.

Einkaufsverband und -kontor

Mehrere Großhändler schließen sich zu Einkaufsverbänden in der Rechtsform der KG, GmbH oder AG oder zu Einkaufsgenossenschaften zusammen. Solche **Einkaufskontore** können gegenüber den Lieferanten (Hersteller) Einkaufsvorteile durch höhere Bestellwerte erzielen. Die angeschlossenen Großhändler können sich ganz auf den Verkauf konzentrieren, sie verlieren aber den direkten Kontakt mit den Lieferanten und damit die Nähe zum Beschaffungsmarkt.

---

[1] Audit = Anhörung, Beurteilung, Bewertung

Beispiel: Einkaufskontor in Form eines Einkaufssyndikats

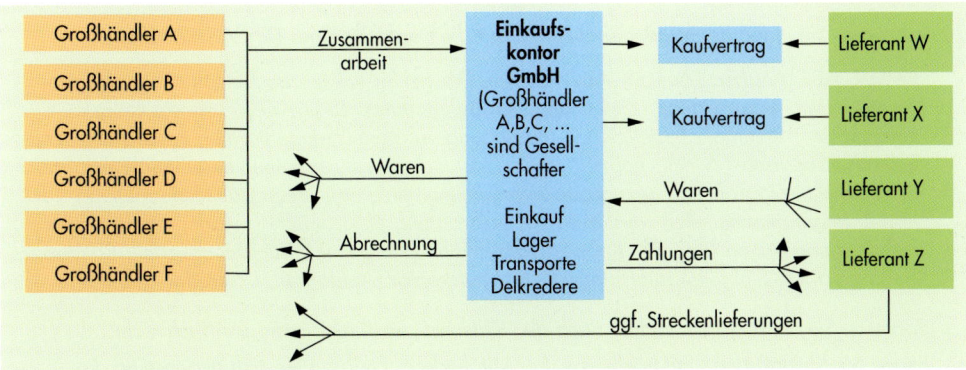

Aufgaben des Einkaufskontors

Eigengeschäfte	Das Einkaufskontor kauft Waren auf eigene Rechnung und lagert sie im eigenen Lager.
Fremdgeschäfte	Das Einkaufskontor sammelt die Bestellungen der Großhändler und gibt einen Sammelauftrag im fremden Namen an den oder die Lieferanten weiter **(Abschlussgeschäft)**. Ggf. übernimmt das Einkaufskontor gegenüber den Lieferern die Haftung für den Zahlungseingang **(Delkrederegeschäft)**.
Empfehlungsgeschäfte	Das Einkaufskontor gibt nur eine **Einkaufsempfehlung** (Bezugsquellennachweis) an seine Mitglieder ab. Diese bestellen dann selbst.

ZUSAMMENFASSUNG

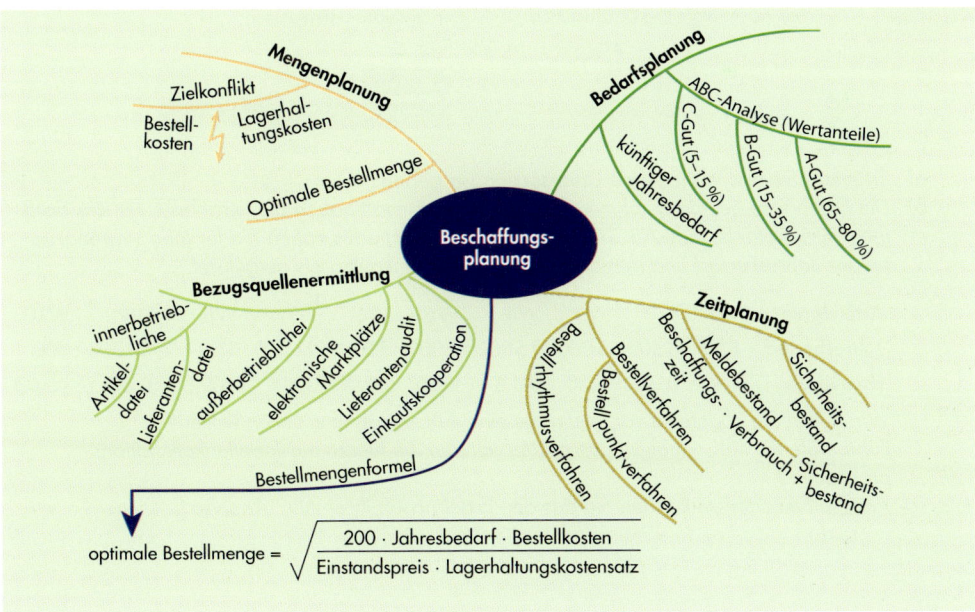

AUFGABEN

1. Schreiben Sie jeden der folgenden Begriffe auf die Kopfzeile eines DIN-A6-Kärtchens:

   > Bedarf, ABC-Analyse (Zweck), ABC-Analyse (Vorgehensweise), Bedarfsplanung (Aufgabe), Saisonwaren, Stapelartikel, Zielkonflikt der Beschaffung, Lagerrisiko, Lagerhaltungskosten, Bestellkosten, Optimale Bestellmenge (Bedingungen), Bestellmengenformel, Beschaffungszeit, Sicherheitsbestand (Zweck, Formel), Meldebestand (Zweck, Formel), Bestellpunktverfahren, Bestellrhythmusverfahren, Bezugsquellenermittlung (interne), Bezugsquellenermittlung (externe), Informationsquellen (ausländische Lieferanten), elektronischer Marktplatz, Lieferantenaudit, Kooperation (Begriff), Kooperationsformen (Beispiele), Mittelstandskartell, Rationalisierungskartell, Einkaufskontor (Begriff), Einkaufskontor (Aufgaben), Delkrederegeschäft.

   Sortieren Sie die Begriffskärtchen nach den Kriterien „weiß ich" oder „weiß ich nicht".

   Bilden Sie Kleingruppen mit höchstens drei Mitgliedern. Erklären Sie sich gegenseitig die „Weiß-ich-nicht"-Kärtchen. Schlagen Sie dabei die ungeklärten Begriffe im Schulbuch nach oder nehmen Sie Kontakt zu einer anderen Kleingruppe auf.

   Schreiben Sie die Begriffserklärungen auf die Rückseite Ihrer Kärtchen und ordnen Sie die Kärtchen unter der Leitkarte „Beschaffungsplanung" alphabetisch in Ihren Lernkartei-Behälter ein.

2. Bilden Sie Teams mit jeweils drei Mitgliedern (Stammgruppen). Schreiben Sie jeden der Begriffe aus Aufgabe 1 auf ein extra Stück Papier und fügen Sie diese Papierkärtchen zu einer sinnvollen Struktur zusammen. Die Struktur kann durch Pfeile, Farben, Symbole, Texte (z. B. Überschriften), Bilder oder weitere Begriffe ergänzt werden.

3. Sie sind Mitglied des Einkaufsteams der Elektrogroßhandlung Mürdel KG. Ihnen liegt folgendes Untersuchungsergebnis einer Unternehmensberatungsgesellschaft vor:

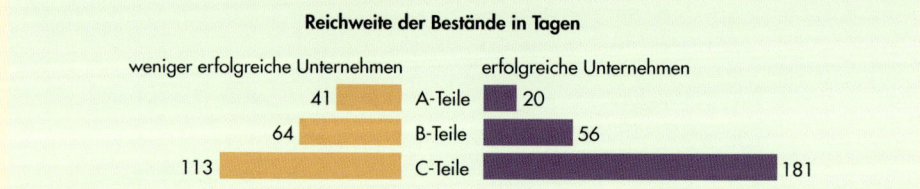

Reichweite der Bestände in Tagen

weniger erfolgreiche Unternehmen		erfolgreiche Unternehmen
41	A-Teile	20
64	B-Teile	56
113	C-Teile	181

a) Erläutern Sie das vorliegende Untersuchungsergebnis.

b) Die Ergebnisse der Unternehmensberatungsgesellschaft haben Sie veranlasst, für das Sortiment Ihres Betriebs eine ABC-Analyse zu erstellen. Hierfür haben Sie für jede Warengruppe den Jahresbedarf und den durchschnittlichen Einkaufspreis aufgelistet.

Artikelgruppe	W1	W2	W3	W4	W5	W6	W7	W8	W9	W10
Jahresbedarf	850	6 300	5 000	15 000	1 000	750	27 500	150	40 000	200
Einzelpreis	7,90	0,30	1,30	0,12	6,20	45,00	0,10	400,00	0,50	15,00

Wie gehen Sie allgemein vor, wenn Sie eine ABC-Analyse erstellen wollen?
Führen Sie die ABC-Analyse durch. (Verwenden Sie hierzu ein Tabellenkalkulationsprogramm.)
Welche Erkenntnisse können Sie aus den Ergebnissen Ihrer ABC-Analyse gewinnen?

4 a) Ermitteln Sie die optimale Bestellmenge mithilfe eines Tabellenkalkulationsprogramms.

alternative Bestell- mengen	Anzahl der Bestellungen pro Jahr	durchschnittl. Lagerbestand in Stück	Lagerhaltungs- kosten 2,00 €/Stück	Bestellkosten 40,00 €/ Bestellung	Gesamt- kosten
100	10	50	100	400	500
125	–	–	–	–	–
200	–	–	–	–	–
250	–	–	–	–	–
500	–	–	–	–	–

b) Überprüfen Sie das Ergebnis anhand einer grafischen Darstellung. Verwenden Sie dabei Ihr Tabellenkalkulationsprogramm.

c) Welche Bedingungen sind bei der optimalen Bestellmenge erfüllt?

d) Berechnen Sie die optimale Bestellmenge mit der Formel.

e) Weshalb kann die optimale Bestellmenge immer nur eine Orientierungshilfe sein?

f) Erläutern Sie den Zielkonflikt, der bei der Bestimmung der Bestellmenge zwischen Bestellkosten und Lagerhaltungskosten zu lösen ist.

5 Die Sachbearbeiterin Sabine Kramer erhält den Auftrag, den Zusammenhang zwischen Bestellkosten und Lagerkosten zu unterscheiden und die günstigste Bestellmenge für die einzelnen Ersatzteile zu ermitteln. Sabine Kramer untersucht zuerst das Ersatzteil „Z12". Sie ermittelt einen Jahresbedarf von 3 600 Stück und Bestellkosten von 800,00 € pro Bestellung. Die Lagerhaltungskosten betragen für dieses Ersatzteil 4,00 € pro Stück. Der Einstandspreis beträgt 20,00 €.

a) Ermitteln Sie die optimale Bestellmenge für das Ersatzteil „Z12".

b) Welche Bedingungen sind bei der optimalen Bestellmenge erfüllt?

c) Prüfen Sie kritisch die Annahmen für die Berechnung der optimalen Bestellmenge.

d) Berechnen Sie die optimale Bestellmenge mit der Bestellmengen-Formel.

e) Die Weber OHG hat für den Werkstoff „Z12" einen Monatsbedarf von 300 Stück. Die Bestell- und Lieferzeit beträgt zwei Monate. Sicherheitsbestand = 300 Stück.
Zeichnen Sie die Lagerbewegung monatsgenau für ein Jahr. Berücksichtigen Sie dabei, dass am 31. Dezember des Vorjahres abends noch 900 Stück am Lager sind. Kennzeichnen Sie in der Grafik Meldebestand, Bestellzeitpunkte und Bestellrhythmus.

f) Welche drei Unsicherheiten soll der Sicherheitsbestand abdecken?

g) Die Lieferung am 30. Juni verzögert sich wegen eines Streiks um zwei Monate.
(1) Ab wann und wie lange kann die Weber OHG nicht mehr liefern?
(2) Bei welchem Sicherheitsbestand wäre die Lieferunfähigkeit vermieden worden?

6 In einer Kfz-Teile-Großhandlung werden täglich 20 Keilriemen verkauft. Die Beschaffungszeit beträgt 14 Tage. Als Sicherheitsbestand soll ein Fünftagesverbrauch vorgehalten werden. Die Bestellmenge beträgt 400 Stück.

a) Berechnen Sie den Sicherheitsbestand.

b) Welche Unsicherheiten soll der Sicherheitsbestand abdecken?

c) Berechnen Sie den Bestellpunkt (Meldebestand) mit der Formel.

d) Stellen Sie die Bestandsentwicklung grafisch dar. Beginnen Sie bei einem Lagerbestand von 300 Stück am 2. März.

e) Bestimmen Sie den Bestellrhythmus anhand der Grafik.

f) Begründen Sie die Veränderung des Meldebestands, wenn
(1) die Bestellmenge auf 500 Stück erhöht wird,
(2) die Lieferzeit auf sieben Tage verkürzt wird.

g) Geben Sie die Gesichtspunkte an, die bei der Bestimmung des Bestellzeitpunktes zu berücksichtigen sind.

h) Unterscheiden Sie Bestellpunkt- und Bestellrhythmusverfahren.

7 Die Firma Friedrich Müller, Bruchsal, ist eine Elektrogroßhandlung. Aufgrund fester Lieferverträge mit zahlreichen Einzelhändlern werden durchschnittlich täglich 20 Waschautomaten abgesetzt. Gegenwärtig sind 320 Automaten auf Lager. Der Bezugspreis der Waschautomaten beträgt 900,00 €. Die Lagerkapazität, die bei jeder Bestellung ausgenutzt werden soll, beträgt 400 Waschmaschinen. Regelmäßig treffen acht Tage nach Abgang der Bestellung die neuen Automaten wieder ein. Der Jahreszinssatz für kurzfristige Kredite beträgt 12 %.

a) Wie groß ist der eiserne Bestand, wenn der Meldebestand 260 Stück beträgt?

b) Warum wird hier überhaupt ein eiserner Bestand eingeplant, wenn doch die Neulieferungen regelmäßig acht Tage nach Bestellabgang eintreffen?

c) Friedrich Müller möchte den eisernen Bestand reduzieren.
   (1) Welche Vorteile erhofft er sich davon? (Nennen Sie drei.)
   (2) Nennen Sie zwei Maßnahmen, durch die er dieses Ziel erreichen könnte.

d) Stellen Sie in einer Grafik den gewöhnlichen Verlauf des Lagerbestandes für ca. 30 Tage dar. Kennzeichnen Sie dabei folgende Punkte: Bestellzeitpunkt, Zeitpunkt, an dem der eiserne Bestand erreicht wird. Die neue Lieferung erfolgt pünktlich.

8 Die Sportartikelgroßhandlung Wiedemann KG plant für den Artikel Heimtrainer die optimale Bestellmenge, den Meldebestand, die Bestellzeitpunkte und den Bestellrhythmus für das kommende Jahr. Ermitteln Sie diese Daten anhand der folgenden Unterlagen.

Auszug aus der Artikeldatei:

Wiedemann KG	Artikelstammdaten	Stand: 01.01.20..
Artikelnummer: Artikelbezeichnung:	012345 Heimtrainer Toledo	
geplanter Jahresbedarf: Lagerbestand:	240 Stück 40 Stück	geplanter Monatsabsatz: ? Meldebestand: ?
Lieferant:	Temko GmbH	Einkaufspreis: 120,00 € Lieferzeit: 1 Monat
Lagerkostensatz: Sicherheitszuschlag:	10 % 1 Monatsabsatz	Bestellkosten: 90,00 € Bestellmenge: ?
Umsatzsteuersatz:	19 %	

Tipp:

- Ermitteln Sie die optimale Bestellmenge mithilfe einer Tabelle und eines Tabellenkalkulationsprogramms.
- Stellen Sie die Bestellzeitpunkte grafisch dar.

2 Beschaffungsdurchführung und -kontrolle

PROBLEM

Auszug aus dem Protokoll der Abteilungsleitersitzung bei der TRIAL GmbH vom Montag:

...

Aufgrund häufiger Anfragen von Kunden soll unser Sortiment abgerundet werden. Es wurde einstimmig folgender Beschluss gefasst: Die Produktgruppe Mountainbikes wird um ein hochpreisiges Produkt erweitert, das unter unserer Handelsmarke Mountainbike Trial Extrem Plus vertrieben werden soll. Der Verkaufspreis soll etwa 3 000,00 € betragen. Lukas Reichert (Einkauf) erhält den Auftrag, alle notwendigen Schritte einzuleiten.

1. *Stellen Sie alle notwendigen Schritte des Beschaffungsvorgangs übersichtlich auf einem Plakat dar.*
2. *Verfassen Sie für die Beschaffung des neuen Mountainbikes Trial Extrem Plus eine Anfrage mithilfe eines Textverarbeitungsprogramms.*
3. *Erarbeiten Sie einen Kriterienkatalog für die Lieferantenauswahl.*

SACHDARSTELLUNG

2.1 Anfrage – unverbindliche Kontaktaufnahme

Beispiel: Lukas Reichert beauftragt seinen Mitarbeiter Jürgen Merkle, von den infrage kommenden drei Lieferanten Bike Groha GmbH in Bruchsal, Interbike Paris in Hamburg und Bernd Cotta GmbH in Wendelstein Angebote einzuholen.

Jürgen Merkle schickt an alle drei Lieferanten inhaltsgleiche Anfragen. Weil es schnell gehen soll, übermittelt er diese per E-Mail.

Auszug aus der E-Mail vom 4. Januar:

Anfrage nach hochwertigen Mountainbikes

...

Wir beabsichtigen, unser Angebot um Premiumprodukte zu erweitern. Ihre Mountainbikes würden unser Sortiment ideal ergänzen.

...

Teilen Sie uns bitte mit, ob Sie bereit sind, Ihre Premiumprodukte auch unter unserer Handelsmarke Trial Extrem Plus zu vertreiben.

...

Bitte übersenden Sie nähere Informationen mit Angabe Ihrer Lieferungs- und Zahlungsbedingungen. Unsere Jahresabnahme wird 36 Stück betragen.

...

Am 7. Januar gehen die Angebote der drei Lieferanten mit den Preisen, Lieferungs- und Zahlungsbedingungen per Brief ein.

2.2 Angebotsvergleich – Lieferantenauswahl

Quantitativer Angebotsvergleich – Bezugskalkulation

Zunächst muss Jürgen Merkle die unterschiedlichen Angebotsbedingungen vergleichbar machen. Als gemeinsamer Nenner eignet sich der Einstandspreis, auch Bezugspreis genannt, der mithilfe der **Bezugskalkulation** ermittelt wird. Da hier nur in Zahlen ausdrückbare Kriterien berücksichtigt werden, spricht man von einem rechnerischen bzw. **quantitativen Angebotsvergleich.**

Zuerst ordnet Jürgen Merkle die Lieferungs- und Zahlungsbedingungen[1] der drei Lieferanten in einer übersichtlichen Vergleichstabelle. Jürgen Merkle geht von einem Jahresbedarf von 36 Stück aus.

Vergleichstabelle mit quantitativen Daten			
Anbebots-bedingungen	**Lieferanten**		
	Interbike Paris	**Bike Groha Doll**	**Bernd Cotta**
Einkaufspreis, netto	1 550,00 €	1 700,00 €	1 500,00 €
Rabattsatz	4 % ab 10 Stück	10 % ab 30 Stück	10 % ab 50 Stück
Zahlungsbedingungen	2 % Skonto innerhalb 14 Tagen	3 % Skonto innerhalb 10 Tagen	netto Kasse
Bezugskosten • Verpackung • Fracht	20,00 €/Stück 21,76 €/Stück	50,00 € pauschal	50,00 € pauschal

Bezugskalkulation[2]						
Schema	**Lieferanten**					
		Interbike Paris		**Bike Groha Doll**		**Bernd Cotta**
Einkaufspreis		1 550,00 €		1 700,00 €		1 500,00 €
– Liefererrabatt	4 %	62,00 €	10 %	170,00 €	0 %	0,00 €
Zieleinkaufspreis		1 488,00 €		1 530,00 €		1 500,00 €
– Liefererskonto	2 %	29,76 €	3 %	45,90 €	0 %	0,00 €
Bareinkaufspreis		1 458,24 €		1 484,10 €		1 500,00 €
+ Bezugskosten		41,76 €		50,00 €		50,00 €
Einstandspreis		**1 500,00 €**		**1 534,10 €**		**1 550,00 €**

Beispiel: *Ergebnis des quantitativen Angebotsvergleichs*
Bei einer jährlichen Liefermenge von 36 Mountainbikes müsste sich Jürgen Merkle aufgrund der Ergebnisse der Bezugskalkulation für den Lieferanten Interbike Paris in Hamburg entscheiden.

Qualitativer Angebotsvergleich – Entscheidungsbewertungstabelle

Jeder weiß aus eigener Erfahrung, dass der billigste Anbieter nicht immer der beste sein muss. Was nützt es einem Unternehmen, wenn es eine Ware preisgünstig beschaffen kann, aber nie sicher ist, ob sie auch pünktlich eintrifft, wenn es sie benötigt? Umsatzaus-

---

[1] Siehe hierzu Lernfeld 1, Kap. 1 Geschäftsprozess Verkauf
[2] Siehe hierzu Lernfeld 2, Kap. 5.5 Einkaufskalkulation

fälle aufgrund verärgerter Kunden und höhere Lagerkosten für höhere Sicherheitsvorräte können den Preisvorteil schnell wieder zunichte machen.

Wenn auch nicht in Zahlen ausdrückbare Kriterien, sogenannte **qualitative Kriterien**, bei der Lieferantenauswahl berücksichtigt werden, dann spricht man von einem **qualitativen Angebotsvergleich.**

Qualitative Kriterien für die Lieferantenauswahl	
sachliche Kriterien	Qualität des Beschaffungsguts, Lieferzeit, Entfernung des Lieferanten, Zuverlässigkeit (z. B. Termintreue), Kreditwürdigkeit (Bonität), Möglichkeit von Gegengeschäften und anderen Formen der Zusammenarbeit (z. B. elektronischer Einkauf, Recyclingsystem), Serviceleistungen (z. B. Zustellservice, Montageservice, Ersatzteil- und Reparaturservice, Finanzierungshilfen), Großzügigkeit bei der Abwicklung von Leistungsstörungen (Kulanz), Durchsetzbarkeit von Sonderwünschen, ausreichende Bevorratung, Vollständigkeit des Sortiments, Bekanntheit der Marke, Image (guter Ruf), Umwelt- und Qualitätsmanagementsystem, Werbemaßnahmen, Leitbild, Größe des Unternehmens, Grad der Globalisierung usw.
persönliche Kriterien	persönliche Fähigkeiten des Personals, z. B. technische, fachliche soziale Kompetenz, persönliche Beziehungen, Enge der Geschäftsbeziehung, z. B. Stammkunde, Key-Account-Kunde

Jürgen Merkle erstellt aus den Angebotsbedingungen[1] und eigenen Recherchen (z.B. Selbstauskunft der Lieferanten) eine Vergleichsübersicht, die den Einstandspreis und wichtige qualitative Vergleichskriterien enthält.

Vergleichstabelle mit Einstandspreis und qualitativen Daten			
Vergleichs-krierien	**Lieferanten**		
	Interbike Paris	**Bike Groha Doll**	**Bernd Cotta**
Einstandspreis, netto	1 500,00 €	1 534,10 €	1 550,00 €
Qualität	gut	ausreichend	sehr gut
Lieferzeit	2 Wochen	2 Wochen	1 Woche
Zuverlässigkeit	meist zuverlässig	befriedigend	immer zuverlässig
Kundendienst	befriedigend	befriedigend	großzügig
Herstellergarantie	3 Jahre	8 Jahre	5 Jahre

Der qualitative Angebotsvergleich kann mithilfe der **Entscheidungsbewertungstabelle,** auch Scoringmodell genannt, durchgeführt werden.

Schritte zur Erstellung der Entscheidungsbewertungstabelle	
1. Spalte	**Auflistung** aller Entscheidungskriterien
2. Spalte	**Gewichtung** der Entscheidungskriterien mit Gewichtungsziffern von unwichtig (= 0) bis sehr wichtig (= 6)
3. Spalte	**Bewertung** jedes Entscheidungskriteriums für den ersten Lieferanten anhand von Bewertungsziffern (Noten) von sehr schlecht (= 0) bis sehr gut (= 6)

---

[1] Siehe Lernfeld 1, Kap. 1 Geschäftsprozess Verkauf

Schritte zur Erstellung der Entscheidungsbewertungstabelle	
4. Spalte	**Ermittlung des Punktwerts** für jedes Entscheidungskriterium für den ersten Lieferanten durch Multiplikation der Gewichtungsziffer mit der Bewertungsziffer
weitere Spalten	Bewertung und Ermittlung des Punktwerts für jedes Entscheidungskriterium für alle weiteren Lieferanten
Summe	**Addition der Punktwerte** für jeden Lieferanten und Feststellung des maximalen Punktwerts
Auswahl	Lieferant mit dem **höchsten Punktwert** ist der beste

Bei Punktgleichheit mehrerer Lieferanten gibt das Entscheidungskriterium mit der höchsten Gewichtung den Ausschlag.

Aus den Daten der Vergleichsübersicht erstellt Jürgen Merkle die folgende Entscheidungsbewertungstabelle:

Entscheidungsbewertungstabelle

Auswahl-kriterien	Gewichtung der Kriterien	Lieferanten					
		Interbike Paris		Bike Groha Doll		Bernd Cotta	
		Note	Punkte	Note	Punkte	Note	Punkte
Einstandspreis	6	4	24	3	18	2	12
Qualität	4	5	20	2	8	6	24
Lieferzeit	3	4	12	4	12	6	18
Zuverlässigkeit	4	5	20	3	12	6	24
Kundendienst	2	3	6	3	6	5	10
Ersatzteilservice	1	2	2	5	5	4	4
Summe	**20**		**84**		**61**		**92**
günstigster Lieferant:						**Bernd Cotta**	

Gewichtungskriterien: 0 = unwichtig bis 6 = sehr wichtig
Bewertungspunkte: 0 = sehr schlecht bis 6 = sehr gut

Beispiel: Ergebnis der Lieferantenauswahl
Auf der Grundlage des quantitativen und qualitativen Angebotsvergleichs entscheidet sich Jürgen Merkle für den Lieferanten Bernd Cotta GmbH in Wendelstein, da dieser die maximale Punktzahl erreicht hat. Bernd Cotta ist zwar nicht der preisgünstigste Lieferant, doch sehr gute Qualität, kurze Lieferzeit und absolute Zuverlässigkeit geben den Ausschlag.

2.3 Bestellung – immer öfter elektronisch

Aufgrund des Angebotsvergleichs bestellt Jürgen Merkle die zwölf Mountainbikes TRIAL Extrem Plus bei dem neuen Lieferanten Bernd Cotta GmbH, Wendelstein. Er entwirft folgendes Bestellschreiben:

Bernd Cotta GmbH
Industriestraße 33
90530 Wendelstein

TRIAL GmbH

Fahrräder & Bikewear
Franz-Sigel-Str. 188 · 69111 Heidelberg

10. Januar 20..

Bestellung von Mountainbikes

Sehr geehrte Frau Steiger,

vielen Dank für Ihr ausführliches Angebot vom 07. Januar.
Bitte liefern Sie uns zunächst

12 Mountainbikes „TRIAL Extrem Plus"

zu den in Ihrem Angebot genannten Bedingungen:

Stückpreis:	1 500,00 €
Lieferzeit:	7 Tage nach Auftragseingang
Versandkosten:	50,00 € pro Stück pauschal
Zahlung:	netto Kasse

Mit freundlichen Grüßen

TRIAL GmbH

i. V. *Jürgen Merkle*

Bankverbindung: Badische Beamtenbank Karlsruhe, IBAN: DE10 6609 0800 0025 6541 33 (Konto-Nr.: 25654133),
BIC: GENODE61BBB (BLZ: 660 908 00)

Computergestützte Bestellsysteme

Jedes Warenwirtschaftssystem (siehe Band 2 Lernfeld 3, Kap. Warenwirtschaftssystem) enthält innerhalb des Bausteins „Bestellwesen" die Möglichkeit, **computergestützte Bestellvorschläge** (pro Artikel und Lieferanten) zu erstellen. Dabei greift das Programm auf die Daten des Lieferanten- und Artikelstamms und auf die Lagerdaten zurück.

Die computergestützte Berechnung der Bestellvorschlagsmenge wird in den einzelnen Programmen unterschiedlich gehandhabt. Bei der Ermittlung der Bestellmenge werden der Sicherheitsbestand (darf nur in Notfällen unterschritten werden), der Istbestand, der Auftragsbestand und ein möglicher Auftragsrückstand berücksichtigt.

Bestellvorschläge können in den Menüpunkt **„Bestellungen bearbeiten"** übernommen werden. Damit ist die Bestellung als Vorgang in die Bestelldatei (Auftragsdatei) aufgenommen.

Nach Bestätigung der vorgeschlagenen Bestellmenge kann die Bestellung abgespeichert oder sofort ausgedruckt und dem Lieferanten zugesandt werden. Zur Sicherheit kann vor dem Ausdruck eine Ausgabe auf dem Bildschirm („Probedruck") erfolgen.

Bei **automatischen Bestellsystemen** wird nach der Bestätigung des Bestellvorschlags – ohne menschliches Eingreifen – die Bestellung beim Lieferanten ausgelöst. Da sowohl automatische Bestellsysteme als auch Bestellvorschlagssysteme außergewöhnliche Ereignisse nicht berücksichtigen können, muss sichergestellt werden, dass bei sprunghaften Nachfrageänderungen eine manuelle Bearbeitung erfolgen kann.

In der Praxis werden drei Stufen eines computergestützten Bestellwesens unterschieden:

- **Bestellschreibung und Bestelldatenverwaltung** nach manueller Bestands- und Bestelldatenermittlung;
- **Bestellvorschlagssysteme**, bei denen die endgültige Bestellentscheidung beim Einkäufer verbleibt;
- **automatische Bestellsysteme**, bei denen der Einkäufer nicht mehr eingreifen muss.

Auf der ersten Stufe wird das Warenwirtschaftssystem lediglich genutzt, um Bestellungen zu **schreiben** und die Daten zwecks späterer Verwendung (z. B. Wareneingangserfassung) zu **speichern**. Der Nutzen ist hier nur gering, da die Bestandsdaten im Lager ermittelt und manuell ins System eingegeben werden müssen. Automatische Bestellsysteme wickeln den Beschaffungsvorgang vom Bedarf bis zur Bestellung **ohne menschliches Eingreifen** ab. Sie sind kaum verbreitet (meist nur im Lebensmittelhandel), da sie unvorhergesehene Nachfrageveränderungen nicht berücksichtigen können und auf die Dauer die Produkt- und Marktkenntnisse sowie die Entscheidungsfähigkeit der Einkäufer beeinträchtigen. Eigenverbrauch, Verderb, Diebstähle und Retouren werden nur mangelhaft erfasst, sodass alle darauf aufbauenden Rechenvorgänge und Auswertungen fehlerhaft sind.

Rechtliche Wirkung einer Bestellung

Im Regelfall ist die Bestellung die zweite verbindliche Willenserklärung zwischen Käufer und Verkäufer. Sie ist, rechtlich gesehen, eine **Annahme** (BGB §§ 145 ff.). Ist die Bestellung die erste verbindliche Willenserklärung, dann ist sie, rechtlich gesehen, ein **Antrag**.

Die Bestellung kann sein	
eine Annahme	• wenn ein **verbindliches** Angebot vorausging und Angebot und Bestellung **inhaltlich übereinstimmen** und die Bestellung **rechtzeitig** erfolgte
ein Antrag	• wenn **kein** Angebot vorausging • wenn ein **unverbindliches** Angebot vorausging, d. h., wenn das Angebot eine Freizeichnungsklausel enthielt (z. B. „solange Vorrat reicht", „ohne Obligo"; „unverbindlich")
ein neuer Antrag	• wenn sie **zu spät** erfolgte, (d. h., der Antragende konnte die Bestellung nicht mehr erwarten) • wenn die Bestellung mit dem Angebot **inhaltlich nicht übereinstimmt**

Ist die Bestellung, rechtlich gesehen, ein Antrag, dann muss ihr eine **Bestellungsannahme (Auftragsbestätigung)** folgen, damit ein Kaufvertrag zustande kommt. Ein Kaufvertrag kommt nur durch Antrag **und** Annahme zustande.

Inhaltlich muss die Bestellung mit dem vorausgegangenen Angebot übereinstimmen. Wenn kein Angebot vorausging, dann müssen in der Bestellung alle wichtigen **Geschäftsbedingungen** genannt werden (Preis, Menge, Güte, Lieferungs- und Zahlungsbedingungen des gewünschten Artikels), sodass der Empfänger problemlos antworten kann.

Die Bestellung kann auch in **elektronischer Form** erfolgen, wenn die Beteiligten ausdrücklich oder aufgrund bisheriger geschäftlicher Gepflogenheiten die **Anwendung der elektronischen Form billigen** und deshalb mit dem Zugang einer elektronischen Willenserklärung rechnen müssen. Fehlen dem Empfänger die technischen Voraussetzungen zum Lesen, dann mangelt es am Zugang der elektronischen Willenserklärung (BGB § 312 e).

Eine elektronische Willenserklärung gilt als abgegeben, wenn der Erklärende sie **an den Empfangsberechtigten abgesandt** hat. Das geschieht dadurch, dass der Erklärende den **Befehl „Senden"** im verwendeten E-Mail-Programm auslöst. Eine in elektronischer Form abgegebene Erklärung ist regelmäßig eine **Willenserklärung unter Abwesenden**, die erst wirksam wird, wenn sie dem Abwesenden zugeht (BGB § 130). Dies gilt auch für eine elektronische Willenserklärung, die auf einem Datenträger (z. B. CD) gespeichert und auf dem herkömmlichen Postwege versandt worden ist.

Die elektronische Willenserklärung ist zugegangen, wenn sie in den Machtbereich des Empfängers gelangt, wenn er sie zur Kenntnis nehmen und konservieren kann (z. B. ausdrucken, auf CD speichern). Er muss also über eine entsprechende Empfangsvorrichtung verfügen.

Lediglich in den Fällen, in denen die Parteien **unmittelbar „von Person zu Person"** kommunizieren (z. B. Telefon, Videokonferenz), handelt es sich um **Willenserklärungen unter Anwesenden**, die nur so lange gelten, wie das Gespräch dauert.

2.4 Wareneingangs- und Rechnungsprüfung

Überwachung der Bestelltermine

Bei computergestützter Bestellabwicklung werden alle Bestelldaten unter einer laufenden Bestellnummer in einer Bestell- oder Auftragsdatei gespeichert. Diese ermöglicht die Terminverfolgung und Bestellbestandsführung.

Der in der Bestellung angegebene Liefertermin muss überwacht werden. Es kommt häufig vor, dass zum Liefertermin noch kein Wareneingang vorliegt. Ein computergestütztes Bestellsystem bietet hier folgende Hilfen an:

- **Bestellrückstandsliste:** Sie enthält eine nach Lieferanten geordnete Übersicht aller Bestellungen, die bis zur aktuellen Kalenderwoche noch nicht eingegangen sind. Sie listet alle wichtigen Bestelldaten, die offene Liefermenge sowie den offenen Rechnungsbetrag auf.
- **Liste aller offenen Bestellungen:** Sie zeigt, nach Artikeln oder Lieferanten geordnet, die Bestellmenge und die noch offene Liefermenge mit Lieferwert an.

Der Bearbeiter kann sofort veranlassen, dass an die Lieferanten **Rückstandsmeldungen** als Liefererinnerungen ausgedruckt und versandt werden. Dabei können in Sammelrückstandsmeldungen auch Rückstände aus mehreren Bestellungen auf einem Formular ausgedruckt werden.

Wareneingangskontrolle

Die Wareneingangskontrolle ist aus folgenden Gründen notwendig:

- Gesetzliche Untersuchungs- und Rügepflicht (HGB §§ 377–379);
- Wahrung der Rechte aus einer mangelhaften Lieferung;
- Vermeidung von Reklamationen der internen und externen Kunden;
- Verantwortung (Haftung) des Betriebs gegenüber seinen Kunden.

Die Wareneingangsprüfung erfolgt in mehreren Schritten:

- Prüfung der angelieferten Sendung

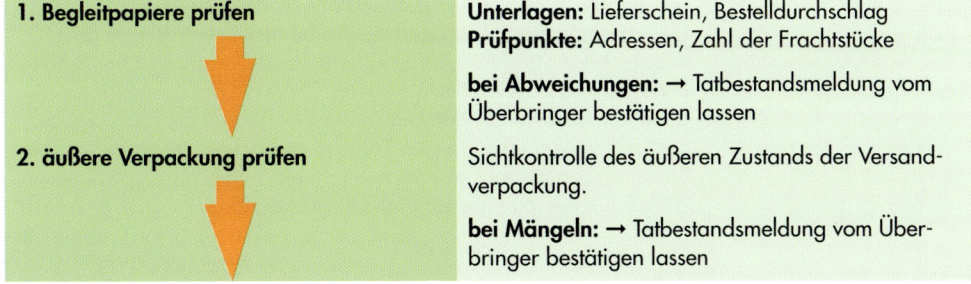

1. Begleitpapiere prüfen	**Unterlagen:** Lieferschein, Bestelldurchschlag **Prüfpunkte:** Adressen, Zahl der Frachtstücke **bei Abweichungen:** → Tatbestandsmeldung vom Überbringer bestätigen lassen
2. äußere Verpackung prüfen	Sichtkontrolle des äußeren Zustands der Versandverpackung. **bei Mängeln:** → Tatbestandsmeldung vom Überbringer bestätigen lassen

- Prüfung der angenommenen Sendung

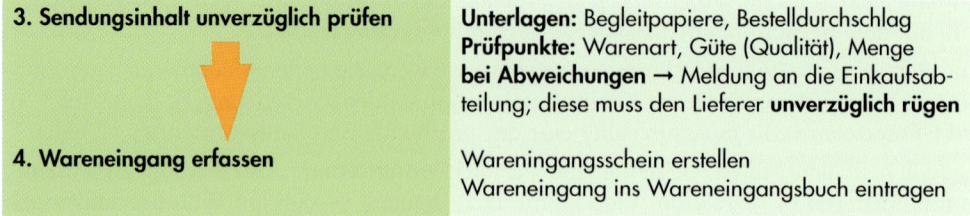

| 3. Sendungsinhalt unverzüglich prüfen | **Unterlagen:** Begleitpapiere, Bestelldurchschlag
Prüfpunkte: Warenart, Güte (Qualität), Menge
bei Abweichungen → Meldung an die Einkaufsabteilung; diese muss den Lieferer **unverzüglich rügen** |
| 4. Wareneingang erfassen | Wareneingangsschein erstellen
Wareneingang ins Wareneingangsbuch eintragen |

Gelegentlich ersetzen **Abnahmeprüfungen beim Lieferanten** eine Eingangsprüfung der Ware.

Nach der Wareneingangskontrolle folgt die **Erfassung** der **eingegangenen Lieferung.** Warenwirtschaftsprogramme bieten hier meist eine zweistufige Erfassung an:

- Erfassung des Wareneingangs anhand der Lieferung und des Lieferscheins;
- Erfassung des Wareneingangs anhand der Eingangsrechnung.

Zur Erfassung des Wareneingangs genügt die Eingabe der Bestellnummer. Bei Abweichung zwischen Bestellung und tatsächlichem Wareneingang müssen die tatsächlichen Lieferdaten eingegeben werden. Danach wird der Lagerbestand des Artikels in der Artikelstammdatei und in der Bestandsliste automatisch erhöht, die Warenbewegung im **Wareneingangserfassungsprotokoll** aufgeführt und ein Wareneingangsschein ausgedruckt.

Bei der Erfassung des Wareneingangs kann zusätzlich der Lagerort des Artikels bestimmt werden oder eine Aufteilung auf verschiedene Lagerorte erfolgen. Auch **Gutschriften** (z. B. wegen mangelhafter Lieferung) oder **Stornierungen** (Rücksendung eines Teils der Lieferung) müssen berücksichtigt werden.

Erst wenn die Eingangsrechnung erfasst und kontrolliert wurde und keine Abweichungen aufweist, werden die Daten ins **Wareneingangsbuch** übernommen, an die Finanzbuchhaltung übergeben und die noch offene Bestellung gelöscht.

Prüfung der Eingangsrechnung – sachlich, rechnerisch und formal

Jede Rechnung muss sachlich, rechnerisch und formal geprüft werden.

• **sachliche Prüfung**	Der Einkauf vergleicht die Eingangsrechnung mit der Bestellung und der Wareneingangsmeldung nach Art und Menge der berechneten Leistung, Lieferungsbedingungen, Einzelpreis, Rabatthöhe und Zahlungsbedingungen.
• **rechnerische Prüfung**	Die Buchhaltung prüft, ob der Rabatt, der Umsatzsteuerbetrag und der Gesamtbetrag richtig berechnet wurden.
• **formale Prüfung** (nach § 14 Abs. 4 UStG)	Jede Rechnung muss folgende Angaben enthalten: Name und Anschriften des Erstellers und des Empfängers der berechneten Leistung, Umsatzsteuer-Identifikationsnummer oder Steuernummer des Leistungserstellers, Rechnungsdatum, fortlaufende Rechnungsnummer, Art und Menge der berechneten Leistung, Zeitpunkt der Leistungserbringung, die anzuwendenden Umsatzsteuersätze und die nach Umsatzsteuersätzen aufgeschlüsselten Entgelte und Umsatzsteuerbeträge, bei Bauleistungen Hinweis auf die zweijährige Aufbewahrungsfrist (wenn der Leistungsempfänger ein Endverbraucher ist).

Wenn keine Fehler festgestellt werden, wird die Rechnung zur **Zahlung** angewiesen.

Gehen Rechnungen für Warenlieferungen ein, bevor die Annahmeentscheide über die Eingangsprüflose getroffen worden sind, kann das System bei der Rechnungsprüfung eine unerwünschte automatische Bezahlung unterbinden (**Zahlungssperre**).

Um die Abwicklung der Rechnungsprüfung zu vereinfachen, kann mit einem Lieferanten vereinbart werden, dass eine Abrechnung zu den erfolgten Wareneingängen automatisch durchgeführt wird.

Dies bedeutet einerseits, dass der Lieferant keine Einzelrechnung mehr stellen muss und andererseits, dass eine aufwendige Rechnungsprüfung entfällt, da das System die Rechnung zum Bestellwert automatisch erstellt (**Pro-forma-Rechnung**).

2.5 Elektronische Beschaffung – E-Procurement[1]

Die elektronische Beschaffung (E-Procurement) bezeichnet alle Arten des Einkaufs über geschlossene Computernetze zwischen Kunden und Lieferanten (Extranet) und über offene Computernetze (Internet).

Formen der elektronischen Beschaffung („Plattformen")

Die einfachste Form des elektronischen Einkaufs ist die direkte Datenverbindung zwischen Käufer und Verkäufer – **Electronic Data Interchange (EDI)** genannt. Mit EDI kann der warenbegleitende Geschäftsverkehr (Bestellungen, Lieferscheine, Rechnungen, Zahlungsbelege usw.) zwischen den Beteiligten vollautomatisch abgewickelt werden. Die Geschäftsdaten werden **ohne Medienbruch** übertragen. Die Daten können unabhängig von der eingesetzten Hardware und Software und den verwendeten Netzen und Übertragungsdiensten ausgetauscht werden. Handel und Industrie profitieren durch die Beschleunigung und Qualitätsverbesserung der Abläufe, durch Kosteneinsparungen, bessere Organisation, besseren Service und Stärkung der Marktposition.

Viele Lieferanten bieten ihre Waren auf ihrer **Anbieter-Webseite** (Portal) in einem **elektronischen Katalog** oder in einem **Onlineshop** an. Um sich einen umfassenden Überblick über das gesamte Marktangebot zu verschaffen, muss der Käufer alle Webseiten der infrage kommenden Lieferanten besuchen und ihre Preise aufwendig vergleichen. Das Gegenstück zu diesem Anbieter-Portal („sellside") ist das **Nachfrager-Portal** („buyside"). Hier kann der Käufer seinen Materialbedarf veröffentlichen. Interessierte Lieferanten informieren sich über Details und geben ihre Angebote ab (Beispiel: Click2procure von Siemens).

Beispiel: Nachfrager-Portal (Nachfrager-Webseite) der Firma Siemens

---

1 Engl. to procure = beschaffen

Elektronische Marktplätze gehen einen Schritt weiter. Sie bringen, wie bei echten Märkten, mehrere Anbieter und mehrere Nachfrager zusammen. Informationsaustausch, Preisfindung und Geschäftsabschluss finden über das Internet statt. Käufer und Verkäufer können auf solchen virtuellen Marktplätzen zu jeder Zeit Waren nachfragen und anbieten.

Formen des Elektronischen Marktplatzes

Elektronische Marktplätze gibt es als katalog-, ausschreibungs-, auktionsbasierte Märkte und in Form des Powershopping.

katalogbasierter Marktplatz	Der Marktplatzbetreiber fasst die Einzelkataloge verschiedener Lieferanten zu einem Gesamtkatalog zusammen. Der Einkäufer kann so unabhängig von einem Hersteller nach einem bestimmten Artikel suchen. Häufig übernimmt der Marktplatzbetreiber (z. B. mercateo.com für Büroartikel) auch die Stellung einer Sammelrechnung und die Versandabwicklung, auch wenn die ausgesuchten Artikel verschiedene Hersteller haben.
ausschreibungs- basierter Marktplatz	Der Marktplatzbetreiber leitet detaillierte Kaufwünsche von Einkäufern automatisch an passende Lieferantenpools weiter. Der Einkäufer kann auch bestimmte Lieferanten zur Angebotsabgabe auffordern. Wenn kein Pool existiert, übernimmt der Marktplatzbetreiber auch die Recherche nach geeigneten Lieferanten und holt Angebote ein.
auktionsbasierter Marktplatz	Am meisten verbreitet ist die *klassische* bzw. **englische Auktion** (*seller auction* oder *forward auction*). Dabei werden Artikel oder Dienstleistungen von Lieferanten zum Verkauf angeboten und von Nachfragern ersteigert. Der höchste Bieter bekommt den Zuschlag. Der Auktionator bestimmt das Mindestgebot, die Mindestschritte der Steigerung und den Zeitpunkt, an dem die Auktion endet. Bei der **umgekehrten Auktion** (*buyer auction* oder *reverse auction*) sind die Rollen vertauscht. Der Käufer gibt seinen Bedarf an Waren oder Dienstleistungen auf der Marktplatz-Webseite bekannt. Die Lieferanten geben innerhalb einer festgelegten Zeitspanne ihre Gebote ab, der günstigste bekommt den Zuschlag. Bei *offenen Auktionen* kann jeder registrierte Lieferant mitbieten, *geschlossene Auktionen* haben einen vorher zugelassenen Bieterkreis.
Powershopping (collective sourcing)	Die Bestellmenge mehrerer Einkäufer werden gebündelt (Käuferpool). Je mehr Käufer sich für eine Ware finden, desto billiger wird sie für den einzelnen. Der Marktplatzbetreiber trifft dazu eine entsprechende Vereinbarung mit einem Hersteller, legt die Preissenkungsschritte fest sowie die Anzahl der dafür nachgefragten Produkte und bestimmt den Zeitpunkt, an dem die Powershopping-Aktion endet. Besondere Kundenwünsche können meist nicht akzeptiert werden.

Von diesen echten Online-Auktionen sind die **Langzeit-Online-Auktionen** bei **Internetauktionshäusern** (z. B. eBay) zu unterscheiden, die sich über mehrere Wochen erstrecken. Innerhalb dieses Zeitrahmens können sich potenzielle Käufer in ihren Preisangeboten überbieten **(Seller Auctions)**. Die typischen Merkmale einer klassischen Versteigerung (gegenseitiges Hochschaukeln der Bieter, Höchstgebotsgrundsatz, Zeitdruck, persönliche Anwesenheit von Bieter und Versteigerer in einem Raum) liegen bei Langzeitauktionen nur in abgeschwächter Form vor. Internetauktionen sind daher keine Versteigerungen im Sinne des Gesetzes (GewO § 34 b, BGB § 156).

Vertragsschluss beim Kauf im Internet

Auch beim Kauf im Internet kommt ein Vertrag durch Antrag und Annahme zustande. Die entscheidende Frage ist, ob der Nutzer durch das Klicken des Ja-Buttons oder das Drücken der Eingabetaste bereits einen Antrag (Angebot) des Verkäufers annimmt oder lediglich selbst einen Antrag abgibt.

Das Anbieten von Waren auf einer Website im Internet ist (ähnlich wie beim Ausstellen von Waren in einem Schaufenster) **nicht an eine bestimmte Person** gerichtet, stellt also keinen Antrag im rechtlichen Sinne dar. Es handelt sich lediglich um eine Aufforderung[1] an einen potenziellen Käufer, selbst einen Antrag abzugeben. Der Besteller macht mit dem Klick auf den Ja-Button einen verbindlichen Antrag. Der Inhalt dieses Antrags lautet, die ausgestellte Ware zu den genannten Bedingungen kaufen zu wollen. Antwortet der Verkäufer mit einer Bestätigung, gilt dies als Annahme des Antrags des Käufers – der Vertrag ist geschlossen. Das Gleiche gilt, wenn die Ware ohne eine weitere Bestätigung geliefert wird. Eine Annahme per E-Mail wird in dem Moment wirksam, in dem sie beim Empfänger im Mailprogramm ankommt, also in dessen Machtbereich gelangt. Dazu reicht schon die Ablage auf dem Server, von dem aus dann die Mail abgerufen werden kann.

Nach anerkannter Rechtsprechung stellt der bei einem Internetauktionshaus (Langzeit-Online-Auktion) eingestellte Angebotstext ein **verbindliches Angebot** (vorweggenommene Annahme) des Einstellers dar. Der Kaufvertrag kommt wirksam mit dem Bieter zustande, der bei Ablauf der „Auktion" das höchste Gebot abgegeben hat. Gibt der Anbieter einen Mindestpreis (**Mindestpreisoption**) an, dann ist klar, dass er für seinen Artikel erst ab Erreichen dieses Mindestpreises einen rechtsgültigen Kaufvertragsabschluss mit dem jeweiligen Bieter eingehen möchte.

Schadenersatz für eBay-Bieter

Wer auf der Website von eBay eine Ware zur Versteigerung anbietet, gibt nach einem Urteil des Oberlandesgerichts Oldenburg ein bindendes Verkaufsangebot ohne Rücktrittsrecht ab. Das Gericht sprach einem Bieter Schadenersatz zu, nachdem der Besitzer eines Autos eine Internetauktion vorzeitig ohne Zuschlag abgebrochen hatte. Für das Auto mit einem geschätzten Verkehrswert von 7 000,00 € hatte der Bieter bei Abbruch der Versteigerung das Höchstgebot von 4 550,00 € abgegeben. Der Besitzer des Wagens weigerte sich jedoch, das Auto herauszugeben.

Jetzt muss er die Differenz zwischen Höchstgebot und Verkehrswert dem Bieter als Schadenersatz für entgangenen Gewinn auszahlen. Wer eine Ware bei eBay einstelle, erkläre schon zu diesem Zeitpunkt, dass er das höchste wirksame Gebot annehme.

(Quelle: AP, in: Südwestpresse, 05.08.2005, S. 7)

Im Gegensatz zu echten Online-Auktionen gilt bei Langzeit-Online-Auktionen das zweiwöchige **Widerrufsrecht** des Verbrauchers nach BGB §§ 312g i. V. m. 355. Das Widerrufsrecht gilt nur gegenüber gewerblichen Verkäufern, nicht gegenüber privaten Anbietern (siehe hierzu LF 1, Kap. Verbraucherschutz bei einseitigem Handelskauf). Das zweiwöchige Widerrufsrecht verlängert sich unbegrenzt, wenn der Händler nicht korrekt darauf hingewiesen hat (BGB § 356). Das ist immer dann der Fall, wenn der Kunde nur über Umwege zur Widerrufsbelehrung gelangen kann.

---

[1] Rechtlicher Sprachgebrauch: invitatio ad offerendum

EXKURS

Internet-Versteigerungen – so wird's ein echtes Schnäppchen

Der kurzen Freude über „eins, zwei, drei – meins!" kann auch die herbe Enttäuschung folgen. Hier einige Tipps, wie man Fallen vermeidet.

- **Produktbeschreibung genau lesen**. Der Verkäufer muss nur liefern, was in der Beschreibung steht.

- **Bewertungen analysieren**. Viele Auktionshäuser haben ein Bewertungssystem, in dem sich die Vertragspartner gegenseitig beurteilen: Vorsicht bei Negativbewertungen!

- **Vorher Preisinformationen einholen und sich Obergrenzen setzen**. Wer über den Preis für das gewünschte Produkt informiert ist, weiß, wie lange er beim Ersteigern ein Schnäppchen macht und wann es Zeit wird aufzuhören.

- **Allgemeine Geschäftsbedingungen** lesen. Viele Händler bieten ihre Produkte auch über das Internet an. Hier hat der Verbraucher das Gewährleistungsrecht von zwei Jahren und das Widerspruchsrecht innerhalb 14 Tagen. Rücksendungen mangelhafter Waren sind portofrei.

- **Zusatzkosten klären**. Da der Käufer die Versandkosten trägt, können hohe Versandkosten Schnäppchen schnell zum teuren Vergnügen machen.

- **Angebote privater Verkäufer kritisch prüfen**. Private Verkäufer können die Gewährleistung ausschließen. Das kann zu Problemen führen, wenn das ersteigerte Produkt nach drei Monaten plötzlich nicht mehr funktioniert.

- **Zum richtigen Zeitpunkt bieten**. Bei einer Auktion am Anfang erst zurückhaltend sein und beobachten.

- **Vorkasse möglichst vermeiden**. Die meisten Verkäufer verlangen zwar Vorkasse, besser ist aber eine Lieferung per Nachnahme oder bei hohen Summen die Nutzung eines Treuhandkontos.

- **Beweismittel sichern**. Alle wichtigen Informationen über das Angebot, die Nebenkosten usw. auf dem Rechner speichern, damit man bei Problemen Nachweismöglichkeiten vorlegen kann.

ZUSAMMENFASSUNG

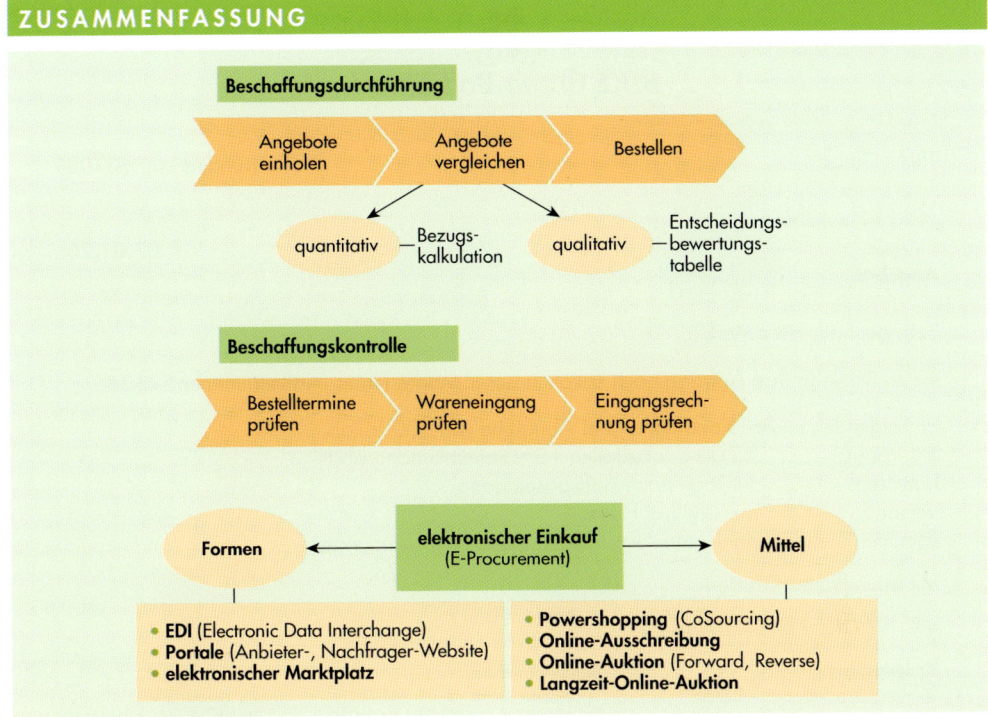

AUFGABEN

1. Schreiben Sie jeden der folgenden Begriffe auf die Kopfzeile eines DIN-A6-Kärtchens:

   Anfrage, Angebotsvergleich (quantitativ), Angebotsvergleich (qualitativ), Bezugskalkulation, Angebotsvergleich (Kriterien), Entscheidungsbewertungstabelle (Vorgehensweise), Bestellung (Begriff), Bestellrückstandsliste, Wareneingang (Bearbeitungsschritte), Eingangsrechnung (Bearbeitungsschritte), Zahlungssperre, Pro-Forma-Rechnung, E-Procurement, EDI, Anbieter-Portal, Nachfrager-Portal, elektronischer Marktplatz, Powershopping, Online-Ausschreibung, Online-Auktion, Reverse Auction, Langzeit-Online-Auktion

   Sortieren Sie die Begriffskärtchen nach den Kriterien „weiß ich" oder „weiß ich nicht".

   Bilden Sie Kleingruppen mit höchstens drei Mitgliedern. Erklären Sie sich gegenseitig die „Weiß-ich-nicht"-Kärtchen. Schlagen Sie dabei die ungeklärten Begriffe im Schulbuch nach oder nehmen Sie Kontakt zu einer anderen Kleingruppe auf.

   Schreiben Sie die Begriffserklärungen auf die Rückseite Ihrer Kärtchen und ordnen Sie die Kärtchen unter der Leitkarte „Beschaffungsdurchführung und -kontrolle" alphabetisch in Ihren Lernkartei-Behälter ein.

2. *Bilden Sie Teams mit jeweils drei Mitgliedern (Stammgruppen). Schreiben Sie jeden der Begriffe aus Aufgabe 1 auf ein extra Stück Papier und fügen Sie diese Papierkärtchen zu einer sinnvollen Struktur zusammen. Die Struktur kann durch Pfeile, Farben, Symbole, Texte (z. B. Überschriften), Bilder oder weitere Begriffe ergänzt werden.*

3. *Auf die Anfragen nach Radtrikots gingen drei Angebote ein. Helfen Sie Jürgen Merkle (Einkaufsleiter der TRIAL GmbH) beim rechnerischen Angebotsvergleich.*

BIKE Groha Doll GmbH

Berliner Str. 5 – 76646 Bruchsal-Heidelsheim

TRIAL GmbH
Franz-Sigel-Str. 188
69111 Heidelberg

Kunden-Nr.: **637039**

07.01.20..

Angebot

Sehr geehrter Herr Merkle,

vielen Dank für Ihre Anfrage nach Trikots unserer Marke Tenno, Artikelnummer 546566.

Im Folgenden unsere Konditionen bei Abnahme von 200 Trikots:
Stückpreis: 25,00 € abzüglich 10% Stammkundenrabatt
Lieferzeit: 14 Tage nach Auftragseingang
Versand: per Lkw frei Haus
Beachten Sie die beigelegten Allgemeinen Geschäftsbedingungen.

Mit freundlichen Grüßen

i. A. *H. Fronmüller*

Zahlungsbedingungen	Bankverbindung	Gerichtsstand
Zahlbar innerhalb von 14 Tagen unter Abzug von 3% Skonto oder 60 Tage netto	Sparkasse Kraichgau BIC: BRUSDE66XXX (BLZ 663 500 36) IBAN: DE04 6635 0036 0000 0546 54 (Konto-Nr. 54654)	für beide Teile Bruchsal

ZORN Bikewear KG

Walldorfer Str. 324 – 68519 Viernheim

TRIAL GmbH
Franz-Sigel-Str. 188
69111 Heidelberg

Kunden-Nr.: **564**

09.01.20..

Angebot

Sehr geehrter Herr Merkle,

vielen Dank für Ihre Anfrage nach Trikots unseres Hauses.

Im Folgenden unsere Konditionen bei Abnahme von 200 Trikots:
Stückpreis: 24,00 € abzüglich 5% Stammkundenrabatt
Lieferzeit: 10 Tage nach Auftragseingang
Versand: für 200 Trikots pauschal 100,00 €

Mit freundlichen Grüßen

i. A. **Lisa Richter**

Zahlungsbedingungen	Bankverbindung	Gerichtsstand
Zahlbar innerhalb von 14 Tagen unter Abzug von 2% Skonto oder 60 Tage netto	Sparkasse Viernheim BIC: HELADEF1HEP (BLZ 509 514 69) IBAN: DE45 5095 1469 0000 0249 67 (Konto-Nr. 24967)	für beide Teile Viernheim

BEKLEIDUNGSWERKE SÜDTRIKOT AG

Daimlerstraße 15 – 89079 Ulm

TRIAL GmbH
Franz-Sigel-Str. 188
69111 Heidelberg

08.01.20..

Angebot

Sehr geehrter Herr Merkle,

vielen Dank für Ihre Anfrage nach Trikots der Marke Tenno. Wir können Ihnen ein günstiges Angebot unterbreiten:

Im Folgenden unsere Konditionen bei Abnahme von 200 Trikots:

Stückpreis:	30,00 € abzüglich 20% Neukundenrabatt
Lieferzeit:	10 Tage nach Auftragseingang
Versand:	1% des Warenwerts
Zahlung:	3% Skonto innerhalb 14 Tagen, 60 Tage Ziel.

Mit freundlichen Grüßen

i. A. *Bernd Ahrend*

Bankverbindung: Volksbank Ulm eG IBAN: DE35 6309 0100 0720 4560 04 (Konto 720456004), BIC: ULMVDE66XXX (BLZ 630 901 00)

4   Lesen Sie die Fragen a) bis c) in Ihrer Stammgruppe durch. Delegieren Sie je einen Abgeordneten (Experten) für eine Frage. Die jeweiligen Experten treffen sich in Expertengruppen und bearbeiten die entsprechende Frage. Die Experten kehren anschließend in ihre Stammgruppen zurück und vermitteln dort ihr Wissen.
   a)   Stellen Sie die Schritte bis zum Abschluss eines Kaufvertrags mit einem neuen Lieferanten dar.
   b)   Erläutern Sie die rechtlichen Wirkungen, die eine Bestellung haben kann. Gehen Sie auch auf die elektronische Bestellung ein.
   c)   Unterscheiden Sie inner- und außerbetriebliche Informationsmöglichkeiten zu Bezugsquellen. Geben Sie jeweils einige Beispiele.

5   Untersuchen Sie in folgenden Fällen, welcher Vertragspartner (Käufer oder Verkäufer) den Antrag bzw. die Annahme erklärt. Begründen Sie in jedem der Fälle, ob ein Kaufvertrag zustande gekommen ist. In welchen Fällen ist eine Auftragsbestätigung (Bestellungsannahme) notwendig, damit ein Kaufvertrag zustande kommt?
   a)   Der Käufer bestellt, der Verkäufer lehnt die Lieferung ab.
   b)   Der Verkäufer sendet unbestellte Ware zu. Der Käufer nimmt sie in Gebrauch.
   c)   Der Käufer bestellt ohne vorausgehendes Angebot. Der Verkäufer schweigt.
   • Käufer und Verkäufer stehen in ständiger Geschäftsbeziehung.
   • Käufer und Verkäufer hatten bisher keine Geschäftsverbindung.
   d)   Der Verkäufer unterbreitet ein Angebot, der Käufer bestellt.
   e)   Der Verkäufer macht ein freibleibendes Angebot, der Käufer bestellt daraufhin.
   f)   Der Verkäufer macht ein schriftliches Angebot per Brief (der Brief geht am 12.01. heraus), der Käufer bestellt am
   • 22.01. per E-Mail.
   • 15.01. ebenfalls per Brief. Er fordert zusätzlich einen Rabatt in Höhe von 10%.
   g)   Der Käufer bestellt aufgrund eines Werbeprospekts in der Tageszeitung, der Verkäufer sendet daraufhin die Ware zu.

Tipp: Lösen Sie obige Fälle, indem Sie eine Tabelle nach folgendem Muster anlegen:

Fall	Käufer		Verkäufer		Kaufvertrag		
	Antrag	Annahme	Antrag	Annahme	ja	nein	Begründung
a)	?	?	?	?	?	?	?
b)							

6 Der Sportgerätegroßhändler Hans Abraham führt wie mehrere seiner Konkurrenten das Trimm-
gerät „Elonova" in seinem Programm. Abraham entdeckt auf einer Fachmesse drei weitere
Hersteller (auch aus dem Ausland), die ein in der Funktion mit „Elonova" identisches Produkt
herstellen und es ihm anbieten. Die Preisdifferenzen aller vier Produkte sind geringfügig.
Abraham sieht deshalb zunächst davon ab, nur einen reinen Preisvergleich durchzuführen
und sucht nach anderen Kriterien der Bewertung, die vergleichbar sind.

Zu diesem Zweck lässt er sich von seiner Beschaffungsabteilung über alle Anbieter und deren
Produkt einen ausführlichen Bericht anfertigen. Anhand dieser Berichte will Abraham entscheiden, von wem er künftig beziehen will. Der Preis soll nur dann vergleichsweise als Entscheidungs-
hilfe herangezogen werden, wenn andere Kriterien nicht zu einem eindeutigen Ergebnis führen.

Berichte

Hersteller des Produkts „Elonova", Deutschland

Der Hersteller liefert ab 100 Stück bzw. ein Vielfaches davon. Seine Lieferfristen sind sehr
kurz und die Abwicklung der Lieferungen erfolgt zu unserer vollen Zufriedenheit. Seine
Stellung auf dem Markt kann mit „gut" bewertet werden, seine Liefertermine hält er pein-
lich genau ein. Von unseren Technikern wird seine Qualität mit gut gewertet, das Design
macht einen sachlichen, zurückhaltenden Eindruck, seine Garantieabwicklung ist nach
kurzer Überprüfung seiner Gewährleistungspflicht zügig. Der Hersteller hat stets alle Ersatzteile auf Lager und liefert diese auch schnell an uns aus.

Von der Werbung erhalten wir nicht nur eine hervorragende Unterstützung durch Pros-
pektmaterial, sondern der Hersteller wendet sich auch an die Endverbraucher durch ge-
zielte Massenwerbung.

Preis: 36,00 € frei Haus, netto.

Hersteller des Produkts „Recleta", Deutschland

Der Hersteller liefert ab 200 Stück jede beliebige Stückzahl. Er genießt auf dem deutschen
Markt ein ausgezeichnetes Image, seine Produkte haben stets gute Qualität, die Aufmachung ist sehr sachbezogen.

Die Auftragsabwicklung wird zufriedenstellend durchgeführt, die technische Beratung gilt
als sehr gut, die Garantieabwicklung erfolgt allerdings etwas schleppend. Sowohl bei der
Lieferzeit als auch bei der Ersatzteilversorgung ergeben sich starke Unregelmäßigkeiten, da
die Firma bis an die oberste Grenze ihrer Kapaztät ausgelastet ist. Der Liefertermin wird
deshalb auch nicht immer eingehalten. Von der Werbung dieser Firma ist uns bekannt,
dass sie stets um eine intensive Verkaufspolitik bemüht ist.

Preis: 40,00 €, Mengenrabatt 10 %, je 100 Stück werden an Fracht- und Verpackungskosten
60,00 € berechnet.

Hersteller des Produkts „Elux", Japan

Die deutsche Niederlassung dieser japanischen Firma gibt sich bezüglich der technischen Beratung alle Mühe und ist mit hervorragenden Fachleuten besetzt. Garantieleistungen werden großzügig und kulant gewährt, die benötigten Ersatzteile sind in Deutschland stets vorrätig und werden kurzfristig geliefert. Die Firma plant zur Ankurbelung des Verkaufs auf unserem Markt in Kürze einen groß angelegten Werbefeldzug.

Das Produkt „Elux" hat eine gute Qualität, ein auffallendes, ansprechendes Design, ist jedoch in Deutschland noch wenig bekannt. Der Hersteller ist aber mit anderen Produkten auf dem deutschen Markt bereits gut eingeführt.

Geliefert wird nur in Losgrößen ab 500 Stück. Die Abwicklung der Bestellung erfolgt ausschließlich über die deutsche Niederlassung. Die Lieferzeiten sind, wegen des langen Transportweges, etwa doppelt so lang wie bei den europäischen Herstellern. Der zugesagte Liefertermin wird immer pünktlich eingehalten:

Preis: 36,00 €, frei Haus; bei Bezahlung innerhalb von zehn Tagen dürfen 2 % Skonto abgezogen werden.

Hersteller des Produkts „Centovalli", Italien

Die Firma kann, obwohl sie in Italien ihren Sitz hat, sehr kurzfristig liefern; es müssen dann allerdings mindestens 600 Stück abgenommen werden, die weiteren Teilmengen betragen jeweils 100 Stück. Auch dieser Hersteller bietet eine gute Qualität, hat aber gegenüber allen anderen Anbietern den Vorzug einer glänzenden Aufmachungsidee. Der Hersteller ist in Deutschland gut bekannt und genießt ein exklusives Markenimage. Bei der Abwicklung von Bestellungen kann die italienische Sprache u. U. Schwierigkeiten bereiten. Die technische Beratung wird von einem deutschsprachigen Ingenieur einwandfrei durchgeführt, allerdings erfolgt die Garantieabwicklung schleppend und mit vielen Rückfragen. Ersatzteile haben eine lange Lieferfrist und die Liefertermine werden durch gelegentliche Streiks immer wieder nicht eingehalten. Die Firma betreibt zwar in Deutschland keine Werbung, ihre hervorragende Werbeabteilung kann uns aber behilflich sein.

Preis: 36,00 €, frei Haus, netto.

(Quelle: Nach Fallstudie „Die Entscheidung Abraham" von Erika Liebhardt, Günter Portune, Stuttgart)

Entnehmen Sie für einen Vergleich aus den Berichten über die Anbieter geeignete Kriterien und übertragen Sie diese in die Entscheidungsbewertungstabelle. Verwenden Sie ein Tabellenkalkulationsprogramm.

Entscheidungsbewertungstabelle zur Lieferantenauswahl

Hersteller des Produkts		„Elonova" Deutschland		„Recleta" Deutschland		„Elux" Japan		„Centovalli" Italien	
Auswahlkriterien	Gewichtung	Bewertung	Punkte	Bewertung	Punkte	Bewertung	Punkte	Bewertung	Punkte
?	?	?	?	?	?	?	?	?	?

Erläuterungen zur Entscheidungsbewertungstabelle
(1) Suchen Sie zuerst Kriterien, die für die Lieferantenauswahl bedeutsam sind.
(2) Gewichten Sie diese Kriterien. (Gewichtungsziffern: 0 = unwichtig bis 5 = sehr wichtig)

(3) Beurteilen Sie anhand der vorliegenden Informationen, wie gut die einzelnen Lieferanten die Auswahlkriterien erfüllen. (Bewertungsziffern: 0 = nicht erfüllt bis 5 = sehr gut erfüllt)

(4) Multiplizieren Sie nun die Gewichtungsziffern mit den Bewertungsziffern.

(5) Ermitteln Sie jetzt durch Addition die Gesamtpunktzahl für jeden Lieferanten.

(6) Wählen Sie den Lieferanten mit der höchsten Punktzahl. Bei Punktgleichheit gibt der Preis den Ausschlag (ggf. auch das Kriterium mit der höchsten Gewichtung).

7

Instrumente der elektronischen Beschaffung

1. Angebote elektronisch einholen

Wollte zum Beispiel früher ein VW-Einkäufer Autoteile kaufen, schickte er Faxe an potenzielle Zulieferer mit der Anfrage nach Waren und Konditionen. Meist sandte er per Post die oft kiloschweren Produktspezifikationen hinterher. Anschließend gab es diverse telefonische Rückfragen. Letztendlich trafen sich Ein- und Verkäufer noch persönlich zum entscheidenden Gespräch.

Heute dagegen schreibt der Einkäufer die diversen Zulieferer per E-Mail an, schickt die genauen Produktwünsche (anhand von Zeichnungen, Normen und so weiter) als Anlage gleich mit und bittet binnen Wochenfrist um Angebotsabgabe per Internet. Ende der Veranstaltung.

„Der elektronische Weg reduziert die bisherigen Papierberge und den Zeitaufwand beträchtlich", sagt VW-Beschaffungsvorstand Francisco Javier Garcia Sanz.

Um zu wissen, wer was anbietet, hat VW eine Lieferanten-Datenbank installiert. Sie wird von den Zulieferern selbst gepflegt. Die Unternehmen geben ihre Produktinformationen ein und aktualisieren sie, wenn nötig.

2. Blättern im Onlinekatalog

Noch vor ein oder zwei Jahren musste eine Sekretärin, die eine neue Druckerpatrone brauchte, oder ein Meister, der ein neues Werkzeug anschaffen wollte, vorgedruckte Bestellformulare ausfüllen. Diese wanderten dann zur Gegenzeichnung in mehrfacher Ausfertigung in andere Abteilungen und schlummerten dort tagelang ungelesen in Eingangskörben, ehe nach Wochen die gewünschte Ware beim Besteller landete.

Heute klickt die Sekretärin oder der Meister den Onlinekatalog des eigenen Unternehmens an, wählt das Produkt aus und ordert es. Wenige Tage später sind Druckerpatrone oder Werkzeug an Ort und Stelle. Alles passiert papierlos – im Prinzip so leicht wie ein Onlineeinkauf beim Buchversender Amazon.

Der Katalogeinkauf bringt enorme Zeitersparnis: Bei VW sind die Durchlaufzeiten pro Bestellung um 95 Prozent verkürzt. In den diversen Onlinekatalogen von VW stehen 360 000 Artikel zum Kauf. Der „eShop" von DaimlerChrysler umfasst gar mehrere Millionen Produkte. [...]

3. Einkaufsteile im Netz ersteigern

Geht es nicht nur um Tausende von Bleistiften oder Tonnen von Kopierpapier, sondern um höherwertige Büromaterialien und wertvolle Fahrzeugteile, so veranstalten die Autokonzerne mit Vorliebe Onlineauktionen. [...]

Heute geht es um ein simples Produkt aus dem Kunststoffbereich. 1,1 Millionen Stück will VW-Einkäufer Kaarz online beschaffen.

Vier Zulieferfirmen, die an der Auktion teilnehmen dürfen, haben seine Mitarbeiter ausgewählt. Vor zwei Wochen wurden die Firmen per E-Mail angeschrieben. Außerdem bekamen sie Zeichnungen mit der Produktspezifikation zugeschickt. Dann mussten sie entscheiden, ob sie mitmachen. Alle vier sagten zu.

9:50 Uhr: Der erste Zulieferer loggt sich ein. Die anderen drei Konkurrenten kommen kurz vor Auktionsbeginn um 9.57 Uhr dazu. Sie haben alle eine achtstellige Kennziffer bekommen, die nur für diese Auktion gilt. Das ist die Eintrittskarte zur

Onlineverhandlung, sie schützt vor unbefugten Spähern. […]

10:00 Uhr: Die vier haben ihre ersten Angebote abgegeben. Sie schwanken zwischen 0,62 und 1,45 € pro 100 Stück. […]

10:10 Uhr: Der Lieferant mit dem schlechtesten Angebot bessert nach – von 1,45 auf 1,37 €. […]

Der teure Zulieferer weiß nicht, dass er weit hinten liegt. Die Bieter sehen auf ihren Bildschirmen nicht, wer noch mit von der Partie ist und zu welchem Preis. Ihnen wird nur grob angezeigt, wo sie stehen – zum Beispiel in der oberen oder unteren Hälfte der Bieterskala.

Bei manchen Auktionen können die Verkäufer genau verfolgen, wo sie und ihre Konkurrenten angesiedelt sind. Den Zulieferern dienen diese Angaben als eine gute Benchmark, die ihnen hilft, ihre Wettbewerbskraft einzuschätzen.

10:19 Uhr: Die ersten drei Lieferanten gleichen sich stark an. Ihre Angebote liegen jetzt dicht beieinander: 0,61, 0,62 und 0,64 €. Nur der vierte verharrt immer noch bei 1,37 €. […]

10:50 Uhr: Ende der Auktion. Das beste Angebot liegt bei 0,61 €. Kaarz verabschiedet sich bei den Lieferanten und kündigt an: „Die Entscheidung fällt in den nächsten Tagen."

Die Auktion ist vorbei, die Arbeit für die Einkäufer nicht. Denn oft bekommt nicht automatisch derjenige den Zuschlag, der den günstigsten Preis geboten hat. Kaarz: „Ich gehe mit meinem Team das alles nochmals durch." Neben dem Preis bezieht er auch noch andere Kriterien in seine endgültige Entscheidung mit ein, zum Beispiel die Bonität des Bieters und die Qualität der Ware.

In diesem Fall hat zwei Tage später der billigste Lieferant den Zuschlag bekommen. […]

(Quelle: u. a. Wolfgang Hirn: Teilweise erfolgreich, in: N@tmanager 1/2002, S. 15 ff.)

Bereiten Sie den obigen Text auf und präsentieren Sie die Instrumente der elektronischen Beschaffung (Definition, Merkmal, Vorteile, Probleme) auf einem Plakat.

(Verweis: Buchungen des Wareneinkaufs → Lernfeld 7, Kapitel 3.2)

2.6 Liefererskonti beim Wareneinkauf

PROBLEM

Kontonummer 25654133 IBAN: DE10 6609 0800 0025 6541 33	**KONTOAUSZUG** Badische Beamtenbank BIC: GENODE61BBB	Auszug 26	Blatt 1
Buchungsanlass	Verwendungszweck	Buchungstag	Umsätze Zu Ihren Lasten=S Zu Ihren Gunsten=H
Lastschrift Raddiscount	R.-Nr. 231-55 vom 09.04.16 abzügl. 3% Skonto	23-04-16	217,81 € S
Auszugsdatum	Alter Kontostand 46795,23 € H	Neuer Kontostand 46577,42 € H	
TRIAL GmbH, Franz-Sigel-Str. 188, 69111 Heidelberg			

Katja Müller hat den Rechnungsbetrag unter Abzug des Skontos an den Kreditor **Raddiscount Wolfsburg** überwiesen. Herr Gasch ist der Meinung, dass es sinnvoller gewesen wäre, erst mit dem Ende des Zahlungsziels (30 Tage) zu überweisen.

ARBEITSAUFTRAG

Helfen Sie Katja Müller dabei, Herrn Gasch rechnerisch davon zu überzeugen, dass die Inanspruchnahme des Skontos für die TRIAL GmbH betriebswirtschaftlich sinnvoll gewesen ist.

Durch die Inanspruchnahme des Skontos reduziert sich die Verbindlichkeit gegenüber dem Kreditor. Der eingesparte Geldbetrag entspricht einer **Verzinsung**, die sich durch **keine** vergleichsweise **risikolose Geldanlage** auf dem Kapitalmarkt erzielen lässt. Unternehmen sollten daher immer versuchen, den Skonto auszunutzen.

Die Inanspruchnahme eines Liefererskontos macht eine **Korrektur** (②) der bei der Erfassung der **Eingangsrechnung** (①) gebuchten **Aufwendungen** (hier: Konto 6000 Aufwendungen für Waren (Bikewear)), der **Vorsteuer** und der **Verbindlichkeiten** gegenüber dem Kreditor notwendig. Die Korrektur wird während des Geschäftsjahres auf einem **Unterkonto** (hier: Konto 6003 Liefererskonti (Bikewear)) durchgeführt.

Der **Saldo** des Unterkontos wird spätestens zum Ende des Geschäftsjahres auf das jeweilige **Hauptkonto** (hier: Konto 6000 Aufwendungen für Waren (Bikewear)) **umgebucht** (③):

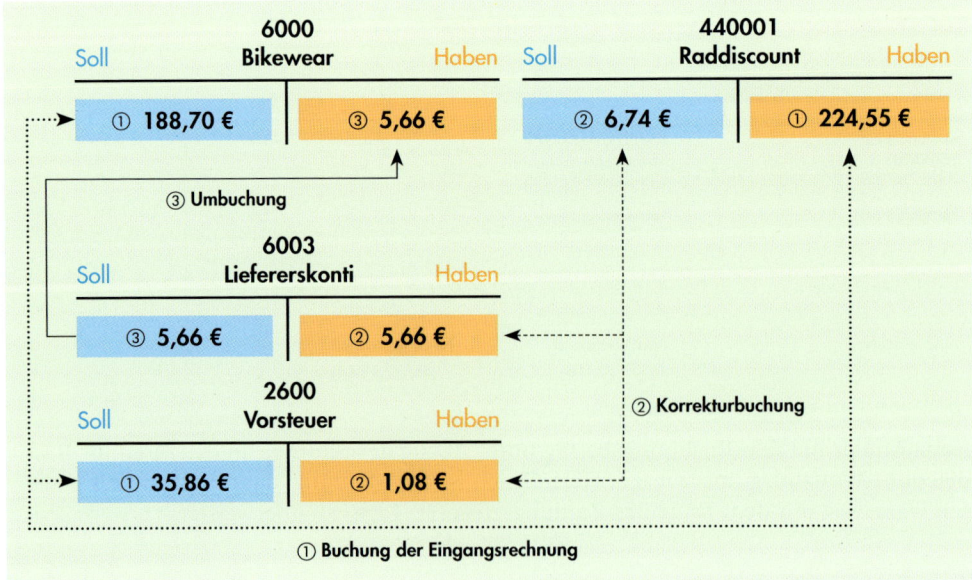

1. Buchung der **Eingangsrechnung**

Soll-Kontonr.	Name	Haben-Kontonr.	Name	Betrag in €
6000	Aufw. f. Waren (Bikewear)			188,71 €
2600	Vorsteuer			35,85 €
		440001	Verb. gg. Raddiscount	224,56 €

2. **Korrekturbuchung** wegen Liefererskonto

Soll-Kontonr.	Name	Haben-Kontonr.	Name	Betrag in €
440001	Verb. gg. Raddiscount			6,74 €
		6003	Liefererskonti (Bikewear)	5,66 €
		2600	Vorsteuer	1,08 €

3. **Umbuchung**

Soll-Kontonr.	Name	Haben-Kontonr.	Name	Betrag in €
6003	Liefererskonti (Bikewear)			5,66 €
		6000	Aufw. f. Waren (Bikewear)	5,66 €

4. **Buchung des Zahlungsausgangs**

Soll-Kontonr.	Name	Haben-Kontonr.	Name	Betrag in €
440001	Verb. gg. Raddiscount			217,81 €
		2800	Bank	217,81 €

AUFGABEN

1   Buchen Sie die folgenden Geschäftsvorfälle. Beachten Sie, dass Sie auf den entsprechenden Hauptbuchkonten buchen müssen:

Geschäftsvorfall

a) Die TRIAL GmbH überweist unter Abzug von 3% Skonto 2 200,00 € auf das Bankkonto des Lieferanten.

b) Einem Lieferanten wird der Kaufpreis von 2 000,00 € unter Abzug von 3% Skonto bar übergeben.

c) Das Bankkonto der TRIAL GmbH wurde mit 242,50 € belastet. Ein Kreditor hat den Rechnungsbetrag unter Abzug von 2% Skonto eingezogen.

2 Formulieren Sie zu den folgenden Buchungssätzen die Geschäftsvorfälle. Beachten Sie dabei, dass bei dieser Aufgabe auf den Hauptbuchkonten gebucht wurde:

a)

Soll-Kontonr.	Haben-Kontonr.	Betrag in €
4400		2 975,00
	6003	50,00
	2600	9,50
	2820	2 915,50

b)

Soll-Kontonr.	Haben-Kontonr.	Betrag in €
600		5 250,00
2600		997,50
	4400	6 247,50

c)

Soll-Kontonr.	Haben-Kontonr.	Betrag in €
600		60,00
2600		11,40
	4400	71,40

d)

Soll-Kontonr.	Haben-Kontonr.	Betrag in €
4400		2 380,00
	6003	60,00
	2600	11,40
	2800	2 308,60

3 Buchen Sie folgende Geschäftsvorfälle aus Sicht der TRIAL GmbH:

Geschäftsvorfall
a) Der Lieferant Ernst Stahl AG hat Bikewear verkauft. Der Rechnungsbetrag (brutto) beträgt 5 236,00 €.
b) Die TRIAL GmbH bezahlt die Rechnung (siehe Geschäftsvorfall a)) unter Abzug von 3 % Skonto bar.
c) Die TRIAL GmbH kauft für netto 11 000,00 € Bikewear von der BIKE GROHA DOLL GmbH ein.
d) Die Rechnung (siehe Geschäftsvorfall c)) wird per Banküberweisung unter Abzug von 2 % Skonto überwiesen.
e) Der Lieferant Zacher GmbH erhält für Bikewear 300,00 € (netto) bar.
f) Dem Lieferanten Zorn Bikewear wird der Rechnungsbetrag von 225,00 € unter Abzug von 3 % Skonto überwiesen.

4 Formulieren Sie zu den folgenden Buchungssätzen die Geschäftsvorfälle:

a)

Soll-Kontonr.	Haben-Kontonr.	Betrag in €
440000		1 547,00
	2800	1 547,00

b)

Soll-Kontonr.	Haben-Kontonr.	Betrag in €
6000		2 926,72
2600		468,28
	440000	3 395,00

c)

Soll-Kontonr.	Haben-Kontonr.	Betrag in €
440000		2 352,00
	6003	40,34
	2600	7,66
	2800	2 400,00

5 Der Buchhalter Thomas Ernst hat über das Internet die folgenden Kontoauszüge abgerufen. Helfen Sie Ihm dabei, die Belege zu buchen. (**Annahme:** Die beiden Rechnung beziehen sich auf den Einkauf von **Rennrädern**.)

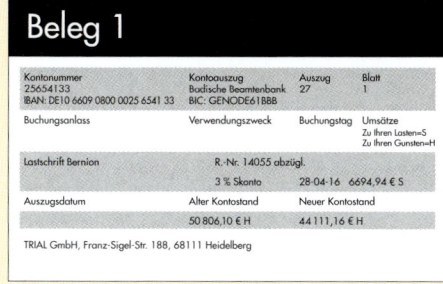

6 Erläutern Sie, warum Lieferanten ihren Kunden Skonti gewähren.

7 Liefererskonti werden wie Preisnachlässe und Rücksendungen während des Geschäftsjahres auf einem Unterkonto gebucht. Welche Vorteile bietet diese Vorgehensweise?

3   Nicht-rechtzeitig-Lieferung – Lieferungsverzug

Jürgen Merkle (Einkaufsleiter der TRIAL GmbH) sieht, wie jeden Morgen, die Bestell-rückstandsliste durch.

Auszug aus der Bestellrückstandsliste:

					Datum: 3. April 20..
Bestell-nummer	**Bestellung vom**	**vereinbarter Liefertermin**	**Lieferant**	**Artikel**	**offene Liefermenge**
230	16.03.20..	2 Wochen nach Auf-tragseingang	Bikemachines KG	Mountainbike „Trial Extrem"	10 Stück
...					

1. *Was muss Jürgen Merkle unternehmen? Wie würden Sie vorgehen? Schlagen Sie dazu im BGB die §§ 280 bis 286 nach.*

2. *Nachdem Sie einen Lösungsvorschlag erarbeitet haben, bauen Sie ein Szenenspiel für ein Tele-fongespräch auf. Szene: Jürgen Merkle (Einkaufsleiter der TRIAL GmbH) telefoniert mit Frau Steiger (Verkaufsteam Bikemachines KG). Führen Sie das Telefonat als Rollenspiel durch.*

3.1   Voraussetzungen für die Nicht-rechtzeitig-Lieferung

Die Nicht-rechtzeitig-Lieferung ist ein Schuldnerverzug des Verkäufers. Damit er eintritt, müssen nach BGB § 286 drei Voraussetzungen erfüllt sein.

Fälligkeit	Der Liefertermin muss eingetreten bzw. überschritten sein.
Mahnung (der Mah-nung steht die Klage-erhebung gleich)	Der Käufer muss den Lieferer nach Eintritt der Fälligkeit mahnen, d.h. zur Leistung auffordern. Eine Mahnung ist **nicht erforderlich**, wenn • für die Leistung eine (angemessene) Zeit nach dem Kalender bestimmt ist; hier mahnt sozusagen der Kalender, z.B. „... am 10. Mai", „Lieferung Anfang Mai" (= 01.05.), „... Mitte Mai" (= 15.05.), „Lieferung Ende Mai" (= 31.05.), siehe hierzu § 192 BGB; • der Leistung ein Ereignis vorausgeht (z.B. Anzahlung) und die Leistungszeit so bestimmt ist, dass sie sich von dem Ereignis an nach dem Kalender berechnen lässt, z.B. „Lieferung zwei Wochen nach Anzahlung"; • der Lieferer die Leistung endgültig verweigert, z.B. der Lieferer erklärt, dass er nicht liefern wird (**Selbstinverzugsetzung**); • aus besonderen Gründen unter Abwägung der Interessen beider Vertragspart-ner der sofortige Verzug gerechtfertigt ist, z.B. die Weihnachtsdekoration wird bis Weihnachten nicht geliefert, Fixkauf.
Verschulden	Der Schuldner hat Vorsatz und Fahrlässigkeit zu vertreten (BGB § 276). **Fahrlässig** handelt, wer die im Verkehr erforderliche Sorgfalt außer Acht lässt, z.B. der Lieferer übersieht den Liefertermin. Bei einfachen Massenprodukten (Gattungssachen) übernimmt der Schuldner regel-mäßig das **Beschaffungsrisiko** aufgrund des Inhalts des Schuldverhältnisses, da er aus der Gattung heraus immer nachliefern kann [BGB § 276 (1)].

Der Verkäufer wird von seiner Leistungspflicht befreit, wenn die Leistung oder Nacherfüllung für ihn oder für jedermann **unmöglich** geworden ist [BGB § 275 (1)], z. B. ein zu liefernder Pkw wird kurz vor der Übergabe vom Firmengelände gestohlen. Hat der Verkäufer die Unmöglichkeit zu vertreten (z. B. wegen Missachtung von Sorgfaltspflichten), dann schuldet er statt der Leistung den Ersatz des eingetretenen Schadens [BGB §§ 281 (1), 283]. Kann der Verkäufer darlegen, dass er die Nichtleistung wegen Unmöglichkeit nicht zu vertreten hat, dann entfallen der Schadenersatzanspruch [BGB § 275 (1)] und die Gegenleistungspflicht des Käufers [BGB § 326 (1)].

Beispiel: Jürgen Merkle, Einkaufsleiter der TRIAL GmbH, bestellte am 16. März zehn Mountainbikes der Marke „TRIAL Extrem" bei der Bikemachines KG. Diese bot die Ware am 13. März per Brief an. Da Jürgen Merkle die im Angebot genannten Bedingungen akzeptiert hat und die Bestellung rechtzeitig erfolgte (innerhalb von acht Tagen), liegt ein gültiger Kaufvertrag vor.

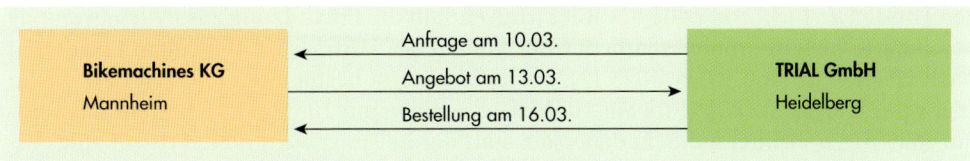

Jürgen Merkle prüft, ob alle Voraussetzungen für eine Nicht-rechtzeitig-Lieferung vorliegen.

Fälligkeit	*Die Lieferung ist „2 Wochen nach Auftragseingang" fällig. Heute ist der 3. April (siehe Bestellrückstandsliste). Die Bestellung (Auftrag) der TRIAL GmbH ging am 16. März per Brief ab und müsste bei der Bikemachines KG spätestens am 18. März eingegangen sein. Damit ist die Lieferung am 2. April fällig.*
Mahnung	*Eine Mahnung ist in diesem Fall nicht erforderlich, da sich die Leistungszeit von einem Ereignis an (Auftragseingang) nach dem Kalendertermin bestimmen lässt.*
Verschulden	*Die zu liefernden Mountainbikes sind Gattungssachen, denn sie sind aus ihrer Gattung heraus jederzeit nachlieferbar. Der Lieferer trägt in diesem Fall immer das Beschaffungsrisiko.*

Ergebnis: Es liegen alle drei Voraussetzungen der Nicht-rechtzeitig-Lieferung vor. Die Bikemachines KG befindet sich am 3. April im Lieferungsverzug.

3.2 Rechte des Käufers bei Nicht-rechtzeitig-Lieferung

Wenn die Voraussetzungen der Nicht-rechtzeitig-Lieferung vorliegen, dann kann der Käufer seine gesetzlichen bzw. vertraglichen Rechte geltend machen.

Rechte des Käufers nach Aufforderung zur Leistung ohne Fristsetzung	
Nachlieferung BGB § 433	Der Käufer besteht auf nachträglicher Erfüllung des Kaufvertrags, da die Leistungspflicht des Lieferers weiter besteht.
Schadenersatz wegen Pflichtverletzung BGB § 280 (2)	Wenn der Verkäufer eine Pflicht aus dem Kaufvertrag verletzt, dann kann der Käufer den Ersatz des hieraus entstandenen Schadens verlangen, wenn der Verkäufer die Pflichtverletzung zu vertreten hat. Ein Verzugsschaden liegt vor, wenn der Schaden aufgrund der verspäteten Lieferung entstanden ist, z. B. entgangener Gewinn.

Rechte des Käufers bei Erfüllung bestimmter Voraussetzungen	
Rücktritt vom Vertrag BGB § 323	Der Käufer kann wegen nicht oder nicht vertragsgemäß erbrachter Leistung vom Vertrag zurücktreten, wenn er dem Verkäufer zuvor **eine angemessene Frist** zur Leistung oder Nacherfüllung setzt und diese erfolglos abgelaufen ist.
Schadenersatz statt Leistung BGB §§ 281, 284	Hat der Verkäufer die Pflichtverletzung zu vertreten, dann kann der Käufer Schadenersatz statt der Leistung verlangen, wenn er dem Verkäufer vorher **eine angemessene Frist** zur Leistung bestimmt hat und diese Frist erfolglos abgelaufen ist (BGB § 281). Anstelle des Schadenersatzes statt der Leistung kann der Käufer **Ersatz der Aufwendungen** verlangen, die er im Vertrauen auf die Leistung gemacht hat (BGB § 284).

Das Schadenersatzrecht wird durch den Rücktritt nicht ausgeschlossen (BGB § 325).

Die **Fristsetzung entfällt**, wenn der Verkäufer die Leistung endgültig verweigert oder besondere Umstände die sofortige Geltendmachung des Schadenersatzanspruchs rechtfertigen [BGB § 281 (3)]. Im Falle des Rücktritts entfällt die Fristsetzung zusätzlich, wenn der vereinbarte Liefertermin wesentlicher Bestandteil des Vertrags ist. Bei einem **Fixgeschäft** nach HGB § 376 und BGB § 323 (2), bei dem eine fest bestimmte Lieferzeit bzw. Lieferfrist vereinbart ist (z.B. „… fix am 10. Mai . .“; „genau am 10. Mai . .“), besteht das Recht auf Rücktritt und/oder auf Schadenersatz statt der Leistung auch ohne Fristsetzung. Verlangt der Käufer von seinem Lieferer Schadenersatz, dann muss er dem Lieferer den Schaden durch eine Schadenersatzberechnung nachweisen.

- **Konkreter Schaden.** Hier hat der Käufer durch die Nicht-rechtzeitig-Lieferung tatsächliche Geldausgaben.
  Beispiel: Der vereinbarte Preis betrug beim ursprünglichen Lieferanten 1 000,00 €. Nach erfolglosem Ablauf einer Nachfrist kauft der Kunde die Ware bei einem anderen Lieferanten für 1 200,00 €. Der Mehrpreis dieses Deckungskaufs (1 200,00 – 1 000,00 = 200,00 €) ist ein konkreter Schaden.

- **Abstrakter Schaden.** Hier entstehen dem Käufer durch die Nicht-rechtzeitig-Lieferung keine tatsächlichen Geldausgaben. Ihm ist jedoch ein möglicher Gewinn entgangen.
  Beispiel: Der Käufer kann aufgrund des Verzugs seines Lieferanten einen Auftrag nicht ausführen. Dadurch ist ihm der mögliche Gewinn aus diesem Auftrag entgangen. Auch nachweisliche Kundenverluste durch die damit verbundene Imageschädigung (Ruf als ordentlicher Kaufmann ist gefährdet) sind abstrakte Schäden.

- **Vertragsstrafe (Konventionalstrafe).** Im Kaufvertrag wird vereinbart, dass im Falle der Nicht-rechtzeitig-Lieferung eine bestimmte Geldsumme an den Kunden zu zahlen ist. Die Höhe der Vertragsstrafe muss in einem vernünftigen Rahmen bleiben; das sind laut Rechtsprechung 0,2 bis 0,3 % der Vertragssumme pro Tag (BGH Az: VII ZR 293/79).
  Beispiel: Der Lieferant muss für jeden Tag, den er in Verzug ist, z.B. 150,00 € Vertragsstrafe zahlen (Auftragswert: 60 000,00 €, Vertragsstrafe: 0,25 % · 60 000,00 €).

3.3 Haftung bei Nicht-rechtzeitig-Lieferung

Der Schuldner hat **während des Verzugs** jede Fahrlässigkeit zu vertreten. Er haftet wegen der Leistung auch für Zufall (**erweiterte Haftung**), es sei denn, dass der Schaden auch bei rechtzeitiger Leistung eingetreten wäre (BGB § 287).

I. d. R. haftet der Kaufmann nicht für **Zufall**, d. h. für Schäden, die er nicht verschuldet hat. Eine besondere Art des Zufalls ist die **höhere Gewalt**. Sie liegt dann vor, wenn ein Schaden auch nicht durch Anwendung äußerster Sorgfalt vermieden werden kann, z. B. bei Naturkatastrophen wie Überschwemmungen, Hagel und Blitzschlag, bei Streik oder Transportunfall.

Beispiel: Da kein Schaden entstanden ist, fordert Jürgen Merkle, Einkaufsleiter der TRIAL GmbH, die Bikemachines KG am 3. April in einem Telefonat mit Frau Steiger (Teammitglied im Verkaufsteam der Bikemachines KG) zur Nachlieferung auf. Frau Steiger entschuldigt sich und erklärt die Nicht-rechtzeitig-Lieferung mit Lieferschwierigkeiten ihres Vorlieferanten. Sie sichert die Nachlieferung zum 7. April zu.

ZUSAMMENFASSUNG

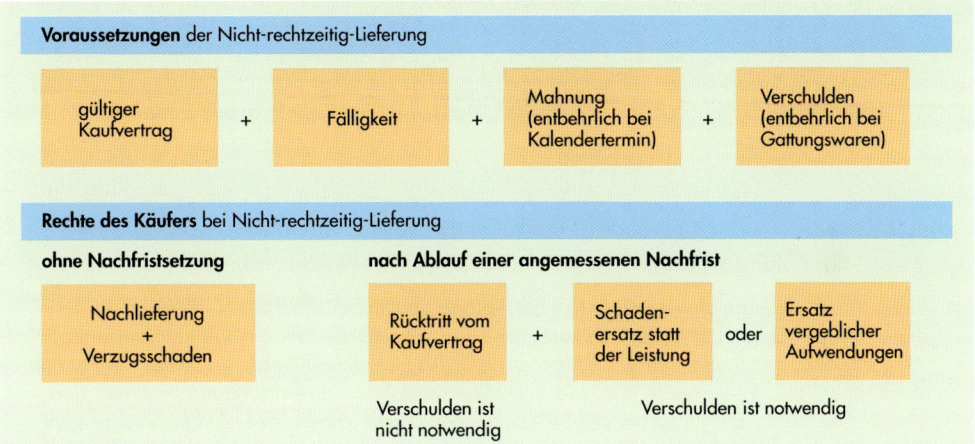

AUFGABEN

1 Entscheiden Sie in Ihrer Stammgruppe, ob in folgenden Fällen eine Mahnung erforderlich ist, um den Verkäufer in Lieferungsverzug zu setzen:
a) „Lieferbar Anfang Mai d. J."
b) „Lieferbar ab 1.10. d. J."
c) „Lieferbar Ende Mai d. J."
d) „Sofort nach Erhalt der Bestellung lieferbar"
e) „Innerhalb 10 Tagen nach Bestelldatum lieferbar"
f) „Innerhalb 10 Tagen nach Zugang der Bestellung lieferbar"
g) „Lieferbar innerhalb 10 Tagen nach Erhalt der Zahlung"
h) „Lieferbar innerhalb 30 Tagen"
i) „Lieferbar am 12.12. d. J. genau 12:00 Uhr"

2 In welchen Fällen entfällt die Fristsetzung, wenn der Käufer das Recht auf Schadenersatz statt Leistung oder das Recht auf Rücktritt vom Kaufvertrag geltend machen will?

3　Prüfen Sie für die folgenden Fälle, ob eine Nicht-rechtzeitig-Lieferung vorliegt. Begründen Sie, welches Recht Sie als Käufer jeweils geltend machen würden.

a) Eine Konservensendung, die „Mitte Januar" hätte geliefert werden sollen, trifft erst heute (17. Februar d. J.) ein. Der Angestellte behauptet: „Der Lieferer ist in Verzug; wir brauchen die Konserven nicht mehr abzunehmen. Außerdem haben wir die Konserven inzwischen günstiger eingekauft."

b) Becker will sein Geschäft am 1. März eröffnen und hat deshalb im Kaufvertrag mit Firma Koch vereinbart, dass die Ware bis 10. Februar fix zu liefern sei. Die Sendung ist aber bis heute nicht eingetroffen.

c) Unsere Firma: Sporthaus B. Stauch, Kirchstraße 7, 74078 Heilbronn
Vorgangsbeschreibung:
Aufgrund eines brieflichen Angebots der Allgäuer Skifabrik Racer & Co. KG, Benzstraße 104, 89155 Erbach, vom 26. August d. J. haben wir am 1. September d. J. bei der Racer & Co KG 50 Paar Carvingskier, Modell „Alpina", zum Preis von je 220,00 € bestellt. Als Liefertermin war der 15. Oktober d. J. vereinbart worden. Dieser Termin wurde von der Racer & Co KG am 5. September d. J. per Fax bestätigt. Am 17. Oktober d. J. ist die Lieferung noch nicht bei uns eingetroffen. Am selben Tag geht folgende E-Mail der Racer & Co KG bei uns ein:

> …
>
> … Leider können wir das Modell „Alpina" wegen eines zwischenzeitlich eingegangenen Großauftrags eines unserer besten Kunden nicht vor dem 15. Dezember d. J. liefern …

4　Die Schreibwarenhandlung Brüker KG hat Anfang September bei ihrem Großhändler, der Büro Weber KG, für 2 000,00 € Dekorations- und Scherzartikel für die Jubiläumsveranstaltung des Schützenvereins am 4. Oktober bestellt. Als Liefertermin sagte die Weber KG „Ende September" zu. Weber weiß, dass die Artikel für die Jubiläumsveranstaltung bestimmt sind. Am 2. Oktober ist die Ware bei der Brüker KG noch nicht eingetroffen. Auf Rückfrage stellt sich heraus, dass Weber den Termin übersehen hat.

a) Entscheiden Sie, ob eine Nicht-rechtzeitig-Lieferung vorliegt. (Prüfen Sie alle Voraussetzungen.)

b) Welche Rechte könnte die Brüker KG im Falle der Nicht-rechtzeitig-Lieferung allgemein geltend machen?

c) Der Einkäufer der Brüker KG macht am Ort ein Ladengeschäft ausfindig, das die Dekorations- und Scherzartikel am 3. Oktober liefern könnte. Der Preis beträgt jedoch 2 500,00 €. Wie soll die Brüker KG vorgehen? (Begründung)

d) Um welche Art der Schadensberechnung handelt es sich bei c)?

e) Erläutern Sie zwei weitere Möglichkeiten der Schadensberechnung.

5　Die Elektrogerätefabrik Kuhnle OHG, Mannheim, unterbreitet dem Elektro-Center GmbH, Hannover, am 3. März folgendes Angebot:
Kühl-Gefrier-Kombination NX 3, Preis 650,00 € je Stück, Preis freibleibend, lieferbar sofort ab Fabrik.
Am 6. März bestellt das Elektro-Center 15 Kühl-Gefrier-Kombinationen, worauf am 8. März Kuhnle die Bestellung schriftlich bestätigt.

a) Muss das Elektro-Center die Kühl-Gefrier-Kombinationen abnehmen, wenn Kuhnle am 10. März mitteilt, dass er den Angebotspreis wegen Kostensteigerungen auf 680,00 € erhöhen müsse und die Lieferung nur zu diesem Preis möglich sei? Wie ist die Rechtslage?

b) Angenommen, das Elektro-Center wäre mit dem Preis einverstanden, doch die Kühl-Gefrier-Kombinationen würden ihm innerhalb von drei Wochen nicht geliefert. Was müsste dann unternommen werden und welche Rechte stehen dem Elektro-Center zu?

c) Wie wäre die Rechtslage, wenn das Elektro-Center die Kühl-Gefrier-Kombinationen fix zum 13. März bestellt und die Kuhnle KG den Liefertermin bestätigt hätte?

d) Welches Gericht wäre im Fall eines Rechtsstreits zwischen der Kuhnle KG und dem Elektro-Center örtlich und sachlich zuständig?

e) Welche Schadenersatzsumme müsste die Kuhnle KG leisten, wenn das Elektro-Center wegen eines dringenden Großauftrags bei einem anderen Lieferer gleichartige Kühl-Gefrier-Kombinationen zum Preis von 750,00 € gekauft hätte (Deckungskauf)?

6 Die B & B Thermo GmbH, 78166 Donaueschingen, Quellenweg 1, handelt unter anderem mit Temperaturmessgeräten für den industriellen und handwerklichen Bedarf.
Am 4. Januar .. bestellte sie bei der KMS Kunststoffteile GmbH, Triberger Straße 12, 78112 St. Georgen,
2 500 Kunststoffgehäuse, Artikelnummer K01282, à 4,27 €, netto,
  800 Kunststoffgehäuse, Artikelnummer K01382, à 4,82 €, netto,
nach der neuesten KMS-Preisliste.
Gewünschter Liefertermin: 8. Kalenderwoche (20. bis 26. Februar)

a) Ist zwischen der B & B GmbH und der KMS GmbH ein Kaufvertrag zustande gekommen? Begründen Sie Ihre Antwort.

b) Am 12. Januar .. trifft die schriftliche Auftragsbestätigung bei der B & B GmbH ein. Die Lieferung zur 8. Kalenderwoche wird zugesagt. Als am Ende der 8. Kalenderwoche noch nicht geliefert wurde, mahnt die B & B per Fax die Lieferung an. Am Montag der darauffolgenden Woche geht folgendes Fax bei B & B ein (gekürzter Auszug):

„... Durch ein Missverständnis in unserer Versandabteilung wurde Ihre Bestellung per Bahn an einen Kunden in Süditalien verschickt. Die Sendung wurde am 22. Februar .. hier in St. Georgen zum Versand gebracht. Wir haben alles unternommen, um den momentanen Verbleib festzustellen. Die Sendung ist bis heute verschollen. Eine Lieferzusage können wir Ihnen nicht vor der 11. Kalenderwoche versprechen ..."

Liegen die Voraussetzungen einer Nicht-rechtzeitig-Lieferung vor? Begründen Sie Ihre Antwort.

c) Welche Voraussetzungen müssen bei einer Nicht-rechtzeitig-Lieferung grundsätzlich erfüllt sein?

d) Welche Rechte stehen dem Gläubiger im Falle einer Nicht-rechtzeitig-Lieferung allgemein zu?

e) Der Auslieferungsplan sah für die 10. und 11. Kalenderwoche die Lieferung der bestellten Kunststoffgehäuse vor. Im äußersten Fall könnte ein Zwischenauftrag in der 10. Kalenderwoche ausgeliefert werden. Eine weitere Verschiebung ist nicht möglich, da eigene Lieferverpflichtungen eingehalten werden müssen. Dieser Sachverhalt wurde der KMS GmbH am Tag des Faxeingangs telefonisch mitgeteilt.
Entwerfen Sie unter Berücksichtigung des geschilderten Sachverhalts einen Terminbrief an die KMS GmbH in St. Georgen.
Ergänzende Angaben: Datum des Briefes ist der 27. Februar .. Eine rechtzeitige Lieferung der Gehäuse durch einen anderen Lieferanten der B & B ist nur dann möglich, wenn der Auftrag spätestens am 5. März .., 11.00 Uhr, bei diesem eintrifft. Die Kunststoffgehäuse wären etwa 30 bis 40 % teurer, da außerplanmäßige Umdisponierungen sowie Überstunden der Belegschaft notwendig wären. Der genaue Preis kann erst durch die Nachkalkulation ermittelt werden.

(Verweis: Buchungen des Wareneinkaufs → Lernfeld 7, Kapitel 3.2)

3.4 Rabatte und Rücksendungen beim Wareneinkauf

3.4.1 Rücksendungen

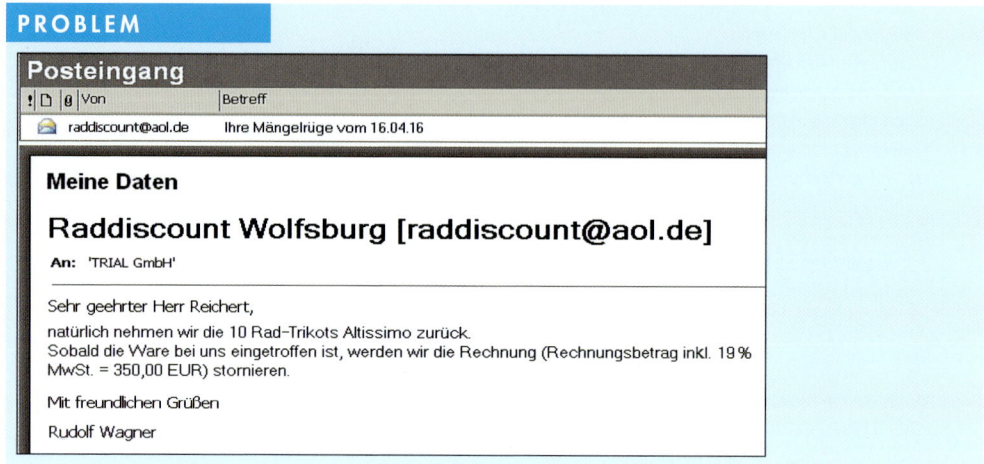

PROBLEM

Posteingang

!	D	0	Von	Betreff
			raddiscount@aol.de	Ihre Mängelrüge vom 16.04.16

Meine Daten

Raddiscount Wolfsburg [raddiscount@aol.de]

An: 'TRIAL GmbH'

Sehr geehrter Herr Reichert,
natürlich nehmen wir die 10 Rad-Trikots Altissimo zurück.
Sobald die Ware bei uns eingetroffen ist, werden wir die Rechnung (Rechnungsbetrag inkl. 19 % MwSt. = 350,00 EUR) stornieren.

Mit freundlichen Grüßen

Rudolf Wagner

Die Rücksendung der Radtrikots macht eine **Korrektur** (②) der bei der Erfassung der **Eingangsrechnung** (①) gebuchten **Aufwendungen** (hier: Konto 6000 Aufwendungen für Waren (Bikewear)), der **Vorsteuer** und der **Verbindlichkeiten** gegenüber dem Kreditor notwendig. Die Korrektur wird während des Geschäftsjahres auf einem **Unterkonto** (hier: Konto 6002 Preisnachlässe und Rücksendungen (Bikewear)) durchgeführt.

Der **Saldo** des Unterkontos wird spätestens zum Ende des Geschäftsjahres auf das jeweilige **Hauptkonto** (hier: Konto 6000 Aufwendungen für Waren (Bikewear)) **umgebucht** (③):

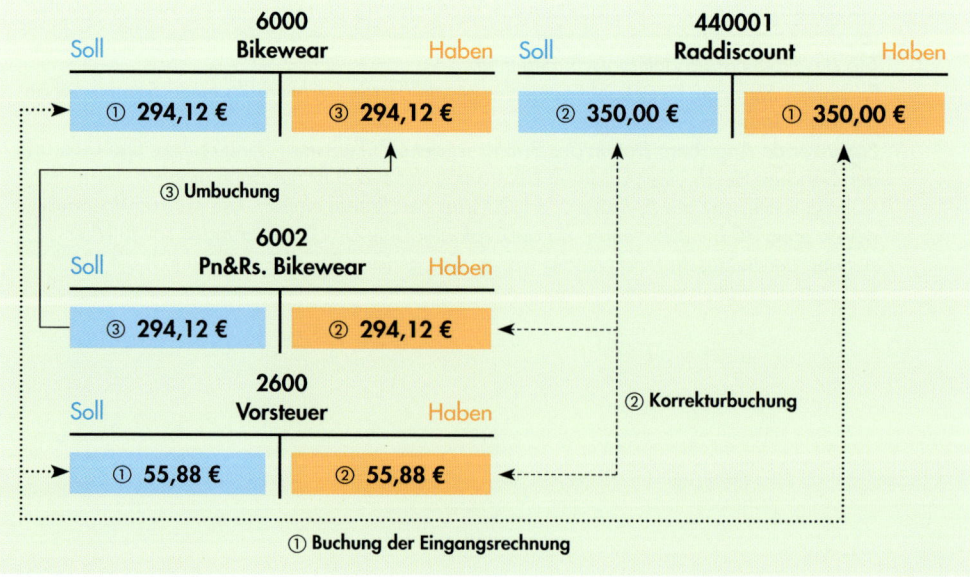

1. Buchung der **Eingangsrechnung**

Soll-Kontonr.	Name	Haben-Kontonr.	Name	Betrag in €
6000	Aufw. f. W. (Bikewear)			294,12 €
2600	Vorsteuer			55,88 €
		440001	Verb. gg. Raddiscount	350,00 €

2. **Korrekturbuchung** wegen Rücksendung

Soll-Kontonr.	Name	Haben-Kontonr.	Name	Betrag in €
440001	Verb. gg. Raddiscount			350,00 €
		6002	Rücksendungen (Bikewear)	294,12 €
		2600	Vorsteuer	55,88 €

3. **Umbuchung**

Soll-Kontonr.	Name	Haben-Kontonr.	Name	Betrag in €
6002	Rücksendungen (Bikewear)			294,12 €
		6000	Aufw. f. W. (Bikewear)	294,12 €

AUFGABEN

1 Buchen Sie die folgenden Geschäftsvorfälle. Beachten Sie, dass Sie auf den entsprechenden Hauptbuchkonten buchen müssen:

Geschäftsvorfall
a) Die TRIAL GmbH sendet Waren im Wert von 250,00 € (netto) zurück.
b) Da die gekaufte Ware (Bruttowert 660,45 €) beschädigt gewesen ist, wird diese an den Lieferanten zurückgeschickt.
c) Der Lieferant hat die Ware (Nettowert: 445,00 €) erst nach dem Fixtermin zugesendet. Die Geschäftsleitung hat daher beschlossen, diese wieder zurückzusenden.
d) Der TRIAL GmbH wurde versehentlich die falsche Ware zugesandt. Diese Ware (Bruttowert 595,00 €) wird heute von der Spedition an den Kreditor zurückgebracht.

2 Formulieren Sie zu den folgenden Buchungssätzen die Geschäftsvorfälle. Beachten Sie dabei, dass bei dieser Aufgabe auf den Hauptbuchkonten gebucht wurde:

a)

Soll-Kontonr.	Haben-Kontonr.	Betrag in €
600		2 403,80
2600		2 020,00
	4400	383,80

b)

Soll-Kontonr.	Haben-Kontonr.	Betrag in €
4400		1 190,00
	6002	1 000,00
	2600	190,00

c)

Soll-Kontonr.	Haben-Kontonr.	Betrag in €
600		2 000,00
2600		380,00
	4400	2 380,00

d)

Soll-Kontonr.	Haben-Kontonr.	Betrag in €
4400		2 380,00
	6002	2 000,00
	2600	380,00

3 *Buchen Sie den folgenden Beleg aus Sicht der TRIAL GmbH:*

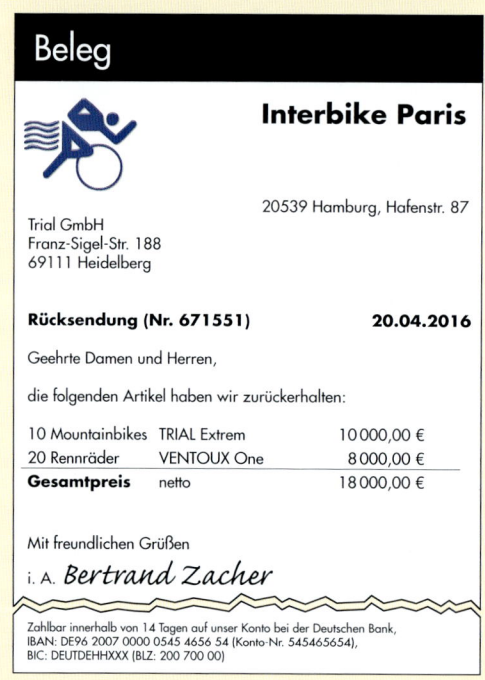

Beleg

Interbike Paris

20539 Hamburg, Hafenstr. 87

Trial GmbH
Franz-Sigel-Str. 188
69111 Heidelberg

Rücksendung (Nr. 671551)   **20.04.2016**

Geehrte Damen und Herren,

die folgenden Artikel haben wir zurückerhalten:

10 Mountainbikes	TRIAL Extrem	10 000,00 €
20 Rennräder	VENTOUX One	8 000,00 €
Gesamtpreis	netto	18 000,00 €

Mit freundlichen Grüßen

i. A. *Bertrand Zacher*

Zahlbar innerhalb von 14 Tagen auf unser Konto bei der Deutschen Bank,
IBAN: DE96 2007 0000 0545 4656 54 (Konto-Nr. 545465654),
BIC: DEUTDEHHXXX (BLZ: 200 700 00)

4 *Vom Lieferanten Brand WT OHG wurden zehn Rennräder VENTOUX One für netto 587,40 €
je Stück auf Ziel gekauft.*

 a) *Buchen Sie die Eingangsrechnung. Übertragen Sie den Buchungssatz in T-Konten.*

b) *Aufgrund finanzieller Schwierigkeiten wurde mit dem Kreditor vereinbart, dass fünf der Rennräder wieder zurücksendet werden. Buchen Sie die Rücksendung der Rennräder. Welche Veränderungen ergeben sich durch die Rücksendung der Rennräder auf den in Aufgabe a) eingerichteten T-Konten?*

5 *Buchen Sie die folgenden Geschäftsvorfälle aus Sicht der TRIAL GmbH:*

Geschäftsvorfall
a) Beim Transport zur TRIAL GmbH wurden drei Mountainbikes TRIAL EXTREM stark beschädigt. Die TRIAL GmbH hat mit dem Kreditor Zacher GmbH vereinbart, dass die beschädigten Waren (Bruttowert 7 497,00 €) zurückgenommen werden.
b) Die Lieferung von zehn Radtrikots Altissimo (Nettowert 294,12 €) hat sich um mehrere Wochen verzögert. Die TRIAL GmbH benötigt zwei dieser Trikots nicht mehr, da der Trikothersteller mittlerweile eine neue Kollektion herausgebracht hat. Der Lieferant (Bernion GmbH) ist mit der Rücksendung der beiden Trikots einverstanden.

3.4.2 Preisnachlässe wegen Schlechtleistung und Lieferungsverzug

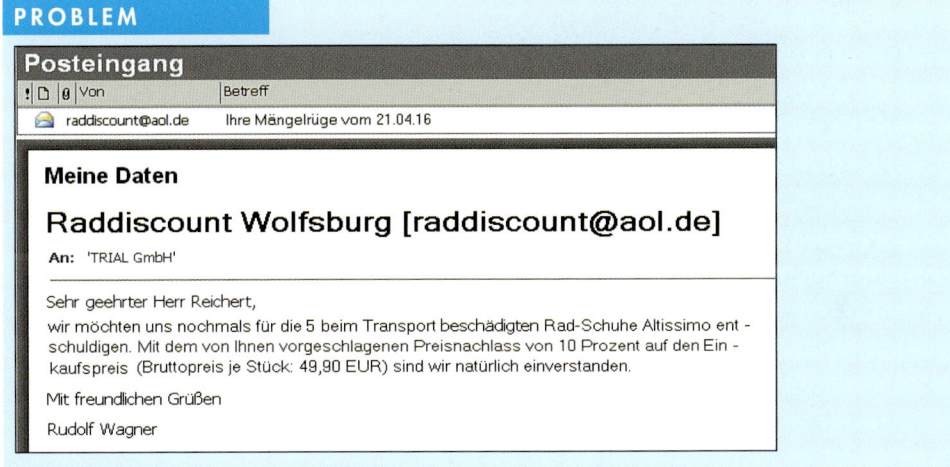

PROBLEM

Posteingang

! 🗅 θ Von	Betreff
raddiscount@aol.de	Ihre Mängelrüge vom 21.04.16

Meine Daten

Raddiscount Wolfsburg [raddiscount@aol.de]

An: 'TRIAL GmbH'

Sehr geehrter Herr Reichert,
wir möchten uns nochmals für die 5 beim Transport beschädigten Rad-Schuhe Altissimo entschuldigen. Mit dem von Ihnen vorgeschlagenen Preisnachlass von 10 Prozent auf den Einkaufspreis (Bruttopreis je Stück: 49,90 EUR) sind wir natürlich einverstanden.

Mit freundlichen Grüßen

Rudolf Wagner

Wurde mit dem Lieferanten ein **Preisnachlass** (z. B. mangelhafte Lieferung, Lieferungsverzug) vereinbart, ist es erforderlich, die bei der Erfassung der **Eingangsrechnung** (①) gebuchten **Aufwendungen** (hier: Konto 6000 Aufwendungen für Waren (Bikewear)), die **Vorsteuer** und die **Verbindlichkeiten** gegenüber dem Kreditor zu **korrigieren** (②).

Die Buchung wird während des Geschäftsjahres auf einem **Unterkonto** (hier: Konto 6002 Preisnachlässe und Rücksendungen (Bikewear)) vorgenommen. Der **Saldo** des Unterkontos wird spätestens zum Ende des Geschäftsjahres auf das **Hauptkonto** (hier: Konto 6000 Aufwendungen für Waren (Bikewear)) **umgebucht** (③):

Hat der Kreditor bei der Rechnungsstellung einen Preisnachlass gewährt (z. B. Mengen-, Messerabatte), wird dieser nicht auf dem Unterkonto, sondern direkt auf dem Aufwandskonto (hier: Konto 6000 Aufwendungen für Waren (Bikewear)) berücksichtigt:

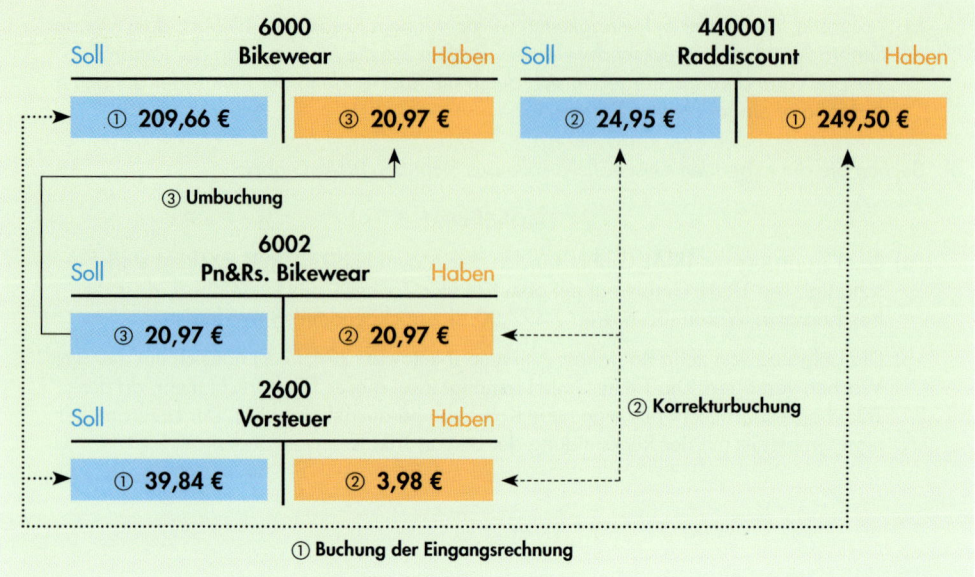

1. Buchung der **Eingangsrechnung**

Soll-Kontonr.	Name	Haben-Kontonr.	Name	Betrag in €
6000	Aufw. f. W. (Bikewear)			209,66 €
2600	Vorsteuer			39,84 €
		440001	Verb. gg. Raddiscount	249,50 €

2. **Korrekturbuchung** wegen Preisnachlass

Soll-Kontonr.	Name	Haben-Kontonr.	Name	Betrag in €
440001	Verb. gg. Raddiscount			24,95 €
		6002	Preisnachlass (Bikewear)	20,97 €
		2600	Vorsteuer	3,98 €

3. **Umbuchung**

Soll-Kontonr.	Name	Haben-Kontonr.	Name	Betrag in €
6002	Preisnachlass (Bikewear)			20,97 €
		6000	Aufw. f. W. (Bikewear)	20,97 €

AUFGABEN

1   Buchen Sie die folgenden Geschäftsvorfälle. Beachten Sie, dass Sie auf den entsprechenden Hauptbuchkonten buchen müssen:

Geschäftsvorfälle

a) Ein Lieferant hat 25,00 € (netto) Rabatt auf beschädigte Waren eingeräumt.

b) Die Ware wurde beim Transport minimal beschädigt. Der Lieferant gewährt deshalb einen Rabatt von 65,45 € (brutto).

c) Vom Lieferanten wurde leicht verschmutzte Ware im Wert von 1 500,00 € (netto) gesendet. Durch die Reinigung sind für den Käufer Kosten entstanden. Mit dem Lieferanten wurde deshalb ein Preisnachlass von 20 % vereinbart.

d) Wegen beschädigter Ware (Bruttowert: 2 644,18 €) gewährt der Lieferant einen Preisnachlass von 15 %.

2   Formulieren Sie zu den folgenden Buchungssätzen die Geschäftsvorfälle. Beachten Sie dabei, dass bei dieser Aufgabe auf den Hauptbuchkonten gebucht wurde:

a)

Soll-Kontonr.	Haben-Kontonr.	Betrag in €
600		80,00
2600		15,20
	4400	95,20

b)

Soll-Kontonr.	Haben-Kontonr.	Betrag in €
4400		1 190,00
	6002	100,00
	2600	19,00
	2820	1 071,00

c)

Soll-Kontonr.	Haben-Kontonr.	Betrag in €
600		48,00
2600		9,12
	4400	57,12

d)

Soll-Kontonr.	Haben-Kontonr.	Betrag in €
4400		2 975,50
	2800	2 231,25
	6002	625,00
	2600	118,75

3   Welcher Geschäftsvorfall der TRIAL GmbH kann dem folgenden Buchungssatz zugrunde
    liegen?
    Buchungssatz:

Soll-Kontonr.	Haben-Kontonr.	Betrag in €
440003		642,60
	6012	540,00
	2600	102,60

Alternative Geschäftsvorfälle
a) Die TRIAL GmbH hat Mountainbikes im Wert von 540,00 € (netto) zurückgeschickt.
b) Da die gelieferten Rennräder beschädigt gewesen sind, hat die TRIAL GmbH mit dem Lieferanten vereinbart, dass diese zurückgesendet werden.
c) Beim Transport vom Lieferanten sind Rennräder beschädigt worden. Die TRIAL GmbH hat die Rennräder dem Lieferanten mittlerweile zurückgesendet.
d) Die Radshop Seile KG hat sich heftig über ein mangelhaftes Rennrad beschwert. Mit der Verkaufsabteilung der TRIAL GmbH wurde deshalb ein Preisnachlass vereinbart.

4   Dem Buchhalter der TRIAL GmbH Thomas Ernst wurde folgender Beleg vorgelegt. Helfen Sie
    Ihm dabei, diesen Beleg zu buchen:

Beleg

BIKE Groha Doll GmbH

Berliner Str. 5 – 76646 Bruchsal-Heidelsheim

TRIAL GmbH   Rechnungs-Nr.: 577-219
Franz-Sigel-Str. 188   Kunden-Nr.:   637039
69111 Heidelberg

Rechnung   **23.04.2016**

Sehr geehrter Herr Merkle,

die Schäden bei den Radtrikots Tenno wurden durch einen
Defekt der Klimaautomatik unseres Lagers verursacht.
Wir gewähren Ihnen natürlich einen Preisnachlass von 80 %.
Dies entspricht einem Nettobetrag von 350,00 €.

Mit freundlichen Grüßen

i. A. **H. Frohnmüller**

Zahlungsbedingungen	**Bankverbindung**	**Gerichtsstand**
Zahlbar innerhalb von 14 tagen unter Abzug von 3 % Skonto oder 60 Tage netto	Sparkasse Kraichgau BIC: BRUSDE66XXX (BLZ 663 500 36) IBAN: DE04 6635 0036 0000 0546 54 (Konto-Nr. 54654)	für beide Teile Bruchsal

5 Bilden Sie für folgende Geschäftsvorfälle die Buchungssätze:

Geschäftsvorfälle

a) Der TRIAL GmbH wurde vom Kreditor BIKEMACHINES KG ein Preisnachlass bei den Mountainbikes in Höhe von 200,00 € (netto) gewährt.

b) Um die TRIAL GmbH an sich zu binden, hat der Kreditor beim Einkauf von zehn Rennrädern VENTOUX Two einen Preisnachlass (brutto) von 1 199,00 € gewährt. Der Rechnungsbetrag beträgt daher nur noch 12 495,00 €.

c) Auf der Eurobike-Messe in Friedrichshafen wurde der TRIAL GmbH beim Einkauf von 20 Radtrikots Altissimo auf den Verkaufspreis je Stück (29,41 €) vom Lieferanten Zorn Bikewear KG ein Messerabatt von 25 % eingeräumt.

4 Internationale Beschaffungsvorgänge durchführen

PROBLEM

Spielchen mit dem Zoll – wer zahlt am wenigsten?

Seit 1993 gibt es einen EU-Binnenmarkt mit einer gemeinsamen Außengrenze und einem gemeinsamen Zollkodex, der die Regel festlegt, nach denen der Import von Waren aus anderen Ländern stattfinden kann. Doch diese Bestimmungen des Zollkodex gewähren jede Menge Spielraum. Im Zolltarif gibt es viele tausend Positionen und es ist nicht immer einfach, die jeweilige Importware der richtigen Beschreibung zuzuordnen. Welche Zollsätze dann für dieselbe Ware bei der Einfuhr bezahlt werden, ist in der Praxis manchmal von Land zu Land verschieden.

In den vergangenen Jahren wurden massenhaft Flachbildschirme aus Asien importiert. In Deutschland galten diese als Computerzubehör, dessen EU-Import zollfrei ist. In den Niederlanden sah man Flachbildschirme nicht als ausschließliches Computerzubehör; der Zolltarif beträgt dann 14 %. Homecinema-Anlagen betrachten die Deutschen als Musikgeräte (3,9 % Zoll); die Nachbarländer ordnen sie den DVD-Rekordern zu (14 % Zoll).

Große Unterschiede gibt es in den einzelnen Ländern auch bei der Zollabwicklung. In Deutschland beispielsweise nutzen sehr viele Importeure vereinfachte Zollverfahren, bei denen es möglich ist, die Ware ohne Abfertigung beim Zoll sehr schnell dem Kunden zugänglich zu machen. In Frankreich müssen die Lkws die importierten Waren erst in ein eigens dafür angemietetes Lager bringen, wo dann die Zollabwicklung erfolgt, was Zeit und Geld kostet. In Italien ist die Einfuhr ebenfalls teurer und zeitaufwendiger, weil nur spezielle Zollbroker die Einfuhr abwickeln dürfen.

Welche Kosten bei der Einfuhr in die EU anfallen, ist folglich von Land zu Land unterschiedlich – mit erheblichen Auswirkungen auf den Verbraucher.

Beschreiben Sie, warum die Einfuhrkosten in verschiedenen Ländern in der EU unterschiedlich sind.

4.1 Internationale Bezugsquellenermittlung

SACHDARSTELLUNG

Die zunehmende weltwirtschaftliche Verflechtung zwingt die nationalen Unternehmen, sich nicht nur mit der heimischen, sondern auch mit der internationalen Konkurrenz zu messen. Die Konkurrenzfähigkeit deutscher Unternehmen leidet zunehmend unter den vergleichsweise hohen Kosten am Standort Deutschland. Einen Ausweg aus dieser Kostenfalle bietet die internationale Beschaffung und Produktion, bei der Produkte und Produktteile günstiger eingekauft werden können.

Ausländische Beschaffungsmärkte werden von den nationalen Unternehmen allerdings aus mehreren Perspektiven betrachtet:

- als günstige Beschaffungs-/Sourcingmärkte zur Realisierung von Preisvorteilen durch Kosteneinsparung beim Einkauf;
- als Möglichkeit zur Ausdehnung des Lieferantenspektrums im Zuge eines Global Sourcing
- sowie als lokale Beschaffungsmärkte für Rohmaterialien, Halbfabrikate, Zubehör u. a. für die Produktionsstandorte in diesen Ländern.

Daneben sieht man allerdings auch die erheblich größeren Risiken, die bei einem Geschäft mit internationalen Lieferanten eingegangen werden. Dazu zählen u. a. Qualitätsmängel lokaler Materialien, fehlende Lieferzuverlässigkeit, fehlende Management- und Einkaufskenntnisse sowie Probleme rechtlicher Art. Ausgehend von den geschilderten Chancen und Risiken sollten bei der Auswahl der Lieferanten folgende Arbeitsschritte eingehalten werden:

1. Beschaffungen im eigenen Unternehmen analysieren,
2. Beschaffungsmärkte weltweit lokalisieren,
3. Auswahl der Lieferanten aufgrund vom Unternehmen definierter Kriterien,
4. Angebote auswerten,
5. Festlegung von Sourcing-Strategien.

Beschaffungen im Unternehmen analysieren

Nicht alle Teile eignen sich für eine weltweite Beschaffung. Vor allem hinsichtlich der Punkte Qualität und Transportkosten sollte man genau hinschauen, welche Produkte sich für einen globalen Einkauf anbieten. Jedes Unternehmen muss dabei seine eigenen individuellen Kriterien der Entscheidung zugrunde legen.

Generell gilt, dass **standardisierte Produkte,** die in großen Mengen benötigt werden und einen hohen Lohnkostenanteil haben, am besten geeignet sind. Eine langfristige Lieferantenbindung wird hier nicht unbedingt angestrebt. Allerdings kann es unter Umständen auch sinnvoll sein, aus **technologischen Gründen** eine internationale Beschaffung durchzuführen, insbesondere dann, wenn Unternehmen in bestimmten Regionen der Welt (z. B. Asien) ein Know-how besitzen, das dem einheimischen Unternehmen einen Wettbewerbsvorteil bieten kann. In diesem Fall sollte man versuchen, mit dem Lieferanten auch eine strategische Partnerschaft einzugehen. Deshalb kann globale Beschaffung sowohl kosteninduziert als auch technologieinduziert sein.

Beschaffungsmärkte lokalisieren

In einer ersten Selektionsstufe (Grobselektion) wird der globale Beschaffungsmarkt anhand von Kriterien wie politische Stabilität, zuverlässiges und überschaubares Rechtssystem und wirtschaftliche Entwicklung des Landes grundsätzlich untersucht. In einer zweiten Selektionsstufe (Feinselektion) werden nun die politischen (Exportregulierungen, nichttarifäre Hemmnisse, Stand der Privatisierung usw.) und wirtschaftlichen Kriterien (BIP, Inflationsrate, Arbeitslosigkeit, Lohnniveau, Produktivitätsraten usw.) genauer untersucht.

Eine hervorragende Möglichkeit der Informationsbeschaffung für Unternehmen ist der Besuch von Messen und Ausstellungen im In- und Ausland, auf denen ausländische Unternehmen vertreten sind. Hier kann der Unternehmer die Ware in Augenschein nehmen und persönliche Kontakte zu potenziellen Lieferanten herstellen.

Eine Informationsbeschaffung auf eigene Faust zu betreiben, d.h. sich vor Ort Informationen zu beschaffen, ist sehr mühsam, bringt oft keine detaillierten Informationen und ist auch für mittlere und kleinere Unternehmen kaum finanzierbar. Stattdessen bietet sich die Informationsbeschaffung über die Vielzahl an öffentlichen, halböffentlichen und privaten Institutionen an, die teils kostenlos, teils gegen Honorar Informationen erteilen.

Hier eine Auswahl der wichtigsten Anlaufstellen in Deutschland:

- die örtlichen Industrie- und Handelskammern mit ihren mehr oder weniger stark besetzten Außenhandelsabteilungen;
- die Verbände (u.a. der Bundesverband des Groß- und Außenhandels, der Ostasiatische Verein in Hamburg usw.);
- die Handelsabteilungen der Deutschen Botschaften im jeweiligen Land;
- die Außenhandelsabteilungen der Banken;
- die Deutsche Investitions- und Entwicklungsgesellschaft mbH (DEG) informiert über Investitionsprogramme, Fördermaßnahmen, gibt Finanzierungshilfen und berät über Kooperationen und Investitionen;
- lokale Beratungs-/Servicebüros übernehmen gegen Entgelt nicht nur die Informationsbeschaffung, sondern, wenn gewünscht, auch die komplette Auftragsabwicklung;
- eine ausgezeichnete Möglichkeit der Informationsbeschaffung bietet Germany Trade & Invest in Berlin, die Gesellschaft der Bundesrepublik Deutschland für Außenwirtschaft und Standortmarketing.

Lieferantenauswahl

Nach der Informationsbeschaffung folgt die Entscheidung bezüglich der Lieferantenauswahl. Welche Kriterien sollen bei der Auswahl der Lieferanten herangezogen werden?

Wirtschaftliche Situation des ausländischen Unternehmens

- Finanz-, Umsatz- und Kostenstrukturen
- materielle Bedingungen (Gebäude, Maschinen, Anlagen)
- Forderungen, Verbindlichkeiten, Lagerhaltung, Zulieferbeziehungen

Management/Personal

- Unternehmensführung, Kommunikation, Flexibilität, Initiative, Kooperationsbereitschaft
- Qualifikations- und Gehaltsstruktur der Mitarbeiter (Anteil des Verwaltungspersonals)

Produktion/Produkte

- Konstruktion, Werkzeugbau, Patente, Lizenzen, sonstiges Know-how
- Produktionstechnologie und -logistik
- Qualität und Qualitätszertifikate (ISO-Normen)
- Import- und Exportstrukturen für vorhandene Produkte

Eigentum/Rechtsstatus

- Stand der Privatisierung
- Rechtsform des Unternehmens
- Eigentumsverhältnisse (Beteiligungen, Staatseigentum)

Angebote auswerten

Von den übrig bleibenden Lieferanten werden Angebote eingeholt. Diese werden nach den üblichen Kriterien bei der Angebotsbewertung beurteilt: Preis, Qualität, Liefertreue, Lieferschnelligkeit, usw.

Sourcing-Strategien

Nach der Überprüfung möglicher internationaler Lieferanten hinsichtlich der Erfüllung bestimmter Kriterien stellt sich die Frage nach den Sourcing-Strategien. Darunter versteht man die Art und Weise, wie ein Unternehmen seine Beschaffungsstrategie festlegt.

Sourcing-Strategien nach der Zahl der Lieferanten

Unter **Multiple Sourcing** versteht man die Beschaffung von Teilen von mehreren Lieferanten. Der Vorteil dieser Strategie ist die Versorgungssicherheit auch für den Fall, dass einer dieser Lieferanten ausfällt. Nachteilig an dieser Strategie ist die Tatsache, dass bei vielen Lieferanten auch der Aufwand für Kommunikation (Verhandlungen, Reklamationen usw.) ansteigt.

Beim **Double Sourcing** beschränkt sich das Unternehmen auf die Teilbeschaffung von zwei Lieferanten, wobei das Beschaffungsvolumen nicht unbedingt im gleichen Verhältnis aufgeteilt werden muss. Positiv an dieser Strategie ist die Tatsache, dass die Versorgungssicherheit besser gewährleistet ist als beim **Single Sourcing,** wobei aber die Aufwendungen für Kommunikation höher sind als bei der Beschaffung über einen Lieferanten.

Sourcing-Strategien nach der Ausdehnung der Märkte

Im Unterschied zu Unternehmen, die sich bei der Produktbeschaffung ausschließlich auf lokale Lieferanten verlassen **(Local Sourcing)**, wird beim **Global Sourcing** der Schwerpunkt auf die weltweite Beschaffung von Teilen gelegt. Global Sourcing ist ein systematisches Beschaffungsmarketing auf den Weltmärkten, bei dem das Unternehmensziel kostengünstige und hochwertige Beschaffung von Produkten optimal erreicht werden kann.

Chancen und Risiken des Global Sourcing:

Chancen	Risiken
Rendite: Kostengünstiger Einkauf steigert die eigene Rendite.	**Recht:** Andere Länder haben in aller Regel andere Rechtsvorschriften. Die gerichtliche Durchsetzung von Ansprüchen wird schwierig und teuer.
Produktkenntnisse: Unternehmen in bestimmten Regionen haben oft spezielle Kenntnisse. Durch den weltweiten Einkauf nutzen Unternehmen dieses Know-how für das eigene Produkt.	**Sicherheit:** Längere Transportwege erhöhen das Lieferrisiko. Streiks, soziale Konflikte und kriegerische Auseinandersetzungen können zum Ausfall der Lieferungen führen.
Vertriebsunterstützung: Durch den Einkauf in bestimmten Regionen kann man auch den Bedarf in diesen Regionen besser entdecken; damit entstehen neue Absatzmärkte.	**Reparatur:** Reparaturen und Nachbesserungen sind in fernen Regionen erheblich aufwendiger als im heimischen Markt.
Flexibilität: Ausländische Lieferanten dienen als Puffer, wenn es Probleme mit den heimischen Lieferanten gibt.	**Währung:** Wechselkursänderungen sind nur in Standardwährungen abzusichern.

4.2 Einfuhrkontrolle

Verbote

Einfuhrverboten liegen im Regelfall länderbezogene Teil- oder Totalembargos, beispielsweise der UNO, zugrunde. Liegt ein Einfuhrverbot für eine bestimmte Ware oder ein bestimmtes Land vor, ist eine Einfuhr aus diesem Land bzw. für diese Ware nicht mehr möglich.

Weitere Gründe für Einfuhrverbote sind:

- Maßnahmen zum Schutz der menschlichen Gesundheit
  Beispiele: Verbot der Einfuhr von genmanipuliertem Getreide, Verbot der Einfuhr von kranken Tieren
- Maßnahmen zum Schutz der Tier- und Pflanzenwelt
  Beispiel: Verbot der Einfuhr von Tieren nach dem Artenschutzabkommen

Weitere Beschränkungsmöglichkeiten

Als wesentliche Ursachen für Beschränkungen bei der Einfuhr nennt das Außenwirtschaftsgesetz den Schutz der eigenen Wirtschaft sowie die Einhaltung bestimmter qualitativer Vorschriften. Mit diesen Regelungen werden im Prinzip alle Waren erfasst, auch Güter des täglichen Bedarfs, wie beispielsweise Schuhe, Kleider und Haushaltsartikel.

Zur Feststellung, ob Waren Einfuhrbeschränkungen unterliegen, muss die Einfuhrliste herangezogen werden. Die Einfuhrliste gibt für jede Ware an, ob die Einfuhr dieser Ware irgendwelchen Einfuhrbeschränkungen unterliegt. Das bedeutet, dass man allein mit der Einfuhrliste sämtliche Beschränkungen bei der Einfuhr erkennen kann.

Einfuhrverbote bzw. -beschränkungen können auch gegen Mitgliedstaaten der EU erlassen werden.

Aufbau der Einfuhrliste

Die Einfuhrliste (Umfang mehrere hundert Seiten) besteht aus zwei Teilen:

1. einer kurzen Anleitung zum Umgang mit der Einfuhrliste (Umfang ca. zwei Seiten);
2. der eigentlichen **Warenliste**, in der die einzelnen Waren mit Warennummern im Einzelnen aufgeführt werden. Die Warenliste ist wie folgt aufgebaut:

Warennummer	Warenbenennung	Zuständig-keitsbereich	Genehmigungs- oder Lizenzerfordernis	Bemerkungen
63031100	Gardinen, Vorhänge und Innenrollos ... - aus Gewirken oder Gestricken - aus Baumwolle	09	5(1)66)71)75)89)90)	UE U 72)

Die Einfuhrliste besteht aus fünf Spalten:

- **Spalte 1** enthält die Warennummer entsprechend dem Warenverzeichnis für die Außenhandelsstatistik. Dabei handelt es sich um eine achtstellige Warennummer, mit der die Waren in der Außenhandelsstatistik erfasst werden.
- **Spalte 2** enthält die Warenbenennung entsprechend dem Warenverzeichnis für die Außenhandelsstatistik.

- **Spalte 3** nennt die zuständige Behörde für die Einfuhr dieser Ware. In diesem Fall ist das Bundesamt für Wirtschaft und Ausfuhrkontrolle die zuständige Behörde. (Nummer 01–20: Zuständige Behörde ist das Bundesamt für Wirtschaft und Ausfuhrkontrolle; (Nummer 51–60: Zuständige Behörde ist die Bundesanstalt für Landwirtschaft und Ernährung.)

- **Spalte 4** enthält unter Umständen bestimmte Ziffern. Diese Ziffern tauchen in der Warenliste wieder auf. Hinter jeder Ziffer verbirgt sich eine Beschränkung für die Einfuhr von Waren aus einem bestimmten Land.

  Beispiele: 51 – Die Einfuhr ist genehmigungsbedürftig, wenn das Ursprungsland Südkorea ist. 66 – Die Einfuhr ist genehmigungsbedürftig, wenn das Ursprungsland Russland, Ukraine oder Weißrussland ist.

- **Spalte 5** beschreibt weitere Bedingungen, die bei der Einfuhr dieser Waren aus diesem Land verlangt werden:

  U   Ursprungszeugnis von einer berechtigten Behörde aus dem Ausfuhrland

  UE   Ursprungserklärung des Lieferanten auf der Rechnung oder einem anderen geschäftlichen Beleg

  ÜD   Überwachungsdokument

  L   Einfuhrlizenz

Einfuhrgenehmigung

Einfuhrgenehmigungen werden von der EU dann verlangt, wenn der Schutz bestimmter Wirtschaftszweige bzw. bestimmter Warengruppen besonders notwendig erscheint. Dies ist dann der Fall, wenn es um den Erhalt bestimmter Wirtschaftszweige und die Sicherung der Arbeitsplätze geht. Einer der Wirtschaftsbereiche in der EU, die von Einfuhrgenehmigungen geschützt werden, ist der Textilsektor.

4.3 Wareneinfuhr

4.3.1 Zollrechtliche Einfuhrbestimmungen für Nichtgemeinschaftswaren

Werden Nichtgemeinschaftswaren in das Zollgebiet der Gemeinschaft gebracht, müssen die Waren gemäß den Artikeln 48 und 49 des Zollkodexes (ZK) innerhalb von 20 bis 45 Tagen nach Gestellung bei der Eingangszollstelle eine zollrechtliche Bestimmung erhalten. Die Art der zollrechtlichen Bestimmung bestimmt ausschließlich der Wirtschaftsbeteiligte. Einfuhrabgaben werden nur erhoben, wenn die Nichtgemeinschaftswaren in den Wirtschaftskreislauf der EU eingehen. Die Erhebung von Eingangsabgaben ist deshalb nicht zwangsläufig gegeben, wenn die Nichtgemeinschaftswaren sich in der EU befinden.

Überblick über die Möglichkeiten der zollrechtlichen Bestimmung für Nichtgemeinschaftswaren (Art. 4 Nr.15,16 ZK)		
Überführung in ein Zollverfahren	**Verbringen in eine Freizone**	**Wiederausfuhr aus dem Zollgebiet der EU**
1. Überführung in den zoll- und steuerrechtlich freien Verkehr 2. Versandverfahren 3. Zolllagerverfahren 4. aktive Veredlung 5. Umwandlungsverfahren 6. Vorübergehende Verwendung	– Insel Helgoland – Alle deutschen Freihäfen	Die Ware befindet sich zwar in Deutschland, soll aber nicht in Deutschland be- oder verarbeitet, sondern wieder ausgeführt werden

Erhalt einer zollrechtlichen Bestimmung

Mit der Zollanmeldung bestimmt der Unternehmer, welche zollrechtliche Bestimmung er für seine Ware haben möchte. Die Zollanmeldung ist damit eine Willenserklärung gegenüber dem Zollamt. Der Zollanmeldung sind alle Unterlagen beizufügen, die für die jeweilige Bestimmung notwendig sind, dazu zählen u. a. die Rechnung, die Einfuhrgenehmigung, Transportpapiere, Versicherungspapiere usw.

4.3.2 Überführung in ein Zollverfahren

Möchte der Anmelder die Nichtgemeinschaftswaren in der EU irgendeiner Verwendung (Bearbeitung, Verkauf im Inland, Lagerung, ...) zuführen, muss er ein Zollverfahren beantragen.

Überführung in den zoll- und steuerrechtlich freien Verkehr

Mit der Bestimmung „Überführung in den zoll- und steuerrechtlich freien Verkehr" erklärt der Anmelder, dass er die Nichtgemeinschaftsware in eine Gemeinschaftsware umwandeln möchte. Dadurch wird die bisher ausländische Ware der inländischen Ware gleichgestellt; der Anmelder kann die Ware frei verwenden. Voraussetzung dafür ist, dass der Anmelder den Einfuhrzoll und die nationalen Verbrauchsteuern einschließlich der Einfuhrumsatzsteuer bezahlt.

Versandverfahren

Wird vom Anmelder eine Abfertigung an der Zollstelle an seinem Firmensitz gewünscht, muss die Ware unverzollt und unversteuert von der Eingangszollstelle (Eingang in das Zollgebiet der EU) zum Firmensitz des Anmelders befördert werden. Die Gründe, warum keine Abfertigung bei der Eingangszollstelle gewünscht wird, können vielfältig sein:

- Der Anmelder möchte die Ware vor der Abfertigung begutachten. Bei Mängeln besteht z. B. die Möglichkeit der sofortigen Wiederausfuhr.
- Der Anmelder hat vom zuständigen Hauptzollamt an seinem Ort Vereinfachungen beim Einfuhr- oder anderen Verfahren erhalten, die ihm beispielsweise die Einfuhr von Waren erheblich erleichtern (Kosten-, Zeitersparnis).
- Aufgrund der unterschiedlichen Höhe der Verbrauchsteuern in den einzelnen Ländern der EU ist es sinnvoll für einen Anmelder in seinem Heimatland abzufertigen.
- Die Durchführung der gesamten Zollformalitäten und -kontrollen würde eine zügige Einfuhrabfertigung bei der Fülle an Importvorgängen völlig unmöglich machen. Die einzelnen Eingangszollstellen an der EU-Außengrenze könnten aus Kapazitätsgründen die Einfuhrabfertigung nicht leisten.
- Die Zollanmeldung müsste je nach Land, in dem die Ware angemeldet wird, in der Sprache des jeweiligen Landes abgegeben werden.

Auch bei den Versandverfahren gibt es unterschiedliche Formen. Die am häufigsten beantragte Form ist der Versand von Nichtgemeinschaftswaren in der Gemeinschaft, das sogenannte „externe gemeinschaftliche Versandverfahren", auch T 1-Verfahren genannt.

Beim externen gemeinschaftlichen Versandverfahren erfolgt an der Eingangszollstelle keine Abfertigung.

Zolllagerverfahren

Beim Zolllagerverfahren kann der Anmelder Nichtgemeinschaftswaren, in Verbindung mit einem Versandverfahren, in die EU bringen und diese dann unverzollt und unversteuert in ein Zolllager legen. Die Waren können dort maximal bis zu fünf Jahre gelagert werden, danach muss eine andere zollrechtliche Bestimmung der Zollstelle angemeldet werden. Im Zolllager darf die Ware nicht be- oder verarbeitet werden. Anschließend ist eine Wiederausfuhr möglich, in diesem Fall wurde das Zolllager als **Transitlager** benutzt.

Werden die Waren einer anderen zollrechtlichen Bestimmung zugeführt, sind Eingangs-abgaben zu entrichten. Die Abgabenbelastung soll die Ware erst dann treffen, wenn sie dem Wirtschaftskreislauf der EU zugeführt wird. Wertbemessungsgrundlage für die Ab-gaben ist der Wert der Waren zum Zeitpunkt der Einlagerung. Wird die Ware eingelagert und später erst mit Einfuhrabgaben belastet, handelt es sich bei dieser Art der Einlage-rung um ein **Kreditlager**.

Der Regelfall ist in der Praxis das offene Zolllager, bei dem der Unternehmer an seinem Firmensitz ein Zolllager eingerichtet hat, das er, ohne ständige Aufsicht durch den Zoll, selbstständig bewirtschaftet. Voraussetzung für die Erlangung eines offenen Zolllagers sind:

- persönliche Voraussetzungen des Anmelders (ordnungsgemäße Buchführung, kein Vorliegen von Zolldelikten, …),
- sachliche Voraussetzungen (Notwendigkeit eines Zolllagers, geeignete Lagerstätte, …),
- Antrag auf Bewilligung eines offenen Zolllagers; wird durch das Hauptzollamt geneh-migt.
- In der Regel wird eine Zollbürgschaft (selbstschuldnerische Bankbürgschaft) in Höhe des durchschnittlichen jährlichen Zollabgabenbetrages verlangt

Aktive Veredlung

Beim Zollverfahren der aktiven Veredlung werden Nichtgemeinschaftswaren in die EU eingeführt, dort veredelt, d. h. in einen höherwertigen Zustand gebracht (Beispiel: Korro-sionsschutz durch Verzinken der Oberfläche), und wieder ausgeführt. Die veredelten Wa-ren verbleiben folglich nur für den Zeitraum der Veredlung in der Gemeinschaft. Sowohl die Einfuhr der Waren zur aktiven Veredlung als auch die spätere Wiederausfuhr sind in der EU abgabenbefreit.

Umwandlungsverfahren

Wie beim Verfahren der aktiven Veredlung werden Nichtgemeinschaftswaren in die EU eingeführt und be- oder verarbeitet. Im Unterschied zur aktiven Veredlung werden die umgewandelten Waren aber nicht wieder ausgeführt, sondern nach der Umwandlung in den zoll- und steuerrechtlich freien Verkehr der Gemeinschaft überführt und dort wei-terverwendet oder verarbeitet. Mit dieser Einfuhr entstehen Eingangsabgaben. Die Ein-gangsabgaben werden von den umgewandelten Erzeugnissen erhoben.

Beispiel: Ein Halbzeughersteller in Deutschland benötigt für die Herstellung seiner Erzeugnisse (Rohre, Bänder, Stangen, …) u. a. Kupfer. Der Einkauf von Kupferschrottteilen und die Umwandlung dieses Kupferschrotts in reines Kupfer ist günstiger als der Bezug von reinem Kupfer aus dem Ausland. Nach der Umwandlung in Kupfer wird das Kupfer der eigentlichen Produktion von Rohren, Stangen usw. zugeführt.

Rein zolltechnisch müsste der Kupferschrott an der EU-Außengrenze über ein Versandverfahren zum Hersteller gebracht werden, anschließend beantragt der Hersteller in Deutschland ein Umwandlungsverfahren beim zuständigen Zollamt. Zollanmeldung, Rechnungen, Präferenz- und Transportnachweise müssen mit eingereicht werden.

Vorübergehende Verwendung

Für Waren, die nach der Einfuhr nicht endgültig in den zoll- und steuerrechtlichen Verkehr der EU überführt werden sollen, sondern nur vorübergehend in der EU verbleiben sollen, wird die zollrechtliche Bestimmung „vorübergehende Verwendung" beantragt. Für diese Waren werden – soweit sie nicht, auch nicht zeitweise, dem Wirtschaftsverkehr der EU zugeführt wurden – keine Einfuhrabgaben erhoben.

Beispiele:
- *Berufsausrüstung eines ausländischen Journalisten in der EU (Kameras, …)*
- *Ausstellungsware auf Messen und Ausstellungen*

4.3.3 Das Einfuhrverfahren

Die endgültige Einfuhr von Waren („Überführung in den zoll- und steuerrechtlich freien Verkehr") ist nur möglich, wenn die Ware mit dem Versandverfahren zur Einfuhrzollstelle gebracht und anschließend eine Einfuhranmeldung erstellt wird.

Alle am gemeinschaftlichen/gemeinsamen Versandverfahren beteiligten Länder haben sich darauf verständigt, das Versandverfahren mithilfe der elektronischen Datenverarbeitung abzuwickeln. Dazu haben sie das NCTS-Verfahren („New Computerized Transit System") eingeführt. Das NCTS-Verfahren ersetzt die vorher papiergebundene Abwicklung des Versandverfahrens. In Deutschland wird das NCTS-Verfahren mit der ATLAS-Software (Automatisiertes Tarif- und Lokales Zollabwicklungssystem) realisiert.

Mit ATLAS werden folglich die bisher schriftlich erfolgten Zollanmeldungen der Importeure durch elektronische Nachrichten ersetzt.

Mit der ATLAS-Software lassen sich sowohl das Versandverfahren (i.d.R. das T1-Verfahren) als auch die anschließende Einfuhranmeldung elektronisch durchführen. Dabei sind neben den Normalverfahren – der Einzelzollanmeldung – noch mehrere vereinfachte Verfahren möglich. Im Folgenden wird von den vereinfachten Verfahren ausschließlich die vorzeitige, vereinfachte Zollanmeldung beschrieben.

Einzelzollanmeldung (ATLAS – EZA)

Die Einzelzollanmeldung ist das Normalverfahren bei der Einfuhr, bei dem der Importeur keinerlei Vereinfachungen beim zuständigen Hauptzollamt beantragt hat bzw. ihm keine Vereinfachungen zugestanden wurden. Diese Form des Imports kommt nur für solche Importeure infrage, die nur wenige Importvorgänge in einem bestimmten Zeitraum, z.B. einem Monat, haben.

Vorgehensweise:

1. Ist die Ware an der Eingangszollstelle (Hafen, Flughafen, Grenzzollstelle auf dem Landweg, …) eingetroffen, muss der Frachtführer, der die Ware über die Grenze fährt, bei einem an der Grenze niedergelassenen Grenzspediteur ein Versanddokument T 1 ausstellen lassen. Mit diesem Dokument beantragt er bei der Eingangszollstelle die Durchführung eines NCTS-Versandfahrens. Bei NCTS („New Computerized Transit

System") handelt es sich um ein Verfahren zur Abwicklung des gemeinschaftlichen/ gemeinsamen Versandverfahrens mithilfe der elektronischen Datenverarbeitung. Mit der Vorlage des T 1-Papiers bei der deutschen Eingangszollstelle wird dieser Zollgutversand registriert.

Der Hauptverpflichtete beim Versandverfahren hat Sicherheiten zu leisten. Der Hauptverpflichtete ist die Person, die durch die Abgabe der Versandanmeldung ein Zollgutversandverfahren beantragt. Dies geschieht in der Regel in Form einer Bürgschaft, kann aber auch als Barsicherheit hinterlegt werden. Bürge kann eine natürliche oder juristische Person sein, die in dem jeweiligen Mitgliedstaat der EU ansässig und dort als Bürge für Steuern und Abgaben zugelassen ist. Der Bürge verpflichtet sich schriftlich, den Betrag der Zollschuld bei Fälligkeit zu entrichten. Die Bürgschaft wird in aller Regel beim zuständigen Hauptzollamt am Ort des Hauptverpflichteten geleistet. Ware mit hohem Betrugsrisiko (Alkohol, Zigaretten, ...) kann vom Versandverfahren ausgeschlossen sein.

2. Danach werden die Daten dieses Zollgutversands an die zuständige Einfuhrzollstelle in Deutschland elektronisch weitergeleitet. In der Regel wird die Nämlichkeit der Ware durch die Anbringung eines Zollsiegels (Plombe) gesichert.

3. Ist die Sendung bei der Einfuhrzollstelle angekommen, erhält die Einfuhrzollstelle elektronisch einen Erledigungsvermerk. Die Waren sind immer noch Zollgut, d. h., sie können vom Importeur/Empfänger nicht frei verwendet werden.

4. Der Empfänger der Ware in Deutschland/in der EU kann nun zwischen drei Zollverfahren wählen:
   – dem Zolllagerverfahren,
   – der Wiederversendung/Ausfuhr,
   – der endgültigen Einfuhr.

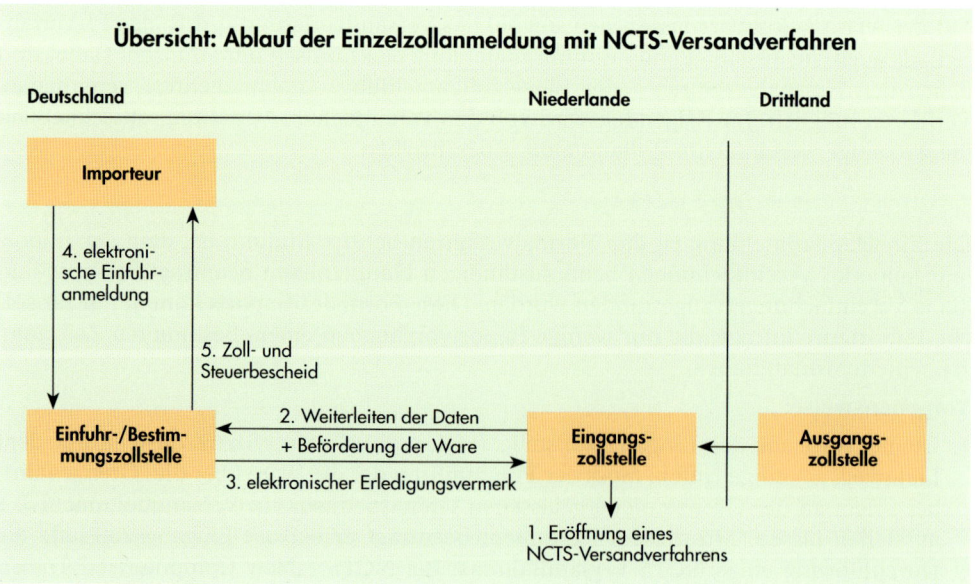

Übersicht: Ablauf der Einzelzollanmeldung mit NCTS-Versandverfahren

Werden die Waren endgültig eingeführt, muss der Einführer auf elektronischem Weg (ATLAS-Einfuhr) eine Einfuhrzollanmeldung (EZA) an das zuständige Hauptzollamt abgeben. Bei vereinfachten Verfahren ist dies auch gesammelt zum Monatsende möglich. Mit dem Eintreffen der EZA beim Einfuhrzollamt wird die Ware vom Zollgut zum Freigut; sie gelangt in den zoll- und steuerrechtlich freien Verkehr.

5. Abschließend schickt das zuständige Zollamt den Zoll- bzw. Einfuhrbescheid an den Importeur.

Vorzeitige, vereinfachte Zollanmeldung (ATLAS – VAV)

Der Ablauf des vorzeitigen, vereinfachten Zollverfahrens (VAV) wird im Folgenden am Beispiel eines Warenimports aus der Schweiz in die EU (Lkw-Transport) dargestellt:

1. Der Lieferant (Exporteur in einem Drittland) übermittelt nach Beladung des Lkws per Fax die Handelsrechnung und die Ausfuhrerklärung des jeweiligen Staates an den Importeur.

2. Gleichzeitig fährt der Lkw mit der Ware Richtung vorab festgelegter Ausgangszollstelle. Dabei führt der Lkw-Fahrer folgende Dokumente mit sich:
   – ein Exemplar der Handelsrechnung,
   – ein Exemplar der Ausfuhrerklärung des Exportlandes,
   – den Lieferschein,
   – einen CMR-Frachtbrief.

3. Aufgrund der eingegangenen Daten erstellt der Importeur eine vorzeitige, vereinfachte Zollanmeldung. Diese wird per Internet via Datentunnel an das Zollrechenzentrum Frankfurt und von da an die festgelegte Eingangszollstelle geschickt.

4. Sind die vom Importeur gemeldeten Daten schlüssig und korrekt, sendet die Eingangszollstelle über den vorgenannten Datentunnel eine ATA-Nummer (Vorgangs- und Bearbeitungsnummer einer noch nicht abgefertigten Ware) an den Importeur zurück. Diese ATA-Nummer wird von der beauftragten Spedition dem Fahrer per Handy weitergeleitet.

5. An der Grenze angekommen, gibt der Fahrer beim Ausgangszollamt des Exportlandes die Ausfuhrerklärung ab. Der Exporteur im Drittland erhält vom Zollamt einen elektronischen Ausgangsvermerk zurück als Nachweis, dass die Ware das Land verlassen hat. Anschließend meldet sich der Fahrer beim nur wenige Meter entfernten Eingangszollamt mit der erhaltenen ATA-Nummer und allen restlichen Begleitpapieren (Rechnung, Frachtbrief, CMR-Frachtbrief). Das Eingangszollamt vergleicht nun die vom Importeur geschickte, vereinfachte Zollanmeldung mit den mitgeführten Begleitpapieren. Ergeben sich keine Differenzen, ist die Ware frei gegeben; d. h., sie befindet sich im zoll- und steuerrechtlich freien Verkehr der EU und kann ohne Versandverfahren anschließend weiterbefördert werden.

6. Nach der Freigabe der Ware durch das Eingangszollamt wird die ATA-Nummer in eine ATD-Nummer umgewandelt (Vorgangs- und Bearbeitungsnummer im Rahmen einer vereinfachten Zollanmeldung), die der Importeur ca. 30 Minuten später erhält. Dem Importeur wird damit die ordnungsgemäße Einfuhrzollabwicklung vor dem Eintreffen der Ware mit dem Lkw bestätigt. Der ganze Vorgang mit allen Daten und der ATD-Nummer wird auch dem zuständigen Hauptzollamt übermittelt und dort gespeichert.

7. Am Monatsende (Abrechnungszeitraum ist jeweils ein Kalendermonat) überspielt der Importeur alle Datensätze mit ATD-Nummer dem zuständigen Hauptzollamt. Diese

Meldung nennt sich ergänzende Zollanmeldung (EGZ). Das Hauptzollamt vergleicht die EGZ des Importeurs mit den vom Eingangszollamt übermittelten ATD-Datensätzen. Nach dem Abgleich versendet das Hauptzollamt ebenfalls auf elektronischem Weg einen Steuerbescheid mit Zahlungsaufforderung. Der Steuerbescheid enthält summiert den Zollbetrag und auch den Betrag für die Einfuhrumsatzsteuer des vergangenen Monats. Zusätzlich wird für jede einzelne Sendung ein Abgabenbescheid erstellt. Die Zahlung der Eingangsabgaben durch den Importeur muss bis zum 16. des Folgemonats erfolgen. Die Zahlung erfolgt unmittelbar an das Hauptzollamt. (Eine Abgabe der Einfuhranmeldung durch den Importeur ist nicht mehr notwendig.)

Vorteile des ATLAS-Verfahrens:
1. Vorgänge werden beschleunigt, der Arbeitsaufwand und die Kosten werden reduziert.
2. Reduzierung der Papiermengen
3. Wegfall von Wegezeiten, z. B. der Gang zur Zollstelle
4. wirksamere Verhinderung von Betrugsversuchen beim Versandverfahren
5. Bei der vorzeitigen, vereinfachten Zollanmeldung entfällt das Versandverfahren.

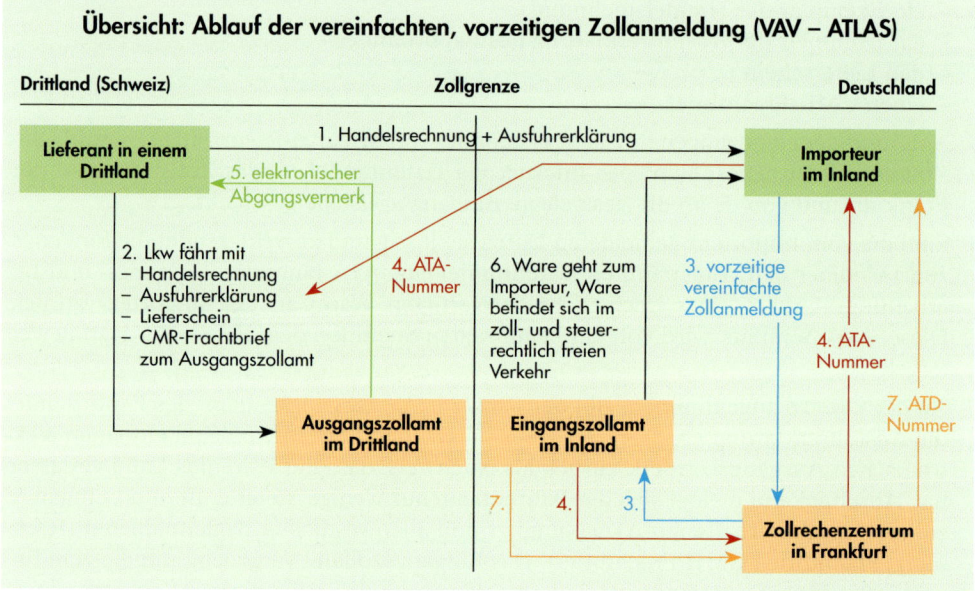

Einfuhranmeldung

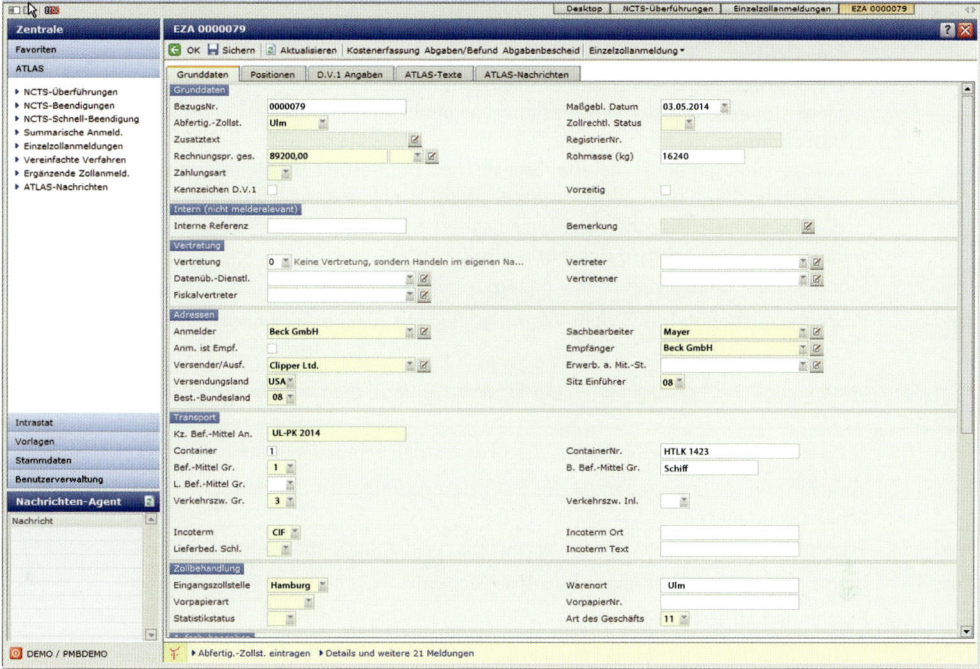

4.4   Innergemeinschaftlicher Wareneingang

Mit der Einführung des Binnenmarktes fielen die Zollschranken und damit auch die Erfassung der Aus- und Einfuhren mittels Ausfuhr- und Einfuhranmeldung weg. Allerdings gibt es trotz des Binnenmarktes noch keine gemeinsame Wirtschafts- und Steuerpolitik der EU-Länder. Für diese beiden Bereiche sind Informationen über die Warenströme in andere Länder aber von Bedeutung.

Deshalb wurde mit der Intrahandelsstatistik (Intrastat) ein Erhebungskonzept eingeführt, bei dem die Unternehmen diese Daten regelmäßig dem Statistischen Bundesamt melden. Der Wareneingang wird online über das elektronische Eingabeformular **„Intrastat – Eingang"** gemeldet.

Auskunftspflichtig sind:

Alle natürlichen und juristischen Personen, die unmittelbar am Warenverkehr mit anderen EU-Ländern teilnehmen. Die Meldung muss spätestens am 10. Arbeitstag nach Ablauf des Berichtsmonats beim Statistischen Bundesamt oder der örtlichen Zollstelle abgegeben werden.

Nicht auskunftspflichtig sind:

- Privatpersonen;
- Auskunftspflichtige, deren jährlicher Gesamtwert an innergemeinschaftlichen Sendungen (Eingang oder Versendung) 500 000,00 € nicht überschreitet.

Anzumelden auf dem Meldeformular „Intrastat – Eingang" sind folgende Merkmale:
(Die Codenummern sind dem Anhang aus der Anleitung zum Ausfüllen der Ausfuhrerklärung zu entnehmen.)

Eingang	
Feld 1:	Auskunftspflichtiger
	1. Unterfeld:
	– Bundesland: anzugeben ist die Schlüsselnummer
	– Steuernummer aus der Umsatzsteuervoranmeldung (10- oder 11-stellig je nach Bundesland),
	– Zusatz: anzugeben ist die vom Statistischen Bundesamt zugeteilte dreistellige Nummer zur Unterscheidung von getrennt zur Statistik meldenden Unternehmen innerhalb einer umsatzsteuerrechtlichen Organschaft
	weitere Teilfelder: Adresse des Auskunftspflichtigen
Feld 2:	Monat/Jahr - anzugeben ist der Bezugszeitraum
Feld 6:	Warenbezeichnung (nach dem Warenverzeichnis für die Außenhandelsstatistik)
7.	
Feld 8a: Feld 8b:	Versendungsland - anzugeben ist der EU-Mitgliedstaat, aus dem die Waren versendet werden
Feld 10:	Art des Geschäfts – (Kauf, Miete, ...) Angabe der Schlüsselnummer
Feld 11:	Verkehrszweig - anzugeben ist das Beförderungsmittel an der deutschen Grenze (nach Schlüsselnummer)
Feld 13:	Warennummer aus dem Warenverzeichnis für die Außenhandelsstatistik
Feld 14:	Ursprungsland – zweistelliger Buchstabencode
Feld 16:	Eigenmasse in vollen kg
Feld 17:	Menge in besonderen Maßeinheiten
Feld 18:	Rechnungsbetrag in vollen Euro
Feld 19:	statistischer Wert in vollen Euro

Beispiele für Online-Anmeldungen im Eingang

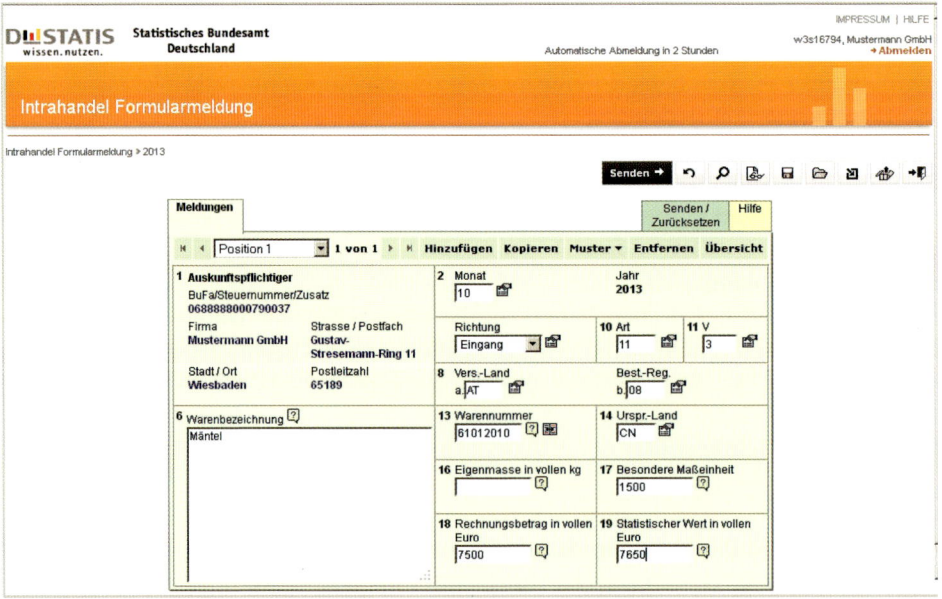

Quelle: Statistisches Bundesamt, Merkblatt zur Intrahandelsstatistik, Wiesbaden 2014, S. 46, online unter: https://www. destatis.de/DE/OnlineMelden/Aussenhandel/Intrahandel/Intrahandel_Merkblatt_Intrahandelsstatistik.pdf?__blob=publicationFile, Stand: 14.05.14

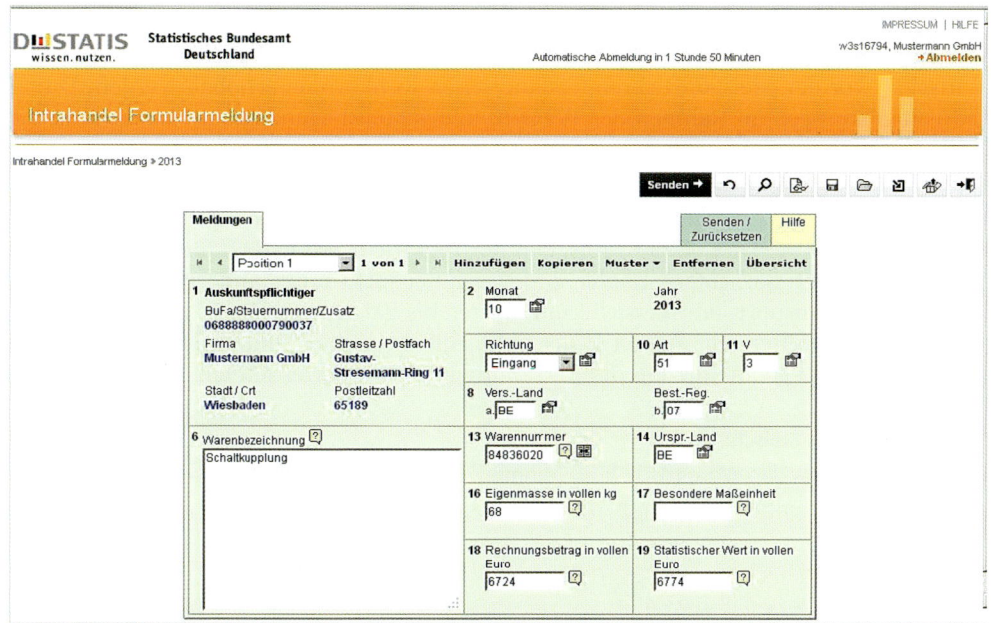

Quelle: Statistisches Bundesamt, Merkblatt zur Intrahandelsstatistik, Wiesbaden 2014, S. 46, online unter: https://www.destatis.de/DE/OnlineMelden/Aussenhandel/Intrahandel/Intrahandel_Merkblatt_Intrahandelsstatistik.pdf?__blob=publicationFile, Stand: 14.05.14

4.5 Einfuhrabgaben

Werden Nichtgemeinschaftswaren in die EU importiert, müssen sie dem Zoll mithilfe eines bestimmten Zollverfahrens gemeldet werden. Dieses Zollverfahren umfasst zwei Schritte:

1. **Zollanmeldung:** Notwendig ist dazu die Abgabe der **Einfuhranmeldung** in der u.a. das gewünschte Zollverfahren beantragt wird, sowie die **Zollwertanmeldung**.

2. **Zollbefund und Leistung der Eingangsabgaben.**

Sollen Nichtgemeinschaftswaren endgültig in der EU verbleiben und dort dem Konsum oder der Verarbeitung zugeführt werden, muss der Zollpflichtige bei der zuständigen Zollstelle als Zollverfahren die Überführung der Waren in den zoll- und steuerrechtlich freien Verkehr beantragen. Dies ist das in der Praxis am häufigsten angewandte Verfahren.

Nach Beendigung dieses Verfahrens und der Bezahlung der Eingangsabgaben wird die Ware zur Gemeinschaftsware.

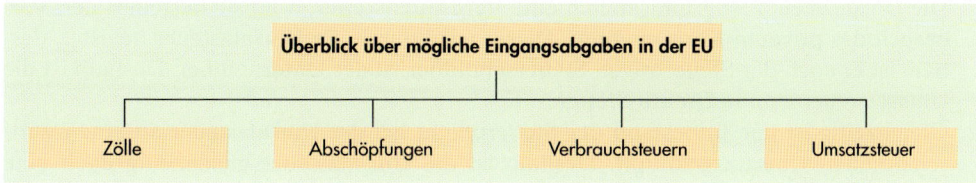

Unter BuchPlusWeb finden Sie weitere Inhalte speziell zum Thema Außenhandel.

Zölle

Einfuhrzölle sind Abgaben, die heute im Wesentlichen zum Schutz der europäischen Wirtschaft vor der preisgünstigeren ausländischen Konkurrenz erhoben werden. Durch die Vereinbarungen im Rahmen der WTO (u. a. der Meistbegünstigungsklausel) sind die Zölle allerdings in den letzten Jahren weltweit gesenkt worden.

Im EU-Zolltarif sind fast ausschließlich **Wertzollsätze** festgelegt worden. Dazu muss zuerst der Wert der Ware festgelegt werden. Grundlage dafür ist der sogenannte **Transaktionswert** der Ware. Dies ist der Preis, den der Importeur tatsächlich für die eingeführte Ware zu bezahlen hat, sofern Käufer und Verkäufer nicht miteinander verbunden sind. Alle Waren-, Transport- und Versicherungskosten bis EU-Grenze bilden die Bemessungsgrundlage für die Berechnung der Zollschuld. Alle Transport- und Versicherungskosten innerhalb der EU gehen nicht in die Berechnung des Zollwertes mit ein.

Berechnung der Zollschuld:

   Rechnungspreis der Ware (Bsp.: FOB Miami)

+ Beförderungs- und Versicherungskosten bis Außengrenze EU

   Zollwert

   x Zolltarif in Prozent (Bspw.: 4%)

   = Zollschuld (in €)

Zollwertanmeldung

Die Zollwertanmeldung (Formular: „Anmeldung der Angaben über den Zollwert D.V.1" bzw. „Ergänzungsblatt D.V.1 bis" bei Anmeldung von mehr als zwei Warenpositionen) muss bei der zuständigen Einfuhrzollstelle abgegeben werden. Die Zollwertanmeldung ist nicht notwendig, wenn der Zollwert der Waren 5 000,00 € pro Sendung nicht überschreitet, bei Waren, die keinem Wertzoll unterliegen und bei Waren, die aufgrund einer Präferenzregelung zollfrei sind.

Anmeldepflichtig ist der Käufer oder ein Stellvertreter. Bei der Abgabe der Zollwertanmeldung sind Unterlagen beizufügen, anhand derer sich der Zollwert ermitteln lässt (z. B. eine Ausfertigung der Rechnung und Belege über die Vertriebskosten, wie z. B. der Frachtbrief). Die Zollwertanmeldung ist eine Steuererklärung. Unrichtige Angaben können als Steuerstraftat oder -ordnungswidrigkeit bestraft werden.

Umsatzsteuer im internationalen Warenverkehr

Wesen der Umsatzsteuer

1. Die Umsatzsteuer ist grundsätzlich eine **Verbrauchsteuer**, d. h., sie besteuert den Verbrauch des privaten Konsumenten. Dieser wird durch die Umsatzsteuer belastet, deshalb ist er auch der Steuerträger. Steuerschuldner ist der Unternehmer. Deshalb ist die Umsatzsteuer eine **indirekte Steuer.**
2. Gleichzeitig ist der Tatbestand der Steuerpflicht bei der Umsatzsteuer an einen wirtschaftlichen Umsatz geknüpft. Deshalb ist die Umsatzsteuer gleichzeitig auch eine **Verkehrssteuer**.
3. Fasst man beide Wesensmerkmale der Umsatzsteuer zusammen, kann man die Umsatzsteuer als eine **Verkehrssteuer mit Verbrauchsteuercharakter** definieren.

Steuerbare Umsätze

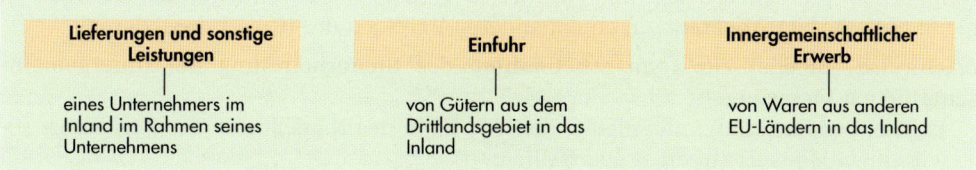

Lieferungen und sonstige Leistungen	Einfuhr	Innergemeinschaftlicher Erwerb
eines Unternehmers im Inland im Rahmen seines Unternehmens	von Gütern aus dem Drittlandsgebiet in das Inland	von Waren aus anderen EU-Ländern in das Inland

Innergemeinschaftliche Umsätze

Innergemeinschaftlicher Erwerb (§ 1a UStG)

Ein innergemeinschaftlicher Erwerb liegt vor, wenn

1. ein Abnehmer in einem EU-Staat einen Gegenstand von einem Lieferanten in einem anderen EU-Staat erhält und
2. der Gegenstand für das Unternehmen des Erwerbers bestimmt ist und
3. Lieferant und Erwerber regelbesteuerte Unternehmer sind.

Erwerber kann auch eine juristische Person sein, die kein Unternehmer ist oder die den Gegenstand nicht für ihr Unternehmen erwirbt; allerdings gilt hier eine Erwerbsschwelle von 12 500,00 €, ab der erst ein innergemeinschaftlicher Erwerb vorliegt.

Der Erwerber schuldet die Erwerbsteuer (§ 13 (2) Nr. 2 UStG). Er kann die bezahlte Steuer jedoch wieder als Vorsteuer geltend machen (§ 15 (1) Nr. 3 UStG).

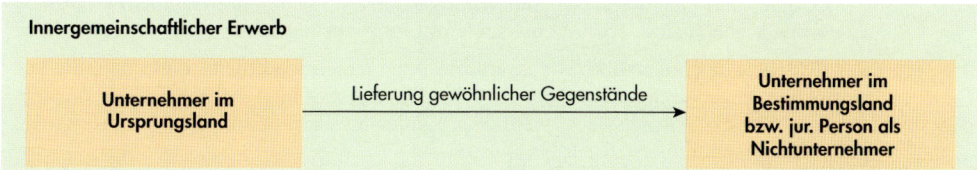

Innergemeinschaftlicher Erwerb

Unternehmer im Ursprungsland	Lieferung gewöhnlicher Gegenstände →	Unternehmer im Bestimmungsland bzw. jur. Person als Nichtunternehmer

Prinzip: Die Besteuerung erfolgt im Bestimmungsland durch den Erwerb **(Bestimmungslandprinzip)**.

Das innergemeinschaftliche Verbringen (von inländischer Filiale/Mutter zur ausl. Filiale/Mutter) eines Gegenstandes wird wie ein innergemeinschaftlicher Erwerb angesehen.

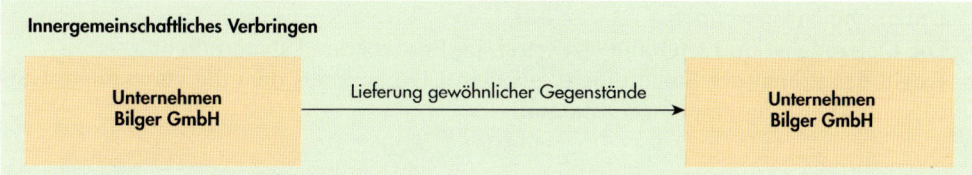

Innergemeinschaftliches Verbringen

Unternehmen Bilger GmbH	Lieferung gewöhnlicher Gegenstände →	Unternehmen Bilger GmbH

Innergemeinschaftliche Lieferung

Eine innergemeinschaftliche Lieferung liegt vor, wenn

1. ein Lieferant einen Gegenstand von einem EU-Land zu einem Erwerber in einem anderen EU-Land befördert und
2. der Gegenstand für das Unternehmen des Erwerbers bestimmt ist und
3. Lieferant und Erwerber regelbesteuerte Unternehmen sind.

Bei der Lieferung eines neuen Fahrzeugs gilt das Verfahren der innergemeinschaftlichen Lieferung auch, wenn der Erwerber kein Unternehmer ist. Ebenfalls als innergemeinschaftliche Lieferung gilt das Verbringen eines Gegenstandes in ein anderes EU-Land.

Die innergemeinschaftliche Lieferung ist im Ursprungsland steuerfrei (§ 4 Nr. 1b UStG), wenn die erforderlichen Belege und Nachweise erbracht worden sind (§§ 17a; 17c UStDV). Sie unterliegt beim Abnehmer in einem anderen EU-Staat der Erwerbsbesteuerung.

Nachweise (Belege) zur Inanspruchnahme der Steuerbefreiung bei innergemeinschaftlichen Lieferungen:

- Doppel der Rechnung mit Angabe der USt-IdNr. des Käufers und des Verkäufers sowie einem Hinweis auf die Steuerfreiheit;
- Lieferschein, Frachtbrief, Konnossement oder anderes handelsübliches Dokument, aus dem sich der Bestimmungsort ergibt;
- Empfangsbestätigung des Empfängers bei eigener Beförderung oder in Abholfällen die Versicherung des Kunden, dass die Gegenstände in das Gemeinschaftsgebiet verbracht werden.

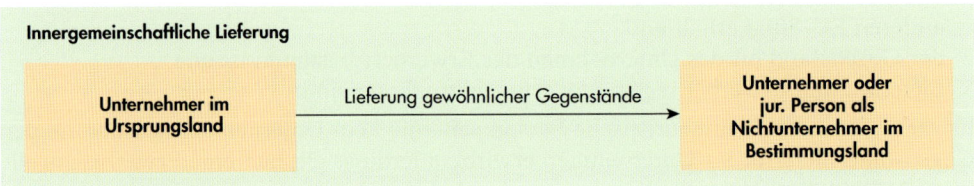

Für den liefernden Unternehmer gilt, dass die Lieferung im Ursprungsland steuerfrei ist.

§ 6a (3) UStG: Den Nachweis, dass die Voraussetzungen für eine innergemeinschaftliche Lieferung gegeben sind, erbringt der Lieferant im Ursprungsland.

§ 6a (4) UStG: Für eine steuerfrei ausgeführte innergemeinschaftliche Lieferung, die auf unrichtige Angaben des Erwerbers zurückzuführen ist, schuldet der Erwerber die entgangene Steuer, beispielsweise wenn der Käufer als Privatmann eine Umsatzsteuer-Identifikationsnummer (USt-IdNr.) verwendet.

Umsatzsteuer-Identifikationsnummer:

Funktion/Bedeutung der USt-IdNr.:

- Die USt-IdNr. berechtigt zur Teilnahme am innergemeinschaftlichen Warenverkehr.
- Der Lieferer erkennt, dass der Abnehmer Unternehmer ist und die Lieferung für sein Unternehmen verwendet.
- Die Lieferung ist im Lieferland steuerfrei; im Erwerberland steuerpflichtig.
- Es gilt das Primat der Steuerpflicht aus dem EU-Land, aus dem die verwendete USt-IdNr. des Leistungsempfängers stammt.

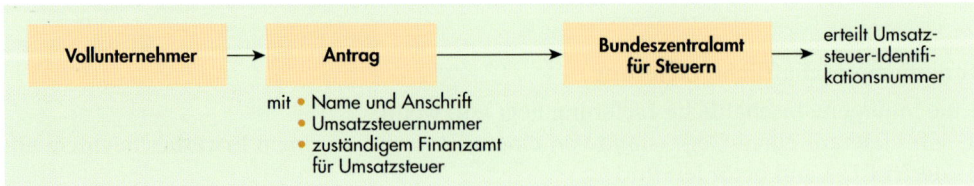

Einfuhr aus Drittlandsgebieten

Eine Einfuhr liegt vor, wenn Gegenstände aus Drittländern in das Inland oder in die Zollanschlussgebiete Jungholz und Mittelberg gelangen (§ 1 (1) Nr. 4 UStG).

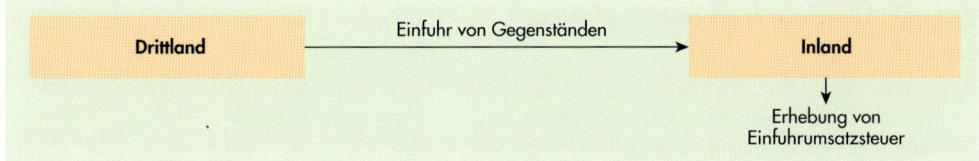

Mit der Erhebung des nationalen Einfuhrumsatzsteuersatzes wird gewährleistet, dass eine steuerliche Gleichstellung von gleichartigen Gegenständen aus dem Inland mit aus Drittländern importierten Gegenständen erreicht wird. Im Exportland wird der Gegenstand steuerbefreit ausgeführt.

Die Einfuhrumsatzsteuer wird von der Zollverwaltung erhoben und verwaltet. Mit der Abgabe der Einfuhranmeldung reicht der Importeur die entsprechenden Dokumente bei der örtlichen Zollstelle ein (Rechnung, Frachtpapiere usw.), mit denen die Zollverwaltung die Bemessungsgrundlage für die Einfuhrumsatzsteuer berechnen kann.

Berechnung der Bemessungsgrundlage für die Einfuhrumsatzsteuer:

> Grenzübergangswert an der EU-Außengrenze (Transaktionswert)
> + Zollbetrag
> _____
> = Bemessungsgrundlage für die Berechnung der Einfuhrumsatzsteuer
>
> Bemessungsgrundlage für die Einfuhrumsatzsteuer
> x Umsatzsteuersatz in Prozent (Bspw.: 19 %)
> _____
> = Umsatzsteuerschuld gegenüber dem Zoll

Schuldner der Einfuhrumsatzsteuer

Grundlage für die Klärung, wer Schuldner der Einfuhrumsatzsteuer ist, sind die vereinbarten Lieferungsbedingungen.

Bei der Lieferungsbedingung „DDP – Delivered Duty Paid" ist der Exporteur oder sein Beauftragter der Schuldner der Einfuhrumsatzsteuer. Es liegt dann ein Liefertatbestand nach § 1 (1) Nr. 1 UStG vor.

Bei allen anderen Lieferungsbedingungen ist der Importeur oder sein Beauftragter der Schuldner der Einfuhrumsatzsteuer. In diesem Fall liegt ein Einfuhrtatbestand nach § 1 (1) Nr. 4 UStG vor.

Ein Vorsteuerabzug ist in beiden Fällen möglich (§ 15 (1) Nr. 2 UStG). Der Tatbestand der Einfuhr kann auch für Nichtunternehmer vorliegen. Ein Vorsteuerabzug für die entrichtete Einfuhrumsatzsteuer ist in diesem Fall aber nicht möglich.

Vergleich: Erwerbsteuer – Einfuhrumsatzsteuer

Erwerbsteuer	Einfuhrumsatzsteuer
1. kommerzieller Warenverkehr – Bestimmungslandprinzip; nichtkommerzieller Warenverkehr – im Wesentlichen Ursprungslandprinzip	1. kommerzieller Warenverkehr – Bestimmungslandprinzip
2. Höhe der Steuer: nationaler Umsatzsteuersatz	2. Höhe der Steuer: nationaler Umsatzsteuersatz
3. Umsatzsteuer-Identifikationsnummer für alle Unternehmen, die an diesem innergemeinschaftlichen Warenverkehr teilnehmen; Nachweis der Unternehmereigenschaft	3. keine Umsatzsteuer-Identifikationsnummer notwendig
4. zuständige Behörde: Finanzamt	4. zuständige Behörde: Zollamt
5. Unternehmen berechnet die Höhe der Erwerbsteuer selbstständig im Rahmen der Umsatzsteuervoranmeldung	5. Zollamt berechnet die Höhe der Umsatzsteuer im Rahmen der Einfuhranmeldung
6. Begriff: Erwerbsteuer	6. Begriff: Einfuhrumsatzsteuer

4.6   Importrisiken und ihre Absicherung

Aufgrund der fremden Währung, der anderen Rechtsverhältnisse, unsicherer politischer Verhältnisse oder einfach aufgrund der größeren Entfernung entstehen ähnlich wie bei den Export- auch bei den Importgeschäften größere Risiken als bei Inlandsgeschäften mit möglicherweise den gleichen Waren. Allerdings ist die Sichtweise des Importeurs bezüglich der Risiken eine völlig andere als beim Exporteur. Dem Importeur nützt z. B. ein Anstieg des Eurowechselkurses gegenüber dem Dollar, da er als Folge davon seine Waren aus dem Dollarraum billiger beziehen kann. Dem Exporteur schadet dieser Anstieg, da seine Produkte im Dollarraum teurer werden.

Außenhandelsrisiken

Transportrisiko

Unter Transportrisiko versteht man die Gefahren, die auf dem Transportweg vom Exporteur zum Importeur bestehen. Darunter fallen vor allem mögliche Beschädigungen der Güter beim häufigen Be- oder Entladen auf die verschiedenen Verkehrsmittel oder aufgrund von Unfällen (Havarie usw.). Auch die Gefahr, dass Güter zu spät angeliefert werden, ist erheblich größer als bei Inlandsgeschäften.

Transportrisiken werden über Transportversicherungen abgesichert, die je nach Vereinbarung der Lieferbedingung im Kaufvertrag vom Ex- oder Importeur abzuschließen sind. Insofern kann das Transportrisiko auch den Importeur oder dessen Versicherung betreffen.

Kreditrisiko

Zahlt der Importeur die im Rahmen eines Außenhandelsgeschäfts vertragsgemäß gelieferten Waren nicht, ist dies das sogenannte Kreditrisiko des Exporteurs. Das Kreditrisiko ist somit fast ausschließlich ein Risiko des Exporteurs und tritt für den Importeur in der Regel nicht auf. Werden im Kaufvertrag allerdings vom Importeur größere Anzahlungsbeträge oder gar eine komplette Vorauszahlung vor der eigentlichen Warenlieferung verlangt, trägt auch der Importeur das Risiko, dass der Exporteur die Ware, trotz Vorauszahlung, nicht liefert.

Politisches Risiko

Unter politischen Risiken versteht man die Vorgänge, bei denen ein Unternehmer aufgrund politischer Ereignisse in einem Land (Krieg, Bürgerkrieg, Einfuhrverbote, Devisenkontrollmaßnahmen usw.) nicht liefern oder nicht bezahlen kann. Politische Risiken betreffen folglich vor allem den Exporteur, der nach einer Warenlieferung in das Land des Importeurs bei Eintritt politischer Risiken in diesem Land um sein Geld fürchten muss. Den Importeur betrifft das politische Risiko insofern, dass er kaufvertraglich zugesicherte Ware bei Eintritt solcher Risiken im Land des Exporteurs nicht geliefert bekommt.

Währungsrisiko

Währungsrisiken ergeben sich nach Abschluss eines Kaufvertrags, wenn die Währungsrelationen sich verändern. Fällt der € gegenüber anderen Währungen, geht das auf Kosten des Importeurs aus dem EU-Raum. Innerhalb der EU ist dieses Währungsrisiko mit dem Inkrafttreten der gemeinsamen Währung nicht mehr vorhanden. Mit allen Drittstaaten besteht dieses Währungsrisiko aber weiter, d.h., dass der Importeur Maßnahmen zur Währungsabsicherung treffen muss.

Absicherungsmöglichkeiten

Warentransportversicherung

Ist der Importeur aufgrund der vereinbarten Lieferbedingung im Kaufvertrag verpflichtet, den Warentransport zu organisieren, muss er unter anderem auch eine Warentransportversicherung abschließen. Für den Umfang der Warentransportversicherung, ihre gesetzlichen oder vertraglichen Grundlagen, gelten dieselben Regelungen wie im LF 2, Kap. Ausfuhrrisiken und Absicherungsmöglichkeiten bereits dargelegt.

Währungsrisiko

Devisentermingeschäft des Importeurs

Das Kursrisiko des Importeurs tritt ein, wenn die ausländische Währung gegenüber der inländischen Währung an Wert gewinnt. Um Kursverluste zu vermeiden, kauft der Importeur den Rechnungsbetrag in der jeweiligen ausländischen Währung von seiner Bank am Tag des Kaufvertragsabschlusses per Termin zum Terminkurs. Die Bank ist dann verpflichtet, die benötigten Devisen an dem bestimmten Termin zum vereinbarten Kurs zu liefern (Ankaufskurs, da die Bank den € ankauft und den Dollar verkauft, vgl. Devisentermingeschäfte bei der Ausfuhr).

Politisches Risiko

Das politische Risiko ist zwar für den Importeur, wie oben beschrieben, vorhanden, aber nicht über staatliche „Einfuhrgewährleistungen" abzusichern, da staatliche Hilfen nur für den Exporteur zur Verfügung stehen. Dabei wird davon ausgegangen, dass die Risiken bei einer Warenversendung in eine Krisenregion im Normalfall höher sind als das Risiko des Importeurs, eine Ware aus dieser Region nicht zu erhalten.

Allerdings sind auch hier schlimmere Szenarien vorstellbar, z.B. dass der Importeur die nicht gelieferte Ware aus anderen Regionen nicht oder nur mit großen Preisaufschlägen bekommt und seinerseits in Lieferschwierigkeiten gerät. Eine private Versicherung für Krisengebiete scheidet aufgrund der viel zu hohen Prämien aus.

Kreditrisiko

Mithilfe dokumentärer Zahlungsbedingungen lässt sich das Kreditrisiko des Importeurs nicht absichern, da dies ausschließlich Instrumente zur Absicherung des Kreditrisikos des Exporteurs sind. Ähnliche Regelungen zur Absicherung des Importeurs gibt es nicht. Allerdings hat der Importeur beispielsweise die Möglichkeit, den vorausbezahlten Betrag auf ein Sperrkonto bei einer Bank einzuzahlen und der Bank den Auftrag zu geben, diesen Betrag nur auszuzahlen, wenn der Wareneingang vom Importeur bestätigt wird.

ZUSAMMENFASSUNG – INTERNATIONALER BESCHAFFUNGSPROZESS

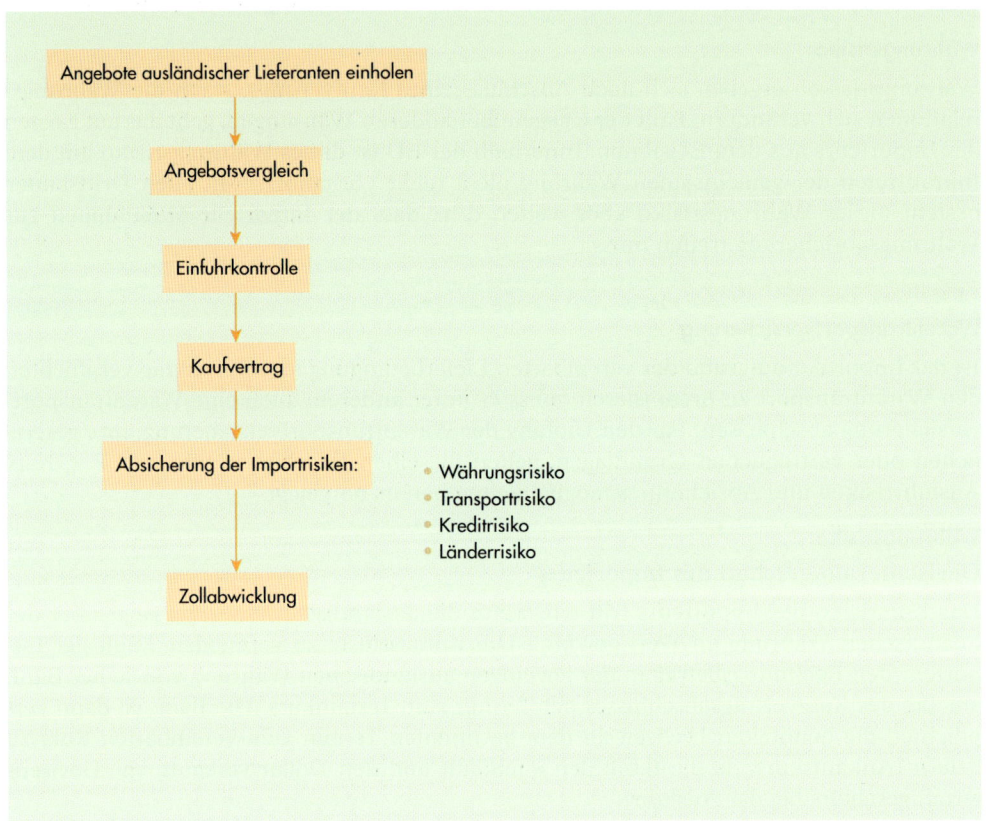

AUFGABEN

1   Die Firma TRIAL GmbH importiert Radtrikots aus der Türkei. Erklären Sie, wie die Firma beim erstmaligen Bezug dieser Trikots aus diesem Land entsprechend

    a) dem Außenwirtschaftsgesetz und

    b) dem Zollrecht vorgehen muss.

2   Die Firma TRIAL GmbH erwirbt im Januar von einem englischen Lieferanten Fahrradhelme im Wert von 60 000,00 €. Die Rechnung enthält die Umsatzsteuer-Identifikationsnummer des englischen Lieferanten sowie den Hinweis auf die Steuerfreiheit der Lieferung.
Prüfen Sie, ob ein innergemeinschaftlicher Erwerb vorliegt, und berechnen Sie die Höhe der Umsatzsteuerschuld.

3   Die TRIAL GmbH in Heidelberg liefert Fahrräder im Wert von 110 000,00 € mit dem eigenen Lkw nach Spanien. Beide Unternehmen haben eine Umsatzsteuer-Identifikationsnummer, unter der das Geschäft abgewickelt wird. Die Rechnung des deutschen Lieferanten ist ordnungsgemäß ausgestellt und enthält den Hinweis auf die Steuerfreiheit der Lieferung.
    a) Liegt eine innergemeinschaftliche Lieferung vor?
    b) Wie lautet der Buchungssatz für diese Warenlieferung?

4   Die Firma TRIAL GmbH holt sich für die Lieferung von Radschuhen zwei Angebote ein: ein Angebot aus Spanien und ein Angebot aus Israel.

Angebot der Firma Cordobes aus Spanien:

2000 Radschuhe – Preis ExWorks Cadiz: 61 200,00 €. Die Fracht- und Versicherungskosten (Lkw) von Cadiz nach Heidelberg betragen 813,92 €. Die Angaben sind jeweils netto.

Angebot der Firma Tel Aviv Trade Ltd.:

2000 Radschuhe – Preis CIF Triest: 60 000,00 USD. Die Fracht- und Versicherungskosten von Triest nach Heidelberg betragen 367,15 EUR netto. Kurs: 1 EUR = 1,20/1,22 USD. Die EU hat seit vielen Jahren mit Israel ein Präferenzabkommen, das die Einfuhr von Waren mit israelischem Ursprung zu einem bevorzugten Zolltarif erlaubt (Schuhe 4 %).

Die Firma TRIAL GmbH verwendet bei der Auftragserteilung gegenüber den Beförderungsunternehmen jeweils ihre deutsche Umsatzsteuer-Identifikationsnummer.

Ermitteln Sie den Preis Werk Heidelberg inklusive der Umsatzsteuer für beide Angebote aufgrund der Ihnen zur Verfügung stehenden Materialien.

5   a)   Ein Südfrüchte-Großhändler aus Frankfurt bezieht Orangen aus Spanien. Der Rechnungspreis FOB Ladiz beträgt 41 426,90 €. Die Frachtkosten bis Frankfurt betragen 300,00 €.

    b)   Derselbe Großhändler bezieht aus Israel Feigen. Der Warenwert an der italienischen Grenze (Eingang EU) beträgt 17 895,30 €. Die Fracht- und Versicherungskosten bis zum Ort des Importeurs betragen 337,19 €; der Einfuhrzollsatz beträgt 1 %.

    Berechnen Sie jeweils die Höhe der Abgaben.

6   Die Firma TRIAL kauft ihre Radhelme bisher ausschließlich bei einem Hersteller in Deutschland ein. Als Alternative soll nun der Bezug von Lieferanten aus den östlichen EU-Staaten geprüft werden. Wesentliche Voraussetzungen bei der Lieferantenanalyse sind der Preis, die vergleichbare Produktqualität und die unbedingte Einhaltung der Liefertermine.

Der deutsche Lieferant verlangt für den Radhelm Tenno ab Lager Stuttgart 24,00 €. Rabatte werden nur auf den Einkaufspreis, nicht aber auf die Bezugskosten gewährt. Dazu werden drei mögliche Lieferanten in drei verschiedenen EU-Staaten genauer auf ihre Liefertauglichkeit hin untersucht (Menge: 100 000 Stück).

1. Egpol, Seinkieswicza 17, PL 00-010 Warszawa

Das Unternehmen ist aus einem ehemaligen Kombinat zur Herstellung von Maschinen hervorgegangen. Das Unternehmen ist vollständig privatisiert und wird geleitet von den ehemaligen Direktoren dieses Kombinats. Auch die Mitarbeiter sind weitgehend dieselben, wobei ca. die Hälfte des Personals entlassen wurde. Das Management genügt, was Flexibilität, Initiative und Kooperationsbereitschaft angeht, westlichen Ansprüchen. Die Leistungsbereitschaft des übrig gebliebenen Personals ist hoch, ebenso die Qualifikation. Der Betrieb ist noch nicht zertifiziert und wird diese Zertifizierung aufgrund der vorhandenen Produktions- und Verwaltungabläufe auch in absehbarer Zeit nicht erhalten. Der vorhandene Maschinenpark und die vorgefundene Produktionstechnologie sind für die Produktion der geforderten Teile ausreichend. Die Qualität der hergestellten Helme ist ausreichend. Ein großes Problem stellt die derzeit vorhandene Infrastruktur, insbesondere die maroden Straßen, dar. Eine rechtzeitige Lieferung könnte nicht immer garantiert werden. Entfernung Heidelberg – Warschau ca. 900 km. Kostensituation:

Einkaufspreis ab Lager Warschau = 16,00 €; Rabatt bei einer Abnahme von 100000 Stück pro Jahr = 10 %, Bezugskosten pro Helm und pro 100 km 0,1 €.

2. Danevia spol.s.r.o., Sturova 6, 81102 Bratislava

Das Unternehmen besteht erst seit fünf Jahren. Gegründet wurde es von zwei slowakischen Ingenieuren, die mit Fördermitteln des Staates die Gründung finanzierten. Das Unternehmen lebte in den Anfangsjahren hauptsächlich von den Bestellungen des tschechischen Handels. Die Gründer und Eigentümer des Unternehmens sind sehr gut ausgebildet. Das Personal ist im Durchschnitt sehr jung und weitgehend in diesem Unternehmen gut ausgebildet worden. Der Betrieb ist ebenfalls noch nicht zertifiziert, will dies aber in den nächsten zwei Jahren erreichen. Erste Gespräche darüber wurden bereits geführt. Der vorhandene Maschinenpark ist allerdings etwas veraltet, eine Modernisierung war aufgrund der knappen finanziellen Mittel bisher noch nicht möglich. Das Unternehmen hat in den vergangenen Jahren sämtliche Liefertermine äußerst exakt eingehalten; auch die Qualität der Produkte genügte den Ansprüchen der bisherigen Kunden. Entfernung Heidelberg – Bratislava ca. 600 km.

Kostensituation:
Einkaufspreise ab Lager Bratislava = 14,00 €; Rabatt bei einer Abnahme von 80000 Stück pro Jahr 15 %, Bezugskosten pro Helm und pro 100 km 0,1 €.

3. Latvias, Brivibas bvl. 24, 1849 Riga

Das Unternehmen ist ebenfalls noch sehr jung und aus einem ehemaligen Stahlkombinat hervorgegangen. Das Unternehmen hat bisher kleinere Zulieferungen, vor allem Helme, für einen finnischen Großhändler vorzuweisen. Diese Helme sind allerdings von hervorragender Qualität, da der finnische Großhändler im Wesentlichen für eine deutsche Premiummarke arbeitet. Die Qualifizierung des Personals und die des Managements genügen den höchsten Anforderungen. Auch die maschinelle Ausstattung lässt kaum Wünsche offen. Auch eine Zertifizierung wurde bereits durchgeführt, da dies eine wesentliche Voraussetzung dafür war, dass man die finnische Firma als Kunden gewinnen konnte. Nach Finnland gab es bisher überhaupt keine Lieferprobleme; allerdings ist der Weg nach Deutschland doch sehr weit. Erfahrungen mit Lieferanten, die ähnlich weit weg lagen, waren bisher nicht allzu gut. Entfernung Heidelberg – Riga ca. 1400 km.
Kostensituation:
Einkaufspreise ab Lager Riga = 14,50 €, keine Rabattgewährung, Bezugskosten pro Helm und pro 100 km 0,1 €.

a) Erstellen Sie eine Lieferantenanalyse von diesen drei Lieferanten.

Hinweis: Benutzen Sie zur Lieferantenanalyse folgende Entscheidungsbewertungstabelle:

Lieferanten Kriterien	Gewichtung der Kriterien	Egpol		Danevia		Latvias	
		B	P	B	P	B	P
Summe							

Alternativ soll auch ein Bezug von einem Lieferanten aus den USA ins Auge gefasst werden. Die Radhelme können in den USA aufgrund der geringeren Kosten für 11,20 USD („ex works" Dallas, TX) angeboten werden. Für einen 40-Fuß-Container, der 3000 Radhelme enthält, kostet die Frachtrate für den Transport von den USA nach Europa ca. 3500,00 USD.

b) Berechnen Sie den Preis der Radhelme frei Hafen Hamburg vor der Abwertung des USD und nach der Abwertung des USD. Beschreiben Sie die Auswirkungen einer derartigen Währungsveränderung auf die Einkaufsentscheidung von Waren.
- Kurs EUR–USD = 1,2 (vor der Abwertung des USD)
- Kurs EUR–USD = 1,5 (nach der Abwertung des USD)

Unter BuchPlusWeb finden Sie weitere Aufgaben speziell zum Thema Außenhandel.

Lernsituation: Import von Kupferrohren 1

UNTERNEHMENSPROFIL

Die Beck GmbH ist eine mittelständische Metallgroßhandlung mit Sitz in Ulm. Die Beck GmbH hat 250 Mitarbeiter; ihr Verkaufsgebiet erstreckt sich nicht nur auf Deutschland, sondern auf alle Regionen der Welt, in denen sie ihre Metallprodukte verkaufen kann. Der Firmenchef, Herr Walter Beck, hat schon vor vielen Jahren festgestellt, dass weiteres Wachstum nur im internationalen Rahmen für sein Unternehmen möglich ist. Dazu gehört auch, dass die Beschaffung zunehmend internationaler wird.

Der Artikel „Kupferrohr blank 18 mm" mit der Warennummer 74111011 wird von den Kunden häufig nachgefragt und muss daher immer vorrätig sein. Der hohe und sehr stark schwankende Kupferpreis sowie Währungsschwankungen zwingen das Unternehmen aber, den Lagerbestand möglichst niedrig zu halten.

ARBEITSAUFTRÄGE

1   *Sie sind erst seit kurzer Zeit im Einkauf und haben noch keine große Erfahrung mit internationalen Lieferanten. Aktuell geht bei Ihnen eine E-Mail des Kunden Harry Müller ein. Der Kunde Harry Müller gehört zu Ihrem Kundenstamm und ist ein ganz wichtiger Kunde mit hohen Umsatzzahlen. Weisen Sie zunächst nach, ob eine Bestellung von Rohren überhaupt notwendig ist. Benutzen Sie die Informationen aus den Materialien.*

2   *Mit ihrem bisherigen inländischen Lieferanten gibt es immer häufiger Probleme bei der Auftragsabwicklung, deshalb beabsichtigen Sie, auch Angebote von ausländischen Lieferanten einzuholen, was Sie bisher noch nie gemacht haben. Informieren Sie sich über die Abläufe bei Importvorgängen (Einfuhrkontrolle und zollrechtliches Einfuhrverfahren) im Buch S. 233 ff. und wenden Sie Ihre Kenntnisse auf den konkreten Vorgang an.*

3   *Ihnen liegen für die Beschaffung der Kupferrohre zwei Angebote von Lieferanten aus dem Ausland vor. Ermitteln Sie zunächst Unterschiede zwischen den beiden Anbietern und ihren Angebotsinhalten, anschließend den preislich günstigeren Anbieter in übersichtlicher Weise. Benutzen Sie die Informationen in den Materialien. Die Umsatzsteuer-Identifikationsnummer der Vogel GmbH lautet DE 5785-658-68 der Zollsatz bei der Einfuhr in die EU beträgt 5%.*

MATERIALIEN

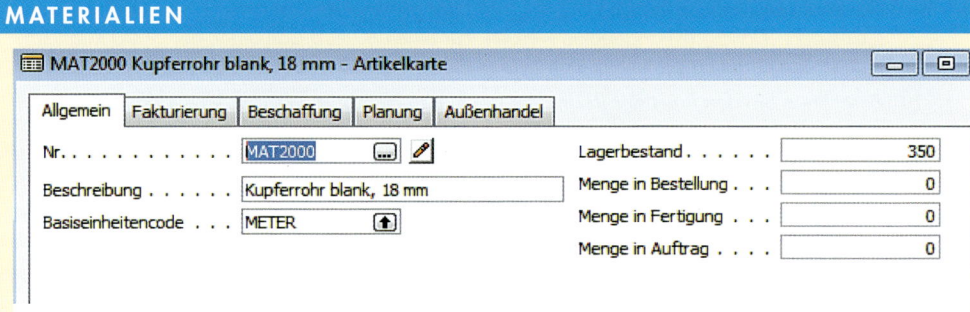

Von:	Mueller Harry [harry.mueller@wannerkg.de]	Gesendet: Di 25.03.20.. 14:55
An:	e.tobler@beckgmbh.de	
Cc:		

Betreff: Bestellung Kupferrohre

Sehr geehrte Damen und Herren,

ich bitte um Lieferung von 16 000 m Kupferrohr 18 mm. Lieferung spätestens bis 15.06.20... Es handelt sich um den größten Auftrag, den wir dieses Jahr vergeben. Wir erwarten unbedingte Einhaltung der Liefertermine und entsprechende Konditionen.
Mit freundlichen Grüßen

Harry Mueller
Wanner KG
Innerer Wall 6
63739 Aschaffenburg
Fon: 06021 14 28 56
Fax: 06021 14 28 57
Mail to: harry.mueller@wanner.kg.de

Sorten- und Devisenkurse

In €	Sortenkurse		Devisenkurse	
	Geld	**Brief**	**Geld**	**Brief**
1 austr. Dollar	1,34	1,51	1,4219	1,4379
1 kanad. Dollar	1,27	1,41	1,3352	1,3472
1 engl. Pfund	0,66	0,72	0,8159	0,8199
1 amerik. Dollar	1,31	1,37	1,3621	1,3734
1 schw. Franken	1,25	1,37	1,3011	1,3051
1 norw. Kronen	7,50	8,45	7,8517	7,8997
1 jap. Yen	102,20	1 113,49	107,18	107,66
1 schwed. Krone	8,92	9,95	9,3876	9,4356

CopperProductions Ltd.

10760 Byrne Street – Los Molinos – California 97324 – USA
Tel: 0070 – 13 – 6723 Fax: 0070 – 13 – 6724   **e-mail: copper@aol.com**

Copper Ltd. – 10760 Byrne Street
Los Molinos – California 97324 – USA

Los Molinos, 26. March 20..

Beck GmbH
Steinbeissstraße 43
89070 Ulm
Germany

Quotation

Dear Sir or Madam,

thank you for your enquiry. We offer you the following binding quotation:

Product	Quantity	Term of delivery	Payment	Price
Copper pipes *	16 000 m	FOB Oakland	Letter of credit	149 500,00 USD

The delivery could take place in two months.

We look forward to hearing from you soon.

Yours truly

Jeff Miller
(Export Manager)

---

* Kupferrohre

Leandro S.A.

29 Avenida 31 – 45 – 01770 Malaga – España

Fonos: 2321879-2321158
Cant. Lievant. No.1
E – 01770 Malaga

Fax: (562) 2310413
E-Mail: cordobes@aol.com

Numero de Indentificacion Fiscal
ES 3475490

Beck GmbH
Steinbeissstraße 43

89070 Ulm

Germany

Quotation

Malaga, 26. March 20..

Dear Sir or Madam,

thank you for your enquiry. We offer you the following binding quotation:

Product	Quantity	Term of delivery	Payment	Price
Copper pipes	16 000 m	FOB Cadiz	d/p	135 020,00 €

The delivery could take place in 3 weeks.

We look forward to hearing from you soon.

Yours faithfully

David Fortes
(Export Manager)

Spedition Möder

Internationale Spedition GmbH, Hafenweg 15, 20001 Hamburg

Spedition Möder GmbH · Hafenweg 15 · 20001 Hamburg

Beck GmbH
Steinbeissstraße 43

89070 Ulm

Germany

Telefon	020-8000-0
Fax	020-8000-10
E-Mail	Spedition-Möder@abc.de
Internet	www.Spedition-Möder.de

Ihre Zeichen	Ihre Nachricht vom	Unsere Zeichen	Hamburg, den
-	....-05-15	RS	28.03.20..

Angebot

Position	Bezeichnung	Nettobetrag
1	Frachtkosten – Lkw-Transport (Hamburg – Ulm)	813,92 €
	Bruttogewicht der Ware 19 550,00 kg	
	Rohgewicht der Ware 16 870 kg	
	Container-Nr. HLTR 32/4356 (1 Container)	
2	Seefracht von Oakland nach Hamburg	1 706,34 €
	Transportversicherung Oakland – Hamburg	105,98 €
	Verschiffung spätestens am 10. Dezember 20..	
3	Seefracht von Cadiz nach Hamburg inkl. Transportversicherung	539,13 €
	Verschiffung spätestens am 15. November 20..	

Spedition Möder GmbH
Registergericht Hamburg, HRA 463/75
Geschäftsführer: Siegfried Möder

Bankverbindung:
Hanseatic Bank Hamburg,
IBAN DE92 2012 0700 0000 0124 80 (Konto-Nr. 12480),
BIC: HSTBDEHH (BLZ 20120700)

I. Einfuhrkontrolle
Auszug aus der Einfuhrliste

Warennummer	Warenbezeichnung	Zustän-dig-keits-bereich	Genehmi-gungs- oder Lizenzer-fordernis	Bemerkun-gen
	Bleche und Bänder, aus Kupfer, mit einer Dicke von mehr als 0,15 mm:			
	– aus raffiniertem Kupfer:			
74091100	■ in Rollen	02		
74091900	■ andere	02		
	– aus Kupfer-Zink-Legierungen (Messing)			
74092100	■ in Rollen	02		
74092900	■ andere	02		
	– aus Kupfer-Zinn-Legierungen (Bronze)			
74093100	■ in Rollen	02		
74093900	■ andere	02		
	– aus Kupfer-Nickel-Legierungen (Kupfernickel) oder Kupfer-Nickel-Zink-Legierungen (Neusilber)			
74094010	■ aus Kupfer-Nickel-Legierungen (Kupfernickel)	02		
74094090	■ aus Kupfer-Nickel-Zink- Legierun-gen (Neusilber)	02		
	– aus anderen Kupferlegierungen			
74099010	■ in Rollen	02		
74099090	■ andere	02		
	Folien und dünne Bänder, aus Kupfer (auch bedruckt oder auf Papier, Pappe, Kunststoff oder ähnlichen Unterlagen), mit einer Dicke (ohne Unterlage) von 0,15 mm oder weniger			
	– ohne Unterlage			
74101100	■ aus raffiniertem Kupfer	19		
74101200	■ aus Kupferlegierungen	19		
	– auf Unterlage			
74102100	■ aus raffiniertem Kupfer	19		
74102200	■ aus Kupferlegierungen	19		
	Rohre aus Kupfer			
	– aus raffiniertem Kupfer			
74111011	■ gerade, mit einer Wanddicke von:	02		
74111019	■ mehr als 0,6 mm	02		
74111090	■ 0,6 mm oder weniger	02		
	■ andere			

Lernsituation: Import von Kupferrohren 2

ARBEITSAUFTRÄGE

1   Die Kupferrohre aus den USA sind im Hamburger Hafen eingetroffen, d. h., sie befinden sich noch außerhalb des EU-Zollgebiets. Sie sind zurzeit im Einkauf der Beck GmbH beschäftigt und erhalten den Auftrag, alles Notwendige zu unternehmen, damit der Kunde, die Wanner KG, möglichst schnell seine Kupferrohre erhält. Benutzen Sie zur Beantwortung die Informationen aus dem Buch S. 234 ff.

2   Die Beck GmbH hat für den internationalen Einkauf ein Zolllager eingerichtet, in dem zurzeit aber keine Waren gelagert sind. Ein Mitarbeiter, der schon länger im Einkauf arbeitet, nennt Ihnen die Gründe. Welche Gründe könnte er anführen? Benutzen Sie zur Beantwortung die Informationen aus dem Buch S. 235 ff.

3   Im vergangenen Jahr gab es einige fehlerhafte Abgabenberechnungen vom zuständigen Zollamt. Deshalb werden alle Zollabgabenbescheide, die das Unternehmen erhält, nun genau geprüft. Prüfen Sie den vorliegenden Zollabgabenbescheid. (Der Rechnungsbetrag der Eingangsrechnung der Copper Ltd. sowie die Fracht- und Versicherungsrechnungen sind aus der Lernsituation „Import von Kupferrohren 1" zu entnehmen. Benutzen Sie zur Beantwortung die Informationen aus dem Buch S. 244, 247.

4   Die Überweisung der Abgaben an das zuständige Zollamt hat stattgefunden. Ihr Chef beauftragt Sie, dafür zu sorgen, dass die bezahlte Umsatzsteuer so schnell wie möglich wieder auf das Konto ihres Unternehmens überwiesen wird. Führen Sie die notwendigen Maßnahmen durch und erklären Sie den Vorgang.

5   Am Ende der vollständigen Bearbeitung dieses Einfuhrvorgangs erstellen Sie noch alle notwendigen Buchungen.

Die Durchführung der Zollverfahren mithilfe des elektronischen Einfuhrverfahrens ATLAS

Alle Zollverfahren müssen mit der Zollsoftware „ATLAS" durchgeführt werden. Mit ATLAS werden die bisher schriftlich erfolgten Zollanmeldungen der Importeure durch elektronische Nachrichten ersetzt. Mit der ATLAS-Software lässt sich sowohl das Versandverfahren, die sich anschließende Einfuhranmeldung als auch das Zolllagerverfahren elektronisch durchführen. Dabei sind neben dem Normalverfahren – der Einzelzollanmeldung – noch mehrere vereinfachte Verfahren möglich. Der Beteiligte braucht zur Anmeldung seine Identifikationsnummer.

Einzelzollanmeldung (ATLAS – EZA)

Die Einzelzollanmeldung ist das Normalverfahren bei der Einfuhr, bei dem der Importeur keinerlei Vereinfachungen beim zuständigen Hauptzollamt beantragt hat bzw. ihm keine Vereinfachungen zugestanden wurden. Diese Form des Imports kommt nur für solche Importeure infrage, die nur wenige Importvorgänge in einem bestimmten Zeitraum, z. B. einem Monat, haben.

Ausfüllanleitung (verkürzt) für die Einfuhranmeldung

1. **Bezugsnummer**
   Freigestellt; wird i. d. R. nicht ausgefüllt
2. **Abfertigungszollstelle**
   Zollstelle, bei der der Anmelder die Abfertigung zu einem bestimmten Zollverfahren beantragt.
3. **Gesamter Rechnungspreis**
   Preis der eingeführten Waren, der sich für den Empfänger aus der Rechnung und der vereinbarten Lieferbedingung ergibt.
4. **Maßgebliches Datum**
   Datum, an dem die Einfuhranmeldung vom Anmelder bei der zuständigen Zollstelle abgegeben wird (11.06.20..).
5. **Rohmasse in kg**
   Unter Rohmasse versteht man die Masse der Ware mit sämtlichen Umschließungen, mit Ausnahme von Beförderungsmaterial und insbesondere Behältern (Container).
6. **Vertretung**
   Ist nur auszufüllen, wenn ein Vertreter, z. B. der Spediteur, die Einfuhranmeldung für uns erledigt.
7. **Anmelder**
   Natürliche oder juristische Person, die die Abfertigung zu einem bestimmten Zollverfahren bei der entsprechenden Zollstelle beantragt.
8. **Anmelder ist Empfänger**
   Kennzeichnung, ob der Anmelder gleichzeitig auch der Empfänger der Ware ist.
9. **Versender/Ausführer**
   Anzugeben ist die vollständige Bezeichnung der Firma, die die Waren in die Gemeinschaft ausführt.
10. **Versendungsland**
    Einzutragen ist hier der Versendungslandcode entsprechend dem Länderverzeichnis für die Außenhandelsstatistik.
    Beispiele: US, IL,GR, DE,…
11. **Bestimmungsbundesland**
    Code des Bundeslandes, in das die Ware letztendlich verbracht werden soll

01 Schleswig Holstein	09 Bayern
02 Hamburg	10 Saarland
03 Niedersachsen	12 Brandenburg
04 Bremen	13 Mecklenburg-Vorpommern
05 Nordrhein-Westfalen	14 Sachsen
06 Hessen	15 Sachsen-Anhalt
07 Rheinland-Pfalz	16 Thüringen
08 Baden Württemberg	21 Berlin

12. Sachbearbeiter

Name des Sachbearbeiters, der die Einfuhranmeldung bearbeitet hat.

13. Empfänger

Anzugeben ist die vollständige Bezeichnung der Firma, die die Waren in die Gemeinschaft einführt.

14. Sitz des Einführers

Angabe des Bundeslandes (Code), in dem der Einführer seinen Firmensitz hat.

15. Kennzeichen des Beförderungsmittels bei der Ankunft

Anzugeben ist mindestens die Art des Beförderungsmittels bei der Ankunft der Waren (Kennzeichen ist nicht unbedingt notwendig).

16. Container

Kennzeichnung, ob die Waren in Containern befördert wurde.

0 – nicht in Containern beförderte Ware

1 – in Containern beförderte Ware

17. Containernummer

Einzutragen ist die genaue Bezeichnung des Containers, mit dem die Ware in die Gemeinschaft gelangt ist.

18. Verkehrszweig an der Grenze

Mit welchem Verkehrsmittel gelangte die Ware über die Grenze der Gemeinschaft?

1 – Seeverkehr   3 – Straßenverkehr

2 – Eisenbahnverkehr   4 – Luftverkehr

19. Verkehrszweig im Inland

Mit welchem Verkehrsmittel wurde die Ware in der Gemeinschaft befördert?

20. Incoterm

Angabe der im Kaufvertrag und in der Rechnung vereinbarten Lieferbedingung.

21. Incoterm Ort

22. Eingangszollstelle

Ort der Zollstelle, an dem die Ware in das Gemeinschaftsgebiet gelangt.

23. Vorpapierart

Muss nicht ausgefüllt werden.

24. Warenort

Ort, an dem sich die Ware zu dem Zeitpunkt befindet, an dem der Anmelder die Abfertigung zu einem bestimmten Zollverfahren beantragt.

25. Vorpapier-Nr.

Muss nicht ausgefüllt werden.

26. Art des Geschäfts

Beispiele: 11   Endgültiger Kauf/Verkauf

                  12   Probesendung mit Rückgaberecht

                  13   Kompensationsgeschäft

                  41   Warensendung zur Lohnveredlung

                  42   Entgeltliche Reparatur

- **Sorten- und Devisenkurse**

In €	Sortenkurse		Devisenkurse	
	Geld	**Brief**	**Geld**	**Brief**
1 austr. Dollar	1,22	1,33	1,3219	1,3379
1 kanad. Dollar	1,27	1,41	1,3352	1,3472
1 engl. Pfund	0,66	0,72	0,8159	0,8199
1 amerik. Dollar	1,31	1,37	1,3621	1,3734

Einfuhranmeldung

Ok	Sichern	Aktualisieren	Dokumente
Grunddaten	Positionen	ATLAS-Status	ATLAS-Nachrichten

Grunddaten

Bezugsnummer

Einfuhrzollstelle

Rechnungspreis

maßgebliches Datum

Rohmasse (kg)

Vertretung

Vertretung

Fiskalvertreter

Vertreter

Vertretener

Adressen

Anmelder

Versender/Ausführer

Versendungsland

Best.bundesland

Sachbearbeiter

Empfänger

Sitz Einführer

Transport

Kennzeichen Beförderungsmittel

Container

Container.Nr.

Verk.zweig Grenze

Verk.zweig Inland

Incoterm

Incoterm Ort

Zollbehandlung

Eingangszollstelle

Vorpapierart

Warenort

Vorpapier-Nr.

Art des Geschäfts

Zollamt Heilbronn Beethovenstraße 25a 74077 Heilbronn	Duplikat **für den Importeur**	**Einfuhrabgabenbescheid** **ATC/40/000010/03/20../6818** **vom 20.06.20..**

Zollanmeldungsart   Einzelzollanmeldung   Bearbeiter   Herr M. Ripberger

Telefon   0777/96555-0
Telefax   0777/96555-51

Anmelder

Vogel GmbH
Mannheimerstr. 23–25

DE-74072 Heilbronn

Vorsteuerberechtigt (x)

Umsatzsteuer–Id Nummer
DE 5785-658-68

RKZ ATC-0040-000010-11-20   Sicherheits-RKZ

Bezugsnummer 99057-11/..-10424

Abgabenbetrag 1-schriftlich mitgeteilt   am 20.06.20..

Aufstellung der Abgaben

Art	Buch-schlüssel	Wert/Menge	Abgaben-satz	Betrag (€)	Konto-Nr.	Abgabefrist
ZollEU	A0101	111 569,31	5 %	5 528,47	HN001515	30.06.2012
EUST	B0200		19 %	22 215,87	HN001515	30.06.2012
Summe				27 744,34		

Berechnungshinweise

EUST-Wert = Zollwert + Zoll

Einfuhrabgaben gesichert: ja   Mahnung zulässig: nein

Zahlungsaufforderung an den Anmelder (Schuldner der Einfuhrabgaben)

Die aufgeschobenen Beträge sind spätestens an dem genannten Fälligkeitstag (A-Frist) an die
Bundeskasse in Trier IBAN: DE84 5850 0000 0058 5010 03 (Konto-Nr. 585 010 03),
BIC: MARKDEF1590 (BLZ 585 000 00) zu zahlen.
Dieses Schreiben wurde mithilfe der elektronischen Datenverarbeitung erstellt und trägt ge-
mäß den gesetzlichen Vorschriften keine Unterschrift.

2013

Zeile 1	- Bitte weiße Felder ausfüllen oder ☒ ankreuzen, Anleitung beachten -

Fallart	Steuernummer	Unter-fallart
11		56

30 Eingangsstempel oder -datum

Umsatzsteuer-Voranmeldung 2013

Finanzamt

Voranmeldungszeitraum
bei **monatlicher** Abgabe bitte ankreuzen — bei **vierteljährlicher** Abgabe bitte ankreuzen

13 01	Jan.	13 07	Juli	13 41	I. Kalendervierteljahr
13 02	Feb.	13 08	Aug.	13 42	II. Kalendervierteljahr
13 03	März	13 09	Sept.	13 43	III. Kalendervierteljahr
13 04	April	13 10	Okt.	13 44	IV. Kalendervierteljahr
13 05	Mai	13 11	Nov.		
13 06	Juni	13 12	Dez.		

Unternehmer – ggf. abweichende Firmenbezeichnung –
Anschrift – Telefon – E-Mail-Adresse

Berichtigte Anmeldung
(falls ja, bitte eine „1" eintragen) **10**

Belege (Verträge, Rechnungen, Erläuterungen usw.)
sind beigefügt bzw. werden gesondert eingereicht
(falls ja, bitte eine „1" eintragen) **22**

I. Anmeldung der Umsatzsteuer-Vorauszahlung

Lieferungen und sonstige Leistungen
(einschließlich unentgeltlicher Wertabgaben)

	Bemessungsgrundlage ohne Umsatzsteuer		Steuer	
	volle EUR	Ct	EUR	Ct

Steuerfreie Umsätze mit Vorsteuerabzug
Innergemeinschaftliche Lieferungen (§ 4 Nr. 1 Buchst. b UStG)
an Abnehmer **mit** USt-IdNr. ... **41** —

neuer Fahrzeuge an Abnehmer **ohne** USt-IdNr. ... **44** —

neuer Fahrzeuge außerhalb eines Unternehmens (§ 2a UStG) ... **49** —

Weitere steuerfreie Umsätze mit Vorsteuerabzug
(z.B. **Ausfuhrlieferungen**, Umsätze nach § 4 Nr. 2 bis 7 UStG) ... **43** —

Steuerfreie Umsätze ohne Vorsteuerabzug
Umsätze nach § 4 Nr. 8 bis 28 UStG ... **48** —

Steuerpflichtige Umsätze
(Lieferungen und sonstige Leistungen einschl. unentgeltlicher Wertabgaben)

zum Steuersatz von 19 % ... **81** —

zum Steuersatz von 7 % ... **86** —

zu anderen Steuersätzen ... **35** — **36**

Lieferungen land- und forstwirtschaftlicher Betriebe nach § 24 UStG
an Abnehmer **mit** USt-IdNr. ... **77** —

Umsätze, für die eine Steuer nach § 24 UStG zu entrichten ist (Sägewerkserzeugnisse, Getränke und alkohol. Flüssigkeiten, z.B. Wein) ... **76** — **80**

Innergemeinschaftliche Erwerbe
Steuerfreie innergemeinschaftliche Erwerbe
Erwerbe nach §§ 4b und 25c UStG ... **91** —

Steuerpflichtige innergemeinschaftliche Erwerbe
zum Steuersatz von 19 % ... **89** —

zum Steuersatz von 7 % ... **93** —

zu anderen Steuersätzen ... **95** — **98**

neuer Fahrzeuge
von Lieferern **ohne** USt-IdNr. zum allgemeinen Steuersatz ... **94** — **96**

Ergänzende Angaben zu Umsätzen
Lieferungen des ersten Abnehmers bei **innergemeinschaftlichen Dreiecksgeschäften** (§ 25b Abs. 2 UStG) ... **42** —

Steuerpflichtige Umsätze, für die der **Leistungsempfänger** die **Steuer**
nach § 13b Abs. 5 Satz 1 i.V.m. Abs. 2 Nr. 10 UStG schuldet ... **68** —

Übrige steuerpflichtige Umsätze, für die der **Leistungsempfänger** die
Steuer nach § 13b Abs. 5 UStG schuldet ... **60** —

Nicht steuerbare sonstige Leistungen gem. § 18b Satz 1 Nr. 2 UStG ... **21** —

Übrige nicht steuerbare Umsätze (Leistungsort nicht im Inland) ... **45** —

Übertrag ... zu übertragen in Zeile 45

USt 1 A – Umsatzsteuer-Voranmeldung 2013 – (10.12)

5 Rechentechniken

PROBLEM

Herr Merkle reicht einen Urlaubszettel ein. Ein Reiseanbieter bietet für eine Karibikreise (Reisepreis 4 500,00 €) einen Frühbucherrabatt von 15 % an. Auf einer Reisemesse bietet ein anderer Reiseanbieter die gleiche Reise für 4 300,00 € mit einem Messeabschlag von 300,00 € an.

Herr Stadinger stört während der Mittagspause die Urlaubsvorbereitungen von Herrn Merkle: Der Lieferant Brand WT hat seine Rabatt- und Skontosätze erhöht. Herr Merkle muss die Bezugspreise von den betroffenen Artikeln ändern.

1. *Soll Herr Merkle die Karibikreise auf der Messe buchen?*
2. *Aus welchen Gründen könnte Herr Merkle doch das teurere Reiseangebot wählen?*
3. *Überprüfen Sie, ob die einzukaufenden Artikel bei dem Lieferanten Brand WT teurer oder billiger werden?*
4. *Welche Auswirkungen hat die Änderung der Rabatt- und Skontosätze für die Einkaufspolitik der TRIAL GmbH?*

5.1 Dreisatz

Die Berechnung eines Dreisatzes gehört zu den bedeutendsten Rechenarten in der Betriebswirtschaft. Dabei gilt es, eine bestimmte Vorgehensweise immer einzuhalten:

Aus drei gegebenen Zahlen (Größen) muss eine vierte Zahl (Größe) berechnet werden, welche in einem thematischen Zusammenhang mit dem ursprünglichen Zahlenmaterial steht.

Beispiel: Drei Mitarbeiter der Zacher GmbH reparieren in einer Woche neun Fahrräder. Wie viele Mitarbeiter wären notwendig, um in derselben Zeitspanne 15 Fahrräder zu reparieren?

Lösung: Zunächst werden die drei gegebenen Zahlen (Größen) mit der gesuchten Größe in eine Beziehung gebracht, wobei Zahlen mit gleichen Einheiten untereinander stehen (Mitarbeiter und Fahrräder):

$$3\ Mitarbeiter \triangleq 9\ Fahrräder$$
$$x\ Mitarbeiter \triangleq 15\ Fahrräder$$

Zur Lösung der Aufgabe ist es ratsam, von folgender Fragestellung auszugehen:

Soll das gesuchte Ergebnis x größer oder kleiner sein als die Zahl über dem x?

In diesem Beispiel lautet die Frage also:

Sind mehr als drei Mitarbeiter notwendig, um 15 Fahrräder in derselben Zeitspanne zu reparieren oder sind weniger Mitarbeiter notwendig?

Da die Anzahl der zu reparierenden Räder zunimmt (von 9 auf 15), muss die Mitarbeiteranzahl ebenfalls zunehmen.

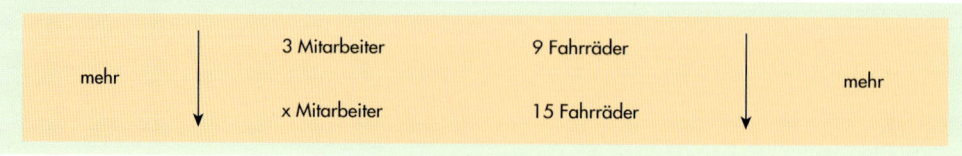

Das vorhandene Zahlenmaterial wird in eine Gleichung überführt. Dabei gilt es, folgende Regeln zu beachten:

- Auf der linken Seite des Gleichheitszeichens steht immer die gesuchte Variable x.
- Auf der rechten Seite des Gleichheitszeichen steht ein Bruch. Auf dem Bruchstrich steht in jedem Fall die Zahl über dem x (in diesem Fall die Zahl 3). Ist die gesuchte Mitarbeiteranzahl größer als 3, so muss die größere der beiden anderen Zahlen (9 bzw. 15) auf dem Bruchstrich stehen. Die verbleibende Zahl steht unter dem Bruchstrich im Nenner.

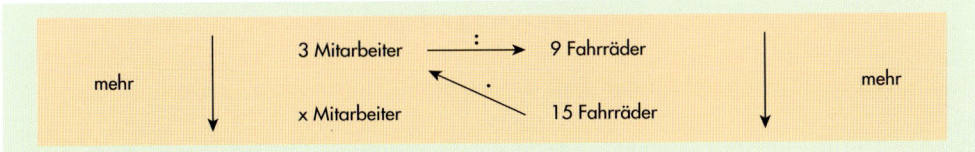

Daraus ergibt sich die folgende Gleichung:

$$x = \frac{3 \cdot 15}{9} = 5 \; Mitarbeiter$$

Für die Reparatur von 15 Fahrrädern sind nun fünf Mitarbeiter nötig. Je mehr Fahrräder in einer bestimmten Zeitspanne repariert werden sollen, desto mehr Mitarbeiter werden benötigt.

Merke: Die Bedingung „je mehr …, desto mehr …" (bzw. „je weniger …, desto weniger …") heißt gerades Verhältnis.

Beispiel: Drei Mitarbeiter einer Baufirma benötigen für den Bau einer kleinen Lagerhalle für die TRIAL GmbH 21 Tage. Wie viele Tage brauchen fünf Arbeiter?

Lösung:
Das relevante, gegebene Zahlenmaterial wird erfasst (gleiche Einheiten stehen untereinander):

$$3 \; Mitarbeiter \triangleq 21 \; Tage$$
$$5 \; Mitarbeiter \triangleq \; x \; Tage$$

Die Fragestellung lautet in diesem Fall: Soll das gesuchte Ergebnis x größer oder kleiner sein als die Zahl über dem x (bzw. benötigen fünf Mitarbeiter anstelle von drei Mitarbeitern mehr oder weniger Tage für den Bau der Lagerhalle)?

Da die Anzahl der Mitarbeiter zunimmt, benötigen fünf Mitarbeiter weniger Zeit, um den Bau der Halle fertig zu stellen.

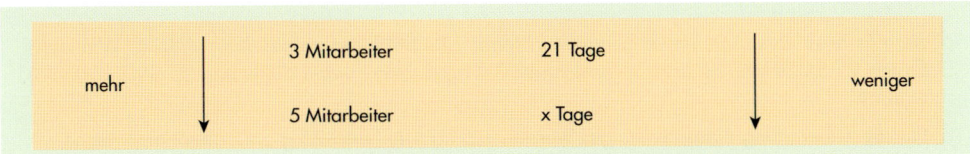

Das Zahlenmaterial wird in eine Gleichung umgewandelt. Dabei gelten folgende Regeln:

- Auf der linken Seite des Gleichheitszeichens steht wieder die gesuchte Variable x.
- Auf der rechten Seite des Gleichheitszeichens steht ein Bruch. Auf dem Bruchstrich steht in jedem Fall die Zahl über dem x (in diesem Fall die Zahl 21). Da mehr Arbeiter weniger Tage benötigen (das Ergebnis x ist kleiner als 21 Tage), muss die größere der beiden restlichen Zahlen (3 bzw. 5) unter dem Bruchstrich stehen. Die verbleibende Zahl steht über dem Bruchstrich im Zähler.

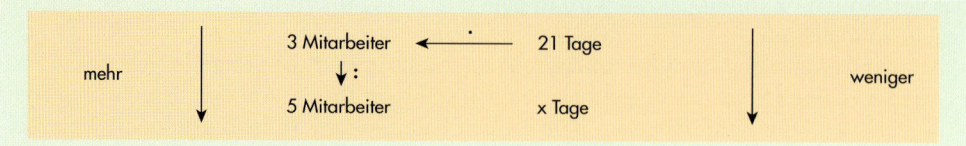

Daraus ergibt sich die Gleichung:

$$x = \frac{21 \cdot 3}{5} = 12,6 \text{ Tage}$$

Fünf Mitarbeiter benötigen für den Bau der Lagerhalle nur noch 12,6 Tage.

Merke: Die Bedingung „je mehr ..., desto weniger ..." (bzw. „je weniger ..., desto mehr ...") heißt ungerades Verhältnis.

ZUSAMMENFASSUNG

Für die Berechnung eines Dreisatzes gilt:

- Drei Zahlen sind gegeben, eine vierte ist unbekannt.
- Die vier Zahlen müssen in einem bestimmten Verhältnis zueinander stehen.
- Gleiche Einheiten stehen immer untereinander.
- Soll das Ergebnis größer sein als die Zahl mit der gleichen Einheit, so muss die größere Zahl auf den Bruchstrich geschrieben werden.
- Soll das Ergebnis kleiner sein als die Zahl mit der gleichen Einheit, so muss die größere Zahl unter den Bruchstrich geschrieben werden.

AUFGABEN

1   Mitarbeiter Michael Müller kann in zehn Minuten zwölf Fahrradreifen aufpumpen. Wie lange braucht er für 30 Fahrradreifen?

2   Buchhalter Thomas Ernst tippt in zwölf Minuten vier Geschäftsbriefe. Wie lange braucht er für einen Geschäftsbrief?

3   Vier Mitarbeiter einer Gartenfirma benötigen für die Gestaltung eines Gartens 21 Tage. In wie vielen Tagen wäre der Garten fertig, wenn zusätzlich drei Mitarbeiter eingesetzt werden könnten?

4   Drei Hamburger haben 12,5 Kalorien. Wie viele Kalorien nimmt man bei einem Verzehr von sieben Hamburgern zu sich?

5   Thomas Ernst versandte im vergangenen Monat 120 SMS und zahlte dafür 4,80 €. Wie viel € kosten 95 SMS? Würde sich der errechnete Betrag ändern, wenn die ersten 20 SMS kostenlos wären?

6   Für die Zubereitung eines Hefeteiges werden 1,5 kg Mehl und 25 g Salz benötigt. Welche Salzmenge benötigt man für einen Hefeteig mit 5 kg Mehl?

7   Eine Kakaopackung mit 500 g Gewicht kostet 2,50 €. Wie viel Kakao erhält man für 1,90 €?

8   Die TRIAL GmbH beteiligt sich mit vier weiteren Unternehmen an einem Messestand. Für die fünf Unternehmen entstehen Kosten in Höhe von 41 400,00 €. Welche Kosten würden für die TRIAL GmbH anfallen, wenn sich insgesamt neun Unternehmen an dem Messestand beteiligen würden?

9   Geschäftsführer Peter Gasch möchte sein Büro neu tapezieren. Er benötigt dafür 24 Rollen Tapete bei einer Tapetenbreite von 90 cm. Wie viele Rollen würde er bei einer Tapetenbreite von 70 cm benötigen?

10 Ein Ballen Baumwollstoff von der Länge 34,60 m kostet 450,00 €. Wie viel kostet ein Baumwollstoff der Länge 6,20 m?

11 Die TRIAL GmbH beschäftigt in diesem Jahr fünf Auszubildende. Die Ausbildungskosten betragen 18 000,00 €. Wie hoch sind die Ausbildungskosten im nächsten Jahr, wenn weitere drei Auszubildende eingestellt werden?

12 Die TRIAL GmbH gewährt ihren Mitarbeitern Prämien auf den jeweils erzielten Umsatz. Mit welcher Prämie können die Mitarbeiter in diesem Monat rechnen, wenn für den vergangenen Monat folgende Prämien gezahlt wurden:

Mitarbeiter	Monatsumsatz (Vormonat)	Prämie	Monatsumsatz (aktueller Monat)	Prämie
Anna Lurka	4 000,00 €	230,00 €	3 400,00 €	?
Thomas Horak	7 500,00 €	450,00 €	8 200,00 €	?

13 Der Firmenwagen der TRIAL GmbH benötigt durchschnittlich 6,5 l Benzin auf 100 km. Wie viel Liter Benzin muss Geschäftsführer Peter Gasch für eine Geschäftsreise von Mannheim nach Hamburg (690 km) tanken, wenn bei Fahrtantritt noch 10 Liter im Tank (Tankvolumen 55 Liter) sind?

14 1000 Blätter Kopierpapier wiegen 4,8 kg. Wie viel Gramm wiegen 45 Blätter? Wie viele Blätter werden benötigt, wenn das Gesamtgewicht der Blätter 2,1 kg betragen soll?

15 Der Kopierbedarf der TRIAL GmbH beträgt täglich 550 Blatt. Der Bestand an Kopierpapier reicht damit 40 Arbeitstage. Wie lange reicht dieser Vorrat, wenn Peter Gasch aufgrund drastischer Sparmaßnahmen den täglichen Kopierbedarf auf 390 Blatt reduziert?

16 Die Schülerin Katja Müller benötigt dringend Nachhilfe. Eine Nachhilfestunde (45 Minuten) mit Einzelunterricht kostet 30,00 €. Welchen Betrag muss sie für 70 Minuten Nachhilfe zahlen? Katja Müller besitzt nur noch 20,00 €. Wie viele Minuten erhält sie nun Nachhilfe?

17 Geschäftsführer Peter Gasch musste für seine Internet-Nutzung im vergangenen Monat (330 Stunden) 15,45 € zahlen. Welchen Betrag muss er diesen Monat zahlen, wenn er 460 Stunden im Internet surft und von seinem Provider monatlich zwei Freistunden erhält?

18 Peter Gasch macht eine Exkursion mit einer siebenköpfigen Delegation aus China nach Sylt. Für die Überfahrt zur Insel zahlt er 140,00 €. Wie viel € muss Peter Gasch bei einem Besuch einer vierköpfigen Delegation aus den USA für die Überfahrt zahlen?

19 Ein ICE benötigt für die Fahrt von Mannheim nach Stuttgart 55 Minuten (90 km). Aufgrund baulicher Maßnahmen muss er die Durchschnittsgeschwindigkeit um 20 km/h senken. Wie lange ist die neue Fahrtzeit?

20 Ein Containerschiff legt die Strecke Rotterdam – Kapstadt in 21 Tagen zurück. Dabei beträgt die Durchschnittsgeschwindigkeit 15 Knoten. Neue Motoren erhöhen die Durchschnittsgeschwindigkeit auf 19 Knoten. Wie viele Stunden benötigt das Schiff nun für diese Strecke?

5.2 Prozentrechnen

Die Prozentrechnung nutzt die einzelnen Vorgehensschritte der Dreisatzrechnung, um gegebenes Zahlenmaterial in ein bestimmtes Verhältnis zu setzen. **Dabei wird eine Zahl immer gleich 100 gesetzt.**

Beispiel: Ein guter Kunde der TRIAL GmbH erhält von einem Rechnungsbetrag über 200,00 € einen Preisnachlass in Höhe von 15 %.

Grundlagen

Es stellt sich die Frage, wie hoch der Nachlass ist bzw. welchen Geldbetrag der Kunde der TRIAL GmbH überweisen muss.

Das Zahlenmaterial ergibt folgende Verhältnisse:

$$200,00\ € \triangleq 100\%$$
$$x\ € \triangleq\ \ 15\%$$

Der Ausgangswert der Rechnung (hier: 200,00 €) wird mit 100% festgesetzt. Die Zahl 100 dient als Vergleichsgröße.

Da der zu zahlende Betrag geringer ist als der Ausgangswert, muss die kleinere der beiden Zahlen auf der rechten Seite (100% bzw. 15%) auf den Bruchstrich:

$$x = \frac{200 \cdot 15}{100} = 30$$

Der Kunde darf somit vom Rechnungsbetrag 30,00 € abziehen und muss letztendlich nur noch einen Betrag in Höhe von 170,00 € überweisen.

Die Prozentrechnung unterscheidet zwischen folgenden Begriffen:

Grundwert	Prozentsatz	Prozentwert
ursprünglicher Wert, Ausgangszahl wird mit 100% gleichgesetzt	Zahl, gegeben in Prozent vergleicht den Grundwert (= 100%) mit einem anderen, gegebenen Prozentsatz	der aus Grundwert und Prozentsatz ermittelte „neue" Wert
Im obigen Beispiel: 200,00 €	im obigen Beispiel 15%	im obigen Beispiel 30,00 €

Merke: Es gilt: Prozentwert = (Grundwert · Prozentsatz) : 100

Die oben genannte Gleichung besteht aus drei Größen, von denen zwei bekannt sein müssen, um die dritte zu bestimmen.

Für die Berechnung der fehlenden Größe gibt es **zwei Lösungsalternativen:**

- Lösung mithilfe des Dreisatzes,
- Lösung mithilfe der Gleichung
Prozentwert = (Grundwert · Prozentsatz) : 100

Berechnung des Prozentsatzes

Ein Fahrradsattel kostete bisher 45,00 €. Der Verkaufspreis wird aufgrund eines „Tags der offenen Tür" um 9,00 € gesenkt. Die Auszubildende Katja Müller muss auf einem Flyer vermerken, um wie viel Prozent der Preis gesenkt wurde.

Katja Müller notiert sich das vorhandene Zahlenmaterial. Sie weiß, dass der ursprüngliche Wert (Grundwert) 45,00 € betrug und der Verkaufspreis um 9,00 € gesenkt werden soll (Prozentwert). Gesucht ist somit der Prozentsatz.

Grundwert	Prozentsatz	Prozentwert
45,00 €	?	9,00 €

Sie setzt das Zahlenmaterial in die Gleichung ein und löst diese nach der Variable Prozentsatz auf:

$$9,00 = (45,00 \cdot Prozentsatz) : 100$$
$$Prozentsatz = 9,00 \cdot 100 : 45,00 = 20$$

Katja Müller kann nun auf dem Flyer notieren: Preissenkung um 20 %.

Alternative Lösung mithilfe des Dreisatzes:

Es gilt:

$$45,00 \text{ €} \triangleq 100\% \ (Bedingungssatz)$$
$$9,00 \text{ €} \triangleq \quad x\% \ (Fragesatz)$$

Der gesuchte Prozentsatz ist kleiner als 100 %, folglich muss die größere der beiden Zahlen (45,00 € bzw. 9,00 €) im Nenner des Bruches stehen:

$$x = \frac{100 \cdot 9}{45} = 20$$

Die Preissenkung beträgt also 20 %.

Berechnung des Prozentwertes

Die TRIAL GmbH erzielte im Jahr 2007 einen Umsatz in Höhe von 928 000,00 € und möchte den Umsatz im Jahr 2008 um 5,5 % im Vergleich zum Vorjahr steigern. Welcher Umsatz wird im Jahr 2008 erwartet?

Lösung mithilfe der Gleichung:

Grundwert	Prozentsatz	Prozentwert
928 000,00 €	5,5 %	?

$$Prozentwert = 928\,000 \cdot 5,5 : 100 = 51\,040,00$$

Der Umsatz muss um 51 040,00 € gesteigert werden. Es wird im Jahr 2008 mit einem Umsatz in Höhe von 979 040,00 € gerechnet.

Lösung mithilfe des Dreisatzes:

Es gilt:

$$100\% \triangleq 928\,000,00 \text{ €} \ (Bedingungssatz)$$
$$5,5\% \triangleq \quad x \text{ €} \quad (Fragesatz)$$

Das Ergebnis in € muss kleiner sein, daher muss der größere Prozentsatz (100 %) unter den Bruchstrich:

$$x = \frac{928\,000,00 \cdot 5,5}{100} = 51\,040,00$$

Der Umsatz muss um 51 040,00 € gesteigert werden.

Berechnung des Grundwertes

Die Mitarbeiter der TRIAL GmbH erhielten aufgrund von Gehaltserhöhungen um 3,5 % im Januar 2008 einen Mehrverdienst von 840,00 €. Wie hoch war die Gehaltszahlung im Dezember 2007?

Lösung mithilfe der Gleichung:

Grundwert	Prozentsatz	Prozentwert
?	3,5 %	840,00 €

$$Grundwert = Prozentwert \cdot 100 : Prozentsatz$$
$$Grundwert = 840 \cdot 100 : 3,5 = 24\,000$$

Die TRIAL GmbH zahlte im Dezember 2007 insgesamt 24 000,00 € an Mitarbeitergehältern.

Lösung mithilfe des Dreisatzes:

Es gilt:

$$3,5\% \triangleq 840,00 \text{ € (Bedingungssatz)}$$
$$100\% \triangleq \quad x \text{ € (Fragesatz)}$$

Das Ergebnis in € muss größer sein, folglich steht der größere Prozentsatz (100 %) auf dem Bruchstrich:

$$x = \frac{840,00 \cdot 100}{3,5} = 24\,000,00$$

Bisher wurden 24 000,00 € an Mitarbeitergehältern gezahlt.

ZUSAMMENFASSUNG

Die Prozentrechnung unterscheidet zwischen dem Grundwert (100 %), dem Prozentwert und dem Prozentsatz. Es gilt die Gleichung:

$$Prozentwert = (Grundwert \cdot Prozentsatz) : 100$$

Aufgaben zur Prozentrechnung werden mithilfe des Dreisatzes oder mithilfe der Prozentwertgleichung gelöst.

AUFGABEN

1 Berechnen Sie die fehlenden Werte im Kopf

Grundwert	Prozentwert	Prozentsatz
400	4	?
800	16	?
160	?	7 %
?	0,5	30 %
10 000	?	500 %
?	0,11	30 %
$^3/_4$	$^3/_{16}$	?

2 Ein Flughafen verzeichnet im Schnitt 200 verloren gegangene Koffer täglich. Dies entspricht einer Verlustquote von 0,5 %. Wie viele Koffer werden täglich befördert?

3 Die TRIAL GmbH kauft bei einem Lieferanten Fahrräder im Wert von 7 000,00 €. Die Transportkosten betragen zusätzlich 280,00 €. Welchem Prozentsatz entsprechen die Transportkosten?

4 Geschäftsführer Peter Gasch verringert seine monatlichen Ausgaben um 1 200,00 € auf 7 800,00 €. Um wie viel Prozent sind seine Ausgaben gesunken?

5 Bei den Wahlen zum Betriebsrat nahmen von 34 wahlberechtigten Mitarbeitern 23 teil. Wie hoch war die Wahlbeteiligung in Prozent?

6 Ein Kunde der TRIAL GmbH musste Konkurs anmelden. Der Konkursverwalter teilte der TRIAL GmbH mit, dass nur noch 24 % der Forderungen gegenüber dem Kunden zu retten waren und übergab Geschäftsführer Peter Gasch einen Scheck über 28 500,00 €. Wie hoch war die Gesamtforderung gegenüber dem Kunden?

7 Katja Müller erhielt auf ihrem Sparguthaben in Höhe von 3 450,00 € 89,70 € Zinsen gutge-
    schrieben. Wie hoch ist der Zinssatz?

8 Die Geschäftsleitung der TRIAL GmbH legte bei einer Sitzung folgendes Zahlenmaterial vor:

Umsatz der TRIAL GmbH 2017	Umsatz der TRIAL GmbH 2018	Umsatz eines Konkurrenzunternehmens 2017	Umsatz eines Konkurrenzunternehmens 2018
23 000,00 €	28 000,00 €	45 000,00 €	51 000,00 €

Welches Unternehmen konnte einen höheren Umsatzzuwachs erzielen?

9 Katja Müller ist entsetzt. Im Januar bezahlte sie für einen Besuch in ihrem Haarstudio noch
    45,00 €. Im nächsten Monat erhöhte der Inhaber des Haarstudios die Preise um 2 %, im über-
    nächsten Monat um 3,5 %. Katja Müller erklärt Peter Gasch, dass sie nun für einen Besuch im
    Haarstudio 5,5 % mehr zahlen müsse als im Januar. Überprüfen Sie, ob die Aussage von Katja
    Müller so richtig ist.

10 Die Berufsgenossenschaften erhöhen den Prozentsatz der Unfallversicherung in einer Branche
     von 2,5 % auf 3,2 %. Die TRIAL GmbH zahlte im vergangenen Jahr 4 500,00 € an die Berufs-
     genossenschaft. Welchen Betrag muss sie in diesem Jahr zahlen?

11 Beim Einschenken von Fassbier in ein 0,4-Liter-Glas entsteht ein Einfüllverlust von 0,01 l. Wie
     hoch ist der Abfüllverlust in %?

12 Die TRIAL GmbH muss für eine Warenlieferung nach Übersee 1,75 ‰ Versicherungsprämie
     zahlen. Dies entspricht einem Betrag von 56,00 €. Wie hoch ist die Versicherungssumme?
     (1 ‰ bedeutet „vom Tausend"; die Zahl 1 000 dient in diesem Fall als Vergleichsgröße)

13 Die folgende Grafik gibt den Wirtschaftswandel der Jahre 1970, 1991 und 2012 im primären
     Sektor (Landwirtschaft), im sekundären Sektor (Baugewerbe und Industrie) und im tertiären
     Sektor (Dienstleistungen) wieder. Geben Sie an, wie viel Prozent der Sektor Dienstleistungen im
     Vergleich zu den anderen Sektoren in den einzelnen Jahren beträgt. Um wie viel Prozent hat
     der Sektor Dienstleistung im Vergleich von 1970 zu 2012 prozentual zugenommen? Erklären
     Sie diese Veränderung.

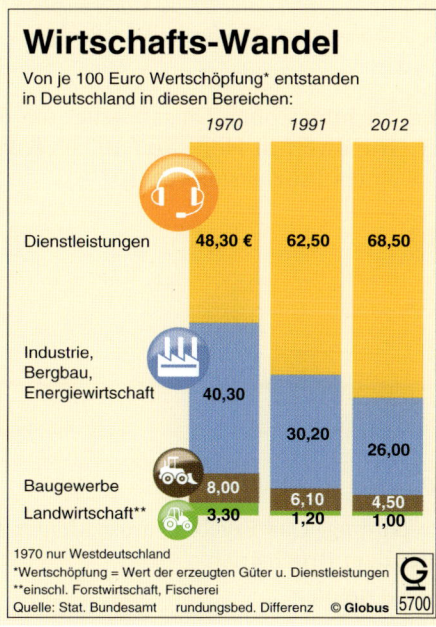

Wirtschafts-Wandel

Von je 100 Euro Wertschöpfung* entstanden
in Deutschland in diesen Bereichen:

	1970	1991	2012
Dienstleistungen	48,30 €	62,50	68,50
Industrie, Bergbau, Energiewirtschaft	40,30	30,20	26,00
Baugewerbe	8,00	6,10	4,50
Landwirtschaft**	3,30	1,20	1,00

1970 nur Westdeutschland
*Wertschöpfung = Wert der erzeugten Güter u. Dienstleistungen
**einschl. Forstwirtschaft, Fischerei
Quelle: Stat. Bundesamt   rundungsbed. Differenz   © Globus   5700

14 Peter Gasch bucht mit seiner Frau einen Musicalbesuch mit Übernachtung in einem Hotel. Der Gesamtpreis beträgt 498,00 €. Eine einzelne Musicalkarte kostet 109,00 €. Peter Gasch muss aus terminlichen Schwierigkeiten die komplette Reise stornieren. Die Stornogebühren für die Hotelübernachtung betragen 5 % des Hotelpreises. Die Musicalkarten verfallen komplett. Welchen Betrag hat Peter Gasch insgesamt verloren?

15 Peter Gasch bucht mit seiner Familie einen Urlaub am Mittelmeer. Seine beiden Töchter nimmt er mit. Der Einzelpreis für einen Erwachsenen beträgt 2 300,00 €. Der Kinderfestpreis liegt bei 25 % eines Erwachsenenpreises. Welchen Betrag stellt das Reisebüro Peter Gasch in Rechnung?

16 Peter Gasch bucht eine Mittelmeerkreuzfahrt. Er zahlt insgesamt 7 000,00 € für zwei Erwachsene und zwei Kinder. Wie hoch ist die Kinderermäßigung in Prozent, wenn ein Erwachsener 2 500,00 € zahlen muss?

17 Katja Müller zahlt für ihr 1-Zimmer-Appartement 350,00 € monatlich. Dies entspricht 28 % ihres Nettoeinkommens. Wie hoch ist dieses Nettoeinkommen in € ?

18 Die kleine Lagerhalle der TRIAL GmbH ist acht Meter lang und zwölf Meter breit. Wie viel qm an reiner Lagerfläche stehen zur Verfügung, wenn eine Weg- und Verkehrsfläche von 6,5 % einzuhalten ist?

19 Katja Müller bestellt drei neue Kleider in einem Versandhaus. Der reine Warenwert liegt bei 540,00 € gesamt netto. Das Versandhaus gewährt bei einem Einkauf ab 500,00 € einen Rabatt in Höhe von 7,5 %. Berechnen Sie den Wert eines Kleides nach Rabattabzug.

Prozentrechnung vom verminderten bzw. vermehrten Grundwert

In den bisherigen Aufgaben betrug der Grundwert immer 100 %. Diese Art der Rechnung nennt man **Prozentrechnung vom Hundert.**

Es kann aber auch vorkommen, dass der **Grundwert größer als 100 % (vermehrter Grundwert) oder kleiner als 100 % (verminderter Grundwert)** ist.

Prozentrechnung vom vermehrten Grundwert (Prozentrechnung auf Hundert)

Beispiel: Katja Müller kauft einen Bildband über Australien. Sie zahlt dafür 53,50 € und entnimmt dem Kassenzettel, dass in diesem Betrag 7 % Umsatzsteuer enthalten sind. Wie hoch ist der Buchpreis ohne Umsatzsteuer?

Die Umsatzsteuer in Höhe von 7 % erhöht den Buchpreis ohne Umsatzsteuer um diese 7 %. Der Buchpreis ohne Umsatzsteuer ist der Grundwert in Höhe von 100 %. Folglich entspricht der Gesamtverkaufspreis von 53,50 € einem Prozentsatz von 107 %.

Kaufpreis mit Umsatzsteuer = vermehrter Grundwert	= 100 %	+ 7 %	= 107 %
Kaufpreis ohne Umsatzsteuer	= 100 %		

Die dazugehörige Rechnung lautet:

$$107\% \triangleq 53,50\ €$$
$$100\% \triangleq \quad x\ €$$
$$x = 53,50 \cdot 100 : 107 = 50$$

Die Berechnung erfolgte mihilfe der Dreisatzrechnung. Das Ergebnis muss kleiner sein. Der kleinere der beiden Prozentsätze steht unter dem Bruchstrich.

Der Buchpreis ohne Umsatzsteuer beläuft sich auf 50,00 €.

Prozentrechnung vom verminderten Grundwert (Prozentrechnung im Hundert)

Beispiel: *Katja Müller kauft eine DVD, welche um 15 % im Preis gesenkt wurde. Katja Müller bezahlt dafür nur noch 24,65 €. Wie hoch war der Verkaufspreis der DVD vor der Preissenkung?*

Die Preissenkung von 15 % bezieht sich auf den bisherigen Verkaufspreis, den Grundwert (= 100 %). Folglich ist der neue Verkaufspreis nicht 100 % zu setzen, sondern 85 % (100 % − 15 %)

neuer Verkaufspreis = **verminderter Grundwert**	**= 100 %**	**− 15 %**	**= 85 %**
bisheriger, alter Verkaufspeis	**= 100 %**		

Die dazugehörige Rechnung lautet:

$$85 \% \triangleq 24,65 \ €$$
$$100 \% \triangleq \quad x \ €$$

$$x \ = \ 24,65 \cdot 100 : 85 \ = \ 29$$

Die DVD kostete bisher 29,00 € (Lösung mithilfe des Dreisatzes).

Die Prozentrechnung gliedert sich in:

Prozentrechnung vom Hundert	Prozentrechnung auf Hundert	Prozentrechnung im Hundert
Gegeben sind 100 % (Grundwert)	Gegeben ist der vermehrte Grundwert (100 % + p %)	Gegeben ist der verminderte Grundwert (100 % − p %)
	Gesucht ist der reine Grundwert (100 %)	Gesucht ist der reine Grundwert (100 %)

AUFGABEN

1 Die TRIAL GmbH konnte ihren Gewinn im vergangenen Geschäftsjahr um 28 % auf 560 000,00 € steigern. Wie hoch war der Gewinn im Geschäftsjahr davor?

2 Eine Jeanshose kostete ursprünglich 54,00 €. Der Preis wird um 30 % reduziert. Berechnen Sie den neuen Verkaufspreis.

3 Laut einer Erhebung der Berufsgenossenschaft ging im Jahr 2007 die Zahl der tödlichen Betriebsunfälle gegenüber dem Vorjahr um 4 % auf 600 Todesfälle zurück. Wie viele tödliche Betriebsunfälle gab es im Jahr 2006?

4 Die TRIAL GmbH verkauft ein Fahrrad, welches sich als Ladenhüter erweist, mit einem Preisnachlass von 45 %. Der jetzige, neue Verkaufspreis liegt bei 230,00 €. Wie hoch ist der Preisnachlass?

5 Eine Auszubildende erhält im 2. Ausbildungsjahr 3,4 % mehr Vergütung. Sie bekommt nun 850,00 €. Wie hoch war die monatliche Vergütung im ersten Ausbildungsjahr?

6 Ein Kunde erwirbt ein Fahrrad im Wert von 2 500,00 €. Auf der Ausgangsrechnung müssen zu diesem Betrag noch 19 % Umsatzsteuer hinzuaddiert werden. Auf welchen Betrag lautet die Gesamtrechnung?

7 Eine Ausgangsrechnung weist einen Betrag von 2 975,00 € aus. In dieser Summe sind bereits 19 % Umsatzsteuer enthalten. Wie hoch ist der Betrag ohne Umsatzsteuer?

8 Nach einer Lohnerhöhung stieg das Gehalt von Michael Müller um 125,80 € auf 3 525,80 €. Wie viel Prozent betrug die Lohnerhöhung?

9 1 700 Dachziegel des Lagerhallendaches der TRIAL GmbH sollen ausgetauscht werden. Wie viele Dachziegel muss eine Ziegelei anliefern, wenn mit 0,7 % Bruch zu rechnen ist?

10 Eine Ausgangsrechnung ist nicht mehr aufzufinden. Der Kunde überweist einen Betrag von 2 450,00 € mit dem Hinweis, dass er vom ursprünglichen Rechnungsbetrag 2 % Skonto abgezogen habe. Wie hoch war der ursprüngliche Rechnungsbetrag?

11 Der Preis einer Digitalkamera wurde zunächst um 15 %, anschließend nochmals um 8 % herabgesetzt. Die Digitalkamera kostet jetzt 340,00 €. Wie hoch war der ursprüngliche Preis?

12 Ein Elektronikmarkt erhöht den Preis eines Camcorders um 6 %, senkt den Preis aufgrund einer Werbeaktion anschließend um 4 %. Vor den Sommerferien wird der Preis nochmals um 7 % gesenkt. Der Camcorder kostet nun 320,00 €. Berechnen Sie den ursprünglichen Verkaufspreis.

13 Ein Kunde der TRIAL GmbH überweist nach Abzug von 10 % Liefererrabatt und 2 % Skonto einen Betrag in Höhe von 3 590,70 €. Über welchen Betrag lautete die ursprüngliche Rechnung? (Von der ursprünglichen Rechnung wird zunächst der Rabatt, dann der Skonto abgezogen).

14 Überprüfen Sie die folgende Aussage: Eine Preiserhöhung um 20 % und eine anschließende Preissenkung um 20 % gleichen sich genau aus.

5.3 Währungsrechnen

Die TRIAL GmbH hat auf ihrem letzten Messebesuch Geschäftskontakte zu Unternehmen in Fernost und Übersee geknüpft. Auch Lieferanten und Kunden aus der Schweiz und aus Großbritannien zeigten großes Interesse an den Produkten der TRIAL GmbH. Eingangsrechnungen an die TRIAL GmbH von diesen Lieferanten sind aber nicht in der Währung € ausgestellt, sondern in der Währung des jeweiligen Landes des Lieferanten. Die TRIAL GmbH musste sich bei ihren bisherigen Geschäftspartnern aus Deutschland und z. B. Frankreich keine Gedanken über Fremdwährungen machen, da innerhalb der europäischen Währungsunion der Euro als alleiniges gesetzliches Zahlungsmittel gilt. Lieferanten aus Staaten, welche nicht dem Euro angeschlossen sind, stellen ihre Rechnungen an die TRIAL GmbH in ihrer eigenen Währung aus.

Beispiel: Die TRIAL GmbH bestellt neue Radtrikots bei einem Lieferanten aus den USA. Die Eingangsrechnung des Lieferanten weist einen Gesamtbetrag von 350,00 USD aus.

Die in der Fremdwährung ausgestellte Rechnung muss auf einen Betrag in € umgerechnet werden.

Das Währungsrechnen beinhaltet die Umrechnung von inländischen Währungen (hier: EUR) in ausländische Währungen und umgekehrt.

Dafür benötigt die TRIAL GmbH die jeweiligen Wechselkurse der einzelnen Länder.

Merke: Wechselkurs = die Menge an ausländischen Währungseinheiten, welche für einen Euro gezahlt wird.

Beispiel: Ein Dollarkurs von 1,215 bedeutet: 1,00 EUR = 1,215 USD

Die Banken unterscheiden dabei zwischen zwei unterschiedlichen Kursen: **Geldkurs (Ankaufskurs) und Briefkurs (Verkaufskurs)**

Der **Geldkurs** findet Verwendung, wenn die Bank von einem Kunden einen Euro-Geldbetrag in eine ausländische Währung umtauscht, **die Bank kauft Euro-Geldbeträge und verkauft ausländische Währungen (aus der Sicht der Bank → Geldkurs = Ankaufskurs).**

Der **Briefkurs** findet Anwendung, wenn ein Kunde von der Bank Euro-Geldbeträge im Tausch zu einer ausländischen Währung erhält, **die Bank verkauft Euro-Geldbeträge und kauft ausländische Währungen (aus der Sicht der Bank → Briefkurs = Verkaufskurs).**

Die aktuellen Kurse (= Devisenkurse) können in jeder Tageszeitung nachgelesen werden.

Beispiel: Devisenkurse ausgewählter Länder für 1,00 EUR (exemplarische Darstellung)

Land	Abkürzung	Geldkurs	Briefkurs
USA	USD	1,1763	1,2463
Japan	JPY	137,5900	146,5900
Großbritannien	GBP	0,6614	0,7064
Schweiz	CHF	1,5215	1,5865
Kanada	CAD	1,3118	1,4618
Norwegen	NOK	7,6667	8,5467
Australien	AUD	1,5149	1,6949
Neuseeland	NZD	1,5431	1,9931
Polen	PLN	3,8764	4,0164
Südafrika	ZAR	9,1400	9,6000
Hongkong	HKD	8,3703	10,4203
Singapur	SGD	1,8139	2,1189

Für die Umrechnung muss ermittelt werden, welche Währungen betroffen sind und ob es sich für die Bank (gleichgültig, ob der Sitz der Bank im Inland oder im Ausland ist) um einen Verkauf oder Ankauf von ausländischen Geldeinheiten handelt.

Beispiel: Peter Gasch bucht eine Urlaubsreise nach Australien. Er möchte bei Ankunft in Sydney jedoch schon einige australische Dollar bei sich tragen und tauscht bei seiner Hausbank 500,00 EUR in diese Fremdwährung um.

Dabei ist Folgendes zu klären:

Wird für die Umrechnung der Geldkurs oder der Briefkurs verwendet?

Dazu hilft der Fragesatz:

„Kauft oder verkauft die Bank ausländische Währungseinheiten?"

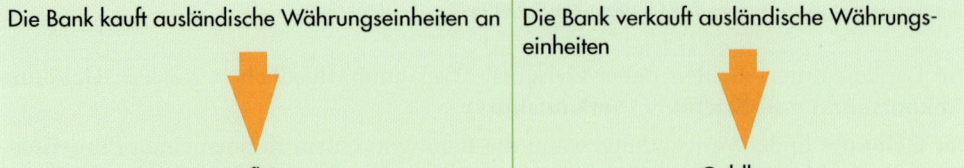

Die Bank kauft ausländische Währungseinheiten an	Die Bank verkauft ausländische Währungseinheiten
Briefkurs	Geldkurs

Merke: Die Frage nach dem zu wählenden Kurs ergibt sich immer aus der Sicht der Bank.

Die Bank wählt somit den Geldkurs (australische Dollar: 1,5149). Es ergibt sich der folgende Dreisatz:

$$1,00\ € \triangleq 1,5149\ AUD$$
$$500,00\ € \triangleq \qquad x\ AUD$$

$$x = \frac{1,5149 \cdot 500,00}{1,00} = 757,45\ AUD$$

Peter Gasch erhält von seiner Bank 757,45 AUD ausgezahlt.

EXKURS

Es fällt auf, dass der Briefkurs in der Kurstabelle immer höher ist als der Geldkurs. Dies erklärt sich wie folgt:

Peter Gasch erhielt für 500,00 EUR einen Betrag von 757,45 AUD. Nehmen wir an, er muss seine Reise stornieren und möchte die 757,45 AUD bei seiner Hausbank wieder in € umtauschen. Dann erhält er 446,90 € zurück (Briefkurs: 1,6949, d.h. 1,6949 AUD = 1,00 EUR) und nicht den vollen Betrag von 500,00 EUR. Die Bank macht dadurch vereinfacht ausgedrückt einen Gewinn in Höhe von 53,10 EUR.

Hinweis: Aus praktischer Sicht wird die Bank den Betrag von 757,45 AUD nicht auszahlen können, da Banken i.d.R. kein Münzgeld von ausländischen Währungen besitzen. Die Bank wird Peter Gasch daher z.B. einen Betrag in Höhe von 760,00 AUD in Rechnung stellen und dann den entsprechenden Euro-Wert ermitteln; dieser Sachverhalt bleibt aber in diesem Kapitel ohne Berücksichtigung.

Für die TRIAL GmbH als Unternehmen haben Fremdwährungen auf Rechnungen folgende Bedeutung: Fremdwährungen auf Eingangsrechnungen müssen theoretisch erst bei der Bank eingekauft werden. Die Hausbank der TRIAL GmbH verkauft somit eine Fremdwährung (z.B. USD). Für die Umrechnung muss die TRIAL GmbH also den Geldkurs heranziehen.

Merke: Verbindlichkeiten auf Eingangsrechnungen in Fremdwährung werden mit dem Geldkurs in EUR umgerechnet.

Beispiel: Die Eingangsrechnung über 350,00 USD eines amerikanischen Lieferanten wird bei der TRIAL GmbH mit einem Betrag von 297,54 EUR gleichgesetzt (Geldkurs USD 1,1763, d.h. 1,00 EUR = 1,1763 USD).

ZUSAMMENFASSUNG

Das Währungsrechnen dient zum Umrechnen von Euro-Beträgen in Fremdwährungen und umgekehrt.

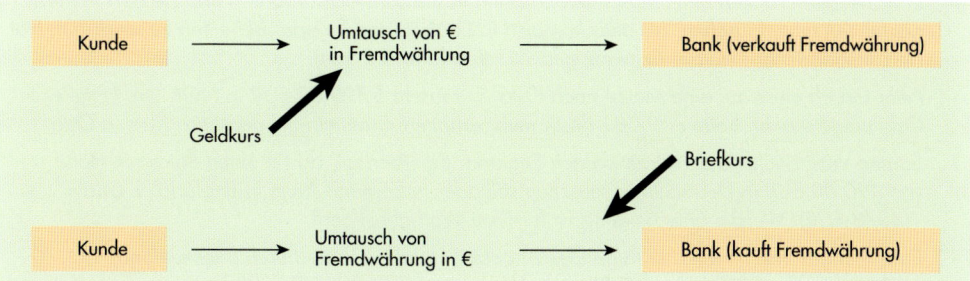

Geldkurse und Briefkurse sind Tageszeitungen oder Finanzzeitungen als Devisenkurse zu entnehmen.

AUFGABEN

1 Ermitteln Sie die fehlenden Zahlen und das fehlende Land:

Ankauf von Fremdwährung	Verkauf von Fremdwährung	Land
250,00 HKD		Hongkong
75 000,00 Yen		Japan
	1 560,00 EUR	Kanada
7 056,62 erhalten?	5 999,00 EUR	

2 Die TRIAL GmbH bestellt bei einem polnischen Lieferanten 28 Radtrikots zu einem Stückpreis von 65,70 Zloty. Wie hoch ist der Gesamtbetrag der Rechnung in Euro?

3 Herr und Frau Winter fahren in den Sommerurlaub nach Südafrika. Herr Winter wechselt bei seiner Hausbank 250,00 EUR in die entsprechende Währung um. Frau Winter erhielt von ihrer Hausbank einen Betrag von 1 953,39 in der entsprechenden Fremdwährung. Wie viel Fremdwährung erhält Herr Winter und welchen Euro-Betrag hat Frau Winter umgetauscht?

4 Peter Gasch kehrt von einer Geschäftsreise aus Asien zurück. Er wechselt bei seiner Bank 253,95 SGD und 12 555,45 HKD in Eurobeträge um. Wie viel EUR erhält Peter Gasch?

5 Eine Tankfüllung von 75 Litern kostet in Deutschland 90,00 EUR. In der Schweiz würde diese Tankfüllung 125,67 CHF kosten. Peter Gasch tankt immer in der Schweiz. Überprüfen Sie, ob er die richtige Wahl getroffen hat? (In der Schweiz gilt: 1 CHF = 0,6658 EUR)

6 Die TRIAL GmbH kauft 25 Rennräder aus Südafrika zu einem Gesamtpreis von 37 500,00 Rand zzgl. 250,00 EUR Zoll. Ermitteln Sie den Stückpreis eines Rennrades.

7 Frau Menges tauscht bei einem Besuch in Prag 450,00 EUR in 11 424,15 Kronen um. Mit welchem Kurs rechnete die tschechische Bank?

8 Die TRIAL GmbH zahlte für eine Warenlieferung aus Norwegen 4 670,00 EUR netto. Der Rechnungsbetrag des norwegischen Lieferanten betrug 35 802,10 NOK. Welchen Kurs legte die Hausbank der TRIAL GmbH zugrunde?

9 Peter Gasch hat für eine Geschäftsreise nach Neuseeland 3120,00 EUR in NZD umgewechselt. Er bringt von der Geschäftsreise noch 85,00 NZD zurück und tauscht diese in EUR um. Wie viel EUR erhält Peter Gasch von seiner Hausbank?

10 Peter Müller ist der Meinung, dass es günstiger wäre, 1900,00 EUR zunächst in Deutschland in Schweizer Franken umzutauschen und dann in die Schweiz zu fahren und sie dort in japanische Yen umzutauschen, als alles komplett in Deutschland in japanische Yen zu wechseln. Hat Herr Müller Recht? (In der Schweiz gilt: 1 CHF = 99,6700 Yen).

11 Peter Gasch muss auf eine Messe nach Oslo. Er tauscht 5790,00 EUR in NOK um. Hätte er in Oslo umgetauscht, hätte er 97,81 NOK mehr erhalten. Ermitteln Sie den Euro-Kurs in Oslo.

12 Sabine Wolf bucht einen Kurztrip nach England. Sie überlegt, ob sie einen Betrag in Höhe von 490,00 EUR in Deutschland tauschen soll oder in England (Kurs in England: 1 GBP = 1,4378 EUR). Welche Entscheidung ist für Frau Wolf günstiger?

13 Frau Menges liest im Internet folgendes Angebot: Hotel in Christchurch (Neuseeland) 115,70 NZD pro Tag und Person inkl. Frühstück, Flugpreis: 1300,00 EUR je Person.

Ermitteln Sie die gesamten Kosten für Flug und Hotel für Frau und Herrn Menges, wenn sie das Hotel für 15 Nächte buchen (Angabe in EUR).

14 Angenommen, Herr Menges kauft sich in Singapur bei einem Zwischenstopp einen Anzug für 180,00 SGD und tauscht nach seiner Rückkehr einen Betrag von 30,00 SGD bei seiner Hausbank um. Um wie viel EUR verteuerte sich der Urlaub der Menges (siehe Aufgabe 13)?

15 Die TRIAL GmbH kauft 25 japanische Fahrräder bei einem Lieferanten in Osaka ein (Stückpreis: 96900,00 Yen). Für eine Transportversicherung sind nochmals 1% der Gesamtsumme in Yen zu veranschlagen. Zollgebühren schlagen mit 250,00 EUR zu Buche. Wie viel € muss die TRIAL GmbH für den kompletten Geschäftsvorfall zahlen?

16 Herr Sonntag reist am Montag nach Nordamerika. Er möchte einen Betrag von 10000,00 EUR in USD und CAD umtauschen. Seine Bank hat nur 4587,57 USD zur Verfügung. Für den restlichen Betrag nimmt er kanadische Dollars. Leider muss er aus persönlichen Gründen seine Reise durch Kanada absagen und fliegt früher als erwartet zurück nach Deutschland. Er tauscht die Fremdwährung bei seiner Hausbank zurück (300,00 USD, kompletter Betrag der CAD). Wie viel EUR erhält Herr Sonntag zurück?

17 Der TRIAL GmbH liegen für Radschuhe zwei Angebote vor:
- das Unternehmen Bodo aus Norwegen verlangt einen Preis von 340,00 NOK pro Stück,
- das Unternehmen Rychowz aus Polen verlangt einen Preis von 120,00 Zloty pro Stück.

Welches Angebot ist für die TRIAL GmbH günstiger?

18 Die TRIAL GmbH hat folgende Angebote für Rennräder vorliegen:
- Das Unternehmen Chen aus Japan bietet an: Verkaufspreis je Stück 45000,00 Yen (bei einer Lieferung ab 50 Stück wird ein Rabatt von 10% auf den Verkaufspreis gewährt), Transportversicherung: 12000,00 Yen pro Lieferung, Zollgebühr: 20,00 EUR je Stück.
- Das Unternehmen Aussie aus Australien bietet an: Verkaufspreis je Stück 450,00 AUD, Lieferung frei Haus, Zollgebühr 30,00 EUR je Stück.
- Das Unternehmen Sing Sing aus Singapur bietet an: Verkaufspreis je Stück 500,00 SGD (bei einer Lieferung von 25 Stück wird ein Rabatt von 5% auf den Verkaufspreis gewährt), Transportkosten 200,00 SGD je Lieferung, Zollgebühr 39,00 EUR je Stück.
- Das Unternehmen Noir aus Frankreich bietet an: Verkaufspreis je Stück 350,00 EUR zzgl. Transportkosten in Höhe von 120,00 EUR komplett.

Welches Angebot ist für die TRIAL GmbH am günstigsten, wenn die TRIAL GmbH 40 Rennräder bestellen möchte?

5.4 Verteilungsrechnen

In der Verteilungsrechnung wird eine Gesamtmenge (z.B. Gesamtkosten) nach einem bestimmten Verteilungsschlüssel in einzelne, unterschiedlich große Teilmengen aufgegliedert.

Beispiel: *Ein Kapital in Höhe von 15 000,00 € soll an drei Personen im Verhältnis 1 : 6 : 3 verteilt werden. Wie viel € erhält jede Person?*

Vorgehensweise zur Lösung:

Das Verhältnis 1 : 6 : 3 bedeutet, dass das Kapital von 15 000,00 € in insgesamt zehn Teile aufzugliedern ist (1 + 6 + 3 = 10). Die Frage stellt sich, welchen €-Betrag ein Teil ausmacht. Die Lösung wird mithilfe des Dreisatzes ermittelt:

$$15\,000,00\ € \triangleq 10\ Teile$$
$$x\ € \triangleq 1\ Teil$$

$$x = \frac{15\,000 \cdot 1}{10} = 1\,500,00$$

1 Teil entspricht somit 1 500,00 €.

Die einzelnen Personen bekommen gemäß ihren Anteilen somit:

- Die erste Person erhält
  1 500,00 € (1 Teil $\quad = 1 \cdot 1\,500,00\ € = 1\,500,00\ €$),
- die zweite Person erhält
  9 000,00 € (6 Teile $\quad = 6 \cdot 1\,500,00\ € = 9\,000,00\ €$),
- die dritte Person erhält
  4 500,00 € (3 Teile $\quad = 3 \cdot 1\,500,00\ € = 4\,500,00\ €$).

Die Einzelbeträge ergeben letztendlich den Gesamtbetrag (1 500,00 € + 9 000,00 € + 4 500,00 € = 15 000,00 €).

Beispiel: *Ein Lagerhalter vermietet Lagerflächen an verschiedene Großhändler. Seine monatlichen Mieteinnahmen belaufen sich insgesamt auf 45 900,00 EUR. Die Mietpreise der Großhändler richten sich nach der gemieteten Fläche.*

Zurzeit verwaltet der Lagerhalter Lagerflächen von folgenden Großhändlern:
  – Großhändler Weiss: 350 m²,
  – Großhändler Schwarz: 2 500 m²,
  – Großhändler Rot: 950 m²,
  – Großhändler Braun: 1 300 m².

Wie hoch sind die Mietkosten der einzelnen Großhändler?

Für die Berechnung der einzelnen Anteile muss die Gesamtfläche ermittelt werden:

Großhändler	Fläche	Teile	monatlicher Mietanteil
Großhändler Weiss:	350 m²	7	3 150,00 €
Großhändler Schwarz:	2 500 m²	50	22 500,00 €
Großhändler Rot:	950 m²	19	8 550,00 €
Großhändler Braun:	1 300 m²	26	11 700,00 €
Summe:	5 100 m²	102	45 900,00 €
		1 Teil	450,00 €

Lösungsalternative 1:

Ermittlung der einzelnen Teile: Dabei werden die einzelnen Flächen miteinander verglichen und der größte gemeinsame Teiler gesucht: In diesem Fall die Zahl 50. Alle Flächenangaben werden durch 50 geteilt. Die Gesamtmiete wird durch die Summe der Teile (102) dividiert: Man erhält den Wert eines Teiles, welcher mit den Anteilen der Großhändler verrechnet wird.

Lösungsalternative 2:

$$5\,100 \ m^2 \ \triangleq \ 45\,900,00 \ €$$
$$m^2 \ \triangleq \ \qquad x \ €$$

Die Lösung mithilfe des Dreisatzes ergibt den Mietanteil von 11 700,00 € für den Großhändler Braun. (1 m² entspricht 9,00 € =) 1 300 m² · 9,00 € = 11 700,00 EUR

ZUSAMMENFASSUNG

Ziel der Verteilungsrechnung ist es, eine Gesamtmenge nach einem bestimmten Schlüssel in verschieden große Teile zu gliedern.

AUFGABEN

1   Peter Gasch möchte seine Heizkosten in Höhe von 2 500,00 € auf die Zimmer seines Hauses verteilen: Schlafzimmer 25 qm, Küche 15 qm, Wohnzimmer 55 qm, Esszimmer 24 qm, Flur 12 qm, Bad 19 qm, Arbeitszimmer 15 qm, Gästezimmer 20 qm.
   a) Wie hoch ist der Anteil der Heizkosten in jedem Zimmer?
   b) Wie hoch ist der Anteil der Heizkosten in jedem Zimmer, wenn im Schlafzimmer nie geheizt wird?
   c) Wie hoch ist der Anteil der Heizkosten in jedem Zimmer, wenn der Rauminhalt der Zimmer zugrunde gelegt wird (Höhe von Wohn- und Esszimmer je 2,60 m, Höhe der übrigen Räume: 2,40 m, ohne Schlafzimmer)?

2   Markus Bundschuh, Lukas Reichert und Jürgen Merkle bilden in der TRIAL GmbH eine Lotto-Tippgemeinschaft. Der Einsatz von Markus liegt bei 4,00 €, der Einsatz von Lukas bei 7,50 €, der Einsatz von Jürgen bei 2,50 €.
   a) An diesem Wochenende erzielte die Tippgemeinschaft einen Gewinn in Höhe von 16 807,00 €. Welche Gewinnanteile ergeben sich für die drei Mitarbeiter?
   b) Angenommen, Markus und Lukas spielen in dieser Woche zusätzlich das Spiel 77. Der Einsatz beträgt jeweils 1,00 €. Welchen Anteil erzielen die drei Mitarbeiter, wenn im Lotto ein Gewinn von 5 400,00 € und im Spiel 77 ein Gewinn von 70,00 € erzielt wurde?

3   Bezugskosten in Höhe von 469,00 € werden nach dem Warengewicht verteilt: Spülmittel 23 kg, Putzmittel 45 kg und Waschmittel 129 kg. Welche Bezugskosten ergeben sich jeweils für diese Waren?

4   Drei Brüder erben eine Geldsumme von 124 500,00 €. Der Verstorbene – ein Hobbymathematiker – hat folgende Verteilung der Summe veranlasst: Der erste Bruder erhält $1/3$ mehr als der zweite und der dritte Bruder $1/4$ weniger als der erste Bruder. Wie viel € erhalten jeweils die drei Brüder?

5   Vier Töchter erhalten eine Erbschaft. Die erste Tocher erhält $1/4$, die zweite Tochter $2/5$, die dritte Tochter $1/8$ und die vierte Tochter erhält eine Summe von 47 250,00 €. Wie hoch ist die gesamte Erbschaft und welchen Betrag erhält die dritte Tochter?

5.5 Einkaufskalkulation (Bezugskalkulation)

Die Aufgabe der Einkaufskalkulation ist die Berechnung des **Bezugspreises (= Einstandspreises)**. Dies ist der Preis, den ein Unternehmen aufwenden muss, um Waren von einem Lieferanten zu erhalten.

Die Berechnung erfolgt nach folgendem Schema:

Listeneinkaufspreis	(netto)
− Liefererrabatt	(Prozentrechnung vom Hundert)
= Zieleinkaufspreis	
− Liefererskonto	(Prozentrechnung vom Hundert)
= Bareinkaufspreis	
+ Bezugskosten	(i. d. R. in €, bezogen auf das Bruttogewicht bzw. Pauschalangaben)
= Bezugspreis (Einstandspreis)	

Zunächst muss vom Netto-Listeneinkaufspreis des Lieferers der vom Lieferanten gewährte **Rabatt** (z.B. Mengenrabatt, Treuerabatt) abgezogen werden. Die Differenz ergibt den Zieleinkaufspreis. Der **Zieleinkaufspreis** abzüglich des **Liefererskontos** (nachträglich gewährter Preisnachlass, wenn innerhalb einer bestimmten Frist der fällige Rechnungsbetrag beglichen wird) ergibt den **Bareinkaufspreis**. Durch die Addition der Bezugskosten (z.B. Transport- und Frachtkosten, Rollgeld, Zollgebühren, Transportversicherung) erhält man den **Bezugspreis**.

Beispiel: Die TRIAL GmbH bestellt bei ihrem Lieferanten Bikemachines GmbH zehn Rennräder Ventoux Two zu einem Einzelpreis von 611,20 € netto.

				Bezugsgröße für Rabattberechnung	Bezugsgröße für Skontoberechnung
	Listenpreis gesamt 10 Räder · 611,20 €		6 112,00 €	100 %	
−	Mengenrabatt	10 %	611,20 €	10 %	
=	Zieleinkaufspreis		5 500,80 €	90 %	100 %
−	Liefererskonto	3 %	165,02 €		3 %
=	Bareinkaufspreis		5 335,78 €		97 %
+	Bezugskosten (pauschal)		30,00 €		
=	Bezugspreis		5 365,78 €		

Die Ermittlung des Bezugspreises erfasst somit alle Kosten, **die logistisch entstehen, bis die Waren im Lager der TRIAL GmbH eintreffen.**

> **EXKURS 1**
>
> Für die Berechnung des Nettogewichtes einer Warensendung gilt:
>
> Bruttogewicht
> − Tara (Verpackungsgewicht, z.B. das Gewicht einer Seekiste oder einer Metallkiste)
> = Nettogewicht

Beispiel: Eine Warensendung hat ein Bruttogewicht von 5 400 kg. Der Einstandspreis beträgt 10,00 €/kg netto. Das Verpackungsgewicht liegt bei 100 kg.

Das Nettogewicht liegt folglich bei 5 300 kg.

Der Einstandspreis beträgt   5 300 kg · 10,00 €/kg netto = 53 000,00 €.

Hinweis: Oft findet man den Hinweis „brutto für netto" (= bfn bzw. b/n). Dies bedeutet, dass das Bruttogewicht für die Berechnung des Einstandspreises verwendet wird.

EXKURS 2

Unternehmen beziehen i.d.R. mehrere Warengruppen bzw. Artikel in einer einzigen Lieferung. Die anfallenden Bezugskosten müssen in einer Kalkulation auf diese Warengruppen bzw. Artikel verteilt werden. Die Bezugskosten gliedern sich in:

- **Gewichtsspesen, Gewichtsstaffel** (abhängig vom Gewicht einer Lieferung);
  Beispiele: Rollgeld, Fracht, Verladekosten
- **Wertspesen, Wertstaffel** (abhängig vom Wert der Warengruppen bzw. Artikel in z. B. €).
  Beispiele: Transportversicherung, Zoll

Die gesamten Bezugskosten müssen nach Gewicht bzw. Wert auf die einzelnen Warengruppen bzw. Artikel umgerechnet werden.

Beispiel: Die TRIAL GmbH erhält von einem Lieferanten folgende Waren:
- *10 Rennräder zu je 700,00 € (Gesamtgewicht: 45 kg),*
- *1 400 Radhelme zu je 25,00 € (Gesamtgewicht: 180 kg).*

Als Bezugskosten fallen an: Fracht 247,50 €, Ladekosten 90,00 €, Transportversicherung 96,00 €.

Es gilt:

Gewichtsspesen:	*Fracht*	*247,50 €*	
	Ladekosten	*90,00 €*	*gesamt: 337,50 €*
Wertspesen:	*Transportversicherung*		*gesamt: 96,00 €*

Für die Verteilung der Gewichtsspesen gilt (Lösung nach den Regeln des Dreisatzes):

Ware	*Gesamtgewicht*	*Anteil an Gewichtsspesen*	
Rennrad	*45 kg*	*67,50 €*	**1 kg = 1,50 €**
Radhelme	*180 kg*	*270,00 €*	**225 kg = 337,50 €**

Für die Verteilung der Wertspesen gilt (Lösung nach den Regeln des Dreisatzes):

Ware	*Listenpreis gesamt*		*Anteil an Wertspesen*
Rennrad	*7 000,00 €*		*16,00 €*
Radhelme	*35 000,00 €*		*80,00 €*
	42 000,00 €	≙	*96,00 €*

Folglich fallen an Bezugskosten an:

Rennräder   83,50 € (67,50 € + 16,00 €), 8,35 € Bezugskosten/Rennrad

Radhelme   350,00 € (270,00 € + 80,00 €), 0,25 € Bezugskosten/Radhelm

ZUSAMMENFASSUNG

Die Einkaufskalkulation vollzieht sich nach folgenden Schritten:

	Listenpreis gesamt	100%	
−	Liefererrabatt	x% vom Hundert	
=	Zieleinkaufspreis	100% − x%	100%
−	Liefererskonto		x% vom Hundert
=	Bareinkaufspreis		100% − x%
+	Bezugskosten	• Bruttogewicht (brutto für netto) oder Nettogewicht • evtl. Verteilung der Gewichtsspesen und der Wertspesen auf die einzelnen Warengruppen bzw. Artikel	
=	Bezugspeis (Einstandspreis)		

AUFGABEN   (die Preisangaben sind netto)

1 Eine Großhandelsfirma aus der Textilbranche bezieht 450 Badeanzüge zu einem Preis von 12,50 € je Stück. Der Lieferant gewährt 5% Rabatt und 2,5% Skonto. Die Bezugskosten betragen 12,50 € für die gesamte Warenlieferung. Wie hoch ist der Bezugspreis eines Badeanzuges?

2 Die TRIAL GmbH erhält 15 Mountainbikes im Gesamtpreis von 11 850,00 € (Listenpreis). Wie hoch ist der Bezugspreis für ein Mountainbike, wenn der Lieferant 15% Rabatt und 3% Skonto gewährt und die Bezugskosten 5,00 € je Mountainbike betragen?

3 Ein Großhändler bestellt bei einem Lieferanten folgende Artikel:
   • 10 Fitness-Center zu je 230,00 € (98 kg je Stück),
   • 20 Trimm-Räder zu je 45,00 € (31 kg je Stück).

   Es fallen 120,00 € Frachtkosten und 250,00 € Transportversicherung an. Der Lieferant gewährt 5,5% Rabatt und keinen Skonto
   Berechnen Sie die jeweiligen Einstandspreise gesamt und je Stück.

4 Die TRIAL GmbH muss dringend Kopierpapier bestellen. Es liegen drei Angebote vor:
   • Angebot 1: Lieferant Büro und mehr OHG, 1 Packung mit 500 Blatt kostet 3,40 € , bei einer Bestellung von 5 000 Blättern kostet eine Packung 2,80 € , Bezugskosten: 12,00 €, 10% Liefererrabatt, 2% Skonto
   • Angebot 2: Lieferant Papier und mehr KG, 1 Packung mit 750 Blatt kostet 4,00 €, Bezugskosten 1,20 € je Packung, ab einer Bestellmenge von 10 Packungen Lieferung frei Haus, 1,5% Skonto
   • Angebot 3: Lieferant Office und mehr KG, 1 Packung mit 1 000 Blatt kostet 3,70 €, Bezugskosten 25,00 €, 5 $\frac{1}{3}$% Rabatt.
     Die TRIAL GmbH benötigt 8 000 Blatt Kopierpapier. Bei welchem Lieferanten sollte Kopierpapier bestellt werden?

5 Peter Gasch benötigt neue Reifen für seinen Firmenwagen. Eine Werkstatt bietet vier Sommerreifen zu einem Komplettpreis von 990,00 € an und gewährt 12,25% Rabatt und 3% Skonto. Wie hoch ist der Einstandspreis für einen Reifen?

6   Ein Großhandelsunternehmen bestellt bei einem Lieferanten die folgenden Artikel zu folgenden Konditionen:
- 200 Fußbälle (Gesamtpreis 2 200,00 €, 0,8 kg je Fußball),
- 120 Trikots (Gesamtpreis 4200,00 €, 0,15 kg je Trikot),
- 300 Baseballcaps (Gesamtpreis 450,00 €, 0,02 kg je Cap),

Transportkosten 36,80 €, Rabatt 12 %, Skonto 2 %.

Ermitteln Sie die Einstandspreise je Stück der drei Artikel.

7   Ein Unternehmen erhält zehn Paletten Freizeithemden. Auf jeder Palette befinden sich 24 Kartons, in jedem Karton befinden sich neun Hemden. Ein Hemd kostet 3,50 € (Listenpreis). Der Lieferant verlangt 5,00 € Bezugskosten je Palette und gewährt 4 % Rabatt. Ermitteln Sie den Bezugspreis für ein Hemd.

8   Ein Unternehmen erhält eine Lieferung über zehn Kisten Messingteile mit einem Gesamtgewicht von 560 kg (Tara je Kiste 3 kg). Der Einkaufspreis liegt bei 170,00 € je Kiste, die Bezugskosten betragen 2,30 € je angefangene 10 kg, es werden 7 % Rabatt und 2 % Skonto gewährt. Wie hoch ist der Einstandspreis der gesamten Sendung?

9   Die TRIAL GmbH erhält eine Lieferung eines Händlers aus Französisch-Guayana. Die Lieferung beinhaltet 23 Seekisten mit einem Gesamtgewicht von 0,9 Tonnen (Tara je Kiste 5,5 kg). In jeder Kiste befinden sich 50 Stück Fahrradzubehörteile. Der Einkaufspreis liegt bei 63,00 € je Zubehörteil. Die Bezugskosten betragen 14,50 € je angefangene 100 kg, auf der Rechnung ist u. a. vermerkt: 4 % Rabatt, brutto für netto. Wie hoch ist der Bezugspreis für ein Zubehörteil?

6 Geschäftsprozess Einkauf mit Microsoft Dynamics NAV (Navision)

6.1 Bestellung

Am **3. Juni 2017** erhält Frau Lurka folgende **Anfrage**:

A. Bährs Radstudio
E. Carlpassage 99 – 69469 Weinheim
Telefon-Nr. 06201 58650

TRIAL GmbH
Franz-Sigel-Str. 188
69111 Heidelberg

Bestellung Nr. 05-3/9-15   3. Juni 2017

Sehr geehrte Damen und Herren,

bitte liefern Sie uns bis zum 19.06.2017 folgende Artikel zu den angegebenen Bedingungen:

Art.-Nr.	Bezeichnung	Menge	Preis	Gesamt
200000	Trikot Tenno	40	25,13 €	**1 005,20 €**
200001	Trikot Tremalso	20	37,73 €	**754,60 €**
			19 % USt.	**334,36 €**
				2 094,16 €

Mit freundlichen Grüßen

Peter Böhler

AUFGABEN

1   Stellen Sie den Geschäftsprozess **Bestellung** dar. Füllen Sie dazu das Arbeitsblatt **Geschäftsprozess Einkauf** aus.

2   Laden Sie im Ordner **Geschäftsprozess Einkauf** den Mandanten **Einkauf 00** .

3   Finden Sie heraus, ob die TRIAL GmbH die Trikots sofort an den Kunden ausliefern kann. Übertragen Sie Ihr Ergebnis auf das Arbeitsblatt **Geschäftsprozess Einkauf** .

4   Erfassen und bestätigen Sie den Auftrag von **A. Bährs Radstudio** zum 3. Juni 2017 (siehe **Geschäftsprozess Verkauf**).

Tipps:	Bei der Eingabe des Auftrags weist Sie **Navision** darauf hin, dass im Augenblick nicht genügend Waren im Lager sind. Die Erstellung des Auftrags kann dennoch fortgeführt werden, wenn Sie mit **Ja** bestätigen.	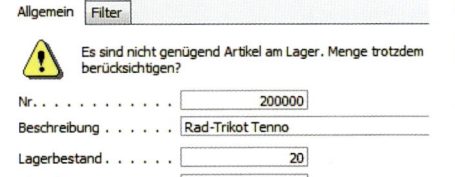

Beachten Sie, dass Sie bei der Auftragserfassung im Register **Lieferung** das **Warenausgangsdatum** eingeben müssen.

5   *Finden Sie heraus, wie viele Radtrikots Herr Reichert einkaufen muss. Berücksichtigen Sie bei den Artikeln auch einen eventuellen Sicherheitsbestand (Arbeitsblatt* **Geschäftsprozess Einkauf** *).*

6   *Herr* **Reichert** *hat potenzielle Lieferanten für die Radtrikots Tenno ausfindig gemacht. Er beauftragt Sie, den geeigneten* **Lieferanten auszuwählen.** *Beachten Sie, dass neben* **quantitativen** *Aspekten auch* **qualitative** *Merkmale berücksichtigt werden sollen:*

Tipp: Zusätzliche Informationen zu den einzelnen Kreditoren erhalten Sie auf den jeweiligen **Kreditorenkarten** (z.B. im Modul **Einkauf**):

Angebot 1

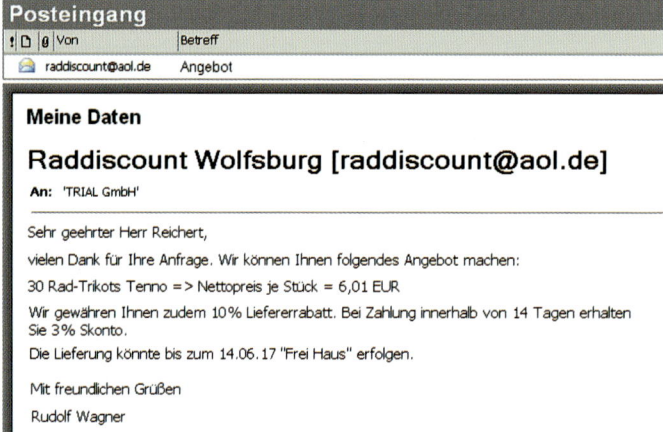

Angebot 2

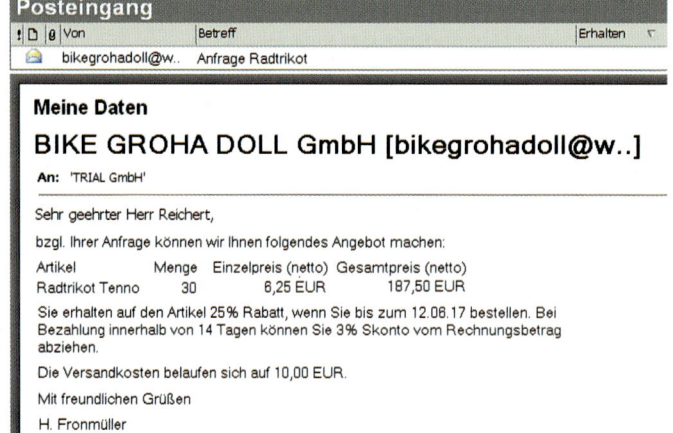

Angebot 3

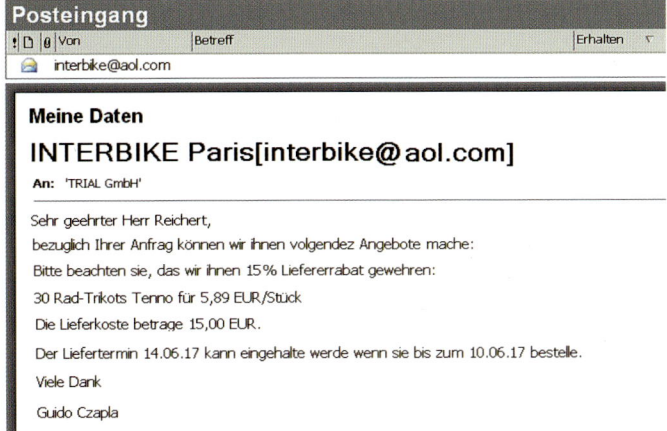

Posteingang

!	D	0	Von	Betreff	Erhalten	▽
			interbike@aol.com			

Meine Daten

INTERBIKE Paris[interbike@aol.com]

An: 'TRIAL GmbH'

Sehr geehrter Herr Reichert,

bezüglich Ihrer Anfrag können wir ihnen volgendez Angebote mache:

Bitte beachten sie, das wir ihnen 15% Liefererrabat gewehren:

30 Rad-Trikots Tenno für 5,89 EUR/Stück

Die Lieferkoste betrage 15,00 EUR.

Der Liefertermin 14.06.17 kann eingehalte werde wenn sie bis zum 10.06.17 bestelle.

Viele Dank

Guido Czapla

Tipps:	Beachten Sie, dass die **Angebotspreise Nettopreise** sind.
	Nutzen Sie bei der Auswahl des Lieferanten die **Excel**-Arbeitsmappe **Angebotsvergleich** .

7   Herr Reichert hat sich für die **Bike Groha Doll GmbH** als Lieferanten entschieden. Geben Sie die **Bestellung** ins System ein. Laden Sie dazu den Mandanten **Einkauf 01** :

Bestellung eingeben:

① Öffnen Sie im Modul **Einkauf** unter dem Menüpunkt **Bestellungsabwicklung** den Punkt **Bestellungen**.

② Klicken Sie auf das Symbol [⟳] oder **[F3]**, um einen **neuen Auftrag** einzugeben.

③ Sie können im Register **Allgemein** die **Bestell-Nummer** selbst eingeben. Allerdings ist es wiederum sinnvoller, die **automatische Ausfüllfunktion** zu nutzen. **Aktivieren** Sie die Ausfüllfunktion mit **[TAB]**.
Geben Sie die entsprechende **Kreditor-Nr.** über den **Listenpfeil** ein. Die **Adresse** füllt **Navision** dann **selbstständig** aus. Geben Sie das **Bestelldatum**, die gewünschten **Artikel** und den **Preis** laut **Angebot** ein.

④ Die **Bezugskosten** müssen Sie gesondert ausweisen. Geben Sie dazu in der Spalte **Art** über den Listenpfeil **Zu-/Abschlag (Artikel)** ein. In der Spalte **EK-Preis ohne MwSt.** muss die **Höhe der Bezugskosten** (netto) eingetragen werden.
Weisen Sie die Bezugskosten dem Artikel zu. Dazu müssen Sie in der Spalte **Menge für Zuweisung** auf den **Listenpfeil** klicken. Anschließend geben Sie beim jeweiligen Artikel als **Menge für** die **Zuweisung** die Zahl **1** ein.

Tipp:	Müssen die Bezugskosten aus kostenrechnerischen Gründen **mehreren Artikeln** zugeteilt werden, geben Sie z. B. bei **zwei Artikeln** jeweils die **Zahl 0,5**, bei **drei Artikeln** jeweils die Zahl **0,33** ein.

③ + ④

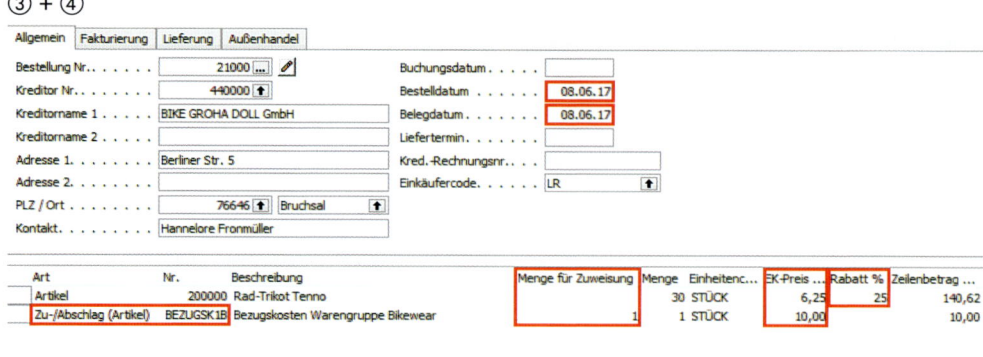

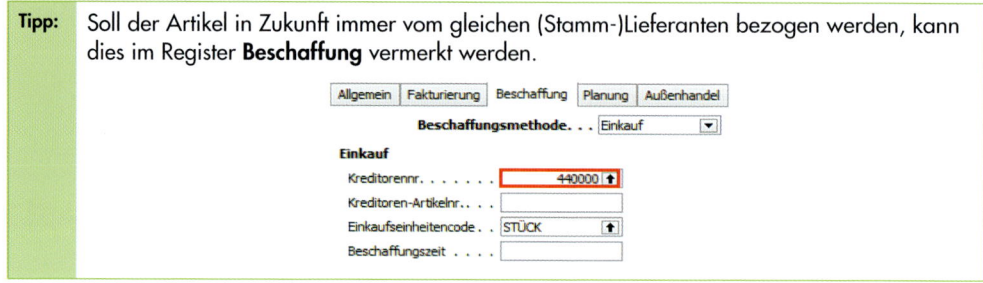

Art	Nr.	Beschreibung	Menge für Zuweisung	Menge	Einheitenc...	EK-Preis ...	Rabatt %	Zeilenbetrag ...
Artikel	200000	Rad-Trikot Tenno		30	STÜCK	6,25	25	140,62
Zu-/Abschlag (Artikel)	BEZUGSK1B	Bezugskosten Warengruppe Bikewear	1	1	STÜCK	10,00		10,00

Tipp: Soll der Artikel in Zukunft immer vom gleichen (Stamm-)Lieferanten bezogen werden, kann dies im Register **Beschaffung** vermerkt werden.

| Allgemein | Fakturierung | Beschaffung | Planung | Außenhandel |

Beschaffungsmethode... Einkauf

Einkauf

Kreditorennr. 440000

Kreditoren-Artikelnr. . . .

Einkaufseinheitencode . . STÜCK

Beschaffungszeit . . . .

8 Finden Sie auf der Artikelkarte heraus, welche Beschaffungszeit mit dem Lieferanten **(Bike Groha Doll GmbH)** vereinbart wurde (Arbeitsblatt **Geschäftsprozess Einkauf** 🌐).

9 Berechnen Sie, welchen Betrag die 30 Radtrikots Tenno zum Gewinn der TRIAL GmbH beitragen, wenn diese an den Kunden A. Bährs Radstudio ausgeliefert werden. Die TRIAL GmbH kalkuliert mit einem Handlungskostenzuschlagssatz von 45%. Berücksichtigen Sie bei Ihrer Rechnung, dass davon ausgegangen wird, dass der Kunde den mit ihm vereinbarten Skonto in Anspruch nimmt (Arbeitsblatt **Geschäftsprozess Einkauf** 🌐).

6.2 Lieferantenrechnung und Wareneingang erfassen

Die **Lieferung** der Radtrikots erfolgt am **14. Juni 2017**. Neben dem **Lieferschein** liegt der Sendung folgende **Rechnung** bei:

BIKE GROHA DOLL GmbH
Berliner Str. 5 – 76646 Bruchsal-Heidelsheim

BIKE Groha Doll GmbH

TRIAL GmbH
Franz-Sigel-Str. 188
69111 Heidelberg

Rechnungs-Nr.: **688-232**
Kunden-Nr.: **637039**

Rechnung   13.06.2017

Art.Nr.	Bezeichnung	Menge	Preis	Gesamt
546566	Trikot Tenno	30	6,25 €	187,50 €
			– 25 % Rabatt	46,88 €
				140,62 €
			Versandkosten	10,00 €
			19 % Umsatzsteuer	28,62 €
			Rechnungsbetrag	179,24 €

Mit freundlichen Grüßen

i.A. *H. Fronmüller*

Zahlungsbedingungen
Zahlbar innerhalb von 14 Tagen
unter Abzug von 3 % Skonto oder
30 Tage netto

Bankverbindung
Sparkasse Kraichgau
BIC: BRUSDE66XXX (BLZ 663 500 36)
IBAN: DE04 6635 0036 0000 0546 54
(Konto-Nr. 54654)

Gerichtsstand
für beide Teile Bruchsal

AUFGABEN

1 Bilden Sie den Geschäftsprozess **Wareneingang** auf dem Arbeitsblatt **Geschäftsprozess Einkauf** ab.

2 Laden Sie den Mandanten **Einkauf 03** .

3 Rufen Sie die **Bestellung** vom **8. Juni 2017** (Bestell-Nr. **21000**) auf und **buchen** Sie diese im System.

Eingangsrechnungen verbuchen:

① Öffnen Sie im Modul **Einkauf** den Hauptmenüpunkt **Bestellungsabwicklung** und rufen Sie unter dem Punkt **Bestellungen** die entsprechende **Bestellung** auf.

② Geben Sie das **Buchungsdatum** und die **Rechnungsnummer** des **Kreditors** ein.

③ Buchen Sie die Buchungszeile über die Schaltfläche **Buchen** und den Befehl **Buchen**.

④ Bestätigen Sie, dass die Ware **geliefert** und **fakturiert** wurde.

⑤

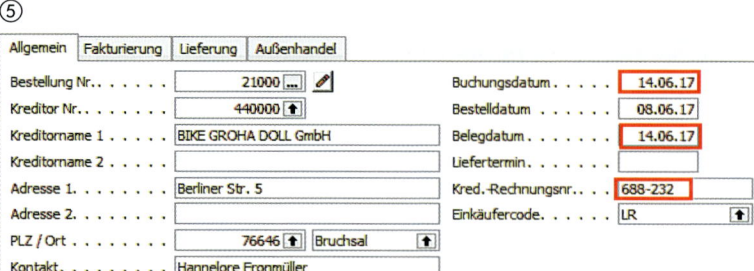

4 Bilden Sie den Buchungssatz für die Eingangsrechnung und übertragen Sie diesen auf das Arbeitsblatt **Geschäftsprozess Einkauf** .

5 Wie hoch sind die Verbindlichkeiten gegenüber der **Bike Groha Doll GmbH**? Rufen Sie dazu die **Kreditorenkarte** im Modul **Einkauf** auf. Übertragen Sie das Ergebnis in das Arbeitsblatt **Geschäftsprozess Einkauf** .

6 Finden Sie im Kontenplan heraus, wie hoch die **gesamten Verbindlichkeiten aus Lieferungen und Leistungen** der TRIAL GmbH sind (Arbeitsblatt **Geschäftsprozess Einkauf**)

7 Ermitteln Sie im Kontenplan den **Wert** des gesamten **Warenbestandes** (Arbeitsblatt **Geschäftsprozess Einkauf**).

8 Die Geschäftsleitung möchte die Beschaffungsplanung optimieren. Eine **ABC-Analyse** soll dabei helfen herauszufinden, auf welche Artikel man sich bei der Beschaffung in Zukunft besonders konzentriert. Finden Sie heraus, welche Artikel dies sind.

ABC-Analyse durchführen:

① Öffnen Sie im Modul **Einkauf** den Hauptmenüpunkt **Lager & Bewertung**.

② Wählen Sie unter den **Berichten** den Bericht **Artikel ABC-Analyse**.

③ Ändern Sie im Register **Optionen** das Verhältnis Kat. A/B/C auf 75/20/5.

④ Über die Schaltflächen **Drucken** oder **Seitenansicht** können Sie sich die **Liste** ausdrucken oder am Bildschirm anzeigen lassen.

⑤ Der Bericht lässt sich als HTML-Datei speichern. Diese Datei können Sie z. B. mit der Tabellenkalkulation Excel öffnen und zur besseren Übersicht die Tabelle nach absteigendem Einkaufswert sortieren.

② + ③   ⑤

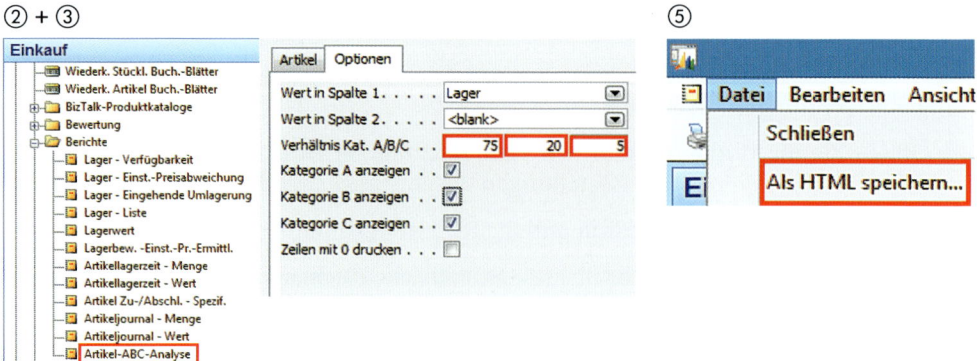

6.3 Gutschriften

Hausmitteilung unseres Lagerverwalters Michael Müller:

Hausmitteilung

Grund: Warenlieferung (Rechnungsnr. 688-232)
an: Abteilung Einkauf

Fünf der gelieferten Radtrikots TENNO waren leicht verschmutzt.

Bitte teilen Sie mir mit, was ich mit den Trikots machen soll.

Datum: 19.06.2017   **Unterschrift:** Michael Müller

Herr Reichert setzt sich unmittelbar nach Erhalt der Mitteilung telefonisch mit Frau Fronmüller (**Bike Groha Doll GmbH**) in Verbindung:

TELEFONNOTIZ Nr. 54

Gesprächspartner: Fronmüller,
Bike Groha Doll GmbH

- Fehler des zuständigen Lagerarbeiters
- Die Bike Groha Doll GmbH gewährt uns auf die fünf Trikots insgesamt einen Preisnachlass von 50%.

Datum: 19.06.2017   **Unterschrift:** Lukas Reichert

AUFGABEN

1. Hat Herr Müller die Ware **rechtzeitig überprüft** und den Mangel rechtzeitig **gerügt**?
2. Zeigen Sie anhand des Geschäftsprozesses **Gutschrift Eingangsrechnung** (siehe Arbeitsblatt **Geschäftsprozess Einkauf** 🌐), welche **Arbeitsschritte** Herr Reichert bei der Bearbeitung der mangelhaften Lieferung vollziehen sollte.
3. Öffnen Sie im Ordner **Einkauf** den Mandanten **Einkauf05** 🌐.
4. Buchen Sie die **Gutschrift** im System:

Gutschriften buchen:

① Öffnen Sie im Modul **Einkauf** unter dem Hauptmenüpunkt **Bestellungsabwicklung** den Punkt **Gutschriften**.

② Die **Gutschriftsnummer** legt **Navision** automatisch fest, sobald Sie mit der Maus in das Feld **Eink. von Kred.-Nr.** klicken.

③ Rufen Sie über die Schaltfläche **Funktion** und den Befehl **Beleg kopieren** die gebuchte Rechnung (Belegnr. **24000**) auf und löschen Sie alle Zeilen, die **nicht** von der Gutschrift betroffen sind.

④ Geben Sie bei den Artikeln den entsprechenden **Gutschriftsbetrag** ein.

Achten Sie darauf, bei den Artikeln, bei denen **keine Rücksendung**, sondern nur eine **wertmäßige Gutschrift** erfolgt, im Feld **Art Sachkonto** einzustellen. Wählen Sie als **Gutschriftskonto** das Konto **6002 Preisnachl. & Rücksendg. Bikew.**

⑤ Buchen Sie die Gutschrift über die Schaltfläche **Buchen** und den Befehl **Buchen**.

②

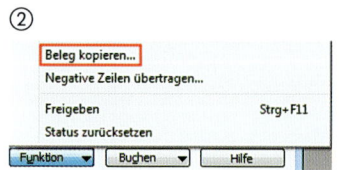

③

④

Art	Nr.	Lagerortc...	Menge	Einheiten...	EK-Preis ...	Zeilenrabatt %	Zeilenbetrag ...	Menge
Sachkonto	6002	ZENTRAL	30	STÜCK	6,25	50	93,75	

5 Finden Sie heraus, welche Buchungen *Navision* vorgenommen hat. Übertragen Sie diese auf das Arbeitsblatt *Geschäftsprozess Einkauf* 🔵.

6 Der Kunde *A. Bährs Radstudio* ist bereit, die leicht verschmutzten Radtrikots Tenno abzunehmen, wenn ihm ein Preisnachlass von 25 % auf die Trikots Tenno gewährt wird. Liefern Sie ihm die Trikots (siehe Auftrags-Nr. 11005) am 18.06.17 aus. Berücksichtigen Sie dabei den Preisnachlass.

6.4 Zahlungsausgleich

Hausmitteilung

Grund: Skontofristen

an: Lukas Reichert (Abteilung Einkauf)

Hallo Herr Reichert!

Bitte achten Sie in Zukunft darauf, dass alle Verbindlichkeiten innerhalb der Skontofrist überwiesen werden.

Datum: 28.06.2017   **Unterschrift:** Peter Gasch

AUFGABEN

1 Stellen Sie den Geschäftsprozess **Zahlungsausgleich** dar. Füllen Sie dazu das Arbeitsblatt **Geschäftsprozess Einkauf** `Web` aus.

2 Öffnen Sie im Ordner **Einkauf** den Mandanten **Einkauf07** `Web`. Finden Sie im Modul **Einkauf** heraus, wie hoch die **Gesamtverbindlichkeit** gegenüber der **Bike Groha Doll GmbH** (**nach** der Buchung der **Gutschrift** (siehe **Kapitel 6.3**)) ist.

In der Regel sollte der **Zahlungsausgleich** an dem Tag erfolgen, an dem die **Skontofrist** abläuft. Zur Sicherheit sollten allerdings **zusätzlich** mithilfe von **Navision** alle Verbindlichkeiten auf ihre Fälligkeit hin überwacht werden.

Liste der fälligen Verbindlichkeiten aufrufen:

① Öffnen Sie im Modul **Finanzmanagement** den Hauptmenüpunkt **Kreditoren**.

② Klicken Sie auf den Punkt **Kreditor – Fällige Posten**.

③ Tragen Sie im Register **Optionen** das **(End)Datum**, bis zu dem die Verbindlichkeiten berücksichtigt werden sollen, ein.

④ Über die Schaltflächen **Drucken** oder **Seitenansicht** können Sie sich die **Liste** ausdrucken oder am Bildschirm anzeigen lassen.

② 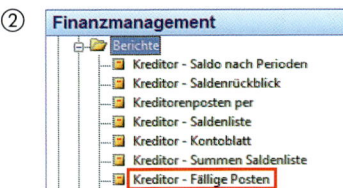   ③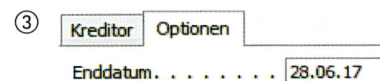

3 Finden Sie heraus, welche Zahlungsbedingung mit der **Bike Groha Doll GmbH** vereinbart wurde. Übertragen Sie Ihr Ergebnis in das Arbeitsblatt **Geschäftsprozess Einkauf** `Web`.

4 Berechnen Sie auf dem Arbeitsblatt **Geschäftsprozess Einkauf** `Web` die Höhe **des Überweisungsbetrages**, wenn die Rechnung (Nr. **24000**) am **28.06.2017** überwiesen werden soll.

5 Erfassen Sie den **Zahlungsausgleich** im System:

Kontonummer 25654133 IBAN: DE10 6609 0800 0025 6541 33	**KONTOAUSZUG** Badische Beamtenbank BIC: GENODE61BBB	Auszug 23	Blatt 1
Buchungsanlass	Verwendungszweck	Buchungstag	Umsätze Zu Ihren Lasten = S Zu Ihren Gunsten = H
Lastschrift	BIKE GROHA DOLL GmbH R.-Nr. 24000, abzügl. Skonto	28-06-17	65,65 € S
Auszugsdatum	Alter Kontostand		Neuer Kontostand
	151 536,75 € H		151 471,10 € H
TRIAL GmbH, Franz-Sigel-Str. 188, 69111 Heidelberg			

Zahlungsausgleich (mit Skontoabzug) erfassen:

① Öffnen Sie im Modul **Finanzmanagement** unter dem Hauptmenüpunkt **Finanz-buchhaltung** den Punkt **Fibu Buch.-blätter.**

② Stellen Sie im **Buchungsblatt** das Feld **Belegart** unbedingt auf **Zahlung.** Dann berechnet **Navision** automatisch, ob die **Skontofrist** eingehalten wurde und wie hoch der **Skontobetrag** ist.

③ Übertragen Sie den Buchungssatz bis zum Feld **Betrag.**

④ Über die Schaltfläche **Funktion** und den Befehl **Posten ausgleichen …** gelangen Sie zur Ansicht **Kreditorenpostenausgleich.**

⑤ Markieren Sie den **offenen Posten**, der durch den Zahlungsausgang **ausgeglichen** werden soll.

⑥ **Verknüpfen** Sie über die Schaltfläche **Ausgleich** und den Befehl **Ausgleichs-ID setzen** den offenen Posten mit der Zahlung. **Navision** ermittelt nun den Skontobetrag.

⑦ Bestätigen Sie mit **Ok.** Der Ausgleichsbetrag wird in die **Buchungszeile** übertragen.

⑧ Buchen Sie über die Schaltfläche **Buchen** und den Befehl **Buchen.**

② + ③

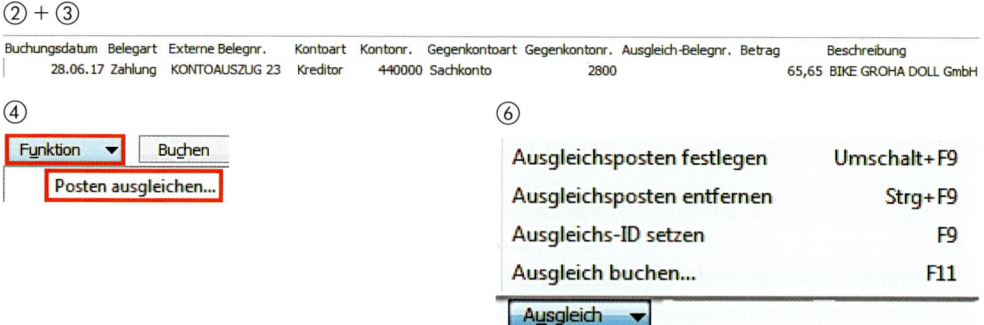

Buchungsdatum	Belegart	Externe Belegnr.	Kontoart	Kontonr.	Gegenkontoart	Gegenkontonr.	Ausgleich-Belegnr.	Betrag	Beschreibung
28.06.17	Zahlung	KONTOAUSZUG 23	Kreditor	440000	Sachkonto	2800		65,65	BIKE GROHA DOLL GmbH

④

⑥

Ausgleichsposten festlegen	Umschalt+F9
Ausgleichsposten entfernen	Strg+F9
Ausgleichs-ID setzen	F9
Ausgleich buchen...	F11

⑦

Ausgleichsbetrag	Skontobetrag	Saldo
-67,68	2,03	-65,65

⑧

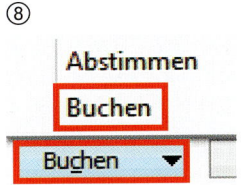

Abstimmen

Buchen

Buchen ▼

Lernsituation: Beschaffungsplanung und Bestandsoptimierung

UNTERNEHMENSPROFIL

Die WeGe Adler GmbH ist ein Großhandels- und Fertigungsbetrieb für Werk-zeuge und Gebrauchsartikel aller Art. Ein Teil des Sortiments wird selbst gefertigt. Der Geschäftsführer der WeGe GmbH, Hans-Jürgen Adler, vertritt folgende Unternehmensphilosophie: „Wir wollen Arbeitsplätze sichern, verdiente Mitarbei-ter halten und dem Nachwuchs eine Perspektive bieten. Löhne und Gehälter sind auch in Deutschland bezahlbar, wenn das Personal motiviert und richtig einge-setzt ist, die Kernprozesse Beschaffung und Lagerhaltung optimiert sind und die erbrachte Leistung den Ansprüchen der Kunden gerecht wird." Die wichtigsten Kunden der WeGe Adler GmbH sind neben Groß- und Einzelhändlern auch Handwerker aus der Region.

Aufgrund häufiger Kundennachfragen beabsichtigt Herr Adler, OLED-Monitore[1] neu ins Sortiment aufzunehmen. Die OLED-Technologie ist auf dem deutschen Markt noch relativ innovativ.

Sie befinden sich im zweiten Ausbildungsjahr und sind zurzeit im Bereich Beschaf-fung und Lagerhaltung eingesetzt.

ARBEITSAUFTRÄGE

1   Heute finden Sie folgende Notiz Ihrer Teamleiterin, Frau Ehlert, auf Ihrem Platz:

> Bitte machen Sie Lieferanten für den neuen OLED-Monitor ausfindig.
>
> Begrenzen Sie Ihre Suche möglichst auf von uns schon zertifizierte und bewährte Unternehmen.
>
> Gehen Sie von einem Nettobedarf von jährlich 720 Stück aus.
>
> Mit freundlichen Grüßen,
>
> Ehlert

---

[1]   OLED = Organic Light Emitting Diode = organische Leuchtdioden

In der Lieferantendatei finden Sie zwei mögliche Bildschirmlieferanten: FOBIS KG in Kempten und die Sweden AB in Malmö/Schweden. Sie wollen noch bei einem weiteren Lieferanten anfragen und suchen nach Möglichkeiten, wie Sie neue Lieferanten ausfindig machen können. Sie notieren sich die wichtigsten Gliederungspunkte für eine Anfrage.

2   Sie haben als neuen Lieferanten die LITEC GmbH ausfindig gemacht und Anfragen an alle drei Lieferanten gerichtet. Ihnen liegen nun die Angebote der drei Lieferanten vor.

Um den richtigen Lieferanten auszuwählen, führen Sie einen quantitativen Angebotsvergleich mithilfe einer Bezugskalkulation durch. Ihre endgültige Entscheidung soll jedoch auch weitergehende Auswahlkriterien berücksichtigen, die Sie aus Aktennotizen zu den jeweiligen Lieferanten bzw. einer Telefonnotiz aus einem Telefongespräch mit einem Mitschüler der Berufsschule entnehmen.

Sie erstellen dazu ein Bezugskalkulationsschema und eine Entscheidungsbewertungstabelle (siehe Materialien; Gewichtung der Kriterien: Insgesamt 100 %; Bewertungsziffern: 1 = schlecht bis 6 = sehr gut).

3   Ihre Teamleiterin, Frau Ehlert, möchte die Lagerhaltung noch weiter optimieren und bittet Sie, eine ABC-Analyse für die Produktgruppe 221 Autozubehör vorzunehmen. Die ABC-Analyse soll auf der Grundlage der Lagerabgänge des Vorjahres erfolgen.

Im Modul Lager Ihrer integrierten Unternehmenssoftware finden Sie folgende Merkmale zur ABC-Analyse:

ABC-Grundlage:	Einkaufswert		
Verhältnis Kategorie A/B/C:	80	15	5

Sie präsentieren die ABC-Analyse in Tabellenform (siehe Materialien) und fertigen eine Aktennotiz mit vier konkreten Maßnahmen an, die sie zur Verbesserung der Wirtschaftlichkeit bei den A-, B- und C-Gütern einleiten würden.

4   Als nächstes beauftragt Sie Ihre Teamleiterin, das Lager- und Bestellwesen für den Artikel „Fahrradschloss" (Artikelnummer 200053) unter dem Aspekt der Wirtschaftlichkeit zu untersuchen und Ihre Ergebnisse übersichtlich aufzubereiten.

Sie bestimmen zunächst die optimale Bestellmenge in tabellarischer (siehe Materialien) und grafischer Form mithilfe eines Tabellenkalkulationsprogramms. Dabei berücksichtigen Sie eine interne Mitteilung Ihrer Teamleiterin mit den Vorjahresdaten.

Danach untersuchen Sie für das Fahrradschloss, welche Auswirkung die berechnete optimale Bestellmenge auf das zurzeit angewandte Dispositionsverfahren hat. Sie berechnen dazu die Ersparnis bei Anwendung der optimalen Bestellhäufigkeit gegenüber dem bisherigen Verfahren.

5   Ihre Teamleiterin will die Lagerkosten für das Fahrradschloss senken und bittet Sie, die Auswirkungen einer Zunahme bzw. Abnahme des Lagerbestands auf die Bereiche Lager, Einkauf, Verkauf und Finanzen festzustellen. Zusätzlich wollen Sie auf der nächsten Teamsitzung Vorschläge zur Senkung der Lagerbestände machen und auf deren Vor- und Nachteile eingehen. Zur Präsentation erstellen Sie übersichtliche Tabellen.

MATERIALIEN

Auszüge aus den Angeboten der drei Lieferanten:

FOBIS Kempten, August-Fischer-Platz 1, 87435 Kempten

…

wir danken für Ihre Anfrage. Aus unserer Produktpalette bieten wir Ihnen an:

Qualitativ hochwertiger, schadstoffarm hergestellter OLED-Monitor zu einem Preis von 960,00 € pro Stück. Abhängig von der bestellten Menge pro Monat bieten wir folgende Rabattstaffelung: 5% ab 20 Stück, 8% ab 35 Stück und 10% ab 55 Stück. Für Transportkosten berechnen wir pro Stück 5,00 €.

Unsere Zahlungsbedingungen: 3% Skonto bei Zahlung innerhalb von 7 Tagen oder 30 Tage netto Kasse. Das Skonto bezieht sich lediglich auf die Warenleistung. Die Lieferzeit beträgt 7 Tage. Die Preisstellungen verstehen sich zzgl. der gesetzlichen Umsatzsteuer.

Es würde uns sehr freuen, Ihren geschätzten Auftrag zu erhalten. Sorgfältige und zuverlässige Abwicklung garantieren wir.

…

Sweden AB, Hammaby Fabriksväg 18, S-52330 Malmö

…

wir bedanken uns für Ihre Anfrage und unterbreiten Ihnen folgendes Angebot:

Qualitativ hochwertiger OLED-Monitor zu einem Preis von 1 010,00 € pro Stück. Bei einer Abnahme von monatlich mindestens 50 Monitoren gewähren wir Ihnen einen Rabatt von 8%. Die Kosten für Verpackung und Transport betragen pro Monitor 14,00 €. Die Lieferzeit beträgt 2 Wochen. Die Versandkosten betragen 9,50 €/Stück.

Ihre Zahlung erbitten wir innerhalb von 10 Tagen abzüglich 2% Skonto oder innerhalb von 30 Tagen netto Kasse. Die Preise verstehen sich zzgl. der gesetzlichen Umsatzsteuer.

Nach Eingang der Bestellung liefern wir innerhalb von einer Woche.

Wir hoffen, dass Ihnen unser Angebot zusagt.

…

LITEC Computer GmbH, Postfach 12 22 09, 70499 Stuttgart

…

mit Bezug auf Ihre Anfrage können wir Ihnen folgendes Angebot unterbreiten:

Qualitativ hochwertiger, dem aktuellen technischen Stand entsprechender OLED-Monitor zum Preis von 940,00 € pro Stück.

Im Folgenden unsere Liefer- und Zahlungsbedingungen: Die Lieferung erfolgt frei Haus, Verpackungskosten werden nicht berechnet. Bei Zahlung innerhalb von 10 Tagen gwähren wir 3% Skonto, das Zahlungsziel beträgt 30 Tage. Aufgrund der starken Nachfrage müssen Sie zurzeit mit einer Lieferzeit von zwei Wochen rechnen. Die Preise verstehen sich netto, zzgl. der gesetzlichen Umsatzsteuer.

Bei Rückfragen geben wir Ihnen jederzeit gerne Auskunft.

…

Aktennotizen bzw. Telefonnotiz zu den jeweiligen Lieferanten

Aktennotiz: FOBIS Kempten

Mit diesen Lieferanten besteht noch keine intensive Lieferbeziehung, es erfolgten erst wenige Lieferungen. Die Liefertermine wurden bisher, bis auf eine Ausnahme, pünktlich eingehalten. Die Bestellabwicklung läuft im Allgemeinen gut. Bisher erfolgte eine Reklamation, die erst nach erneuten Rückfragen bearbeitet wurde. Der Hersteller zeichnet sich besonders aufgrund seiner sehr guten Qualität aus. Er hat in innovative Herstellungsverfahren investiert und stellt die Monitore unter strengen ökologischen Gesichtspunkten her. Der Bekanntheitsgrad auf dem deutschen Markt ist noch sehr gering.

Aktennotiz: Sweden AB

Der Hersteller kann, obwohl er ausschließlich in Produktionsstätten in Schweden fertigt, kurzfristig liefern. Bei der bisherigen Abwicklung von Bestellungen anderer Komponenten traten gelegentlich Sprachschwierigkeiten auf, die u. a. eine Falschlieferung zur Folge hatte. Reklamationen wurden von einem deutschsprachigen Kundendienst äußerst kulant und großzügig bearbeitet. Ersatzlieferungen erfolgten schnell. Liefertermine werden stets eingehalten. Die Produkte weisen eine sehr gute Qualität auf und wurden in Schweden bereits mit einem Umweltpreis ausgezeichnet. Strahlungsfreiheit, kein Elektrosmog sowie ein geringer Energieverbrauch zeichnen alle Geräte dieses Unternehmens aus. Auf dem deutschen Markt ist der Hersteller bisher noch nicht sehr bekannt.

Telefonnotiz LITEC Computer GmbH (Gespräch am 13.03. mit einem Mitschüler der Berufsschule, dessen Ausbildungsbetrieb mit dem Unternehmen Kontakt hat)

Die Abwicklung der bisherigen Lieferungen anderer Komponenten erfolgte zufriedenstellend. Die Liefertermine wurden weitgehend eingehalten. Die Bearbeitung von Reklamationen erfolgt teilweise etwas schleppend, es musste hin und wieder nachgefragt werden. Bei Ersatzlieferungen ist mit Lieferzeiten von zwei Wochen zu rechnen. Die Qualität der Produkte ist gut. Auf ökologische Aspekte wird bei der Herstellung der Produkte geachtet — dies könnte aber noch intensiviert werden. Der Hersteller hat auf dem deutschen Markt einen sehr hohen Bekanntheitsgrad.

Muster einer Entscheidungsbewertungstabelle

Gewichtung der Auswahlkriterien (Summe der Kriterien = 100 %).
Bewertungsskala: Von 1 = schlecht bis 6 = sehr gut

Hersteller des Produkts		FOBIS		Sweden AB		LITEC	
Auswahlkriterien	Gewichtung	Bewertung	Punkte	Bewertung	Punkte	Bewertung	Punkte
Summe	100 %						

Lagerbestände und Lagerbewegung innerhalb der Produktgruppe 221 Autozubehör:

Artikelnr.	Kurzbe- schreibung	Lagerbestand		Lagerzugang		Lagerabgang	
		Menge	Wert (€)	Menge	Wert (€)	Menge	Wert (€)
221001	Schlüssel	215	1612,50	285	2137,50	250	1875,00
221002	Schlüssel	115	1092,50	100	950,00	100	950,00
221003	Schlüssel	300	450,00				
221004	Schlüssel	90	621,00				
221005	Schlüssel	90	432,00				
221006	Schlüssel	65	78,00				
221007	Schlüssel	75	742,50				
221008	Schlüssel	75	2081,25	250	6937,50	250	6937,50
221009	Schlüssel	40	2920,00				
221010	Schlüssel	45	1300,50				
221011	Schlüssel	60	1734,00				
221012	Schlüssel	85	548,25				
221013	Schlüssel	500	1490,00				
221014	Schlüssel	280	588,00	180	378,00	300	630,00
221015	Schlüssel	675	33,75				
221016	Schlüssel	225	670,50	250	745,00	250	745,00
221017	Schlüssel	190	399,00				
221018	Schlüssel	875	131,25				
221019	Schlüssel	950	47,50				
221020	Schlüssel	300	15,00				
221021	Schlüssel	170	2201,50	200	2590,00	200	2590,00
221022	Schlüssel	110	236,50				
221023	Schlüssel	75	75,00	250	250,00	250	250,00
221024	Schlüssel	50	50,00				
221025	Schlüssel	90	90,00				
221026	Schlüssel	90	90,00				
221027	Schlüssel	75	75,00				
221028	Schlüssel	140	343,00	200	490,00	200	490,00
221029	Schlüssel	300	135,00	250	112,50	250	112,50

Muster einer Tabelle zur ABC-Analyse

Prozentzahlen auf eine Dezimalstelle runden

Artikel-Nr.	Lagerab-gang Vor-jahr in €	%-Anteil am Ge-samtwert	Artikel-Nr. sortiert nach %-Anteil	%-Anteil am Gesamtwert (absteigend sortiert)	%-Anteil am Ge-samtwert (kumu-liert)	A-Gut, B-Gut, C-Gut
		100,0%				

Interne Mitteilung der Teamleiterin

Interne Mitteilung

Für das Fahrradschloss, Artikelnummer 200053, liegen folgende Vorjahresdaten vor:

Jahresbedarf:	4 800 Stück
Bestellrhythmusverfahren:	Bestellung 24 x jährlich
Kosten pro Bestellung	200,00 €
Lagerkostensatz	17,5%
Einstandspreis	30,00 € pro Stück

Mit freundlichen Grüßen

Ehlert

Muster einer Tabelle zur Bestimmung der optimalen Bestellmenge

Jahresbedarf	?
Einstandspreis pro Stück	?
Lagerkostensatz	?
Lagerkosten pro Stück	?
Bestellkosten	

Bestell-menge	Anzahl Bestellungen	Lagerbestand Stück	Lagerkosten €	Bestellkosten €	Gesamtkosten €

Schwerpunkt Steuerung und Kontrolle
Lernfeld 7: Geschäftsprozesse als Werteströme erfassen, dokumentieren und auswerten

1 Grundlagen des Rechnungswesens

1.1 Ermittlung und Verwendung des Erfolgs

PROBLEM

Die **TRIAL GmbH** handelt mit Bikewear, Mountainbikes und Rennrädern. Oberstes **Unternehmensziel** ist dabei die **Gewinnerzielung**.

Nachdem das Rechnungswesen die Geschäftszahlen für das abgelaufene **Geschäftsjahr 2011** ermittelt hat, ruft Geschäftsführer Gasch die Abteilungsleiter zu einer Konferenz zusammen. Mit einem zufriedenen Gesichtsausdruck legt er ihnen folgende Zahlen vor:

	2016	2017	Veränderung
Umsatzerlöse	2 000 000,00 €	4 000 000,00 €	+ 2 000 000,00 €
Gewinn/Verlust	− 150 000,00 €	+ 300 000,00 €	+ 450 000,00 €

Arbeitsauftrag:
Versuchen Sie mithilfe der Tabelle den Grund herauszufinden, warum Herr Gasch mit dem vergangenen Geschäftsjahr zufrieden gewesen ist.

Die **Ursachen** für den sprunghaften Anstieg des Unternehmenserfolgs sind im betrieblichen **Leistungsprozess** des Unternehmens zu finden.

Leistungsprozess

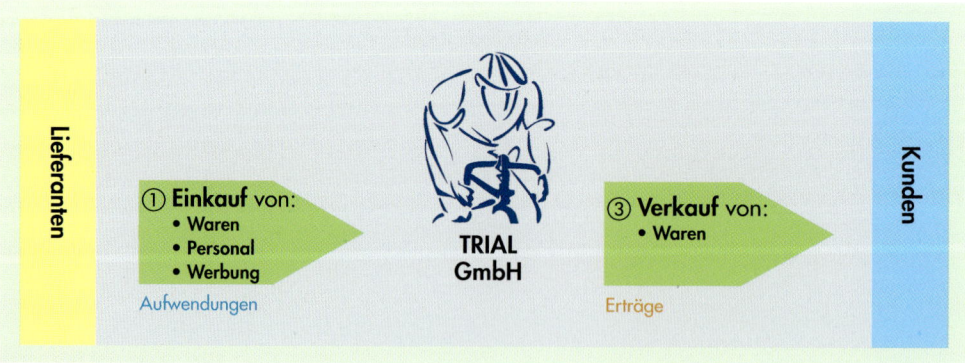

Die Leistung der TRIAL GmbH besteht darin, ihren **Kunden** Waren verschiedener Hersteller anzubieten und zu verkaufen. Dazu muss sie selbst **Leistungen** von **Lieferanten** beschaffen, z.B. Waren einkaufen, Personal einstellen und Kataloge (Werbung) erstellen. Diese **Leistungen** (Waren, Arbeitskraft) fließen der TRIAL GmbH von den **Lieferanten** zu. In der Buchhaltung bezeichnet man solche Leistungen als Aufwendungen.

Die TRIAL GmbH verkauft ihre **Leistungen** (Handelswaren verschiedener Hersteller) an ihre Kunden. Ihre Leistungen verkauft sie in Form von Gütern an die **Kunden**. Diese Leistungen bezeichnet man in der Buchhaltung als Erträge.

Der **Erfolg des Leistungsprozesses** einer Periode lässt sich ermitteln, wenn man **alle** Aufwendungen und Erträge, die innerhalb einer Periode im Rahmen des Leistungsprozesses anfallen (z.B. Ein- und Verkauf von Waren), gegenüberstellt. Herr Gasch und Herr Ernst haben eine solche Gegenüberstellung für die beiden vergangenen Geschäftsjahre auf je einem **Konto** (**G**ewinn- **u**nd **V**erlust-**Konto**) erstellt.

Arbeitsauftrag:

*Helfen Sie den Herren Gasch und Ernst dabei, die **Ursachen** für den sprunghaften Anstieg des Erfolgs herauszufinden. Schauen Sie sich dazu die beiden **GuV-Konten** der Geschäftsjahre **2016** und **2017** genau an.*

(Vereinfachtes) Gewinn- und Verlust-Konto TRIAL GmbH Geschäftsjahr 2016

Aufwendungen		Erträge	
Aufwendungen für Waren	750 000,00 €	Umsatzerlöse	2 000 000,00 €
Personalaufwendungen	1 350 000,00 €		
Aufwendungen für Werbung	50 000,00 €		
Σ Aufwendungen	2 150 000,00 €	Σ Erträge	2 000 000,00 €

(Vereinfachtes) Gewinn- und Verlust-Konto TRIAL GmbH Geschäftsjahr 2017

Aufwendungen		Erträge	
Aufwendungen für Waren	2 020 000,00 €	Umsatzerlöse	4 000 000,00 €
Personalaufwendungen	1 470 000,00 €		
Aufwendungen für Werbung	30 000,00 €		
Σ Aufwendungen	3 700 000,00 €	Σ Erträge	4 000 000,00 €

Der **Erfolg** des Wertschöpfungsprozesses kann **positiv** (**Jahresüberschuss**), aber auch **negativ** (**Jahresfehlbetrag**) sein. Ist bei der Gegenüberstellung die Summe der **Erträge höher als** die Summe der **Aufwendungen**, spricht man von einem **Jahresüberschuss**. Ein **Jahresfehlbetrag** ergibt sich, wenn die Summe der **Aufwendungen höher** ist **als** die Summe der **Erträge**:

Jahresfehlbetrag (Verlust)

GuV-Konto TRIAL GmbH 2016

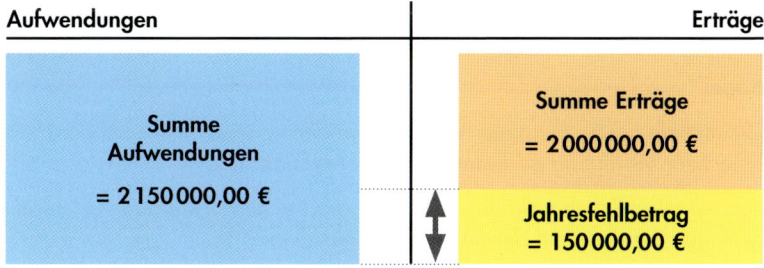

Σ Aufwendungen > Σ Erträge ⇒ Jahresfehlbetrag (Verlust)

Jahresüberschuss (Gewinn)

GuV-Konto TRIAL GmbH 2017

Aufwendungen	Erträge
Summe Aufwendungen = 3 700 000,00 €	**Summe Erträge** = 4 000 000,00 €
Jahresüberschuss = 300 000,00 €	

Σ Erträge > Σ Aufwendungen ⇒ Jahresüberschuss (Gewinn)

Erfolg und seine Auswirkungen auf das Eigenkapital

Ohne **Investitionen** sind **Leistungsprozesse** (langfristig) nicht möglich. Bevor die TRIAL GmbH Waren ein- bzw. verkaufen kann, müssen Gebäude, Lagereinrichtungen und sonstige Büro- und Geschäftsausstattungsgegenstände (**Investitionsgüter**) beschafft werden. Diese **Investitionsgüter** stehen dem Unternehmen **langfristig** zur Verfügung.

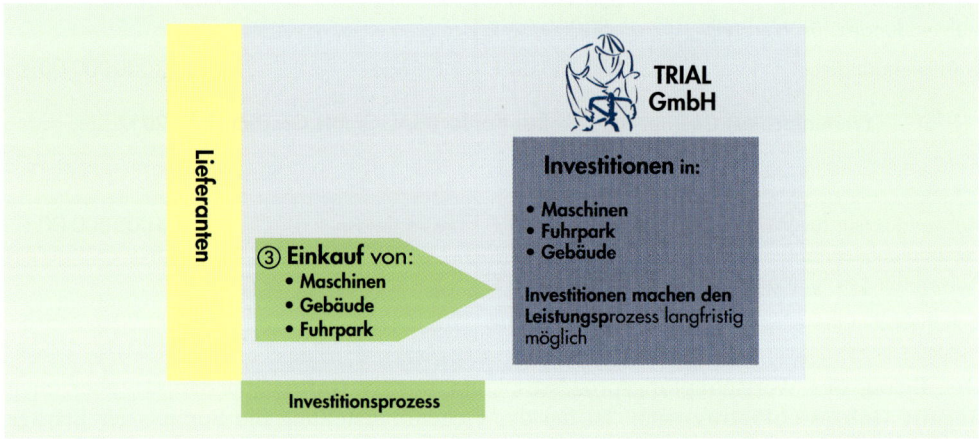

Das für die Beschaffung der Investitionsgüter benötigte **Kapital** wird der TRIAL GmbH von Anteilseignern (**Eigenkapital**) und Banken (**Fremdkapital**) bereitgestellt. Diese erhalten von der TRIAL GmbH einen **Anspruch** auf **Rückzahlung** des Kapitals. Den **Anteilseignern** wird **zusätzlich** ein **Anspruch** auf einen **Anteil** am **Gewinn** und **Mitsprache** im Unternehmen, den **Fremdkapitalgebern** ein **Anspruch** auf **Verzinsung** des von ihnen zur Verfügung gestellten Kapitals eingeräumt.

Arbeitsaufträge:

1. *Finden Sie mithilfe der Satzung die Höhe der von den Anteilseignern bei der Gründung der TRIAL GmbH zur Verfügung gestellten Kapitalbeträge heraus.*

2. *Berechnen Sie anschließend die gesamte Höhe des bei der **Gründung** vorhandenen Eigenkapitals. Tragen Sie diese auf dem Arbeitsblatt ein.*

Da die Anteilseigner einen **Anspruch** auf den Erfolg erworben haben, wird dieser am Geschäftsjahresende dem Eigenkapital hinzugerechnet bzw. bei einem negativen Erfolg das Eigenkapital entsprechend gemindert. Die Veränderung des Eigenkapitals zum Geschäftsjahresende spiegelt deshalb den **Erfolg** des **Leistungsprozesses** wider (**Annahme**: Eigenkapital wurde während des Jahres nicht durch Kapitaleinlagen oder -entnahmen verändert).

Arbeitsaufträge:

1. *Die folgende Abbildung zeigt die **Entwicklung** des **Eigenkapitals** bis zum Ende des **Geschäftsjahres 2016**[1]. Ermitteln Sie die Höhe des Eigenkapitals zu diesem Zeitpunkt und übertragen Sie diesen Wert auf das Arbeitsblatt. Berechnen Sie anschließend, welchen Einfluss der Erfolg des **Geschäftsjahres 2016** auf das Eigenkapital der TRIAL GmbH hat.*

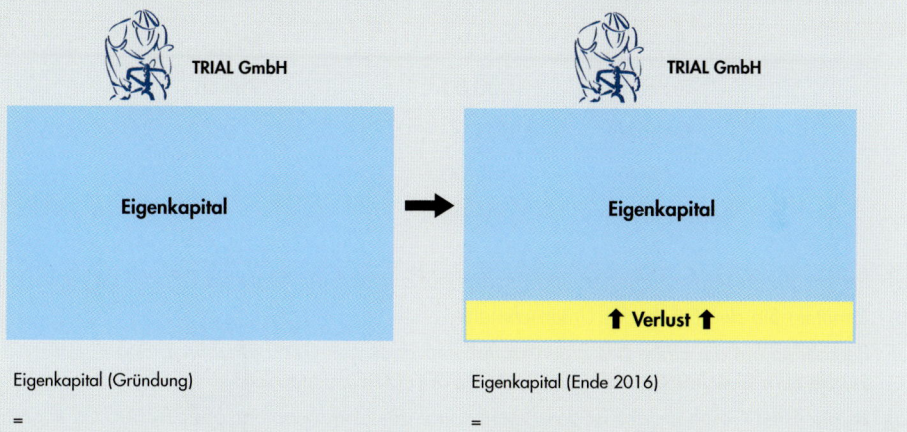

2. *Stimmt die Behauptung von Herrn Ernst, dass sich die Höhe des Erfolgs auch aus der **Differenz** zwischen dem Eigenkapital am **Ende** und zu **Beginn** des Geschäftsjahres berechnen lässt?*

ZUSAMMENFASSUNG

I. Aufwendungen und Erträge:
  – Erfolgswirksame Wertezuflüsse in den Leistungsprozess = **Aufwendungen**
  – Erfolgswirksame Werteabflüsse in den Leistungsprozess = **Erträge**

II. Ermittlung von Gewinn und Verlust:
  a) Ermittlung durch **Gegenüberstellung** von Aufwendungen und Erträgen
    – Σ Erträge $>$ Σ Aufwendungen = **Gewinn**
    – Σ Aufwendungen $>$ Σ Erträge = **Verlust**

  b) Ermittlung durch **Eigenkapitalvergleich**:
       Eigenkapital am Ende des Geschäftsjahres
    – Eigenkapital zu Beginn des Geschäftsjahres
    ────────────────────────────
       Erfolg (Gewinn/Verlust)

---

[1] Vor der Verteilung des Erfolgs gemäß der Satzung der TRIAL GmbH

III. Erfolg und seine Auswirkungen auf das Eigenkapital
– Gewinn (Jahresüberschuss) ⇒ Eigenkapital **steigt**
– Verlust (Jahresfehlbetrag) ⇒ Eigenkapital **sinkt**

AUFGABEN

1   Nennen Sie mithilfe des Gesetzestextes jeweils fünf unterschiedliche **Aufwendungen** und **Erträge**. Beachten Sie, dass Sie nur solche Aufwendungen und Erträge aufführen dürfen, die nicht in Aufgabe 2. genannt werden.

2   Ein Unternehmen hat die folgenden Aufwendungen und Erträge:

Aufwendungen		Erträge	
Aufwendungen für Waren	50 000,00 €	Umsatzerlöse	90 000,00 €
Instandhaltung	4 500,00 €	Mieten	5 000,00 €
Frachten	3 000,00 €	Zinsen	4 500,00 €
Gehälter	40 000,00 €		
Mieten	1 500,00 €		
Büromaterial	4 000,00 €		

a) Stellen Sie die Aufwendungen und Erträge auf einem GuV-Konto (in T-Form) gegenüber.

b) Ermitteln Sie den Erfolg des Unternehmens.

c) Berechnen Sie die Höhe des Eigenkapitals am Ende des Geschäftsjahres. Das Eigenkapital wurde zum Geschäftsjahresbeginn mit 255 000,00 € ausgewiesen.

d) Im nächsten Geschäftsjahr ist das Eigenkapital des Unternehmens auf 352 000,00 € gestiegen. Ermitteln Sie die Höhe des Erfolgs.

3   Ein Unternehmen hat die folgenden Aufwendungen und Erträge:

Zinsen für Darlehen	7 000,00 €	Erträge aus Wertpapieren	5 000,00 €
Versicherungsbeiträge	8 250,00 €	Provisionen	8 000,00 €
Büromaterial	1 000,00 €	Löhne	50 000,00 €
Umsatzerlöse	195 000,00 €	Provisionen für Mitarbeiter	12 500,00 €
Leasing	8 750,00 €	Aufwendungen für Waren	83 000,00 €

a) Finden Sie mithilfe des Buches bzw. des Gesetzestextes heraus, ob es sich bei den Posten um Aufwendungen und Erträge handelt.

b) Stellen Sie die Aufwendungen und Erträge auf einem GuV-Konto (in T-Form) gegenüber.

c) Ermitteln Sie den Erfolg des Unternehmens.

d) Berechnen Sie die Höhe des Eigenkapitals am Ende des Geschäftsjahres. Das Eigenkapital wurde zum Geschäftsjahresbeginn mit 200 000,00 € ausgewiesen.

e) Im nächsten Geschäftsjahr ist das Eigenkapital des Unternehmens auf 220 000,00 € gesunken. Ermitteln Sie die Höhe des Erfolgs.

1.2 Finanzierung und Investition

In der Abteilungsleiterkonferenz werden die Weichen für die Zukunft der TRIAL GmbH gestellt:

Der Umsatz der TRIAL GmbH soll auch in den folgenden Geschäftsjahren steigen. Dazu wird im nächsten **Geschäftsjahr** ein zusätzliches Gebäude benötigt. Das Gebäude wird 300 000,00 € kosten.

Ohne Investitionen in **Vermögenswerte** wie z.B. in Einrichtungsgegenstände (Tische, Personalcomputer) und Waren (Fahrräder und Bikewear) wäre der **Leistungsprozess** der TRIAL GmbH nicht zu realisieren. Das für diese Investitionen benötigte **Kapital** wurde dem Unternehmen bei der Gründung von seinen Anteilseignern überlassen. Im Rechnungswesen der TRIAL GmbH wird dieses Kapital als **Eigenkapital** ausgewiesen.

In der folgenden Grafik wird der Wert der bei der Gründung der TRIAL GmbH getätigten **Investitionen** (= Vermögen) dem Wert des **Eigenkapitals** gegenübergestellt:

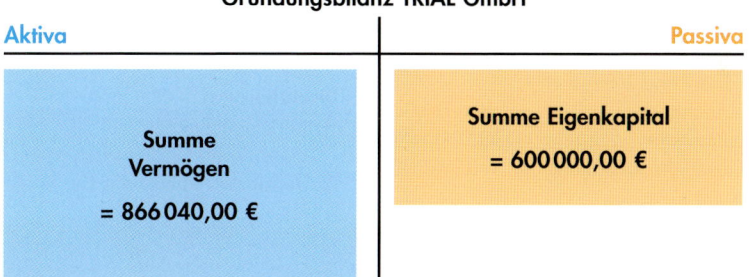

Gründungsbilanz TRIAL GmbH

Aktiva	Passiva
Summe Vermögen = 866 040,00 €	Summe Eigenkapital = 600 000,00 €

Arbeitsaufträge:

1. *Betrachten Sie die oben abgebildete **Grafik**. Mit welchem **Problem** wurde die Geschäftsleitung bei der Gründung der TRIAL GmbH konfrontiert?*

2. *Machen Sie **Vorschläge**, wie die Geschäftsleitung das Problem (siehe **1.**) lösen konnte.*

3. *Abteilungsleiter Bundschuh beantragt auf der Abteilungsleiterkonferenz, den **Gewinn** des **Geschäftsjahres 2016** für den Kauf des neuen Gebäudes zu verwenden. Nehmen Sie **kritisch** zu dem Vorschlag Stellung. Überprüfen Sie insbesondere, welche Regelung zur Gewinnverwendung in der **Satzung** getroffen wurde.*

Die Vermögenswerte eines Unternehmens können in der Regel nicht alleine aus eigenen Mitteln (**Eigenkapital**) finanziert werden: Entweder finden sich nicht genügend Kapitalgeber, die bereit sind, das unternehmerische Risiko zu tragen, oder eine weitere Beteiligung (und damit ein Anspruch auf Gewinn und Mitsprache) am Unternehmen wird von den bisherigen Anteilseignern nicht gewünscht. Der Kapitalbedarf muss dann durch **Fremdkapital** gedeckt werden.

1 *Nennen Sie fünf Vermögensgegenstände (außer Gebäude und Waren), die für den Leistungsprozess der TRIAL GmbH benötigt werden.*

2   Für die Finanzierung der Investitionen und der Leistungen eines Unternehmens wird in vielen Fällen Fremdkapital benötigt. Definieren Sie mithilfe des Internets (z. B. über Google oder Wikipedia) den Begriff Fremdkapital.

3   Aus seiner langjährigen Erfahrung weiß Geschäftsführer Gasch, dass auch Fremdkapitalgeber die Entscheidungen des Unternehmens beeinflussen. Erläutern Sie, warum in vielen Fällen auch Fremdkapitalgeber ein (indirektes) Mitspracherecht fordern.

1.3   Bilanzierung von Vermögen und Kapital

PROBLEM

Die Gesellschafterin Tanja Knötig möchte wissen, in welche Vermögenswerte das von ihr der Unternehmung zur Verfügung gestellte Kapital investiert wurde. Geschäftsführer Gasch legt ihr deshalb die **Gründungsbilanz**[1] der TRIAL GmbH vor:

Aktiva		Gründungsbilanz TRIAL GmbH		Passiva
A. Anlagevermögen		**A. Eigenkapital**		
1. bebaute Grundstücke	521 620,00	1. Stammeinlagen		600 000,00
2. Lager- und Transport-einrichtungen	40 200,00	**B. Fremdkapital**		
3. Fuhrpark	35 000,00	1. Verbindlichkeiten gegenüber Kreditinstituten		168 040,00
4. Geschäftsausstattung	8 840,00	2. Verbindlichkeiten aus Lie-ferungen und Leistungen		98 000,00
B. Umlaufvermögen				
1. Warenvorräte	102 030,00			
2. Forderungen aus Lieferungen u. Leistungen	58 000,00			
3. Bank	73 500,00			
4. Kasse	26 850,00			
	866 040,00			**866 040,00**

Im Rahmen des **Jahresabschlusses** werden z. B. Kapitalgesellschaften dazu verpflichtet, neben der **GuV-Rechnung** auch eine **Gegenüberstellung von Vermögen und Schulden** aufzustellen (§ 242 Abs. 1 HGB). Der Jahresabschluss muss innerhalb einer gesetzlich festgelegten Frist **veröffentlicht** werden (§ 325 Abs. 1 HGB).

Vermögen und **Schulden**[2] sind wertmäßig immer gleich hoch. Der **handelsrechtliche Abschluss** wird daher auch als **Bilanz** (lat.: **bilancia** = Waage, Gleichgewicht) bezeichnet.

Arbeitsauftrag:

Frau Knötig möchte genau wissen, wofür die TRIAL GmbH ihr Kapital eingesetzt hat. Können Sie Ihr dabei mithilfe der Werte aus der **Bilanz** helfen?

---

[1]   Aus Vereinfachungsgründen weicht die dargestellte Bilanz auf der Vermögensseite von den handelsrechtlichen Gliederungsvorschriften ab.

[2]   Ansprüche der Kapitalgeber gegenüber dem eigenen Unternehmen.

Bei der **Aufstellung** der **Bilanz** haben die Unternehmen die **Gliederungsvorschriften** des § 266 HGB zu beachten. Wie bei der GuV-Rechnung erleichtert die **einheitliche Gliederung** die Auswertung der Bilanz und die Vergleichbarkeit mit anderen Unternehmen oder Perioden:

Die **Vermögensseite** wird im Gesetz **Aktivseite** (Aktiva), die **Kapitalseite Passivseite** (Passiva) genannt.

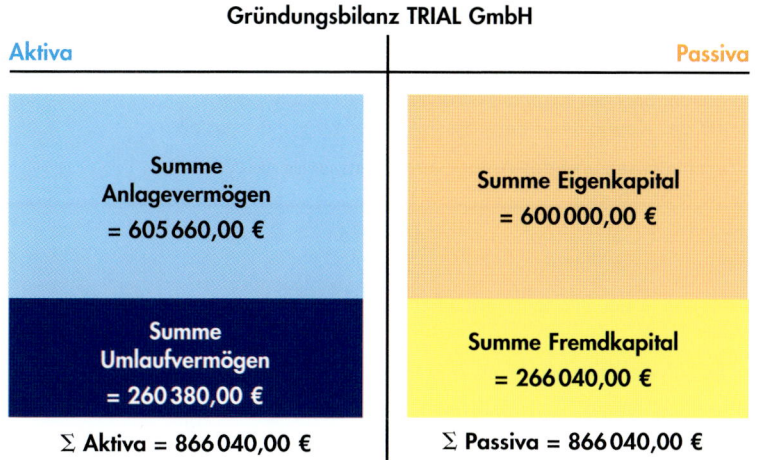

Auf der **Aktivseite** wird das Vermögen in **Anlage-** und **Umlaufvermögen** unterschieden. **Anlagevermögensgegenstände** (z. B. Gebäude) dienen dem Betrieb **dauerhaft**[1] (§ 247 HGB). Ein Verkauf ist nur in Ausnahmefällen vorgesehen und steht nicht mit dem eigentlichen Betriebszweck (bei der TRIAL GmbH der Kauf und Verkauf von Waren) in Verbindung. Dagegen sind Gegenstände des **Umlaufvermögens** (z. B. Warenvorräte) dazu bestimmt, verkauft oder nur einmalig genutzt (z. B. Bargeld) zu werden. In der **Gliederung** des § 266 HGB ist die **Aktivseite** nach der **Liquidität** geordnet: Je weiter **oben** der **Aktivbilanzposten** in der Bilanz steht, desto schwieriger lässt sich der Vermögensgegenstand durch das Unternehmen wieder zu Bargeld machen.

Die Gliederung der **Passivbilanzposten** ist abhängig von ihrer **Fälligkeit**. Je später das Kapital vom Unternehmen an die Gläubiger (Eigen- und Fremdkapitalgeber) zurückbezahlt werden muss, desto weiter **oben** steht der Bilanzposten auf der **Passivseite**. **Eigenkapitalgeber** stellen dem Unternehmen ihr Kapital unbefristet zur Verfügung. Im Gegensatz dazu ist bei den Posten des **Fremdkapitals** der Termin, wann das Kapital wieder aus dem Unternehmen fließt, genau vereinbart.

Aussagen darüber, ob Eigen- oder Fremdkapital für die Finanzierung eines Vermögensgegenstandes verwendet wurde, lassen sich **nicht** aus der Bilanz **ableiten**. Die auf der **Passivseite** dargestellten **Ansprüche auf Kapital** beziehen sich **nicht** direkt auf **einzelne Gegenstände** der **Aktivseite**, sondern nur auf die Gesamtheit der **darin gebundenen Werte**.

---

[1] Für mindestens ein Jahr

Arbeitsauftrag:

Frau Knötig ist der Meinung, dass die TRIAL GmbH viel mehr wert sein müsste: Zahlreiche (Vermögens-)Werte würden in der Bilanz nicht ausgewiesen. Überlegen Sie sich Werte eines Unternehmens, die nicht aus der handelsrechtlichen Bilanz ersichtlich sind.

AUFGABEN

1 Überprüfen Sie die folgenden **Behauptungen:**

	richtig	falsch
a) Die Verwendung des Kapitals wird auf der Aktivseite, die Herkunft des Kapitals auf der Passivseite der Bilanz dargestellt.		
b) Die Zusammensetzung des Anlagevermögens ändert sich im Unternehmen ständig.		
c) Während des Geschäftsjahres muss das Unternehmen eine Zwischenbilanz aufstellen.		
d) Die Passivseite der Bilanz ist nach der Fälligkeit des Kapitals geordnet.		
e) Das Umlaufvermögen wird stets aus Mitteln des Eigenkapitals finanziert.		
f) Bilanzsumme der Aktiv- und Passivseite einer handelsrechtlichen Bilanz sind gleich hoch.		

2 Erstellen Sie aus den folgenden Werten die Bilanz der Rad AG:

	Betrag in €
Kasse	5 000,00
Eigenkapital	200 000,00
Forderungen aus L.u.L.	10 000,00
Verbindlichkeiten aus L.u.L.	5 000,00
Gebäude	?
Verbindlichkeiten gegenüber Kreditinstituten	100 000,00
Warenbestand	40 000,00
Fuhrpark	60 000,00

1.4 Inventur und Inventar

PROBLEM

Völlig aufgeregt ruft Gesellschafterin Knötig bei Geschäftsführer Gasch an: „Ich bin gerade dabei, die **Bilanz** des **Geschäftsjahres** auszuwerten. Wie konnte es eigentlich passieren, dass der Wert des Fuhrparks von 35 000,00 € auf 15 000,00 € zurückgegangen ist?!?"

Aktiva	Bilanz TRIAL GmbH		Passiva
A. Anlagevermögen		**A. Eigenkapital**	
1. bebaute Grundstücke	500 000,00	1. Stammeinlagen	450 000,00
2. Lager- und Transport-			
einrichtungen	35 000,00	**B. Fremdkapital**	
3. Fuhrpark	15 000,00	1. Verbindlichkeiten gegen-	
4. Geschäftsausstattung	7 000,00	über Kreditinstituten	130 000,00
		2. Verbindlichkeiten aus Lie-	120 000,00
B. Umlaufvermögen		ferungen und Leistungen	
1. Warenvorräte	88 050,00		
2. Forderungen aus Liefe-			
rungen und Leistungen	40 000,00		
3. Bank	10 000,00		
4. Kasse	4 950,00		
	700 000,00		**700 000,00**

Arbeitsauftrag:

*Verzweifelt betrachtet Geschäftsführer Gasch die Zahlen der **Bilanz**. Können Sie ihm dabei helfen, Frau Knötig zu beruhigen?*

Mit einer Bilanz lässt sich die Höhe der **Vermögenswerte** eines Unternehmens zu einem **bestimmten Zeitpunkt** (Geschäftsjahresende) darstellen. Zusätzlich können Aussagen über die **Art** des Vermögens (Anlage- oder Umlaufvermögen) und des Kapitals (Eigen- oder Fremdkapital) gemacht werden. **Detaillierte Angaben** zu den einzelnen Vermögens- und Kapitalposten **fehlen**. So ist es beispielsweise nicht möglich, aus der Bilanz die genauen Warenbestände oder Ursachen für Veränderungen in der Zusammensetzung des Fuhrparks herauszulesen.

Kaufleute müssen deshalb zusätzlich zur Bilanz ein **Inventar** aufstellen (§ 240 HGB).

Das **Inventar ist** das **Ergebnis** einer **Inventur**.

Inventur nach der Art der Bestandsaufnahme

Arbeitsauftrag:

Zählen Sie mithilfe der Belege die Höhe des Warenvermögens (Radtrikots) der TRIAL GmbH. Beachten Sie dabei, dass ein Radtrikot einen Nettowert von 20,00 € hat.

Sämtliche Vermögensgegenstände werden bei der Inventur gezählt, gewogen oder gemessen (**körperliche Inventur**).

Eine körperliche Inventur ist nicht bei allen Vermögensgegenständen bzw. Schulden notwendig bzw. möglich (z.B. bei Forderungen). Ins Inventar dürfen auch Werte übernommen werden, über die **genaue schriftliche Unterlagen** (z.B. ein Kontoauszug) vorliegen, aus denen der genaue Wert eines Vermögensgegenstandes bzw. der Schulden bestimmt werden kann. In diesen Fällen spricht man von einer **Buchinventur**.

Arbeitsauftrag:

Ermitteln Sie die Höhe des aktuellen Bankkontovermögens (siehe Kontoauszug) der TRIAL GmbH.

Kontonummer 25654133 IBAN: DE10 6609 0800 0025 6541 33	**KONTOAUSZUG** Badische Beamtenbank BIC: GENODE61BBB	Auszug 23	Blatt 1
Buchungsanlass	Verwendungszweck	Buchungstag	Umsätze Zu Ihren Lasten=S Zu Ihren Gunsten=H
Lastschrift	BIKE GROHA DOLL GmbH R.-Nr. 24006 abzügl. Skonto	31-12-16	151,90 € S
Auszugsdatum	Alter Kontostand 45 638,52 € H	Neuer Kontostand 45 486,62 € H	
TRIAL GmbH, Franz-Sigel-Str. 188, 69111 Heidelberg			

Inventur nach dem Zeitpunkt der Bestandsaufnahme

Die Inventur kann zu einem genauen Stichtag (z. B. letzter Tag des Geschäftsjahres) durchgeführt werden (**Stichtagsinventur**). Für viele Unternehmen ist die Inventur aufgrund der Vielzahl an Vermögens- und Schuldenposten nicht zeitnah (i. d. R. innerhalb von zehn Tagen) zu realisieren. Der Gesetzgeber erlaubt es daher, dass die Inventur auch in einem **Zeitraum** zwischen **drei Monate vor** und **zwei Monate nach** dem Stichtag abgewickelt werden kann (**vorverlegte bzw. nachverlegte Inventur**).

Kann der Wert durch eine **Fortschreibung** der schriftlichen **Unterlagen** exakt ermittelt werden, ist eine **permanente Inventur** zulässig. Dabei wird zu einem beliebigen Zeitpunkt eine **körperliche Bestandsaufnahme** vollzogen. Die buchmäßig fortgeschriebenen Beträge (z. B. auf der Anlagekarteikarte (siehe Abbildung)) gehen am Stichtag (z. B. Geschäftsjahresende) in das **Inventar** ein.

Im Gegensatz zur Bilanz hat der Gesetzgeber beim **Inventar keine einheitliche Gliederung** vorgeschrieben. Das Gesetz fordert nur ein Verzeichnis aller Vermögensgegenstände und Schulden. Aus praktischen Gründen **orientieren** sich die Unternehmen beim Inventar allerdings an den Gliederungsvorschriften für die Bilanz (siehe Kapitel 1.3 in LF 7). Das Eigenkapital (**Reinvermögen**) lässt sich aus der **Differenz** zwischen **Gesamtvermögen** und **Gesamtschulden** errechnen.

Inventar der TRIAL GmbH (bei der Gründung)

A. Vermögen

I. Anlagevermögen

1. bebaute Grundstücke
   a) Grundstück: Franz-Sigel-Str. 188   181 620,00 €
   b) Verwaltungs-, Lager- und Verkaufsgebäude auf
      Grundstück Franz-Sigel-Str. 188   340 000,00 €   521 620,00 €

2. Lager- und Transporteinrichtungen
   40 Regale lt. gesondertem Verzeichnis .... 40 200,00 € .... 40 200,00 €

3. Fuhrpark
   VW Passat Kombi (Kennzeichen HD TR-188) .... 35 000,00 € .... 35 000,00 €

4. Betriebs- und Geschäftsausstattung
   a) 1 PC-Server Anlage (CELL XH 65767) .... 3 440,00 €
   b) 6 Personal Computer (lt. gesondertem
      Verzeichnis) .... 2 700,00 €
   c) 6 Schreibtische (lt. gesondertem Verzeichnis) ...... 2 700,00 € .... 8 840,00 €

II. Umlaufvermögen

1. Warenvorräte
   lt. gesondertem Verzeichnis .... 102 030,00 € ...... 102 030,00 €

2. Forderungen aus Lieferungen und Leistungen
   a) BUNNYBIKE OHG .... 7 990,00 €
   b) Franz Klammer KG .... 1 348,00 €
   c) Alfred Becker .... 8 859,00 €
   d) Klaus Baumann .... 1 396,00 €
   e) Radshop Seile KG .... 14 547,10 €
   f) Zweirad Beigel KG .... 18 237,00 €
   g) A. Bährs Radstudio .... 5 622,00 € .... 58 000,00 €

3. Bank
   Konto 25654133 BLZ 66090800 .... 73 500,00 € .... 73 500,00 €

4. Postbank
   Konto 60085563 BLZ 76010085 .... 16 850,00 € .... 16 850,00 €

5. Kasse .... 10 000,00 € .... 10 000,00 €

Gesamtvermögen .... **866 040,00 €**

B. Schulden

1. Verbindlichkeiten gegenüber Kreditinstituten .... 168 040,00 € ...... 168 040,00 €

2. Verbindlichkeiten aus Lieferungen und Leistungen
   a) BIKE GROHA DOLL GmbH .... 20 185,00 €
   b) Raddiscount Wolfsburg .... 1 416,00 €
   c) BIKEMACHINES KG .... 36 551,00 €
   d) Interbike Paris .... 23 980,00 €
   e) Zorn Bikewear KG .... 635,00 €
   f) Eichsteller Radzubehör OHG .... 299,40 €
   g) Zacher GmbH .... 7 538,00 €
   h) BIKE Industries AG .... 140,00 €
   i) Bernion GmbH .... 110,00 €
   j) Crash Computerhandel .... 7 144,40 € .... 98 000,00 €

   Gesamtschulden .... **266 040,00 €**

C. Reinvermögen .... **600 000,00 €**

ZUSAMMENFASSUNG

Arten der Inventur

- nach der **Art** der Bestandsaufnahme

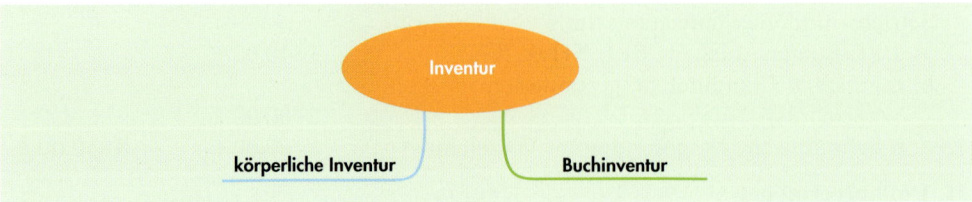

- nach dem **Zeitpunkt** der Bestandsaufnahme

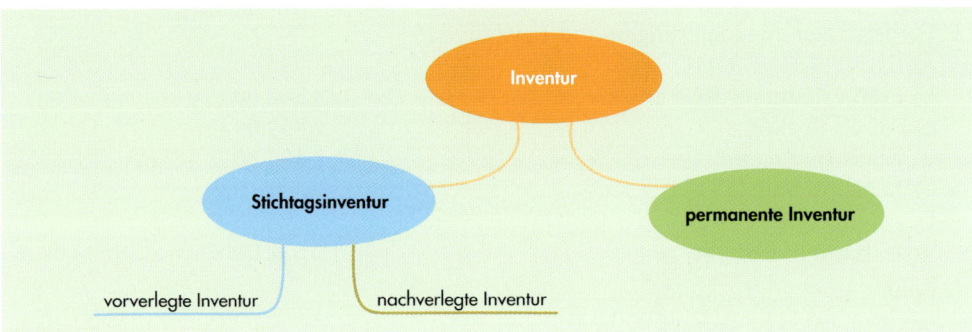

AUFGABEN

1   Setzen Sie in der folgenden Tabelle die Begriffe „Inventar", „Inventur" und „Bilanz" an den richtigen Stellen ein:

Begriff	Erläuterung
	Übersichtliche Darstellung aller Vermögensgegenstände und Schulden eines Unternehmens zu einem bestimmten Stichtag nach Art, Menge und Wert
	Darstellung aller Vermögensgegenstände und Schulden eines Unternehmens zu einem bestimmten Stichtag nach Art und Wert
	Erfassung der Vermögensgegenstände und Schulden eines Unternehmens zu einem bestimmten Stichtag nach Art, Menge und Wert

2   Herr Ernst hat in seiner Freizeit (mit Genehmigung der Geschäftsleitung der TRIAL GmbH) folgendes Inventar für das Unternehmen (Tenniscompany GmbH) seines Freundes Herrn Junge erstellt.

a)   Überprüfen Sie das Inventar und dokumentieren Sie eventuelle Fehler auf dem Arbeitsblatt. Unterscheiden Sie dabei folgende Arten von Fehlern:
  - Rechenfehler,
  - Fehler in der Gliederung.

b) *Erstellen Sie mithilfe des (korrigierten) Inventars eine **Bilanz**. Orientieren Sie sich dabei an der Bilanz der TRIAL GmbH.*

Inventar der Tenniscompany GmbH

A. Vermögen

I. Anlagevermögen

1. Fuhrpark
   a) Mercedes SLK 200 (Kennzeichen
      KA HD 9999)   17 124,00 €
   b) Mercedes Sprinter (Kennzeichen KA WD 73)   23 000,00 €   49 124,00 €

2. Warenvorräte
   a) Tennisschläger (lt. gesondertem Verzeichnis)   4 897,00 €
   b) Tennisbälle (lt. gesondertem Verzeichnis)   5 489,00 €
   c) Sportbekleidung (lt. gesondertem Verzeichnis)   3 662,00 €   10 386,00 €

3. Verbindlichkeiten aus Lieferungen und Leistungen
   a) Becker Tennisschläger   10 100,00 €
   b) Tennismarkt KG   7 900,00 €
   c) Topspin AG   4 700,00 €   22 700,00 €

4. bebaute Grundstücke
   Geschäftsgebäude Grundstück Kienlinstr. 8   62 588,00 €   62 588,00 €

II. Umlaufvermögen

1. Forderungen aus Lieferungen und Leistungen
   a) Hans Dampf   2 000,00 €
   b) Franz Klammer KG   4 000,00 €   6 000,00 €

2. Betriebs- und Geschäftsausstattung
   lt. gesondertem Verzeichnis   41 014,00 €   41 014,00 €

3. Bank
   Konto 1345464 BLZ 66350036   1 000,00 €   1 000,00 €

4. Kasse   311,00 €   311,00 €

Gesamtvermögen   **165 085,00 €**

B. Schulden

1. Verbindlichkeiten gegenüber Kreditinstituten
   a) Darlehensvertrag Commerzbank   34 699,00 €
   b) Hypotheken Commerzbank   54 825,00 €   89 424,00 €

Gesamtschulden   **112 224,00 €**

---

3 *Das Inventar lässt sich durch eine körperliche Bestandsaufnahme oder durch Buchinventur erstellen. Erläutern Sie, welche Art von Inventur für die folgenden Vermögens- und Schuldenwerte sinnvoll ist:*
- *Fuhrpark,*
- *Bankguthaben,*
- *Forderungen aus L.u.L.,*
- *Verbindlichkeiten gegenüber Kreditinstituten.*

4   Überprüfen Sie die folgenden Behauptungen:

	richtig	falsch
a) Das Inventar ist das Ergebnis der Inventur.		
b) Inventur ist nur durch eine körperliche Bestandsaufnahme möglich.		
c) Aus dem Inventar geht nicht hervor, wie viele Waren gelagert werden.		
d) Die Inventur wird immer an einem bestimmten Stichtag durchgeführt.		
e) Bei der Gliederung des Inventars hat das Unternehmen keine gesetzlichen Vorschriften zu beachten.		
f) Das Inventar muss zum Beginn des Geschäftsjahres aufgestellt werden.		

5   Der Geschäftsführer der Tenniscompany GmbH, Herr Junge, beklagt, dass er die Inventur zum Ende des Geschäftsjahres nur dann korrekt durchführen kann, wenn er das Unternehmen für mehrere Tage schließt: „Die Umsatzausfälle gerade in den so wichtigen Tagen zwischen Weihnachten und Neujahr sind enorm." Unterbreiten Sie Herrn Junge Vorschläge, wie er die gesetzliche Verpflichtung zur Inventur erfüllen kann, ohne den Geschäftsbetrieb einstellen zu müssen.

1.5   Zusammenhang zwischen Inventar und Jahresabschluss

Die **GuV-Rechnung** und die **Bilanz** bilden den **Jahresabschluss** (§ 242 Abs. 1 HGB). Dieser muss bei Kapitalgesellschaften um einen Anhang und einen Lagebericht ergänzt werden (§ 264 Abs. 1 HGB). Der Jahresabschluss muss nach den **G**rundsätzen **o**rdnungsgemäßer **B**uchführung (**GoB**) aufgestellt werden (§ 239 ff. HGB). Gemäß dem Grundsatz der Wahrheit müssen deshalb z. B. die vom Unternehmen veröffentlichten Werte mit denen der Realität übereinstimmen.

Arbeitsaufträge:

1. Die Vorjahres-Inventarwerte (Radtrikots Tremalso) wurden während des folgenden Geschäftsjahres buchmäßig auf der abgebildeten Lagerdatei fortgeführt. Ermitteln Sie die Höhe des Schlussbestands (Saldos). Vergleichen Sie diesen **Buchwert** mit dem bei der **Inventur** ermittelten Lagerbestand von 15 Radtrikots.

2. Erörtern Sie mögliche Ursachen für die Differenz und welche Maßnahmen die Geschäftsleitung einleiten sollte.

(Auszug) Lagerdatei	Radtrikot TREMALSO (Artikel-Nr.: 200001)			
Datum	**Vorgang**	**Beleg-Nr.**	**Zugang**	**Abgang**
01.01.	Anfangsbestand	1	50	
04.01.	Abgang	2		15
08.01.	Zugang	3	10	
10.01.	Abgang	4		25
14.01	Abgang	5		17
16.01	Zugang	6	15	
25.01	Abgang	7		4

Durch einen Vergleich der während des Geschäftsjahres fortgeführten Buchwerte (durch die laufende Erfassung der Geschäftsvorfälle) der Finanzbuchhaltung des Vorjahres (①) mit den bei der körperlichen Bestandsaufnahme (**Inventur**) gewonnenen Werten (②) lassen sich falsche Werte im Jahresabschluss vermeiden.

Wurden beim Vergleich der Salden (Schlussbestände) des **Hauptbuchs** mit den Werten des **Inventars** in der **Hauptabschlussübersicht** Abweichungen entdeckt, muss nach den Ursachen geforscht und müssen die Fehler korrigiert werden (③). Sind die Werte korrigiert, können die Hauptbuchkonten abgeschlossen (④) und der Jahresabschluss erstellt werden (⑤).

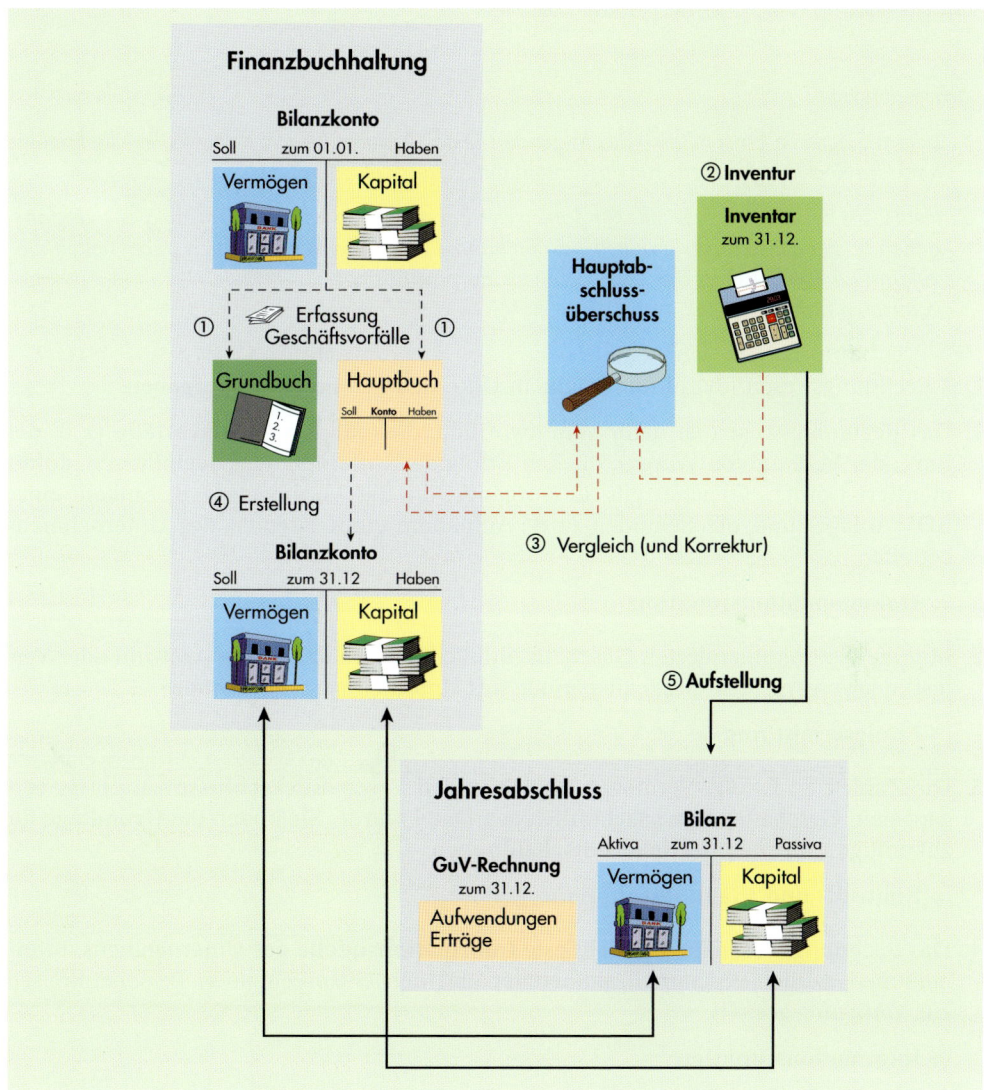

Die Werte des (Schluss-)**Bilanzkontos** stimmen mit den Werten der **Bilanz** (Jahresabschluss) überein.

1.6 Aufgaben des Rechnungswesens

PROBLEM

Die Auszubildende Katja Müller ist gelangweilt und frustriert: Seit zwei Wochen ist sie in der Abteilung Rechnungswesen und bisher wurde sie von Herrn Ernst (Sachbearbeiter in der Rechnungswesenabteilung) nur damit beauftragt, Belege (z. B. Ein- und Ausgangsrechnungen) abzustempeln und einzusortieren. Herr Ernst versucht, Frau Müller davon zu überzeugen, dass die Tätigkeit eines Buchhalters vielseitiger und enorm wichtig für das Unternehmen ist.

Arbeitsaufträge:

1. *Liefern Sie Herrn Ernst mithilfe des folgenden Textes Argumente, die Katja Müller die Bedeutung des Rechnungswesens für das Unternehmen verdeutlichen.*

2. *Herr Ernst behauptet, dass mit den Zahlen der Buchhaltung nicht nur der Erfolg des **vergangenen** Leistungsprozesses ermittelt werden kann. Die Zahlen könnten auch dabei helfen die **zukünftige Entwicklung** des Unternehmens zu prognostizieren. Erläutern Sie die Aussage von Herrn Ernst.*

Das Rechnungswesen übernimmt in einem Unternehmen folgende **Aufgaben**:

1. Das Rechnungswesen ist dafür verantwortlich, dass alle **Geschäftsvorfälle** (z. B. der Ein- oder Verkauf von Waren), die den Erfolg des Unternehmens beeinflussen, **dokumentiert** werden. Gleiches gilt für Vorgänge, die das Vermögen (z. B. Einkauf einer EDV-Anlage) und die Schulden (z. B. Aufnahme eines Kredits) des Unternehmens betreffen.

   ⇒ **Dokumentationsfunktion**

2. Mithilfe der dokumentierten Geschäftsvorfälle lässt sich der **Erfolg** (Gewinn oder Verlust) der vergangenen Geschäftsperiode des Unternehmens **berechnen**.

   ⇒ **Erfolgsermittlung**

3. Die Zahlen zu Erfolg, Vermögen und Schulden lassen **Rückschlüsse** zu, ob im vergangenen Geschäftsjahr **wirtschaftlich** gearbeitet wurde. Sie bilden die **Grundlage** für zukünftige **unternehmerische Entscheidungen**.

   ⇒ **Kontroll- und Planungsfunktion**

4. Das Rechnungswesen ist die wichtigste **Informationsquelle** des Unternehmens. Informationen werden gesammelt, aufbereitet und den entsprechenden Personenkreisen zur Verfügung gestellt.

   ⇒ **Informationsfunktion**

ZUSAMMENFASSUNG

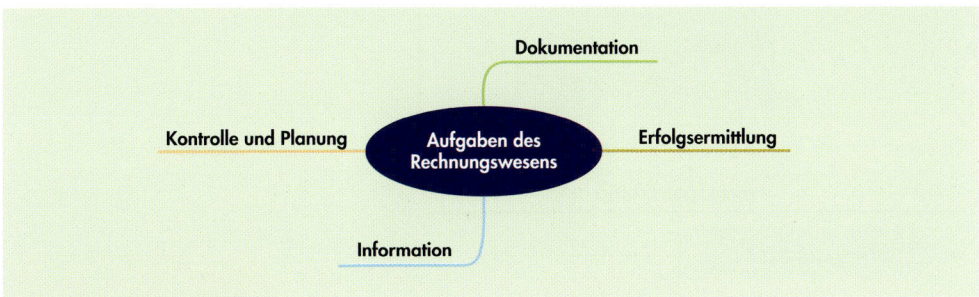

AUFGABEN

1 Tragen Sie auf dem Arbeitsblatt ein, welche Aufgabe das Rechnungswesen in den folgenden Fällen übernimmt.

Fall	Aufgabe
a) Katja Müller, Auszubildende bei der TRIAL GmbH erfasst die während des Tages eingegangenen Rechnungen.	
b) Die Geschäftszahlen der TRIAL GmbH erscheinen im Handelsblatt.	
c) Die Anschaffung eines Geschäftswagens wird wegen zu hoher Kosten verschoben.	
d) Gesellschafterin Knötig findet, dass die aktuellen Geschäftszahlen eine höhere Gewinnausschüttung rechtfertigen würden.	

2 Das Rechnungswesen sammelt Informationen über das Unternehmen, bereitet diese auf und stellt sie unterschiedlichen Personenkreisen zur Verfügung.

a) Nennen Sie mögliche Adressaten (z. B. Anteilseigner) der Informationen.
b) Erläutern Sie, welche Art von Information (z. B. Höhe des Erfolgs) die Adressaten von der TRIAL GmbH benötigen.

2 Einführung in die Buchhaltung

2.1 Erfolgs- und Bestandskonten

2.1.1 Bestandskonten

Für jede **Vermögens-** und **Kapitalposition** wird im **Hauptbuch** ein eigenes Konto geführt. Dort werden die Wertveränderungen durch Geschäftsvorfälle erfasst.

Erfassung der Anfangsbestände auf Konten

Die Höhe sämtlicher Vermögenswerte, in die in den vergangenen Perioden investiert wurde (= **Bestand**), wird bei der **Inventur** festgestellt. Die dabei ermittelten Werte werden im **Inventar** zusammengefasst und stimmen mit denen des **Bilanzkontos** überein. Auf dem Hauptbuchkonto werden die Werte als **Anfangsbestand** auf der Sollseite gebucht.

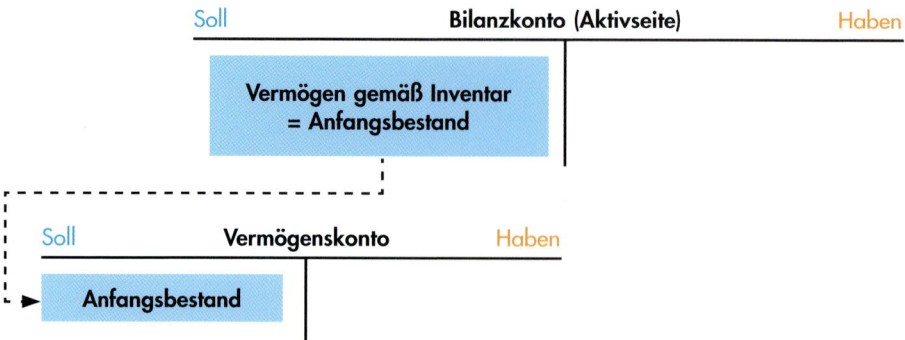

Die Höhe des bei der Inventur festgestellten Eigen- und Fremdkapitals wird auf der **Habenseite** des entsprechenden Hauptbuchkontos abgebildet.

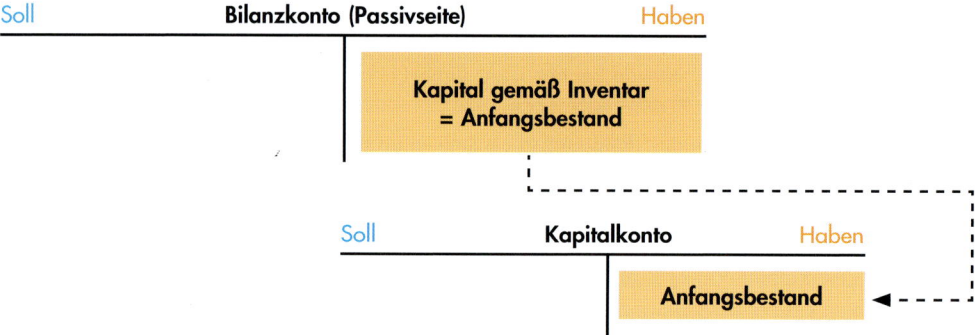

Beispiel:

- *Die Höhe der Warenbestände (Mountainbikes) beträgt laut Inventar 50 000,00 €.*

    ⇒ *Wert der (noch) nicht verkauften Waren*   ⇒ ***Anfangsbestand auf Sollseite***

	Warenbestände Mountainbikes	
Soll		Haben
50 000,00 €		

- *Bei der Deutschen Bank Heidelberg wurde ein Darlehen aufgenommen. Der noch ausstehende Tilgungsbetrag beträgt laut Inventar 35 000,00 €*

    ⇒ *Verbindlichkeiten*   ⇒ ***Anfangsbestand auf Habenseite***

	Verbindlichkeiten gegenüber der Deutschen Bank	
Soll		Haben
		35 000,00 €

Erfassung von Wertveränderungen auf Konten

Geschäftsvorfälle verändern die bei der Inventur festgestellten **Anfangsbestände** der **Vermögens- (Aktiv-)** und **Kapitalposten (Passiv-)**:

Die Investition in ein neues Gebäude löst z. B. auf dem betreffenden **Vermögenskonto** ein **Zugang** und der Verkauf eines Geschäftswagens einen **Abgang** aus.

Die Aufnahme eines neuen Darlehens (**Kapitalkonto**) bedeutet für das Unternehmen einen **Zugang**, die Begleichung einer Schuld (z. B. Zahlung einer Lieferantenrechnung) einen **Abgang**. Zusätzliche Schulden werden auf der **Habenseite**, eine Minderung der Schulden auf der **Sollseite** des Kontos dargestellt.

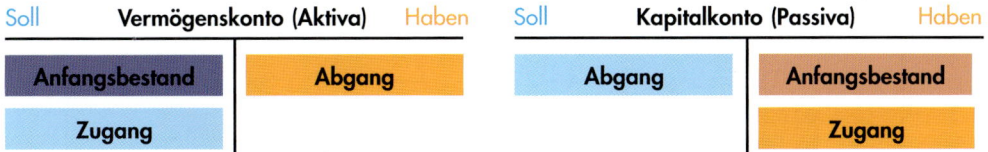

Ausgehend vom Anfangsbestand der Periode lässt sich auf den **Bestandskonten zu jedem Zeitpunkt** die **Höhe** des **Vermögens** (Aktiva) bzw. des **Kapitals** (Passiva) berechnen.

Dazu muss zunächst die **Summe** der beiden Kontenseiten ermittelt werden (①). Im Anschluss **subtrahiert** man die wertmäßig niedrigere von der wertmäßig höheren Kontenseite (②). Das Ergebnis ist der aktuelle Buchwert (**Saldo**) des Postens (③). Der Saldo wird der wertmäßig niedrigeren Kontenseite **zugebucht** (④), da beide **Kontenseiten wertmäßig gleich hoch** sein **müssen**.

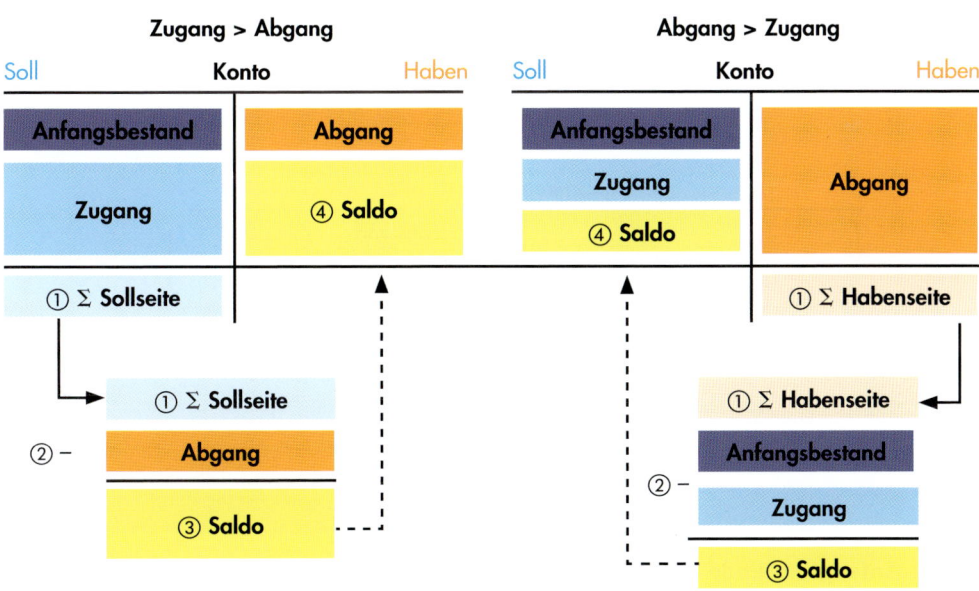

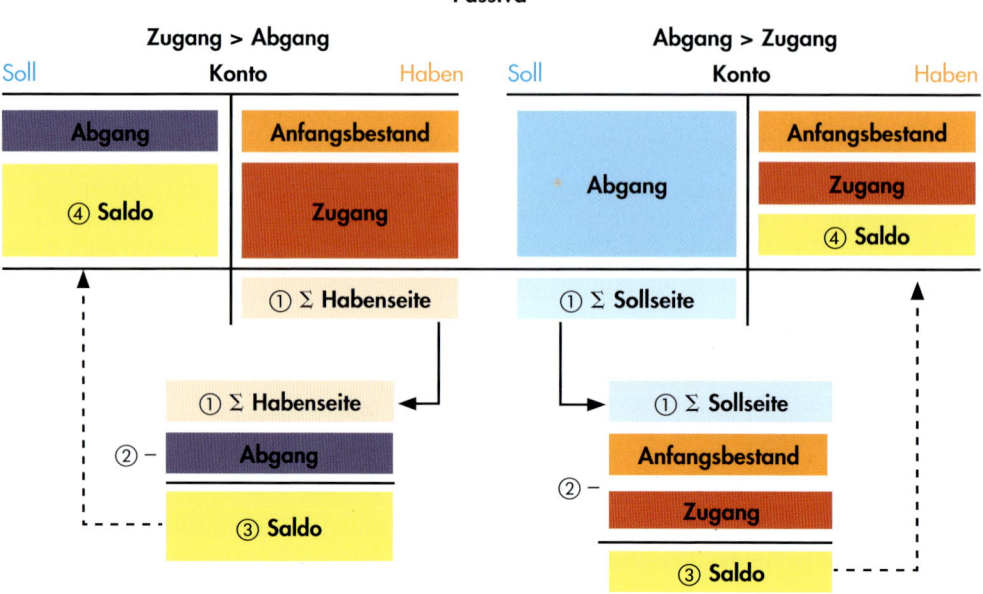

Beispiel: *Geschäftsvorfall **„Kauf eines Geschäftswagens für 30 400,00 € auf Rechnung"***

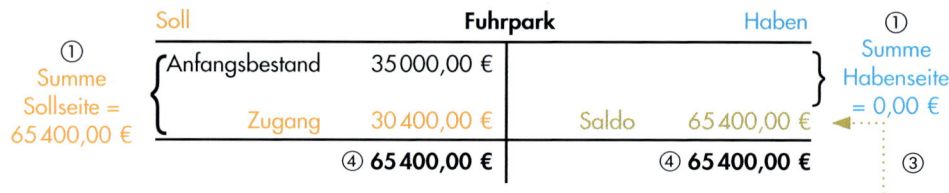

② Summe Sollseite 65 400,00 € − Summe Habenseite 0,00 € = Saldo 65 400,00 €

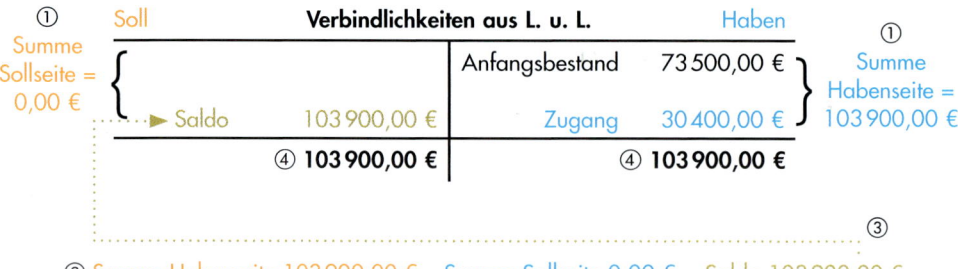

② Summe Habenseite 103 900,00 € − Summe Sollseite 0,00 € = Saldo 103 900,00 €

ZUSAMMENFASSUNG

- Die **Anfangsbestände** der Vermögens- und Kapitalkonten ergeben sich aus den Werten des Vorjahres:
  - **Vermögenskonten (Aktiva)**: Anfangsbestand ⇒ **Sollseite**
  - **Kapitalkonten (Passiva)**: Anfangsbestand ⇒ **Habenseite**

- **Auswirkungen** von **Geschäftsvorfällen**:
  - **Vermögenskonten (Aktiva):**
    - **Zunahme Vermögen** ⇒ **Sollseite**
    - **Abnahme Vermögen** ⇒ **Habenseite**

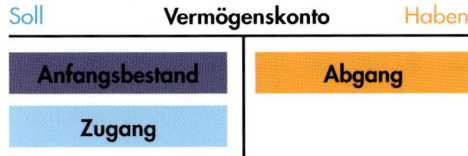

  - **Kapital- (Schuld-)konten (Passiva)**
    - **Zunahme Schulden** ⇒ **Habenseite**
    - **Abnahme Schulden** ⇒ **Sollseite**

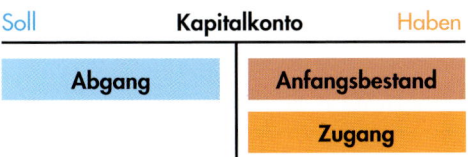

- Saldo:

  wertmäßig **höhere** Kontoseite
  – wertmäßig **niedrigere** Kontenseite

  Saldo Bestandskonto

AUFGABEN

1 Überprüfen Sie folgende Behauptungen:

	richtig	falsch
a) Der Anfangsbestand wird immer im Soll gebucht.		
b) Zugänge werden immer auf der Habenseite gebucht.		
c) Im Hauptbuch werden nur die Bestandskonten geführt.		

2 a) Übertragen Sie die folgenden Anfangsbestände in die T-Konten:

Konto	Anfangsbestand in €
Gebäude	100 000,00 €
Forderungen aus L.u.L.	8 000,00 €
Bank	10 000,00 €
Verbindlichkeiten aus L.u.L.	11 000,00 €
Fuhrpark	30 000,00 €

b) Auf welchem der o. g. Konten der TRIAL GmbH führen die folgenden Geschäftsvorfälle zu Veränderungen auf der Soll- bzw. Habenseite?

Geschäftsvorfall	Konto	Soll	Haben
I. Verkauf eines Geschäftswagens (Fahrzeugwert 5 000,00 €):			
II. Vom Lieferanten erhalten wir eine Rechnung über 2 000,00 €:			
III. Ein Kunde erhält von uns eine Rechnung über 1 500,00 €:			
IV. Wir überweisen 2 000,00 € vom Bankkonto:			
V. Wir bekommen 200,00 € überwiesen:			

c) Übertragen Sie die entsprechenden Werte in die T-Konten. Schließen Sie die Konten anschließend ab.

3 a) Übertragen Sie die folgenden Anfangsbestände in die T-Konten:

Konto	Anfangsbestand in €
Gebäude	250 000,00 €
Verbindlichkeiten aus L.u.L.	11 000,00 €
Bank	25 000,00 €
Verbindlichkeiten gegenüber Kreditinstituten	110 000,00 €
Fuhrpark	35 000,00 €
Kasse	8 500,00 €
Forderungen aus L.u.L	12 000,00 €

b) Auf welchem der o. g. Konten der TRIAL GmbH führen die folgenden Geschäftsvorfälle zu Veränderungen auf der Soll- bzw. Habenseite?

Geschäftsvorfall	Konto	Soll	Haben
I. Überweisung der Tilungsrate (15 000,00 €) eines Darlehens:	Bank		X
	Verb. gegn. Kreditinstituten	X	
II. Ein Kunde bezahlt eine Rechnung über 2 000,00 € bar.	Kasse	X	
	Forderungen		X
III. Ein Teil des Gebäudes wird bar verkauft (Kaufpreis: 50 000,00):	Gebäude		X
	Kasse	X	
IV. Wir überweisen einem Lieferanten 9 000,00 €:	Verb aus LuL.	X	
	Bank		X
V. Barkauf eines Fahrzeugs (Kaufpreis 3 500,00 €):	Kasse		X
	Fuhrpark	X	

c) Übertragen Sie die entsprechenden Werte in die T-Konten. Schließen Sie die Konten anschließend ab.

2.1.2 Erfolgskonten

Im Rahmen des **Leistungsprozesses** kommt es im Betrieb zu **Aufwendungen** und **Erträgen**. Bevor diese am Ende des Geschäftsjahres auf dem GuV-Konto gegenübergestellt werden[1], wird im **Hauptbuch** für jeden Aufwand bzw. Ertrag ein eigenes Konto geführt.

Für diese **Erfolgskonten** gilt, dass Aufwendungen (z. B. Einkauf von Werbung, Aufwendungen für Waren) **immer** auf der Sollseite des Aufwandskontos und Erträge immer auf der Habenseite eines Erfolgskontos dargestellt werden[2]:

Im Gegensatz zu Bestandskonten haben **Erfolgskonten keine Anfangsbestände**, da Aufwendungen und Erträge **früherer** Perioden keine **unmittelbaren** Auswirkungen auf den Erfolg des aktuellen Geschäftsjahres haben.

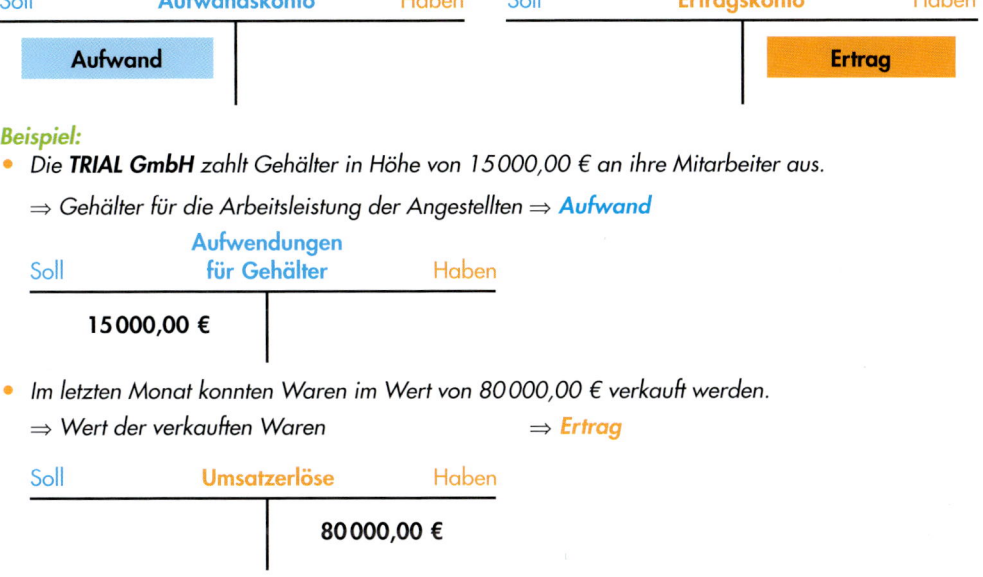

Beispiel:

- Die **TRIAL GmbH** zahlt Gehälter in Höhe von 15 000,00 € an ihre Mitarbeiter aus.

  ⇒ Gehälter für die Arbeitsleistung der Angestellten ⇒ **Aufwand**

Soll	Aufwendungen für Gehälter	Haben
15 000,00 €		

- Im letzten Monat konnten Waren im Wert von 80 000,00 € verkauft werden.

  ⇒ Wert der verkauften Waren ⇒ **Ertrag**

Soll	Umsatzerlöse	Haben
	80 000,00 €	

Zum Schluss des Geschäftsjahres muss das Unternehmen ein **GuV-Konto** aufstellen. Dazu müssen zunächst alle Erfolgskonten abgeschlossen werden. Der Saldo eines Kontos ergibt sich aus der **Summe der Aufwendungen** bzw. der **Summe der Erträge**:

Auf dem **GuV-Konto** werden die **Salden** der Erfolgskonten gesammelt. Im Anschluss daran kann der **Erfolg** ermittelt werden:

---

[1] Beachten Sie, dass es auch Aufwendungen und Erträge gibt, die unabhängig vom betrieblichen Leistungsprozess anfallen.
[2] Müssen Korrekturbuchungen vorgenommen werden, ist es möglich, dass bei Aufwandskonten im Haben und bei Erfolgskonten im Soll gebucht wird.

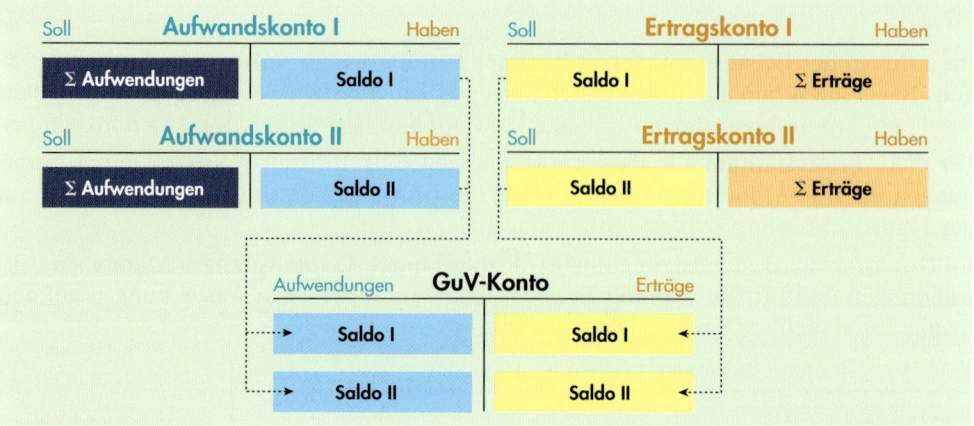

ZUSAMMENFASSUNG

- **Erfolgskonten** haben **keine Anfangsbestände**, da der Erfolg für jedes Geschäftsjahr neu ermittelt wird.
- **Auswirkungen** von **Geschäftsvorfällen** auf **Erfolgskonten**:
  - **Aufwand** ⇒ **Sollseite**

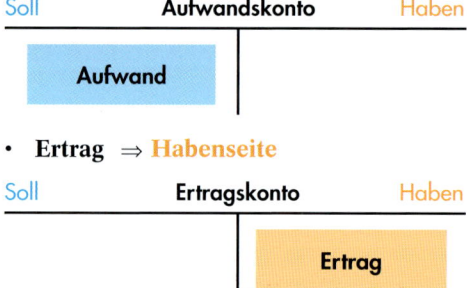

  - **Ertrag** ⇒ **Habenseite**

Soll	Ertragskonto	Haben
		Ertrag

- **Saldo** Erfolgskonto = **Summe** der **Aufwendungen** bzw. **Erträge**

AUFGABEN

1 *Übung macht den Meister: Herr Ernst hat der Auszubildenden Katja Müller daher die folgende Aufgabe vorgelegt. Katja ist leider völlig überfordert. Helfen Sie ihr bei der Lösung:*

a) *Eröffnen Sie auf dem Arbeitsblatt für folgende Aufwendungen und Erträge jeweils ein T-Konto:*

Aufwendungen	Erträge
Zinsaufwendungen	Umsatzerlöse
Mietaufwendungen	Zinserträge
Aufwendungen für Gehälter	

b) *Folgende Geschäftsvorfälle haben sich während des Geschäftsjahres ereignet. Tragen Sie die sich dadurch ergebenden Veränderungen auf den T-Konten ein. Berücksichtigen Sie dabei nur die Auswirkungen auf die Erfolgskonten:*

Geschäftsvorfall	Betrag in €
I. Verkauf von 30 Radtrikots:	500,00
II. Bank erhebt Zinsen für ein Darlehen:	120,00
III. Bank schreibt Zinsen für Bankguthaben gut:	50,00
IV. Unternehmen erstellt Gehaltsabrechnung:	150,00
V. Unternehmen überweist Miete:	50,00

c) *Schließen Sie die Erfolgskonten ab und übertragen Sie die dabei ermittelten Salden in ein GuV-Konto.*

d) *Berechnen Sie den Erfolg des Unternehmens.*

2 a) *Eröffnen Sie auf dem Arbeitsblatt für folgende Erfolgs- und Bestandskonten jeweils ein T-Konto (Annahme: Der Anfangsbestand der Bestandskonten beträgt jeweils 1 000,00 €):*

Umsatzerlöse	Forderungen aus L.u.L
Bank	Erträge aus Vermietung
Büromaterial	Kasse
Verbindlichkeiten aus L.u.L.	Zinserträge

b) *Folgende Geschäftsvorfälle haben sich während des Geschäftsjahres ereignet. Tragen Sie die sich dadurch ergebenden Veränderungen auf den T-Konten ein. Berücksichtigen Sie dabei sowohl die Auswirkungen auf den Erfolgs- wie den Bestandskonten:*

Geschäftsvorfall	Betrag in €
I. Barzahlung einer Lieferantenrechnung:	45,00
II. Bank zahlt Zinsen für ein Bankguthaben:	250,00
III. Mieter überweist Januarmiete:	600,00
IV. Kunde erhält Rechnung für Mountainbikes:	10 000,00
V. Barkauf von Büromaterial:	20,00

c) *Schließen Sie die Erfolgs- und Bestandskonten ab. Übertragen Sie die Salden der Erfolgskonten in ein GuV-Konto.*

d) *Ermitteln Sie den Erfolg des Unternehmens.*

2.2 Kontenrahmen

PROBLEM

Bei der Analyse des Jahresabschlusses steht Gesellschafterin Knötig erneut vor einem Rätsel: In der **GuV-Rechnung** ist sie auf den Saldo eines in diesem Jahr neu von Herrn Ernst aufgenommenen Kontos „Erträge aus Spekulationsgeschäften" gestoßen: „Ein solches Konto habe ich ja noch bei keinem anderen Unternehmen gesehen!"

Arbeitsaufträge:
1. *Machen Sie Frau Knötig einen Vorschlag, um welche Art von Ertrag es sich dabei handelt.*
2. *In Zukunft sollen solche Verständnisprobleme vermieden werden. Sie sollen der Geschäfts-leitung einen entsprechenden Lösungsvorschlag unterbreiten.*

Kaufleute haben sich bei der Erstellung des Jahresabschlusses an die Gliederungsvor-schriften des HGB zu halten. Eine feststehende Ordnung macht es beispielsweise für Außenstehende leichter, den Jahresabschluss mit denen anderer Geschäfsjahre oder dem anderer Unternehmen zu vergleichen.

Der Informationsgehalt des Jahresabschlusses wird zusätzlich dadurch erhöht, dass Ver-treter unterschiedlicher **Wirtschaftsbranchen** (z.B. Groß- und Außenhandel, Industrie) die Konten ihren jeweiligen Bedürfnissen in einheitlichen **Kontenrahmen** angepasst haben. So benötigen z.B. Handelsbetriebe im Gegensatz zu Industriebetrieben kein Konto für Rohstoffe, sondern nur Konten für Handelswaren. In diesem **Buch** wird der **Schulkontenrahmen** für **Groß-** und **Außenhandel** verwendet (siehe Anhang).

Dieser Kontenrahmen, der nach dem **Abschlussgliederungsprinzip** gegliedert ist, orien-tiert sich am Aufbau der Bilanz und der GuV.

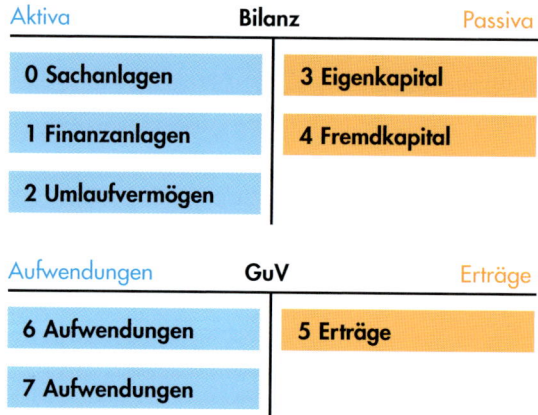

Nicht jedes der im Kontenrahmen aufgeführten Konten wird in jedem Betrieb benötigt. Die meisten Unternehmen stellen sich deshalb auf Grundlage des Kontenrahmens einen individuellen **Kontenplan** zusammen. In diesem Kontenplan sind nur die in dem Unter-nehmen benötigten Konten gelistet.

2.3 Der Buchungssatz

Geschäftsvorfälle verändern **immer mindestens zwei Hauptbuchkonten (doppelte Buchführung)**. Dies können zwei Bestandskonten, zwei Erfolgskonten, aber auch eine Kombination aus Bestands- und Erfolgskonto sein.

Beispiel: Folgender Kontoauszug wurde der TRIAL GmbH am 16. Januar 2017 von der Badischen Beamtenbank zugestellt:

Kontonummer 25654133 IBAN: DE10 6609 0800 0025 6541 33	**KONTOAUSZUG** Badische Beamtenbank BIC: GENODE61BBB	Auszug 23	Blatt 1
Buchungsanlass	Verwendungszweck	Buchungstag	Umsätze Zu Ihren Lasten=S Zu Ihren Gunsten=H
Bareinzahlung	Gutschrift	15-01-17	1 400,00 € H
Auszugsdatum	Alter Kontostand		Neuer Kontostand
	39 682,48 € H		41 082,48 € H
TRIAL GmbH, Franz-Sigel-Str. 188, 69111 Heidelberg			

Arbeitsaufträge:
1. Formulieren Sie den zu diesem Beleg gehörenden Geschäftsvorfall.
2. Versuchen Sie mithilfe des **GuV-Kontos** (siehe Seite 305) und der **Bilanz** (siehe Seite 310) der TRIAL GmbH herauszufinden, welche Hauptbuchkonten (einschließlich der dazugehörenden Kontonummern) durch diesen Geschäftsvorfall verändert werden.
3. Zeigen Sie auf T-Konten, welche Auswirkungen der Geschäftsvorfall im **Hauptbuch** hat.

Neben der **T-Kontoform** ist es möglich, einen Geschäftsvorfall in **Staffelform** darzustellen. Beachten Sie, dass in der **ERP-Software Navision** alle Beträge, die auf der **Habenseite** gebucht werden, mit einem **negativen Vorzeichen** versehen sind:

Beispiel: Auf das Konto der TRIAL GmbH werden 1 400,00 € bar eingezahlt.

Soll-Kontonr.	Name	Haben-Kontonr.	Name	Betrag in €
2800	Bank			1 400,00
		2820	Kasse	1 400,00

Formuliert man diesen Buchungssatz in Worten, nennt man zunächst bei den Konten, die im **Soll** gebucht werden, die **Soll-Kontonummer**, den **Namen** des Kontos und den **Betrag** der Wertänderung (= **Soll-Buchung**). Die **Soll-Buchung** trennt man durch das Wort „an" von der **Haben-Buchung**. Die **Haben-Buchung** wird anschließend analog zur **Soll-Buchung** (**Haben-Kontonummer**, **Name** des Kontos und **Betrag** der Wertänderung) durchgeführt.

Soll-Kontonr.	Name	Betrag in €		Haben-Kontonr.	Name	Betrag in €
2800	Bank	1 400,00	an	2820	Kasse	1 400,00

In der Buchungspraxis kommt es häufig vor, dass ein Geschäftsvorfall mehrere **Soll-** und/ oder **Habenkonten** verändert. In diesen Fällen **splittet** man die Buchung, d.h., **mehrere Konten** teilen sich die **Soll-** und/oder **Habenseite**. Auch bei einem solchen **zusammengesetzten Buchungssatz** gilt die Buchungsregel, dass die **Summe** der **Sollseite** der **Summe** der **Habenseite** entsprechen muss.

Der zu diesem Geschäftsvorfall gehörende **Buchungssatz** lautet:

Soll-Kontonr.	Name	Haben-Kontonr.	Name	Betrag in €
0840	Fuhrpark			60 000,00
		2820	Kasse	20 000,00
		4400	Verbindlichkeiten aus L.u.L.	40 000,00

Arbeitsaufträge:

1. Versuchen Sie, den zu diesem Buchungssatz und Beleg gehörenden Geschäftsvorfall aus Sicht der TRIAL GmbH zu formulieren.
2. Zeigen Sie auf den T-Konten des Arbeitsblattes, welche Auswirkungen der Geschäftsvorfall hat. Schließen Sie dazu die Konten ab.

Wichtige Regeln bei der Formulierung eines Buchungssatzes

Um Fehler bei der **Formulierung** eines Buchungssatzes zu vermeiden, hat es sich bewährt, an einem festen Ablaufschema festzuhalten. Gehen Sie deshalb nach der folgenden **4-Schritte-Methode** vor:

Schritt 1: „**Übersetzen**" Sie den Geschäftsvorfall zunächst in eigene Worte (insbesondere dann ratsam, wenn Ihnen ein Beleg vorgelegt wird).

Schritt 2: Finden Sie mithilfe des **Kontenrahmens** heraus, welche Konten (einschließlich ihrer Kontonummern) durch den Geschäftsvorfall verändert werden.

Schritt 3: Unterscheiden Sie die Konten in **Bestands-** oder **Erfolgskonten**:

    I. Bestandskonten:

        a) Verändert der Geschäftsvorfall ein **aktives** oder ein **passives** Bestandskonto?

        b) Nehmen durch den Geschäftsvorfall das **Vermögen** oder die **Schulden** (Kapital) **zu** oder **ab**?

II. Erfolgskonten:
Ist mit dem Geschäftsvorfall ein **Aufwand** (= Soll-Buchung) oder ein **Ertrag** (= Haben-Buchung) verbunden?

Schritt 4: Formulieren Sie den Buchungssatz nach folgendem Schema:

Soll-Kontonr.	Name	Haben-Kontonr.	Name	Betrag in €

Beispiel:

Kontonummer 25654133 IBAN: DE10 6609 0800 0025 6541 33	**KONTOAUSZUG** Badische Beamtenbank BIC: GENODE61BBB	Auszug 23	Blatt 1
Buchungsanlass	Verwendungszweck	Buchungstag	Umsätze Zu Ihren Lasten = S Zu Ihren Gunsten = H
Gehälter 02/17	gem. Sammelliste 2	30-01-17	15 000,00 € S
Auszugsdatum	Alter Kontostand 39 682,48 € H		Neuer Kontostand 23 682,48 € H
TRIAL GmbH, Franz-Sigel-Str. 188, 69111 Heidelberg			

Schritt 1:   *Die Gehälter für den Monat Februar wurden vom Bankkonto überwiesen.*

Schritt 2:   *– Konto 1: **6300 Gehälter***
*– Konto 2: **2800 Bank***

Schritt 3:   *Konto 6300 Gehälter ⇒ **Aufwandskonto***

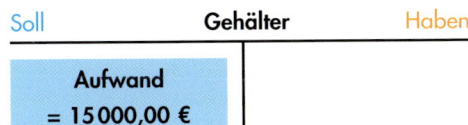

*Konto 2800 Bank ⇒ **aktives Bestandskonto***

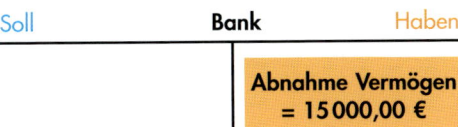

Schritt 4:

Soll-Kontonr.	Name	Haben-Kontonr.	Name	Betrag in €
6300	Gehälter			15 000,00
		2 800	Bank	15 000,00

AUFGABEN

1   Kreuzen Sie auf dem Arbeitsblatt an, ob die folgenden Bestands- bzw. Erfolgskonten auf der Soll- oder Habenseite zunehmen:

	Soll	Haben
Aufwendungen für Waren		
Verbindlichkeiten aus L.u.L.		
Geschäftsausstattung		
Forderungen		
Bank		
Zinserträge		
Verbindlichkeiten gegenüber Kreditinstituten		
Aufwendungen für Frachten und Fremdlager		
Fuhrpark		

2   Finden Sie auf dem **Kontenplan** der **TRIAL GmbH** (siehe Anhang) die **Kontonummern** der folgenden Konten heraus. Tragen Sie diese auf dem Arbeitsblatt ein.

Kontoname	Kontonummer
Werbung	
Bank	
Erträge aus Vermietung	
Fuhrpark	
Gehälter	
Zinsaufwendungen	
Kasse	
Gebühren	
Zinserträge	
Maschinen	

3 Bilden Sie zu den folgenden Geschäftsvorfällen die entsprechenden **Buchungssätze**.

Geschäftsvorfall
I.   Barverkauf eines Geschäftswagens (Fahrzeugwert 5 000,00 €).
II. Vom Lieferanten erhalten wir für Schreibtische eine Rechnung über 2 000,00 €.
III. Eine gebrauchte Maschine wurde an einen ausländischen Hersteller verkauft. Dem Käufer wurde eine Rechnung über 1 500,00 € ausgestellt.
IV. Wir überweisen einem Lieferanten 2 000,00 € vom Bankkonto.
V.   Wir erhalten von einem Kunden 200,00 € überwiesen.

4 Formulieren Sie zu den folgenden Buchungssätzen die Geschäftsvorfälle:

a)

Soll-Kontonr.	Haben-Kontonr.	Betrag in €
2820	*Kasse*	6 000,00
Fuhrpark	0840	6 000,00

Wir verkaufen einen LKW bar

b)

Soll-Kontonr.	Haben-Kontonr.	Betrag in €
7510	*Zinsaufwendung*	300,00
Bank	2800	300,00

Uns werden Zinsen abgebucht

c)

Soll-Kontonr.	Haben-Kontonr.	Betrag in €
0870	*Betriebs- Geschäfts-a.sstttg*	1 500,00
Kasse	2820	1 500,00

Wir kaufen einen Stuhl bar.

d)

Soll-Kontonr.	Haben-Kontonr.	Betrag in €
2800	*Bank*	580,00
Kasse	2820	580,00

Wir bringen Geld zur Bank

e)

Soll-Kontonr.	Haben-Kontonr.	Betrag in €
4400	*Verb LuL*	750,00
Bank	2800	750,00

Wir zahlen eine Rechnung vom Lieferanten per Überweisung

f)

Soll-Kontonr.	Haben-Kontonr.	Betrag in €
0710	*Maschinen*	100 000,00
Kasse	2820	20 000,00
Verb LuL	4400	80 000,00

*Wir kaufen Maschine 20000,00€ bar und 80000,00
auf Rechnung*

5 Buchen Sie folgende Geschäftsvorfälle:

Geschäftsvorfall	Betrag in €
a) Umwandlung einer Verbindlichkeit aus L.u.L. in eine Darlehensschuld: *Verblul an Darlehensschuld (42) 12000,00€*	12000,00
b) Tilgung eines Darlehens durch (1) Barzahlung und *Darlehn an Kasse* (1) und (2) Banküberweisung: *Bank* (2)	(1) 5000,00 (2) 10000,00
c) Überweisung der Gehälter für November: *Gehalter (63) an Bank*	13000,00
d) Barkauf eines Personal Computers: *Betriebsausstattg (086) an Kasse*	1500,00
e) Mieteinnahmen auf dem Bankkonto: *Bank (88) an Mieten (540)*	335,00
f) Banküberweisung der Kfz-Steuer: *Kraftfahrzeugsteuer (701) an Bank (280)*	125,00
g) Barzahlung einer Rechnung für Reparaturen: *Rep (282) an Kasse (280)*	100,00
h) Ein Kunde zahlt eine Rechnung bar: *Kasse an Forderungen (240)*	150,00
i) Zinsgutschrift auf dem Bankkonto: *Bank an Zinserträge*	250,00
j) Verkauf eines Lagerregals gegen (1) Barzahlung und (2) Banküberweisung:	(1) 150,00 (2) 300,00

(282) Kasse an Betriebsausstattg (086)
(280) Bank an Betriebsausstattg (086)

3 Warengeschäfte

3.1 Warengeschäfte als Grundlage des Leistungsprozesses

PROBLEM

Geschäftsführer Gasch will sich im März des Geschäftsjahres ein Bild vom Erfolg der TRIAL GmbH machen. Katja Müller hat für ihn deshalb die bis zu diesem Datum angefallenen Aufwendungen und Erträge des Geschäftsjahres gegenübergestellt.

Aufwendungen	GuV-Konto März	Erträge
Aufwendungen für Waren 300000,00	Umsatzerlöse[1]	600000,00
Personalaufwendungen 350000,00	Erträge aus Beteiligungen	200000,00
Aufwendungen für Werbung 20000,00		

Arbeitsaufträge:
1. Ermitteln Sie den aktuellen Erfolg der TRIAL GmbH.
2. Erörtern Sie, warum Herr Gasch **nicht** mit dem Ergebnis zufrieden sein kann.

Die **Leistung** der TRIAL GmbH besteht darin, ihren Kunden Waren (Räder und Bikewear) verschiedener Hersteller anzubieten und zu verkaufen.[2] Dazu müssen die Waren von Lieferanten beschafft werden.

Aussagen darüber, wie erfolgreich ein Unternehmen gewirtschaftet hat oder wie erfolgreich es in Zukunft wirtschaften wird, lassen sich leichter treffen, wenn die mit der Leistung der Unternehmung zusammenhängenden Geschäftsvorfälle im Rechnungswesen

---

[1] Erträge aus dem Verkauf von Waren.
[2] Siehe Das Modellunternehmen, § 2 Gegenstand der Unternehmung in der Satzung der TRIAL GmbH.

besonders hervorgehoben werden. Bei **Handelsbetrieben** sind dies Geschäftsvorfälle, die mit dem **Ein-** und **Verkauf** von **Waren** (z. B. Eingangsrechnung für Waren) in Verbindung stehen.

3.2 Wareneinkauf

PROBLEM

Herr Merkle, Sachbearbeiter in der Abteilung Einkauf der TRIAL GmbH, hat vom Lieferanten Raddiscount Wolfsburg folgende **Eingangsrechnung** erhalten. Herr Merkle soll diesen Geschäftsvorfall[1] buchhalterisch erfassen.

Der Einkauf von Waren (hier: Radhelme) gehört zum **Leistungsprozess** eines Handelsunternehmens. Die buchhalterische Erfassung des Geschäftsvorfalles erfolgt daher auf dem **Erfolgskonto „ 600 Aufwendungen für Waren".**

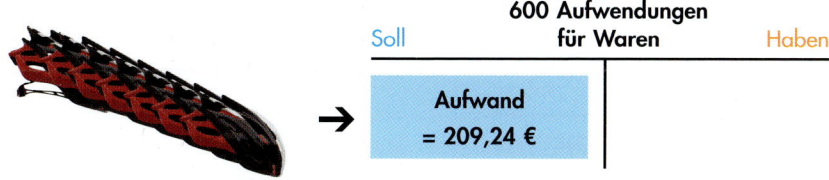

---

[1] Auf den Beleg Lieferschein als Nachweis für den Eingang der Waren wird in diesem Buch aus Vereinfachungsgründen verzichtet.

Für die Überlassung der Waren erhält der Lieferant einen Anspruch auf den Gegenwert der Waren[1]. Buchhalterisch wird der Anspruch des Lieferanten gegenüber der TRIAL GmbH auf dem Bestandskonto **„4400 Verbindlichkeiten aus L.u.L."** erfasst. Da er auf einem Bestandskonto erfasst wird, hat er keine Auswirkungen auf den Erfolg des Unternehmens:

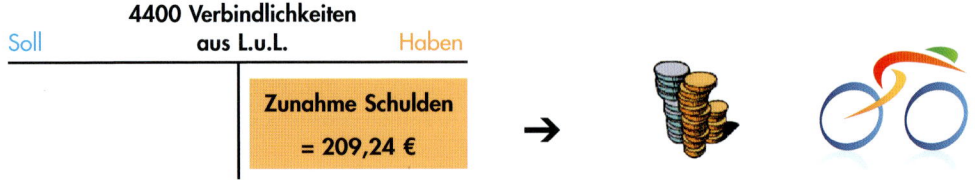

Soll	**4400 Verbindlichkeiten aus L.u.L.**	Haben
	Zunahme Schulden = 209,24 € →	

Anspruch des Lieferanten

Nebenbücher beim Wareneinkauf

Im Laufe des Geschäftsjahres erhält die TRIAL GmbH **viele** unterschiedliche **Waren** von **vielen** verschiedenen **Lieferanten**.

Um besser **überblicken** zu können, welche Waren dem Unternehmen zugeflossen sind, werden die **Wareneingänge** während des Geschäftsjahres zunächst nicht im Hauptbuch, sondern getrennt nach Warengruppen (bei der TRIAL GmbH: 6000 Aufwendungen für Waren (Bikewear), 6010 Aufwendungen für Waren (Mountainbikes), 6200 Aufwendungen für Waren (Rennräder)) in jeweils eigenen **Nebenbüchern** (Warengruppenkonten) erfasst.

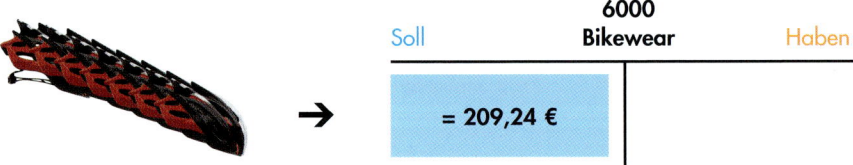

Soll	**6000 Bikewear**	Haben
= 209,24 €		

Gleiches gilt auch für die **Verbindlichkeiten gegenüber** den **Lieferanten**: Für jeden Lieferanten wird während des Geschäftsjahres ein eigenes Nebenbuch (**Personenkonto**) geführt. Dies erleichtert z.B. den Überblick, welchem Lieferanten (hier: 440001 Verbindlichkeiten gegenüber Raddiscount) man wie viel schuldet. Da die Lieferanten ihre Ansprüche gegenüber der TRIAL GmbH erst zu einem späteren Zeitpunkt (abhängig vom Zahlungsziel) geltend machen, ist jeder Lieferant nicht nur Anspruchsteller, sondern gleichzeitig auch **Gläubiger**. In der Buchhaltung werden die Lieferanten daher auch **Kreditoren** (Geldgeber) genannt.

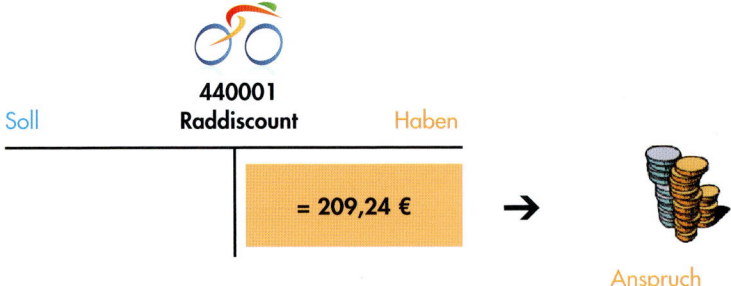

Soll	**440001 Raddiscount**	Haben
	= 209,24 € →	

Anspruch

---

[1] In der Regel in Form von Geld.

Der **Buchungssatz** für den **Einkauf der Waren** lautet daher:

Soll-Kontonr.	Name	Haben-Kontonr.	Name	Betrag in €
6000	Aufw. f. Bikewear			209,24
		440001	Verbindl. gegenüber Raddiscount	209,24

Am Ende des Geschäftsjahres werden die **Nebenbücher** auf den entsprechenden **Haupt-buchkonten** abgeschlossen.

3.3 Warenverkauf

PROBLEM

Die TRIAL GmbH hat die Radhelme an die **BUNNYBIKE OHG** geliefert. Neben dem Lieferschein wurde dem Kunden folgende **Ausgangsrechnung** zugesandt. Herr Horak soll diesen Geschäftsvorfall buchhalterisch erfassen:

TRIAL GmbH * Franz-Sigel-Str. 188 * 69111 Heidelberg

BUNNYBIKE OHG
Tanja Göhner
Alte Steige 85
75417 Mühlacker

Name	Thomas Horak
Telefon	06221 304942
Fax	06221 306943
Mail	trialgmbh@gmx.de
Home	http://www.trialgmbh.de
Bank	Badische Beamtenbank
IBAN	DE10 6609 0800 0025 6541 33
BIC	GENODE61BBB
Konto	25654133
BLZ	660 908 00
Datum	15. Februar 2017

Verkauf – Rechnung   **Nr.: 14018**

Sehr geehrte Damen und Herren,

aufgrund unserer Lieferung stellen wir Ihnen folgende Artikel in Rechnung:

Nr.	Beschreibung	Menge	Einheit	VK-Preis	Rabatt %	Betrag
200006	Radhelm-Tenno	10	Stück	55,38		553,80
				Total €		**553,80**

Zahlungsbedingung   3 % Skonto bei Zahlung innerhalb 14 Tagen
Lieferbedingung   frei Haus

Mit freundlichen Grüßen

Thomas Horak
TRIAL GmbH

Gerichtsstand	Heidelberg	Geschäftsführer	Finanzamt Heidelberg
Handelsregister	HRB 1526	Peter Gasch	Steuer-Nr. 54354/37520
Geschäftszeiten			USt-IdNr. DE 1654699958

Der Verkauf von Waren ist wesentlicher Bestandteil des **Leistungsprozesses** eines Handelsunternehmens und wird auf dem **Erfolgskonto „500 Umsatzerlöse"** gebucht.

Durch die Rechnungsstellung (**Fakturierung**) zeigt das Unternehmen (TRIAL GmbH) dem Kunden, dass es für die Lieferung der Waren den Gegenwert der Waren fordert.

Buchhalterisch wird der Anspruch der TRIAL GmbH gegenüber dem Kunden auf dem **Bestandskonto „2400 Forderungen aus L.u.L."** erfasst: Da der Anspruch auf einem Bestandskonto erfasst wird, hat er keine Auswirkungen auf den Erfolg des Unternehmens:

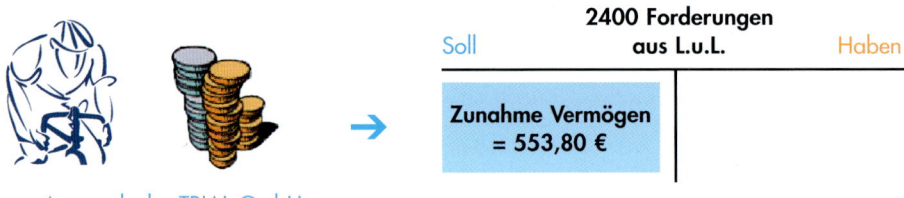

Die Nebenbücher beim Warenverkauf

Wie beim Wareneinkauf werden beim **Verkauf** der **Waren** die Umsätze der verschiedenen Warengruppen (5000 Umsatzerlöse (Bikewear), 5010 Umsatzerlöse (Mountainbikes), 5020 Umsatzerlöse (Rennräder)) während des Geschäftsjahres in verschiedenen **Nebenbüchern** (Waren(gruppen)konten) festgehalten. So lässt sich z. B. leicht feststellen, welche Warengruppe den größten Beitrag zum Erfolg der Unternehmung geleistet hat.

Für jeden **Kunden** wird ein eigenes Nebenbuch (**Personenkonto**) geführt. Die Höhe der Ansprüche der TRIAL GmbH gegenüber dem Kunden (= **Forderungen**) lassen sich so problemlos ermitteln. Da die Kunden die Forderungen (hier: 240000 Forderungen gegenüber Bunnybike OHG) erst zu einem späteren Zeitpunkt (abhängig vom Zahlungsziel) begleichen müssen, werden die Kunden in der Buchhaltung als Schuldner (**Debitoren**) bezeichnet.

BUNNY
BIKE

	Soll	240000 Bunnybike	Haben

Anspruch → **553,80 €**

(Zugang)

Die **Nebenbücher** werden am Ende des Geschäftsjahres auf den **Hauptbuchkonten** abgeschlossen.

ZUSAMMENFASSUNG

I. Buchhalterische Erfassung des **Wareneinkaufs**:

Soll	Aufwendungen für Waren	Haben
Aufwand		

Soll-Konto	Haben-Konto
600 Aufwendungen für Waren	
	4400 Verbindlichkei- ten aus L.u.L.

Soll	Verbindlichkeiten aus L.u.L.	Haben
		Zunahme

II. Buchhalterische Erfassung des **Warenverkaufs**:

Soll	Forderungen aus L.u.L.	Haben
Zunahme		

Soll-Konto	Haben-Konto
2400 Forderungen aus L.u.L.	
	500 Umsatzerlöse

Soll	Umsatz-erlöse	Haben
		Ertrag

AUFGABEN

1 Formulieren Sie zu den folgenden Buchungssätzen die Geschäftsvorfälle:

a)

Soll-Kontonr.	Haben-Kontonr.	Betrag in €
2400		3 000,00
	500	3 000,00

b)

Soll-Kontonr.	Haben-Kontonr.	Betrag in €
600		1 300,00
	4400	1 300,00

2 Buchen Sie folgende Geschäftsvorfälle:

Geschäftsvorfall
a) Ein Kunde kauft für 150,00 € Waren ein.
b) Der Kunde bezahlt die Waren (Wert 150,00 €) bar.
c) Das eigene Unternehmen kauft Waren im Wert von 2 250,00 € ein.
d) Das eigene Unternehmen bezahlt die Waren (Wert 2 250,00 €) per Überweisung.

3 Erläutern Sie, warum

 a) die Lieferanten in der Buchhaltung als Kreditoren bezeichnet werden.

 b) es sinnvoll ist, während des Geschäftsjahres die Geschäftsvorfälle des Warenver- und -einkaufs nicht im Hauptbuch, sondern zunächst in Nebenbüchern zu erfassen.

4 Schließen Sie die Nebenkonten auf dem Arbeitsblatt ab und buchen Sie die Salden dem entsprechenden Hauptbuchkonto zu.

5 Finden Sie auf dem **Kontenplan** der TRIAL GmbH (siehe Anhang) die **Kontonummern** der folgenden Konten heraus. Tragen Sie diese auf dem Arbeitsblatt ein.

Kontoname	Kontonummer
Aufwendungen für Waren (Bikewear)	
Verbindlichkeiten gegenüber Zorn Bikewear KG	
Umsatzerlöse (Rennräder)	
Forderungen gegenüber Zweirad Beigel KG	
Aufwendungen für Waren (Mountainbikes)	
Verbindlichkeiten gegenüber Autohaus B. Reich	
Forderungen gegenüber Radfabrik GmbH	
Umsatzerlöse (Bikewear)	

6 Formulieren Sie zu den folgenden Buchungssätzen die Geschäftsvorfälle aus Sicht der TRIAL GmbH:

a)
Soll-Kontonr.	Haben-Kontonr.	Betrag in €
240000		6 000,00
	5010	6 000,00

b)
Soll-Kontonr.	Haben-Kontonr.	Betrag in €
6000		300,00
	440001	300,00

c)
Soll-Kontonr.	Haben-Kontonr.	Betrag in €
440001		300,00
	2820	300,00

d)
Soll-Kontonr.	Haben-Kontonr.	Betrag in €
2800		6 000,00
	240000	6 000,00

7   Buchen Sie folgende Geschäftsvorfälle aus Sicht der TRIAL GmbH:

Geschäftsvorfall
a) Der Kunde Radshop Seile KG kauft Bikewear (Radtrikots) im Wert von 5 000,00 € ein.
b) Die TRIAL GmbH kauft für 2 000,00 € 3 Rennräder von der BIKE GROHA DOLL GmbH ein.
c) Die TRIAL GmbH hat 20 Radtrikots im Wert von 2 000,00 € von der Bernion GmbH erhalten.
d) Der Kunde Radshop Seile KG hat laut Kontoauszug 5 000,00 € überwiesen.
e) Die TRIAL GmbH hat dem Kunden Franz Klammer KG 3 Mountainbikes im Wert von 3 000,00 € in Rechnung gestellt.
f) Die Deutsche Telekom AG hat Telefongebühren im Wert von 150,00 € vom Konto der TRIAL GmbH abgebucht.
g) Die TRIAL GmbH hat dem Kreditor Zacher GmbH 300,00 € bar ausbezahlt.
h) Der Kreditor Crash Computerhandel hat 5 Personal Computer im Wert von 6 060,00 € geliefert.
i) Laut Kontoauszug hat der Debitor Franz Klammer 3 000,00 € überwiesen.
j) Laut Katalog der Bernion GmbH beträgt der Listenpreis für ein Mountainbike EXTREM 1 007,56 €. Wegen einer Sonderaktion erhält die TRIAL GmbH 20 Stück mit einem Rabatt von 10 %.

8   Dem Buchhalter der TRIAL GmbH, Thomas Ernst, werden folgende Belege vorgelegt. Helfen Sie ihm dabei, diese buchhalterisch zu erfassen. Beachten Sie dabei unbedingt, dass Sie auf den jeweiligen Personen- und Waren(gruppen)konten buchen müssen:

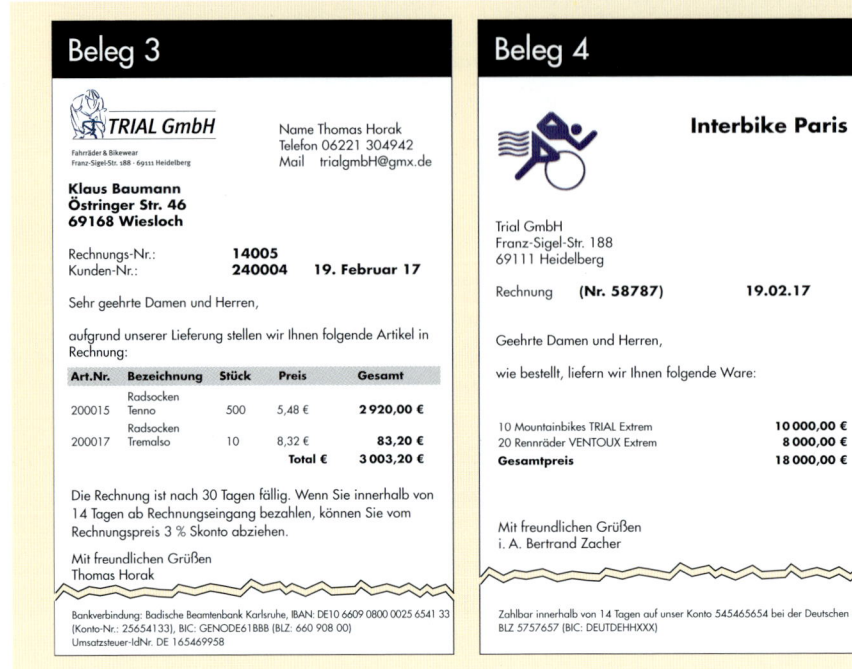

4 Erstellung eines einfachen Jahresabschlusses mit Microsoft Dynamics NAV (Navision)

Dem Buchhalter der TRIAL GmbH, werden folgende Belege vorgelegt:

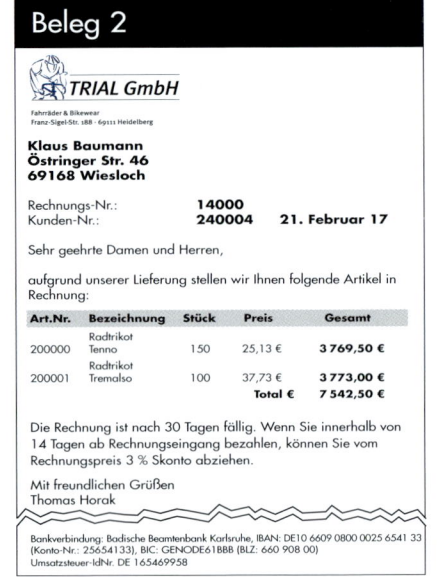

Beleg 3

Empfangsbescheinigung

über Bareinzahlung
auf eigenes Girokonto

Kontonummer	Name des Kontoinhabers
25654133	TRIAL GmbH

Name des Einzahlers erforderlich	€
	1 400,00

22.03.17   **Gasch**
Datum   Unterschrift

Teutsch
Kassierer

Beleg 4

Kontonummer 25654133 IBAN: DE10 6609 0800 0025 6541 33	Kontoauszug Badische Beamtenbank BIC: GENODE61BBB	Auszug 2	Blatt 2
Buchungsanlass	Verwendungszweck	Buchungstag	Umsätze Zu Ihren Lasten=S Zu Ihren Gunsten=H
Lastschrift DOLL GmbH R.-Nr. 577-198		23-03-17	5 858,82 S
Auszugsdatum	Alter Kontostand	Neuer Kontostand	
	74 900,00 H	69 041,18 H	

TRIAL GmbH,
Franz-Sigel-Str. 188,
68111 Heidelberg

Beleg 5

Kontonummer 25654133 IBAN: DE10 6609 0800 0025 6541 33	Kontoauszug Badische Beamtenbank BIC: GENODE61BBB	Auszug 3	Blatt 1
Buchungsanlass	Verwendungszweck	Buchungstag	Umsätze Zu Ihren Lasten=S Zu Ihren Gunsten=H
Zeitungsinserat	25.4.12 BNN	26-04-17	225,00 S
Auszugsdatum	Alter Kontostand	Neuer Kontostand	
	69 041,18 H	68 816,18 H	

TRIAL GmbH, Franz-Sigel-Str. 188, 68111 Heidelberg

Beleg 6

Kontonummer 25654133 IBAN: DE10 6609 0800 0025 6541 33	Kontoauszug Badische Beamtenbank BIC: GENODE61BBB	Auszug 4	Blatt 1
Buchungsanlass	Verwendungszweck	Buchungstag	Umsätze Zu Ihren Lasten=S Zu Ihren Gunsten=H
Zinsen April 12		27-05-17	100,00 H
Auszugsdatum	Alter Kontostand	Neuer Kontostand	
	68 816,18 H	68 916,18 H	

TRIAL GmbH, Franz-Sigel-Str. 188, 68111 Heidelberg

Beleg 7

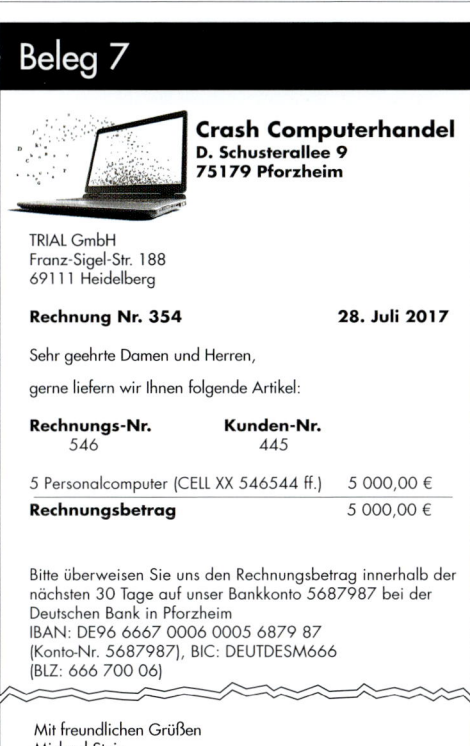

Crash Computerhandel
D. Schusterallee 9
75179 Pforzheim

TRIAL GmbH
Franz-Sigel-Str. 188
69111 Heidelberg

Rechnung Nr. 354   **28. Juli 2017**

Sehr geehrte Damen und Herren,

gerne liefern wir Ihnen folgende Artikel:

Rechnungs-Nr.   **Kunden-Nr.**
546   445

5 Personalcomputer (CELL XX 546544 ff.)   5 000,00 €

Rechnungsbetrag   5 000,00 €

Bitte überweisen Sie uns den Rechnungsbetrag innerhalb der nächsten 30 Tage auf unser Bankkonto 5687987 bei der Deutschen Bank in Pforzheim
IBAN: DE96 6667 0006 0005 6879 87
(Konto-Nr. 5687987), BIC: DEUTDESM666
(BLZ: 666 700 06)

Mit freundlichen Grüßen
Michael Stein

Beleg 8

TRIAL GmbH

Fahrräder & Bikewear
Franz-Sigel-Str. 188 · 69111 Heidelberg

Zweirad Beigel KG
M. Benderring 33
74078 Heilbronn

Rechnungs-Nr.:   **14001**
Kunden-Nr.:   **240006**   **1. August 17**

Sehr geehrte Damen und Herren,

aufgrund unserer Lieferung stellen wir Ihnen folgende Artikel in Rechnung:

Art.Nr.	Bezeichnung	Stück	Preis	Gesamt
200021	Windbreaker Tenno	10	83,95 €	**839,50 €**
200023	Windbreaker Altissimo	20	116,81 €	**2 336,20 €**
			Total €	**3 175,70 €**

Die Rechnung ist nach 30 Tagen fällig. Wenn Sie innerhalb von 14 Tagen ab Rechnungseingang bezahlen, können Sie vom Rechnungspreis 3 % Skonto abziehen.

Mit freundlichen Grüßen
Thomas Horak

Bankverbindung: Badische Beamtenbank Karlsruhe, IBAN: DE10 6609 0800 0025 6541 33
(Konto-Nr.: 25654133), BIC: GENODE61BBB (BLZ: 660 908 00)
Umsatzsteuer-IdNr. DE 165469958

Beleg 9

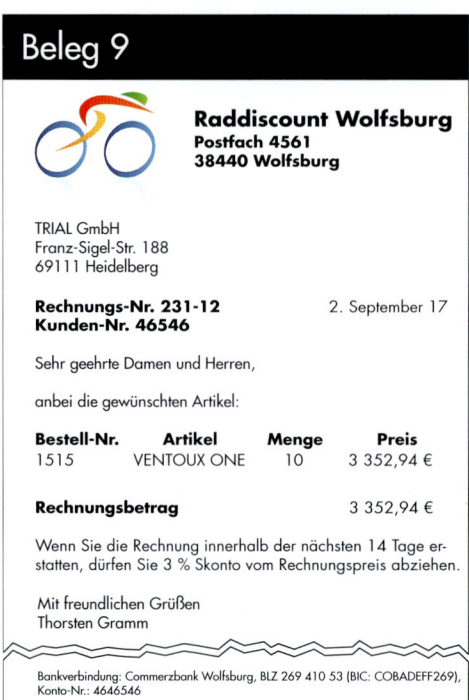

Raddiscount Wolfsburg
Postfach 4561
38440 Wolfsburg

TRIAL GmbH
Franz-Sigel-Str. 188
69111 Heidelberg

Rechnungs-Nr. 231-12   2. September 17
Kunden-Nr. 46546

Sehr geehrte Damen und Herren,

anbei die gewünschten Artikel:

Bestell-Nr.	Artikel	Menge	Preis
1515	VENTOUX ONE	10	3 352,94 €

Rechnungsbetrag   3 352,94 €

Wenn Sie die Rechnung innerhalb der nächsten 14 Tage erstatten, dürfen Sie 3 % Skonto vom Rechnungspreis abziehen.

Mit freundlichen Grüßen
Thorsten Gramm

Bankverbindung: Commerzbank Wolfsburg, BLZ 269 410 53 (BIC: COBADEFF269),
Konto-Nr.: 4646546

Beleg 10

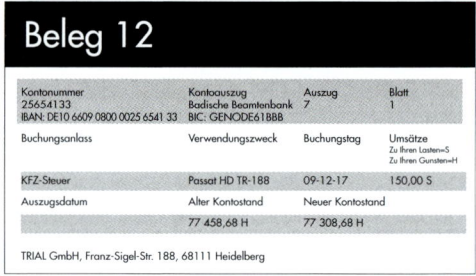

Kontonummer 25654133 IBAN: DE10 6609 0800 0025 6541 33	Kontoauszug Badische Beamtenbank BIC: GENODE61BBB	Auszug 5	Blatt 1
Buchungsanlass	Verwendungszweck	Buchungstag	Umsätze Zu Ihren Lasten=S Zu Ihren Gunsten=H
Gutschrift Baumann	AR. 12998	05-10-17	7 542,50 H
Auszugsdatum	Alter Kontostand	Neuer Kontostand	
	68 916,18 H	76 458,68 H	

TRIAL GmbH, Franz-Sigel-Str. 188, 68111 Heidelberg

Beleg 11

Kontonummer 25654133 IBAN: DE10 6609 0800 0025 6541 33	Kontoauszug Badische Beamtenbank BIC: GENODE61BBB	Auszug 6	Blatt 1
Buchungsanlass	Verwendungszweck	Buchungstag	Umsätze Zu Ihren Lasten=S Zu Ihren Gunsten=H
Miete November F.-Sigel-Str. 187	T. Horak	06-11-17	1 000,00 H
Auszugsdatum	Alter Kontostand	Neuer Kontostand	
	76 458,68 H	77 458,68 H	

TRIAL GmbH, Franz-Sigel-Str. 188, 68111 Heidelberg

Beleg 12

Kontonummer 25654133 IBAN: DE10 6609 0800 0025 6541 33	Kontoauszug Badische Beamtenbank BIC: GENODE61BBB	Auszug 7	Blatt 1
Buchungsanlass	Verwendungszweck	Buchungstag	Umsätze Zu Ihren Lasten=S Zu Ihren Gunsten=H
KFZ-Steuer	Passat HD TR-188	09-12-17	150,00 S
Auszugsdatum	Alter Kontostand	Neuer Kontostand	
	77 458,68 H	77 308,68 H	

TRIAL GmbH, Franz-Sigel-Str. 188, 68111 Heidelberg

AUFGABEN

1 Formulieren Sie die Geschäftsvorfälle, die den Belegen 2 bis 12 zugrunde liegen, und tragen Sie diese in das Arbeitsblatt ein. Orientieren Sie sich dabei am folgenden Beispiel (Beleg 1):

Beleg	Beschreibung des Geschäftsvorganges
1	Eingangsrechnung vom Kreditor BIKE GROHA DOLL GmbH für Waren

2 Bilden Sie die entsprechenden Buchungssätze. Übertragen Sie das jeweilige Buchungsdatum (= Belegdatum), Belegnummer. (kann „frei" gewählt werden; z. B. 001–012), externe Belegnummer (z. B. Rechnungs-Nr. oder Kontoauszugs-Nr.), Soll-Kontonummer., Haben-Kontonummer., Betrag und eine kurze Beschreibung des Geschäftsvorfalls in das Arbeitsblatt.

3　Rufen Sie im Ordner **Jahresabschluss** die **EXCEL**-Arbeitsmappe Jahresabschluss  auf.

4　Übertragen Sie die Buchungssätze in das EXCEL-Tabellenblatt Geschäftsvorfälle 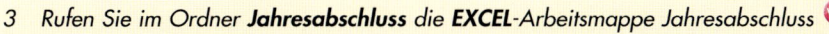. Sie müssen dazu nur die Soll-Kontonummer in den Zellbereich C10:C32, die Beträge in den Zellbereich F10:F32 und die Haben-Kontonummer in den Zellbereich G10:G32 einzugeben.

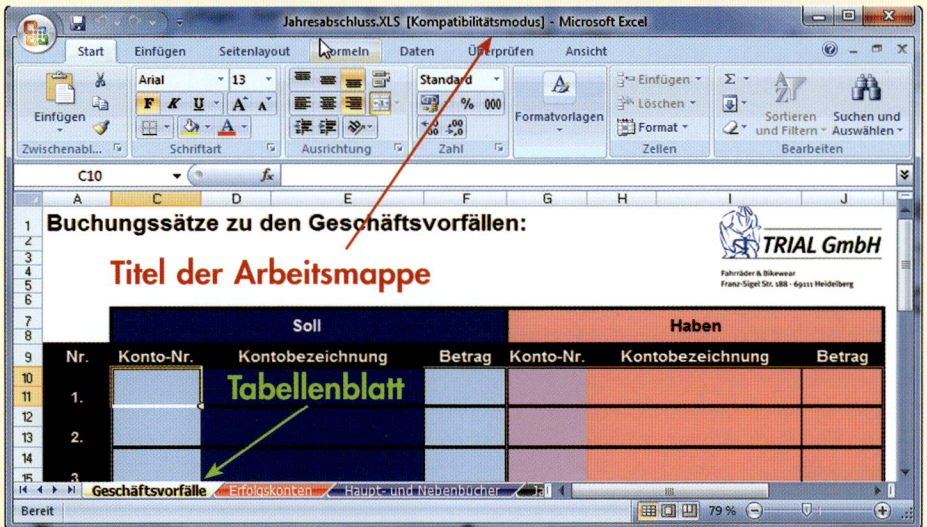

5　Suchen Sie auf den EXCEL-Tabellenblättern Erfolgskonten, Haupt- und Nebenbücher und Jahresabschluss nach den folgenden Salden. Übertragen Sie diese auf das Arbeitsblatt.

	Saldo
Summe Erträge	
Aufwendungen für Waren (Bikewear)	
Bank	
Verbindlichkeiten aus L.u.L.	
Forderungen gegenüber Klaus Baumann	
Verbindlichkeiten gegenüber Raddiscount Wolfsburg	

6　Berechnen Sie mit einem Dreisatz, welche Auswirkungen die Geschäftsvorfälle auf den prozentualen Anteil der Forderungen aus L.u.L. am Gesamtvermögen, welche auf den Anteil der Verbindlichkeiten aus L.u.L. am **Gesamtkapital** haben. Übertragen Sie Ihre Ergebnisse in das Arbeitsblatt.

7　Erläutern Sie, warum sich der Saldo des Eigenkapitals verändert hat, obwohl das Eigenkapital durch keinen der Geschäftsvorfälle (siehe Aufgabe 1.) direkt berührt wurde.

8　Laden Sie im Ordner **Jahresabschluss** den Mandanten **Jahresabschluss00** .

9 Öffnen Sie im Modul **FINANZBUCHHALTUNG** den Hauptmenüpunkt **Kontenplan**. Stimmen die Werte der einzelnen Konten mit denen des (Eröffnungs-)Bilanzkontos (siehe EXCEL-Arbeitsmappe Jahresabschluss) überein?

Tipp:	**Navision** stellt **alle** Werte der **Aktiv-/Sollseite** als **positive**, die der **Passiv-/Habenseite** als **negative** Zahl dar.

2800	**Bank**	73 500,00
2995	**SUMME AKTIVA**	866 040,00
2996		
2997	**PASSIVA**	
2999	**Eigenkapital**	
3000	**Stammkapital**	-600 000,00
4099	**Verbindlichkeiten**	
4200	**Verbindl. gg. Kreditinstituten**	-168 040,00
4400	**Verbindlichkeiten a.L.u.L.**	-98 000,00

10 Öffnen Sie im Modul **FINANZMANAGEMENT** unter dem Menüpunkt **FINANZBUCHHALTUNG** die **Fibu-Buch.-Blätter**. Wählen Sie die allgemeine **Buchungsblattvorlage (ALLGEMEIN)** aus.

Tipp:	Um wieder zurück ins **Hauptmenü** zu gelangen, klicken Sie in der **Symbolleiste** auf das **Symbol** ☒.

11 Blenden Sie nur die Spalten **Buchungsdatum, Belegnr., Externe Belegnummer, Soll-Kontoart, Soll-Kontonr., Haben-Kontoart, Haben-Kontonr., Betrag** und **Beschreibung** ein (siehe BPW: Allgemeine Hinweise zu Navision).

Buchungs-datum	Belegnr.	Externe Beleg-nummer	Soll-Kontoart	Soll-Kontonr.	Haben-Kontoart	Haben-Kontonr.	Betrag	Beschrei-bung
01.01.17	0001		Sach-konto		Sach-konto		0,00	

12 Übertragen Sie die Buchungssätze in Navision.

Tipp:	Aus Gründen der Übersichtlichkeit werden **in diesem Beispiel** Forderungen gegenüber einem Debitor bzw. Verbindlichkeiten gegenüber einem Kreditor auf den Hauptbuchkonten (Konto 2400 Forderungen aus L.u.L. bzw. Konto 4400 Verbindlichkeiten aus L.u.L.) gebucht. Die Erfassung in den entsprechenden Nebenbüchern erfolgt erst zu einem späteren Zeitpunkt.

13 Buchen Sie den Buchungsstapel über die Schaltfläche **Buchen** und den Befehl **Buchen** ins Journal ein.

Tipp:	Kontrollieren Sie die Buchungssätze vor diesem Schritt nochmals, da Sie diese danach nur noch durch eine Stornobuchung korrigieren können.

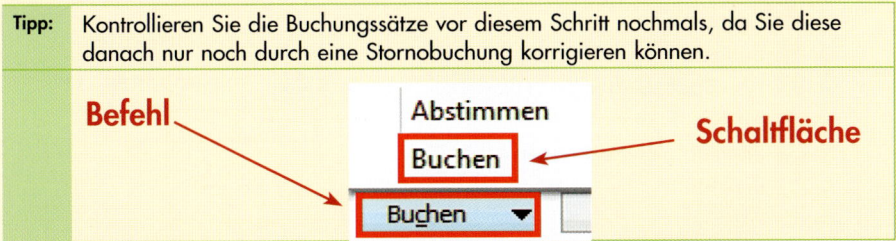

14 Die Auswirkungen der Buchungen auf die einzelnen Konten können Sie unter dem Haupt-menüpunkt **Kontenplan** einsehen. Überprüfen Sie, ob die Werte der einzelnen Konten mit denen des GuV- und (Schluss-)Bilanzkontos (siehe EXCEL-Arbeitsmappe Jahresabschluss) übereinstimmen.

KONTOVERÄNDERUNGEN BETRACHTEN:

1. Journal

① Öffnen Sie im Modul **FINANZMANAGEMENT** unter dem Menüpunkt **HISTORIE** den Punkt **Journale**.

② Wählen Sie mit der Maus den entsprechenden **Geschäftsvorfall** aus (Tag der Buchung im Journal) und wählen Sie über die Schaltfläche **Journal** den Punkt **Sachkonto** aus.

③ *Navision* zeigt die **Veränderungen** auf den betroffenen Konten an.

2. Berichte

④ Öffnen Sie unter dem Menüpunkt **FINANZBUCHHALTUNG** (Modul **FINANZMANAGEMENT**) den Punkt **Berichte**.

⑤ Klicken Sie auf den Listenpfeil neben dem Feld **Filter** (Punkt Posten). Wäh-len Sie das entsprechende **Fibujournal** aus und bestätigen Sie Ihre Auswahl mit **OK**.

⑥ Über die Schaltfläche **Drucken** können Sie sich das Journal **ausdrucken** oder über die Schaltfläche **Seitenansicht** auf dem Monitor anzeigen lassen.

3. Kontenplan

⑦ Öffnen Sie unter dem Menüpunkt **FINANZBUCHHALTUNG** (Modul **FINANZMANAGEMENT**) den Punkt **Kontenplan**.

⑧ In der Spalte **Saldo** sehen Sie den augenblicklichen Saldo des Kontos. Über den **Listenpfeil** lassen sich alle Buchungen, die auf dem Konto erfolgt sind, nachvollziehen.

Tipp:	Über die Schaltfläche **Saldo** und den Befehl **Saldo** können Sie sich die **Auswirkungen** von Buchungen über einen festgelegten Zeitraum anzeigen lassen. Den Zeitraum müssen Sie mithilfe von **Datumsfiltern** eingeben:

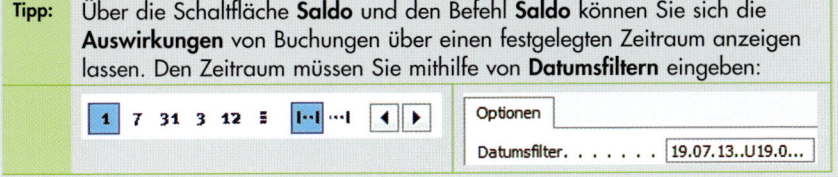

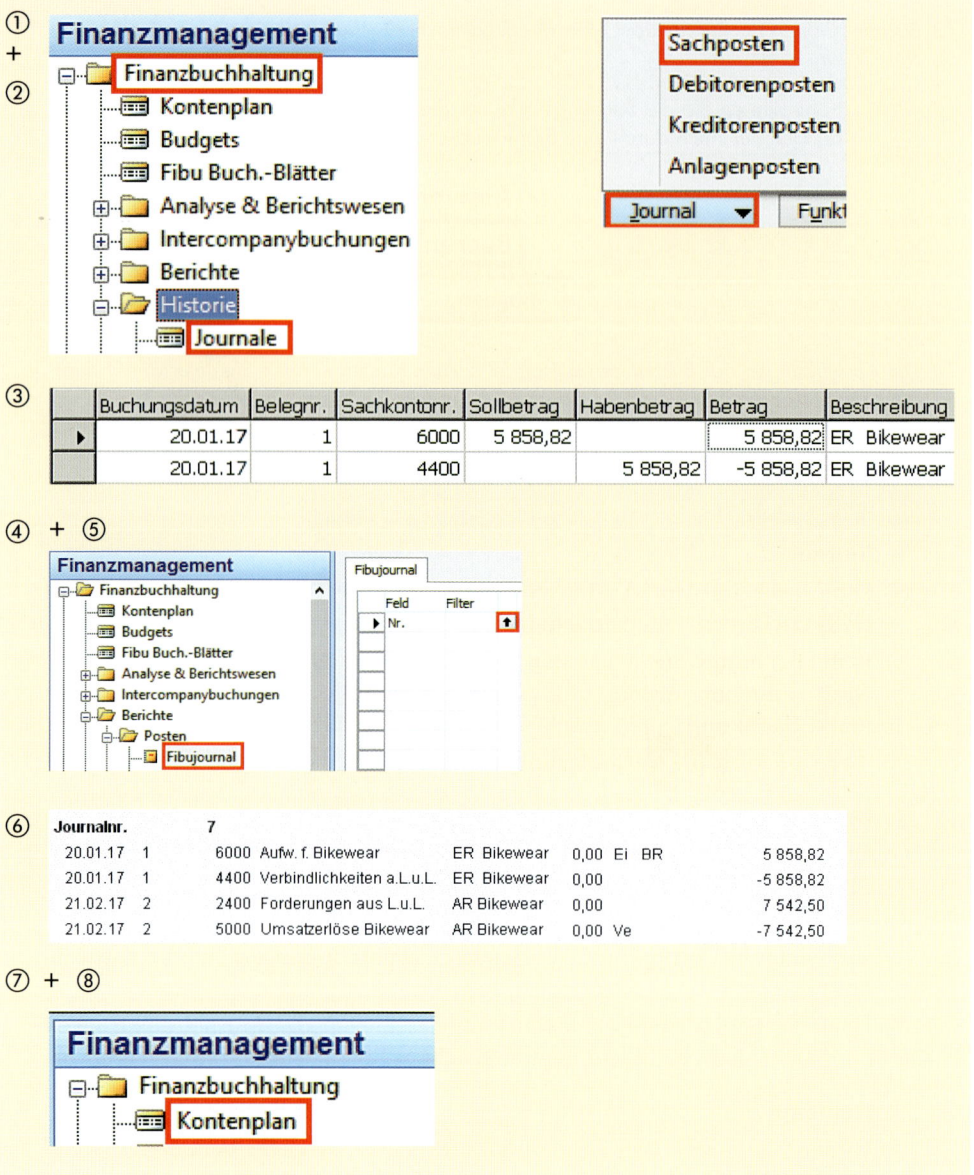

① +
② Finanzmanagement

Sachposten
Debitorenposten
Kreditorenposten
Anlagenposten

Journal ▼ Funkt

③

Buchungsdatum	Belegnr.	Sachkontonr.	Sollbetrag	Habenbetrag	Betrag	Beschreibung
20.01.17	1	6000	5 858,82		5 858,82	ER Bikewear
20.01.17	1	4400		5 858,82	-5 858,82	ER Bikewear

④ + ⑤

⑥

Journalnr.   7

20.01.17	1	6000	Aufw. f. Bikewear	ER Bikewear	0,00 Ei BR	5 858,82
20.01.17	1	4400	Verbindlichkeiten a.L.u.L.	ER Bikewear	0,00	-5 858,82
21.02.17	2	2400	Forderungen aus L.u.L.	AR Bikewear	0,00	7 542,50
21.02.17	2	5000	Umsatzerlöse Bikewear	AR Bikewear	0,00 Ve	-7 542,50

⑦ + ⑧

Finanzmanagement

Finanzbuchhaltung
Kontenplan

5 Besonderheiten bei Warengeschäften

5.1 Bestandsveränderungen

5.1.1 Bestandsveränderungen durch Warengeschäfte

PROBLEM

Der Kunde **A. Bährs Radstudio** hat zehn Windbreaker Altissimo bestellt. Da diese nicht mehr vorrätig waren, hat Herr Merkle die Windbreaker beim Lieferanten **BIKE GROHA DOLL GmbH** beschafft.

Herr Böhler (**A. Bährs Radstudio**) hat nun telefonisch mitgeteilt, dass kurzfristig mehrere Käufer von ihrer Bestellung zurückgetreten seien. **A. Bährs Radstudio** benötige daher nur noch fünf Windbreaker Altissimo. Da **A. Bährs Radstudio** schon seit Jahren ein treuer und zuverlässiger Kunde der TRIAL GmbH ist, hat Frau Lurka (Abteilungsleiterin Verkauf) kulanterweise zugestimmt, die Bestellung von zehn auf fünf Windbreaker zu reduzieren.

Arbeitsauftrag:

Bilden Sie die Buchungssätze für die beiden folgenden Belege und übertragen Sie diese in die T-Konten auf dem Arbeitsblatt.

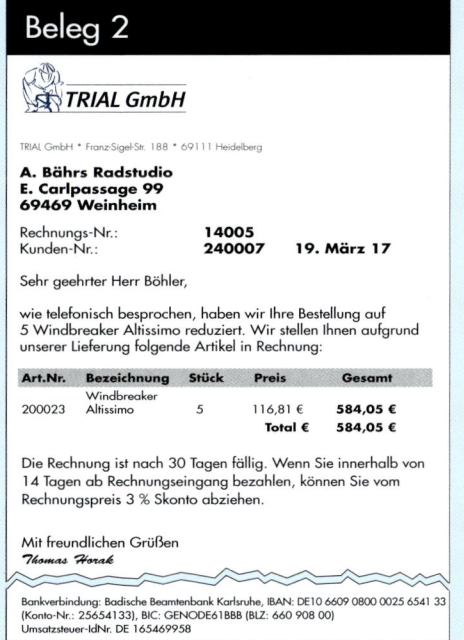

PROBLEM

Obwohl nur fünf Windbreaker an **A. Bährs Radstudio** verkauft wurden, ist Abteilungsleiterin Lurka mit dem Geschäft zufrieden. Nur Meral Öger (Abteilungsleiterin Lager)
warnt: „Die **Lagerkosten** sind in den letzten Monaten sprunghaft angestiegen. Sehr
lange kann sich die TRIAL GmbH eine solche Kulanz gegenüber den Kunden nicht
mehr leisten!"

Arbeitsauftrag:

1. Zeigen Sie auf dem Arbeitsblatt, warum Frau Lurka mit dem Verkauf der Windbreaker zufrieden ist.

2. Stellen Sie die Auswirkungen der beiden Geschäftsvorfälle auf den Lagerbestand
   (Menge und Wert) der Windbreaker Altissimo dar.

Auswirkungen der Warengeschäfte auf die Warenkonten der TRIAL GmbH

Buchung der Eingangsrechnung

Der Einkauf von Waren ist Teil des **Leistungsprozesses** der TRIAL GmbH. Der **Wert der
Waren** (zehn Windbreaker Altissimo bewertet zu **Einkaufspreisen**) wird daher auf dem
Erfolgskonto Aufwendungen für Waren (hier: **Konto 6000 Aufwendungen für Waren
(Bikewear))** erfasst.

Buchung der Eingangsrechnung (Leistungsprozess)

Soll-Kontonr.	Name	Haben-Kontonr.	Name	Betrag in €
6000	Aufw. f. W. (Bikewear)			457,98
		440000	Verb. gg. Bike GROHA Doll	457,98

Aufbau von Warenbeständen

Ein wichtiger Baustein für den Erfolg eines **Handelsunternehmens** ist eine hohe **Lieferbereitschaft** (Servicegrad).

Die Waren, die beschafft werden, um einen hohen Servicegrad zu gewährleisten oder
wegen geringer Nachfrage nicht sofort verkauft werden können, sind nicht Teil des **aktuellen Leistungsprozesses**. Der Aufbau von Warenbeständen ist eine **Investition** in
zukünftige Leistungsprozesse (erweiterter Investitionsprozess):

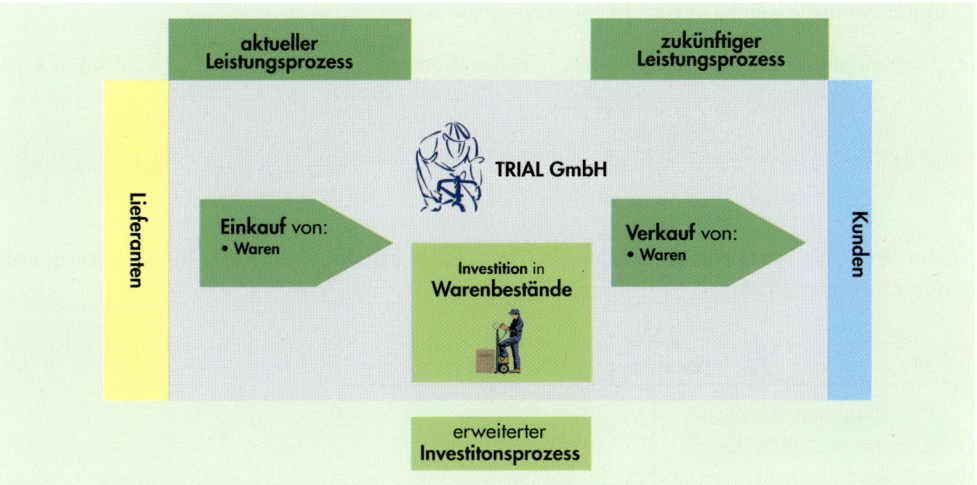

Dieser Sachverhalt macht eine **Korrektur** der in der **Buchhaltung** erfassten Werte erforderlich. Waren, die im Lager aufbewahrt werden, dürfen den **aktuellen Erfolg** des Unternehmens **nicht** beeinflussen und werden daher bis zu ihrer Entnahme als **Vermögenswert** (Umlaufvermögen) auf einem **Bestandskonto** gebucht. Die Erfassung von **Warenbeständen** erfolgt auf dem **Bestandskonto Waren** (hier: Konto 2000 Warenbestand (Bikewear)):

- Korrektur des Leistungsprozesses bei Bestandserhöhungen

  Bis zur Auslieferung an den Kunden **A. Bährs Radstudio** am **19.03...** werden die von der **BIKE GROHA DOLL GmbH** gelieferten Waren im **Lager** aufbewahrt. Vor der Einlagerung hat Herr Müller (Lagerist) diese am **17.03...** auf Mängel geprüft.

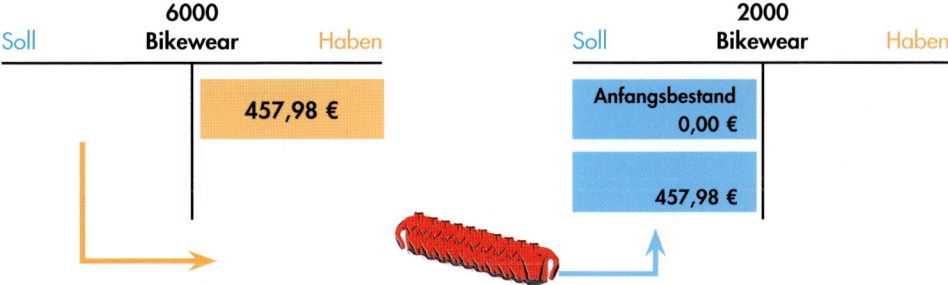

353

Lagerbuchung (erweiterter Investitionsprozess)

Soll-Kontonr.	Name	Haben-Kontonr.	Name	Betrag in €
2000	Warenbestand (Bikewear)			457,98
		6000	Aufw. f. W. (Bikewear)	457,98

Der Wert des **Warenbestands** der TRIAL GmbH **erhöht** sich durch die **Lagerung** von Waren (**erweiterter Investitionsprozess**):

- Korrektur des **Warenbestandswerte**s bei **Bestandsminderungen**

Bei der Auslieferung werden Waren (fünf Windbreaker Altissimo bewertet zu **Einkaufspreisen**) für den **Leistungsprozess** (Verkauf) aus dem **Lager** entnommen. Der Warenbestand muss um den Wert der Entnahme korrigiert werden.

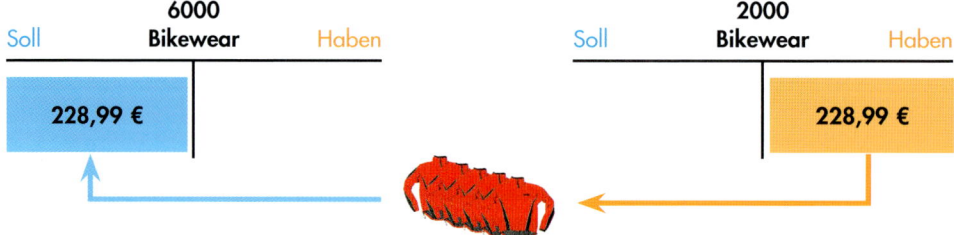

Buchung der Entnahme aus dem Lager (erweiterter Desinvestitionsprozess)

Soll-Kontonr.	Name	Haben-Kontonr.	Name	Betrag in €
6000	Aufw. f. W. (Bikewear)			228,99
		2000	Warenbestand (Bikewear)	228,99

Der Wert des **Warenbestands** der TRIAL GmbH mindert sich durch die Lieferung (**erweiterter Desinvestitionsprozess**):

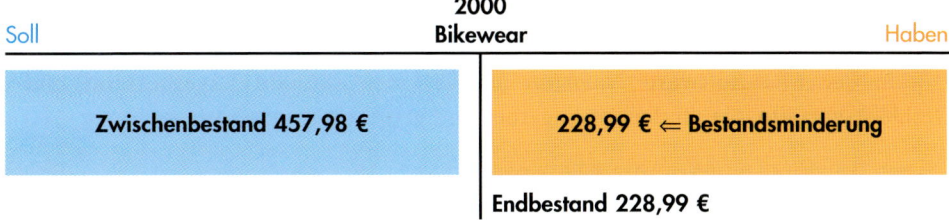

ZUSAMMENFASSUNG

Bestandsmehrungen beim Lagerzugang und **Bestandsminderungen** beim Lagerabgang

① Buchung der **Eingangsrechnung**

② Lagerbuchung (**erweiterter Desinvestitionsprozess**) = Korrektur des Erfolgskontos

③ Entnahme aus dem Lager (**erweiterter Investitionsprozess**)

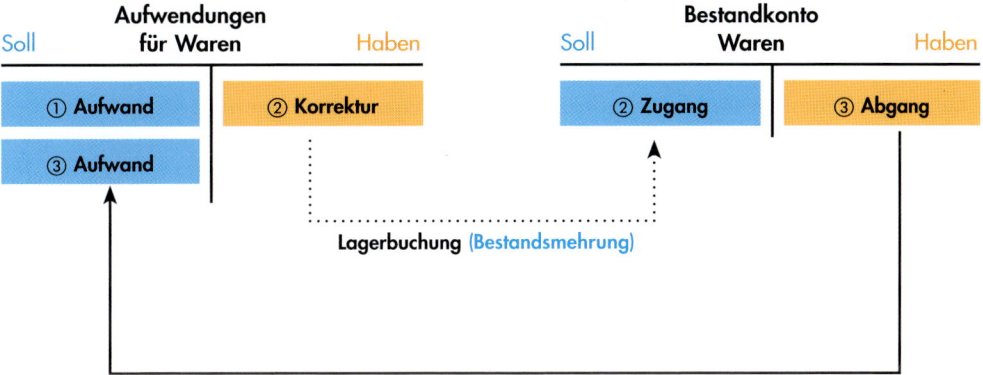

Buchung beim Verkauf der Waren (Bestandsminderung)

AUFGABEN

1   Bilden Sie für die folgenden Geschäftsvorfälle die Buchungssätze:

Geschäftsvorfall
a) Die TRIAL GmbH hat am 18. März vom Lieferanten Zacher GmbH eine Rechnung über 15 Rennräder VENTOUX Two erhalten, Preis 8 936,85 €.
b) Zehn Rennräder VENTOUX Two wurden sofort für 11 990,00 € an den Kunden Radshop Seile KG verkauft.
c) Für fünf Rennräder VENTOUX Two (Nettowert je Stück: 595,79 €) konnte noch kein Käufer gefunden werden. Bis zum Verkauf werden diese im Lager aufbewahrt.
d) Am 20. März werden die fünf Rennräder VENTOUX Two aus dem Lager entnommen.
e) Die fünf Rennräder VENTOUX Two werden dem Kunden Radshop Seile KG für 5 995,00 € in Rechnung gestellt.

2   Übertragen Sie die durch die Geschäftsvorfälle verursachten Änderungen in T-Konten (Arbeitsblatt).

5.1.2   Bestandsveränderungen beim Vorratsvermögen

Die im vorangegangenen Kapitel beschriebenen Buchungen beim Eingang, der Einlagerung und der Entnahme von Waren aus dem Lager ermöglichen einem Unternehmen während des Geschäftsjahres einen **Überblick** über die Warenbestände. So lassen sich z. B. in der **ERP-Software** *Navision* jederzeit der **aktuelle Lagerbestand** und die **Geschäftsvorfälle,** die zu diesem Lagerbestand geführt haben, abrufen:

		aktueller
		Lagerbestand

Ursachen für Bestandsveränderungen

Buchungsdatum	Postenart	Belegnr.	Artikelnr.	Lagerort...	Menge	Fakturiert...	Betrag	Lagerwert reg...
17.03.17	Einkauf	22008	200023	ZENTRAL	10	10	457,98	457,98
19.03.17	Verkauf	12023	200023	ZENTRAL	-5	-5	-599,15	-228,99

Die **tatsächlichen Bestandsveränderungen** beim **Vorratsvermögen** werden erst bei der Inventur festgestellt. Der tatsächliche Warenbestand kann z. B. wegen Diebstahl oder Fehlbuchungen von dem in der Finanzbuchhaltung erfassten Wert abweichen. Die im **Inventar** dokumentierten Werte müssen deshalb zum **Abschluss** des **Geschäftsjahres** über die Hauptabschlussübersicht in die **Finanzbuchhaltung** übernommen werden (siehe Abbildungen Folgeseiten: Übernahme der Inventarwerte ④).

Bestandserhöhungen

Ist der bei der Inventur des **aktuell** abgelaufenen **Geschäftsjahres** festgestellte **Wert höher** als der **Wert** des **letzten Geschäftsjahres** (= **Anfangsbestand**), hat sich der **Bestand erhöht**. Dies bedeutet, dass nicht alle der eingekauften Waren für den **Leistungsprozess** benötigt wurden. Bis zum Verkauf verbleiben diese Waren im **Lager** (**erweiterter Investitionsprozess**).

*Beispiel: Die **Hauptbuchkonten** weisen folgende Zahlen aus: Die TRIAL GmbH hat während des Geschäftsjahres Bikewear im Wert von 25 000,00 € von ihren Lieferanten beschafft (①) **(Konto 6000 Aufwendungen für Waren (Bikewear))**. Diese wurden zunächst im Lager aufbewahrt (②). Da die Nachfrage nach Bikewear unerwartet gesunken ist, konnte im Geschäftsjahr nur Bikewear im Wert von 24 000,00 € veräußert werden (③). Der **Lagerbestand (Konto 2000 Warenbestand (Bikewear))** hat sich auf 2 000,00 € (Anfangsbestand = 1 000,00 €) erhöht.*

Fall 1

Stimmen die vorläufigen Werte der **Finanzbuchhaltung** mit denen des **Inventars überein** (⑤), können die Salden der Hauptbuchkonten ohne Korrekturen in das **Bilanzkonto** bzw. das **GuV-Konto** übernommen werden (④). Der Saldo des Kontos Aufwendungen für Waren (hier: Konto 6000 Aufwendungen für Waren (Bikewear)) wird als **Wareneinsatz** bezeichnet.

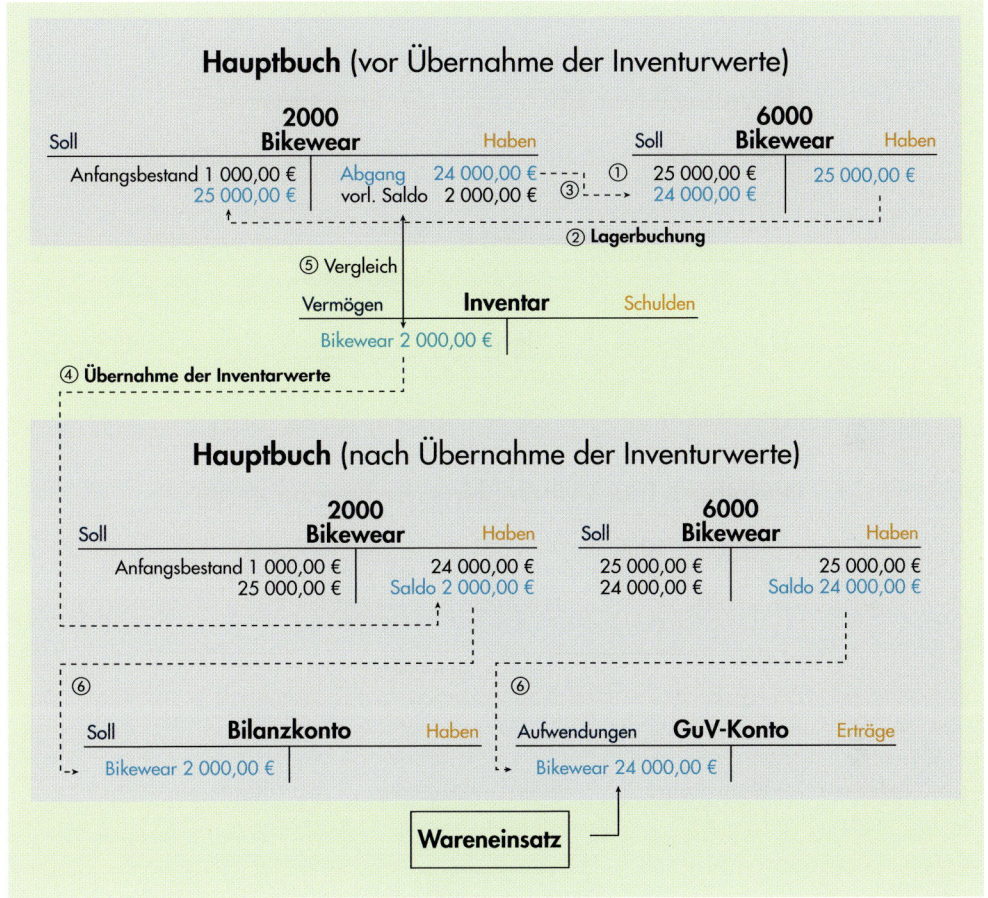

Fall 2

Weichen die Werte des **Inventars** von denen der **Finanzbuchhaltung ab** (⑤), müssen die Aufwendungen (hier: Aufwendungen für Bikewear) um den Wert der (zusätzlichen) **Bestandserhöhung** korrigiert werden (⑥). Die Salden der Konten Aufwendungen für Waren (hier: Konto 6000 Aufwendungen für Waren (Bikewear)) und Waren (hier: Konto 2000 Warenbestand (Bikewear)) werden in das **Bilanzkonto** bzw. **GuV-Konto** übernommen (⑦).

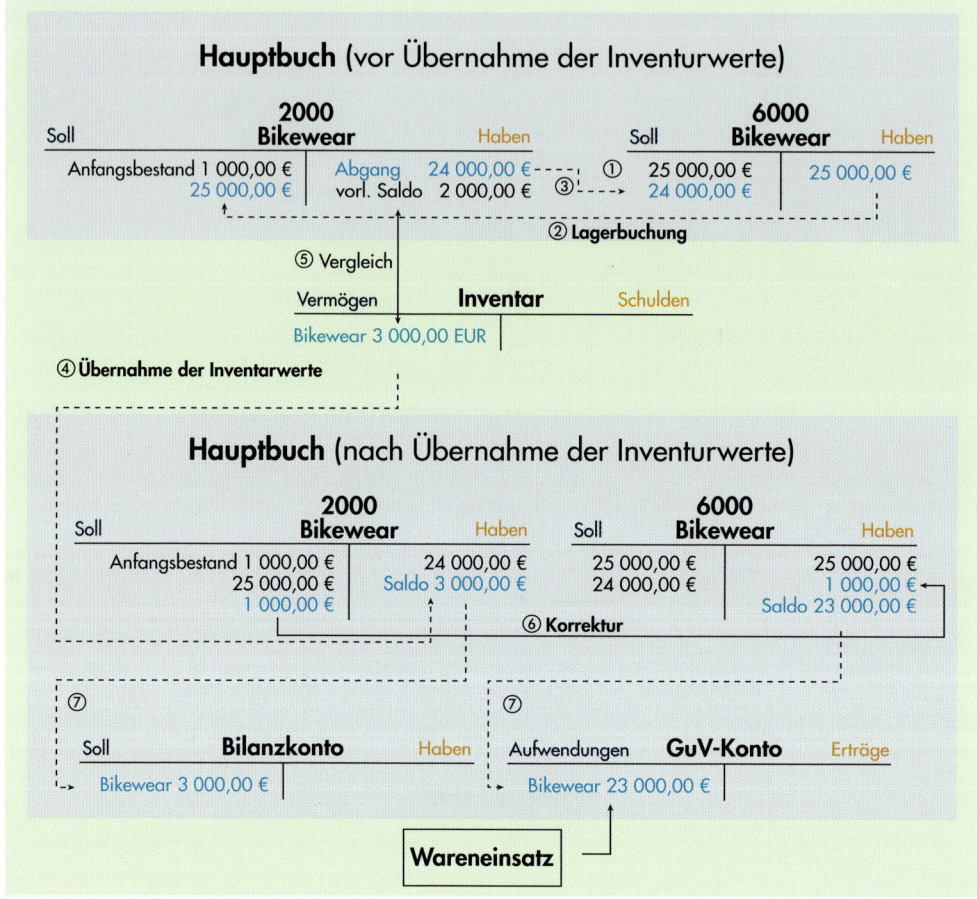

Bestandsminderungen

Ist der bei der Inventur des **aktuell** abgelaufenen **Geschäftsjahres** festgestellte **Wert niedriger** als der **Wert** zu Beginn des **Geschäftsjahres** (= Anfangsbestand), hat sich der **Bestand gemindert**. Dies bedeutet, dass zur Sicherstellung des Leistungsprozesses Waren aus dem Lager entnommen wurden (**erweiterter Desinvestitionsprozess**) oder der Warenbestand z. B. wegen Diebstahl abgenommen hat.

*Beispiel: Die Nachfrage nach Bikewear ist im Geschäftsjahr unerwartet stark gestiegen. Neben den in diesem Geschäftsjahr getätigten Einkäufen (①), musste zusätzlich Bikewear im Wert von 500,00 € aus dem **Lager (Konto 2000 Warenbestand (Bikewear))** entnommen werden (③) (insgesamt Waren im Wert von 25 500,00 €). Der Wert des Lagerbestands hat sich auf 500,00 € reduziert.*

Fall 1

Stimmen die Werte der **Finanzbuchhaltung** mit denen des **Inventars überein** (⑤), können die Hauptbuchkonten **ohne Korrekturen** abgeschlossen und die Salden in das **Bilanzkonto** bzw. **GuV-Konto** übernommen werden (⑥).

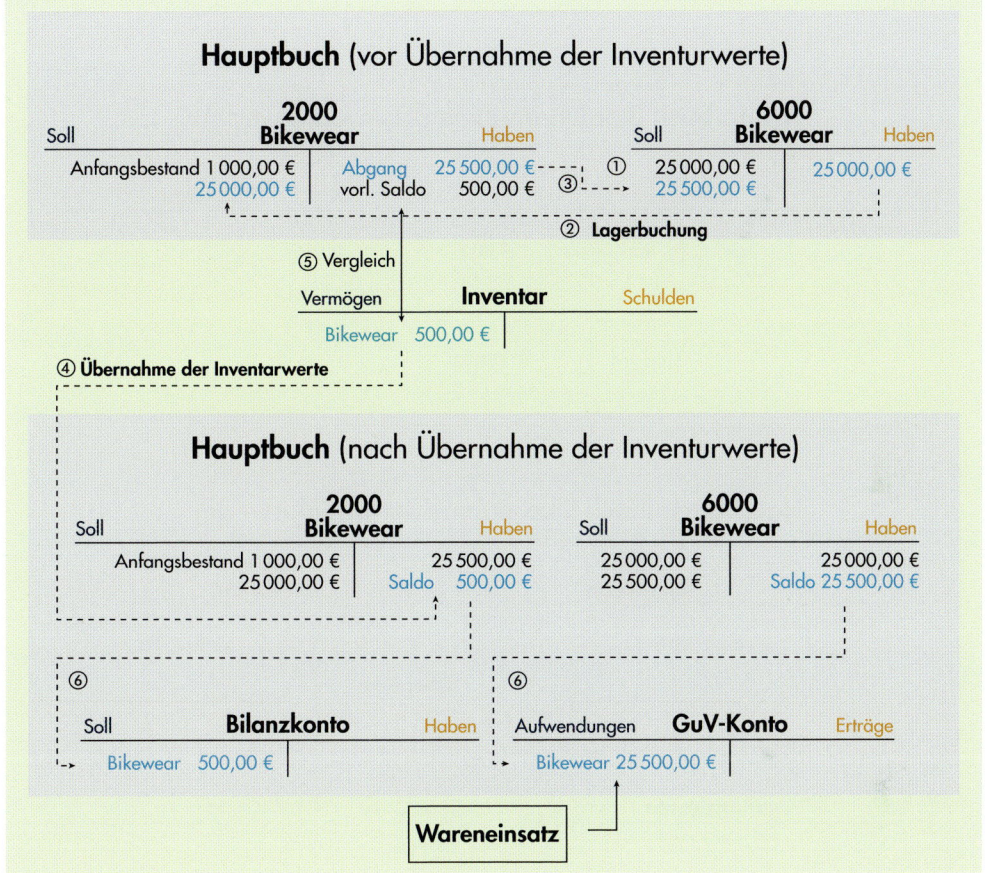

Fall 2

Weichen die Werte des *Inventars* von denen der *Finanzbuchhaltung ab* (⑤) *(eventuell wegen Fehlbuchungen oder Diebstahl), muss der* Aufwand *um den Wert der (zusätzlichen)* Bestandsminderung *korrigiert werden (⑥). Die korrigierten Werte werden in das* **Bilanzkonto** *bzw. das* **GuV-Konto** *übernommen (⑦).*

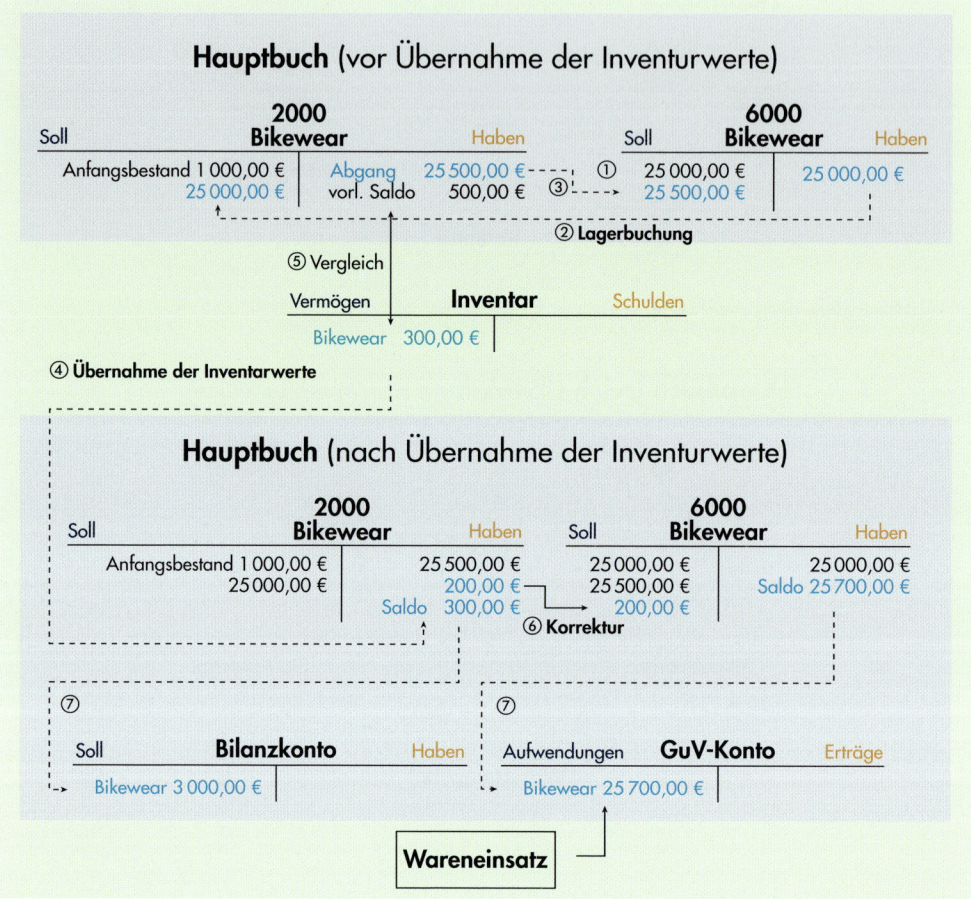

ZUSAMMENFASSUNG

• **Bestandserhöhung**
  Wurden mehr Waren eingekauft, als für den **Leistungsprozess** benötigt wurden, **erhöht** sich der Warenbestand (**erweiterter Investitionsprozess**).

Bestandserhöhung ⇒ **Endbestand lt. Inventar – Anfangsbestand > 0**

- **Bestandsminderung**

Werden für den **Leistungsprozess** mehr Waren benötigt, als eingekauft wurden, müssen diese aus dem Warenbestand (Lager) entnommen werden. Der Warenbestand **verringert** sich (**erweiterter Desinvestitionsprozess**).

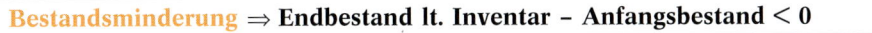

Bestandsminderung ⇒ **Endbestand lt. Inventar – Anfangsbestand < 0**

1   Ermitteln Sie in den folgenden Fällen die Höhe der **Bestandsmehrung** bzw. der **Bestandsminderung** des Geschäftsjahres. Übertragen Sie die Werte auf das Arbeitsblatt.

Fall	Anfangsbestand	Saldo Waren (lt. Fibu)	Wert des Inventars
1	10 000,00 €	8 000,00 €	8 000,00 €
2	8 000,00 €	12 000,00 €	12 000,00 €
3	12 000,00 €	14 000,00 €	15 000,00 €
4	15 000,00 €	17 000,00 €	16 000,00 €
5	16 000,00 €	15 000,00 €	14 000,00 €
6	14 000,00 €	11 000,00 €	12 000,00 €

2   Der Bestand an Mountainbikes TRIAL EXTREM hat zu Beginn des Geschäftsjahres 50 Stück (Einkaufspreis 1 007,56 €) betragen. Folgende Geschäftsvorfälle haben sich während des Geschäftsjahres ereignet:

Geschäftsvorfall
I.   Die TRIAL GmbH hat 45 Mountainbikes TRIAL EXTREM zum Stückpreis 2 154,31 € verkauft.
II. Um die Lieferbereitschaft zu sichern, wurden daraufhin 20 Mountainbikes TRIAL EXTREM vom Raddiscount Wolfsburg für 20 151,20 € bar eingekauft.
III. Dem Kunden Franz Klammer KG wurden zehn Mountainbikes TRIAL EXTREM für 21 543,10 € verkauft.

Laut Inventur sind zum Geschäftsjahresende noch 12 Mountainbikes TRIAL EXTREM im Lager.

a) *Bilden Sie für die Geschäftsvorfälle I. bis III. die Buchungssätze für die **Lagerveränderungen** und übertragen Sie diese auf das Arbeitsblatt.*

b) *Tragen Sie die Veränderungen auf den Konten **6010 Aufwendungen für Mountainbikes** und **2010 Warenbestand (Mountainbikes)** in die T-Konten auf dem Arbeitsblatt ein. Schließen Sie die T-Konten anschließend ab.*

c) *Welche Auswirkungen hat der Schlussbestand laut Inventur auf die Konten **6010 Aufwendungen für Waren (Mountainbikes)** und **2010 Warenbestand (Mountainbikes)**. Zeigen Sie diese auf dem Arbeitsblatt mithilfe der beiden T-Konten.*

5.2 Umsatzsteuer

5.2.1 Steuerbare und steuerpflichtige Umsätze

PROBLEM

Katja Müller versteht nicht, warum die **BUNNYBIKE OHG** zusätzlich zum Einkaufspreis (**Nettoentgelt**) Mehrwertsteuer (**MwSt.**) bezahlen muss: „Der Staat hat doch überhaupt nichts mit dem Kaufvertrag zwischen der **TRIAL GmbH** und der **BUNNY-BIKE OHG** zu tun. Das ist doch reine Geldmacherei!"

Herr Ernst ist anderer Meinung: „Ohne die Mehrwertsteuer könnte der Staat die vielen **öffentlichen** Güter, z. B. den Schulbesuch, überhaupt nicht **finanzieren**."

Arbeitsauftrag:
Nennen Sie drei weitere **öffentliche Güter**, die der Staat seinen Bürgern (scheinbar kostenlos) zur Nutzung (wie den Schulbesuch) bereitstellt.

Wichtigste Kapitalquelle zur Finanzierung öffentlicher Güter ist die Mehrwertsteuer:

Die Höhe der zu entrichtenden Mehrwertsteuer hängt von der Höhe der Umsätze (Nettoentgelt) ab. Sie wird deshalb auch als **Umsatzsteuer** bezeichnet.

PROBLEM

Katja Müller ist völlig verunsichert: „In den letzten Wochen habe ich öfters bei eBay Waren ersteigert. Hätte ich auf diese Umsätze etwa Umsatzsteuer bezahlen müssen?"

Arbeitsauftrag:
1. Lesen Sie die folgenden Zusammenfassungen der §§ 1 und 2 des Umsatzsteuergesetzes (UStG).

2. Erläutern Sie, ob die Umsätze, die Katja Müller bei eBay getätigt hat, **steuerbar** sind.

Im **Umsatzsteuergesetz** (§ 1 UStG) ist festgelegt, welche Umsätze **steuerbar** sind:
- Lieferungen und sonstige Leistungen, die ein Unternehmer im Inland gegen Entgelt ausführt (z. B. Verkauf von Fahrrädern, Bikewear),
- Lieferungen und sonstige Leistungen, die Unternehmer im Inland für ihre Arbeitnehmer bzw. Körperschaften/Personenvereinigungen für ihre Gesellschafter bzw.

Mitglieder ohne besonderes Entgelt erbringen (z. B. Zurverfügungstellung eines Geschäftswagens),

- Eigenverbrauch eines Unternehmers im Inland (z. B. Entnahme eines Fahrrades für den eigenen Gebrauch),
- Einfuhr von Gegenständen aus dem Drittlandgebiet in das Inland (z. B. Einfuhr von Bikewear aus den USA),
- innergemeinschaftlicher Erwerb von Gegenständen im Inland gegen Entgelt (z. B. Einfuhr von Fahrrädern aus Frankreich, Kauf eines Geschäftswagens in Dänemark).

PROBLEM

Katja Müller: „Meine Eltern verkaufen im Sommer die von ihnen in ihrem Garten angebauten Erdbeeren. Müssen meine Eltern etwa Umsatzsteuer von ihren Kunden verlangen?"

Arbeitsauftrag:

Stellen Sie mithilfe des folgenden Textes fest, ob die von Katja Müllers Eltern erzielten Umsätze steuerpflichtig sind.

Das Umsatzsteuergesetz (§ 4 UStG) enthält etliche Ausnahmen, in denen **steuerbare** Umsätze **nicht steuerpflichtig** sind. Beispiele hierfür sind:

- Finanz- und Bankumsätze,
- Umsätze aus der Vermietung und Verpachtung von Grundstücken und Gebäuden,
- Briefmarken der Deutschen Post AG.

Umsätze von Kleinunternehmern (Unternehmer, deren Umsatz im vergangenen Geschäftsjahr 17 500,00 € nicht überstiegen hat und im laufenden Geschäftsjahr voraussichtlich 50 000,00 € nicht übersteigen wird), die im Inland ansässig sind, wird die geschuldete Umsatzsteuer nicht erhoben (UStG § 19).

5.2.2 Der Umsatzsteuertarif

PROBLEM

Katja Müller findet es nicht gerecht, dass **Umsätze**, die im Zusammenhang mit Wertpapiergeschäften anfallen, nicht versteuert werden müssen: „Das ist doch wieder typisch Staat. Das würde doch insbesondere die Bezieher von hohen Einkommen treffen, die die Möglichkeit haben, Geld in Wertpapieren anzulegen. Sobald aber der ‚kleine Mann' sein hart verdientes Geld für Lebensmittel ausgibt, werden Steuern kassiert!"

Herr Ernst entgegnet ihr, dass das Steuersystem der Bundesrepublik Deutschland zahlreiche Bestimmungen enthält, die Bezieher geringerer Einkommen entlasten: „In diesem Fall profitieren Sie doch auch von der Umsatzsteuerbefreiung, Frau Müller. Legen Sie nicht jeden Monat einen Teil Ihrer Vergütung für Ihre Altersvorsorge in Aktienfonds an?"

Arbeitsauftrag:

Nennen Sie weitere Beispiele, bei denen der Staat die **Bezieher niedriger Einkommen** steuerlich **entlastet** bzw. die **Bezieher höherer Einkommen** steuerlich **belastet**.

Im Gegensatz zum Einkommensteuertarif gibt es bei der Umsatzsteuer keinen nach der Höhe (der Umsätze) gestaffelten **Steuertarif**. Der **Regelsteuersatz** für die steuerbaren und steuerpflichtigen Umsätze beträgt **19 %**. Auf viele Umsätze wird allerdings der **ermäßigte Steuersatz** von **7 %** angewendet (§ 12 UStG). Dazu gehören, z. B. Umsätze aus

- Lebensmitteln und Getränken (soweit diese nicht zum Verzehr an Ort und Stelle bestimmt sind),
- Büchern, Zeitungen und Zeitschriften,
- Leistungen gemeinnütziger, mildtätiger oder kirchlicher Körperschaften,
- der Beförderung von Personen im Schienenbahnverkehr.

5.2.3 Das Umsatzsteuersystem

Die Umsatzsteuer wird auf steuerbare und steuerpflichtige Umsätze (Nettoentgelte) von Unternehmen an inländische Endverbraucher (= **Konsumenten**) erhoben. Im Gegensatz zur Einkommensteuer muss der Konsument (= **Steuerträger**) die Steuer nicht an den Staat, sondern an das Unternehmen, von dem er eine Leistung bezieht, abführen.

Das Unternehmen muss die Umsatzsteuer, die es seinen Kunden in Rechnung stellt, bis zum 10. des Folgemonats an die **Finanzbehörden** weiterleiten. Die Umsatzsteuer wird bis zu diesem Zeitpunkt in der Buchhaltung des Unternehmens (= **Steuerschuldner**) als **Verbindlichkeit gegenüber dem Finanzamt** gebucht. Die Schuld gegenüber den Finanzbehörden besteht ab dem Zeitpunkt der **Rechnungsstellung**. Dabei spielt es keine Rolle, ob das Unternehmen die Umsatzsteuer vom Kunden bereits erhalten hat oder nicht.

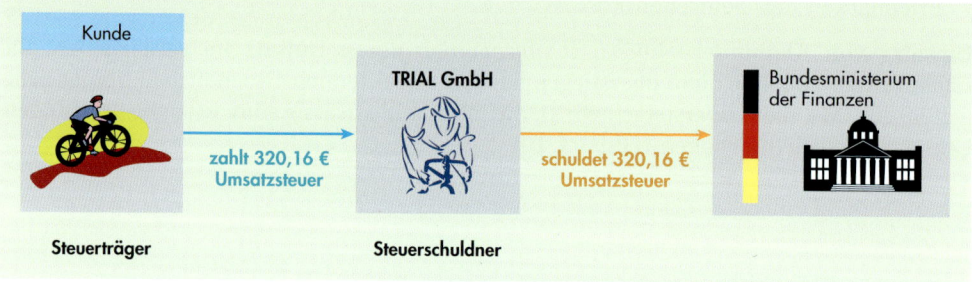

Für die Unternehmen wäre es zu aufwendig, zu überprüfen, ob der Empfänger der Leistung **Endverbraucher** oder **Wiederverkäufer** (dazu gehören Handelsunternehmen wie die TRIAL GmbH) ist. Die Steuer wird daher von **allen** Leistungsempfängern erhoben. Wiederverkäufer können die gezahlte Steuer vom Staat zurückfordern (Vorsteuerabzug). Um diese **Forderung** von den **Verbindlichkeiten gegenüber dem Finanzamt** abzugrenzen, nennt man sie **Vorsteuer**.

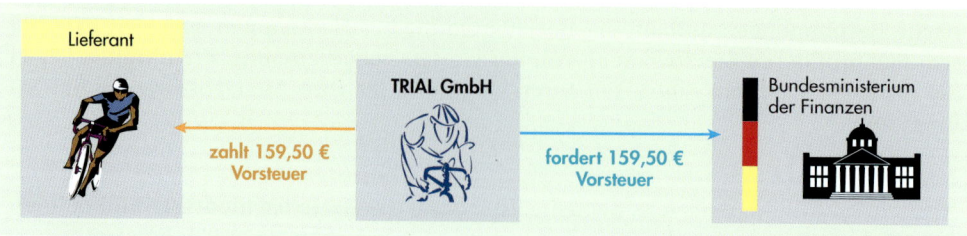

PROBLEM

Katja Müller: „Das Finanzamt überweist der TRIAL GmbH die **Vorsteuer** und im Gegenzug überweist die TRIAL GmbH dem Finanzamt die **Umsatzsteuer**. Geht das nicht einfacher?"

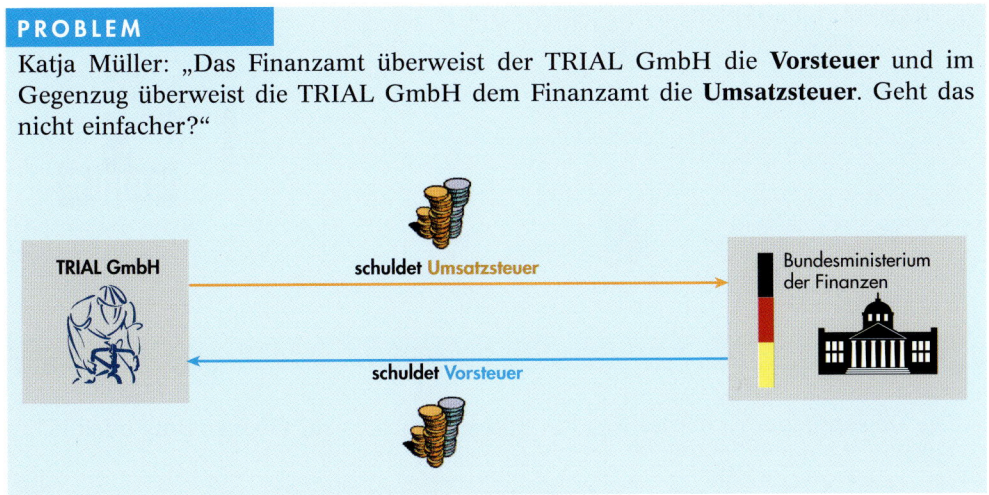

In der Praxis werden die während eines **Kalendermonats** (Voranmeldezeitraum) angefallenen **Vor-** und **Umsatzsteuerbeträge** miteinander **verrechnet**. Bis **spätestens zum 10. des Folgemonats** müssen dem Finanzamt die jeweiligen Beträge mittels eines **Umsatzsteuervoranmeldungs-Formulars** (siehe nächste Seite) mitgeteilt werden.

Fall 1 Zahllast

Sind die **Umsatzsteuerbeträge** des Voranmeldungszeitraums **höher** als die **Vorsteuerbeträge** gewesen, muss die TRIAL GmbH die Differenz (= **Zahllast**) an das Finanzamt überweisen.

	Umsatzsteuer	320,16 €
−	Vorsteuer	159,50 €
	Zahllast	160,66 €

Fall 2 Vorsteuerüberhang

Waren die **Umsatzsteuerbeträge** des Voranmeldungszeitraums **niedriger** als die **Vorsteuerbeträge** erhält die TRIAL GmbH die Differenz (= **Vorsteuerüberhang**) vom Finanzamt erstattet.

	Umsatzsteuer	3,51 €
−	Vorsteuer	159,50 EUR
	Vorsteuerüberhang	− 155,99 €

ZUSAMMENFASSUNG

- Die **Umsatzsteuer** ist der **Beitrag** des Endverbrauchers zur **Finanzierung** öffentlicher Güter.

- Die **Höhe** der zu entrichtenden **Umsatzsteuerlast** ist abhängig vom:
  - Steuersatz (Regelsteuersatz = 19 %, ermäßigter Steuersatz = 7 %),
  - Umsatz (Nettoentgelt).

- Die **Umsatzsteuerlast** hat nur der Endverbraucher (= **Steuerträger**) zu tragen.

- Der Staat hat einen Anspruch (= **Verbindlichkeit gegenüber Finanzamt**) auf die dem Steuerträger vom Unternehmen (= **Steuerschuldner**) in Rechnung gestellte **Umsatzsteuer**.

- Die von einem Handelsunternehmen (**Wiederverkäufer**) für Handelswaren an einen Lieferanten abgeführte Umsatzsteuer (= **Vorsteuer**) kann im Rahmen des Vorsteuerabzugs vom Staat zurückgefordert werden (= **Forderung gegenüber dem Finanzamt**).

- Die **Forderungen** gegenüber dem Finanzamt und die **Verbindlichkeiten gegenüber dem Finanzamt** werden **monatlich** miteinander **verrechnet**:

a) **Umsatzsteuer > Vorsteuer**

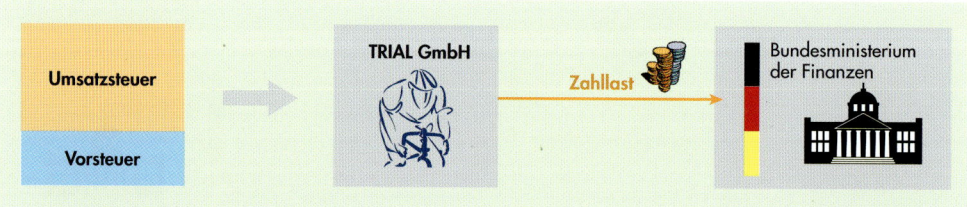

b) **Vorsteuer > Umsatzsteuer**

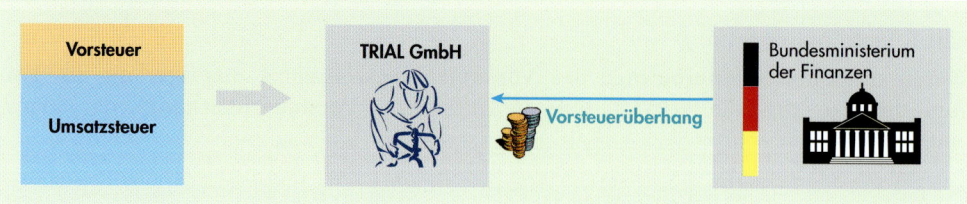

- Die Höhe der **Zahllast** bzw. des **Vorsteuerüberhangs** des **Voranmeldungszeitraums** muss den Finanzbehörden **bis spätestens** zum **10.** des **Folgemonats** über das **Umsatzsteuervoranmeldungs-Formular** mitgeteilt werden.

1 *Überprüfen Sie die folgenden **Behauptungen**:*

	richtig	falsch
a) Kunden müssen beim Kauf von Waren Vorsteuer bezahlen.		
b) Nur Handelsbetriebe dürfen die Vorsteuer beim Finanzamt geltend machen.		
c) Ist die Summe der von den Kunden erhaltenen Umsatzsteuer kleiner als die gezahlte Vorsteuer, ergibt sich ein Vorsteuerüberhang.		
d) Die Vorsteueranmeldung muss spätestens zum Ende des nächsten Kalendermonats bei den Finanzbehörden abgegeben werden.		
e) Lieferanten haben beim Verkauf von Waren an die TRIAL GmbH einen Anspruch auf Vorsteuer.		
f) Die Unternehmen müssen die Zahllast an die Finanzbehörden abführen.		

2 *Nennen Sie drei Beispiele für Umsätze, die der Umsatzsteuerpflicht unterliegen.*

3 *Katja Müller hat in ihrer Freizeit drei Paar Schuhe für netto 250,00 €, die aktuelle CD von Robbie Williams für netto 12,00 € und die Buchausgabe von Herr der Ringe für netto 40,00 € erworben. Berechnen Sie, wie viel Umsatzsteuer Katja Müller gezahlt hat.*

4 *Erörtern Sie Gründe, die die Bundesregierung dazu bewegen könnten, den ermäßigten Steuersatz bei der nächsten Mehrwertsteuererhöhung nicht anzuheben.*

5 *Erläutern Sie, warum die Umsatzsteuer zu den Verbrauchsteuern gezählt wird. Geben Sie drei weitere Beispiele für Verbrauchsteuern.*

6 *Unternehmen sind berechtigt, einen Vorsteuerabzug vorzunehmen. Erläutern Sie, was man darunter versteht.*

7 *Zeigen Sie anhand eines selbst gewählten Beispiels, wie es zu einem Vorsteuerüberhang kommen kann.*

8 *Bis zu welchem Termin müssen Unternehmen die Zahllast an die Finanzbehörden abführen.*

9 *Herr Ernst, Sachbearbeiter in der Abteilung Rechnungswesen der TRIAL GmbH, versteht nicht, warum die Unternehmen sich über Umsatzsteuererhöhung erregen: „Aus meiner Erfahrung als Buchhalter weiß ich doch, dass die Umsatzsteuer für die Unternehmen nur ein durchlaufender Posten ist. Wirtschaftlich wird ein Unternehmen durch eine Erhöhung überhaupt nicht belastet." Begründen Sie mithilfe eines Beispiels, ob Sie die Meinung von Herrn Ernst teilen.*

5.2.4 Die Umsatzsteuer in der Buchhaltung

Die Buchung von Vor- und Umsatzsteuer

Beleg 1

BIKE Groha Doll GmbH

Berliner Str. 5 – 76646 Bruchsal-Heidelsheim

TRIAL GmbH Rechnungs-Nr.: **577-203**
Franz-Sigel-Str. 188 Kunden-Nr.: **637039**
69111 Heidelberg

Rechnung 21.03.17

Sehr geehrter Herr Merkle,

wir hoffen, dass Sie mit den gelieferten Waren zufrieden sind:

Art.Nr.	Bezeichnung	Menge	Preis	Gesamt
546577	Windbreaker A	10	45,798 €	**457,98 €**
			19 % USt.	**87,02 €**
			Rechnungsbetrag	**545,00 €**

Mit freundlichen Grüßen
i.A. H. Fronmüller

Zahlungsbedingungen	Bankverbindung	Gerichtsstand
Zahlbar innerhalb von 14 Tagen unter Abzug von 3 % Skonto oder 60 Tage netto	Sparkasse Kraichgau BIC: BRUSDE66XXX (BLZ 663 500 36) IBAN: DE04 6635 0036 0000 0546 54 (Konto-Nr. 54654)	für beide Teile Bruchsal

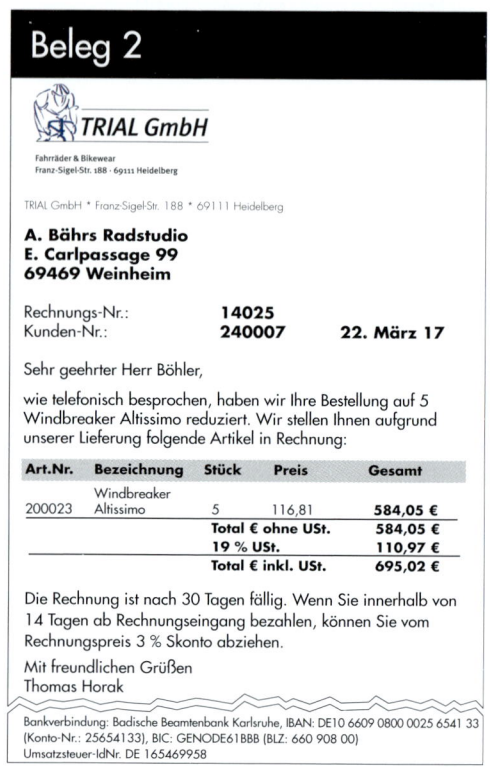

Beleg 2

TRIAL GmbH

Fahrräder & Bikewear
Franz-Sigel-Str. 188 · 69111 Heidelberg

TRIAL GmbH * Franz-Sigel-Str. 188 * 69111 Heidelberg

A. Bährs Radstudio
E. Carlpassage 99
69469 Weinheim

Rechnungs-Nr.: **14025**
Kunden-Nr.: **240007** **22. März 17**

Sehr geehrter Herr Böhler,

wie telefonisch besprochen, haben wir Ihre Bestellung auf 5 Windbreaker Altissimo reduziert. Wir stellen Ihnen aufgrund unserer Lieferung folgende Artikel in Rechnung:

Art.Nr.	Bezeichnung	Stück	Preis	Gesamt
200023	Windbreaker Altissimo	5	116,81	**584,05 €**
	Total € ohne USt.			**584,05 €**
	19 % USt.			**110,97 €**
	Total € inkl. USt.			**695,02 €**

Die Rechnung ist nach 30 Tagen fällig. Wenn Sie innerhalb von 14 Tagen ab Rechnungseingang bezahlen, können Sie vom Rechnungspreis 3 % Skonto abziehen.

Mit freundlichen Grüßen
Thomas Horak

Bankverbindung: Badische Beamtenbank Karlsruhe, IBAN: DE10 6609 0800 0025 6541 33 (Konto-Nr.: 25654133), BIC: GENODE61BBB (BLZ: 660 908 00)
Umsatzsteuer-IdNr. DE 165469958

PROBLEM

Die Auszubildende Katja Müller hat bemerkt, dass bei der Eingangsrechnung der **BIKE GROHA DOLL GmbH** und bei der Ausgangsrechnung an **A. Bährs Radstudio** (siehe Kapitel 5.1, S. 351) „versehentlich" vergessen wurde, die **Vorsteuer** bzw. die **Umsatzsteuer** zu **buchen**. Herr Ernst bittet sie, die Buchungen richtigzustellen.

Die vom Kunden zu zahlende **Umsatzsteuer** wird bei der Rechnungsstellung auf dem **Konto 4800 Umsatzsteuer** gebucht.

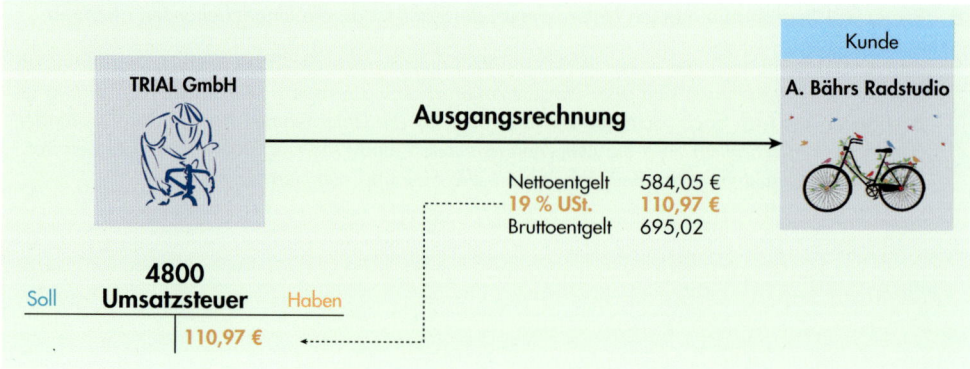

Bei der vom Lieferanten in Rechnung gestellten **Vorsteuer** erfolgt die Buchung auf dem **Konto 2600 Vorsteuer**.

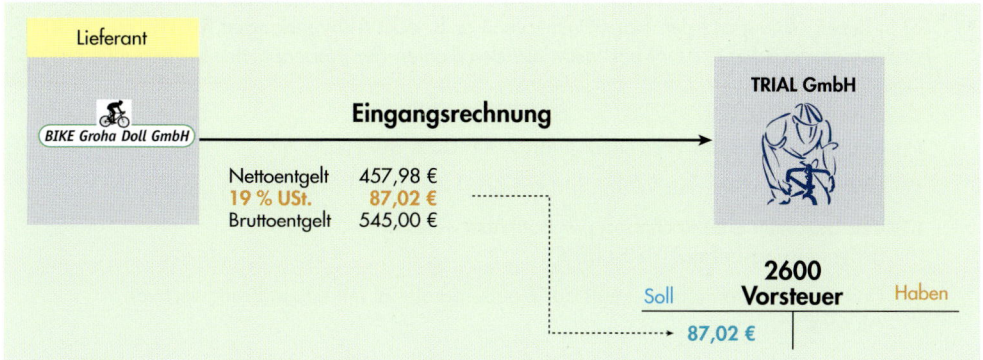

Arbeitsauftrag:

Bilden Sie die (zusammengesetzten) Buchungssätze für die Ein- und Ausgangsrechnung und übertragen Sie diese in die T-Konten auf dem Arbeitsblatt.

ZUSAMMENFASSUNG

I. Wareneinkauf

	Aufwendungen für Waren		Soll-Konto	Haben-Konto		Verbindlichkeiten aus L.u.L.	
Soll		Haben			Soll		Haben
Nettoentgelt			600 Aufwendungen für Waren				Nettoentgelt
			2600 Vorsteuer				Vorsteuer
Soll	**Vorsteuer**	**Haben**		4400 Verbindlichkeiten aus L.u.L.			
Vorsteuer							

II. Warenverkauf

	Forderungen aus L.u.L.		Soll-Konto	Haben-Konto		Umsatz- erlöse	
Soll		Haben			Soll		Haben
Nettoentgelt			2400 Forderungen aus L.u.L.				Nettoentgelt
Umsatzsteuer							
				500 Umsatzerlöse	Soll	Umsatz- steuer	Haben
				4800 Umsatzsteuer			Umsatzsteuer

AUFGABEN

1   Formulieren Sie zu den folgenden Geschäftsvorfällen die Buchungssätze. Beachten Sie, dass Sie in dieser Übung auf den Hauptbuchkonten (z. B. **600 Aufwendungen für Waren, 2400 Forderungen aus L.u.L.** usw.) und nicht auf den Konten der Nebenbücher buchen müssen:

Geschäftsvorfall
(1) Kauf von Waren im Wert (netto) von 2 000,00 € auf Ziel.
(2) Einem Kunden werden Waren (Bruttowert: 1 428,00 €) in Rechnung gestellt.
(3) Wir bezahlen eine Rechnung per Banküberweisung (Überweisungsbetrag: 1 200,00 €).
(4) Das eigene Unternehmen kauft auf Ziel Büromaterial mit einem Bruttowert von 65,45 €.
(5) Von einem Kunden werden 165,00 € bar bezahlt.
(6) Ein Lieferant stellt Waren mit einem Nettowert von 110,00 € in Rechnung.
(7) Die Rechnung eines Lieferanten (Rechnungsbetrag 250,00 € (netto)) wird bar bezahlt.

2   Formulieren Sie zu den folgenden Buchungssätzen die Geschäftsvorfälle. Beachten Sie, dass wie in Aufgabe 1 bei dieser Aufgabe auf den Hauptbuchkonten gebucht wurde:

a)

Soll-Kontonr.	Haben-Kontonr.	Betrag in €
2400		1 190,00
	500	1 000,00
	4800	190,00

b)

Soll-Kontonr.	Haben-Kontonr.	Betrag in €
600		400,00
2600		76,00
	4400	476,00

c)

Soll-Kontonr.	Haben-Kontonr.	Betrag in €
2820		1 190,00
	2400	1 190,00

d)

Soll-Kontonr.	Haben-Kontonr.	Betrag in €
2400		357,00
	500	300,00
	4800	57,00

e)

Soll-Kontonr.	Haben-Kontonr.	Betrag in €
4400		114,00
	2800	114,00

f)

Soll-Kontonr.	Haben-Kontonr.	Betrag in €
600		2 550,00
2600		484,50
	4400	3 034,50

3 Formulieren Sie zu den folgenden Buchungssätzen die Geschäftsvorfälle aus Sicht der TRIAL GmbH:

a)

Soll-Kontonr.	Haben-Kontonr.	Betrag in €
240000		1 190,00
	5010	1 000,00
	4800	190,00

b)

Soll-Kontonr.	Haben-Kontonr.	Betrag in €
6000		400,00
2600		76,00
	440001	476,00

c)

Soll-Kontonr.	Haben-Kontonr.	Betrag in €
2820		1 190,00
	240000	1 190,00

Die buchhalterische Ermittlung der Zahllast bzw. des Vorsteuerüberhangs

Nach dem Ende des Voranmeldezeitraums werden die Salden der Konten Vorsteuer und Umsatzsteuer auf dem **Konto 4835 Zahllast/Vorsteuerüberhang** gegenübergestellt (①). Sobald die Zahllast an das Finanzamt überwiesen wurde bzw. das Finanzamt den Vorsteuerüberhang überwiesen hat (②), ist das Konto **4835 Zahllast/Vorsteuerüberhang** ausgeglichen:

Fall 1 Zahllast

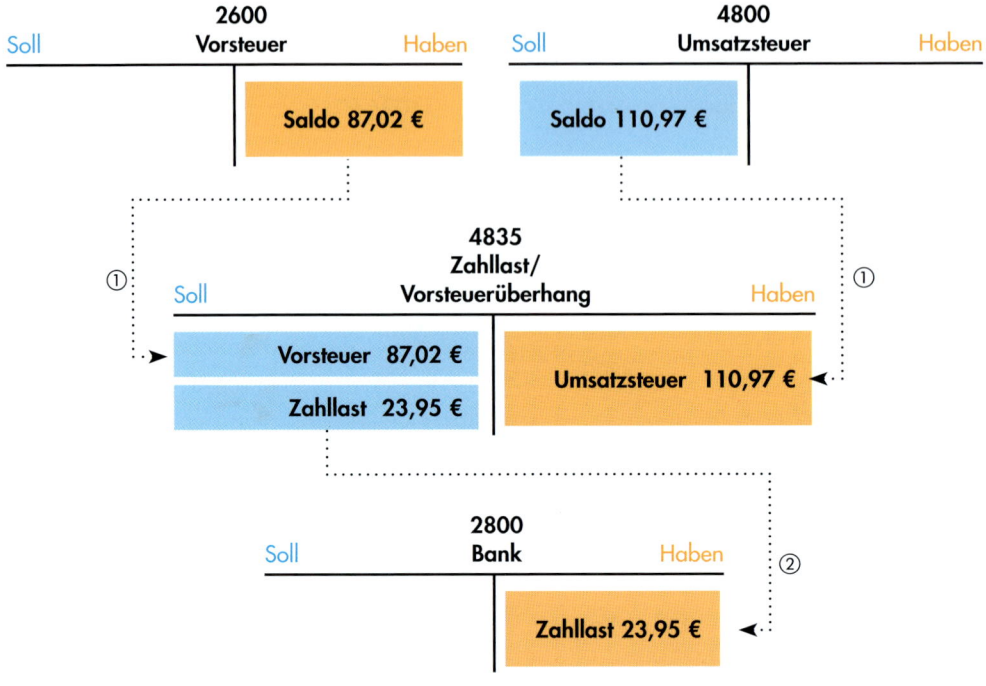

1. Abschluss der Konten **Vor-** und **Umsatzsteuer**
   a) Konto **Umsatzsteuer**

Soll-Kontonr.	Name	Haben-Kontonr.	Name	Betrag in €
4800	Umsatzsteuer			110,97
		4835	Zahllast/ VSt.-Überhang	110,97

   b) Konto **Vorsteuer**

Soll-Kontonr.	Name	Haben-Kontonr.	Name	Betrag in €
4835	Zahllast/VSt.- Überhang			87,02
		2600	Vorsteuer	87,02

2. **Überweisung** der Zahllast

Soll-Kontonr.	Name	Haben-Kontonr.	Name	Betrag in €
4835	Zahllast/VSt.- Überhang			23,95
		2800	Bank	23,95

Fall 2 Vorsteuerüberhang

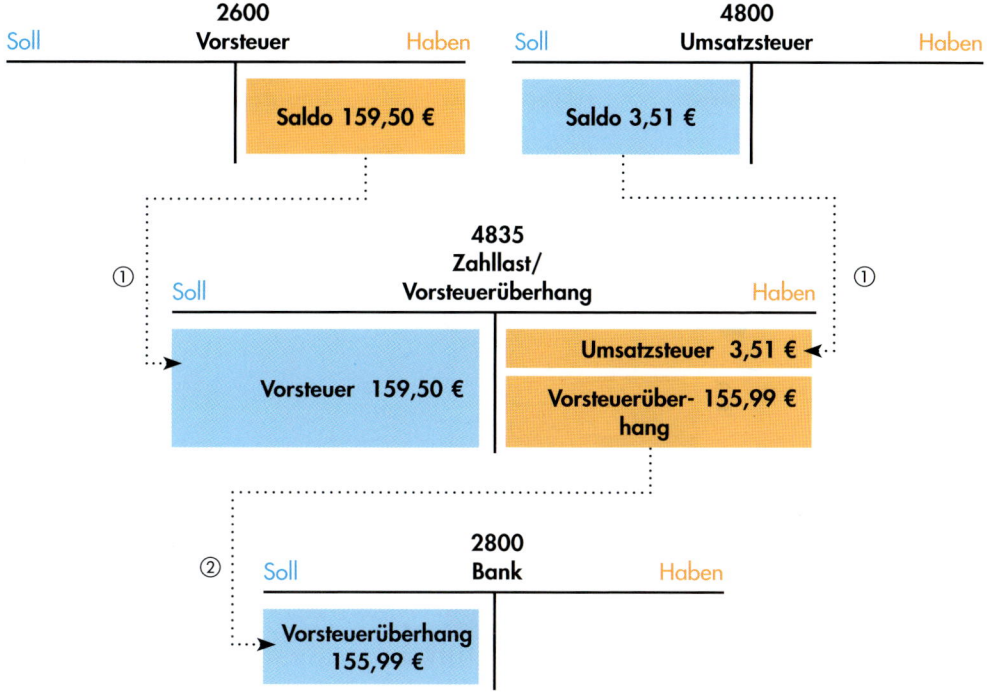

1. Abschluss der Konten **Vor-** und **Umsatzsteuer**

a) Konto **Umsatzsteuer**

Soll-Kontonr.	Name	Haben-Kontonr.	Name	Betrag in €
4800	Umsatzsteuer			3,51
		4835	Zahllast/VSt.-Überhang	3,51

b) Konto **Vorsteuer**

Soll-Kontonr.	Name	Haben-Kontonr.	Name	Betrag in €
4835	Zahllast/VSt.-Überhang			159,50
		2600	Vorsteuer	159,50

2. Buchung des **Zahlungseingangs**

Soll-Kontonr.	Name	Haben-Kontonr.	Name	Betrag in €
2800	Bank			155,99
		4835	Zahllast/VSt.-Überhang	155,99

ZUSAMMENFASSUNG

I. Zahllast

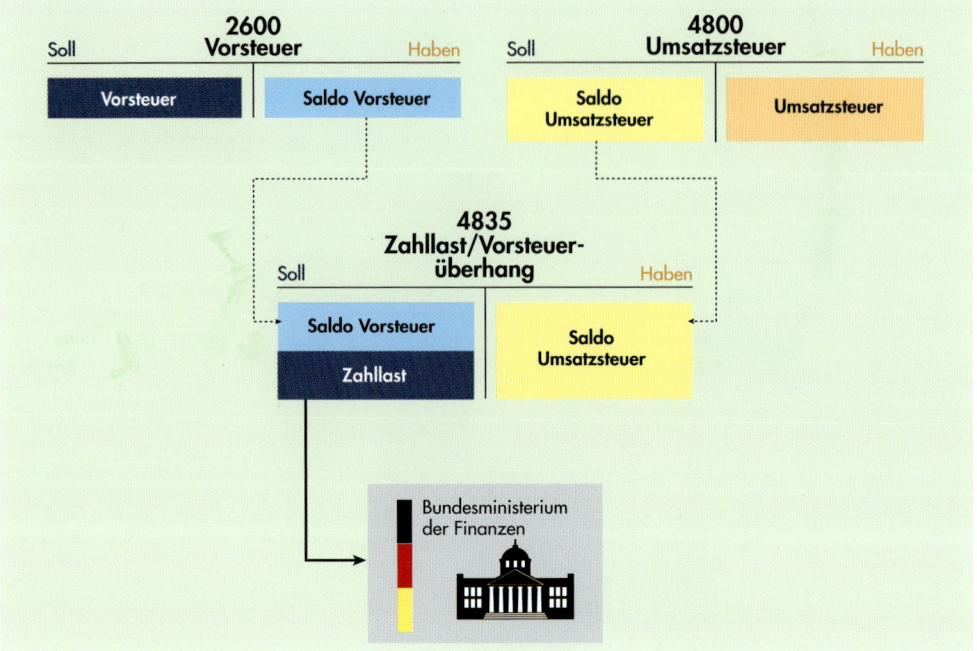

II Vorsteuerüberhang

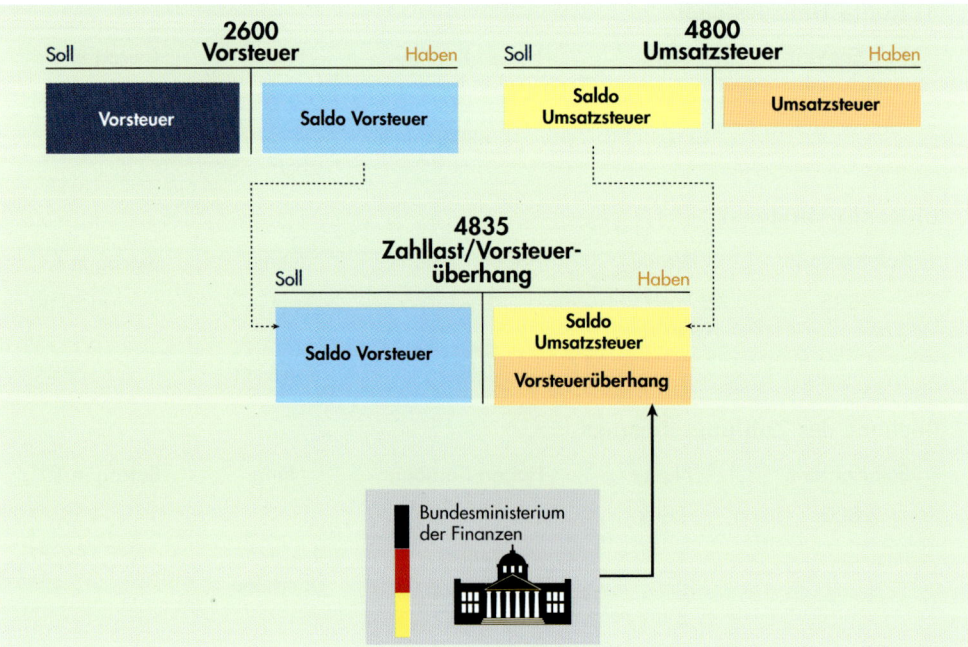

AUFGABEN

1 a) Formulieren Sie zu den folgenden Buchungssätzen die Geschäftsvorfälle. Beachten Sie, dass bei dieser Aufgabe auf den Hauptbuchkonten gebucht wurde:

I.

Soll-Kontonr.	Haben-Kontonr.	Betrag in €
2400		1 547,00
	500	1 300,00
	4800	247,00

II.

Soll-Kontonr.	Haben-Kontonr.	Betrag in €
600		1 000,00
2600		190,00
	4400	1 190,00

b) Übertragen Sie die Geschäftsfälle auf T-Konten. Zeigen Sie auf dem Konto **4835 Vorsteuerüberhang/Zahllast**, ob ein dem Unternehmen Geld vom Finanzamt zusteht (Vorsteuerüberhang) oder das Unternehmen Geld an das Finanzamt überweisen muss (Zahllast).

2 a) Bilden Sie für folgende Geschäftsvorfälle die Buchungssätze. Buchen Sie (aus Sicht des Unternehmens) auf den entsprechenden Hauptkonten (Waren, Umsatzerlöse, Forderungen aus L.u.L., Verbindlichkeiten aus L.u.L.).

Geschäftsvorfall
(1) Ein Kunde hat Waren eingekauft. Das Unternehmen hat ihm dafür 325,00 € (netto) in Rechnung gestellt.
(2) Da aufgrund einer Messe in Karlsruhe sämtliche Hotels ausgebucht waren, hat das Unternehmen eine Privatwohnung von Hans Dampf angemietet. Dafür wurden ihm 225,00 € Miete überwiesen.
(3) Ein Lieferant hat dem Unternehmen Waren im Wert von 523,60 € (brutto) in Rechnung gestellt.
(4) Ein Kunde hat vom Unternehmen eine Rechnung über 327,25 € (brutto) erhalten.
(5) Der Kunde hat die Rechnung (Geschäftsvorfall (4)) bar bezahlt.

b) Zeigen Sie mithilfe von T-Konten, ob in diesem Monat eine Zahllast oder ein Vorsteuerüberhang entstanden ist.

3 a) Buchen Sie aus Sicht der TRIAL GmbH folgende Geschäftsvorfälle des Monats Februar.

   b) Ermitteln Sie anschließend, ob in diesem Monat eine Zahllast oder ein Vorsteuerüberhang entstanden ist.

Geschäftsvorfall
(1) Der Kunde Alfred Becker kauft 2 Mountainbikes im Nettowert von 3 500,00 € ein.
(2) Die TRIAL GmbH hat an die Deutsche Bank 300,00 € Zinsen überwiesen.
(3) Die TRIAL GmbH kauft für netto 15 000,00 € 13 Rennräder von der BIKE GROHA DOLL GmbH ein.
(4) Die TRIAL GmbH hat dem Kunden Franz Klammer KG 15 Mountainbikes im Wert von 35 700,00 € (inkl. 19 % MwSt.) geliefert.
(5) Von der Deutschen Post AG wurden Briefmarken im Wert von 55,00 € bar gekauft.
(6) Der Kreditor Crash Computerhandel hat 5 Personal Computer im Wert von 6 545,00 € (brutto) in Rechnung gestellt.
(7) Der Kunde Zweirad Beigel KG hat 100 Radtrikots im Wert von 2 500,00 € (netto) erhalten.
(8) Die TRIAL GmbH hat von den Finanzbehörden für den Monat Januar 150,00 € Vorsteuer zurückerstattet bekommen. Das Geld wurde dem Bankkonto gutgeschrieben.

4 Dem Buchhalter der TRIAL GmbH, Thomas Ernst, werden folgende Belege vorgelegt.

   a) Helfen Sie Ihm dabei, die Belege zu buchen:

Beleg 1

BIKE Groha Doll GmbH

Berliner Str. 5 – 76646 Bruchsal-Heidelsheim

TRIAL GmbH   Rechnungs-Nr.: **577-219**
Franz-Sigel-Str. 188   Kunden-Nr.: **637039**
69111 Heidelberg

Rechnung   **23.03.17**

Sehr geehrter Herr Merkle,

wir hoffen, dass Sie mit den gelieferten Waren zufrieden sind:

Art.Nr.	Bezeichnung	Menge	Preis	Gesamt
657577	Socken Tremaiso	100	3,36134 €	**336,13 €**
			19 % Mehrwertsteuer	63,86 €
			Rechnungsbetrag	**399,99 €**

Mit freundlichen Grüßen
i.A. **H. Fronmüller**

Zahlungsbedingungen   **Bankverbindung**   **Gerichtsstand**
Zahlbar innerhalb von 14 Tagen   Sparkasse Kraichgau   für beide Teile Bruchsal
unter Abzug von 3 % Skonto oder   BIC: BRUSDE66XXX (BLZ 663 500 36)
60 Tage netto   IBAN: DE04 6635 0036 0000 0546 54
    (Konto-Nr. 54654)

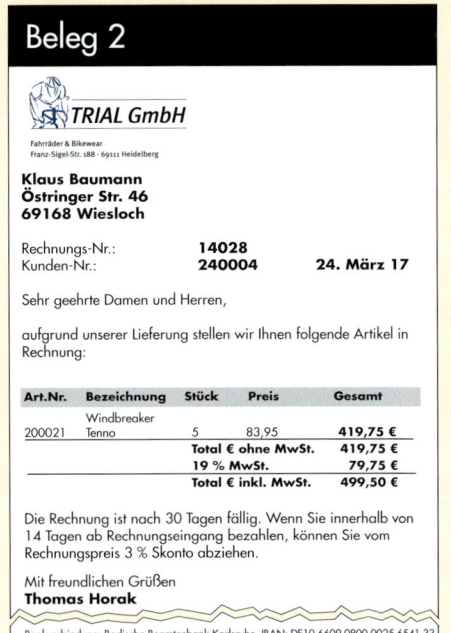

Beleg 2

TRIAL GmbH

Fahrräder & Bikewear
Franz-Sigel-Str. 188 · 69111 Heidelberg

Klaus Baumann
Östringer Str. 46
69168 Wiesloch

Rechnungs-Nr.:   **14028**
Kunden-Nr.:   **240004**   **24. März 17**

Sehr geehrte Damen und Herren,

aufgrund unserer Lieferung stellen wir Ihnen folgende Artikel in Rechnung:

Art.Nr.	Bezeichnung	Stück	Preis	Gesamt
200021	Windbreaker Tenno	5	83,95	**419,75 €**
			Total € ohne MwSt.	**419,75 €**
			19 % MwSt.	**79,75 €**
			Total € inkl. MwSt.	**499,50 €**

Die Rechnung ist nach 30 Tagen fällig. Wenn Sie innerhalb von 14 Tagen ab Rechnungseingang bezahlen, können Sie vom Rechnungspreis 3 % Skonto abziehen.

Mit freundlichen Grüßen
Thomas Horak

Bankverbindung: Badische Beamtenbank Karlsruhe, IBAN: DE10 6609 0800 0025 6541 33
(Konto-Nr.: 25654133), BIC: GENODE61BBB (BLZ: 660 908 00)
Umsatzsteuer-IdNr. DE 165469958

Beleg 3

Crash Computerhandel
D. Schusterallee 9
75179 Pforzheim

TRIAL GmbH
Franz-Sigel-Str. 188
69111 Heidelberg

Rechnung Nr. 388　　　　　　**25. März 2017**

Sehr geehrte Damen und Herren,

gerne liefern wir Ihnen folgende Artikel:

Rechnungs-Nr.	**Kunden-Nr.**
546	445

2 Personalcomputer (CELL XX 546866 ff.)　3 000,00 €
Rechnungsbetrag (inkl. 19 % MwSt.)　3 570,00 €

Bitte überweisen Sie uns den Rechnungsbetrag innerhalb der nächsten 30 Tage auf unser Bankkonto 5687987 bei der Deutschen Bank in Pforzheim (BLZ: 666 700 06, BIC: DEUTDESM666)

Mit freundlichen Grüßen

Michael Stein

Beleg 4

TRIAL GmbH

Fahrräder & Bikewear
Franz-Sigel-Str. 188 · 69111 Heidelberg

Zweirad Beigel KG
M. Benderring 33
74078 Heilbronn

Rechnungs-Nr.:　　　**14029**
Kunden-Nr.:　　　　**240006**　　　**28. März 17**

Sehr geehrte Damen und Herren,

aufgrund unserer Lieferung stellen wir Ihnen folgende Artikel in Rechnung:

Art.Nr.	Bezeichnung	Stück	Preis	Gesamt
202000	Rennrad Ventoux One	1	587,39 €	**587,39 €**
200021	Rennrad Ventoux Extrem	5	1 679,83 €	**8 399,15 €**
			Total € ohne MwSt.	**8 986,54 €**
			19 % MwSt.	**1 707,44 €**
			Total EUR inkl. MwSt.	**10 693,98 €**

Die Rechnung ist nach 30 Tagen fällig. Wenn Sie innerhalb von 14 Tagen ab Rechnungseingang bezahlen, können Sie vom Rechnungspreis 3 % Skonto abziehen.

Mit freundlichen Grüßen
Thomas Horak

Bankverbindung: Badische Beamtenbank Karlsruhe, IBAN: DE10 6609 0800 0025 6541 33 (Konto-Nr.: 25654133), BIC: GENODE61BBB (BLZ: 660 908 00)
Umsatzsteuer-IdNr. DE 165469958

Beleg 5

Raddiscount Wolfsburg
Postfach 4561
38440 Wolfsburg

TRIAL GmbH
Franz-Sigel-Str. 188
69111 Heidelberg

Rechnungs-Nr.: 231-87　　　29. März 17
Kunden-Nr.:　　46546

Sehr geehrte Damen und Herren,

anbei die gewünschten Artikel:

Bestell-Nr.	**Artikel**	**Menge**	**Preis**
1517	VENTOUX EXTREM	8	13 438,66 €
	Rechnungsbetrag (brutto)		15 992,00 €

Wenn Sie die Rechnung innerhalb der nächsten 14 Tage begleichen, dürfen Sie 3 % Skonto vom Rechnungspreis abziehen.

Mit freundlichen Grüßen

Thorsten Gramm

Bankverbindung: Commerzbank Wolfsburg IBAN: DE39 2694 1053 0004 6465 46 (Konto-Nr.: 4646546), BIC: COBADEFFXXX (BLZ: 26941053)

Beleg 6

EICHSTELLER
Radzubehör OHG
Krugstr. 34　　89077 Ulm

TRIAL GmbH
Franz-Sigel-Str. 188
69111 Heidelberg

Kunden-Nr..:　**TR-59787**　　　**30. März 17**
Rechnungs-Nr.:　**65757**

Sehr geehrte Damen und Herren,

gerne liefern wir Ihnen die folgenden Artikel

Art.Nr.	Artikel	Menge	Preis
898888	**Radhelm Altissimo**	**20**	**604,00 €**
898887	**Radhelm Tenno**	**15**	**352,50 €**
Rechnungsbetrag (inkl. 19 % USt.)			**1 138,24 €**

Wenn Sie die Rechnung innerhalb der nächsten 14 Tage begleichen, dürfen Sie 2 % Skonto vom Rechnungsbetrag abziehen.

Mit freundlichen Grüßen

H. Dampf

Bankverbindung: Sparkasse Ulm, IBAN: DE36 6305 0000 0000 1235 78 (Konto-Nr.: 123578), BIC: SOLADES1ULM (BLZ 630 500 00)

b)　Ermitteln Sie buchhalterisch, ob sich aufgrund dieser Belege für den März 2012 eine Zahllast oder ein Vorsteuerüberhang ergibt.

5.3 Bezugs- und Vertriebskosten beim Ein- und Verkauf

5.3.1 Bezugskosten

PROBLEM

Katja Müller soll die Rechnung des Lieferanten **Eichsteller Radzubehör OHG** buchhalterisch erfassen. Da sie nicht weiß, wie sie die Kosten für Verpackung und Fracht buchen soll, fragt sie Herrn Merkle um Rat. Dieser schlägt im Handelsgesetzbuch (**HGB**) nach und findet Folgendes:

§ 255 Anschaffungs- und Herstellungskosten

(1) Anschaffungskosten sind die Aufwendungen, die geleistet werden, um einen Vermögensgegenstand zu erwerben und ihn in einen betriebsbereiten Zustand zu versetzen, soweit sie dem Vermögensgegenstand einzeln zugeordnet werden können. Zu den Anschaffungskosten gehören auch die Nebenkosten sowie die nachträglichen Anschaffungskosten. Anschaffungspreisminderungen sind abzusetzen.

EICHSTELLER
Radzubehör OHG
Krugstr. 34   89077 Ulm

TRIAL GmbH
Franz-Sigel-Str. 188
69111 Heidelberg

1. April 17

Kunden-Nr.:   **TR-59787**
Rechnungs-Nr.:   **65757**

Sehr geehrte Damen und Herren,

gerne liefern wir Ihnen die folgenden Artikel

Artikel-Nr.	Artikel	Menge	Preis
898777	Radsocken Tenno	100	210,08 €
	Verpackung		20,00 €

Rechnungsbetrag (inkl. 19 % MwSt.)   210,08 €   ... 273,80 €

Wenn Sie die Rechnung innerhalb der nächsten 14 Tage begleichen, dürfen Sie 2 % Skonto vom Rechnungspreis abziehen.

Mit freundlichen Grüßen

Thorsten Gramm

Bankverbindung: Sparkasse Ulm, IBAN: DE36 6305 0000 0000 1235 78
(Konto-Nr.: 123578), BIC: SOLADES1ULM (BLZ 630 500 00)

Arbeitsauftrag:
Finden Sie im **Gesetzestext** (§ 255 Abs. 1 HGB) heraus, ob die Kosten für die Verpackung zu den **Anschaffungskosten** der Radsocken Tenno gerechnet werden müssen.

Anschaffungskosten sind auf dem entsprechenden Aufwandskonto (hier: **Konto 6000 Bikewear**) zu erfassen. Zu den Anschaffungskosten zählen auch die **Anschaffungsnebenkosten**. Anschaffungsnebenkosten sind beispielsweise die **Bezugskosten** für Verpackung und Fracht.

Zur besseren Übersicht und als Erleichterung für die Preiskalkulation werden die **Bezugskosten** in der Buchhaltung den **Verursachern** (Mountainbikes, Rennräder oder Bikewear) zugeteilt. Während des Geschäftsjahres werden die Bezugskosten auf **Unterkonten** (hier: **Konto 6001 Bezugskosten (Bikewear)**) des Warenaufwandskontos gebucht.

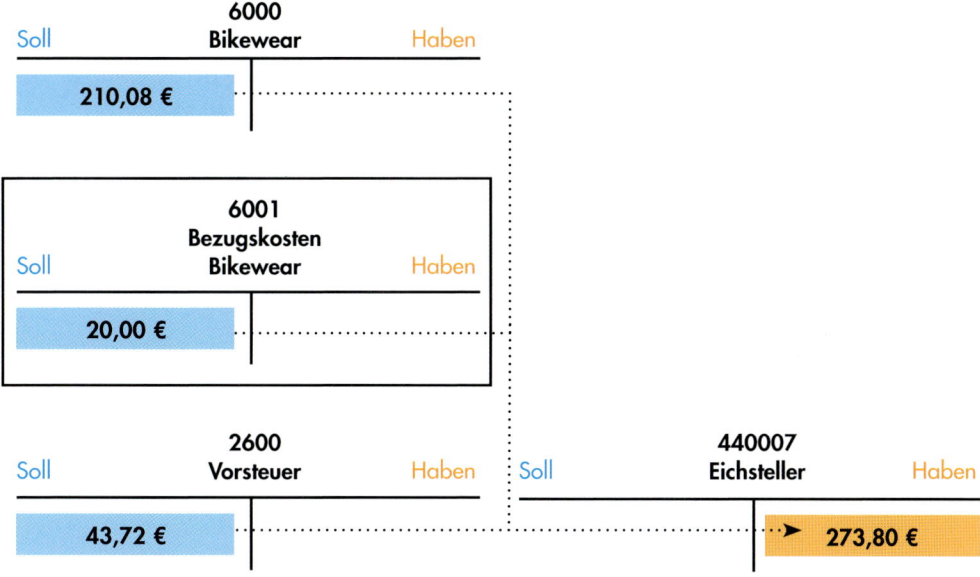

Soll-Kontonr.	Name	Haben-Kontonr.	Name	Betrag in €
6000	Bikewear			210,08
6001	Bezugskosten (Bikewear)			20,00
2600	Vorsteuer			43,72
		440007	Verb. gg. Eichsteller	273,80

Die **Salden** der Unterkonten werden spätestens zum Ende des Geschäftsjahres auf die jeweiligen **Hauptkonten** (hier: **Konto 6000 Aufwendungen für Waren (Bikewear)**) **umgebucht**.

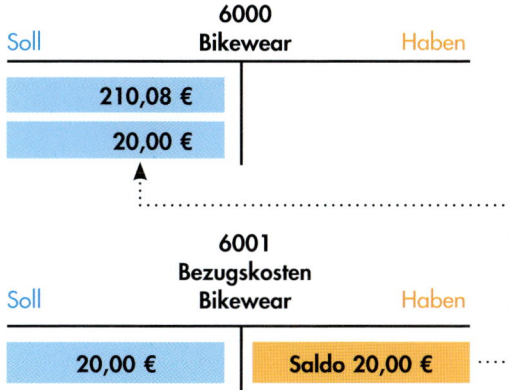

Soll-Kontonr.	Name	Haben-Kontonr.	Name	Betrag in €
6000	Aufw. f. Waren (Bikewear)			20,00
		6001	Bezugskosten (Bikewear)	20,00

Verteilung der Bezugskosten nach Wert- und Gewichtsspesen

PROBLEM

Katja Müller ist nicht sicher, wie sie die Rechnung buchen soll. Sie fragt deshalb Herrn Ernst: „Im Gesetz (**§ 255 Abs. 1 HGB**) steht geschrieben, dass nur solche **Aufwendungen**, die einem **Vermögensgegenstand einzeln zugeordnet** werden können, zu den **Anschaffungskosten** gezählt werden dürfen. Bei den Bezugskosten für Verpackung und Fracht ist dies bei dieser Rechnung aber nicht möglich!"

EICHSTELLER
Radzubehör OHG
Krugstr. 34　89077 Ulm

TRIAL GmbH
Franz-Sigel-Str. 188
69111 Heidelberg　　　　　2. April 17

Kunden-Nr.:　**TR-59787**
Rechnungs-Nr.:　**65757**

Sehr geehrte Damen und Herren,

gerne liefern wir Ihnen die folgenden Artikel

Artikel-Nr.	Artikel	Menge	Preis
898777	Radhose Tremalso	200	2 100,84 €
179787	VENTOUX EXTREME	10	8 394,96 €
	Verpackung		200,00 €

Rechnungsbetrag (inkl. 19 % MwSt.)　12 728,00 €

Wenn Sie die Rechnung innerhalb der nächsten 14 Tage begleichen, dürfen Sie 2 % Skonto vom Rechnungspreis abziehen.

Mit freundlichen Grüßen
H. Luft

Bankverbindung: Sparkasse Ulm, IBAN: DE36 6305 0000 0000 1235 78
(Konto-Nr.: 123578), BIC: SOLADES1ULM (BLZ 630 500 00)

Arbeitsauftrag:
Unterbreiten Sie Katja Müller einen Vorschlag, wie das Problem zu lösen ist.

Beispiel: Verteilung der Bezugskosten nach **Wertspesen** (Berechnung siehe Seite 284 f.).

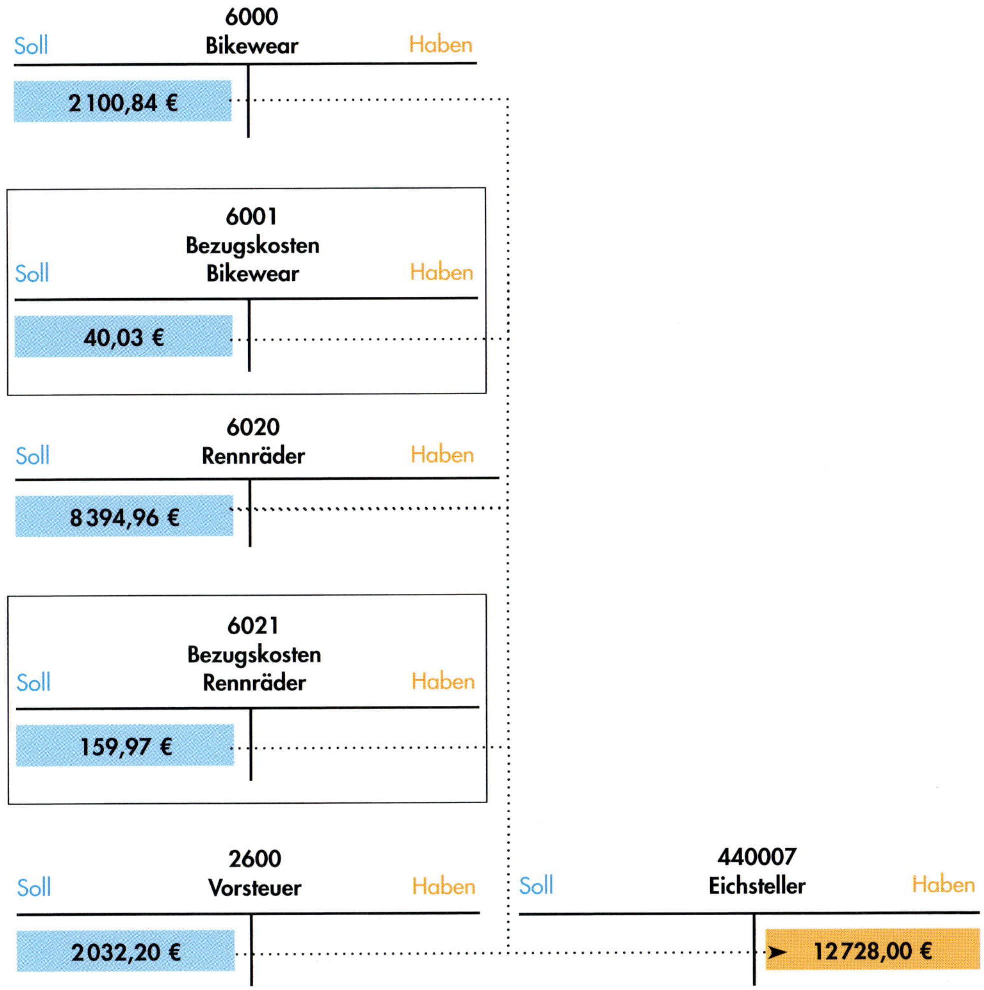

6000
Bikewear
Soll   Haben

2 100,84 €

6001
Bezugskosten
Bikewear
Soll   Haben

40,03 €

6020
Rennräder
Soll   Haben

8 394,96 €

6021
Bezugskosten
Rennräder
Soll   Haben

159,97 €

2600
Vorsteuer
Soll   Haben

2 032,20 €

440007
Eichsteller
Soll   Haben

12 728,00 €

Soll-Kontonr.	Name	Haben-Kontonr.	Name	Betrag in €
6000	Aufw. f. W. (Bikewear)			2 100,84
6001	Bezugskosten (Bikewear)			40,03
6020	Aufw. f. W. (Rennräder)			8 394,96
6021	Bezugskosten (Rennräder)			159,97
2600	Vorsteuer			2 032,20
		440007	Verb. gg. Eichsteller	12 728,00

Beispiel: Verteilung der Bezugskosten nach **Gewichtsspesen** *(Berechnung siehe Seite 284 f.).*

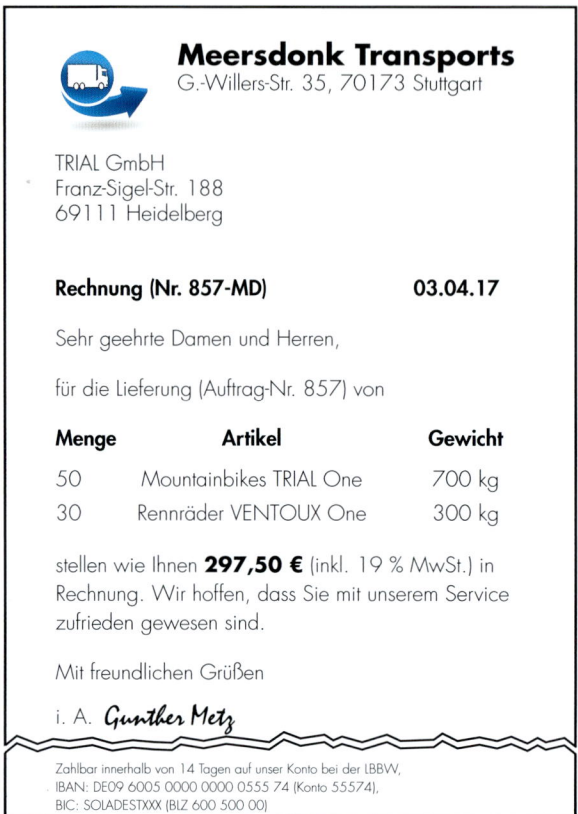

Meersdonk Transports
G.-Willers-Str. 35, 70173 Stuttgart

TRIAL GmbH
Franz-Sigel-Str. 188
69111 Heidelberg

Rechnung (Nr. 857-MD)   03.04.17

Sehr geehrte Damen und Herren,

für die Lieferung (Auftrag-Nr. 857) von

Menge	Artikel	Gewicht
50	Mountainbikes TRIAL One	700 kg
30	Rennräder VENTOUX One	300 kg

stellen wie Ihnen **297,50 €** (inkl. 19 % MwSt.) in
Rechnung. Wir hoffen, dass Sie mit unserem Service
zufrieden gewesen sind.

Mit freundlichen Grüßen

i. A. *Gunther Metz*

Zahlbar innerhalb von 14 Tagen auf unser Konto bei der LBBW,
IBAN: DE09 6005 0000 0000 0555 74 (Konto 55574),
BIC: SOLADESTXXX (BLZ 600 500 00)

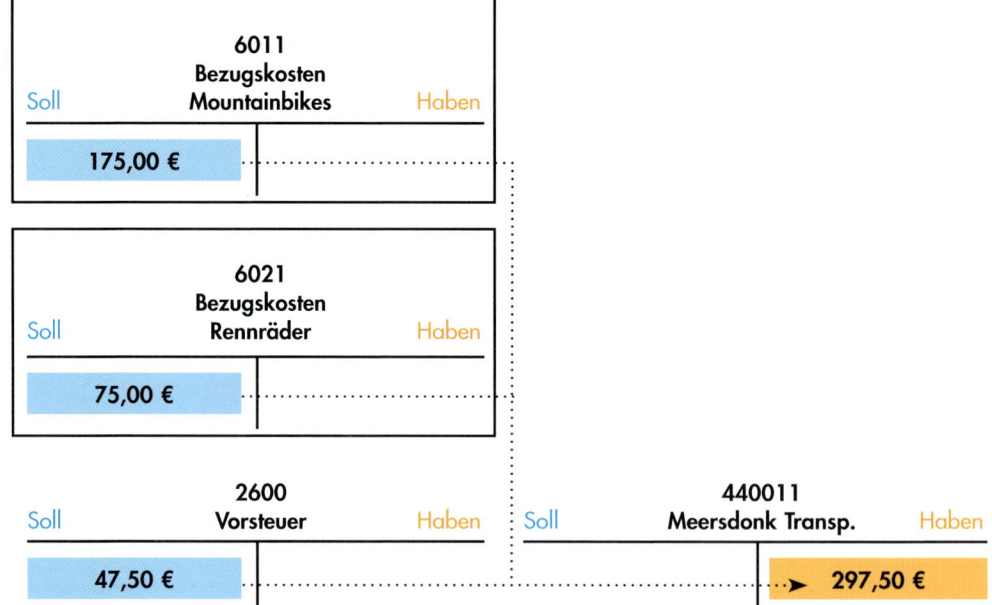

Soll-Kontonr.	Name	Haben-Kontonr.	Name	Betrag in €
6011	Bezugskosten (Mountainbikes)			175,00
6021	Bezugskosten (Rennräder)			75,00
2600	Vorsteuer			47,50
		440011	Verb. gg. Meersdonk Transp.	297,50

5.3.2 Vertriebskosten

Beleg 1

TRIAL GmbH
Fahrräder & Bikewear
Franz-Sigel-Str. 188 · 69111 Heidelberg

A. Bährs Radstudio
E. Carlpassage 99
69469 Weinheim

Rechnungs-Nr.: **14032**
Kunden-Nr.:   **240007**   **5. April 17**

Sehr geehrte Frau Müller,

wir stellen Ihnen aufgrund unserer Lieferung folgende Artikel in Rechnung:

Art.Nr.	Bezeichnung	Stück	Preis	Gesamt
201002	Mountainbike TRIAL EXTREME	5	2 100,00 €	10 500,00 €
	Total € ohne MwSt.			10 500,00 €
	19 % MwSt.			1 995,00 €
	Total € inkl. MwSt.			12 495,00 €

Die Rechnung ist nach 30 Tagen fällig. Wenn Sie innerhalb von 14 Tagen ab Rechnungseingang bezahlen, können Sie vom Rechnungspreis 3 % Skonto abziehen.

Mit freundlichen Grüßen

Thomas Horak

Bankverbindung: Badische Beamtenbank Karlsruhe, IBAN: DE10 6609 0800 0025 6541 33
(Konto-Nr.: 25654133), BIC: GENODE61BBB (BLZ: 660 908 00)
Umsatzsteuer-IdNr. DE 165469958

Beleg 2

TRIAL GmbH
Fahrräder & Bikewear
Franz-Sigel-Str. 188 · 69111 Heidelberg

Radfabrik GmbH
Ulmer Landstraße 54
70173 Stuttgart

Rechnungs-Nr.: **14033**
Kunden-Nr.:   **240001**   **6. April 17**

Sehr geehrter Herr Böhler,

wir stellen Ihnen aufgrund unserer Lieferung folgende Artikel in Rechnung:

Art.Nr.	Bezeichnung	Stück	Preis	Gesamt
201002	Mountainbike TRIAL EXTREME	5	2 100,00 €	10 500,00 €
	Total € ohne MwSt.			10 500,00 €
	Versandkosten			50,00 €
	19 % MwSt.			2 004,50 €
	Total € inkl. MwSt.			12 554,50 €

Die Rechnung ist nach 30 Tagen fällig. Wenn Sie innerhalb von 14 Tagen ab Rechnungseingang bezahlen, können Sie vom Rechnungspreis 3 % Skonto abziehen.

Mit freundlichen Grüßen

Thomas Horak

Bankverbindung: Badische Beamtenbank Karlsruhe, IBAN: DE10 6609 0800 0025 6541 33
(Konto-Nr.: 25654133), BIC: GENODE61BBB (BLZ: 660 908 00)
Umsatzsteuer-IdNr. DE 165469958

Beleg 3

 Meersdonk Transports
G.-Willers-Str. 35, 70173 Stuttgart

TRIAL GmbH
Franz-Sigel-Str. 188
69111 Heidelberg

Rechnung (Nr. 857-MD)   **07.04.17**

Sehr geehrte Damen und Herren,

für die Beförderung stellen wir Ihnen 119,00 € (inkl. 19 % MwSt.) in Rechnung. Wir hoffen, dass Sie mit unserem Service zufrieden gewesen sind.

Mit freundlichen Grüßen

i. A. *Gunther Metz*

Zahlbar innerhalb von 14 Tagen auf unser Konto bei der LBBW,
IBAN: DE09 6005 0000 0000 0555 74 (Konto 55574),
BIC: SOLADESTXXX (BLZ 600 500 00)

PROBLEM

Völlig verständnislos betrachtet Katja Müller die beiden **Ausgangsrechnungen**: „Beide Kunden bekommen doch jeweils fünf Mountainbikes TRIAL EXTREM geliefert. Warum sind denn die Rechnungsbeträge unterschiedlich hoch?"

Herr Horak erklärt ihr, dass nicht mit allen Kunden die gleichen **Lieferungsbedingungen** vereinbart wurden.

Von der im Kaufvertrag vereinbarten **Lieferungsbedingung** hängt ab, wer die **Kosten** des **Vertriebs** zu tragen hat. Neben den **Versandkosten** zählen die **Kosten für** die **Verpackung** und **Vertriebsprovisionen** zu den Vertriebskosten.

Fall 1: Es werden **keine** Vertriebskosten vom Kunden erhoben (**Beleg 1**)

Liefert die TRIAL GmbH die Waren dem Kunden „**frei Haus**" (①), muss sie die Vertriebskosten selbst tragen. Der Kunde bezahlt nur den Warenwert (②).

Wurde ein Spediteur mit dem Transport (**Beleg 3**) beauftragt, stellt dieser der TRIAL GmbH die **Transportkosten** in Rechnung (③). Diese **Kosten** müssen in der Buchhaltung als Aufwand erfasst werden (**Konto 6140 Frachten und Fremdlager**).

Kosten für **Verpackungsmaterialien** werden auf dem **Konto 6040 Aufwendungen für Verpackung** gebucht, **Vertriebsprovisionen** auf dem **Konto 6150 Vertriebsprovisionen**.

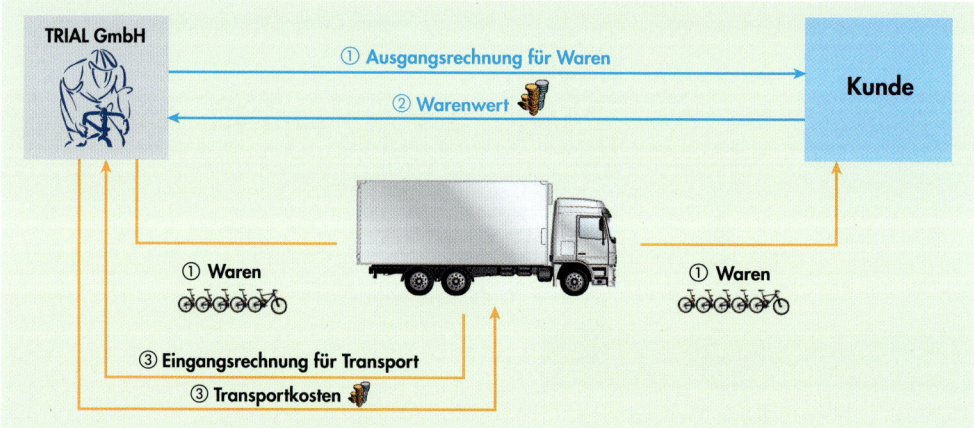

1. Buchung der Ausgangsrechnung (Beleg 1)

Soll-Kontonr.	Name	Haben-Kontonr.	Name	Betrag in €
240007	Forderungen gg. A. Bährs Radstudio			12 495,00
		5010	Umsatzerlöse (Mountainbikes)	10 500,00
		4800	Umsatzsteuer	1 995,00

2. Buchung der Eingangsrechnung (Beleg 3)

Soll-Kontonr.	Name	Haben-Kontonr.	Name	Betrag in €
6140	Frachten			100,00 €
2600	Vorsteuer			19,00 €
		440011	Verb. gg. Meersdonk Transp.	119,00 €

Fall 2: Die Vertriebskosten werden dem Kunden in Rechnung gestellt (**Beleg 2**).

Übernimmt der Kunde die Vertriebskosten, werden diese auf der Ausgangsrechnung (**Beleg 2**) ausgewiesen (①). Im Gegensatz zu den Bezugskosten wird für **Vertriebskosten kein Unterkonto** eingerichtet. Die Vertriebskosten werden unmittelbar auf dem **Konto Umsatzerlöse** (hier: **Konto 5010 Umsatzerlöse** (**Mountainbikes**)) erfasst.

Hat ein Spediteur den Transport der Waren vorgenommen, muss die TRIAL GmbH die **Transportkosten (Beleg 3)** an den Spediteur abführen. Die Umsatzerlöse müssen um den Wert der Transportkosten korrigiert werden. Diese werden daher als **Aufwand** auf dem **Konto 6140 Frachten und Fremdlager** gebucht (③).

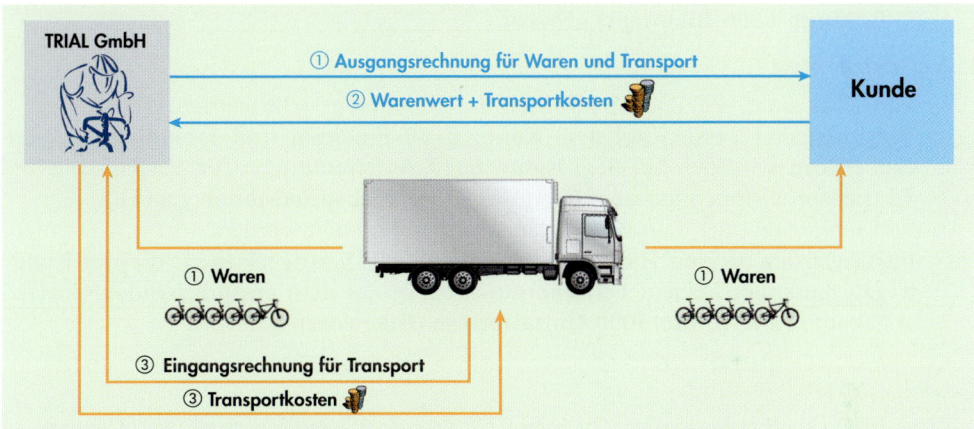

1. Buchung der Ausgangsrechnung (Beleg 2)

Soll-Kontonr.	Name	Haben-Kontonr.	Name	Betrag in €
240001	Forderungen gg. Radfabrik GmbH			12 554,50 €
		5010	Umsatzerlöse (Mountainbikes)	10 550,00 €
		4800	Umsatzsteuer	2 004,50 €

2. Buchung der Eingangsrechnung (Beleg 3)

Soll-Kontonr.	Name	Haben-Kontonr.	Name	Betrag in €
6140	Frachten			100,00 €
2600	Vorsteuer			19,00 €
		440011	Verb. gg. Meersdonk Transp.	119,00 €

ZUSAMMENFASSUNG

I. Bezugskosten

- **Anschaffungskosten**

  Anschaffungspreis: Kaufpreis (ohne Vorsteuer)

  \+ Anschaffungsnebenkosten: Kosten, die anfallen, um den Vermögensgegenstand
  betriebsbereit zu machen (z. B. **Bezugskosten**)

  – Anschaffungspreisminderungen: z. B. Mengenrabatte, Skonti

  \= **Anschaffungskosten**

- **Verteilung** von Bezugskosten nach Wert- und Gewichtsspesen:
  Anschaffungsnebenkosten müssen dem Vermögensgegenstand **einzeln** zugeordnet
  werden können. **Nicht** eindeutig zuordenbare **Bezugskosten** werden über **Wert-**
  (z. B. Verpackung, Zoll) oder **Gewichtsspesen** (z. B. Porto) auf die Vermögensgegenstände verteilt.

- **Buchung** von Anschaffungskosten:
  Während des Geschäftsjahres werden **Bezugskosten** auf einem **Unterkonto** (z. B.
  Konto **6001 Bezugskosten Bikewear**) des entsprechenden Warenaufwandskontos
  (z. B. **Konto 6000 Bikewear**) gebucht.

II. Vertriebskosten

- Vertriebskosten, die dem **Lieferanten** in Rechnung gestellt werden:
  Versandkosten werden auf dem **Konto 6140 Frachten und Fremdlager**, Verpa-
  ckungskosten werden auf dem **Konto 6040 Aufwendungen für Verpackung** und
  Vertriebsprovisionen auf dem **Konto 6150 Vertriebsprovisionen** gebucht.

- Vertriebskosten, die dem **Kunden** in Rechnung gestellt werden:
  Im Gegensatz zu den Bezugskosten werden die Vertriebskosten, die der Kunde
  tragen muss, auf keinem **Unterkonto,** sondern auf dem entsprechenden Umsatz-
  erlöskonto (z. B. **Konto 5000 Umsatzerlöse (Bikewear)**) gebucht.

AUFGABEN

1   Die TRIAL GmbH hat von einem Lieferanten 100 Mountainbikes für netto 45 000,00 € und
50 Rennräder für netto 24 000,00 € erhalten. Verteilen Sie die Kosten für die **Verpackung**
(414,00 €) auf die beiden Warengruppen.

2   Lagerist Müller hat eine Lieferung entgegengenommen. Geliefert wurden 500 Radtrikots mit
einem Nettowert von 7 500,00 €, 150 Windbreaker mit einem Nettowert von 6 000,00 € und
300 Paar Radsocken, deren Wert netto 1 050,00 € beträgt. Die Trikots wiegen 150 kg, die
Windbreaker 80 kg und die Radsocken 10 kg. Der TRIAL GmbH werden 180,00 € für den
Transport und 120,00 € für die Transportversicherung in Rechnung gestellt. Berechnen Sie die
Gewichts- und die Wertspesen.

3   Buchen Sie die folgenden Geschäftsvorfälle aus Sicht der TRIAL GmbH:

Geschäftsvorfall
1. Der Kunde Alfred Becker kauft zwei Mountainbikes im Nettowert von 3 500,00 € ein. Dem Kunden werden netto 50,00 € Versandkosten in Rechnung gestellt.
2. Die TRIAL GmbH hat 30 Radtrikots für 1 050,00 € netto und zehn Rennräder für 9 990,00 € netto erhalten. Für die Trikots berechnet der Lieferant Raddiscount Wolfsburg netto 35,00 €, für die Rennräder netto 150,00 € Bezugskosten.

4 Dem Buchhalter der TRIAL GmbH, Thomas Ernst, werden folgende Belege vorgelegt. Helfen Sie ihm dabei, diese zu buchen:

Beleg 1

BIKE Groha Doll GmbH

Berliner Str. 5 · 76646 Bruchsal-Heidelsheim

TRIAL GmbH
Franz-Sigel-Str. 188
69111 Heidelberg

Rechnung (Nr. 901-MD)   10.04.17

Sehr geehrte Damen und Herren,

für die Lieferung (Auftrag-Nr. 901) von

Menge	Artikel	Gewicht
50	Mountainbikes TRIAL Two	450 kg
30	Rennräder VENTOUX One	300 kg
20	Rennräder VENTOUX Two	150 kg

stellen wir Ihnen **357,00 €** (inkl. 19 % MwSt.) in Rechnung. Die Ware wird gesondert in Rechnung gestellt.

Wir hoffen, dass Sie mit unserem Service zufrieden gewesen sind.

Mit freundlichen Grüßen

i. A. *Gunther Metz*

Zahlbar innerhalb von 14 Tagen auf unser Konto bei der Sparkasse Kraichgau,
IBAN: DE04 6635 0036 0000 0546 54 (Konto-Nr. 54654),
BIC: BRUSDE66XXX (BLZ 663 500 36)

Beleg 2

TRIAL GmbH

Fahrräder & Bikewear
Franz-Sigel-Str. 188 · 69111 Heidelberg

**A. Bährs Radstudio
E. Carlpassage 99
69469 Weinheim**

Rechnungs-Nr.:   **14025**
Kunden-Nr.:   **240007**   **13. April 17**

Sehr geehrte Damen und Herren,
wir stellen Ihnen aufgrund unserer Lieferung folgende Artikel in Rechnung:

Art.Nr.	Bezeichnung	Stück	Preis	Gesamt
202000	Rennrad VENTOUX One	15	587,39 €	8 810,85 €
201002	Mountainbike TRIAL EXTREM	10	2.100,00 €	21 000,00 €
	Total € ohne MwSt.			**29 810,85 €**
	Versandkosten			**100,00 €**
	19 % MwSt.			**5 683,06 €**
	Total € inkl. MwSt.			**35 593,91 €**

Die Rechnung ist nach 30 Tagen fällig. Wenn Sie innerhalb von 14 Tagen ab Rechnungseingang bezahlen, können Sie vom Rechnungspreis 3 % Skonto abziehen.

Mit freundlichen Grüßen
Thomas Horak

Bankverbindung: Badische Beamtenbank Karlsruhe,
IBAN: DE10 6609 0800 0025 6541 33 (Konto-Nr.: 25654133),
BIC: GENODE61BBB (BLZ: 660 908 00)

Beleg 3

Raddiscount Wolfsburg
Postfach 4561
38440 Wolfsburg

TRIAL GmbH
Franz-Sigel-Str. 188
69111 Heidelberg

Rechnungs-Nr.: **231-87**   13. April 17
Kunden-Nr.:   **46546**

Sehr geehrte Damen und Herren,

anbei die gewünschten Artikel:

Bestell-Nr.	Artikel	Menge	Preis
1888	VENTOURX Two	15	8 936,85 €
	Verpackung und Transport		75,00 €
Rechnungsbetrag (inkl. 19 % MwSt.)			10 724,10 €

Wenn Sie die Rechnung innerhalb der nächsten 14 Tage begleichen, dürfen Sie 3 % Skonto vom Rechnungspreis abziehen.

Mit freundlichen Grüßen

Thorsten Gramm

Bankverbindung: Commerzbank Wolfsburg IBAN: DE39 2694 1053 0004 6465 46
(Konto-Nr.: 4646546), BIC: COBADEFFXXX (BLZ: 26941053)

Beleg 4

Meersdonk Transports
G.-Willers-Str. 35, 70173 Stuttgart

TRIAL GmbH
Franz-Sigel-Str. 188
69111 Heidelberg

Rechnung (Nr. 908-MD)   14.04.17

Sehr geehrte Damen und Herren,

für die Beförderung von Mountainbikes stellen wir Ihnen **119,00 €** (inkl. 19 % MwSt.) in Rechnung. Wir hoffen, dass Sie mit unserem Service zufrieden gewesen sind.

Mit freundlichen Grüßen

i. A. *Gunther Metz*

Zahlbar innerhalb von 14 Tagen auf unser Konto bei der LBBW,
IBAN: DE09 6005 0000 0000 0555 74 (Konto 55574),
BIC: SOLADESTXXX (BLZ 600 500 00)

Unter BuchPlusWeb finden Sie weitere Inhalte speziell zum Thema Außenhandel.

6 Anlagenbuchhaltung

Zwei Freunde von Katja Müller, Franz Siegel und Toni Marker, haben sich im letzten Jahr als Unternehmer selbstständig gemacht. Sie kauften die benötigte Betriebs- und Geschäftsausstattung bei dem gleichen Lieferanten gemeinsam ein (je 40 000,00 €), auch ein gleiches Firmenfahrzeug wurde bei einem Autohändler am gleichen Tag erworben (je 35 000,00 €).

Als sich die drei Freunde eines Tages verabreden, kommen sie im Verlaufe des Abends zur Erkenntnis, dass Franz Siegel mehr Steuern für sein Unternehmen zahlen musste als Toni Marker. Beim Vergleich der Bilanzen – welche von unterschiedlichen Steuerbüros angefertigt wurden – fällt auf, dass die Position Betriebs- und Geschäftsausstattung den gleichen Anfangsbestand hat (40 000,00 €), die Schlussbestände aber in unterschiedlicher Höhe vorliegen (37 000,00 € und 36 500,00 €).

Arbeitsaufträge:
1. Erklären Sie, warum die Schlussbestände der Fahrzeuge in jedem Fall geringer sind als die Anfangsbestände.
2. Finden Sie Erklärungen für die beiden unterschiedlichen Schlussbestände.
3. Könnten sich bei der Position Betriebs- und Geschäftsausstattung ebenfalls unterschiedliche Schlussbestände ergeben?
4. Analysieren Sie, wie sich die unterschiedlichen Schlussbestände auf die Steuerzahlungen auswirken könnten.
5. Analysieren Sie einen Jahresabschluss einer Kapitalgesellschaft. Aus welchen Gründen besteht dort eine Differenz von Anfangsbeständen und Schlussbeständen in den einzelnen Bestandskonten?

6.1 Die Anschaffungskosten

Für die Bewertung der Positionen der Aktivseite einer Bilanz ist die Ermittlung der Anschaffungskosten der Vermögensgegenstände ein zentraler Bestandteil. Diese werden zunächst bei Kauf des Gegenstandes in der Buchhaltung erfasst. Der Gesetzgeber gibt eine genaue Definition des Begriffes Anschaffungskosten:

§ HGB § 255 Anschaffungs- und Herstellungskosten

(1) Anschaffungskosten sind die Aufwendungen, die geleistet werden, um einen Vermögensgegenstand zu erwerben und ihn in einen betriebsbereiten Zustand zu versetzen, soweit sie dem Vermögensgegenstand einzeln zugeordnet werden können. Zu den Anschaffungskosten gehören auch die Nebenkosten sowie die nachträglichen Anschaffungskosten. Anschaffungspreisminderungen sind abzusetzen.

Ausgangspunkt ist zunächst der Netto-Anschaffungspreis (Listeneinkaufspreis netto), der bei der Anschaffung eines Vermögensgegenstandes (z.B. einer Maschine, eines Fahrzeugs, eines Grundstücks oder eines Gegenstands der Betriebs- und Geschäftsausstattung) anfällt. Zu diesen Nettokosten müssen die Anschaffungsnebenkosten hinzuaddiert werden – wie z.B. Frachtkosten, Zoll und Verpackungskosten – sowie alle Aufwendungen, um den erworbenen Vermögensgegenstand in einen betriebsbereiten Zustand zu versetzen, wobei diese Aufwendungen einzeln zurechenbar sein müssen.

Beispiele:

- *Bei Maschinen sind eventuelle Fundamentierungs- und Montagekosten Bestandteil der Anschaffungsnebenkosten.*
- *Bei Fahrzeugen gehören die Überführungskosten, die Kosten für die Zulassung, die Nummernschilder und etwaige Sondereinbauten zu den Anschaffungsnebenkosten.*
- *Finanzierungskosten für ein Darlehen (z.B. Zinsen) und Folgekosten (z.B. Kfz-Versicherungen und Tankfüllungen für ein Auto) gehören nicht zu den Anschaffungsnebenkosten.*

Zu den Anschaffungspreisminderungen zählen nachträglich gewährte Nachlässe wie Skonti und Boni und Preisnachlässe aufgrund von Mängelrügen.

Die Anschaffungskosten berechnen sich daher wie folgt:

Anschaffungspreis (Listeneinkaufspreis) netto
\+ Anschaffungsnebenkosten
– Anschaffungspreisminderungen

= Anschaffungskosten

Sämtliche Güter des Anlagevermögens sind beim Kauf (d.h. bei Erhalt einer Eingangsrechnung) und bei der Zahlung (z.B. mit Skonto) mit den Anschaffungskosten buchhalterisch zu erfassen.

Merke: Nachträgliche Preisminderungen (z.B. Skonto) werden direkt dem jeweiligen Bestandskonto gegengebucht.

Beispiel: Die TRIAL GmbH erwirbt am 10.05. eine neue Verpackungsmaschine für 6 700,00 € netto (Listenpreis). Die Transportkosten betragen 200,00 €. Die TRIAL GmbH erhält einen Rabatt von 10 % auf den Listenpreis. Die Zahlung erfolgt nach einer Woche unter Abzug von 2 % Skonto per Banküberweisung.

Für die Berechnung der Anschaffungskosten gilt:	
Listeneinkaufspreis netto:	6 700,00 €
+ Anschaffungsnebenkosten:	200,00 €
– Anschaffungspreisminderungen (10 % auf den Listenpreis)	670,00 €
= Anschaffungskosten (zunächst, s. 1. Buchung, 10.05.)	6 230,00 €
– nachträgliche Anschaffungspreisminderungen (2 % Skonto)	124,60 €
= Anschaffungskosten (endgültig, s. 2. Buchung, 17.05.)	6 105,40 €

ER	0710	Verpackungsmaschine			6 230,00
10.05.	2600	Vorsteuer 19 %			1 183,70
			4400	Verbindlichkeiten aus LuL (bzw. Kreditorenkonto)	7 413,70
ZA	4400	Verbindlichkeiten aus LuL (bzw. Kreditorenkonto)			7 413,70
17.05.			0710	Verpackungsmaschine	124,60
			2600	Vorsteuer 19 %	23,67
			2800	Bank	7 265,43

Das Konto 0710 Maschinen zeigt folgendes Aussehen:

S		0710		H	
ER	6 230,00		ZA	124,60	
			Rest	6 105,40	→ Anschaffungskosten

Merke: In der Finanzbuchhaltung ist die genaue Ermittlung der Anschaffungskosten die Basis für die zum Ende des Geschäftsjahres vorzunehmende Abschreibung von Anlagegütern.

ZUSAMMENFASSUNG

- Vermögensgegenstände werden im Jahr der Anschaffung zu Anschaffungskosten erfasst.
- Anschaffungsnebenkosten erhöhen, Anschaffungspreisminderungen mindern den Listeneinkaufspreis.
- Anschaffungskosten = Listeneinkaufspreis + Anschaffungsnebenkosten – Anschaffungspreisminderungen
- Die Anschaffungskosten sind reine Nettokosten.

AUFGABEN

1   Die TRIAL GmbH erwirbt am 12.03. einen neuen Gabelhubwagen für 2 400,00 €. Der Verkäufer gewährt einen Rabatt von 10 %. Die TRIAL GmbH zahlt die Rechnung des Lieferanten eine Woche später unter Abzug von 3 % Skonto.
   a) Buchen Sie die Eingangsrechnung und den Zahlungsausgang.
   b) Ermitteln Sie die Anschaffungskosten.

2   Die Werk AG kauft am 01.10. einen Gabelstapler (Listenpreis netto 12 000,00 €). Für eine Erweiterung der Gabellänge ist ein Aufpreis von 170,00 € netto zu zahlen. Die Transportkosten betragen 120,00 € netto. Mit dem Lieferanten ist am Kauftag ein Wartungsvertrag über ein Jahr abgeschlossen worden. Der Betrag in Höhe von 900,00 € netto wird am 02.11. überwiesen. Der Lieferant gewährt weiterhin einen Rabatt von 5 % auf den Listenpreis. Die Werk AG zahlt den Stapler am 05.11. unter Abzug von 2 % Skonto.
   a) Buchen Sie sämtliche Geschäftsvorfälle.
   b) Wie hoch sind die Anschaffungskosten des Staplers?

3   Die TRIAL GmbH kauft am 01.04. einen neuen Firmenwagen für 23 000,00 € Listenpreis netto.
    Als Sonderzubehör wählt Herr Stadlinger eine Klimatronicanlage (1 250,00 € netto) und eine
    Metalliclackierung (480,00 € netto). An Überführungskosten fallen 150,00 € an, die Num-
    mernschilder kosten 70,00 €. Sämtliche Aufgaben werden vom Lieferanten übernommen.
    Dieser gewährt der TRIAL GmbH einen Rabatt von 7 % auf den Listenpreis und die Klimatro-
    nicanlage. Die TRIAL GmbH zahlt die Rechnung sieben Tage später unter Abzug von 3 %
    Skonto.
    a) Buchen Sie die Eingangsrechnung und den Zahlungsausgang.
    b) Ermitteln Sie die Anschaffungskosten des Firmenwagens.

4   Die Beil KG kauft am 01.06. eine neue Maschine. Der Rechnungsbetrag in Höhe von
    493 850,00 € brutto wird am 10.06. unter Abzug von 2 % Skonto gezahlt.
    a) Buchen Sie die Eingangsrechnung und den Zahlungsausgang.
    b) Ermitteln Sie die Anschaffungskosten der Maschine.

5   Die Wrack GmbH kauft am 01.12. ein unbebautes Grundstück für 240 000,00 €. Die
    Maklergebühren belaufen sich auf 5 600,00 €, das Vermessungsbüro stellt 1 300,00 netto in
    Rechnung.
    Wie hoch sind die Anschaffungskosten des Grundstückes?

6   Die Bikemachines KG kauft am 01.02. einen Lieferwagen. Der Lieferant stellt einen Betrag
    von 53 550,00 € brutto in Rechnung. Darin enthalten sind der Listenpreis des Wagens und
    die Überführungskosten. Diese betragen 500,00 € netto. Die Zulassungskosten betragen
    1 300,00 €, die Haftpflichtversicherung beläuft sich auf 1 050,00 € jährlich.
    Wie hoch sind die Anschaffungskosten des Lieferwagens? Buchen Sie die Eingangsrechnung
    und den Zahlungsausgang am 08.02., wenn kein Skontoabzug vorliegt bzw. ein Skontoabzug
    von 2,5 % vorgenommen wurde.

6.2   Die Bewertung von abnutzbaren Vermögensgegenständen des Anlagevermögens

Für Vermögensgegenstände des Anlagevermögens müssen für die Bewertung zum Jahresende die Anschaffungskosten ermittelt werden. Die Nutzung der abnutzbaren Gegenstände ist aber zeitlich begrenzt. Die jeweiligen Nutzungsdauern sind aus den sogenannten
AfA-Tabellen (AfA = Absetzung für Abnutzung) zu entnehmen.

Gegenstände des Anlagevermögens werden auf Sammelkonten in bestimmten Konten-
gruppen der Kontenklasse 0 geführt. Das Anlagevermögen der TRIAL GmbH erfasst alle
Wirtschaftsgüter, die dazu bestimmt sind, dem Unternehmen langfristig zu dienen. Güter
des Anlagevermögens verbrauchen sich durch Nutzung oder durch Zeitablauf (Ausnahme: Grundstücke).

Beispiel: Der Kauf von Artikeln der Warengruppe Bikewear durch die TRIAL GmbH bei Lieferanten
wird der Kontengruppe Waren zugebucht, da diese dem Weiterverkauf dienen und somit eine Position
des Umlaufvermögens sind. Der Kauf von Schreibtischen zählt als Zugang von Anlagevermögen, da
Schreibtische längerfristig im Unternehmen bleiben und es nicht die Aufgabe der TRIAL GmbH ist,
Schreibtische zu verkaufen.

Die TRIAL GmbH führt u. a. folgende Konten für das Anlagevermögen:
- Grundstücke und Gebäude: Kontengruppe   05
- Technische Anlagen und Maschinen: Kontengruppe   07
- Betriebs- und Geschäftsausstattung   Kontengruppe   087

Das Wesen der Abschreibung

Der Gesetzgeber bestimmt in § 253, Absatz 2 HGB, dass Vermögensgegenstände des Anlagevermögens um planmäßige Abschreibungen zu vermindern sind.

§ 253, Absatz 2 HGB:

Bei Vermögensgegenständen des Anlagevermögens, deren Nutzung zeitlich begrenzt ist, sind die Anschaffungs- oder Herstellkosten um planmäßige Abschreibungen zu mindern. Der Plan muss die Anschaffungs- oder Herstellungskosten auf die Geschäftsjahre verteilen, in denen der Vermögensgegenstand voraussichtlich genutzt werden kann.

Planmäßige Abschreibungen beschreiben und bewerten den Wertverlust, den ein Wirtschaftsgut während eines Geschäftsjahres erfährt. Da Güter des Anlagevermögens ständig im Betrieb eingesetzt werden, verlieren sie im Laufe der Zeit an Wert.

Gründe für eine Wertminderung können sein:
- technischer Fortschritt,
- wirtschaftliche Entwertung (Nachfrageveränderungen, Preisverfall),
- Zerstörung oder Beschädigung des Anlagegutes.

Beispiele: • *Durch den technischen Fortschritt verlieren Computer im Laufe der Jahre an Wert (Entwicklung schnellerer Prozessoren, größere Festplatten).*
             • *Schreibtische weisen nach Jahren des Gebrauchs Verschleißspuren auf.*

Diese Wertminderungen werden buchhalterisch durch Abschreibungen erfasst. Abschreibungsbeträge mindern die Anschaffungskosten bzw. den aktuellen Buchwert von Vermögensgegenständen. Der Wert eines Vermögensgegenstands ist in der Schlussbilanz des vergangenen Jahres ein höherer als in der aktuellen Schlussbilanz.

Die TRIAL GmbH darf jedoch für Güter des Anlagevermögens nicht einen beliebigen Abschreibungsbetrag wählen. § 253, Absatz 2 HGB spricht in diesem Zusammenhang von einer zeitlich **begrenzten Nutzungsdauer**. Die Höhe der betriebsgewöhnlichen Nutzungsdauer eines Vermögensgegenstandes ergibt sich aus sog. **AfA-Tabellen** der Finanzverwaltung.

Beispiel: Die Nutzungsdauer beträgt laut AfA-Tabelle (Auszug)
           für Personenwagen 5 Jahre, für Büromöbel 10 Jahre, für PCs 4 Jahre, für Kopiergeräte 5 Jahre,
           für Verwaltungsgebäude 50 Jahre.

Für die Berechnung der Abschreibungsbeträge unterscheidet man zwischen planmäßigen und außerplanmäßigen Abschreibungen:

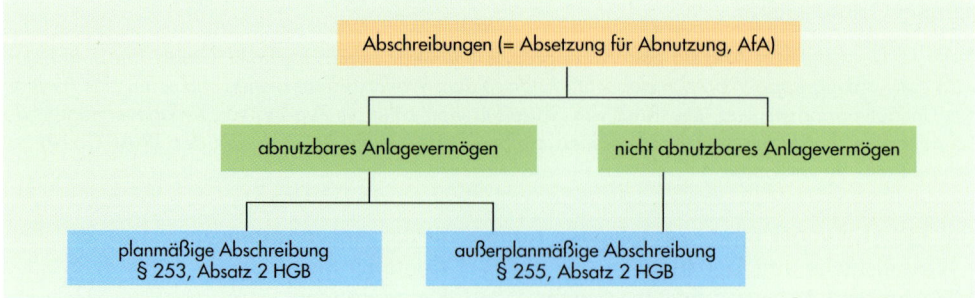

Die planmäßige Abschreibung gliedert sich in drei Abschreibungsmethoden:

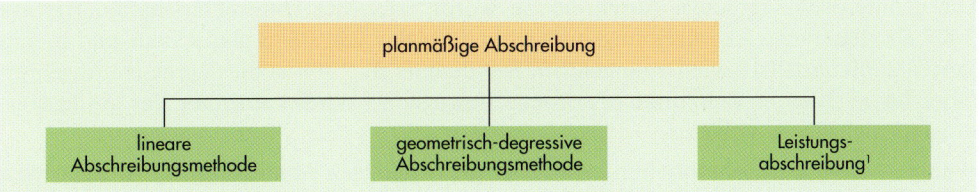

Die lineare Abschreibung

Bei der linearen Abschreibung wird die Wertminderung gleichmäßig auf die Nutzungs-jahre verteilt. Der Abschreibungsbetrag bleibt über die Nutzungsjahre immer gleich (= konstant, linear).

Es gilt:

$$\textit{jährlicher linearer Abschreibungsprozentsatz (AfA in \%)} = \frac{100}{\textit{Nutzungsdauer in Jahren}}$$

$$\textit{jährlicher linearer Abschreibungsbetrag in € (AfA/Jahr)} = \frac{\textit{Anschaffungskosten}}{\textit{Nutzungsdauer in Jahren}}$$

Beispiel: Die TRIAL GmbH erwirbt am 02.01. einen Lkw (Anschaffungskosten netto: 120 000,00 €). Die Nutzungsdauer beträgt laut AfA-Tabelle fünf Jahre.

Der jährliche lineare Abschreibungsprozentsatz beträgt AfA = 100 : 5 Jahre = 20 %.
Der jährliche lineare Abschreibungsbetrag beträgt   AfA = 120 000,00 € : 5 Jahre
                                                             = 24 000,00 €

Der Wertverlust des Lkws beträgt jedes Jahr 24 000,00 €.

Es ergibt sich der folgende lineare Abschreibungsverlauf:

Jahr	Anschaffungskosten/Buchwert neues Jahr	Abschreibung	Restwert 31.12.
1	120 000,00	24 000,00	96 000,00
2	96 000,00	24 000,00	72 000,00
3	72 000,00	24 000,00	48 000,00
4	48 000,00	24 000,00	24 000,00
5	24 000,00	24 000,00	0,00

Dabei gilt:

Anschaffungskosten/Buchwert neues Jahr – Abschreibung = Restwert

Nach Ablauf der Nutzungsdauer ergibt sich ein Bilanzwert von 0,00 €; der Lkw ist voll abgeschrieben. Sollte der Lkw jedoch weiterhin betrieblich genutzt werden, dann wird im letzten Jahr der Nutzungsdauer nur ein Betrag von 23 999,00 € abgeschrieben und der Lkw steht mit 1,00 € Erinnerungswert in der Schlussbilanz und in den Anlagekonten.

5	24 000,00	23 999,00	1,00

---

[1] Bleibt in diesem Lehrbuch unberücksichtigt

Die geometrisch-degressive Abschreibung

Die geometrisch-degressive Abschreibung wurde nach der Unternehmenssteuerreform 2007 als steuerliche Abschreibungsmöglichkeit für das Jahr 2008 abgeschafft und in den Jahren 2009 und 2010 wieder eingeführt. Seit dem 01.01.2011 ist die degressive Abschreibung für ab diesem Zeitpunkt erworbene bewegliche Wirtschaftsgüter des Anlagevermögens nicht mehr zulässig.

Während die lineare Abschreibung von einer gleichmäßigen Abnutzung von Anlagegütern ausgeht, wird bei der degressiven Abschreibung die Wertminderung in fallenden, d. h. immer kleiner werdenden Abschreibungsbeträgen auf die Nutzungsdauer verteilt. Bei der degressiven Abschreibung sind die Abschreibungen in den ersten Jahren der Nutzung höher als in den Folgejahren. Der degressive AfA-Satz wird immer vom **jeweiligen Restwert des Vermögensgegenstandes berechnet**. Das Einkommensteuergesetz bietet den Unternehmen ein Wahlrecht an, ob ein Wirtschaftsgut linear oder degressiv abgeschrieben werden soll.

Dabei gibt das Einkommensteuergesetz zur Berechnung des degressiven Abschreibungsprozentsatzes folgende Regelung vor:

Degressive AfA in % = 2,5 · lineare AfA in %, max. 25 % bei Anschaffungen in den Jahren 2009 und 2010 bzw. 30 % bei Anschaffungen in den Jahren 2006 bis 2007

Beispiel: *Ein Wirtschaftsgut wird mit einem Anschaffungswert von 35 000,00 € angeschafft und besitzt laut AfA-Tabelle eine Nutzungsdauer von sieben Jahren.*

Der lineare AfA-Satz beträgt   100 : 7 = 14,28 %.

Für den degressiven Satz gilt: 2,5 · linearer AfA-Satz = 2,5 · 14,28 % = 35,70 %.

Da der degressive AfA-Satz aber nicht mehr als 25 % betragen darf, wird das Wirtschaftsgut degressiv mit 25 % abgeschrieben.

Ein weiteres Wirtschaftsgut wird mit 45 000,00 € angeschafft und besitzt laut AfA-Tabelle eine Nutzungsdauer von zwölf Jahren.

Der lineare AfA-Satz beträgt   100 : 12 = 8,33 %.

Weiter gilt: 2,5 · linearer AfA-Satz = 2,5 · 8,33 % = 20,825 %.

Dieses Wirtschaftsgut wird degressiv mit 20,825 % abgeschrieben.

Die Anschaffungskosten spielen bezüglich der Bestimmung des AfA-Satzes – sowohl linear als auch degressiv – keine Rolle.

Beispiel: *Die TRIAL GmbH möchte den am 01.01. erworbenen Lkw (Anschaffungskosten 120 000,00 €) degressiv abschreiben.*

Der lineare AfA-Satz beträgt   100 : 5 = 20 %.

Für den degressiven Satz gilt: 2,5 · linearer AfA-Satz = 2,5 · 20 % = 50 %.

Da der degressive AfA-Satz aber nie mehr als 25 % betragen darf, wird der Lkw mit 25 % degressiv abgeschrieben werden.

Es ergibt sich der folgende degressive Abschreibungsverlauf (25 %):

Jahr	Anschaffungskosten/Buchwert neues Jahr	Abschreibung	Restwert 31.12.
1	120 000,00	30 000,00	90 000,00
2	90 000,00	22 500,00 *	67 500,00
3	67 500,00	16 875,00 *	50 625,00
4	50 625,00	12 656,25 *	37 968,75
5	37 968,75	9 492,19 *	28 476,56

* = 25 % vom jeweiligen Buchwert bzw. Restwert vom 31.12.

Die grafische Darstellung der Abschreibungsbeträge zeigen die folgenden Schaubilder:

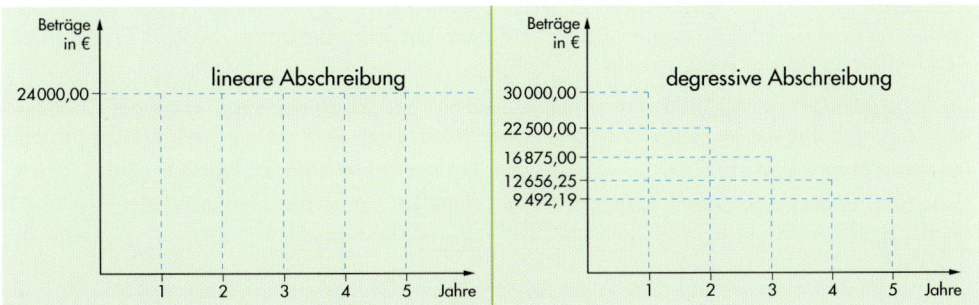

Monatsgenaue Abschreibung im ersten Jahr der Nutzung

Die Abschreibung beginnt laut Einkommensteuergesetz mit dem Zeitpunkt, zu dem das Anlagegut angeschafft wird. Das heißt, dass im Jahr der Anschaffung nur **zeitanteilig nach Monaten** – vom Anschaffungszeitpunkt bis zum Bilanzstichtag – abgeschrieben werden darf.

Beispiel: Der Lkw wird nicht am 02.01., sondern am 15. April gekauft. Da das Anlagegut im ersten Nutzungsjahr nur neun Monate genutzt wird (der angefangene Monat zählt in voller Höhe mit), beträgt die Abschreibung des ersten Jahres 9/12 der Jahresabschreibung.

Die lineare Abschreibung im ersten Jahr ist nun mit 24 000,00 € · 9/12 = 18 000,00 € anzusetzen. Die Abschreibungsbeträge der weiteren Jahre betragen 24 000,00 €. Im letzten Jahr der Nutzungsdauer wird der komplette Restwert abgeschrieben, um auf einen Anlagewert von 0,00 € zu kommen (planmäßige Abschreibung 24 000,00 € zzgl. außerplanmäßige Abschreibung 6 000,00 €, derjenige Betrag, welcher im ersten Jahr der zeitanteiligen Abschreibung nicht verwendet wurde).

Es ergibt sich der folgende lineare Abschreibungsverlauf:

Jahr	Anschaffungskosten/Buchwert neues Jahr	Abschreibung	Restwert 31.12.
1	120 000,00	18 000,00	102 000,00
2	102 000,00	24 000,00	78 000,00
3	78 000,00	24 000,00	54 000,00
4	54 000,00	24 000,00	30 000,00
5	30 000,00	30 000,00	0,00

EXKURS

Die Bewertung von bebauten Grundstücken.

Bebaute Grundstücke bilden eine zusammengehörende Einheit. Für die Bewertung gilt jedoch, dass

- das Grundstück alleine einen nicht abnutzbaren Vermögensgegenstand darstellt (Boden zählt als ein nicht abnutzbares Wirtschaftsgut) und
- das Gebäude einen abnutzbaren Vermögensgegenstand darstellt und daher einer planmäßigen Abschreibung unterliegt.

Aus diesem Grund sind die Anschaffungskosten in einen Grundstücksteil und einen Gebäudeteil zu untergliedern.

Beispiel: Die TRIAL GmbH erwirbt am 01.09. eine Lagerhalle für 864 000,00 € netto. Das Grundstück selbst hat 600 qm, der Grundstückspreis liegt bei 240,00 € je qm. Die Grunderwerbsteuer beläuft sich auf 17 280,00 €, die Makler- und Notargebühren betragen 3 600,00 € netto. Der Abschreibungssatz liegt linear bei 2 %.

Die Anschaffungsnebenkosten und der Kaufpreis müssen auf das Grundstück und auf das Gebäude verteilt werden. Die Verteilung der Anschaffungsnebenkosten geschieht mithilfe der Dreisatzrechnung

Gesamt-Kaufpreis 864 000,00   =   Grundstückskaufpreis 144 000,00

Gesamt-Grunderwerbsteuer 17 280,00   =   anteilige Steuer für das Grundstück x

x = 2 880,00

oder durch eine geeignete Aufsplittung des Kaufpreises in Verhältniszahlen (Teile): 144 000,00 € ist der sechste Teil der Gesamtsumme von 864 000,00 €.

	gesamt	Grundstück	Gebäude
Kaufpreis	864 000,000 €	144 000,000 €	720 000,000 €
	6 Teile	1 Teil	5 Teile
Grunderwerbssteuer	17 280,00 €	2 880,00 €	14 400,00 €
Makler- und Notar-gebühren	3 600,00 €	600,00 €	3 000,00 €
Anschaffungskosten	884 880,00 €	147 480,00 €	737 400,00 €
Abschreibungen 2 %		----	4 916,00 €
Bilanzwert am 31.12.	879 964,00 €	147 480,00 €	732 484,00 €

=   +

Die Lagerhalle wird am 31.12. mit einem Wert von 879 964,00 € bilanziert (monatsgenaue Abschreibung von September bis Oktober)

Kauf von Anlagegütern und Bestimmung der Abschreibungsbeträge: notwendige Buchungen

Bei einer Bestellung von Anlagegütern und deren Lieferung erhält die TRIAL GmbH eine Eingangsrechnung des Lieferanten. Für diesen Lieferanten wird ein Kreditorenkonto eingerichtet bzw. unterhalten. Buchungen im Soll erfolgen nicht mithilfe des Kontos 2000 Waren, sondern mit Konten der Kontengruppe 0 (immaterielle Vermögensgegenstände und Sachanlagen). Für jeden Vermögensgegenstand wird eine Anlagenkartei geführt, welche Zu- und Abgänge und die AfA erfasst.

Beispiel: Die TRIAL GmbH kauft am 02.05. bei dem Unternehmen Autohaus B. Reich einen Pkw (Anschaffungspreis 12 000,00 €, Klimaanlage 2 000,00 €, Überführungskosten 300,00 €, alles netto).

Die Anschaffungskosten betragen 14 300,00 €.

Der Buchungssatz lautet:

	Soll-Kontonr.	Name	Haben-Kontonr.	Name	Betrag
ER	0840	Fuhrpark			14 300,00 €
02.05.	2600	Vorsteuer			2 717,00 €
			441014	Kreditor Autohaus B. Reich	17 017,00 €

Der Pkw hat laut AfA-Tabelle eine Nutzungsdauer von fünf Jahren. Dies ergibt bei linearer Abschreibung einen AfA-Satz von 20%. Der jährliche lineare Abschreibungsbetrag liegt bei 2 860,00 €. Da aber im Jahr der Anschaffung monatsgenau abzuschreiben ist, gilt folgende Rechnung (der Pkw wird im ersten Jahr acht Monate genutzt, Mai – Dezember):

2 860,00 · (8 Monate : 12 Monate) = 1 906,67

> **Merke:** Der Abschreibungsbetrag wird von den Anschaffungskosten berechnet, nicht von dem Wert der Verbindlichkeiten bzw. dem Rechnungsbetrag brutto.

Abschreibungen mindern den ursprünglichen Vermögenswert und stellen in der Buchhaltung somit einen **Aufwand** dar. Dieser wird auf dem Aufwandskonto **6500 Abschreibungen auf Sachanlagen** erfasst.

Beispiel: Buchung der Abschreibung am 31.12.

	Soll-Kontonr.	Name	Haben-Kontonr.	Name	Betrag
ER	6500	Abschreibung auf Sachanlagen			1 906,67
02.05.			0840	Fuhrpark	1 906,67

Das Anlagegut hat am 31.12. nur noch einen Wert von 12 393,33 €.

Darstellung in einem T-Konto (Annahme AB = 0):

```
                    0840
S              Fuhrpark                    H
AB                  0,00 | Abschreibung      1 906,67
ER             14 300,00 | SB               12 393,33
```

Im zweiten Jahr der Nutzung ergibt sich ein Schlussbestand von 9 533,33 € (12 393,33 € – 2 860,00 €).

Beispiel: Ein Hochregal steht mit 96 000,00 in der Bilanz (Buchwert). Der lineare Abschreibungsbetrag liegt bei 16 000,00 €.

Buchungen bei linearer Methode:

Soll-Kontonr.	Name	Haben-Kontonr.	Name	Betrag
6500	Abschreibungen auf Sachanlagen			16 000,00
		0830	Lager- und Transporteinrichtung	16 000,00

```
         0830                          6500
S   Lager- und Transporteinr.   H   S   Abschreibungen      H
AB    96 000,00 | Abschreibung  16 000,00  (1)  16 000,00 | Saldo  16 000,00
                | SB            80 000,00
```

Das GuV-Konto hat folgendes Aussehen (Vor.: Summe Aufwand 15 600,00 € und Summe Erträge 39 900,00 €)

S		GuV		H
Summe Aufwand	15 600,00	Summe Erträge	39 900,00	
Abschreibung	16 000,00			
Saldo (Gewinn)	8 300,00			

Von der Regelung der planmäßigen Abschreibung von Gegenständen des Anlagevermögens über die gesamte Nutzungsdauer kann in besonderen Fällen abgewichen werden. Der Gesetzgeber erlaubt, dass Güter des Anlagevermögens unter bestimmten Voraussetzungen einem anderen Abschreibungsmodus unterliegen können. Diese Güter heißen **geringwertige Wirtschaftsgüter (GWG)**. Das Einkommensteuergesetz regelt in § 6, Absatz 2 die Voraussetzungen für ein geringwertiges Wirtschaftsgut:

- Es handelt sich um ein abnutzbares, bewegliches Gut des Anlagevermögens.
- Das Wirtschaftsgut ist zu einer selbstständigen Nutzung geeignet.

Sofern diese Voraussetzungen erfüllt sind, kann ein Gut als geringwertiges Wirtschaftsgut betrachtet werden. Ein Unternehmer hat nun mehrere Möglichkeiten, um geringwertige Güter abzuschreiben:

Liegen die Anschaffungskosten zwischen 150,01 € und 410,00 €, können die Wirtschaftsgüter sofort abgeschrieben werden oder es kann ein Sammelposten (Sammelabschreibung, Pool-Abschreibung) gebildet werden.

Liegen die Anschaffungskosten zwischen 150,01 € und 1 000,00 €, kann ein Sammelposten (Pool-Abschreibung) gebildet werden.

Der Unternehmer muss sich für eine der Alternativen entscheiden (Hinweis: eine Abschreibung über die Nutzungsdauer ist in den erwähnten Fällen auch möglich).

Wenn ein Sammelposten gebildet werden soll, dann gilt folgende Regelung: Die Beträge in diesem Sammelposten werden in den folgenden vier Geschäftsjahren gleichmäßig mit 20 % linear abgeschrieben. Die Abschreibungsbeträge werden zum Ende des Geschäftsjahres auf dem Konto Abschreibungen auf GWG erfasst.

Beispiel: Ein Bürodrehstuhl kostet 340,00 € netto. Die TRIAL GmbH kauft einen Drehstuhl am 05.01.2013 (Barzahlung) und möchte diesen Stuhl als geringwertiges Wirtschaftsgut ansehen (die Voraussetzungen sind erfüllt). Der Drehstuhl wird als Sammelposten GWG 150,01 bis 1 000,00 € erfasst. Unternehmen können alternativ zu dieser Methode Anschaffungsgüter sofort im Jahr der Anschaffung abschreiben, wenn deren Anschaffungskosten zwischen 150,01 und 410,00 € liegen.

Der Buchungssatz der Eingangsrechnung lautet:

	Soll-Kontonr.	Name	Haben-Kontonr.	Name	Betrag
23.04.	0890	geringwertige Wirtschaftsgüter 150,01–1 000,00 € Sammelposten			340,00
	2600	Vorsteuer			64,60
			2820	Kasse	404,60

Der Buchungssatz der Abschreibung am 31.12. lautet (es befindet sich nur der Stuhl im Sammelkonto GWG 150,01–1 000,00 € Sammelposten):

	Soll-Kontonr.	Name	Haben-Kontonr.	Name	Betrag
31.12.	6540	Abschreibung auf Sammelposten geringwertige Wirtschaftsgüter			68,00
			0890	geringwertige Wirtschaftsgüter 150,01– 1 000,00 € Sammelposten	68,00

Der Monat der Anschaffung spielt in diesem Fall keine Rolle. (Hinweis: der Buchungssatz bei einer Sofortabschreibung würde lauten:
6540 Abschreibungen auf GWG an 0890 GWG 340,00 €)

Beispiel: Die TRIAL GmbH kauft im Jahr 2013 folgende Güter ein (Zahlung über das Bankkonto):

02.02.: 10 Bürodrehstühle zu je 155,00 €, netto
05.06.: 5 Schreibtische zu je 240,00 €, netto
10.10.: 1 Kleiderständer zu 190,00 €, netto

Die Buchungssätze lauten (Hinweis: es soll ein Sammelposten gebildet werden):

	Soll-Kontonr.	Name	Haben-Kontonr.	Name	Betrag
02.02.	0890	geringwertige Wirtschaftsgüter 150,01– 1 000,00 €			1 550,00
	2600	Vorsteuer 19 %			294,50
			2800	Bank	1 844,50
05.06.	0890	geringwertige Wirtschaftsgüter 150,01– 1 000,00 €			1 200,00
	2600	Vorsteuer 19 %			228,00
			2800	Bank	1 428,00
10.10.	0890	geringwertige Wirtschaftsgüter 150,01– 1 000,00 €			190,00
	2600	Vorsteuer 19 %			36,10
			2800	Bank	226,10

Der Sammelposten für das Konto geringwertige Wirtschaftsgüter hat folgendes Aussehen:

0890

S	GWG 150,01–1 000,00 €		H
02.02.	1 550,00		
05.06.	1 200,00		
10.10.	190,00		

Die Summe der Sollseite beläuft sich auf 2 940,00 €. Dieser Betrag ist am Ende des Geschäftsjahres zum 31.12. der Grundwert für die Ermittlung der Abschreibung.

Es gilt: 2 940,00 € : 5 = 588,00 €

Die geringwertigen Wirtschaftsgüter werden am 31.12.2013 mit 588,00 € abgeschrieben.

Der Buchungssatz am 31.12. lautet:

	Soll-Kontonr.	Name	Haben-Kontonr.	Name	Betrag
31.12.	6540	Abschreibung auf Sammelposten geringwertige Wirtschaftsgüter			588,00
			0890	geringwertige Wirtschafts-güter 150,01–1 000,00 €	588,00

0890

S	GWG 150,01–1 000,00 €		H
02.02.	1 550,00	31.12.	588,00
05.06.	1 200,00	EB	2 352,00
10.10.	190,00		
	2 940,00		2 940,00

Am 31.12.2014 werden dem Konto GWG 150,01–1 000,00 € wiederum 588,00 € als Abschreibung abgebucht. Es fällt also in jedem Jahr eine Aufwandsbuchung in Höhe von 588,00 € an. Hier hätte der Unternehmer auch die Sofortabschreibung wählen können. In diesem Fall würde die Aufwandsbuchung im GuV Konto mit 2 940,00 € zu Buche stehen, was einen möglichen Gewinn mehr mindern würde, als die oben erwähnte Methode. (Hinweis: Beachten Sie, der Unternehmer kann nicht zwischen den verschiedenen Methoden hin und her wählen, er muss sich für eine Methode entscheiden).

Eine weitere buchhalterische Vereinfachung bietet der Gesetzgeber, indem er erlaubt, Wirtschaftsgüter, deren Anschaffungskosten 150,00 € netto nicht übersteigen, direkt im Anschaffungsjahr als Aufwand zu buchen. Die Abschreibung am Jahresende entfällt (in voller Höhe Betriebsausgaben, i.d.R. Büromaterial).

Beispiel: Die TRIAL GmbH kauft für das Sekretariat eine neue Schreibtischauflage für 12,00 € netto, bar.

Der Buchungssatz lautet:

Soll-Kontonr.	Name	Haben-Kontonr.	Name	Betrag
6800	Büromaterial			12,00
2600	Vorsteuer			2,28
		2820	Kasse	14,28

Der Betrag von 12,00 € wird am Jahresende sofort als Aufwand in der Gewinn- und Verlustrechnung erfasst.

ZUSAMMENFASSUNG

- Wertminderungen des Anlagevermögens werden durch Abschreibungen erfasst.
- Die Anschaffungskosten (netto) eines Anlagegutes werden auf die Nutzungsdauer verteilt.
- AfA-Tabellen geben die Nutzungsdauer von Anlagegütern vor.
- Lineare Abschreibungsmethode: gleiche Abschreibungsbeträge pro Jahr (Ausnahmen im ersten und im letzten Jahr der Nutzung möglich)
  AfA = 100 : Nutzungsdauer
- Im ersten Jahr ist der Abschreibungsbetrag monatsanteilig zu bestimmen.
- Der Buchungssatz für den Zugang von Anlagegütern lautet:
  0... *Anlagekonto (zu Anschaffungskosten)*
  2600 Vorsteuer   an 44..... *Kreditorenkonto (bzw. 2800 Bank)*
- Abschreibungen gelten als Aufwand und schmälern den Gewinn.
- Der Buchungssatz für Abschreibungen lautet (i. d. R. am 31.12):
  6500 Abschreibungen auf Sachanlagen an 0... *Anlagekonto*

Für die Buchung eines Geschäftsvorfalls mit Anlagegütern gilt:

Anschaffungskosten bis 150,00 € netto	Anschaffungskosten zwischen 150,01 € und 410,00 € netto	Anschaffungskosten zwischen 150,01 € und 1 000,00 €	Anschaffungskosten > 1 000,01 € netto
Buchung mit Aufwandskonto	Buchung mit Konto 0890 GWG (Voraussetzungen beachten)	Buchung als Sammelabschreibung (Pool Abschreibung) mit Konto 0890 GWG 150,01–1 000,00 €	Vermögensgegenstand ist zu aktivieren
keine Buchung einer Abschreibung	Sofortabschreibung oder Abschreibung am Ende des Geschäftsjahres und in den weiteren vier Geschäftsjahren mit je 20% (Pool Abschreibung)	Abschreibung am Ende des Geschäftsjahres und in den weiteren vier Geschäftsjahren mit je 20%	planmäßige Abschreibung über Nutzungsdauer (nach AfA-Tabelle)

AUFGABEN

1 Erläutern Sie die folgenden Begriffe:

   a) Abschreibung,
   b) Bewertung,
   c) Vorsichtsprinzip,
   d) Imparitätsprinzip,
   e) AfA-Tabelle.

2 Worin liegen die Unterschiede zwischen handelsrechtlichen und steuerrechtlichen Bewertungsvorschriften?

3 Herr Bundschuh verkauft seinen fünf Jahre alten Pkw für 3 400,00 € an seinen Nachbarn. Der Wagen kostete ursprünglich 16 000,00 €.
   Erläutern Sie an diesem Beispiel das Wesen der Abschreibung.

4 a) Aus welchen Gründen sind Abschreibungen notwendig?
   b) Erläutern Sie den Unterschied zwischen linearer und degressiver Abschreibung.
   c) Welche Voraussetzungen müssen erfüllt sein, damit ein Vermögensgegenstand als geringwertiges Wirtschaftsgut gilt?

5 a) Wie hoch sind die linearen Abschreibungssätze bei folgenden Nutzungsdauern in Jahren: 3 Jahre, 10 Jahre, 25 Jahre, 4 Jahre, 8 Jahre.
   b) „Es kann durchaus vorkommen, dass der lineare Abschreibungsbetrag höher ist als der degressive Abschreibungsbetrag." Nehmen Sie zu dieser Aussage kritisch Stellung.

6 Die TRIAL GmbH bestellt am 1.6. ein neues Kopiergerät. Der Rechnungspreis beträgt 1 725,50 € brutto. Die Nutzungsdauer liegt laut AfA-Tabelle bei fünf Jahren.
   a) Ermitteln Sie Anschaffungskosten und die Abschreibungsbeträge bei linearer Abschreibung.
   b) Buchen Sie die Eingangsrechnung und die jeweiligen Abschreibungen am Ende der Geschäftsjahre.
   c) Stellen Sie Abschreibungsbeträge grafisch dar.

7 Ein Gabelhubwagen kostet die TRIAL GmbH 1 090,00 € netto zzgl. 75,00 € Transportkosten. Der Zahlungsausgang erfolgt unter Abzug von 3 % Skonto (Anschaffungsdatum: 01.10., Zahlung der Rechnung: 19.10., Nutzungsdauer: sechs Jahre).
   a) Buchen Sie die Eingangsrechnung und den Zahlungsausgang.
   b) Ermitteln Sie die Abschreibungsbeträge bei linearer und degressiver Abschreibung (mit Buchungen, degressiver Höchstsatz 25 %).

8 Eine Verpackungsmaschine wurde in den letzten vier Jahren linear mit 20 % abgeschrieben, eine weitere Maschine linear mit 12,5 %. Die Verpackungsmaschine hat einen Restbuchwert von 41 280,00 €, die weitere Maschine einen Restbuchwert von 12 000,00 €.
   Ermitteln Sie jeweils die Höhe der Anschaffungskosten (wenn möglich).

9 Ein Unternehmen kauft am 01.04. ein neues Verwaltungsgebäude für 1 100 000,00 €. Der Wert des Gebäudes beträgt 750 000,00 €, das Grundstück hat eine Fläche von 1 750 qm. Für die Finanzierung wird am 01.04. ein Darlehen in Höhe von 900 000,00 € in Anspruch genommen. Die Annuität beträgt monatlich 7 500,00 €. Die Grunderwerbssteuer liegt bei 2 % des Kaufpreises, die Notariatsgebühren belaufen sich auf 990,00 € netto, die Grundsteuer liegt bei 700,00 €.
   a) Bilden Sie sämtliche erforderlichen Buchungssätze zum 01.04.
   b) Ermitteln Sie die Anschaffungskosten des bebauten Grundstücks.

c) Mit welchem Wert wird das Verwaltungsgebäude zum 31.12. des ersten und zweiten Nutzungsjahres bilanziert?

d) Angenommen, der Preis des Grundstücks sinkt im dritten Jahr der Nutzung aufgrund der schwachen Konjunktur um die Hälfte. Wie lautet der Wertansatz zum 31.12. des dritten Jahres?

10 Die TRIAL GmbH erhält am 24.05. folgende Rechnungen:
- zwölf Schreibtische de Luxe zu je 1 830,00 € netto, abzgl. 5 % Sonderrabatt (Nutzungsdauer zehn Jahre)
- ein Safe, Anschaffungskosten 1 200,00 € (Nutzungsdauer 20 Jahre)
   a) Buchen Sie die Rechnungen.
   b) Ermitteln Sie jeweils die linearen Abschreibungsbeträge und stellen Sie die jeweiligen Buchungssätze am 31.12. auf.

11 Ein Geschäftswagen im Wert von 50 500,00 € soll in fünf Jahren linear abgeschrieben werden (Kaufdatum 01.07.).
   a) Wie hoch ist die AfA in Prozent?
   b) Stellen Sie den Abschreibungsverlauf tabellarisch dar.
   c) Buchen Sie die Abschreibung im ersten, zweiten und dritten Nutzungsjahr.

12 Die TRIAL GmbH erhält am 01.04. folgende Lieferung mit Rechnung:
- sechs Schreibtische zu je 1 010,00 € netto abzgl. 5 % Rabatt
- fünf Büroschränke zu je 2 450,00 € netto
- zehn Tastaturen zu je 35,00 € netto
- vier Kugelschreiber zu je 78,00 € netto

Der Lieferant gewährt einen Skonto von 2 %, der von der TRIAL GmbH in Anspruch genommen wird. Die Lieferung wird bar bezahlt.
   a) Buchen Sie die Eingangsrechnung.
   b) Die TRIAL GmbH möchte am Jahresende einen niedrigen Gewinn ausweisen. Ermitteln Sie die jeweiligen Wertansätze zum 31.12. (Nutzungsdauer jeweils zehn Jahre).

13 Die TRIAL GmbH erhält am 01.06. folgende Lieferungen mit jeweiliger Rechnung:
- 6 Aktenschränke (Rechnungsbetrag brutto 2 998,80 € gesamt)
- 20 Mäuse (Rechnungsbetrag brutto 285,60 €)
- 1 Bürostuhl (Rechnungsbetrag brutto 179,69 € gesamt)
- 5 Tische für den Besprechungsraum (Rechnungsbetrag brutto 2 082,50 € gesamt)

Die Rechnungen der Aktenschränke, des Bürostuhls und der Tische werden mit 2 % Skonto bezahlt.
   a) Buchen Sie die Eingangsrechnungen und Zahlungsausgänge (03.06.).
   b) Ermitteln Sie die möglichen Abschreibungsbeträge und Wertansätze zum 31.12. der kommenden fünf Jahre (mit Buchungssätzen) und interpretieren Sie Ihre Ergebnisse.

14 Die TRIAL GmbH kauft am 01.06. einen neuen Lieferwagen. Der Listenpreis liegt bei 33 500,00 € netto, als Sonderzubehör fallen 1 500,00 € netto an, die Überführungskosten betragen 350,00 € netto, ein Schriftzug auf dem Wagen (TRIAL GmbH) kostet 790,00 €.

Der Lieferant gewährt der TRIAL GmbH 10 % Rabatt auf den Listenpreis und 3 % Skonto auf die Gesamtsumme bei Zahlung bis zum 10.06.

Als weitere Kosten fallen für die TRIAL GmbH an: Zulassungsgebühren inkl. Nummernschild 95,00 € netto, Kfz-Steuer 450,00 € und Kfz-Versicherung 660,00 € für das kommende Jahr. Die Nutzungsdauer des Lieferwagens liegt bei vier Jahren. Die Nutzungsdauer wurde aufgrund einer hohen Beanspruchung des Wagens vom Finanzamt bestätigt.

a) Wie hoch sind die Anschaffungskosten, wenn die TRIAL GmbH die Rechnung an den Lieferanten am 20.06. überweist?

b) Ermitteln Sie den Abschreibungsbetrag zum 31.12., wenn die TRIAL GmbH eine maximale Steuerersparnis zum 31.12. anstrebt (mit Buchungssatz).

15 Die Bikemachines KG kauft am 01.05. eine Lagerhalle für 450 000,00 €, welche im Laufe des Jahres noch umgebaut werden soll. Die Halle ist jedoch sofort nutzbar. Der Wert des Grundstücks liegt bei 1/9 des Kaufpreises. Die Grunderwerbssteuer liegt bei 2,5%, das Honorar für den Architekten beträgt 2 700,00 € netto, die weiteren Nebenkosten summieren sich auf 12 600,00 € netto. Die Umbaukosten schlagen mit 23 500,00 € netto zu Buche, die Arbeiten sind am 01.07. beendet. Die Nutzungsdauer der Lagerhalle ist mit 25 Jahren zu veranschlagen.

Wie hoch ist der Bilanzansatz zum 31.12.?

16 Beurteilen Sie die Vorgehensweisen der TRIAL GmbH:

a) Die TRIAL GmbH hat einen Schreibtisch bisher linear abgeschrieben. In diesem Geschäftsjahr wird dieser zu einem geringwertigen Wirtschaftsgut erklärt und komplett abgeschrieben.

b) Die TRIAL GmbH erfasst eine kleine Verpackungsmaschine (Kaufpreis 1 270,00 € netto, Rabatt 15%, 2% Skonto) als ein geringwertiges Wirtschaftsgut.

c) Ein Monitor für einen PC kostet die TRIAL GmbH 475,00 € brutto. Der Lieferant gewährt einen Rabatt von 15%. Auch dieses Gut wird als geringwertiges Wirtschaftsgut erfasst.

d) Die Kanalanschlusskosten und die Kosten für die Finanzierung eines Darlehens zählt die TRIAL GmbH nicht zu den Anschaffungsnebenkosten eines Grundstücks.

17 a) Das Konto GWG weist auf der Sollseite einen Betrag von 1 500,00 € auf. Bilden Sie den Buchungssatz zum 31.12 desselben Jahres. Dieses Jahr ist auch das Jahr der Anschaffung.

b) Das Konto GWG für das Jahr 2013 weist auf der Sollseite einen Betrag von 1 800,00 € auf. Bilden Sie den Buchungssatz zum 31.12.2013 und 31.12.2014 (Jahr der Anschaffung: 2012).

Schwerpunkt Gesamtwirtschaft

Lernfeld 10: Den Ausbildungsbetrieb als Groß- und Außenhandelsunternehmen präsentieren

1 Funktionen und Formen des Groß- und Außenhandels

PROBLEM

Auf der wöchentlichen Abteilungsleitersitzung liest Peter Gasch, Geschäftsführer der TRIAL GmbH Groß- und Außenhandel, folgende Zeitungsmeldung vor:

Direktverkauf der Fahrradhersteller bereitet dem Großhandel Sorge

Der Fahrradgroßhandel blickt mit Sorge auf Versuche der Fahrradindustrie, Fahrräder direkt an Fahrradeinzelhändler zu liefern. „Das schwächt uns, aber auch den Fahrradeinzelhandel", meint Peter Müller, Geschäftsführer der Best Bike GmbH. „Notfalls werden wir die günstigen Zubehör- und Ersatzteile auslisten. Dann müssten die Fahrradhersteller diese für viel Geld per Post an die Fahrradeinzelhändler ausliefern." Peter Müller betonte, er wolle auch künftig an der Logistikkette Industrie, Großhandel, Einzelhandel und Endverbraucher festhalten. Kritisch sieht Peter Müller auch die Möglichkeit, Fahrräder und Zubehör über das Internet zu bestellen: „Da hat der Endverbraucher, aber auch der Fahrradeinzelhändler, so gut wie keine Beratung. Nur wir haben den Marktüberblick, kennen die Stärken und Schwächen der verschiedenen Hersteller und wissen, was zusammenpasst und was nicht zusammenpasst." Allerdings nutzt die Best Bike GmbH das Internet, so Peter Müller, um die Kommunikation mit den Lieferern (Hersteller) und Kunden (Einzelhändler) zu verbessern. „Dem Einzelhandel wollen wir mit unserem Internetportal keine Konkurrenz machen, denn ein starker Einzelhandel ist für uns lebenswichtig."

Peter Gasch führt auf seinem Laptop die Homepage der Best Bike GmbH vor. Diese empfängt den Internetnutzer mit folgenden Worten:

Herzlich willkommen bei der Best Bike GmbH

Wir sind ein Fachhandelspartner für den qualitätsbewussten Fahrradeinzelhandel. Sollten Sie Endverbraucher sein, können Sie sich hier vor Ihrem Fahrradkauf im Einzelhandel über unsere Produkte informieren.

Diese Website ist kein Onlineshop und dient informativen Zwecken.
Viel Spaß beim Betrachten unserer Seiten.

Ihr Best Bike Team

1   *Suchen Sie nach Gründen, warum der Direktverkauf der Fahrradhersteller den Fahrradgroßhändlern Sorgen bereitet.*

2   *Oft wird behauptet, dass der Handel die Transportwege vom Hersteller zum Verbraucher verlängere und die Waren unnötig verteuere. Sammeln Sie Argumente, die diese Behauptung widerlegen.*
   Tipp: *Führen Sie eine **Kartenabfrage** (siehe BuchPlusWeb) durch und ordnen Sie Ihren Beiträgen Oberbegriffe zu.*

1.1 Funktionen des Groß- und Außenhandels

Merke: Großhandel betreiben Unternehmen, wenn sie Waren bei Erzeugern bzw. Herstellern einkaufen und diese ohne wesentliche Veränderungen an weiterverarbeitende Unternehmen (Handwerks-, Industriebetriebe) und gewerbliche Wiederverkäufer (Einzelhandelsbetriebe) weiterverkaufen. **Außenhandel** betreibt, wer Waren aus dem Ausland einführt (Einfuhrhandel) bzw. ins Ausland ausführt (Ausfuhrhandel).

Distributionsfunktion des Groß- und Außenhandels

Aufgabe aller Handelsbetriebe ist die Verteilung (Distribution) der Waren.

Großhandelsbetriebe stellen die Verbindung her zwischen

- Erzeugern und weiterverarbeitenden Betrieben **(Aufkaufgroßhandel, Produktionsverbindungsgroßhandel)**,
- weiterverarbeitenden Betrieben und dem Einzelhandel **(Absatzgroßhandel)**.

Aufkaufgroßhändler kaufen **Rohprodukte** (z. B. landwirtschaftliche Produkte, Rohstoffe, Altmaterial) in kleinen Mengen bei den Erzeugern ein. Sie sammeln und sortieren diese Produkte und verkaufen sie in größeren Mengen **an weiterverarbeitende Betriebe oder Einzelhändler** weiter.

Beispiel:

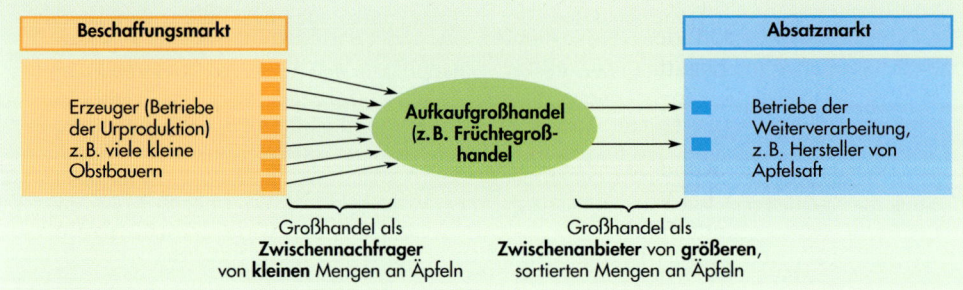

Produktionsverbindungsgroßhändler handeln in erster Linie mit **Zwischenprodukten** (Halbfertigerzeugnissen) wie Textilstoffe, Bleche, Rohre, Baustoffe. Sie kaufen diese Produkte in größeren Mengen von Industriebetrieben ein und geben sie in kleineren Mengen **an andere weiterverarbeitende Betriebe** weiter.

Beispiel:

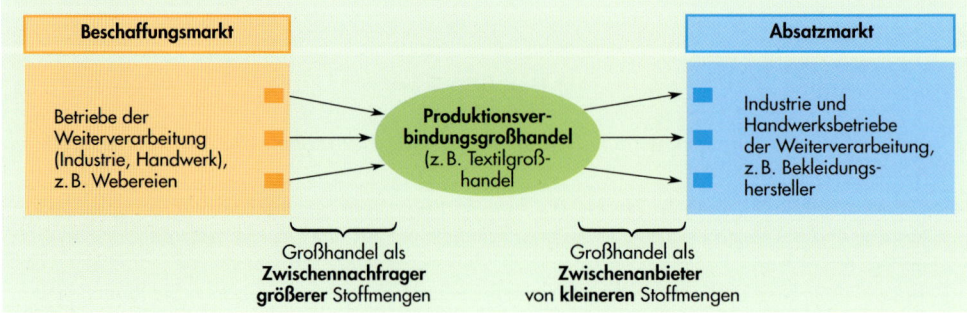

Absatzgroßhändler kaufen **Fertigprodukte** (z. B. Getränke, Kleider, Elektroartikel) in größeren Mengen bei den Herstellern ein und geben sie in kleineren Mengen an **Einzelhändler** weiter.

Beispiel:

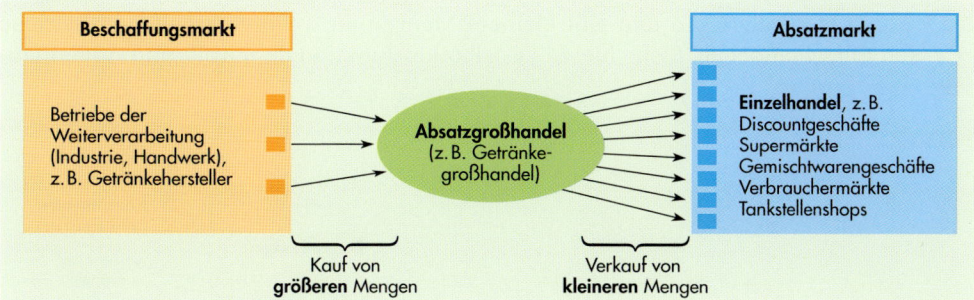

Überbrückungsfunktionen des Groß- und Außenhandels

Der Großhandel bringt die Ware von den oft weit entfernten Produktionsorten (z. B. Schuhe aus Pirmasens, Mailand, Hongkong) in die Nähe der Verbrauchsorte (z. B. Schuheinzelhandel in Ulm). Diese **Raumüberbrückung** durch den Großhandel sorgt für ein reichhaltiges Warenangebot in den Läden des Einzelhandels. Der Verbraucher hat dadurch eine große Warenauswahl vor Ort. Die Erzeuger und Hersteller haben es nur mit wenigen Großhändlern zu tun, die große Mengen abnehmen. Das vermindert ihre Vertriebskosten und erleichtert die Produktionsplanung. Mit der Raumüberbrückung findet meist gleichzeitig ein **Preisausgleich** statt. Der Großhändler kauft die gleiche Ware (z. B. Kartoffelsorte „Sieglinde") bei verschiedenen Erzeugern in verschiedenen Regionen zu unterschiedlichen Preisen ein. Er bietet diese Ware seinen Kunden dann zu einem einheitlichen Preis an.

Damit der Bedarf des Kunden jederzeit gedeckt werden kann, muss die Ware vorrätig sein. Dies ist besonders bei Waren notwendig, bei denen die Herstellung und die Verwendung zeitlich auseinanderfallen. Der Großhandel ermöglicht die **Zeitüberbrückung** durch seine **Lagerhaltung**. Die Lagerhaltung ist notwendig, wenn Produkte

- gleichmäßig hergestellt, aber nur zu bestimmten Zeiten im Jahr benötigt werden, z. B. Saisonwaren wie Bade-, Winterbekleidung, Spielwaren, Weihnachtsartikel,
- nur zu bestimmten Zeiten erzeugt werden können, aber über das ganze Jahr gleichmäßig nachgefragt werden, z. B. Obst für Obstkonserven, Erdbeeren für Erdbeerjoghurt, Roggen für Roggenbrot,
- erst nach einem Reifeprozess verwendet werden können, z. B. Trocknungsphase für Holz, Nachreifen von Bananen, Lagerung von Wein.

Auch mengenmäßig stimmt die erzeugte und die nachgefragte Menge oft nicht überein. Der Großhandel übernimmt hier die **Mengenüberbrückung**. Der **Aufkaufgroßhandel** (sammelnder Großhandel) kauft kleine Mengen von den Erzeugern ein und gibt größere Mengen an die weiterverarbeitenden Betriebe oder den Einzelhandel ab. Der Produktionsverbindungs- bzw. Absatzgroßhandel (verteilender Großhandel) kauft große Mengen bei den Herstellern ein und gibt kleinere Mengen an weiterverarbeitende Betriebe bzw. den Einzelhandel ab. Siehe hierzu Distributionsfunktion des Groß- und Außenhandels.

Beispiel:

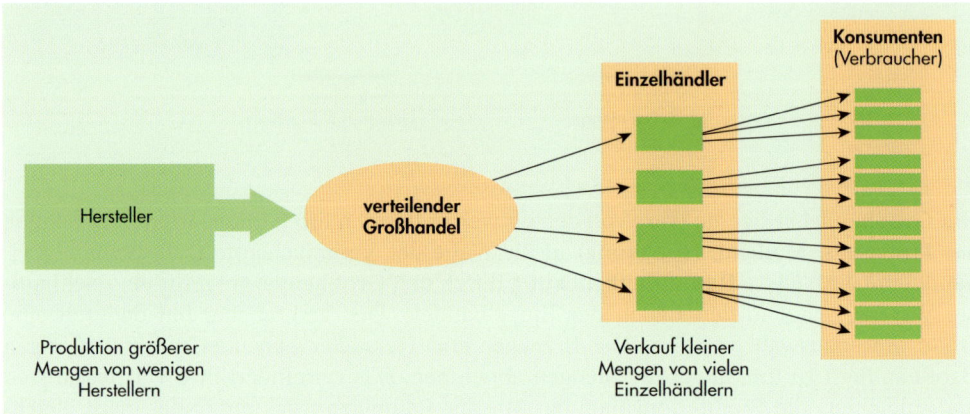

Der Großhandel hilft seinen Kunden, die Zeit zwischen der Warenlieferung und der Zahlung zu überbrücken. Er gibt seinen Kunden ein Zahlungsziel und erreicht dadurch, dass dieser mehr abnimmt, als er bezahlen kann. Diese **Kreditfunktion bzw. Finanzierungsfunktion** führt zu einer stärkeren Kundenbindung und ist damit ein Mittel, den Absatz zu fördern. Auch auf der Lieferantenseite finanziert der Großhandel oft Großlieferungen vor, indem er An- und Vorauszahlungen leistet.

Warenfunktionen des Groß- und Außenhandels

Der Großhandel übernimmt neben der **Veredelung** der Produkte durch sachgerechte Lagerung (Reifeprozesse) auch weitere **Manipulationsaufgaben**[1], die einen **Qualitätsausgleich** bewirken. Dies geschieht bei bestimmten Waren durch **Mischen** (z. B. Bonbon-, Tabak-, Teemischungen) oder **Sortieren** nach Handels- und Güteklassen (z. B. Eier, Obst, Gemüse).

Aus dem vielfältigen Warenangebot in- und ausländischer Lieferanten wählt der Großhändler diejenigen Waren aus, die dem Bedarf seines Kundenkreises am ehesten entsprechen. Die **Sortimentsbildung** ist dann optimal, wenn das Sortiment die Ansprüche der Kunden hinsichtlich Art und Umfang, Qualität und Preis der Produkte zufriedenstellt.

Merke: Die Gesamtheit aller Waren und Dienstleistungen, die ein Großhändler regelmäßig zum Verkauf anbietet, bezeichnet man als **Sortiment**.

---

[1]   Manipulieren = Handhaben

Beispiel: **Sortiment der TRIAL GmbH**
Mountainbikes (eigene Marke), Rennräder (Marke Ventoux), Radtrikots, Radhosen, Radhandschuhe, Radhelme, Radunterhemden, Radsocken, Radschuhe, Windbreaker (siehe Vorspann Modellunternehmen).

Informationsfunktionen des Groß- und Außenhandels

Der Großhändler sorgt durch verschiedene Verkaufsmaßnahmen (Verkaufsprospekte, -veranstaltungen, Werbeanzeigen) dafür, dass neue Produkte bekannt werden und von seinem Kundenkreis angenommen werden. Die **Markterschließung** zielt nicht nur auf den bisherigen Kundenkreis, sie soll auch neue Kunden gewinnen und neue Märkte öffnen.

Unterstützt wird die Markterschließung durch **Beratung und Service** des Großhandels. Kunden (Einzelhändler, Handwerker) müssen von Produktneuheiten überzeugt werden. Dazu müssen sie in einem ansprechenden Ambiente (ansprechende Gestaltung von Besichtigungs- und Vorführräumen) über die Anwendungsmöglichkeiten der neuen Produkte und deren Handhabung informiert werden. Kaufmännische (z. B. Händlergarantien, Zustelldienst) und technische **Kundendienstleistungen** (z. B. Installations-, Wartungs-, Ersatzteil-, Reparaturservice) und **Verkaufsfördermaßnahmen** wie regelmäßige Produktschulungen der Kunden und die Teilnahme an Messen und Ausstellungen beschleunigen die Markterschließung.

1.2 Besondere Formen des Außenhandels

Außenhandel umfasst den gewerbsmäßigen Güteraustausch über die Grenzen eines Landes hinaus.

Formen des Außenhandels	
Einfuhrhandel (Importhandel)	Einfuhr von Waren, Dienstleistungen und Rechten (z. B. Lizenzen) aus anderen Ländern
Ausfuhrhandel (Exporthandel)	Ausfuhr von Waren, Dienstleistungen und Rechten (z. B. Lizenzen) in andere Länder
Durchfuhrhandel[1] (Transithandel)	Eingeführte Waren, Dienstleistungen und Rechte verbleiben nicht im Inland, sondern werden wieder ins Ausland ausgeführt.

Der Außenhandel mit Ländern außerhalb der Grenzen der Europäischen Union (Drittländern) wird als **Extrahandel** bezeichnet. Der Außenhandel der EU-Staaten untereinander wird als **Binnenhandel oder Intrahandel** bezeichnet. Das sind Käufe aus anderen EU-Staaten (innergemeinschaftlicher Erwerb) und Verkäufe an andere EU-Staaten (innergemeinschaftliche Lieferungen).

---

[1] Außenwirtschaftsverordnung: Güter, die durch einen Gebietsansässigen von Gebietsfremden erworben und an einen Gebietsfremden veräußert werden (AWV § 4c Nr. 8).

ZUSAMMENFASSUNG

AUFGABEN

1   Schreiben Sie jeden der folgenden Begriffe auf die Kopfzeile eines DIN-A6-Kärtchens:

> Großhandel (Begriff), Außenhandel (Begriff), Aufkaufgroßhandel, Produktionsverbindungs-
> großhandel, Absatzgroßhandel, Überbrückungsfunktionen des Großhandels, Warenfunk-
> tionen des Großhandels, Informationsfunktionen des Großhandels, Sortiment, Außenhandel
> (Formen), Extra- und Intrahandel.

a)   Sortieren Sie die Begriffskärtchen nach den Kriterien „weiß ich" oder „weiß ich nicht".

b)   Bilden Sie Kleingruppen mit höchstens drei Mitgliedern. Erklären Sie sich gegenseitig die
„Weiß-ich-nicht"-Kärtchen. Schlagen Sie dabei die ungeklärten Begriffe im Schulbuch nach
oder nehmen Sie Kontakt zu einer anderen Kleingruppe auf.

c)   Schreiben Sie die Begriffserklärungen auf die Rückseite Ihrer Kärtchen und ordnen Sie die
Kärtchen unter der Leitkarte „Aufgaben des Großhandels" alphabetisch in Ihren Lernkartei-
Behälter ein.

2   Bilden Sie Teams mit jeweils drei Mitgliedern (Stammgruppen). Schreiben Sie jeden der Begriffe aus Aufgabe 1 auf ein separates Stück Papier und fügen Sie diese Papierkärtchen zu einer
sinnvollen Struktur zusammen. Die Struktur kann durch Pfeile, Farben, Symbole, Texte (z. B.
Überschriften), Bilder oder weitere Begriffe ergänzt werden.

3   Auf der wöchentlichen Abteilungsleitersitzung bei der TRIAL GmbH entwickelt sich folgendes
Gespräch:

Peter Gasch (Geschäftsführer): „Ich habe beobachtet, dass manche unserer Kunden im Ladengeschäft nicht immer einen zufriedenen Eindruck machen. Es wäre mal an der Zeit, festzustellen, ob wir unseren Aufgaben als Großhändler noch gerecht werden."

Anna Lurka (Verkauf): „Unzufriedene Kunden können wir uns nicht leisten. Wir sollten etwas
unternehmen, bevor die Kunden direkt bei den Herstellern bestellen oder zu diversen Onlineshops abwandern.

Katja Müller *(Auszubildende): „Die Kundenzufriedenheit könnten wir ganz einfach messen. Dazu brauchen wir nur einen „Kummerkasten" am Ausgang des Ladens anbringen. Dort können die Kunden ganz anonym reklamieren und Anregungen einwerfen."*

Peter Gasch: *„Gute Idee, Frau Müller, das können Sie gleich in Angriff nehmen."*

Wenig später stellt Katja Müller den Kummerkasten auf. Nach einer Woche leert sie den Kummerkasten und findet folgende Notizen vor:

Inhalt des „Kummerkastens"

Nr. Reklamationen und Anregungen

1. Ihr Kundenparkplatz ist ständig mit Ihren eigenen Lieferfahrzeugen besetzt.
2. Fahrrad-Computer fehlen.
3. Wir fanden kein kompetentes Verkaufspersonal.
4. Bei Kaufverhandlungen konnte Ihr Verkäufer keinen Kaffee ausschenken, weil der Kaffeeautomat defekt war.
5. Bei Kaufverhandlungen musste Ihr Verkäufer ständig Rücksprache halten, weil er nichts verbindlich zusagen konnte.
6. Sie könnten Ihre Räder wieder einmal vom Staub befreien.
7. Wegweiser zu den Abteilungen fehlen.
8. Wir kamen uns wie lästige Bittsteller vor.
9. Designer-Helme „Fehlanzeige".
10. Ihr Personal sollte mal einen „Benimm-Kurs" machen.
11. Reparaturen interessieren Sie nicht. Ist das Ihr Kundenservice?
12. Unsere Ware stand wohl stundenlang im Regen? Die Verpackung war völlig durchweicht.
13. Bei Barverkäufen ist ständig eine Schlange vor der Kasse.
14. Ihre Außenanlagen machen einen heruntergekommenen Eindruck. Wollen Sie demnächst Ihren Geschäftssitz verlagern?
15. Ihre Lieferzeiten für Klein- und Ersatzteile sind viel zu lang.
16. Die Arbeitsmäntel Ihrer Mitarbeiter sind ständig verschmutzt und schmuddelig.
17. Ihre Sonderangebote sind teurer als beim örtlichen Einzelhandel.
18. Es braucht viel zu lange, bis Sie Neuheiten in Ihr Sortiment aufnehmen.
19. Von zehn Fahrradlampen sind im Regelfall zwei nicht funktionsfähig.
20. Unsere Reklamation wurde wochenlang nicht bearbeitet.
21. Bei berechtigten Reklamationen kann in Ihrem Betrieb niemand eine Entscheidung fällen, was gemacht wird.
22. Ihre Lieferzeiten sind zu lang, wenn eine größere Menge geordert wird.
23. Ratenkäufe sind für Sie ein Fremdwort.
24. Ihre Mountainbikes sind Spitze.

a) *Werten Sie die Kundennotizen aus, indem Sie jeder Kundennotiz die entsprechende Funktion des Großhandels zuordnen.*

b) *Schlagen Sie einige Maßnahmen vor, die die TRIAL GmbH ergreifen sollte.*
   Tipp: *Führen Sie hierzu ein **Brainstorming** durch.*

4 *Beantworten Sie mithilfe einer **Internetrecherche** folgende Fragen:*

a) *Wie hoch sind die deutschen Einfuhren und Ausfuhren insgesamt?*

b) *Welches sind die wichtigsten exportierten Warengruppen?*

c) *Welches sind die wichtigsten importierten Warengruppen?*

d) *Welche Länder sind die wichtigsten Lieferanten bzw. Kunden?*

2 Außer- und innerbetriebliche Beziehungen des Großhandelsbetriebes

PROBLEM

Beim Durchblättern des „Managermagazins" fällt Peter Gasch, Geschäftsführer der TRIAL GmbH, folgendes Schaubild auf. Es handelt sich um das Ergebnis einer Studie der Wirtschaftsberatungsgesellschaft McKinsey. Peter Gasch überlegt, ob er die TRIAL GmbH umorganisieren soll.

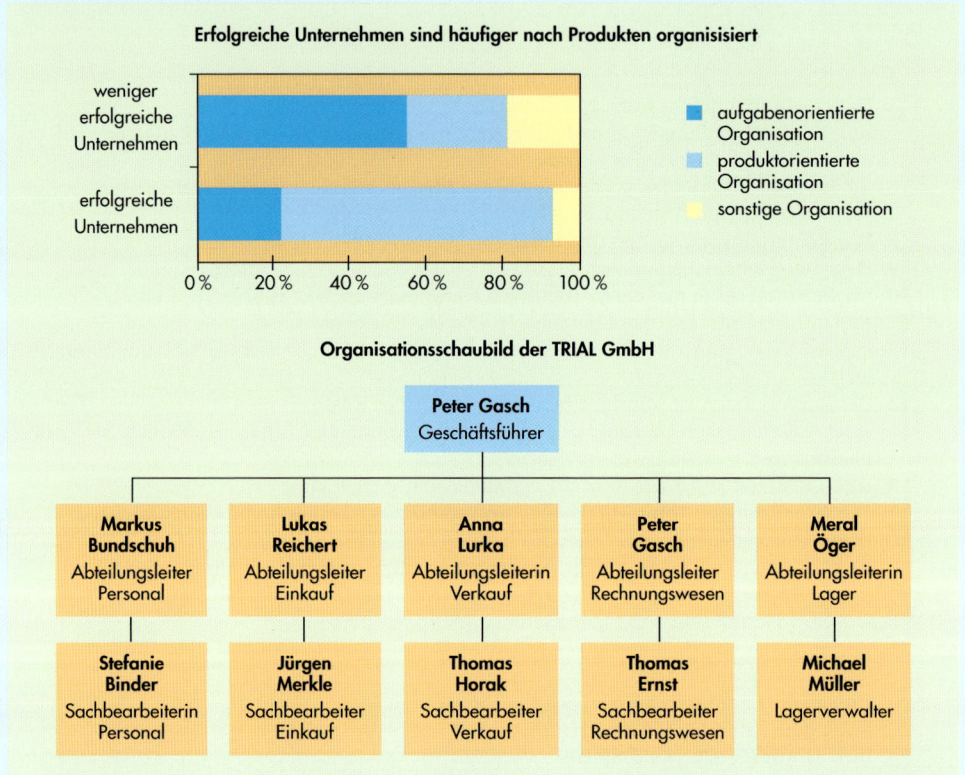

1 Woran könnte es liegen, dass Unternehmen, die nach den Produkten gegliedert sind, erfolgreicher sind als Unternehmen, die nach den Aufgaben organisiert sind? Wie ist die TRIAL GmbH organisiert?

2 Beschreiben Sie den formellen Befehls- und Meldeweg (Dienstweg) für den Fall, dass Stefanie Binder (Personalabteilung) erreichen will, dass sie die Lohnscheine für die Lagerarbeiter schneller erhält, damit sie bei der Lohnabrechnung am Monatsende nicht immer in Zeitdruck gerät.

3 Erkundigen Sie sich in ihrem Ausbildungsbetrieb über den organisatorischen Aufbau und die Aufgaben der einzelnen Abteilungen. Präsentieren Sie Ihre Ergebnisse in ansprechender Form vor Ihren Mitschülern.

2.1 Großhandelsbetriebe in der Wertschöpfungskette

Die meisten Güter können nicht so verbraucht bzw. gebraucht werden, wie sie in der Natur vorkommen. Sie müssen also einen Herstellungs- bzw. Leistungserstellungsprozess durchlaufen. Die Leistungserstellung erfolgt stufenweise in verschiedenen Wirtschaftssektoren.

> **Merke:** Durch die Leistungserstellung entsteht eine **Wertschöpfung**, wenn der wertmäßige Output (Leistungsverwertung) höher ist als der wertmäßige Input (Vorleistung).

Gesamtwirtschaftliche Wertschöpfungskette

Die gesamtwirtschaftliche Wertschöpfungskette beginnt mit dem Wirtschaftssektor **Urerzeugung** (z. B. Gewinnung von Rohstoffen, Energie), geht über die **Weiterverarbeitung** (z. B. Handwerk, Industrie) zur **Verteilung** der erstellten Güter.

Groß- und Außenhandelsbetriebe übernehmen die Verteilung der erstellten Leistungen. Sie stehen zwar am Ende der **Wertschöpfungskette**, doch sind sie auch für alle anderen Wirtschaftsstufen tätig. Verteilungsaufgaben sind auch für Urerzeugungs- und Weiterverarbeitungsbetriebe notwendig (siehe hierzu Abschnitt 1.1).

Betriebliche Wertschöpfungskette

Der einzelne Betrieb hat in einer arbeitsteiligen Gesamtwirtschaft nur einen mehr oder weniger großen Anteil am gesamtwirtschaftlichen Prozess der Leistungserstellung. Jeder Betrieb will Leistungen erbringen, für die am Markt ein Bedarf vorhanden ist.

Die betriebliche Wertschöpfungskette beginnt mit der Beschaffung (Input) der **Elementarfaktoren** (Input) Arbeitskräfte, Vorleistungen anderer Betriebe (z. B. Einkaufsgüter) und Betriebsmittel (z. B. Gebäude, Maschinen). Unter Anleitung des **dispositiven Faktors**

(Planung, Organisation, Kontrolle) erstellt der Betrieb damit marktfähige Sachgüter und Dienstleistungen (Output). Aus dem Verkauf der erstellten Leistung (Leistungsverwertung, Output) fließen dem Betrieb Einnahmen zu, mit denen er die Ausgaben für die bereitgestellten Güter (Input) bezahlen kann. Dem Güterstrom fließt somit immer ein Geldstrom entgegen.

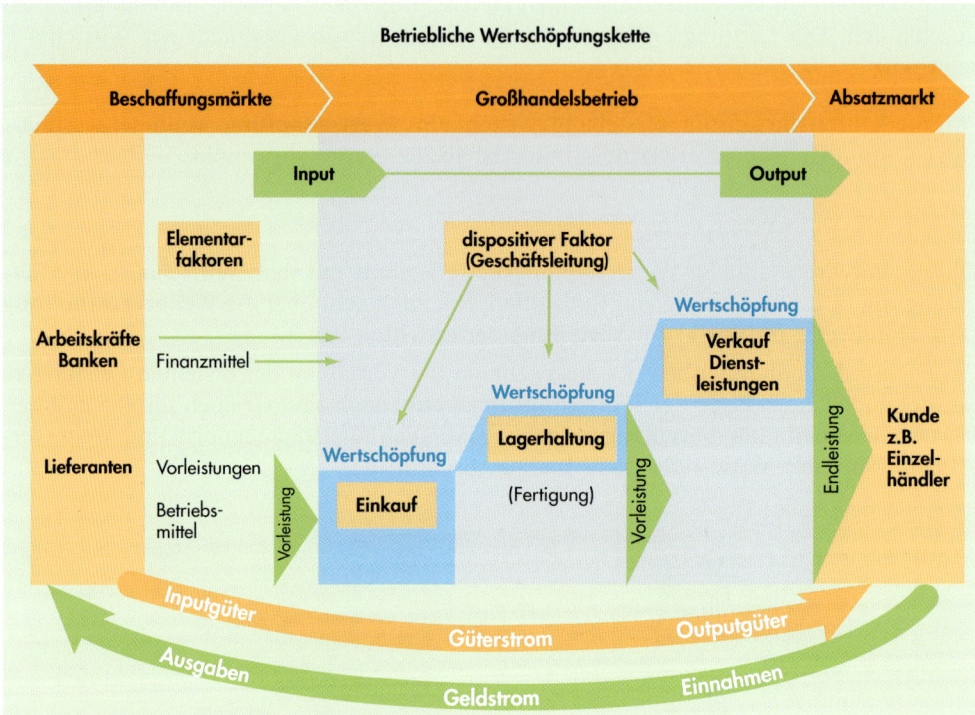

2.2   Aufbau- und Ablauforganisation

Jeder Betrieb will Leistungen erbringen, für die am Markt ein Bedarf vorhanden ist. Damit dies gelingt, müssen alle Elementarfaktoren und der dispositive Faktor zusammenwirken. Beispielsweise können Mitarbeiter nicht tun, was sie gerade für richtig halten — Chaos wäre die Folge. Um Chaos zu verhindern, sind Regelungen notwendig, die die Tätigkeiten der einzelnen Mitarbeiter in die richtigen Bahnen lenken.

Unter **Organisation** versteht man

- den Zusammenschluss mehrerer Personen,
- die ein gemeinsames Ziel erreichen wollen,
- wobei die einzelnen Aufgaben systematisch und dauerhaft geregelt sind.

Aufbauorganisation – auf Dauer angelegt

Merke: Die **Aufbauorganisation** grenzt für einen relativ langen Zeitraum die Aufgabenbereiche (z. B. Einkauf, Lagerhaltung/Produktion, Verkauf, Verwaltung) des Betriebes voneinander ab. Sie schafft die Struktur des Betriebes. Das ist zu vergleichen mit der Anlage eines Straßennetzes.

Aufgaben der Aufbauorganisation

Die Aufbauorganisation geht von der Zielsetzung der Unternehmung aus,

- gliedert die Unternehmung in **funktionsfähige Teileinheiten** (Stellen, Abteilungen),
- regelt die **dauerhaften Beziehungen** dieser Teileinheiten und
- schafft ein System von **Weisungsbefugnissen und Kommunikationswegen**.

Die kleinste organisatorische, funktionsfähige Einheit in einem Unternehmen wird als **Stelle** bezeichnet. Sie ist letztlich der Wirkungsbereich einer Arbeitskraft. Mehrere zusammengehörende Stellen bilden eine **Abteilung**.

Das Ergebnis der Aufbauorganisation ist eine **horizontale** (gleichgeordnete Abteilungen) und **vertikale** (über- und untergeordnete Abteilungen) Gliederung der Unternehmung. Diese Organisationsstruktur wird in einem Organisationsplan und -schaubild **(Organigramm)** dargestellt.

Für wichtige Stellen werden **Stellenbeschreibungen** abgefasst. Diese beinhalten

- die **Bezeichnung** der Stelle,
- eine ausführliche Beschreibung des **Aufgabenbereichs** der Stelle,
- die **Einordnung** der Stelle in die Unternehmenshierarchie (unter- und übergeordnete Stellen),
- Vollmachten und **Unterschriftsbefugnisse** des Stelleninhabers,
- **Anforderungen** an den Stelleninhaber (z. B. Ausbildung, Persönlichkeitsmerkmale).

Beispiel: Stellenbeschreibung für einen Sachbearbeiter im Einkauf eines Großhandelsbetriebs

Stellenbeschreibung Nr. 125
Hauptabteilung: *Kaufmännische Leitung* Abteilung: *Einkauf* Sachgebiet: *Warengruppe „Räder"*
1. Bezeichnung der Stelle: *Einkäufer für Räder*
2. Mit der Stelle verbundene Zeichnungsvollmacht: *im Auftrag (i. A.).*
3. Der Stelleninhaber ist unterstellt *dem Leiter der Abteilung Einkauf.*
4. Der Stelleninhaber ist überstellt __
5. Der Stelleninhaber wird vertreten *durch den Einkäufer für Radbekleidung.*
6. Der Stelleninhaber vertritt *den Leiter der Abteilung Einkauf.*
7. Zielsetzung *Der Stelleninhaber soll den Bedarf an Rädern rechtzeitig in der gewünschten Qualität und Menge zu günstigen Preisen beschaffen.*
8. Der Stelleninhaber führt aus bzw. entscheidet über *Bestellungen aus seiner Warengruppe bis zum Werte von 25 000,00 €,* *Vorbereitung von Einkaufs- und Vergabeverhandlungen, Vorschläge für die Festlegung,* *Einkaufskonditionen,* *Einholen von Angeboten,* *Führen der Lieferantenkartei,* *Führen neuester Prospekte und Preislisten,* *Überwachung der Liefertermine,* *Erteilung von Mängelrügen in Verbindung mit der Wareneingangsprüfung und Qualitätskontrolle.*

9.	Der Stelleninhaber berät seinen Vorgesetzten bei dessen Entscheidung über *Bestellungen im Wert von mehr als 25 000,00 €,* *Einkaufs- und Vergabeverhandlungen,* *Einkaufskonditionen,* *Entsorgung/Verwertung von Verpackungsmaterial.*
10.	Der Stelleninhaber informiert seinen Vorgesetzten über *Situation am Beschaffungsmarkt für Räder (Preise, Liefertermine, neue Lieferanten),* *Einkaufsmengen,* *Beschaffungsengpässe.*
11.	Anforderungen an den Stelleninhaber: *Vorbildung und Kenntnisse: Hauptschulabschluss, kaufmännische Ausbildung,* * Branchenkenntnisse, Warenkenntnisse* *Persönlichkeitsmerkmale: selbstständig, zuverlässig, gewissenhaft, teamfähig*

Grundsätze der Aufbauorganisation

Werden die Abteilungen nach den Aufgabenbereichen bzw. Funktionen gebildet, dann liegt eine **funktionsorientierte Aufbauorganisation (Funktionsprinzip)** vor.

Beispiel: Funktionsorientierte Aufbauorganisation

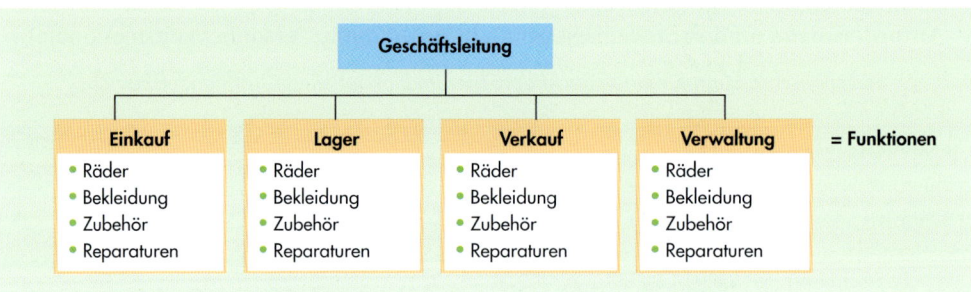

Der Hauptvorteil des Funktionsprinzips ist die Aufgabenspezialisierung der Stelleninhaber. Dafür werden mangelnde Kundennähe (nur die Verkaufsabteilung hat Kundenkontakt) und erschwerte Kontrollierbarkeit (jede Abteilung ist für alle Leistungen verantwortlich) in Kauf genommen.

Werden die Abteilungen nach den Leistungen bzw. Arbeitsobjekten gebildet, dann liegt eine **objektorientierte Aufbauorganisation (Objektprinzip)** vor.

Beispiel: Objektorientierte Aufbauorganisation

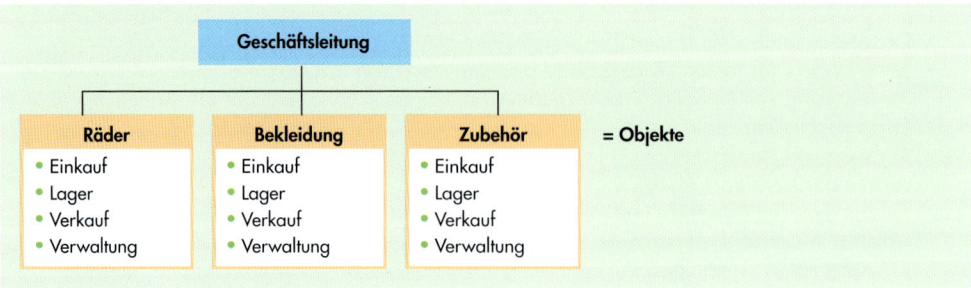

Die Hauptvorteile des Objektprinzips sind die große Kundennähe (alle Abteilungen haben Kundenkontakt, die leichte Kontrollierbarkeit der Stelleninhaber (jeder ist für ein bestimmtes Produkt verantwortlich) und die kurzen Transport- und Kommunikationswege. Dafür werden mangelnde Aufgabenspezialisierung, höhere Kosten durch Doppel- bzw. Mehrfacharbeit in Kauf genommen, da jede Abteilung alle Funktionen durchführt. Die Objektverantwortlichen konkurrieren stärker um die knappen Mittel, da sie am Erfolg gemessen werden. Sie neigen dazu, ihre Eigeninteressen über das Gesamtinteresse zu stellen, sodass die Zusammenarbeit leidet.

In der Praxis ist eine Mischung aus Funktionsprinzip und Objektprinzip verbreitet, sodass die Vorteile beider Prinzipien ausgeschöpft werden können.

Weisungssysteme – Über-, Unter-, Gleichordnung

Die Beziehungen zwischen Vorgesetzten und Untergebenen werden im **Weisungssystem** geregelt. Stellen, die anderen Stellen Weisungen erteilen dürfen, werden als **Instanzen** bezeichnet. Aufgrund dieses Instanzenaufbaus wissen alle Mitarbeiter/-innen, von wem sie Anweisungen bekommen können, und alle Vorgesetzten, wem sie Anweisungen erteilen dürfen. Jeder Betrieb schafft sich ein Weisungssystem, das seiner Größe und seinen Aufgaben am besten gerecht wird. So entsteht die **Hierarchie** der Unternehmung.

Einliniensystem

Bekommt jede Stelle nur von einer einzigen direkt übergeordneten Stelle (Instanz) Anweisungen und ist nur dieser Stelle verantwortlich, dann spricht man von einem **Einliniensystem**. Dieses entspricht dem **Grundsatz der einheitlichen Auftragserteilung**. Verfolgt man alle Stellen von der Führungsebene bis zur Ausführungsebene, so erhält man jeweils eine Linie. Sie beschreibt den **Instanzenweg** (Dienstweg). Dieser legt den **Befehlsweg** (dieser ist bindend) nach unten und den **Meldeweg** (dieser ist nur informativ) nach oben fest. Die vertikale Linie ist der einzig zulässige **Kommunikationsweg** (Befehls- und Meldeweg). Horizontale Verbindungen sind nicht vorgesehen, gleichrangige Stellen können nur über die gemeinsame Vorgesetztenstelle kommunizieren. Es ist nicht zulässig, Instanzen zu überspringen.

Beispiel: *Einliniensystem*

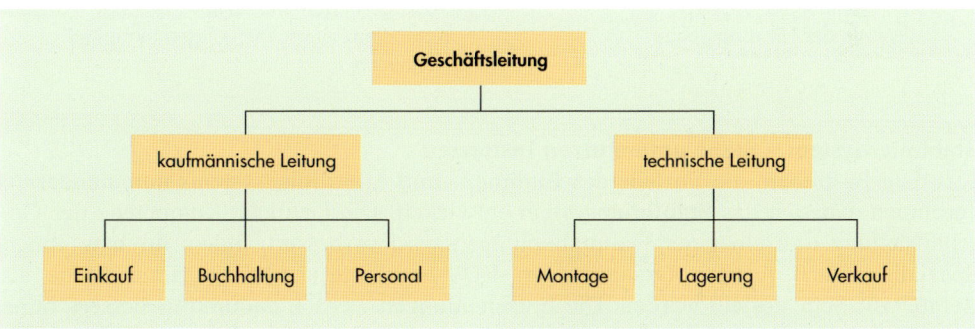

Vorteile	Nachteile
• eindeutige Anordnungsbefugnis • keine Kompetenzstreitigkeiten • erleichterte Kontrolle	• Überlastung der Führungsspitze • Gefahr von Fehlentscheidungen, da der Führung Detailkenntnisse fehlen • Informationsverluste aufgrund langer Dienstwege (Schwerfälligkeit)

Mehrliniensystem (Funktionalsystem)

Bekommt eine Stelle von mehreren direkt übergeordneten Stellen Anweisungen, so spricht man vom **Mehrliniensystem** oder **Funktionalsystem**. Jede Abteilung kann entsprechend ihrer Funktion (Aufgabe), auf die sie spezialisiert ist, jeder anderen untergeordneten Abteilung Weisungen erteilen und Meldungen entgegennehmen. Beim Mehrliniensystem wird der Grundsatz der einheitlichen Auftragserteilung aufgegeben und durch den **Grundsatz der Arbeitsteilung** (Spezialisierung) ersetzt. Gegenüber dem Einliniensystem sind die Vorgesetzten jetzt fachlich nicht mehr überfordert. Die Mitarbeiter/-innen haben aber mehrere Vorgesetzte und wissen nicht, wen sie zuerst „bedienen" sollen.

Die kaufmännische Leitung (Personalabteilung) ist allen Belegschaftsmitgliedern gegenüber weisungsbefugt, wenn es um Fragen der Gleitzeitabrechnung, der Überstundenanordnung oder der Urlaubseinteilung geht.

Beispiel: Mehrliniensystem

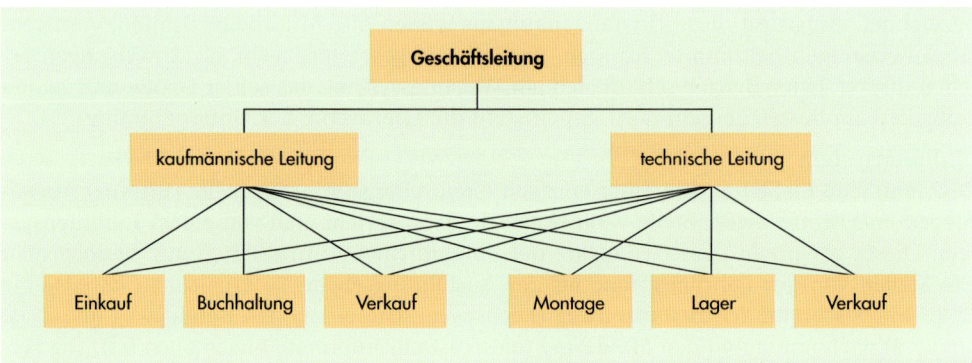

Vorteile	Nachteile
• Weisungserteilung nur durch Experten (Spezialisten) • kurze Kommunikationswege • Entlastung der Führungsspitze	• zu viele Weisungsquellen (Mitarbeiter wissen nicht, wen sie zuerst „bedienen" sollen) – Verzögerungen entstehen • Kompetenzüberschneidungen führen zu Konflikten

Stabliniensystem – Stäbe unterstützen Instanzen

Aus dem Bestreben, die Vorteile des Einlinien- **und** Mehrliniensystems miteinander zu verbinden, hat sich das **Stabliniensystem** entwickelt. Die fachliche Kompetenz der Geschäftsleitung und einzelner Hauptabteilungen wird verbessert, indem ihr bzw. ihnen Spezialisten (z. B. Juristen, Organisatoren, EDV-Fachleute usw.), sogenannte **Stäbe**, als Berater zur Seite gestellt werden. Die Entscheidungen werden dadurch verbessert, ohne dass die Instanz zusätzlich belastet wird. Die systematische Entscheidungsvorbereitung obliegt den Stabsstellen, die Entscheidung selbst und damit die letzte Verantwortung trägt die Linienstelle. Die Stäbe haben **keine Weisungsbefugnisse**. Somit ist sowohl der Grundsatz der einheitlichen Auftragserteilung erfüllt als auch der Grundsatz der Arbeitsteilung.

Beispiel: Stabliniensystem

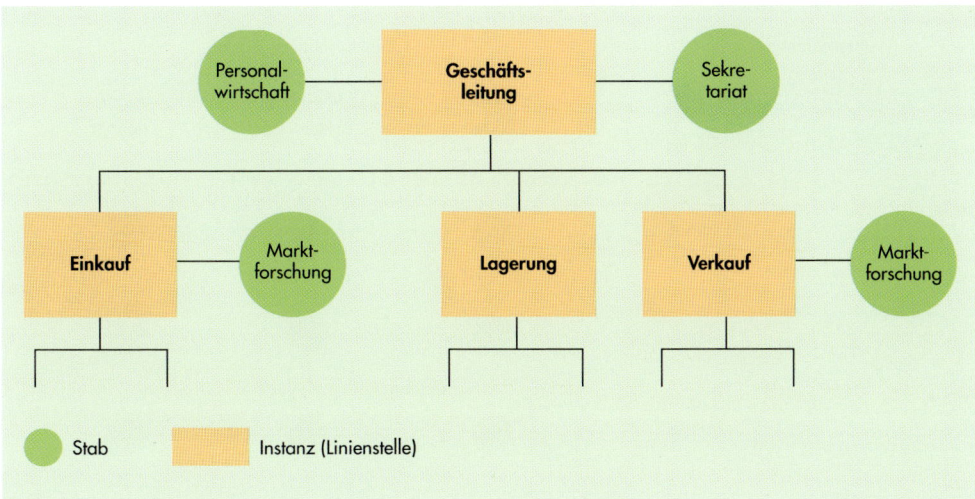

In der Praxis entsteht die Gefahr, dass die Stäbe aufgrund ihrer **Expertenmacht** die eigentlichen Entscheidungsträger sind. Die Linienstellen sind dann nur noch Marionetten der Stäbe und treffen allenfalls noch Ja-/Nein-Entscheidungen, da sie die immer schwieriger werdenden Entscheidungssituationen nicht mehr überblicken. Es kann auch dazu kommen, dass Vorschläge der Stäbe von den Linienmanagern abgeblockt werden, da sie als **praxisfremd** (Experten seien meist Akademiker ohne genügend Linienerfahrung) oder auch als Bedrohung und **Einmischung** angesehen werden, da sie eingefahrene Verhaltensweisen infrage stellen.

Vorteile	Nachteile
• eindeutige Weisungsbefugnisse • keine Kompetenzüberschneidung • gut vorbereitete Entscheidungen • Entlastung der Führungsspitze	• Konflikt zwischen Stab und Linie (Stäbe haben die eigentliche Macht) • Verantwortung und Entscheidungsvorbereitung sind getrennt (Stäbe müssen Fehler nicht selbst „ausbaden")

Matrixorganisation
Um sowohl Vorteile des Objekt- als auch des Funktionsprinzips zu nutzen, entstand die Matrixorganisation.

Beispiel: Matrixorganisation

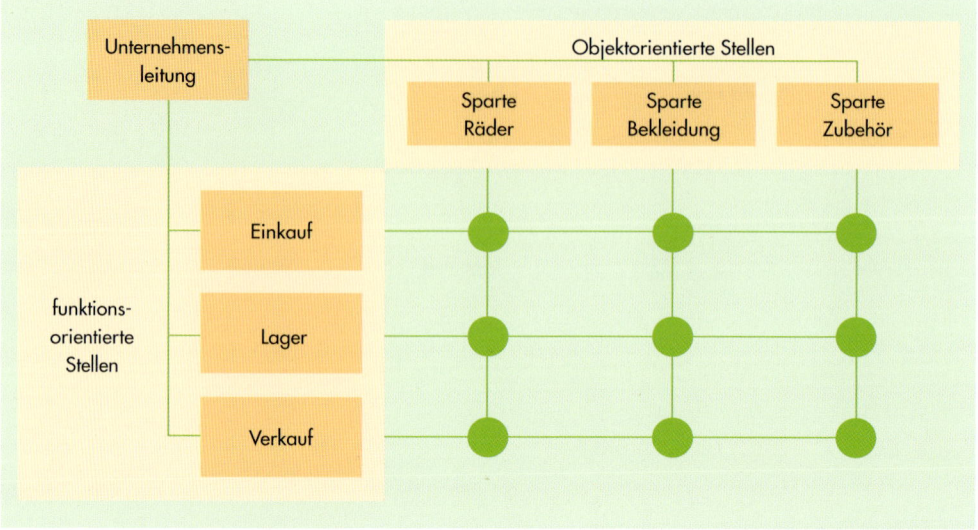

Der Spartenleiter „Sitzmöbel" ist verantwortlich für den Erfolg seiner Sparte (Objektprinzip). Er ist für diesen Bereich weisungsbefugt gegenüber dem Einkauf, dem Lager und dem Verkauf. Der Einkaufsleiter ist wiederum verantwortlich für den Einkauf über alle Sparten hinweg (Funktionsprinzip) und in Einkaufsfragen weisungsbefugt gegenüber den Spartenleitern.

Vorteile	Nachteile
• sachgerechte Teamentscheidungen • übersichtliche, klare Aufgabenkoordination • institutionalisierter Konflikt fördert die Kreativität und den Zwang zur Problemlösung	• Kompetenzkreuzungen müssen eindeutig geregelt sein (z. B. wer hat Vortritt?) • großer Abstimmungsbedarf verzögert notwendige Entscheidungen • Entscheidungen sind kaum nachvollziehbar und bestehen vorwiegend aus Kompromissen • niemand trägt die letzte Entscheidungsverantwortung

Die Kompetenzkreuzung institutionalisiert den Konflikt, der bei der Einlinienorganisation bewusst ausgeschlossen wird. Der Konflikt fördert die Kreativität und zwingt die beteiligten Führungskräfte zur Problemlösung. Sie sind zur Zusammenarbeit mit ihren entsprechenden Partnern gezwungen und müssen ihre Entscheidungen mit diesen abstimmen; eine gegenseitige Abschottung der Abteilungen („Abteilungsegoismus") ist ausgeschlossen; Teamarbeit zwischen den Abteilungen ist notwendig.

In der praktischen Verwirklichung der Matrixorganisation müssen Abstriche vom Prinzip der Gleichberechtigung der beteiligten Instanzen gemacht werden. Dies geschieht durch kompetenzmäßige Vortrittsregelungen oder durch einen Matrix-Leiter, der nicht gelöste Konflikte zum Ausgleich bringt.

Schwierige abteilungs- und unternehmensübergreifende Aufgaben **(Projekte)** werden Arbeitsgruppen (Projektteams) übertragen. Projektteams werden für eine bestimmte Zeit zusammengestellt und setzen sich aus Mitarbeitern der für das Projekt bedeutsamen Abteilungen zusammen. Die Teammitglieder können aus unterschiedlichen Hierarchieebenen stammen. Wenn das Projekt beendet ist, kehren alle Mitglieder an ihren ursprünglichen Arbeitsplatz zurück.

Ablauforganisation – kurzfristig veränderbar

Merke: Innerhalb der Aufbauorganisation (Struktur) regelt die **Ablauforganisation** die **Prozesse**, d. h. die Verkehrsführung durch das Straßennetz. Die Abläufe (Prozesse) sind kurzfristig veränderbar, sodass sich der Betrieb schnell an sich verändernde Bedingungen anpassen kann.

Aufgaben der Ablauforganisation

Die Ablauforganisation

- fügt einzelne **logisch zusammengehörige Teilaufgaben zu einem Vorgang** zusammen,
- bringt die einzelnen Teilaufgaben in eine **zeitliche und räumliche Reihenfolge** und
- sorgt für eine **reibungslose Aufgabenerfüllung**.

Im Einzelnen regelt die Ablauforganisation die Abläufe

- **zwischen verschiedenen Abteilungen** in Form von Fluss- und Ablaufdiagrammen,
- **innerhalb einer Abteilung** und
- **innerhalb einer Stelle** in Form von Arbeitsanweisungen (z. B. Kassieranweisung), die den genauen Ablauf der Tätigkeiten und die dabei einzusetzenden Arbeitsmittel enthalten.

Beispiel: Kassieranweisung

1	**Preis bzw. Balkencode** (d. h. Artikelnummer) der verkauften Artikel eingeben bzw. erfassen; bei Tippfehler eine Aufsichtsperson rufen
2	**Gesamtbetrag über die Kasse berechnen** und dem Kunden mitteilen; ggf. eine Kundenkarte durch das Lesegerät ziehen, um Bonuspunkte/Rabatte zu berücksichtigen
3	**Geldbetrag des Kunden entgegennehmen** und laut sagen; das Geld auf die Geldablage legen und den Wert in die Kasse eintippen
4	**Rückgeld aus der Kasse nehmen** und dem Kunden vorzählen; Grundsatz: Erst Zahlung abwickeln, dann Ware herausgeben
5	**Geld von der Geldablage** geordnet in die Kasse legen
6	**Kassenbon und Artikel dem Kunden übergeben**; bei falschen Beträgen und Monierung des Kunden eine Aufsichtsperson rufen

Beispiel: Ablaufdiagramm als Zickzackdiagramm

Bearbeitung einer Eingangsrechnung in einem Kleinbetrieb

Istaufnahme

Nr.	Ablaufschritt	Ablaufarten des Arbeitsgegenstandes	Menge	Wege in m	Ist-Zeit	Bemerkungen
1	Eintragung in Posteingangsbuch	○ ⇨ □ D ▽			5	
2	im Ausgangskorb	○ ⇨ □ D ▽			30	
3	zur Einkaufsabteilung	○ ⇨ □ D ▽		150	5	
4	im Eingangskorb	○ ⇨ □ D ▽			30	
5	Bestellkopie zur Rechnung	○ ⇨ □ D ▽			10	
6	im Ausgangskorb	○ ⇨ □ D ▽			60	
7	zur Abteilung Rechnungskontrolle	○ ⇨ □ D ▽	60		5	
8	im Eingangskorb	○ ⇨ □ D ▽			120	
9	Rechnungsprüfung	○ ⇨ □ D ▽			10	
10	Bestätigung der Richtigkeit	○ ⇨ □ D ▽			10	
11	im Ausgangskorb	○ ⇨ □ D ▽			60	
12	zur Direktion	○ ⇨ □ D ▽		100	5	
13	bei Sekretärin im Eingangskorb	○ ⇨ □ D ▽			30	
14	persönliche Vorlage durch Sekretärin	○ ⇨ □ D ▽		5	5	
15	Freigabe zur Zahlung	○ ⇨ □ D ▽			5	
16	zurück ins Vorzimmer	○ ⇨ □ D ▽		5	5	
17	im Ausgangskorb	○ ⇨ □ D ▽			60	
18	zur Buchhaltung	○ ⇨ □ D ▽		40	5	
19	im Eingangskorb	○ ⇨ □ D ▽			90	
20	Verbuchung	○ ⇨ □ D ▽			10	
21	im Ausgangskorb	○ ⇨ □ D ▽			150	
22	zur Abteilungskasse	○ ⇨ □ D ▽			5	
23	im Eingangskorb	○ ⇨ □ D ▽			60	
24	Ausschreibung der Zahlung	○ ⇨ □ D ▽			5	
25	im Ausgangskorb	○ ⇨ □ D ▽			180	
26	zur Registratur	○ ⇨ □ D ▽		200	5	
27	im Eingangskorb	○ ⇨ □ D ▽			400	
28	Ablage	○ ⇨ □ D ▽			5	

Symbole:	Bearbeitung ○	Transport ⇨	Kontrolle □	Verzögerung D	Ablage ▽

Aus einem Ablaufdiagramm kann der Durchlauf eines Vorgangs durch die verschiedenen Stellen und Abteilungen abgelesen werden. Anhand der Zeitangaben und der Symbole für die Verrichtungsarten (Bearbeitung, Transport, Kontrolle, Verzögerung, Ablage) lassen sich die Schwachstellen auf einfache Art aufdecken. Je mehr Ausschläge (Zacken) ein Vorgang hat, umso ungünstiger ist er organisiert, denn jeder Ausschlag bedeutet eine Unterbrechung des Ablaufs bzw. Prozesses.

Ziele der Ablauforganisation

Die Ablauforganisation verfolgt drei Ziele zugleich.

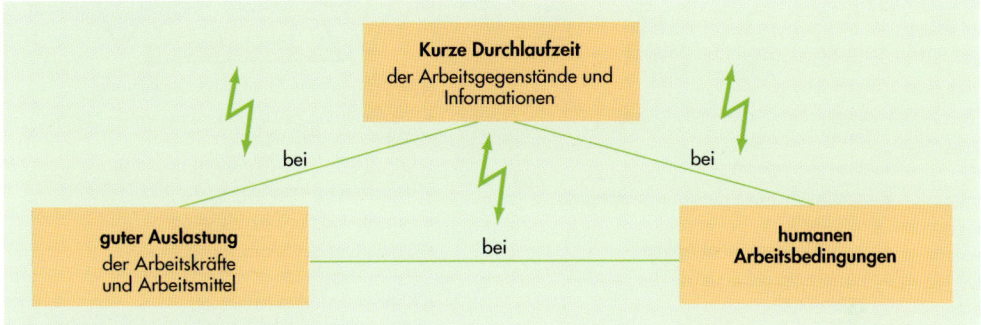

Zwischen diesen Zielen bestehen Zielkonflikte, sie können daher niemals zugleich voll erreicht werden **(Dilemma der Ablauforganisation)**. Soll z. B. die Wartezeit (Durchlaufzeit) der Kunden an der Kasse minimiert werden, dann müsste das Kassierpersonal ständig bereit sein, um den Kassiervorgang sofort aufzunehmen, wenn der Kunde an der Kasse eintrifft. Das Kassierpersonal wäre dann aber nicht genügend ausgelastet.

Die Teilaufgaben und damit die **Informations-, Beleg- und Warenflüsse** müssen zeitlich so aufeinander abgestimmt werden, dass keine Engpässe, aber auch keine Leerläufe entstehen. Die räumliche Zuordnung der Aufgabenerfüllung muss so erfolgen, dass für Transporte möglichst kurze Wege notwendig sind.

Warte- und Transportzeiten lassen sich minimieren durch

- informationstechnische Maßnahmen (Vernetzung der Arbeitsplätze, Online-Bearbeitung mithilfe einer Integrierten Unternehmenssoftware – IUS),
- Rücknahme der Arbeitsteilung hin zu einer ganzheitlichen Vorgangsbearbeitung mit den entsprechenden Vollmachten (bzw. Zugriffsrechten) der Arbeitskräfte.

Sollen diese Ziele erreicht werden, dann müssen die stark zergliederten Prozesse wieder sichtbar gemacht werden. Das hat Folgen für die Aufbauorganisation. Die funktionsorientierte Aufbauorganisation muss durch die prozessorientierte Aufbauorganisation ersetzt werden. Dabei werden **prozessverantwortliche Teams** eingerichtet, die in der Lage sind, einen Vorgang (Prozess) **ganzheitlich** (d. h. planen, durchführen und kontrollieren) und **funktionsübergreifend** abzuwickeln.

In einer solchen **prozessorientierten Teamorganisation** haben die Prozessverantwortlichen direkten Kontakt zu den inner- und außerbetrieblichen Kunden im Sinne einer Kunden-Lieferanten-Beziehung.

2.3 Kernprozesse und Supportprozesse

Die DIN 66201 bezeichnet die Umformung von Stoffen, Energie und Informationen von einem Anfangszustand in einen Endzustand als **Prozess**.

> **Merke:** Ein **Geschäftsprozess** ist eine Folge von Aktivitäten, die sachlogisch zusammengehören und einem übergeordneten Ziel dienen. Geschäftsprozesse erbringen immer einen Beitrag zur Wertschöpfung.

Merkmale eines Geschäftsprozesses

Geschäftsprozesse

- bestehen aus einer **Kette von Aktivitäten** (Teilprozessen),
- orientieren sich an den **Unternehmenszielen**[1],
- haben einen definierten **Anfang** und ein eindeutiges **Ende**,
- haben ein **Ergebnis**, sie erbringen einen Beitrag zur Wertschöpfung,
- stiften einen **Nutzen** für interne oder externe Kunden,
- werden von **Prozessverantwortlichen** mithilfe von Sachmitteln gesteuert,
- verursachen **Kosten** durch den Verbrauch von Ressourcen.

---

[1] Siehe Abschnitt 4

Arten von Geschäftsprozessen

Nach ihrem Beitrag zur Wertschöpfung werden **Kern- und Supportprozesse**[1] unterschieden.

Geschäftsprozesse nach ihrem Beitrag zur Wertschöpfung	
Kernprozesse (Hauptprozesse)	Sie haben entweder eine **direkte Schnittstelle zum außerbetrieblichen Kunden** und leisten damit einen unmittelbaren Beitrag zur Wertschöpfung (kundenorientierte Leistung) oder sie tragen **wesentlich zur Wertschöpfung** bei (wertschöpfungsintensive Leistung).
	Kernprozesse des Großhandels sind der Verkauf als Hauptleistung und wertschöpfungsintensive Leistungen wie z. B. der Einkauf, die Sortimentsgestaltung, die logistischen Prozesse Lagerhaltung und Versand.
Supportprozesse (Unterstützungsprozesse)	Sie haben **keine direkte Schnittstelle** zum außerbetrieblichen Kunden, erbringen jedoch als **Verwaltungs- und Serviceprozesse** einen Nutzen (Wertschöpfung) für die Kernprozesse (innerbetriebliche Kunden).
	Supportprozesse des Großhandels sind das Rechnungswesen, das Personalmanagement, das Marketing, die Finanzierung, die Informations- und Kommunikationstechnik (Hard- und Software), das Qualitätsmanagement, der Zustelldienst, der Reparaturservice.

Jeder Kern- bzw. Supportprozess besteht aus einer Kette von Teilprozessen **(Prozesskette)**. Jeder Prozess kann wiederum Teilprozess einer anderen übergeordneten Prozesskette sein **(Prozesshierarchie)**. So kann der Einkaufsprozess angestoßen werden, wenn der Prozessverantwortliche des Verkaufsprozesses bei seiner Entscheidung, ob er einen Kundenauftrag annehmen soll, feststellt, dass nicht genügend Waren auf Lager sind. Der Einkaufsprozess mündet wiederum in den Lagerhaltungsprozess ein.

Beispiel:

---

[1] Support = engl.: Unterstützung

425

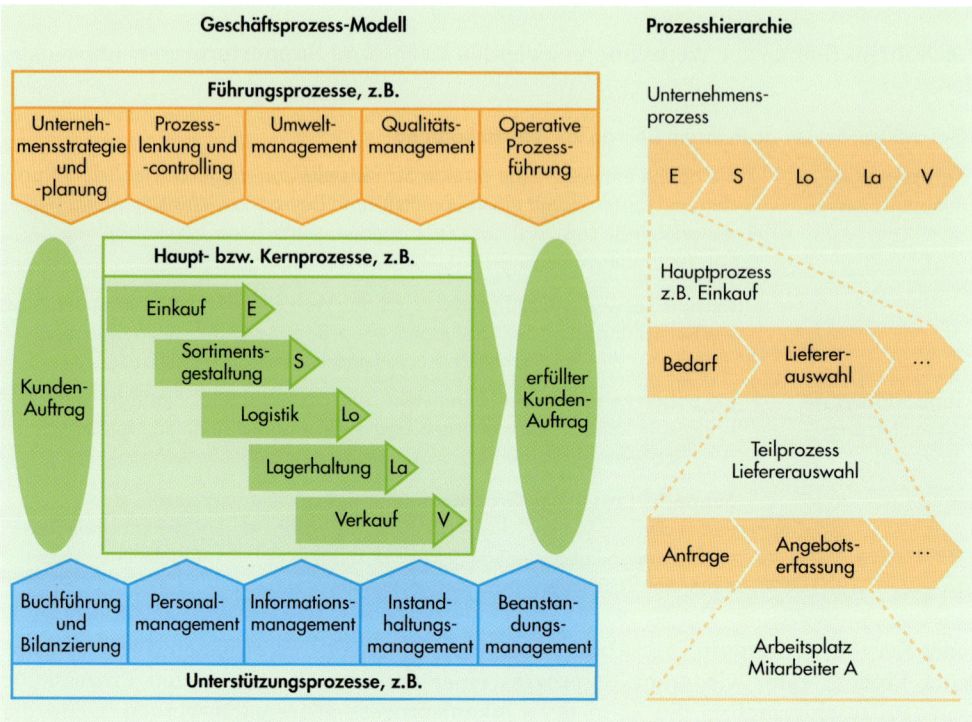

Geschäftsprozesse werden zunächst unabhängig vom Auftraggeber und von den Ressourcen (Leistungsfaktoren) geplant. Ausgangspunkt für die Prozessplanung kann ein **Referenzprozess** (Standardprozess) eines Softwareanbieters sein. Erst im zweiten Schritt wird der Prozess an die betrieblichen Rahmenbedingungen und an die Wünsche der Prozessverantwortlichen angepasst (sogenanntes **Customizing**).

Die Kernprozesse Einkauf bzw. Verkauf stoßen wiederum Prozessketten beim Lieferanten bzw. Kunden an. Solche unternehmensübergreifenden Prozessketten sind Gegenstand des **Supply-Chain-Managements** (SCM)[1] bzw. **Customer-Relationship-Managements** (CRM). Inner- und außerbetriebliche Lieferanten bzw. Kunden sollten bei der Prozessplanung eingebunden werden, um Schnittstellenprobleme von vornherein zu lösen.

Unternehmensübergreifende Prozessketten

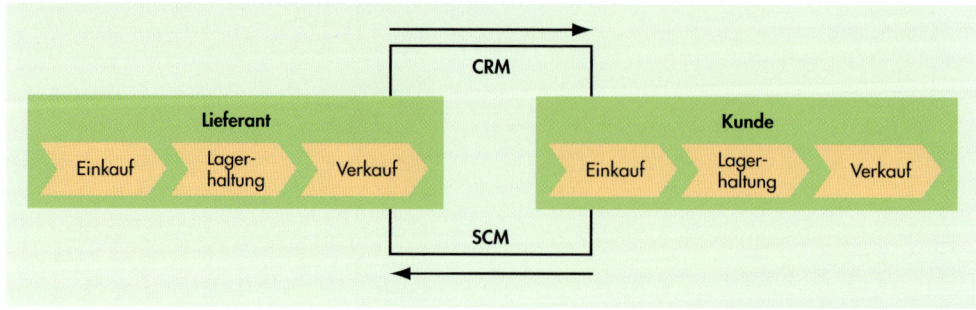

---
[1]   Supply-Chain = Lieferantenkette ➜ siehe Band 2, Lernfeld 3, Kap. Supply-Chain-Management

ZUSAMMENFASSUNG

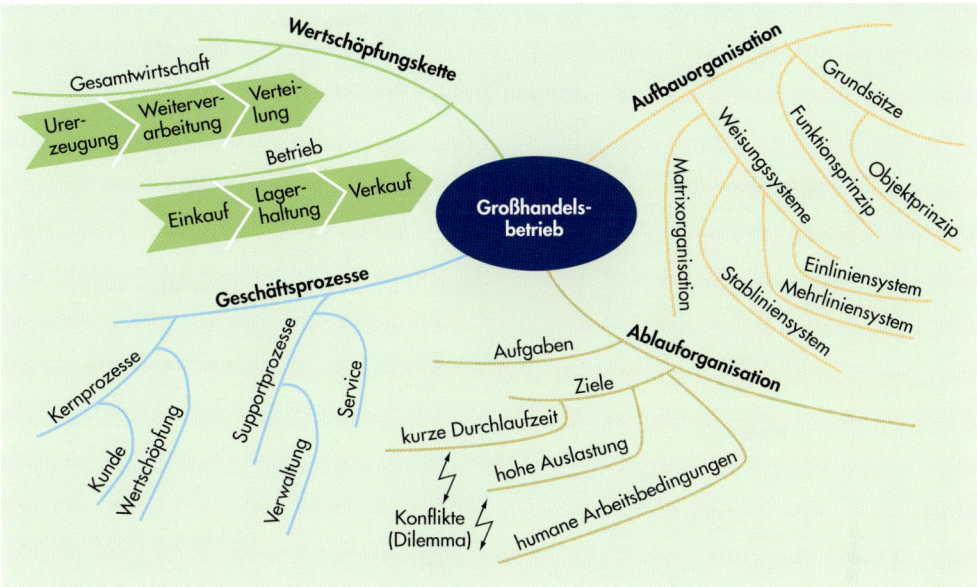

AUFGABEN

1   Schreiben Sie jeden der folgenden Begriffe auf die Kopfzeile eines DIN-A6-Kärtchens:

> Wirtschaftsstufen, gesamtwirtschaftliche Wertschöpfungskette, Elementarfaktoren, dispositiver Faktor (Begriff), betriebliche Wertschöpfungskette, Organisation (Begriff), Aufbauorganisation (Begriff), Ablauforganisation (Aufgaben), Stelle, Abteilung, Organigramm, Stellenbeschreibung (Inhalte), Aufbauorganisation (funktionsorientiert), Aufbauorganisation (objektorientiert), Instanz, Hierarchie, Einliniensystem (Begriff, Vor-, Nachteile), Mehrliniensystem (Begriff, Vor-, Nachteile), Stabliniensystem (Begriff, Vor-, Nachteile), Matrixorganisation (Begriff, Vor-, Nachteile), Ablauforganisation (Begriff), Ablauforganisation (Aufgaben), Ablauforganisation (Ziele), Dilemma der Ablauforganisation, Prozessorientierte Teamorganisation, Geschäftsprozess (Begriff, Merkmale), Kernprozess, Supportprozess, Referenzprozess, Customizing, SCM, CRM.

a)   Sortieren Sie die Begriffskärtchen nach den Kriterien „weiß ich" oder „weiß ich nicht".

b)   Bilden Sie Kleingruppen mit höchstens drei Mitgliedern. Erklären Sie sich gegenseitig die „Weiß-ich-nicht"-Kärtchen. Schlagen Sie dabei die ungeklärten Begriffe im Schulbuch nach oder nehmen Sie Kontakt zu einer anderen Kleingruppe auf.

c)   Schreiben Sie die Begriffserklärungen auf die Rückseite Ihrer Kärtchen und ordnen Sie die Kärtchen unter der Leitkarte „Beziehungen des Großhandels" alphabetisch in Ihren Lernkartei-Behälter ein.

2   Bilden Sie Teams mit jeweils drei Mitgliedern (Stammgruppen). Schreiben Sie jeden der Begriffe aus Aufgabe 1 auf ein separates Stück Papier und fügen Sie diese Papierkärtchen zu einer sinnvollen Struktur zusammen. Die Struktur kann durch Pfeile, Farben, Symbole, Texte (z. B. Überschriften), Bilder oder weitere Begriffe ergänzt werden.

3   Organigramm der Kurt Weller KG, Büromöbelgroßhandlung:

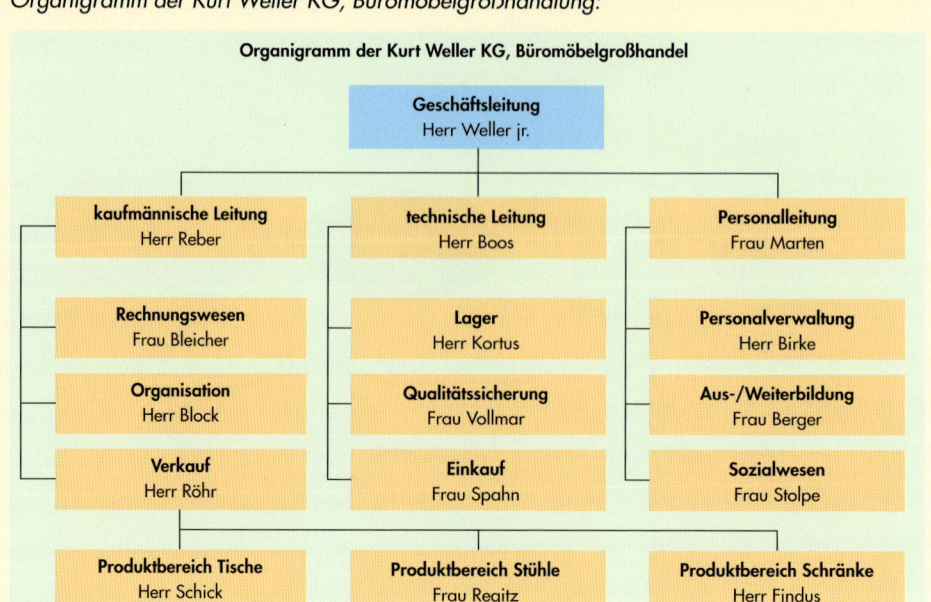

a)   Erläutern Sie, nach welchem Prinzip die Organisation der Kurt Weller KG aufgebaut ist.

b)   Wer kann bei der Kurt Weller KG Entscheidungen treffen, die für alle Mitarbeiter verbindlich sind?

c)   Für wen ist eine von Herrn Reber getroffene Entscheidung bindend?

d)   Beschreiben Sie den Melde- bzw. Befehlsweg, wenn Herr Röhr (Verkauf) von Herrn Kortus (Lager) eine Fehlmengenliste benötigt, um bei Kundenbeschwerden besser vorbereitet zu sein.

e)   Begründen Sie, welches Weisungssystem bei der Kurt Weller KG vorliegt.

f)   Machen Sie Vorschläge, welche Stellen bzw. Abteilungen sich als Stäbe eignen würden. Nehmen Sie eine Umorganisation nach dem Stabliniensystem vor.

g)   Erstellen Sie auf der Grundlage des Organigramms der Kurt Weller KG eine Stellenbeschreibung für die Stelle „Verkauf".

h)   Die Kurt Weller KG hatte aufgrund ihres neuen Büromöbelprogramms „Green Office" und einer konsequenten Kundenorientierung in den letzten Jahren enorme Wachstumsraten zu verzeichnen. Die vorhandene Aufbauorganisation erweist sich immer mehr als Hemmschuh für die weitere Entwicklung. Herr Block (Organisation) schlägt vor, die Kurt Weller KG nach dem Objektprinzip umzuorganisieren. Als Weisungssystem soll ein Stabliniensystem eingeführt werden. Nehmen Sie die entsprechende Umorganisation vor. Erstellen Sie dazu ein neues Organigramm.

4 a) Vollziehen Sie den Vorgang „Bearbeitung einer Eingangsrechnung" auf Seite 422 nach.
   b) Analysieren Sie den Istzustand des Vorgangs nach Verrichtungsarten!

Verrichtungsart	Bear-beitung	Transport	Kontrolle	Warten	Ablage	Summe
Zeit in Minuten	?	?	?	?	?	?
Prozentanteile	?	?	?	?	?	?

   c) Decken Sie Schwachstellen auf und machen Sie Verbesserungsvorschläge.
   d) Erstellen Sie ein Zickzackdiagramm nach folgendem Muster für den Sollzustand und
      analysieren Sie diesen nach Verrichtungsarten.

Arbeitsablauf:		Ist-Aufnahme	Soll-Vorschlag	Datum: Abteilung:	
Lfd. Nr.	Stufen des Arbeitsablaufs		Symbole	Weg m	Zeit Min.
1			○|⇨|□|D|▽		
2			○|⇨|□|D|▽		
3			○|⇨|□|D|▽		
4			○|⇨|□|D|▽		
5			○|⇨|□|D|▽		
6			○|⇨|□|D|▽		
7			○|⇨|□|D|▽		
8			○|⇨|□|D|▽		
9			○|⇨|□|D|▽		
10			○|⇨|□|D|▽		
11			○|⇨|□|D|▽		
12			○|⇨|□|D|▽		
13			○|⇨|□|D|▽		
14			○|⇨|□|D|▽		
15			○|⇨|□|D|▽		
16			○|⇨|□|D|▽		
17			○|⇨|□|D|▽		
18			○|⇨|□|D|▽		

Symbole	Bearbeitung	Transport	Kontrolle	Verzögerung	Ablage
	○	⇨	□	D	▽

Verrichtungsart	Bearbeitung	Transport	Kontrolle	Warten	Ablage	Summe
Zeit in Minuten						
Prozentanteile						

5   Welches Problem des Stabliniensystems ist in der Karikatur dargestellt?

6   Besorgen Sie das Organigramm Ihres Ausbildungsbetriebs und die Organisationstrukturen mehrerer bekannter Großunternehmen. Erstellen Sie daraus eine Wandzeitung.

Stellen Sie fest, welches Prinzip der Aufbauorganisation und welches Weisungssystem vorliegen. Vergleichen Sie die Organigramme und begründen Sie die Unterschiede.

7   Erstellen Sie eine Arbeitsanweisung für die Stelle „Warenannahme".

8   Ordnen Sie die nachfolgenden Geschäftsprozesse den Begriffen Kernprozess bzw. Supportprozess zu:
Einkauf, Lagerhaltung, Reparaturdienst, Versand, Verkauf, Erstellung einer Ausgangsrechnung (Fakturierung), Buchhaltung, Betriebsstatistik, Personalmanagement, Marketing, Finanzierung, Unternehmenssoftware (z. B. Warenwirtschaftssystem), Auftragsabwicklung, Qualitätsmanagement, Rechnungsbearbeitung, Bearbeitung einer Eingangsrechnung, Controlling, Sortimentsgestaltung, Werbung, Mahnwesen.

9   Stellen Sie einige typische Kern- bzw. Supportprozesse Ihres Ausbildungsbetriebes als Prozesskette oder als Ablaufdiagramm dar (z. B. Prozess „Auftragsbearbeitung"). Machen Sie die Schnittstellen zu anderen inner- bzw. außerbetrieblichen Prozessen deutlich.

Tipp: Bilden Sie mehrere Arbeitsgruppen.

10 Herr Daiber ist Eigentümer des mittelständischen Maschinenteile-Großhandels MaGro Daiber e. K. Das Sortiment besteht vor allem aus Zulieferteilen für die Automobilindustrie, im Einzelnen: Pumpen, Pneumatikteile und Sonderbauteile. Ausschließlich Herr Daiber ist berechtigt, Entscheidungen zu treffen. Ihm sind folgende Mitarbeiter/-innen direkt unterstellt: Herr Eder (Einkaufsleiter), Frau Maring (Verwaltungsleiterin), Herr Abel (Produktionsleiter) und Frau Wucher (Verkaufsleiterin). In der Verkaufsabteilung sind Herr Kaiser für den Produktbereich Pumpen, Frau Müller für die Pneumatikteile und Herr Günay für die Sonderbauteile zuständig. Jedem Produktbereich sind jeweils zwei Verkäufer/-innen unterstellt. Sie sind zurzeit Herrn Daiber direkt zugeordnet.

a) Aufgrund der veränderten Konkurrenzsituation macht sich Herr Daiber Gedanken über die Organisation seines Unternehmens.

Sie erstellen die Aufbauorganisation (Organigramm) des Unternehmens MaGro Daiber e. K.

b) Sie weisen Herrn Daiber auf zwei Nachteile der bisherigen Aufbauorganisation hin und unterbreiten ihm einen begründeten Vorschlag für eine alternative Organisationsstruktur.

c) Bei Herrn Daiber beschweren sich immer wieder Kunden, dass Reklamationen nur schleppend oder gar nicht bearbeitet werden. Sie erstellen im Auftrag von Herrn Daiber eine Arbeitsanweisung für die Abwicklung von Kundenreklamationen durch das Verkaufspersonal.

3 Vertretungsmacht des Personals

Der Leidende: „Alles muss man selbst machen!"

1 Wie könnte der „Leidende" entlastet werden. Machen Sie Vorschläge.

2 „Endlich geschafft!" Katja Müller hat soeben ein Angebot über vier Seiten fertiggestellt. Es muss unbedingt heute noch an den Kunden geschickt werden. „Ach du meine Güte! Wer unterschreibt mir jetzt den Brief? War etwa die ganze Hektik umsonst?" Ihr Vorgesetzter, Herr Horak, ist bis nächste Woche auf einem Führungsseminar.

a) Darf Katja Müller den Brief selbst unterschreiben und abschicken?

b) Machen Sie einen sinnvollen Lösungsvorschlag für diese Situation.

Die betriebliche Arbeitsteilung bringt es mit sich, dass der Unternehmer Verantwortung auf seine Mitarbeiter übertragen muss. Dadurch **entlastet** er sich selbst und **motiviert** gleichzeitig seine Mitarbeiter.

Die Vertretungsmacht erlaubt es dem Bevollmächtigten, Willenserklärungen im Namen des Vertretenen abzugeben, die **für und gegen den Vertretenen** wirken können (BGB § 164).

Für die Vertretung in einem Handelsgewerbe enthält das HGB (§§ 48 ff.) genaue Regelungen. Das Handelsrecht unterscheidet zwischen **Handlungsvollmacht** und **Prokura**.

3.1 Handlungsvollmacht – nur für gewöhnliche Rechtsgeschäfte

Nach dem Umfang werden drei Arten von Handlungsvollmachten unterschieden (HGB § 54):

Arten der Handlungsvollmacht

allgemeine Handlungs-vollmacht	Höchste Vollmacht; Vertretungsmacht für **alle gewöhnlichen Geschäfte** eines bestimmten Handelsgewerbes (HGB § 54)
Artvollmacht	Vollmacht, eine **bestimmte Art von Geschäften** und Rechtshandlungen regelmäßig vorzunehmen (z. B. Einkäufer, Buchhalter)
Einzel- bzw. Sonder- bzw. Spezialvollmacht	Vollmacht, ein **einzelnes Rechtsgeschäft** vorzunehmen (z. B. Botengang, Quittierung einer Zahlung)

Für die Erteilung von Vollmachten gibt es **keine Formvorschrift**. Die allgemeine Handlungsvollmacht kann nur vom Geschäftsinhaber oder seinem gesetzlichen Vertreter (z. B. Gesellschafterversammlung) erteilt werden. Bevollmächtigte können wiederum **Untervollmachten** erteilen. So kann ein Mitarbeiter mit allgemeiner Handlungsvollmacht innerhalb seines Verantwortungsbereichs Art- und Einzelvollmachten erteilen.

Beispiel: *Die kaufmännische Leiterin eines Handelsbetriebs kann eine Verkaufskraft einstellen. Der Kassierer kann einen Auszubildenden zur Bank schicken, um Wechselgeld zu holen.*

Zur Veräußerung und Belastung von Grundstücken, zur Eingehung von Wechselverbindlichkeiten, zur Aufnahme von Darlehen und zur Prozessführung ist der Handlungsbevollmächtigte nur ermächtigt, wenn ihm eine **besondere Befugnis** erteilt worden ist. Sonstige **Beschränkungen** der Handlungsvollmacht sind Dritten gegenüber nur wirksam, wenn diese sie kannten oder kennen mussten.

Handlungsbevollmächtigte unterzeichnen Geschäftsbriefe mit einem Zusatz, der das Vollmachtsverhältnis ausdrückt, z. B. mit „**i. A.**" (im Auftrag) oder „**i. V.**" (in Vollmacht) vor der Unterschrift (HGB § 57).

Beispiel:

Karl Wenz KG

i. V.   *K. raue*

Die Einzelvollmacht erlischt mit der Erledigung des Auftrags. Die Artvollmacht und die allgemeine Handlungsvollmacht erlöschen durch formlosen Widerruf.

3.2 Prokura – auch für außergewöhnliche Rechtsgeschäfte

Die Prokura[1] ist die höchste Vertretungsmacht, die einem Mitarbeiter übertragen werden kann. Deshalb ist sie nur besonders vertrauenswürdigen und gewissenhaften Mitarbeitern vorbehalten.

---

[1] Procurare (lat.): besorgen, verwalten.

> **Merke:** Die **Prokura** ermächtigt zu allen Arten von gerichtlichen und außergerichtlichen Geschäften und Rechtshandlungen, die der Betrieb eines Handelsgewerbes mit sich bringt (HGB § 48).

Die Prokura kann nur vom Geschäftsinhaber oder seinem gesetzlichen Vertreter (z.B. Gesellschafterversammlung) und nur durch **ausdrückliche Erklärung** erteilt werden (HGB § 48). Der Geschäftsinhaber muss die Prokura jedoch zur **Eintragung ins Handelsregister** anmelden (HGB § 53). Die Prokura entsteht jedoch bereits mit der Erklärung des Inhabers.

Arten der Prokura

Einzelprokura (HGB § 49)	Ein **einzelner Prokurist** hat allein die Vertretungsmacht für alle gerichtlichen und außergerichtlichen Geschäfte eines Handelsgewerbes (höchste Prokura)
Filialprokura (HGB § 50)	Die Prokura beschränkt sich auf **eine von mehreren Niederlassungen** des Geschäftsinhabers. Die Firmen der Zweigniederlassungen müssen sich wenigstens durch einen Zusatz unterscheiden (z.B. Filiale Bergheim).
Gesamtprokura (HGB § 48)	Die Prokura wird an **mehrere Personen gemeinschaftlich** erteilt. Die Prokuristen handeln und unterschreiben Geschäftsbriefe gemeinsam (niedrigste Prokura).

Prokuristen unterzeichnen Geschäftsbriefe mit einem Zusatz, der die Prokura andeutet, z.B. mit **„pp."** oder **„ppa."** (per procura) vor der Unterschrift (HGB § 51).

Zur Veräußerung und Belastung von Grundstücken ist der Prokurist nur ermächtigt, wenn ihm diese Befugnis besonders erteilt worden ist (HGB § 49). Eine weitere **Beschränkung des Umfangs der Prokura ist Dritten gegenüber unwirksam** (HGB § 50).

Beispiel: Die Gesellschafterversammlung der Karl Wenz KG erteilt der Vertriebsleiterin Susi Kramer Einzelprokura mit der Einschränkung, dass sie bei allen Geschäften deren Umfang 50 000,00 € überschreiten, die Erlaubnis der Geschäftsleitung einholen muss. Sie schließt mit dem Firmenkunden Elektro-Maurer GmbH einen Kaufvertrag über Büromöbel im Wert von 100 000,00 € ab. Die Finanzierung ist nicht gesichert. Der Vertrag ist gegenüber der Maurer GmbH rechtswirksam, auch wenn Susi Kramer die Geschäftsleitung nicht um Erlaubnis gefragt hat. Die Geschäftsleitung kann gegen die Prokuristin nur im Innenverhältnis vorgehen.

Die Prokura ist nicht übertragbar und erlischt durch Widerruf seitens des Inhabers, durch Ausscheiden des Prokuristen aus der Unternehmung oder durch Auflösung des Unternehmens. Das Erlöschen der Prokura ist zur Eintragung ins Handelsregister anzumelden (HGB § 53). Zu beachten ist, dass die Prokura durch den Tod des Inhabers nicht erlischt (HGB § 52).

Für folgende Rechtshandlungen kann weder eine Handlungsvollmacht noch eine Prokura erteilt werden, da sie allein **dem Inhaber vorbehalten** sind (Prinzipalgeschäfte), z.B. Steuererklärungen für das Unternehmen und für sich selbst unterzeichnen, Bilanz unterschreiben, Prokura erteilen, Gesellschafter aufnehmen, Eintragungen zum Handelsregister anmelden, Unternehmen veräußern, Eid leisten.

Vergleich Allgemeine Handlungsvollmacht und Prokura

Umfang der Vertretungsmacht	allgemeine Handlungsvollmacht	Prokura
gewöhnliche Rechtsgeschäfte wie Ein- und Verkauf von Waren innerhalb des Sortiments, Einstellung und Entlassung von (einzelnen) Mitarbeitern	zulässig	zulässig
außergewöhnliche Rechtsgeschäfte wie Grundstücke erwerben und Bürgschaften für die Unternehmung eingehen	nicht zulässig	zulässig
außergewöhnliche Rechtsgeschäfte wie Darlehen aufnehmen, Prozesse für den Betrieb führen, Wechselverbindlichkeiten eingehen	nur mit Sondervollmacht erlaubt (HGB § 54)	zulässig
außergewöhnliche Rechtsgeschäfte wie Grundstücke veräußern oder belasten	nur mit Sondervollmacht erlaubt (HGB §§ 49, 54)	
sog. Prinzipalgeschäfte wie z. B. Betrieb veräußern/auflösen, Firma ändern, Bilanz bzw. Steuererklärung für die Unternehmung unterschreiben, Prokura erteilen	nicht zulässig (dem Eigentümer bzw. der Gesellschafterversammlung vorbehalten)	

ZUSAMMENFASSUNG

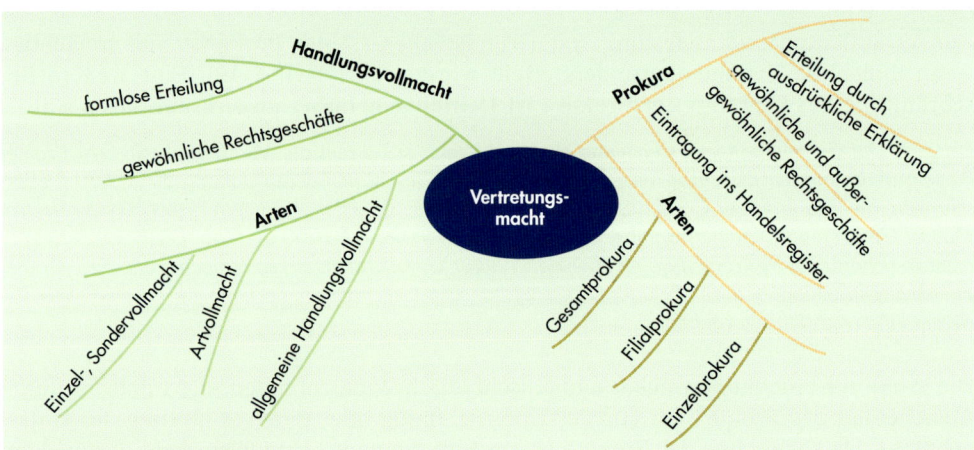

AUFGABEN

1 Unterscheiden Sie die Begriffe
   a) Einzelvollmacht und Einzelprokura,
   b) Gesamtvollmacht (allgemeine Handlungsvollmacht) und Gesamtprokura.

2 a) Vergleichen Sie Handlungsvollmacht und Prokura mithilfe einer Tabelle, in der Sie die wesentlichen Unterscheidungsmerkmale einander gegenüberstellen.
   b) Erstellen Sie eine Tabelle, in der Sie die Rechtshandlungen einander gegenüberstellen, die einem Handlungsbevollmächtigten mit allgemeiner Handlungsvollmacht bzw. einem Prokuristen mit Einzelprokura erlaubt oder verboten sind.
   c) Zählen Sie Rechtshandlungen auf, die nur dem Geschäftsinhaber vorbehalten sind.

3 Entscheiden Sie, welche Vertretungsmacht mindestens notwendig ist, um
   a) ein Grundstück für den Betrieb zu erwerben,
   b) vier Arbeiter zu entlassen und einen Arbeiter einzustellen,
   c) ein Darlehen für den Betrieb aufzunehmen.

4 Übertragung der Prokura durch den Inhaber: Handelsregister Abteilung B 154

Hannover, 13. Mai . .   Hannover, 27. Mai . .

Autohaus Spoer GmbH

Sehr geehrte Frau Kargen,

hiermit erteile ich Ihnen für unsere Firma Gesamtprokura.
Damit sind Sie berechtigt, die Gesellschaft in Gemeinschaft mit einem Geschäftsführer oder einem anderen Prokuristen zu vertreten. Die Prokura umfasst nicht den Ankauf von Grundstücken …

Autohaus Spoer GmbH, Hannover.

Die Prokura Stefan Frenzel ist erloschen. Gesamtprokura: Anna Kargen, geb. 11. August 1980, Dreieich; sie ist berechtigt, die Gesellschaft in Gemeinschaft mit einem Geschäftsführer oder einem anderen Prokuristen zu vertreten.

Beurteilen Sie jeweils die Rechtslage. Machen Sie ggf. einen Lösungsvorschlag.

   a) Der Inhaber des Autohauses Spoer entzog dem Prokuristen Stefan Frenzel am 13. Mai die Prokura. Stefan Frenzel ist derart erbost darüber, dass er gleich am nächsten Tag 200 Traktorreifen bestellt, obwohl er weiß, dass sein Betrieb mit diesen Reifen nichts anfangen kann. Der Lieferant der Traktorreifen besteht auf Abnahme.

   b) Anna Kargen unterschreibt am 14. Mai einen Kaufvertrag über einen Sonderposten Feuerlöscher für den Zubehörshop.

   c) Am 10. Juni unterschreibt Anna Kargen gemeinsam mit ihrer Kollegin Karin Merz (sie hat Einzelprokura) die fälligen Lohnsteuer- und Umsatzsteuervoranmeldungen, da der Geschäftsinhaber Bernd Spoer noch bis 20. Juni im Urlaub ist.

   d) Karin Merz hat Einzelprokura mit der Einschränkung, dass sie nur Kaufverträge bis 25 000,00 € selbstständig abschließen darf. Als Karin Merz ein sehr günstiges Angebot eines Lieferers erhält, bestellt sie eigenmächtig Ware im Wert von 30 000,00 €. Der Geschäftsinhaber verweigert die Annahme der Sendung. Der Lieferant besteht auf Abnahme der Ware.

5 Anscheinsvollmacht

Wenn jemand im Namen eines anderen einen Vertrag abschließt, ist der Vertrag eigentlich nur dann wirksam, wenn der Vertreter Vollmacht besaß oder der ohne Vollmacht abgeschlossene Vertrag vom Vertretenen trotzdem genehmigt wurde.

Im Handelsrecht besteht darüber hinaus eine gesetzlich geregelte Anscheinsvollmacht: Wer in einem Laden oder einem offenen Warenlager angestellt ist, gilt als bevollmächtigt zu allen solchen Verkäufen und Entgegennahmen, die in einem solchen Laden oder Lager gewöhnlich geschehen. Eine tatsächliche Bevollmächtigung braucht nicht stattgefunden zu haben, es muss sich auch nicht um Angestellte im arbeitsrechtlichen Sinne handeln. Der Anschein reicht aus. Man geht davon aus, dass ein Ladeninhaber selbst darauf achten muss, wer in seinem Laden wie ein Angestellter auftritt. Das gilt auch für Kaufhausangestellte, die ja ständig im Namen des Kaufhauskonzerns mit den Kunden mündliche Kaufverträge schließen. Die Rechtsprechung sieht diesen Gedanken der Anscheinsvollmacht auch außerhalb des Handelsrechts als allgemeinen Rechtsgedanken an, der sich aus Treu und Glauben (§ 242 BGB) ergibt. Wenn ein Erwachsener (voll Geschäftsfähiger) hätte erkennen und verhindern können, dass jemand anders in seinem Namen Verträge abschließt, dann sind diese Verträge wirksam, und er muss sie gegen sich gelten lassen. Es kommt nicht darauf an, ob er davon gewusst hat, sondern nur darauf, ob er bei Anwendung üblicher Sorgfalt davon hätte wissen können und z. B. die andere vertragschließende Seite auf das Fehlen der Vollmacht hätte aufmerksam machen können. Da eine gesetzliche Regelung fehlt, ist der von der Rechtsprechung entwickelte Gedanke der Anscheinsvollmacht in der Rechtswissenschaft umstritten.

Erörtern Sie Vor- und Nachteile der Anscheinsvollmacht.

6 *Eva Bucher, 51 Jahre, Einzelunternehmerin, betreibt seit 20 Jahren eine gut gehende Sportartikelgroßhandlung. Das Ladenlokal befindet sich im eigenen Geschäftsgebäude und erstreckt sich über drei Etagen. Bucher führt in ihrem Sortiment alle gängigen Sportgeräte einschließlich Sportbekleidung. Sie selbst ist eine ausgezeichnete Kennerin der Branche mit viel Fingerspitzengefühl für den Markt. Aus diesem Grunde konnte sie ihre Umsätze in den letzten Jahren laufend steigern.*

Um Verwaltungsangelegenheiten hat sich Bucher wenig gekümmert. Da verlässt sie sich ganz auf Frau Ziegel, eine langjährige, gewissenhafte Mitarbeiterin. Sie hat ihr Bankvollmacht erteilt, sodass der gesamte Zahlungsverkehr (Lieferantenrechnungen, Gehälter usw.) reibungslos verläuft.

Im Verkauf hat Bucher acht Mitarbeiter beschäftigt:

- *Hans Richter, 46 Jahre, seit Gründung der Firma angestellt, spezialisiert auf Sportgeräte,*
- *Jürgen Walter, 39 Jahre, seit 15 Jahren in der Firma,*
- *Irene Nordmann, 28 Jahre, seit fünf Jahren in der Firma, spezialisiert auf Sportbekleidung,*
- *vier jüngere Verkäufer/innen,*
- *einen Auszubildenden.*

Nur Herr Richter, Herr Walter und Frau Nordmann dürfen kassieren.

Alle anfallenden Entscheidungen hat Bucher bisher selbst getroffen. Auch um den Einkauf kümmerte sie sich bisher ausschließlich alleine. Seit ca. drei Jahren werden jährlich für rund 1 000 000,00 € Artikel eingekauft. In letzter Zeit ist Bucher immer häufiger auf Reisen, weil sie laufend Messen, Ausstellungen und Sportveranstaltungen besucht (auch im Ausland), um neue Artikel aufzuspüren und ihre Eignung zu prüfen. Bucher ist sich darüber im Klaren, dass sie eine bessere Arbeitsteilung vornehmen muss, sodass ihre Angestellten im Bedarfsfall auch selbstständig entscheiden und handeln können. Dazu muss sie sie allerdings mit entsprechenden Vollmachten ausstatten, was für sie natürlich ein erhöhtes Risiko darstellt.

Außerdem bedrängt sie Jürgen Walter, der begeisterter Radsportler mit Rennerfolgen ist, ein weiteres Fachgeschäft für Radrennsport zu eröffnen. Bucher ist gar nicht abgeneigt; das notwendige Startkapital könnte beschafft werden, und eine Gelegenheit, in unmittelbarer Nähe geeignete Räume zu mieten, ist ebenfalls vorhanden.

Eva Bucher geht davon aus, dass das geplante neue Geschäft eröffnet wird und Walter dessen Leitung von Anfang an selbstständig übernehmen soll. Im Stammhaus will sie eine Vertretung haben, die in der Lage ist, auch bei ihrer Abwesenheit für die Firma so handeln zu können, dass keinerlei Engpässe auftreten. In besonderen und außergewöhnlichen Fällen möchte sie sich aber die Entscheidung selbst vorbehalten.

Sie will den Umfang der Vollmachten so gestalten, wie dies für die Größe und Aufgabe ihres Unternehmens zweckmäßig ist, um einerseits die Verantwortung des Bevollmächtigten, andererseits ihr eigenes Risiko möglichst zu beschränken. Letztlich will sie vermeiden, dass zwischen den langjährigen Mitarbeitern ein Spannungsverhältnis entsteht.

Arbeiten Sie für Eva Bucher einen Vorschlag aus, wem sie und in welchem Umfang Vollmacht erteilen soll, welche Einschränkungen gegebenenfalls zu empfehlen und welche Formvorschriften zu beachten sind.

(Quelle: Erika Liebhardt, Fallstudie Sport Bucher, in: Joachim Räuchle/ Wolfgang Reiner, Fallstudien und Planspiele, Simulation unternehmerischer Entscheidungen, Winklers Verlag 1995, Seite 61)

4 Unternehmensziele und Qualitätsmanagement

PROBLEM

Auf der wöchentlichen Abteilungsleitersitzung liest Peter Gasch, Geschäftsführer der TRIAL GmbH Groß- und Außenhandel, folgende Zeitungsmeldung vor:

Adidas nimmt Zulieferer in die Pflicht

Ein chinesischer Flüchtling brachte den Stein ins Rollen. Seine bei der Weltmeisterschaft in Paris 1998 geäußerten Vorwürfe, er habe als Häftling Adidas-Fußbälle herstellen müssen, entsetzten Verbraucher und Aktionäre. Zusätzlich tauchten Berichte über Kinderarbeit in asiatischen Zulieferfabriken des Sportartikelherstellers auf.

Nach einem radikalen Kurswechsel gehört Adidas heute zu den Vorbildern, wenn es darum geht, Zulieferer in die Verantwortung für Arbeits- und Umweltschutz zu nehmen. (...) Alle strategischen Geschäftspartner sollen ab 2005 das internationale Sozialzertifikat SA 8000[1] sowie das Umweltmanagementzertifikat ISO 14001 haben. Adidas arbeitet nur mit solchen Partnern zusammen, die ihre Mitarbeiter in Bezug auf Löhne, Sozialleistungen und Arbeitsbedingungen fair und gesetzeskonform behandeln. In den Adidas **Standards of Engagement (SOE)** sind die Verhaltensnormen verbindlich festgelegt. (...) In den vergangenen drei Jahren haben Kontrollteams fast 3 000-mal vor Ort geprüft, ob die Zulieferer die Standards einhalten. Dabei helfen sie den Zulieferern mit speziellen Schulungen. (...) Adidas arbeitet mit Konkurrenzunternehmen zusammen. „Wir haben gelernt, dass es besser ist, gemeinsam auf die Lieferanten einzuwirken." Mit hohen Sozial- und Umweltstandards wurden die Produktqualität, die Abläufe, die Produktivität und das Image bei Kunden, Aktionären und in der Öffentlichkeit verbessert. (...)

(Quelle: Nach Susanne Bergius; Adidas nimmt Zulieferer in die Pflicht, in: Handelsblatt, 29. September 2004, S. 16)

Peter Gasch: „Dieser Zeitungsartikel gibt mir zu denken. Stellen Sie sich vor, wir hätten Fahrradhelme im Sortiment, die von Kindern unter unmenschlichen Arbeitsbedingungen gefertigt werden. Wir sollten nicht warten, bis uns die Kunden darauf aufmerksam machen und unser Image kaputt ist."

Anna Lurka (Verkaufsleiterin): „Stimmt! Wir sollten mehr gesellschaftliche Verantwortung übernehmen. Größere Unternehmen haben bereits sogenannte CSR-Abteilungen. CSR steht für Corporate Social Responsibility. Solche Bekenntnisse zu sozialer und ökologischer Verantwortung lassen sich auch gut verkaufen. Sie dürfen jedoch keine Leerformeln sein."

Peter Gasch: „Ich beobachte, dass immer mehr Kunden beim Kauf darauf achten, unter welchen Bedingungen die Produkte hergestellt werden. Wir müssen uns vermehrt darauf einstellen, dass unser Handeln von der Öffentlichkeit beobachtet wird. Gute Produkte und Dienstleistungen bereitzustellen reicht heute nicht mehr."

Markus Bundschuh (Personalleiter): „Ich werde mir die Standards of Engagement von Adidas mal ansehen und daraus selbst welche entwickeln, die zu uns passen. Diese SOE sollten wir mit allen wichtigen Kunden und Lieferanten abstimmen. Nur gemeinsam können wir etwas erreichen."

---

[1] In der Norm **SA 8000** (**S**tandard for **S**ocial **A**ccountability) sind soziale Mindeststandards festgelegt, nach denen Unternehmen zertifiziert werden.

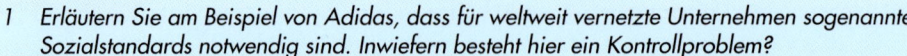

1   *Erläutern Sie am Beispiel von Adidas, dass für weltweit vernetzte Unternehmen sogenannte Sozialstandards notwendig sind. Inwiefern besteht hier ein Kontrollproblem?*

2   *Machen Sie Vorschläge, welche Punkte solche Standards of Engagement (SOE) enthalten könnten.*
    Tipp: *Führen Sie hierzu ein **Brainstorming** durch.*

SACHDARSTELLUNG

4.1   Unternehmungsleitbild – Anspruch und Verpflichtung

Merke: In einem **Unternehmungsleitbild** werden der Grundzweck des Unternehmens und seine Verhaltensgrundsätze schriftlich festgehalten. Damit sind die obersten Unternehmensziele dokumentiert.

Der **Grundzweck der Unternehmung** enthält Aussagen über die Art der zu erstellenden Güter und der zu erbringenden Dienstleistungen (Kernkompetenz), besondere Eigenschaften dieser Leistungen (z. B. Qualität, Image), anzusprechende Zielgruppen (Kunden), räumliche Abgrenzung des Marktes (z. B. Region, Inland, Ausland).

Verhaltensgrundsätze stellen oberste Verhaltensrichtlinien gegenüber den Anspruchsgruppen dar. Dazu gehört das Verhalten der Führungskräfte und Mitarbeiter gegenüber den Marktpartnern wie Kunden und Lieferanten, den Kapitaleignern, dem Staat und der Öffentlichkeit.

Beispiel: Unternehmungsleitbild der TRIAL GmbH

Wir bei TRIAL tun, was wir sagen ...

- Wir streben eine dauerhafte Geschäftsbeziehung mit unseren Kunden an. Der Kunde ist unser wichtigster Mitarbeiter.
- Wir konzentrieren uns auf Geschäftsfelder, in denen wir durch hervorragende Qualität unserer Leistungen Wettbewerbsvorteile erreichen.
- Wir, Führung und Mitarbeiter/innen, wollen unternehmerischen Erfolg, dieser Erfolg beginnt beim Menschen.
- Wir wollen ein weltoffenes Unternehmen gestalten, das für die Menschen, für die Marktpartner und für seine Umwelt einen Nutzen schafft.
- Wir fordern Leistung voneinander und honorieren diese entsprechend. Den Eigentümern sichern wir eine angemessene Kapitalrendite zu.
- Wir achten in unserem Unternehmen und bei allen Marktpartnern auf die Einhaltung verbindlicher Umwelt- und Sozialstandards. Wir legen Wert auf eine humane Arbeitsplatzgestaltung.
- Wir wollen ehrlich und konstruktiv miteinander umgehen. Alle Mitarbeiter/innen erhalten gleiche Chancen für ihre berufliche Entwicklung.
- Wir leisten durch unser Mitdenken, Mitgestalten und Mitverantworten einen persönlichen Beitrag zum unternehmerischen Erfolg.

... und daran lassen wir uns messen

Leitbilder geben den Führungskräften und Mitarbeitern bzw. Teams Orientierungshilfen (einheitliche Grundauffassung), schaffen ein **Wirgefühl** (Motivationsfunktion) und geben der Unternehmung ein unverwechselbares Image **(Corporate Identity)**. Im Unternehmensleitbild bekennt sich die Unternehmung zu ihrer **gesellschaftlichen Verantwortung** (Corporate Social Responsibility). Wichtig ist, dass das Leitbild Richtschnur des alltäglichen Handelns ist. Wenn Anspruch und Wirklichkeit auseinanderfallen, dann schadet das Leitbild dem Ruf des Unternehmens eher, als es ihm nützt.

Auf der Grundlage des Unternehmensleitbilds werden die Unternehmensziele beschrieben.

4.2 Unternehmensziele – ökonomische und außerökonomische

Aufgaben von Unternehmenszielen

> **Merke:** Unternehmensziele beschreiben Vorstellungen über einen zukünftigen Zustand der Unternehmung, der durch Maßnahmen hergestellt werden soll.

Ziele geben den Handelnden

- Vorgaben in Form von Sollgrößen **(Orientierungs- und Steuerungsfunktion)**,
- einen Leistungsanreiz **(Motivationsfunktion)**,
- Anhaltspunkte für die Zielerreichung **(Bewertungsfunktion)**,
- Möglichkeiten zum Vergleich **(Kontrollfunktion)**,
- einen Rahmen, der ihren Handlungsspielraum begrenzt **(Selektionsfunktion)**.

Wenn ein Ziel seine Aufgaben erfüllen soll, dann muss es präzise formuliert, d. h. operationalisiert werden. Nur so ist die Erreichung des Ziels kontrollierbar.

Beispiel: Zieloperationalisierung

Zielbestandteile		Beispiel
Zielinhalt	**Was** soll erreicht werden?	Umsatzsteigerung
Zielerreichungsgrad	**In welchem Ausmaß** soll das Ziel erreicht werden?	5 %
Zeitpunkt, -raum	**Wann** soll es erreicht werden?	in diesem Jahr
Verantwortliche/r	**Wer** soll es erreichen?	Reisender Müller
räumlicher Bezug	**Wo** soll es erreicht werden?	Verkaufsbezirk Süd

Zielinhalte – ökonomische, soziale, ökologische Ziele

Das oberste Ziel jedes Unternehmens ist, das **Überleben zu sichern** (Existenzsicherungsziel). Dazu muss es **auf lange Sicht Gewinn erwirtschaften**. Nur wenn ein Unternehmen erfolgreich ist, kann es weitergehende Ziele erreichen: Ohne Gewinn ist alles nichts.

Angesichts der gegenwärtigen sozialen (z. B. hohe Arbeitslosigkeit), ethischen (z. B. Kinderarbeit, Korruption), ökonomischen (weltumspannende Vernetzung der Märkte, individuelle Kundenwünsche), politischen (deregulierte Märkte, Freihandel, Terrorismus) und ökologischen Herausforderungen (nachhaltiges Wirtschaften) kann der Zielinhalt eines Unternehmens nicht mehr die alleinige Gewinnerzielung sein.

Ökonomische Ziele – ohne Gewinn ist alles nichts

In marktwirtschaftlich organisierten Volkswirtschaften herrschen sogenannte **erwerbswirtschaftliche Unternehmen** vor, die nach einem höchstmöglichen **Gewinn** streben. Gewinn ist dabei der Überschuss der Erträge über die Aufwendungen.

Ein Unternehmen handelt wirtschaftlich, d. h. nach dem **ökonomischen Prinzip**, wenn es

- mit seinen vorhandenen Mitteln (z. B. Personal, Maschinen und Rohstoffe) den größtmöglichen Gewinn (bzw. Nutzen) erzielen möchte **(Maximalprinzip)**;
- einen bestimmten Gewinn (bzw. Nutzen) mit geringstmöglichem Mitteleinsatz erreichen möchte **(Minimalprinzip)**.

Mit dem Gewinn werden der persönliche Einsatz und das Risiko des Unternehmers vergütet und sein Lebensunterhalt gesichert. Damit wird deutlich, dass der Gewinn nur „Mittel zum Zweck" ist, um damit ein anderes, höheres Ziel (z. B. die Sicherung des Lebensunterhalts, ein hohes gesellschaftliches Ansehen) zu erreichen.

Der Gewinn ist nicht nur Stimulanz und Motivation für unternehmerisches Handeln und damit auch Leistungsmaßstab und Steuerungsmittel, er ist auch eine wichtige Quelle der Finanzierung von Investitionen und damit der Zukunftssicherung des Unternehmens und seiner Arbeitsplätze. Darüber hinaus werden Unternehmen und Arbeitsplätze im Umfeld (z. B. Lieferanten, Kunden, Transportunternehmen, Banken) gesichert.

Das Ziel einer langfristigen Gewinnerzielung wird durch weitere ökonomische Zielsetzungen unterstützt.

Ökonomische Formal- und Sachziele	
Formalziele sie geben an, was erreicht werden soll	• **Wachstumsziele** wie Steigerung des Umsatzes, der Mitarbeiterzahl, des Betriebsvermögens, des Eigenkapitals, der Bilanzsumme, des Marktanteils, der Kapazitäten usw. • **Kostenziele** wie Senkung der Personal-, Material-, Produktions-, Vertriebs-, Verwaltungskosten usw. • **Leistungsziele**, z. B. anzustrebende Umsatz-, Gewinnhöhe, zu erreichende Produktions- und Absatzmengen, Arbeits-, Maschinen-, Raum-, Personalproduktivität (Produktivität ist das Verhältnis zwischen Output und Input, z. B. Umsatz pro Mitarbeiter, Umsatz pro m²) usw. • **Finanzziele** wie Umsatzrentabilität (Gewinn in % des Umsatzes), Kapitalrentabilität (Gewinn in % des eingesetzten Kapitals), Sicherung der Liquidität (Zahlungsbereitschaft) usw.
Sachziele sie dienen der Erreichung der Formalziele durch konkrete Maßnahmen	• Erhöhung der **Kundenzufriedenheit** durch bessere Produkt- und Dienstleistungsqualität, schnellere Auftragsbearbeitung, flexiblere und schnellere Erfüllung von Kundenwünschen, verbesserte Serviceleistungen • Durchsetzung von **Beschaffungsvorteilen** (bessere Lieferkonditionen für Material und Anlagegüter, kürzere Lieferzeiten) • Senkung der **Durchlaufzeiten** (von Informationen, Werkstücken), durch Senkung der Lagerbestände und -dauer, Erhöhung des Lagerumschlags und Optimierung von Prozessen (Abläufen) • bessere **Ausnutzung** der Werkstoffe durch bessere Fertigungsverfahren und Werkstoffqualität, der vorhandenen Maschinen-, Raum- und Personalkapazitäten durch höhere Betriebsnutzungs- bzw. Arbeitszeiten • usw.

Soziale Ziele – im Sinne der Menschen

Die kompromisslose Verfolgung von ökonomischen Zielen dient nicht dem langfristigen Erfolg eines Unternehmens und ist aus gesellschaftlicher Sicht nicht erwünscht. Wenn z. B. ein Unternehmen einen bestimmten Umsatz mit minimalen Kosten anstrebt, dann wird es Arbeitsschutz- und Umweltschutzmaßnahmen so lange unterlassen, bis es vom Staat dazu gezwungen wird. Ein solches Verhalten würde gegen die Vernunft und gegen die gesellschaftliche Verantwortung (**Corporate Social Responsibility**) verstoßen. Die sogenannten **externen Kosten** (z. B. Beseitigung von Umweltschäden, Aufrechterhaltung der Lebens- und Arbeitsqualität) würden allein der Gesellschaft, d. h. dem Staat, aufgebürdet.

Während die ökonomischen Ziele mehr die Interessen der Anteilseigner (Shareholder) berücksichtigen, rücken mit den sozialen Zielen die Interessen der Mitarbeiter (Stakeholder = Inhaber von Arbeitsplätzen) der Unternehmung in den Vordergrund.

Wichtige soziale Ziele	
Arbeitsplätze sichern	Schaffung neuer und Sicherung der vorhandenen Arbeitsplätze, hohe Ausbildungsbereitschaft
humane Arbeitsbedingungen	z. B. Arbeits- und Gesundheitsschutz, flexible Arbeitszeiten, die den persönlichen Bedürfnissen der Mitarbeiter entgegenkommen (z. B. Gleitzeit, Jobsharing, Telearbeit)
freiwillige Sozialleistungen	Soziales Netz der Unternehmung, das über die gesetzlich und tariflich geregelten Sozialleistungen hinausgeht, z. B. zusätzliches Urlaubs- und Weihnachtsgeld, betriebliche Beiträge für die Altersversorgung (Betriebsrente), überdurchschnittliche vermögenswirksame Leistungen, Betriebswohnungen für die Mitarbeiter, Betriebskantine mit Essenszuschüssen, Betriebsarzt usw.
Angebote zur Vereinbarung von Familie und Beruf	z. B. Finanzierung von Kinderkrippen und Kindergärten für die Mitarbeiter, Beurlaubung zur Kinderbetreuung, Beschäftigungsunterbrechungen mit Wiedereinstellungsgarantie (länger als die gesetzlich vorgeschriebene dreijährige Elternzeit), Beurlaubung zur Pflege kranker Angehöriger, Weiterbildung während der Familienpause, Frauenförderpläne, Förderung der Elternselbsthilfe
leistungs- und sozialgerechte Personalpolitik,	z. B. gerechte Entlohnungssysteme, Chancengleichheit bei der Personalbeförderung und -entwicklung, Förderung eines demokratischen Führungsstils
Mitbestimmungsorgane	Mitbestimmungsorgane einrichten und fördern, z. B. Betriebsrat, Jugend- und Auszubildendenvertretung
Sozial- und Kultursponsoring	z. B. Unterstützung sozialer Einrichtungen wie Schulen, Bibliotheken, öffentlicher Kindergärten und -krippen, Jugend- und Frauenhäuser

Unternehmen schaden sich auf Dauer selbst, wenn sie mit ihrer Personalpolitik den Interessen ihrer Mitarbeiter und deren Familien nicht entgegenkommen. Männer wie Frauen sehen heute im Beruf nicht mehr ihren einzigen Lebensinhalt. Sie wollen ihr Familienleben nicht ganz dem Beruf unterordnen, sie leben entsprechend ihren eigenen Wertvorstellungen. Für die Unternehmen gilt es, ein Konzept zu entwickeln, das es ihren Mitarbeitern ermöglicht, **ein Familienleben mit Kindern und eine engagierte Berufstätigkeit miteinander zu verbinden**. Nur so kann es qualifizierte Mitarbeiter an sich binden und leichter anwerben. Zufriedene und motivierte Mitarbeiter weisen weniger Fehlzeiten auf und bringen bessere Leistungen.

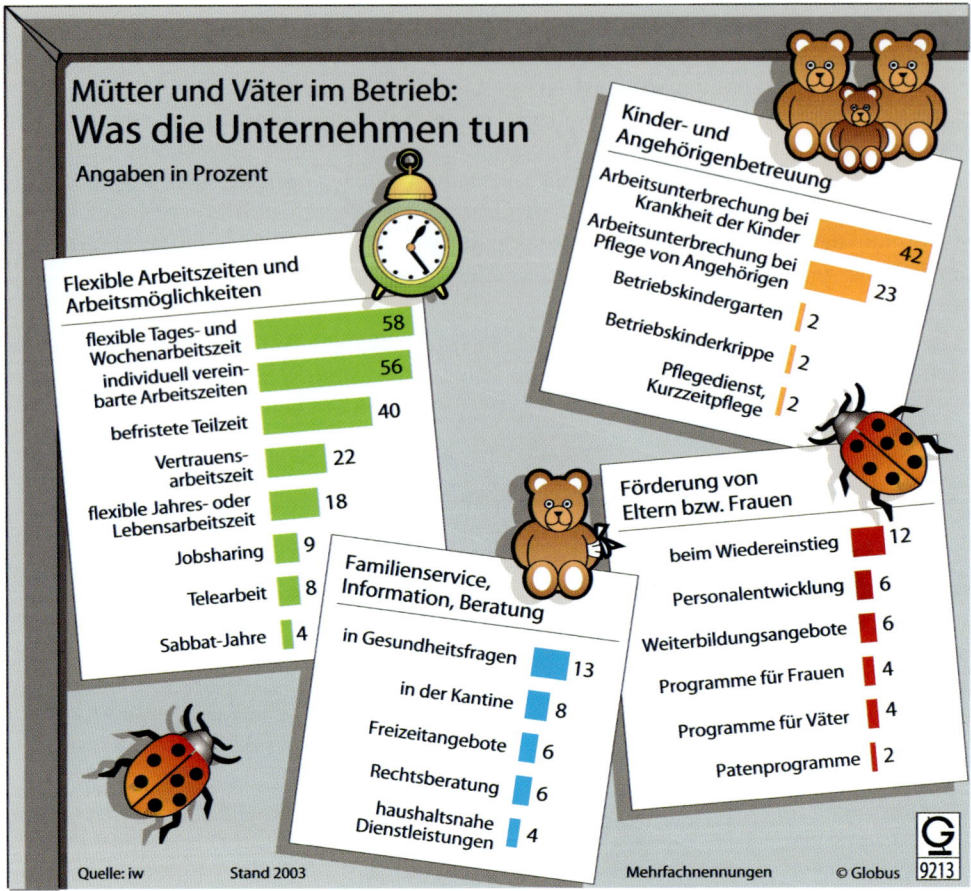

Mütter und Väter im Betrieb:
Was die Unternehmen tun
Angaben in Prozent

Flexible Arbeitszeiten und Arbeitsmöglichkeiten

flexible Tages- und Wochenarbeitszeit	58
individuell verein- barte Arbeitszeiten	56
befristete Teilzeit	40
Vertrauens- arbeitszeit	22
flexible Jahres- oder Lebensarbeitszeit	18
Jobsharing	9
Telearbeit	8
Sabbat-Jahre	4

Kinder- und Angehörigenbetreuung

Arbeitsunterbrechung bei Krankheit der Kinder	42
Arbeitsunterbrechung bei Pflege von Angehörigen	23
Betriebskindergarten	2
Betriebskinderkrippe	2
Pflegedienst, Kurzzeitpflege	2

Familienservice, Information, Beratung

in Gesundheitsfragen	13
in der Kantine	8
Freizeitangebote	6
Rechtsberatung	6
haushaltsnahe Dienstleistungen	4

Förderung von Eltern bzw. Frauen

beim Wiedereinstieg	12
Personalentwicklung	6
Weiterbildungsangebote	6
Programme für Frauen	4
Programme für Väter	4
Patenprogramme	2

Quelle: iw   Stand 2003   Mehrfachnennungen   © Globus 9213

Gesellschaftliche Verantwortung beweisen Unternehmen, die ihre Standorte nicht aus Kostengründen in sogenannte Billiglohnländer mit geringen Sozialstandards verlegen. Gerade auf globalen Märkten muss das Unternehmensleitbild vorgelebt werden. **Soziale Mindeststandards** (z. B. menschengerechte Arbeitsbedingungen, Sozialleistungen wie Entgeltfortzahlung bei Krankheit für einen angemessenen Zeitraum) sollten bei allen Marktpartnern eingefordert und kontrolliert werden. Sozial verantwortlich handelnde Unternehmen sollten sich nicht am weltweiten Unterbietungswettbewerb (Abwärtsspirale) bei den Umwelt- und Sozialstandards beteiligen, sondern sich **weltweit für humane Lebens- und Arbeitsbedingungen** einsetzen.

Beispiel: *Beispielhafte Auszüge aus Sozialstandards:*

...

Zwangsarbeit: Geschäftspartner dürfen keine Zwangsarbeiter beschäftigen, weder in Form von Gefangenenarbeit, Sklavenarbeit oder einer sonstigen Form.

Kinderarbeit: Geschäftspartner dürfen keine Kinder unter 15 Jahren (bzw. unter 14 Jahren, falls die Gesetze des entsprechenden Landes dies zulassen) oder schulpflichtige Kinder in Ländern, in denen das schulpflichtige Alter über 15 Jahren liegt, beschäftigen.

Diskriminierung: [...] Unsere Geschäftspartner sollen sicherstellen, dass sie bei ihren Einstellungs- und Beschäftigungspraktiken niemanden wegen Rasse, nationaler Abstammung, Geschlecht, Religion, Alter, Behinderung, sexueller Orientierung oder politischer Überzeugung benachteiligen.

Löhne und Sozialleistungen: Geschäftspartner haben ihren Mitarbeitern den gesetzlich vorgeschriebenen Mindestlohn bzw. den in der Branche üblichen Lohn, falls dieser höher liegt, zu bezahlen. Auch haben sie den gesetzlich vorgeschriebenen Sozialleistungen Rechnung zu tragen. Löhne müssen entweder bar, per Scheck oder in sonst üblicher Form direkt an die Mitarbeiter ausbezahlt werden. [...]

Arbeitszeit: Die regelmäßige wöchentliche Arbeitszeit der Mitarbeiter darf einschließlich Überstunden 60 Wochenstunden nicht übersteigen; Überstunden müssen dabei nach den gesetzlichen Bestimmungen vergütet werden. Mitarbeiter müssen mindestens 24 zusammenhängende Stunden Freizeit pro Woche sowie einen bezahlten Jahresurlaub erhalten.

Gesundheit und Sicherheit: Geschäftspartner haben für ein sicheres und die Gesundheit erhaltendes Arbeitsumfeld zu sorgen; dazu gehört auch Schutz vor Feuer, Unfällen und giftigen Substanzen. Beleuchtungs-, Belüftungs- und Heizungsanlagen müssen ausreichend vorhanden sein. Saubere und zahlenmäßig ausreichende sanitäre Einrichtungen müssen den Mitarbeitern jederzeit frei zugänglich sein.

Umweltbestimmungen: Geschäftspartner haben die Bedingungen sämtlicher jeweils anwendbarer Umweltgesetze und -bestimmungen zu erfüllen.

...

Die **ISO 26000** enthält Leitlinien für das gesellschaftlich verantwortliche Handeln von Unternehmen. Sie ist jedoch keine zertifizierbare Norm wie ISO 9001 oder ISO 14001.

Ökologische Ziele – natürliche Lebensgrundlagen schützen

Das **Vorsorgeprinzip** verpflichtet die Unternehmen zu einer Wirtschaftsweise, die auch den zukünftigen Generationen eine lebenswerte Umwelt und natürliche Lebensgrundlagen garantiert. Durch Formulierung von **Umweltleitlinien** übertragen immer mehr Unternehmen ein Stück Verantwortung für den Erhalt einer lebenswerten Umwelt auf ihre Mitarbeiter.

Beispiel

Wir bei TRIAL
- streben einen vorbildlichen Standard im Umweltschutz an,
- sorgen dafür, dass unsere Produkte über alle Stufen der Produktion bis hin zur Entsorgung umweltverträglich sind,
- bieten unseren Kunden eine umweltorientierte Beratung,
- informieren uns und die Öffentlichkeit umfassend über Umweltschutz.

Aufgrund der strengen Umweltgesetzgebung ist das Auftreten eines Umweltschadens nicht nur ein ökologisches, sondern zugleich ein ökonomisches Risiko für die einzelne Unternehmung. Das ökologische Unternehmensrisiko schließt somit auch ein ökonomisches Risiko mit ein, da wirtschaftliche Sanktionen drohen (z. B. Ordnungsgelder, Stilllegung), wenn ein Umweltschaden auftritt.

Umweltrisiken

Marktverluste durch			Kostener-höhung durch	rechtliche Risiken durch		
Beschädigung des Firmen-images infolge eines Umwelt-skandals	umwelt-belastende Produkte	umweltver-trägliche Innova-tionen der Konkurrenz	Altlastensanie-rung, Umwelt-schutzmaßnah-men, Abgaben	Bußgelder nach Ver-waltungs-recht	Strafen nach Strafrecht	Schaden-ersatz nach Zivilrecht

Umweltmanagement

Vermeidung				Über-wälzung	Öko-Controlling			Selbst-tragung
Optimie-rung von Produk-tionsver-fahren	Umwelt-schutz-aus-gaben	Organi-sation	Öffent-lichkeits-arbeit, Schu-lung	Versi-cherung	Rech-nungsle-gung nach Handels-recht	Umwelt-bericht	Öko-bilanz	Bildung von Rückla-gen und Rückstel-lungen

Das **Umweltmanagement** muss bei jeder Entscheidung folgende Faktoren berücksichtigen:

- umweltbezogene Auflagen und nachträgliche Anordnungen von Behörden,
- umweltbezogene Eigenschaften von Produkten, Einsatzstoffen und Energieträgern,
- Haftungsrisiken bei umweltgefährdender Produktion oder Produkten,
- Druck der Öffentlichkeit und der Nachbarschaft,
- zunehmend umweltbewusstes Nachfrageverhalten der Konsumenten.

Viele Unternehmen unterziehen sich einer freiwilligen Umweltbetriebsprüfung (**Öko-Audit**) und verschaffen sich dadurch Wettbewerbsvorteile auf dem Weltmarkt. Grundlage ist die EU-Ökoaudit-Verordnung Nr. 1221/2009, die in Deutschland im Ökoaudit-Gesetz umgesetzt wurde und sich an **ISO 14000** orientiert.

Schritte auf dem Weg zum Öko-Audit

1. Klare **Festlegung der unternehmerischen Umweltpolitik**. Hier geht es um eine verbindliche Selbstverpflichtung zur Einhaltung aller einschlägigen Umweltvorschriften sowie um die Umsetzung der umweltbezogenen Gesamtziele und Handlungsgrundsätze eines Unternehmens.

2. **Bestandsaufnahme** zur Erfassung des Istzustands.

3. Schaffung eines **Umweltprogramms** und eines Managementsystems. Erstellung eines konkreten Maßnahmenkatalogs zur Optimierung des betrieblichen Umweltschutzes inklusive Zeitplan sowie Schaffung der zur Umsetzung der Maßnahmen geeigneten Organisationsstrukturen.

4. Nachvollziehbare **Dokumentation und Bewertung** zur Erfüllung der Umweltpolitik und des Umweltprogramms des Unternehmens sowie der Bewährung des Umweltmanagementsystems in der Praxis.

5. Festlegung konkreter **Umweltziele** und Anpassung des Umweltprogramms.

6. Formulierung einer öffentlichen **Umwelterklärung**.

Zieldreieck der nachhaltigen Entwicklung – Zielsystem

> **Merke:** Unter **Nachhaltigkeit** wird eine Arbeits- und Lebensweise verstanden, bei der die natürlichen und kulturellen Grundlagen und die Lebensqualität aller Menschen überall auf der Welt in Gegenwart und in Zukunft, also auch für die nachfolgenden Generationen, erhalten bleiben oder verbessert werden.

Jede Generation soll überall auf der Welt eine gute Lebensqualität vorfinden, und diese weiter verbessern. Sie soll ihre Probleme selbst lösen und nicht ihren Kindern aufbürden. Sowohl die weltweite Chancengleichheit innerhalb einer Generation soll angestrebt werden als auch diejenige zwischen den Generationen. Dies setzt eine **gelebte Solidarität**[1], ein Mindestmaß an **sozialem Zusammenhalt** und eine **länderübergreifende Verantwortung** für Mensch und Natur voraus.

Eine nachhaltige Entwicklung verlangt, dass soziale, ökonomische und ökologische Ziele gleichrangig verfolgt werden. Ökologisch begründete Forderungen müssen deren ökonomische und soziale Auswirkungen beachten. Ebenso müssen sich ökonomische Ziele an ihrer ökologischen und sozialen Verträglichkeit messen lassen.

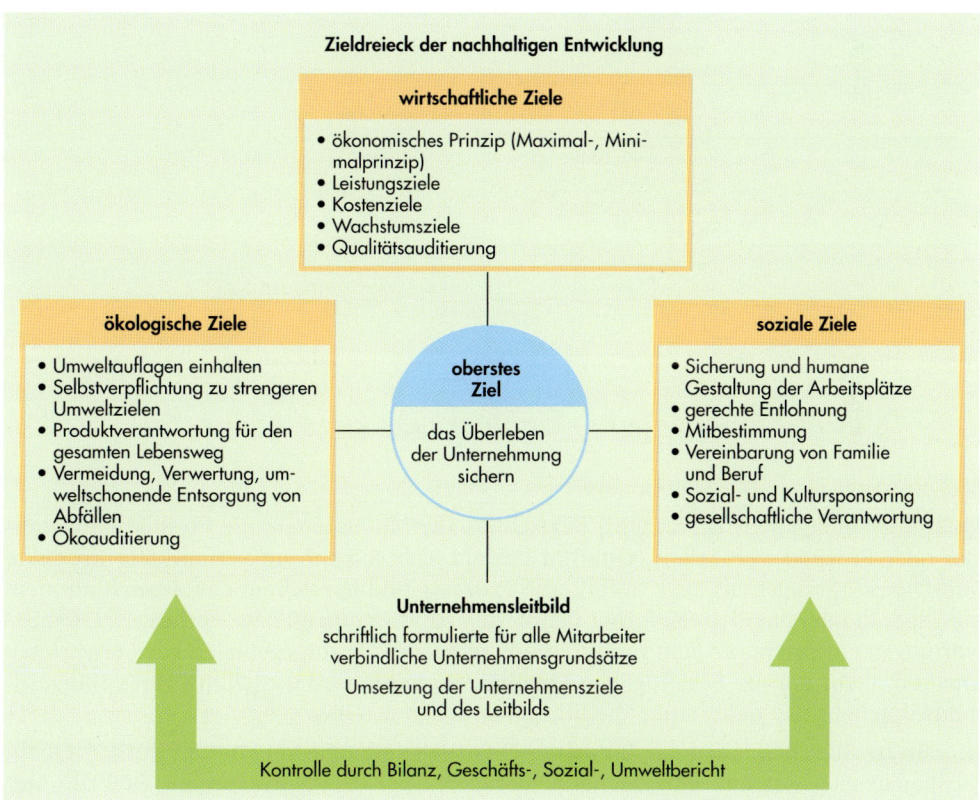

---

[1] **Solidarität** ist wechselseitige Hilfe. Ich helfe anderen, wenn sie Hilfe brauchen, erwarte aber umgekehrt, dass mir geholfen wird, wenn ich selbst Hilfe brauche.

Zielbeziehungen – Harmonie, Konflikt, Hierarchie

Zwischen den Einzelzielen bestehen Zielbeziehungen. Nach ihrer Wirksamkeit werden neutrale (indifferente), komplementäre (harmonische) und konkurrierende (sie erzeugen Zielkonflikte) Ziele unterschieden. Wenn sich Ziele gegenseitig unterstützen, dann besteht zwischen ihnen **Zielharmonie** (z.B. das Ziel „Umsatz steigern" unterstützt das Ziel „Arbeitsplätze sichern"). Wenn sich Ziele gegenseitig gefährden, dann besteht zwischen ihnen ein **Zielkonflikt** (z.B. das Ziel „Umsatz steigern" steht im Widerspruch zu dem Ziel „Umweltemissionen senken"). Wegen möglicher Zielkonflikte werden Ober- und Unterziele festgelegt **(Zielhierarchie)**. Dabei sind untergeordnete Ziele immer gleichzeitig Mittel zur Erreichung der nächsthöheren Ziele. Dem Oberziel „Kosten reduzieren" dient z.B. das Unterziel „Personal abbauen".

Beispiel:

Zielhierarchie und Zielkonflikte

Oberziel		langfristige Gewinnmaximierung
1. Unterziel	Marktanteil um 10 % ausweiten	komplementär
2. Unterziel	Umsatz um 20 % steigern	komplementär
3. Unterziel	Werbeausgaben um 50 % erhöhen	konkurrierend
4. Unterziel	Personal um 10 % aufstocken	konkurrierend
5. Unterziel	Produktion um 20 % steigern	komplementär / konkurrierend
6. Unterziel	Emissionen um 20 % senken (Umweltziel)	konkurrierend

4.3 Qualitätsmanagement – Qualität geht jeden etwas an

Begriffe Qualität und Qualitätsmanagement

Qualitätsmanagement (kurz: QM) bezeichnet alle Maßnahmen, die Produkte, Leistungen oder Prozesse verbessern. **Qualität** bezieht sich sowohl auf vermarktete Produkte und Dienstleistungen als auch auf interne Prozesse und bezeichnet das Ausmaß, in dem ein Produkt oder ein Prozess vorher definierten Anforderungen bzw. vorausgesetzten Erwartungen entspricht. Es geht nur um die Erreichung der vorgegebenen bzw. erwarteten Qualität, nicht um die bestmögliche Qualität. So kann die Herstellung eines Billigprodukts durchaus den definierten Qualitätsansprüchen genügen.

In nahezu allen Bereichen der Industrie, Dienstleistung und Verwaltung werden Qualitätsmanagementsysteme entsprechend der DIN-EN-ISO-Normenreihe 9000ff. aufgebaut. Rechtlich gesehen ist nur die Normenreihe ISO 9000ff.[1] von allen nationalen

---

[1] Internationale Organisation für Normung – kurz: **ISO** von „International Organization for Standardization". Internationale Vereinigung von Normungsorganisationen, die internationale Normen in allen Bereichen erarbeitet. Über 150 Länder sind in der ISO vertreten. Das Deutsche Institut für Normung e.V. (DIN) ist seit 1951 Mitglied der ISO für die Bundesrepublik Deutschland.

Normungs- und Zertifizierungsgesellschaften in der EU und weltweit anerkannt. Daher sind diese Normen für international tätige Unternehmen von großer Bedeutung, z.B. bei der Produkthaftung.

Kurze Beschreibung der Normenreihe ISO 9000 ff.:

Norm	wesentlicher Inhalt
ISO 9000	**Grundlagen und Begriffe** zum Qualitätsmanagement. Auch der prozessorientierte Ansatz des QM, des nach Edward Deming benannten Demingkreises (engl. auch Deming Cycle bzw. PDCA), wird erklärt.
ISO 9001	**Anforderungen** an ein Qualitätsmanagementsystem. Die acht **Grundsätze des Qualitätsmanagements:** Kundenorientierung, Verantwortlichkeit der Führung, Einbeziehung der beteiligten Personen, prozessorientierter Ansatz, systemorientierter Managementansatz, kontinuierliche Verbesserung, sachbezogener Entscheidungsfindungsansatz, Lieferantenbeziehungen zum gegenseitigen Nutzen
ISO 9004	**Leitfaden für die Wirksamkeit** des Qualitätsmanagementsystems. Dieser enthält Anleitungen zur Ausrichtung eines Unternehmens in Richtung Total-Quality-Management (TQM)

Die konkrete Umsetzung der ISO 9004 folgt dem EFQM-Modell[1]. Es ist keine Norm, sondern ein umfassendes ganzheitliches Qualitätsmanagementsystem. Das EFQM-Modell zielt weniger auf die Erfüllung von Vorgaben, sondern auf die Selbstverantwortung aller Beteiligten in ihrer Bewertung des Erreichten. Zentrales Anliegen des EFQM-Modells ist die stetige Verbesserung mittels Innovation und Lernen in allen Unternehmensteilen und in Zusammenarbeit mit anderen EFQM-Anwendern. Es orientiert sich an den weltbesten Umsetzungen, sodass es für ein Unternehmen nie möglich ist, die Maximalpunktzahl zu erreichen. Grundgedanke ist der **Deming-Kreis**[2] bzw. der **PDCA-Zyklus**.

Der Deming-Kreis (PDCA-Zyklus)

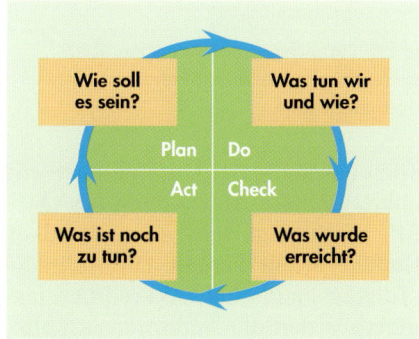

Der PDCA-Zyklus besteht aus den vier Elementen Plan, Do, Check, Act.

Plan meint das Erkennen von Verbesserungsmöglichkeiten durch den Mitarbeiter vor Ort, die Analyse des aktuellen Zustands sowie das Entwickeln eines neuen Konzeptes.

Do bedeutet das Ausprobieren bzw. Testen und praktische Optimieren des Konzeptes mit schnell realisierbaren, einfachen Mitteln an einem einzelnen Arbeitsplatz unter Einbindung des Mitarbeiters vor Ort.

Check meint die Überprüfung des im Kleinen realisierten Konzeptes und seiner Resultate auf Umsetzbarkeit auf breiter Front.

---

[1] **EFQM** = European Foundation for Quality Management, eine gemeinnützige Organisation, die sich für die Verbreitung und Anwendung von Qualitätsmanagementsystemen nach dem EFQM-Modell einsetzt.

[2] Der Begriff **Deming-Kreis** ist nach William Edwards Deming (1900–1993) benannt, einem amerikanischen Physiker und Statistiker, dessen Wirken maßgeblich den heutigen Stellenwert des Qualitätsmanagements beeinflusst hat.

Act bedeutet die Einführung des Prozesses als neuen Standard auf breiter Front. Der neue Standard wird festgeschrieben und regelmäßig auf Einhaltung überprüft (Audits). Im Einzelfall sind hierzu umfangreiche organisatorische Aktivitäten und Investitionen notwendig, z. B. Änderung von Arbeitsplänen, Programmen, Stammdaten, Durchführung von Schulungen, Anpassung der Aufbau- und Ablauforganisation.

Die Verbesserung dieses Standards beginnt wiederum mit der Phase Plan. Der PDCA-Zyklus beschreibt somit die Phasen eines kontinuierlichen Verbesserungsprozesses (KVP). Die ISO 19011 enthält einen Leitfaden für Audits von Qualitätsmanagement- und Umweltmanagementsystemen.

Zertifizierungsprozess – Qualitätsaudit

Ziele und Anforderungen des QM-Systems sollten in einem **QM-Handbuch** dokumentiert werden. Für den **internen** Gebrauch muss dieses QM-Handbuch jedem Mitarbeiter zur Verfügung stehen und ständig aktualisiert werden, insbesondere die Verfahrens-, Arbeits- und Prüfanweisungen. Für **externe** Zwecke ist das QM-Handbuch zur Selbstdarstellung des Unternehmens, zur Kundeninformation und als Werbung nützlich.

Die **Auditierung** ist eine systematische und unabhängige Untersuchung, um festzustellen, ob die qualitätsbezogenen Tätigkeiten und Ergebnisse den geplanten Anordnungen bzw. Anforderungen entsprechen und ob die Anordnungen bzw. Anforderungen geeignet sind, die Ziele zu erreichen.

Ansatzpunkte für Qualitätsaudits	
Funktionen und Strukturen des Unternehmens (Systemaudit)	Alle Bereiche der Organisation werden daraufhin beurteilt, ob sie Qualitätssicherungsmaßnahmen wirksam anwenden. Auch die Qualitätskenntnisse des Personals werden überprüft.
Verfahren (Verfahrens- bzw. Prozessaudit)	Alle Arbeitsabläufe (z. B. zur Bearbeitung eines Auftrags bzw. Fertigung eines Produktes) werden daraufhin beschrieben und untersucht, ob sie Qualitätssicherungsmaßnahmen wirksam berücksichtigen. Das Audit dient unmittelbar zur Schwachstellenanalyse und -beseitigung.
Produkte (Produktaudit)	Versandfertige Produkte werden auf Erfüllung der Anforderungen überprüft, die in technischen Unterlagen, Zeichnungen, Spezifikationen, Normen und gesetzlichen Vorschriften festgelegt sind.

Nach erfolgreichem Abschluss eines **Systemaudits** erhält das auditierte Unternehmen ein **Zertifikat**, mit dem das Vorhandensein, die Wirksamkeit und die Anwendung des QM-Systems entsprechend der Normenreihe ISO 9000ff. bescheinigt wird. Das Zertifikat kann nur durch akkreditierte Zertifizierungsgesellschaften[1] erteilt werden. Die Akkreditierung (Zulassung) wird in Deutschland von der „Trägergemeinschaft Akkreditierung" (TGA) in Frankfurt am Main durchgeführt. Ausgebildet werden die Auditoren in Lehrgängen bei der DGQ (Deutsche Gesellschaft für Qualität e. V.) in Frankfurt am Main.

Die Auditoren prüfen, ob die

- Abläufe im Unternehmen dokumentiert sind (Existenz eines QM-Handbuchs),
- dokumentierten Abläufe normenkonform sind,
- beschriebenen Abläufe auch praktiziert werden.

---

[1] Akkreditierte Zertifizierer sind z. B.: TÜV Cert, DEKRA AG, Landesgewerbeanstalt (LGA) Bayern, VDE-Prüf- und Zertifizierungsinstitut.

Das Zertifikat wird für drei Jahre erteilt. Jährliche Überprüfungen durch die Zertifizierungsgesellschaft stellen sicher, dass nach Erhalt des Gütesiegels auch weiterhin normengerecht gearbeitet wird.

Die Qualitätsauditierung seiner Zulieferer gewinnt für den Industriebetrieb an Bedeutung, wenn er im Just-in-time-Verbund steht. Um Produktionsstörungen niedrig zu halten, muss er sich auf seine Lieferanten verlassen können, da er selbst keine Eingangsprüfung mehr vornimmt und bei Massenwaren nur noch stichprobenweise prüft.

Total-Quality-Management – TQM

Das Total Quality Management (TQM) erweitert die Qualitätsstrategie auf das gesamte Unternehmen.

Das **TQM** ist eine Führungsmethode, die

- die Qualität und die Kundenzufriedenheit in den Mittelpunkt stellt,
- auf die Mitwirkung aller Mitglieder des Unternehmens auf allen Hierarchiestufen setzt,
- auf den langfristigen Geschäftserfolg zielt,
- auf den Nutzen für die Mitglieder des Unternehmens zielt,
- die Forderungen der Gesellschaft erfüllen will.

Grundsätze des Total-Quality-Managements			
Qualitäts- und mitarbeiterorientiertes Managementverhalten Jeder Mitarbeiter muss am Planungs- und Entscheidungsprozess in seinem Aufgabenbereich teilnehmen.			
Kundenorientierung	**Prozessorientierung**	**vorbeugendes Verhalten**	**ständige Verbesserung**
Qualitätsanforderungen und -erwartungen der externen Kunden und internen Kunden (Vorgesetzte und Kollegen) müssen unbedingt erfüllt werden (Kunden-Lieferanten-Beziehungen).	Barrieren zwischen den Abteilungen und Gruppen müssen durch mehr bereichsübergreifende Zusammenarbeit überwunden werden. Jeder trägt zur Ergebnisverbesserung bei.	Fehler sollen erst gar nicht gemacht werden (Null-Fehler-Programm), um Qualitätskosten (im Durchschnitt 20 % des Umsatzes) zu vermeiden.	Jeder Mitarbeiter beteiligt sich aktiv an der ständigen Verbesserung der Qualität. Die Suche nach Verbesserungen ist nie zu Ende. Es gilt, Verschwendungen aufzudecken und auszuschalten.

Total-Quality-Management soll das aufwendige Kontrollieren und Nachbessern von Produkten überflüssig machen. Es geht darum, „die richtigen Dinge gleich beim ersten Mal richtig zu tun". Hierbei setzen immer mehr Unternehmen auf innerbetriebliche **Kunden-Lieferanten-Beziehungen** auf allen Ebenen, um das Qualitätsbewusstsein der Mitarbeiter zu schärfen. Der Leitsatz lautet dabei: „Jeder ist für die Qualität seiner Arbeit selbst verantwortlich!"

Im TQM-Konzept wird die Qualität zur Aufgabe eines jeden an der Wertschöpfung Beteiligten. Der Nutzen liegt klar auf der Hand:

- Das Unternehmen, das dauerhaft **überragende Produkt- und Servicequalität zu wettbewerbsfähigen Preisen** anbietet, besitzt einen klaren Marktvorteil.
- Das Unternehmen, das **zufriedene Kunden** durch Erfüllung tatsächlicher und angenommener Bedürfnisse hat, wird Marktanteile gewinnen.

- Das Unternehmen, das die Qualität seiner Abläufe und Bereiche erfolgreich und kontinuierlich verbessert, wird deutlich **niedrigere Kosten** zur Erreichung der Qualitätsanforderungen haben.

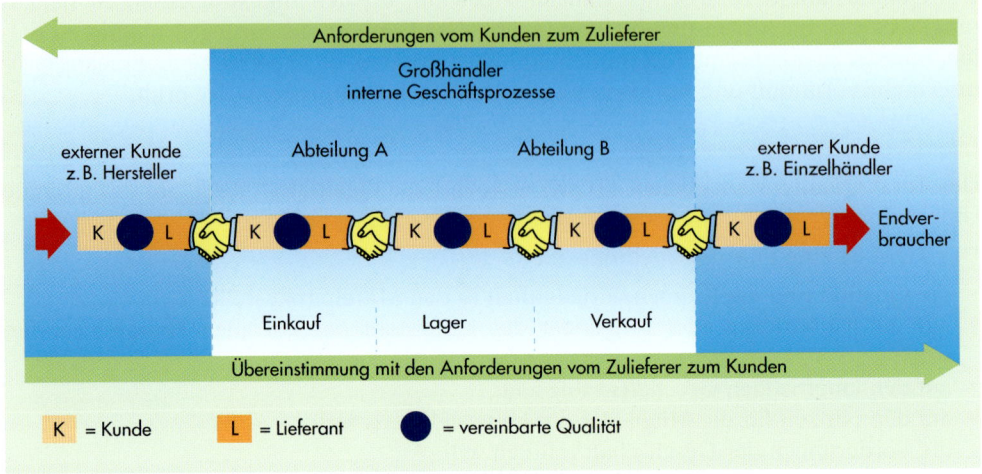

Anforderungen vom Kunden zum Zulieferer
Großhändler
interne Geschäftsprozesse
externer Kunde
z. B. Hersteller
Abteilung A
Abteilung B
externer Kunde
z. B. Einzelhändler
K
L
Endver-
braucher
Einkauf
Lager
Verkauf
Übereinstimmung mit den Anforderungen vom Zulieferer zum Kunden
K = Kunde
L = Lieferant
= vereinbarte Qualität

ZUSAMMENFASSUNG

Unternehmens-
leitbild
Motivation
Identifikation
Image
Orientierung
einheitliche Grundauffassung
Unternehmens-
ziele
Zielinhalte / Zieldreieck
ökonomische
Nach-
haltigkeit
soziale
ökologische
DIN EN 14000 ff.
Aufgaben
Zielbeziehungen
Zielkonflikt
Zielharmonie
Qualitäts-
management
(QM)
Zertifizierung +
Auditierung
Normenreihe
ISO 9000 ff.
Totales Qualitätsmanagement (TQM)
kundenorientiert
mitarbeiterorientiert
prozessorientiert
vorbeugendes Verhalten
ständige Verbesserung

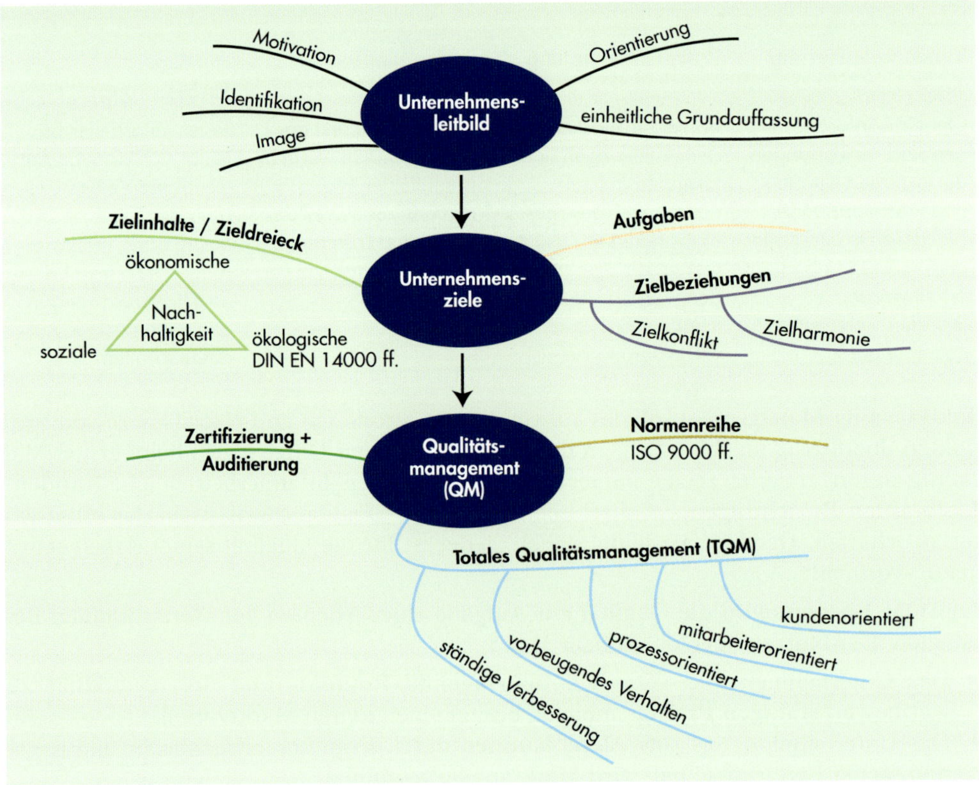

AUFGABEN

1 Schreiben Sie jeden der folgenden Begriffe auf die Kopfzeile eines DIN-A6-Kärtchens:

Unternehmenspolitik, Unternehmungsleitbild (Begriff), Unternehmungsleitbild (Aufgaben), Unternehmensziele (Aufgaben), Zielbestandteile (operationales Ziel), ökonomisches Prinzip, Formalziele, Sachziele, externe Kosten, soziale Ziele (Beispiele), ökologische Ziele (Beispiele), Ökoaudit (Schritte), Nachhaltigkeit (Begriff), Solidarität, Zielbeziehungen (nach der Fristigkeit), Zielharmonie, Zielkonflikt, Qualität (Begriff, Merkmale), Qualitätsmanagement, PDCA-Zyklus (Deming-Kreis), Qualitätsaudit (Begriff, Ansatzpunkte), Qualitätszertifizierung (Prozess), Total-Quality-Management (Grundsätze), Total-Quality-Management (Nutzen)

a) Sortieren Sie die Begriffskärtchen nach den Kriterien „weiß ich" oder „weiß ich nicht".
b) Bilden Sie Kleingruppen mit höchstens drei Mitgliedern. Erklären Sie sich gegenseitig die „Weiß-ich-nicht"-Kärtchen. Schlagen Sie dabei die ungeklärten Begriffe im Schulbuch nach oder nehmen Sie Kontakt zu einer anderen Kleingruppe auf.
c) Schreiben Sie die Begriffserklärungen auf die Rückseite Ihrer Kärtchen und ordnen Sie die Kärtchen unter der Leitkarte „Unternehmensziele und Qualitätsmanagement" alphabetisch in Ihren Lernkartei-Behälter ein.

2

Firmen entdecken ihr Gewissen
Langfristig lohnt sich Corporate Social Responsibility (kurz: CSR)

[...] Mit der Globalisierung wächst auch die Verantwortung der Unternehmen. Sie beeinflussen ökonomische, ökologische und soziale Zustände überall auf der Welt mindestens genauso stark wie die Politik. Internationale Konzerne bauen Fabriken, Straßen, Vertriebsniederlassungen. Auch kleine und mittlere Firmen nehmen Einfluss über Zulieferer und Handel. Doch verantwortliches Handeln der Unternehmen ist kein Selbstzweck. Das erkennen immer mehr Firmenchefs und handeln danach. Auch wenn es sich nicht immer exakt aufs Quartal berechnen lässt, was das Engagement bringt, steht fest, dass die Unternehmen, die verantwortlich wirtschaften, höher angesehen sind, mehr Gewinn erwirtschaften und sogar einen höheren Unternehmenswert herausholen als andere. [...] „CSR ist keine zusätzliche Aktivität zum Kerngeschäft, sondern es geht um die Art, wie das Kerngeschäft betrieben wird", sagt Professor Ulrich Steger vom Institut for International Management Development (IMD) in Lausanne. Es bedeutet, anders als viele Manager meinen, nicht, „Gutes zu tun" und imagefördernd darüber zu reden. Wenn Banken viel für Kultursponsoring tun, im Kreditgeschäft aber Großprojekte fördern, die zu Massenumsiedlung und Naturzerstörung führen, ist das noch kein CSR. Es genügt auch nicht, wenn Handy-Hersteller afrikanischen Kindern helfen, aber zur Mobilfunkproduktion im Urwald das Erz Coltan abbauen und Ökosysteme vernichten. [...] Nur fünf bis zehn Prozent der Unternehmen betreiben CSR, schätzen Experten. Selbst führende Konzerne konzentrieren sich nur auf durch öffentlichen Druck herangetragene Themen, zeigt eine Studie des IMD. Steger stellt fest: „Die Integration von CSR in alle Geschäftsprozesse steht erst am Anfang." [...] Selbst beim Sportartikler Adidas, der Zulieferer mehr als andere zu menschenwürdigen Arbeitsbedingungen drängt, „stimmen Ethikpolitik und tägliche Einkaufspolitik noch kaum überein", urteilt Cornelia Heydenreich von der Nichtregierungsorganisation Germanwatch. Die CSR-Abteilung habe kaum Einfluss darauf, ob Preise fair und Lieferfristen akzeptabel seien. Der CSR-Chef bei Adidas, Frank Henke, bestätigt das. Immerhin kontrolliert er, wie sich die Preise auf die Beschäftigten der Zulieferer auswirken – ein erster Schritt.

(Quelle: Susanne Bergius, in: Handelsblatt, 22.12.2004, S. 2)

a) *Erläutern Sie einige Motive für das soziale Engagement von Unternehmen.*

b) *Weshalb ist das soziale Engagement fragwürdig, wenn es nach dem Motto „Tue Gutes und rede darüber" geschieht?*

c) *Geben Sie Beispiele für Formen des sozialen Engagements von Unternehmen.*

d) *Zeigen Sie an Beispielen, dass zwischen den sozialen Zielen und den ökonomischen Zielen kurzfristige Zielkonflikte bestehen, diese sich langfristig jedoch in Zielharmonien auflösen können.*

e) *Mit der Globalisierung wächst auch die gesellschaftliche Verantwortung der Unternehmen und die Notwendigkeit, nachhaltig zu wirtschaften. Begründen Sie diese Aussage.*

3   *Bilden Sie Teams mit jeweils drei Mitgliedern (Stammgruppen). Schreiben Sie jeden der Begriffe aus Aufgabe 1 auf ein separates Stück Papier und fügen Sie diese Papierkärtchen zu einer sinnvollen Struktur zusammen. Die Struktur kann durch Pfeile, Farben, Symbole, Texte (z. B. Überschriften), Bilder oder weitere Begriffe ergänzt werden.*

4   a) *Stellen Sie das Leitbild Ihres Ausbildungsbetriebes vor.*

b) *Vergleichen Sie die Leitbilder verschiedener Ausbildungsbetriebe. Erstellen Sie hierzu eine Wandzeitung.*

c) *Untersuchen Sie das Leitbild eines bekannten Unternehmens (z. B. Deutsche Telekom, Daimler) darauf hin, ob Anspruch und Wirklichkeit Ihrer Meinung nach zusammenpassen*
   Tipps: *Fordern Sie dazu Geschäftsberichte von Großunternehmen an, gewinnen Sie Informationen mithilfe einer Internet-Suchmaschine oder mithilfe von Meldungen in den Tageszeitungen (z. B. Zeitungsarchiv in einer Bibliothek).*

5
Das Qualitäts-Abc

Qualität muss entwickelt, konstruiert, erzeugt und gelebt werden. Qualität entsteht nicht durch ständige Kontrolle auf allen Ebenen, denn sie kann nicht erprüft werden. **Qualität ersten Grades** ist die technische Qualität, d. h. die Erfüllung der Mindestanforderungen an die Fertigungsverfahren, Produkte und Dienstleistungen im Sinne der Unternehmensziele. **Qualität zweiten Grades** ist die Qualität der **internen Prozesse** (Organisation, Kooperation) und die Qualität der **externen Kontakte** (Kommunikation, Beratung, Betreuung). Durch die Steigerung der internen Prozesse können die Kosten gesenkt werden und schließlich Marktanteile und Gewinne erhöht werden. Durch die Steigerung der externen Kontaktqualität erhöhen sich Reaktionszeiten, Kundennähe, Service und Zuverlässigkeit. Kundenzufriedenheit und Kundenbindung steigen, weitere Aufträge und damit die Steigerung des Marktanteils und des Gewinns sind die Folgen.

Das Kunden-Abc

Der Kunde ist der wichtigste Mitarbeiter des Betriebs. Jeder unzufriedene Kunde spricht mit 8 bis 16 Personen über sein Negativerlebnis. Auf einen Kunden, der unzufrieden ist und reklamiert, kommen 26 weitere Kunden, die schweigen. 91 % der unzufriedenen Kunden erteilen keine Aufträge mehr. Die Kosten, einen neuen Kunden zu werben, sind sechsmal höher als die Kosten zur Betreuung und Erhaltung eines vorhandenen Kunden. 90 % der nach einer Beschwerde zufriedengestellten Kunden bleiben erhalten. Ein zufriedener Kunde erzählt sein positives Erlebnis 4 bis 8 anderen Personen weiter.

a) *Erläutern Sie das Qualitäts- und das Kunden-Abc.*

b) *Weshalb ist der Kunde der wichtigste Mitarbeiter jedes Betriebes?*

c) *Wie kann die Kundenzufriedenheit erhöht werden?*

d) *Erläutern Sie den Prozess der Qualitätszertifizierung und -auditierung.*

6 Betrachten Sie das Schaubild „Was die Unternehmen tun".
   a) Was tun die Unternehmen dafür, dass ihre Mitarbeiter Familie und Beruf miteinander vereinbaren können?
   b) Begründen Sie, dass sich die Familienfreundlichkeit für ein Unternehmen auf lange Sicht auszahlt.

5 Rechtsformen der Unternehmung

PROBLEM

Anna Lurka (Verkaufsleiterin), Katja Müller (Auszubildende) und Thomas Horak unterhalten sich im Pausenraum der TRIAL GmbH. Verteilen Sie die Rollen (Sprecher, Frau Lurka, Herr Horak und Katja) auf vier Mitschüler und spielen Sie das folgende Gespräch nach:

Thomas Horak möchte einen Schnäppchenmarkt für Sportzubehör eröffnen. Ein Vertreter der Firma Puma hat ihn auf diese Geschäftsidee gebracht. Er machte Thomas Horak darauf aufmerksam, dass alle Sportartikelhersteller immer wieder Lagerbestände auflösen und solche Sonderposten günstig an Interessenten verkaufen. Thomas Horak ist zurzeit als Verkäufer bei der Fahrradgroßhandlung TRIAL GmbH tätig. Er trifft sich wieder einmal mit seinen Kolleginnen Anna Lurka und Katja Müller im Frühstücksraum. Es entwickelt sich folgendes Gespräch:

Anna: Na, Herr Horak, wie weit sind Sie mit Ihrer Existenzgründung?
Thomas: Ich hab mich erst mal mit Literatur eingedeckt. Ich kenn mich vor lauter Ratschlägen bald nicht mehr aus.
Anna: Lesen hilft nicht weiter. Sie müssen einfach anfangen.
Katja: Das sagen Sie so einfach. So ein Geschäft kann man nicht einfach so aufmachen. Soviel ich weiß, braucht man einen Gewerbeschein und muss es bei allen möglichen Stellen anmelden.
Thomas: Stimmt. Das Formular für die Gewerbeanmeldung hab ich schon zu Hause. Dann muss ich noch dem Finanzamt Bescheid sagen und vielleicht dem Amtsgericht. Manche Firmen müssen beim dortigen Handelsregister angemeldet werden.
Anna: Wir sind auch im Handelsregister eingetragen.
Katja: Wir sind auch eine Gesellschaft mit beschränkter Haftung.
Thomas: Unser Chef hat sich sicher etwas dabei gedacht. Kann man überhaupt alleine eine GmbH gründen?
Katja: In der Schule habe ich schon mal was von einer Einmann-GmbH gehört — müsste also schon gehen. Auf jeden Fall braucht man für eine GmbH einen notariell beurkundeten Gesellschaftsvertrag.
Anna: Der Notar kostet natürlich! Dann noch die Eintragung ins Handelsregister. Reicht Ihre Erbschaft dann noch, um den ersten Posten Waren zu kaufen? Der Laden muss auch noch eingerichtet werden.
Thomas: Mit meinen 15 000,00 € komme ich nicht allzu weit. In meiner Nachbarschaft steht seit einigen Wochen ein Ladengeschäft leer. Dort sind die Regale noch drin.
Katja: Das ist ja richtig spannend. Auf jeden Fall bin ich Ihr erster Stammkunde. Mit Stammkundenrabatt natürlich.
Anna: Ich lass Sie auch nicht im Stich.

Thomas: Bei so guten Kunden muss der Laden ja laufen. Haben Sie nicht Lust, als Gesellschafter in meiner Firma mitzumachen?

Katja: Dann müssten wir einen Gesellschaftsvertrag aushandeln.

1   *Nehmen Sie zu den Äußerungen Stellung.*

2   *Wägen Sie Vor- und Nachteile einer Gesellschaftsunternehmung gegeneinander ab.*

3   *Welche Punkte sollten in einem Gesellschaftsvertrag geregelt werden? Erstellen Sie eine Checkliste mit den wichtigsten Aspekten.*

SACHDARSTELLUNG

5.1 Handelsrechtliche Grundbegriffe

Natürliche und juristische Personen

In unserer Rechtsordnung können sowohl **natürliche Personen** (das sind Menschen) als auch **juristische Personen** (das sind künstliche Rechtsgebilde) Rechte erhalten oder Pflichten übernehmen.

Juristische Personen entstehen durch die Eintragung in ein öffentliches Register. So werden z. B. Vereine durch Eintragung ins Vereinsregister rechtsfähig, Kapitalgesellschaften wie die Aktiengesellschaft (AG) oder die Gesellschaft mit beschränkter Haftung (GmbH) entstehen durch die Eintragung ins Handelsregister (siehe Kap. Kriterien für die Wahl der Rechtsform).

Juristische Personen handeln durch Organe (z. B. Geschäftsführer, Vorstand), die sich aus natürlichen Personen zusammensetzen müssen.

Begriff des Kaufmanns – Handelsgewerbe erforderlich

Kaufmann ist, wer ein Handelsgewerbe betreibt.

Als **Handelsgewerbe** gilt nach § 1 HGB

* jede selbstständige Geschäftstätigkeit,
* die auf Dauer angelegt ist,
* mit Gewinnabsicht verbunden ist und
* die nach Art und Umfang einen **in kaufmännischer Weise eingerichteten Geschäftsbetrieb** erfordert.

Ob ein in kaufmännischer Weise eingerichteter Geschäftsbetrieb vorliegt, hängt im Einzelfall von der Gesamtbetrachtung verschiedener Merkmale wie Höhe des Umsatzes und des Kapitals, Anzahl der Kunden und Mitarbeiter, Angebotspalette von Waren und Leistungen, Anzahl der Betriebsstätten, Vorhandensein einer kaufmännischen Buchführung oder von Auslandsgeschäften ab.

Entstehung der Kaufmannseigenschaft	
Istkaufmann	Er erlangt seine Kaufmannseigenschaft aufgrund seines in kaufmännischer Weise eingerichteten Geschäftsbetriebs (Kaufmann **kraft Gewerbebetrieb**). Istkaufleute sind auch ohne Eintragung ins Handelsregister Kaufleute.
Kann-kaufmann	Kleingewerbetreibende ohne kaufmännische Einrichtung oder land- und forstwirtschaftliche Betriebe mit kaufmännischer Einrichtung können sich freiwillig ins Handelsregister eintragen lassen (Kaufmann **kraft freiwilliger Eintragung**). Kannkaufleute werden erst durch die Eintragung zu Kaufleuten.

Entstehung der Kaufmannseigenschaft	
Form-kaufmann	Kapitalgesellschaften (z. B. AG, GmbH) erlangen ihre Kaufmannseigenschaft aufgrund ihrer Rechtsform (Kaufmann **kraft Rechtsform**). Sie müssen sich jedoch vorher ins Handelsregister eintragen lassen, damit sie als juristische Person rechtsfähig werden.

Firma – Geschäftsname eines Kaufmanns

Die **Firma** ist der **Geschäftsname eines Kaufmanns**, unter dem er seine Handelsgeschäfte betreibt und seine Unterschriften abgibt (§ 17 HGB).

Die Firma muss zur Kennzeichnung des Kaufmanns geeignet sein und **Unterscheidungskraft** besitzen und darf keine Zusätze enthalten, die eine Täuschung über Art und Umfang des Geschäfts herbeiführen (HGB § 18).

Arten der Firma	
Personenfirma	Namen eines Gesellschafters bzw. mehrerer Gesellschafter, z. B. „Bernd Müller KG"; „Conny Meinrad e. K."
Sachfirma	Unternehmenszweck ist sichtbar, z. B. „Baustoffgroßhandels AG", „Motorenwerke KG", „Im- und Export GmbH"
Fantasiefirma	Zum Beispiel „42 Plus KG"; „BayWatchers AG", „TRIAL GmbH"
Mischfirma	Zum Beispiel „Müller Mobilfunk e. K.", „42 Plus Software KG"

Die Firma muss einen Zusatz enthalten, der die **Rechtsform** angibt (HGB § 19), z. B. Müller **e. K.** („**eingetragener Kaufmann**" bei Einzelunternehmen), Bingo **AG** (**Aktiengesellschaft**), Hard- und Software **KG** (**Kommanditgesellschaft**), TRIAL **GmbH** (**Gesellschaft mit beschränkter Haftung**).

Auf allen **Geschäftsbriefen des Kaufmanns**, die an einen bestimmten Empfänger gerichtet sind, müssen seine Firma, der Rechtsformzusatz, der Ort seiner Handelsniederlassung, das Registergericht und die Nummer, unter der die Firma in das Handelsregister eingetragen ist, angegeben werden (HGB § 37a).

Handelsregister – Verzeichnis aller Kaufleute

Das **Handelsregister** ist ein **öffentliches, elektronisch geführtes Verzeichnis aller Kaufleute**, das von den Amtsgerichten geführt wird (HGB § 8).

Das Handelsregister teilt sich in zwei Abteilungen. Die **Abteilung A** (HRA) ist für Einzelunternehmen und Personengesellschaften zuständig, die **Abteilung B** (HRB) für Kapitalgesellschaften.

Folgende **Tatsachen** werden im Handelsregister eingetragen: Firma, Ort der Niederlassung bzw. Sitz der Gesellschaft, Gegenstand des Unternehmens und Höhe des Kapitals bei Kapitalgesellschaften, Geschäftsinhaber bzw. persönlich haftender Gesellschafter bzw. Vorstand bzw. Geschäftsführer, Prokura, sonstige Rechtsverhältnisse (z. B. Namen und Kapital von Teilhaftern, Beginn der Gesellschaft, Vertretungsregelungen).

Die **Einsicht** ins Handelsregister ist jedem gestattet (HGB § 9). Alle Tatsachen, die im Handelsregister eingetragen und bekannt gemacht worden sind, muss ein Dritter gegen sich gelten lassen (**öffentlicher Glaube** des Handelsregisters). Das gilt auch, wenn die Eintragungen unrichtig sind (HGB § 15).

Beispiel: Auszug aus dem Handelsregister ➔ *Siehe Modellunternehmen Seite 10*

5.2 Kriterien für die Wahl der Rechtsform

Unsere Rechtsordnung ermöglicht den Unternehmen eine Vielzahl von Rechtsformen und überlässt die Entscheidung den Eigentümern (Gründern).

Die Rechtsform der Unternehmen

2,18 Mio	Einzelunternehmen
271 150	OHG, BGB-Gesellschaften
485 250	GmbH
142 060	KG, GmbH & Co KG
7 990	AG, KGaA
5 200	Genossenschaften
6 380	öffentliche Betriebe
26 750	ausländische Rechtsformen
35 940	sonstige
3,17 Mio	Unternehmen insgesamt

Umsatzsteuerpflichtige Unternehmen in Deutschland (2010)

Zahlen gerundet
Quelle: Statistisches Bundesamt

ZAHLENBILDER
227 020   © Bergmoser + Höller Verlag AG

Die **Rechtsform** einer Unternehmung ergibt sich aus der Art und Weise, wie das Eigenkapital aufgebracht wird, wie die Unternehmung geführt und vertreten wird, wie die Haftung für die Verbindlichkeiten der Unternehmung geregelt ist, wie sie kontrolliert wird und wie das Unternehmensergebnis verteilt wird.

Wichtige Entscheidungskriterien für die Wahl der Rechtsform	
Kapitalaufbringung	Das Eigenkapital kann durch eine Person oder mehrere Personen aufgebracht werden. Dazu ist die **Einbringung von Vermögenswerten** (Bar- oder Sachmittel) aus dem privaten Bereich in das Unternehmen notwendig. Als Gegenleistung erhalten die Kapitalgeber Mitsprache- und Kontrollrechte und das Recht auf eine angemessene Gewinnbeteiligung.
Geschäftsführung	Recht, das Unternehmen **im Inneren** zu führen; d. h. Entscheidungen treffen, Maßnahmen planen, durchsetzen und kontrollieren, Mitarbeiter führen, anweisen und kontrollieren, Abläufe organisieren usw. Sind einzelne Personen jeweils alleine zur Geschäftsführung berechtigt, liegt **Einzelgeschäftsführung** vor. Dürfen mehrere Personen über Geschäfte nur gemeinsam beschließen, dann spricht man von einer **Gesamtgeschäftsführung**.
Vertretung	Recht, für die Unternehmung **Willenserklärungen gegenüber Außenstehenden** (z. B. Lieferer, Kunden, Behörden) abzugeben. Sind einzelne Personen jeweils allein vertretungsberechtigt, liegt **Einzelvertretung** vor. Dürfen mehrere Personen die Unternehmung nur gemeinsam vertreten, liegt **Gesamtvertretung** vor.
Haftung	Ausmaß, wie die Gesellschafter **für die Verbindlichkeiten** ihrer Unternehmung einstehen müssen. • **Unbeschränkte Haftung:** Das gesamte Geschäfts- und Privatvermögen eines Gesellschafters haftet.

Wichtige Entscheidungskriterien für die Wahl der Rechtsform	
Haftung	• **Unmittelbare Haftung:** Ein Gesellschafter haftet direkt, d. h., er darf nicht auf seine Mitgesellschafter verweisen. • **Gesamtschuldnerische Haftung:** Jeder einzelne Gesellschafter muss für die gesamten Verbindlichkeiten der Unternehmung einstehen. • **Solidarische Haftung:** Jeder Gesellschafter muss auch für die Verbindlichkeiten einstehen, die ein anderer Gesellschafter eingegangen ist.
Ergebnisverteilung	Vertragliche Abmachungen über die Gewinn- bzw. Verlustverteilung haben Vorrang vor gesetzlichen Regelungen.

Grundsätzlich werden Einzel- und Gesellschaftsunternehmung unterschieden.

Die **Einzelunternehmung** besteht aus einem einzigen Gesellschafter. **Gesellschaftsunternehmen** bestehen i. d. R. aus mehreren Gesellschaftern. Sie können größere Kapitalbeträge aufbringen, die Haftung, Geschäftsführung und Vertretung auf mehrere Personen verteilen (Risiko-, Arbeitsteilung, Entlastung), sodass sich die Entscheidungsqualität, Kapitalkraft und Kreditwürdigkeit gegenüber Einzelunternehmen verbessern. Nachteilig ist, dass der Gewinn (aber auch der Verlust) aufgeteilt werden muss, die Entscheidungsgewalt des einzelnen Gesellschafters eingeschränkt ist und die Entscheidungsfindung komplizierter wird (Mehrheiten sind erforderlich).

Gesellschaftsunternehmen können Personen- oder Kapitalgesellschaften sein.

Wesentliche Unterschiede zwischen Personen- und Kapitalgesellschaften		
Merkmal	**Personengesellschaft**	**Kapitalgesellschaft**
Gesellschafterzahl	relativ gering	relativ hoch
Rechtspersönlichkeit	Gesellschaft ist rechtlich selbstständig (HGB § 124), aber keine juristische Person	Gesellschaft ist eine juristische Person[1], die über ihre Organe handeln kann
Entstehung	mit Abschluss des Gesellschaftsvertrags und Aufnahme der Geschäfte	erst mit Eintragung ins Handelsregister
Mitarbeit der Gesellschafter (Geschäftsführung/Vertretung)	persönliche Mitarbeit mindestens eines Gesellschafters (dieser muss eine natürliche Person, also ein Mensch, sein)	durch Organe (z. B. Geschäftsführer, Aufsichtsrat), die von den Gesellschaftern gewählt werden
Haftung	persönliche unbeschränkte Haftung mindestens eines Gesellschafters (Vollhafter, Komplementär); Gläubiger können sich an jeden einzelnen Vollhafter wenden (**Durchgriffshaftung**)	Die juristische Person haftet mit ihrem Gesellschaftsvermögen; Gläubiger müssen sich an die Organe der juristischen Person wenden (keine Durchgriffshaftung der Gesellschafter)
Mindestkapital, Mindesteinlage	Weder ein Mindestkapital noch eine Mindesteinlage sind vorgeschrieben	Sowohl ein Mindestkapital als auch eine Mindesteinlage sind vorgeschrieben
Beispiele	Gesellschaft bürgerlichen Rechts (GbR), Offene Handelsgesellschaft (OHG), Kommanditgesellschaft (KG)	Gesellschaft mit beschränkter Haftung (GmbH), Aktiengesellschaft (AG)

Keine Rechtsform ist auf Dauer für ein Unternehmen die vorteilhafteste. Nicht nur bei der Unternehmensgründung, sondern bei jeder Änderung der persönlichen, wirtschaftlichen, rechtlichen und steuerlichen Entscheidungsgrundlagen muss die Frage nach der geeigneten Rechtsform von Neuem gestellt werden.

5.3 Einzelunternehmung – e. K.

> **Merke:** Einen Gewerbebetrieb, dessen Eigenkapital von einer Person aufgebracht wird, die das Risiko alleine trägt, bezeichnet man rechtlich als **Einzelunternehmung**.

Kapitalaufbringung und Gründungsvoraussetzungen

Der Unternehmer bringt das Eigenkapital bei der Gründung allein auf, indem er Vermögenswerte (Sach- und Barmittel, Rechte) aus seinem privaten Bereich in die Unternehmung einbringt. Sachmittel können Grundstücke, Fahrzeuge oder Einrichtungsgegenstände sein. Bei den Rechtswerten handelt es sich um Patente oder Wertpapiere.

Die Erhöhung des Eigenkapitals ist bei der Einzelunternehmung durch das Vermögen des Einzelunternehmers begrenzt. Eine Eigenfinanzierung erfolgt in erster Linie im Wege der Selbstfinanzierung, d.h. der Thesaurierung[2] (Wiederanlage) erzielter Gewinne.

Die Gewährung langfristiger Kredite wird häufig davon abhängig gemacht, inwieweit dem Kreditgeber gewisse Mitsprache- und Kontrollrechte eingeräumt werden.

Die **Firma der Einzelunternehmung** kann eine Sach-, Personen-, Fantasie- oder Mischfirma sein. Sie muss den **Zusatz „eingetragener Kaufmann", „eingetragene Kauffrau"** oder eine verständliche Abkürzung dieser Bezeichnung enthalten, z.B. „e. K.", „e. Kfr." [HGB § 19 (1) Nr. 1].

Beispiele: Thomas Horak e. K., Großhandel für Genussmittel und Bürobedarf Wenz e. Kfm, GeBü e. K.

Haftung

Der Einzelunternehmer haftet für die Verbindlichkeiten seiner Unternehmung grundsätzlich **allein, persönlich** und **unbeschränkt**.

Persönliche Haftung bedeutet, dass der Einzelunternehmer auch dann noch haftet, wenn er selbst nichts mehr mit der Unternehmung zu tun hat und ausgeschieden ist. Die Ansprüche der Gläubiger gegen den früheren Inhaber verjähren erst nach fünf Jahren, falls nicht nach den allgemeinen Vorschriften die Verjährung schon früher eintritt (HGB § 26).

Unbeschränkte Haftung heißt, dass der Einzelunternehmer nicht nur mit dem Teil seines Vermögens haftet, den er in den Betrieb eingebracht hat, sondern auch mit seinem gesamten Privatvermögen.

Die persönliche und unbeschränkte Haftung verleihen dem Einzelunternehmer eine gewisse materielle und persönliche Kreditwürdigkeit.

Geschäftsführung und Vertretung

Der Einzelunternehmer ist alleiniger Eigentümer seines Unternehmens und hat daher auch die alleinige Entscheidungsgewalt. Sie umfasst einerseits die **Geschäftsführung**, also das Recht und die Pflicht, das Unternehmen **im Inneren** zu führen, andererseits die

---

1   Siehe hierzu Lernfeld 10 Kap. 5.1 und Lernfeld 1 Kap. 2.2
2   Der Begriff **„thesaurieren"** kommt aus dem griechisch-lateinischen Sprachschatz und bedeutet Geld oder Edelmetalle horten.

Vertretung des Unternehmens **nach außen**, also das Recht, Dritten (Kunden, Lieferanten usw.) gegenüber Willenserklärungen abzugeben. Die Geschicke des Betriebs sind damit unlösbar mit dem persönlichen Schicksal des Unternehmers verbunden.

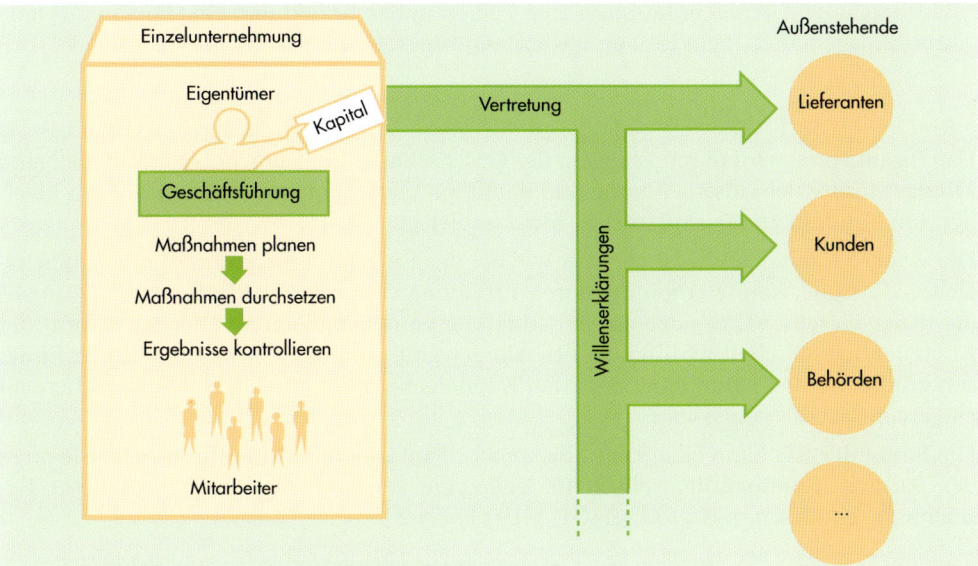

Ergebnisverteilung

Dem Einzelunternehmer steht der Gewinn allein zu. Er hat aber auch den Verlust allein zu tragen. Für Chancen und Risiken ist er allein verantwortlich.

Der Gewinn muss jedoch versteuert werden. **Einkommensteuerpflichtig** ist nicht die Einzelunternehmung, sondern die Person des Einzelunternehmers. Sein Gewinn gehört zu den Einkünften aus Gewerbebetrieb und wird nach Abzug der Sonderausgaben, der außergewöhnlichen Belastungen und Freibeträge (z. B. Kinderfreibetrag) versteuert.

Der Einzelunternehmer stellt seinen Gewinn im Rahmen seines Jahresabschlusses (Bilanz mit Gewinn- und Verlustrechnung) fest. Eine Vergütung für die Mitarbeit in seinem Betrieb **(Unternehmerlohn)** ist ebenso wenig als Betriebsausgabe abzugsfähig wie die Bildung einer Pensionsrückstellung für seine eigene Altersversorgung. Da die Einzelunternehmung nicht rechtsfähig ist, können entstandene Verluste mit anderen positiven Einkünften (z. B. aus Kapitalvermögen oder Vermietung und Verpachtung) verrechnet werden.

Vor- und Nachteile der Einzelunternehmung

Vorteile	Nachteile
• freie Entfaltungsmöglichkeiten • alleinige Entscheidungsbefugnis • schnelle Entscheidungen • keine Aufteilung des Gewinns	• begrenzte Kapitalbasis • Gefahr von Fehlentscheidungen wegen mangelndem Fachwissen • alleiniges Verlustrisiko • Schicksal des Unternehmens ist unlösbar mit der Person des Eigentümers verbunden • unbeschränkte Haftung

5.4 Kommanditgesellschaft – KG

Merke: Wird das Eigenkapital einer Unternehmung von zwei oder mehreren Personen aufgebracht, von denen mindestens eine Person unbeschränkt und eine Person nur mit ihrer Einlage haftet, dann liegt eine **Kommanditgesellschaft** (KG) vor (HGB § 161).

Kapitalaufbringung und Firma

Das Eigenkapital wird durch Einlagen der Gesellschafter aufgebracht. Alle Teilhaber sind **Miteigentümer** der Unternehmung und damit am tatsächlichen Betriebsvermögen beteiligt. Ein Mindestkapital ist gesetzlich nicht festgelegt.

Die weitere Kapitalzufuhr ist geregelt wie bei der Einzelunternehmung: Einbehalten erzielter Gewinne, Kapitalerhöhung durch Erhöhung vorhandener Einlagen oder Aufnahme neuer Gesellschafter oder durch Aufnahme von Fremdkapital. Die Rechtsform der Kommanditgesellschaft wird häufig deshalb gewählt, weil das Eigenkapital durch Einlagen erhöht werden kann, ohne dass den Kapitalgebern ein erhebliches Mitspracherecht eingeräumt werden muss.

Die **Firma der KG** kann eine Sach-, Personen-, Fantasie- oder Mischfirma sein. Sie muss den **Zusatz „Kommanditgesellschaft"** oder eine verständliche Abkürzung dieser Bezeichnung enthalten, z. B. „KG" [HGB § 19 (1) Nr. 3].

Beispiele: Karl Wenz KG, Großhandel für Genussmittel und Bürobedarf Wenz KG, GeBü KG

Haftung

Für die Verbindlichkeiten haften die Gesellschafter in unterschiedlichem Umfang. **Komplementäre** (Vollhafter) haften unbeschränkt, die **Kommanditisten** (Teilhafter) haften nur mit ihrer **Kommanditeinlage**. Die Höhe der Kommanditeinlage wird im Handelsregister (beim Amtsgericht) eingetragen. Solange der Kommanditist seine eingetragene Einlage nicht voll geleistet hat, haftet auch er mit seinem Privatvermögen für den ausstehenden Betrag. Die ausstehende Einlage des Kommanditisten ist in der Bilanz zu aktivieren, da im Eigenkapital das gesamte einzubringende Kommanditkapital auszuweisen ist.

Jeder Komplementär haftet **unbeschränkt, gesamtschuldnerisch** (solidarisch) und **unmittelbar** (direkt). **Gesamtschuldnerisch** heißt, dass ein Gläubiger sich mit dem gesamten zu zahlenden Betrag an ihn wenden kann; der Komplementär kann nicht einwenden, dass er nur z. B. zur Hälfte an der KG beteiligt sei und daher auch nur für die Hälfte der Schulden einzustehen habe. Jeder Vollhafter muss für die gesamten Schulden der Unternehmung geradestehen und kann vom Gläubiger nicht verlangen, auch die anderen Gesellschafter zu verklagen, wenn er selbst verklagt wird **(solidarische Haftung)**. **Unmittelbare Haftung** bedeutet, dass der Komplementär einen Gläubiger nicht an seine Mitgesellschafter verweisen darf. Auch die Kommanditisten haften bis zur Höhe ihrer Einlage unmittelbar, wenn sie ihre Einlage noch nicht voll geleistet haben oder diese noch nicht im Handelsregister eingetragen ist (HGB § 171).

Merke: Bis zur Eintragung der KG ins Handelsregister haften alle Gesellschafter (auch die Kommanditisten) persönlich (also unbeschränkt, gesamtschuldnerisch und unmittelbar). Die Haftungsbeschränkung des Kommanditisten auf seine Kommanditeinlage (Kommanditkapital) gilt erst ab dem Tag der Eintragung.

Ausscheidende Gesellschafter haften noch fünf Jahre für die Verbindlichkeiten, die bei ihrem Ausscheiden vorhanden waren (bei Teilhafter auf die Einlage begrenzt).

Geschäftsführung und Vertretung

Zur Geschäftsführung sind nur die Komplementäre berechtigt und verpflichtet, und zwar jeder allein **(Einzelgeschäftsführung)**. Die Befugnisse erstrecken sich auf alle Handlungen, die der **gewöhnliche Betrieb** des Handelsgewerbes der Gesellschaft mit sich bringt (HGB § 116). **Außergewöhnliche Handlungen** (z. B. Bestellung eines Prokuristen, Auflösung der Unternehmung, Aufnahme eines neuen Gesellschafters) bedürfen der Zustimmung aller Vollhafter (Gesellschafterbeschluss). Die Kommanditisten sind von der Geschäftsführung ausgeschlossen. Sie können nur bei außergewöhnlichen Handlungen der Vollhafter widersprechen (HGB § 164).

Nach außen wird die KG durch ihre Komplementäre vertreten. Jeder Vollhafter hat **Einzelvertretungsmacht** für alle gerichtlichen und außergerichtlichen Geschäfte. Eine Beschränkung der Vertretungsmacht ist Dritten gegenüber unwirksam (HGB §§ 125, 126), wenn sie nicht im Handelsregister eingetragen ist. Die Kommanditisten haben keine Vertretungsmacht (HGB § 170).

Ergebnisverteilung

Ist im Gesellschaftsvertrag nichts anderes vereinbart, erhalten alle Gesellschafter zunächst eine Verzinsung von 4 % auf ihren tatsächlich erbrachten Kapitalanteil. Übersteigt der Gewinn diesen Betrag, dann ist der Rest in einem **angemessenen** Verhältnis zu verteilen (HGB § 168).

Verluste sind auf die Gesellschafter in einem angemessenen Verhältnis zu verteilen. An einem Verlust ist der Kommanditist nur bis zum Betrag seines Kapitalanteils und seiner noch ausstehenden Einlage beteiligt (HGB § 167).

Eine Tätigkeitsvergütung (Unternehmerlohn) für die Vollhafter kann nicht als Betriebsausgabe gewinnmindernd abgesetzt werden. Einkommensteuer wird von der KG nicht abgeführt, da sie nicht rechtsfähig ist. Die Gesellschafter müssen ihre Gewinnanteile selbst bei ihrer persönlichen Einkommensteuererklärung als Einkünfte aus Gewerbebetrieb angeben (siehe Einzelunternehmung).

Beispiel: Die Gewinnverteilung bei der Wenz KG ist im Gesellschaftsvertrag wie folgt festgeschrieben: „Vorab erfolgt eine Kapitalverzinsung von 5 % pro Jahr. Jeder Komplementär erhält darüber hinaus eine jährliche Vergütung von 40 000,00 €. Der Restgewinn ist auf die Gesellschafter im Verhältnis der Kapitalanteile zu verteilen." Der Gesamtgewinn beträgt in diesem Jahr 145 000,00 €.

Gesellschafter	Kapital-anteil	5-%-Verzin-sung	Tätigkeits-vergütung	Restgewinn		Gesamt-gewinn
Wenz jun. (Komplementär)	200 000 €	10 000 €	40 000 €	4	60 000 €	110 000 €
Ute Menzel (Kommanditistin)	50 000 €	2 500 €	–	1	15 000 €	17 500 €
Kurt Flaig (Kommanditist)	50 000 €	2 500 €	–	1	15 000 €	17 500 €
Summen	300 000 €	15 000 €	40 000 €	6	90 000 €	145 000 €

$$\begin{aligned} 145\,000\ € \\ -\ \underline{55\,000\ €} \\ =\ 90\,000\ € \end{aligned}$$

Gründe für die Errichtung einer KG

aus der Sicht der Komplementäre	aus der Sicht der Kommanditisten
• Erweiterung der Kapitalbasis • keine Zins- und Tilgungsverpflichtung • keine Einschränkung der Rechte der Geschäftsführung und Vertretung	• beschränkte Haftung • persönliches Interesse (Förderung des Familienbetriebs usw.) • ggf. höhere Rendite als bei Bankguthaben

5.5 Gesellschaft mit beschränkter Haftung – GmbH

Merke: Wird das Eigenkapital einer Unternehmung durch einen oder mehrere Gesellschafter aufgebracht, von denen keiner persönlich haftet, und hat die Gesellschaft eine eigene Rechtspersönlichkeit, dann liegt eine **Gesellschaft mit beschränkter Haftung (GmbH)** vor.

Kapitalaufbringung und Gründungsvoraussetzungen

Das Eigenkapital der GmbH wird dadurch aufgebracht, dass die Gesellschafter ihre im notariellen Gesellschaftsvertrag vereinbarten **Stammeinlagen** einbringen. Jeder Gesellschafter kann bei der Gründung nur eine Stammeinlage übernehmen, diese bestimmt seinen **Geschäftsanteil**. Die Stammeinlage jedes Gesellschafters muss mindestens 1,00 € betragen und kann bei den Gesellschaftern unterschiedlich hoch sein (GmbHG § 5). Bei der Einpersonen-GmbH wird das **Stammkapital von mindestens 25 000,00 €** nur von einer Person eingebracht. In der Bilanz wird das Stammkapital als **„gezeichnetes Kapital"** ausgewiesen. Es stellt die Summe aller Geschäftsanteile dar.

Der Geschäftsanteil ist veräußerlich. Zur Abtretung bedarf es jedoch eines in notarieller Form geschlossenen Vertrags.

Der Gesellschaftsvertrag in notarieller Form **(Satzung)** kann bestimmen, dass die Gesellschafter im Bedarfsfall (z. B. Verlustsituation) über ihre Stammeinlage hinaus noch weitere Einzahlungen (Nachschüsse) zu leisten haben (GmbHG § 26).

Die **Firma der GmbH** kann eine Sach-, Personen-, Fantasie- oder Mischfirma sein. Sie muss den **Zusatz „Gesellschaft mit beschränkter Haftung"** oder eine verständliche Abkürzung dieser Bezeichnung enthalten, z. B. „GmbH", „mbH" (GmbHG § 4).

Beispiele: TRIAL GmbH, Großhandel für Genussmittel und Bürobedarf Wenz GmbH, GeBü GmbH

Haftung für die Schulden der GmbH

Sind **vor der Eintragung** ins Handelsregister Geschäfte im Namen der GmbH vorgenommen worden, dann haften die Handelnden persönlich und solidarisch (GmbHG § 11). **Nach der Eintragung** gibt es **keine Durchgriffshaftung** mehr, die den Zugriff der Gläubiger auf das Vermögen der Gesellschafter ermöglichen würde.

Für Verbindlichkeiten der GmbH haftet den Gläubigern der Gesellschaft nur das **Gesellschaftsvermögen** (GmbHG § 13). Die GmbH als juristische Person wird strikt getrennt vom Vermögen ihrer Gesellschafter, die nur mit ihrer Einlage haften (Trennungsprinzip).

Geschäftsführung und Vertretung der GmbH

Im Gegensatz zu einer natürlichen Person ist die GmbH als juristische Person nicht in der Lage, selbst zu handeln. Sie kann nur über ihre gesetzlich dafür vorgesehenen **Organe** Willenserklärungen abgeben.

Im Gegensatz zu Personengesellschaften arbeiten die Gesellschafter einer Kapitalgesellschaft nicht selbst im Unternehmen mit. Ihre Aufgabe ist die Einzahlung ihrer Stammeinlage und die Mitwirkung an Beschlüssen der Gesellschafterversammlung. Im Einzelnen beschließt die **Gesellschafterversammlung** über folgende Sachverhalte (GmbHG § 46):

- Feststellung des Jahresabschlusses und Beschluss über die Gewinnverwendung,
- Einforderung von Einzahlungen auf die Stammeinlagen,
- Rückzahlung von Nachschüssen (diese sind im Verlustfall von den Gesellschaftern zu leisten),
- Teilung sowie Einziehung von Geschäftsanteilen,
- Bestellung, Überwachung und Abberufung der Geschäftsführer sowie deren Entlastung,
- Bestellung von Prokuristen und Gesamtbevollmächtigten,
- Geltendmachung von Ersatzansprüchen gegen Geschäftsführer oder Gesellschafter sowie Vertretung der Gesellschaft in Prozessen gegen die Geschäftsführer.

Beschlüsse werden in der Gesellschafterversammlung mit der Mehrheit der abgegebenen Stimmen gefasst. Dabei gewährt jeder € eines Geschäftsanteils eine Stimme (GmbHG § 47).

Die **Geschäftsführer** (sie müssen nicht Gesellschafter sein) führen die Geschäfte nach innen und vertreten die Gesellschaft gerichtlich und außergerichtlich nach außen. Jede Willenserklärung und Zeichnung muss durch sämtliche Geschäftsführer erfolgen (**Gesamtgeschäftsführung und Gesamtvertretung**, GmbHG § 35). Aus der Erfordernis der einheitlichen Willensbildung ergibt sich eine solidarische Verantwortlichkeit jedes einzelnen Geschäftsführers für die Geschäftsführung im Ganzen; auch wenn wegen der Größe des Geschäftsbetriebes die Geschäfte unter den Geschäftsführern aufgeteilt werden. Im Innenverhältnis kann die Geschäftsführungs- und Vertretungsmacht durch Gesellschafterbeschluss auf gewisse Arten von Geschäften oder zeitlich beschränkt werden. Gegen dritte Personen, also im Außenverhältnis, haben solche Beschränkungen keine rechtliche Wirkung (GmbHG § 37).

Die Bestellung des Geschäftsführers kann durch Gesellschafterbeschluss jederzeit widerrufen werden, es sei denn, der Gesellschaftsvertrag schreibt bestimmte Widerrufsgründe vor (GmbHG § 38).

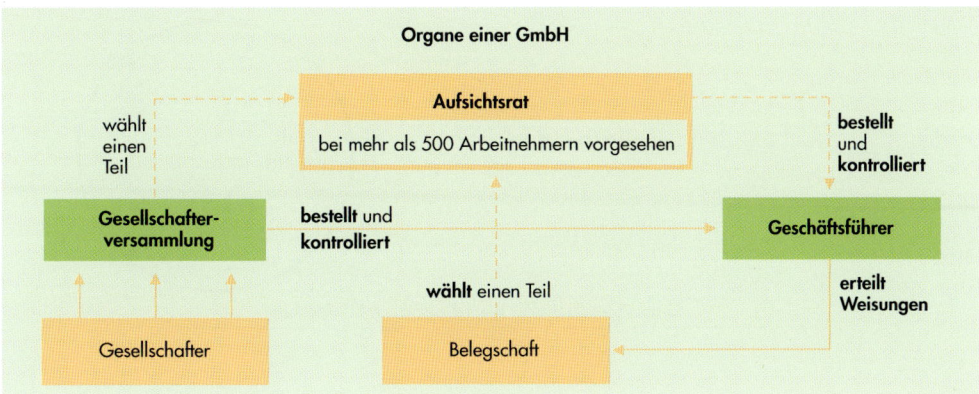

463

Ergebnisverteilung

Die Gesellschafter haben Anspruch auf den Jahresüberschuss (Gewinn vor der Verteilung) im **Verhältnis ihrer Geschäftsanteile** [GmbHG § 29 (3)]. In der Satzung kann ein anderer Maßstab festgelegt werden. Die Verlustbeteiligung ist analog geregelt. Die Entscheidung über die Gewinnverwendung (Ausschüttung oder Einbehaltung) obliegt der Gesellschafterversammlung.

Beispiel: Der Jahresüberschuss der TRIAL GmbH beträgt 200 000,00 €. Davon werden 50 000,00 € für Investitionen einbehalten; der Rest wird gemäß Satzung im Verhältnis der Kapitalanteile unter den drei Gesellschaftern verteilt.

Gesellschafter	Kapitalanteil	Schlüssel	Gewinn	
Gasch	300 000,00 €	3	75 000,00 €	· 3
Bundschuh	200 000,00 €	2	50 000,00 €	· 2
Knötig	100 000,00 €	1	25 000,00 €	· 1
Summen	600 000,00 €	6 ≙	150 000,00 €	
		1 ≙	25 000,00 €	

Die **Vergütung** der Geschäftsführer mindert als Betriebsausgaben den steuerpflichtigen Gewinn der GmbH. Allerdings sind unangemessen hohe Vergütungen als verdeckte Gewinnausschüttung steuerpflichtig.

GmbH & Co. KG – die Unternehmensform des Mittelstands

Die GmbH & Co. KG ist eine **Personengesellschaft** in der Rechtsform der KG, deren einzige persönlich haftende Gesellschafterin eine GmbH (Kapitalgesellschaft) ist. Die Gesellschafter der GmbH und die Kommanditisten der KG können dieselben Personen sein **(typische GmbH & Co. KG)**. Bei der **atypischen GmbH & Co. KG** sind die Kommanditisten und die GmbH-Gesellschafter nicht identisch.

Die GmbH & Co. KG entsteht durch einen formlosen Gesellschaftsvertrag zwischen einer **bereits bestehenden** (und im Handelsregister eingetragenen) **GmbH** und den Kommanditisten. Die Geschäftsführung und Vertretung der GmbH & Co. KG wird regelmäßig der Komplementär-GmbH übertragen, die ihrerseits durch ihre Geschäftsführer handelt.

Beispiel für den Aufbau einer typischen GmbH & Co. KG:

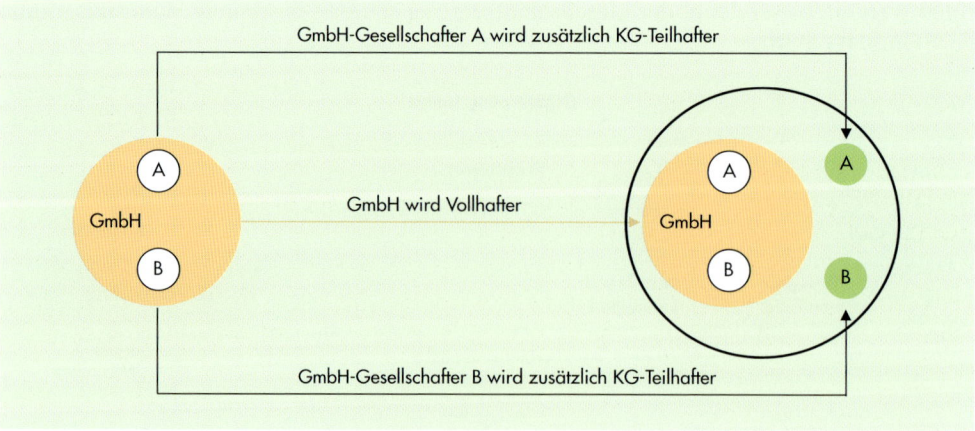

Die GmbH & Co. KG ist mit zahlreichen **Vorteilen** verbunden:

- Haftungsbeschränkung auf Kapitaleinlagen,
- Unternehmen wird losgelöst vom Schicksal des Unternehmers (die GmbH ist „unsterblich"), eine Einpersonen-GmbH & Co. KG ist möglich,
- Lösung von Nachfolgeproblemen durch fremdes Management,
- großer Spielraum für finanzielle Umschichtungen (Privateinlagen/-entnahmen).

Hauptnachteil der GmbH & Co. KG ist das steuerliche Abzugsverbot für Tätigkeits- und Sondervergütungen an die Gesellschafter, die ja nur noch Kommanditisten sind. Als Geschäftsführer der GmbH (das können dieselben Personen sein) erhalten sie eine angemessene Vergütung (jährlich 10 bis 20 % des Eigenkapitals).

EXKURS

Unternehmergesellschaft (haftungsbeschränkt)

Die Unternehmergesellschaft (haftungsbeschränkt) oder kurz UG (haftungsbeschränkt) ist eine Kapitalgesellschaft und kann mit einem *Mindeststartkapital von 1,00 €* gegründet werden (GmbHG § 5a). Sie wird deshalb auch als Mini-GmbH oder Ein-Euro-GmbH bezeichnet. Die Anmeldung zum Handelsregister (Abteilung B) kann erst erfolgen, wenn das *Stammkapital bar eingezahlt* ist. Sacheinlagen sind ausgeschlossen. In der Bilanz ist eine *gesetzliche Rücklage* zu bilden, in die *ein Viertel des Jahresüberschusses* einzustellen ist. Die Rücklagepflicht endet erst, wenn ein Kapitalerhöhungsbeschluss auf 25 000,00 € vorgenommen und dieser im Handelsregister eingetragen wird. Die UG kann dann entscheiden, ob sie an der Bezeichnung UG festhält oder ob sie zur GmbH umfirmiert. Eine Umwandlung von der GmbH zur UG ist nicht möglich.

Limited (Ltd.) – Private Company Limited by Shares

Die Limited ist eine Kapitalgesellschaft, deren Haftungskapital auf ein britisches Pfund (zz. rund 1,20 €) begrenzt werden kann. Die Gründung der Ltd. erfolgt am Registersitz in Großbritannien ohne Notar innerhalb 24 Stunden durch mindestens zwei Personen, dem Director (Geschäftsführer) und dem Secretary (Schriftführer). Der Secretary ist die Kontaktperson für die britischen Behörden. Eine Ltd. mit Geschäftssitz in Deutschland muss in das deutsche Handelsregister eingetragen werden und Körperschaftsteuer nach deutschem Recht abführen.

Europa GmbH bzw. Europäische Privatgesellschaft (EPG)

Viele kleine und mittlere Unternehmen haben ein Problem, im Ausland Tochtergesellschaften zu gründen, da jeder EU-Mitgliedstaat andere Rechtsformen und Vorschriften kennt. Die geplanten Vorschriften zur Europa GmbH bzw. Europäischen Privatgesellschaft (EPG bzw. SPE = Societas Privata Europaea) sollen europaweit einheitlich sein. Das spart Zeit, Gründungs-, Beratungs- und Verwaltungskosten. Das Mindestkapital der EPG soll **einen Euro** betragen, wenn die Gesellschafter nachweislich zahlungskräftig sind. Anderenfalls ist ein Mindestkapital von **8 000,00 €** notwendig.

ZUSAMMENFASSUNG

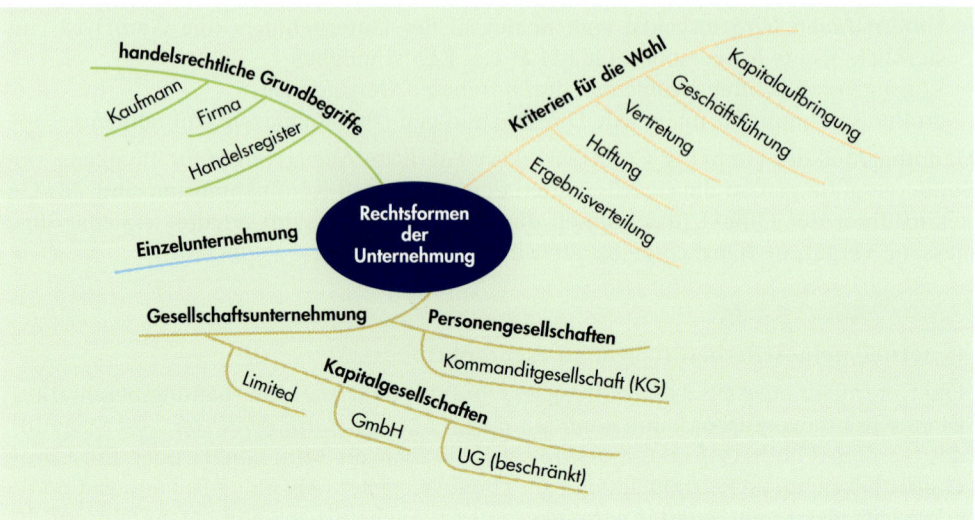

AUFGABEN

1 Schreiben Sie jeden der folgenden Begriffe auf die Kopfzeile eines DIN-A6-Kärtchens:

> juristische Person, Handelsgewerbe (Begriff), Kaufmann (Begriff), Kaufmannseigenschaft (Entstehung), Firma (Begriff), Firma (Arten), Handelsregister, öffentlicher Glaube, Geschäftsführung, Gesamtgeschäftsführung, Einzelgeschäftsführung, Vertretung, unbeschränkte Haftung, gesamtschuldnerische Haftung, solidarische Haftung, unmittelbare Haftung, Personengesellschaft, Kapitalgesellschaft, Durchgriffshaftung, Einzelunternehmung (Begriff), Kommanditgesellschaft (Begriff), GmbH (Begriff), typische GmbH & Co. KG, UG (haftungsbeschränkt).

Sortieren Sie die Begriffskärtchen nach den Kriterien „weiß ich" oder „weiß ich nicht".

Bilden Sie Kleingruppen mit höchstens drei Mitgliedern. Erklären Sie sich gegenseitig die „Weiß-ich-nicht"-Kärtchen. Schlagen Sie dabei die ungeklärten Begriffe im Schulbuch nach oder nehmen Sie Kontakt zu einer anderen Kleingruppe auf.

Schreiben Sie die Begriffserklärungen auf die Rückseite Ihrer Kärtchen und ordnen Sie die Kärtchen unter der Leitkarte „Rechtsformen der Unternehmung" alphabetisch in Ihren Lernkartei-Behälter ein.

2 Bilden Sie Teams mit jeweils drei Mitgliedern (Stammgruppen). Schreiben Sie jeden der Begriffe aus Aufgabe 1 auf ein extra Stück Papier und fügen Sie diese Papierkärtchen zu einer sinnvollen Struktur zusammen. Die Struktur kann durch Pfeile, Farben, Symbole, Texte (z. B. Überschriften), Bilder oder weitere Begriffe ergänzt werden.

3 Begründen Sie, welche Kaufmannseigenschaft in den folgenden Fällen jeweils vorliegt:
   a) Kraftfahrzeug-Zubehör-Großhandel Bucher
   b) Sportboutique Hanna Braun (Hanna Braun führt den Laden alleine)
   c) Gasthof „Zur goldenen Ente" (10 Gästezimmer, 2 Köche, 4 Küchenhilfen)
   d) Im- und Exporthandelsgesellschaft mbH
   e) Landwirtschaftlicher Großbetrieb
   f) Eva Bauer, gelernte Kauffrau im Groß- und Außenhandel
   g) Rechtsanwaltspraxis Dr. Bruno Ortmann

h) *Malerbetrieb Hans Reiber*
i) *Christines Partyservice*
j) *DIP Diskrete Individuelle Partnervermittlung GmbH*

4 *Betrachten Sie das Schaubild im Kap. Kriterien für die Wahl der Rechtsform.*
   a) *Suchen Sie nach Gründen, weshalb die Einzelunternehmung die bevorzugte Rechtsform der Unternehmen ist.*
   b) *Weshalb haben viele Unternehmen die Rechtsform der GmbH?*
   c) *Vergleichen Sie anhand wesentlicher Merkmale die Personen- mit den Kapitalgesellschaften.*
   d) *Stellen Sie in einer Tabelle die Rechtsformen e. K., KG und GmbH einander gegenüber. Unterscheiden Sie dabei folgende Merkmale: Begriff, Firma, Kapitalaufbringung, Haftung, gesetzliche Geschäftsführung, gesetzliche Vertretung, gesetzliche Ergebnisverteilung.*

5 *Herr Czech, Herr Fleig und Frau Frisch sind Gesellschafter der Czech KG.*

   Auszug aus dem Gesellschaftsvertrag:

   ### Gesellschaftsvertrag
   #### Einlagen der Gesellschafter

   Die Gesellschafter verpflichten sich, folgende Einlagen zu leisten:

Thomas Czech:	200 000,00 € (Vollhafter)
Jens Fleig:	200 000,00 € (Kommanditist)
Ute Frisch:	200 000,00 € (Kommanditistin)

   ...

   #### Ergebnisverteilung

   Für die Geschäftsführung erhält jeder Komplementär vom erzielten Reingewinn vorweg eine Vergütung von 60 000,00 €. Überschreitet der Gesamtgewinn die Mindestverzinsung von 10 %, so ist der Rest im Verhältnis 3 : 2 : 2 zu verteilen.

   a) *Im abgelaufenen Geschäftsjahr betrug der Reingewinn 400 000,00 €. Führen Sie die Gewinnverteilung durch.*
   b) *Warum beansprucht der Vollhafter Thomas Czech einen Großteil des Reingewinns für sich?*
   c) *Ein Lieferant fordert Thomas Czech auf, eine Verbindlichkeit von 100 000,00 € zu begleichen. Herr Czech verweist den Gläubiger auf seine Mitgesellschafter mit dem Hinweis, er müsse nur ein Drittel der Schuld bezahlen, da er ja auch nur mit einem Drittel an der Gesellschaft beteiligt sei. Nehmen Sie zu dieser Ansicht Stellung.*
   d) *Thomas Czech bestellt eine Maschine für 100 000,00 €. Darf er dieses Geschäft ohne Mitwirkung der Kommanditisten abschließen? Begründen Sie Ihre Antwort. Ist die Bestellung rechtswirksam?*
   e) *Angenommen, die Maschine wäre trotzdem geliefert worden. Der Hersteller der Maschine verlangt vom Kommanditisten Jens Fleig die Zahlung der Rechnung. Erläutern Sie die Rechtslage.*

6 *Gerhard Maier hat gerade seine kaufmännische Ausbildung als Kaufmann im Groß- und Außenhandel abgeschlossen. Er beabsichtigt, ein Großhandelsgeschäft für Sport- und Freizeitbedarf zu eröffnen. Als Mitgesellschafter kämen sein Bruder Stefan und seine Freundin Anja Huber infrage.*
   a) *Stellen Sie die Vor- und Nachteile einer Einzelunternehmung einander gegenüber.*
   b) *Gerhard Maier entscheidet sich für eine Gesellschaftsunternehmung in der Rechtsform der KG. Er möchte das Großhandelsgeschäft zusammen mit seiner Freundin führen. Jeder*

geschäftsführende Gesellschafter soll eine Vorabvergütung (vom Gewinn) in Höhe von 20 000,00 € pro Jahr erhalten. Gerhard Maier bringt ein Grundstück im Wert von 40 000,00 € ein, seine Freundin Anja Huber beteiligt sich mit 10 000,00 €. Sein Bruder Stefan will seinen Beruf als Werbedesigner weiter ausüben und beteiligt sich mit 100 000,00 €. Im Gesellschaftsvertrag soll festgelegt werden, dass Gerhard und Anja Einkäufe nur zusammen tätigen dürfen, wenn diese den Wert von 20 000,00 € übersteigen.

Machen Sie Vorschläge für den Geschäftsnamen der Unternehmung und setzen Sie einen Gesellschaftsvertrag auf.

Tipp: Orientieren Sie sich am Gesellschaftsvertrag der TRIAL GmbH auf Seite 11.

c) Am 20. März war die Geschäftseröffnung. Der Umsatz konnte sich sehen lassen. Am 30. März erfolgte die Handelsregistereintragung. Diese wird noch am selben Tag in der Tageszeitung bekannt gemacht.
An welchem Tag hat das Großhandelsgeschäft von Gerhard, Anja und Stefan die Kaufmannseigenschaft erworben? An welchem Tag ist die Kommanditgesellschaft entstanden?

d) Erklären Sie, wie die drei Gesellschafter für die Verbindlichkeiten der Gesellschaft haften.

e) Auf einer Sportartikelmesse bestellt Gerhard Maier Wintersportartikel im Wert von 25 000,00 €. Erläutern Sie die Rechtslage.

f) Im ersten Geschäftsjahr erwirtschaftet die KG einen Verlust in Höhe von 60 000,00 €. Wie ist dieser Verlust auf die Gesellschafter zu verteilen? Beachten Sie die Bestimmungen des Gesellschaftsvertrags (siehe b).

g) Im zweiten Geschäftsjahr erwirtschaftet die KG einen Gewinn in Höhe von 70 000,00 €. Wie ist dieser Gewinn auf die Gesellschafter zu verteilen? Beachten Sie die Bestimmungen des Gesellschaftsvertrags (siehe b).

h) Am Ende des jetzigen Geschäftsjahres möchte Stefan Maier aus der KG austreten. Welche Wirkung hat das Ausscheiden von Stefan Maier für die KG?

7   Silke Abel, Uwe Behrend und Anja Friese wollen eine GmbH gründen. Sie sind bereit, sich mit 50 000,00, 30 000,00 und 20 000,00 € am Stammkapital zu beteiligen.

a) Wie entsteht eine GmbH?

b) Entwerfen Sie einen Gesellschaftsvertrag, der alle wichtigen Regelungen enthält. Nehmen Sie dazu das GmbH-Gesetz zu Hilfe.

c) Silke Abel und Uwe Behrend möchten gemeinsam die Geschäftsführung der GmbH übernehmen. Was ist zu tun? Wägen Sie Vor- und Nachteile einer Gesamtgeschäftsführung gegeneinander ab.

d) Beurteilen Sie folgende Vorfälle :
(1) Geschäftsführerin Abel ernennt den Angestellten Sven Mader zum Prokuristen.
(2) Geschäftsführer Behrend ändert die Firma.
(3) Geschäftsführerin Abel beschafft ein Lagerverwaltungsprogramm für 100 000,00 €.
(4) Der Lieferant Knoll KG fordert von der Gesellschafterin Friese (sie ist nicht Mitglied der Geschäftsführung) die Zahlung einer Verbindlichkeit in Höhe von 40 000,00 €.

e) Im ersten Geschäftsjahr erwirtschaftet die GmbH einen Gewinn in Höhe von 300 000,00 €. Nehmen Sie die Gewinnverteilung gemäß GmbHG vor.

f) Was spricht für und was gegen eine Umwandlung der GmbH in eine KG? Stellen Sie in einer Tabelle die wichtigsten Merkmale der GmbH und der KG einander gegenüber.

g) Es wurde auch überlegt, die GmbH in eine typische GmbH & Co. KG umzuwandeln.
1. Erklären Sie diese Rechtsform.
2. Welche Gründe könnten für eine GmbH & Co. KG sprechen?

6 Rechtliche Grundlagen der Berufsausbildung

Lehrvertrag

Gruenberg und Biedenkopf, den 27. November 1864

Eduard Groos in Gruenberg einerseits und Philipp Walther in Biedenkopf andererseits haben folgende Uebereinkunft getroffen:

1. Groos nimmt den Sohn des Philipp Walther mit Namen Georg auf vier Jahre, und zwar vom Oktober 1864 bis dahin 1868, als Lehrling in sein Geschaeft auf.

2. Groos macht sich verbindlich, seinen Lehrling in Allen dem, was in seinem Geschaeft vorkommt, gewissenhaft zu unterrichten, ein wachsames Auge auf sein sittliches Betragen zu haben und ihm Kost und Logis in seinem Hause frei zu geben.

3. Groos gibt seinem Lehrling alle 14 Tage des Sonntags von 12 bis 5 Uhr frei; dabei ist es gestattet, dass er auch an des Sonntags, wo er seinen Ausgangstag nicht hat, einmal den Gottesdienst besuchen kann.

4. Groos verzichtet auf ein Lehrgeld, hat aber dagegen die Lehrzeit auf vier Jahre ausgedehnt.

5. Walther hat waehrend der Lehrzeit seines Sohnes denselben in anstaendiger Kleidung zu erhalten und fuer dessen Waesche besorgt zu sein.

6. Walther hat fuer die Treue seines Sohnes einzustehen und allen Schaden, den derselbe durch boesen Willen, Unachtsamkeit und Nachlaessigkeit seinem Lehrherrn verursachen sollte, ohne Einrede zu ersetzen.

7. Der junge Walther darf waehrend der Dauer seiner Lehrzeit kein eigenes Geld fuehren, sondern die Ausgaben, welche nicht von seinem Vater direkt bestritten werden, gehen durch die Haende des Lehrherrn und der Lehrling hat solche zu verzeichnen.

8. Hat der junge Walther seine Kleidungsstücke und sonstige Effekten auf seinem Zimmer zu verschließen, aber so, dass sein Lehrherr davon Kenntnis hat und dieser solche von Zeit zu Zeit nachsehen kann, sooft es diesem gewahrt ist, um ihn gehoerig zu ueberwachen.

9. Darf der Lehrling waehrend seiner Lehrzeit kein Wirtshaus oder Tanzbelustigung besuchen, er muesste dann ausdruecklich die Erlaubnis hierzu von seinem Vater oder Lehrherrn erhalten haben und dann besonders darf er auch nicht rauchen im Geschaeft oder außer demselben, es bleibt ihm ganz untersagt.

10. Wenn der junge Walther das Geschaeft der Groos verlaesst, so darf dieser in kein Geschaeft in Gruenberg gehen, ohne dass Groos dazu die Erlaubnis gibt.

11. Zur Sicherstellung, dass beide Teile diese Uebereinkunft treulich halten und erfuellen wollen, ist dieser Contract doppelt ausgefertigt. Jedem ein Exemplar ausgehaendigt und unterschrieben worden.

Groos   Walther

1   Vergleichen Sie in einer Übersicht die Regelungen des dargestellten Lehrvertrags aus dem Jahre 1864 mit Ihrem Berufsausbildungsvertrag.

2   Beschreiben Sie die gesellschaftlichen Verhältnisse zur Zeit des oben dargestellten Lehrvertrags.

6.1 Berufsausbildungsverhältnis

Berufsausbildung im dualen System

Die Berufsausbildung hat die für die Ausübung einer qualifizierten beruflichen Tätigkeit in einer sich wandelnden Arbeitswelt notwendigen beruflichen Fertigkeiten, Kenntnisse und Fähigkeiten **(berufliche Handlungsfähigkeit)** in einem geordneten Ausbildungsvorgang zu vermitteln und den Erwerb der erforderlichen Berufserfahrungen zu ermöglichen [BBiG § 1 (3)].

Um dieses anspruchsvolle Ziel zu erreichen, arbeiten die beiden Lernorte Ausbildungsbetrieb und Berufsschule im **dualen Ausbildungssystem** zusammen. Dabei legt der **Lernort Betrieb** seinen Schwerpunkt auf die Vermittlung fachtheoretischer Inhalte in Verbindung mit der fachpraktischen Anwendung am Arbeitsplatz. In der **Berufsschule** steht die fachtheoretische unternehmens- und branchenübergreifende Unterrichtung des Auszubildenden im Vordergrund. So kann der Auszubildende sowohl die notwendige Berufserfahrung als auch eine breit angelegte berufliche Grundbildung erwerben.

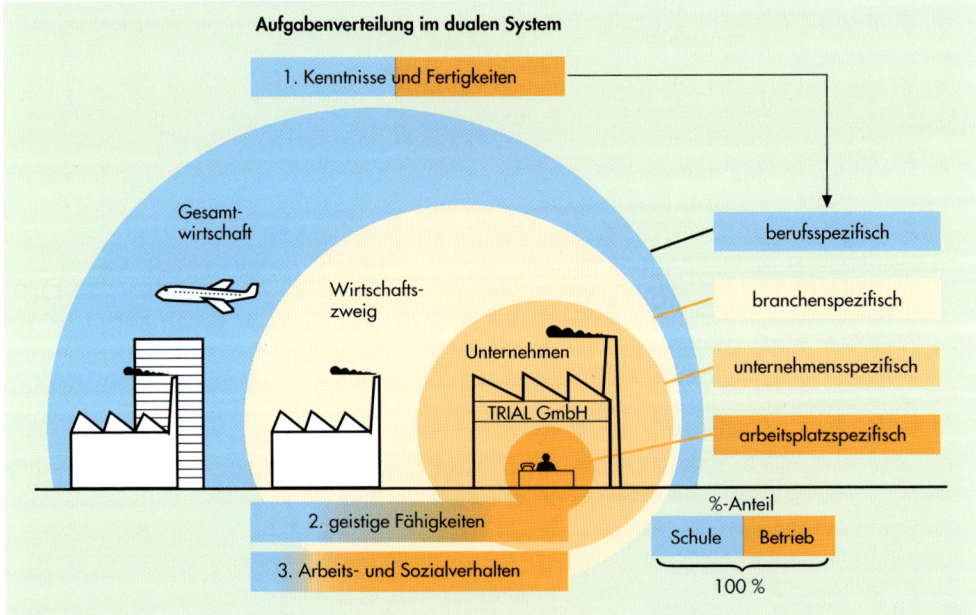

Ausbildungsbetrieb und Berufsschule können mit Berufsbildungseinrichtungen außerhalb der schulischen und betrieblichen Berufsbildung (**außerbetriebliche Berufsbildung**) zusammenarbeiten (**Lernortkooperation**). Teile der Berufsausbildung können im **Ausland** durchgeführt werden, wenn dies dem Ausbildungsziel dient. Ihre Gesamtdauer soll ein Viertel der in der Ausbildungsverordnung festgelegten Ausbildungsdauer nicht überschreiten (BBiG § 1).

Die Ausbildung darf nur in einem der rund 400 staatlich anerkannten Ausbildungsberufe erfolgen, zu denen das jeweils fachlich zuständige Bundesministerium im Einvernehmen mit dem Bundesministerium für Bildung und Forschung eine verbindliche Ausbildungsordnung erlässt (BBiG § 4).

Die Ausbildungsordnung regelt nach BBiG § 5

- die Bezeichnung des **Ausbildungsberufes**, der anerkannt wird,
- die **Ausbildungsdauer**, sie soll nicht mehr als drei und nicht weniger als zwei Jahre betragen,
- die Fertigkeiten, Kenntnisse und Fähigkeiten, die mindestens Gegenstand der Berufsausbildung sind **(Ausbildungsberufsbild)**,
- eine Anleitung zur sachlichen und zeitlichen Gliederung der Vermittlung der Fertigkeiten, Kenntnisse und Fähigkeiten **(Ausbildungsrahmenplan)**,
- die **Prüfungsanforderungen**.

Für die Berufsschulen erlassen die Kultusminister der Länder **Lehrpläne**, die mit der Ausbildungsordnung des Ausbildungsberufs und dem von der Kultusministerkonferenz (KMK) empfohlenen Rahmenlehrplan inhaltlich abgestimmt sind.

Rechtlich gehört die Berufsschule in die Zuständigkeit der Bundesländer, deren Schulpflichtvorschriften von allen Jugendlichen bis zum Alter von 18 Jahren den Schulbesuch verlangen.

Form und Mindestinhalt des Berufsausbildungsvertrags

Wer andere Personen zur Berufsausbildung einstellt (Ausbildende), hat mit den Auszubildenden einen **Berufsausbildungsvertrag** zu schließen (BBiG § 10).

Ausbildende haben unverzüglich nach Abschluss des Berufsausbildungsvertrages, spätestens vor Beginn der Berufsausbildung, den wesentlichen Inhalt des Vertrages schriftlich niederzulegen. Die **Niederschrift** ist von dem Ausbildenden, dem Auszubildenden und deren gesetzlichen Vertretern zu unterzeichnen (BBiG § 11).

Die Niederschrift muss folgende **Mindestangaben** enthalten:

1. Art, sachliche und zeitliche Gliederung sowie Ziel der Berufsausbildung, insbesondere die Berufstätigkeit, für die ausgebildet werden soll,

2. Beginn und Dauer der Berufsausbildung,

3. Ausbildungsmaßnahmen außerhalb der Ausbildungsstätte,

4. Dauer der regelmäßigen täglichen Ausbildungszeit,

5. Dauer der Probezeit,

6. Zahlung und Höhe der Vergütung,

7. Dauer des Urlaubs,

8. Voraussetzungen, unter denen der Berufsausbildungsvertrag gekündigt werden kann,

9. Hinweis auf die Tarifverträge[1], Betriebs- oder Dienstvereinbarungen, die auf das Berufsausbildungsverhältnis anzuwenden sind.

---

[1] Siehe Kap. 7 Tarifvertrag – Garant des sozialen Friedens in LF 10

Beispiel: Berufsausbildungsvertrag der Katja Müller

Berufsausbildungsvertrag
(§§ 10, 11 Berufsbildungsgesetz – BBiG)

Zwischen dem/der Ausbildenden (Ausbildungsbetrieb)   und dem/der Auszubildenden   männlich ☐   weiblich ☑

		Öffentlicher Dienst ☐
KNR	Firmenident-Nr.	Tel.-Nr.
	85355814	06221 2526

Anschrift des/der Ausbildenden (Ausbildungsbetrieb)

TRIAL GmbH

Straße, Haus-Nr.
Franz-Sigel-Str. 188

PLZ   Ort
69111   Heidelberg

E-Mail-Adresse des/der Ausbildenden
TRIAL-GmbH@personal.de

Verantwortliche/r Ausbilder/in   Geburtsjahr
Gasch, Peter

Name	Vorname
Müller	Katja

Straße, Haus-Nr.
Dantestr. 12

PLZ   Ort
69115   Heidelberg

Geburtsdatum   Staatsangehörigkeit
23.03.1997   Deutsch

Gesetzliche/r Vertreter/in[1]
Eltern ☑   Vater ☐   Mutter ☐   Vormund ☐

Namen, Vornamen der gesetzlichen Vertreter
Müller, Georg und Maria

Straße, Hausnummer
Dantestr. 12

PLZ   Ort
69115   Heidelberg

wird nachstehender Vertrag zur Ausbildung im Ausbildungsberuf mit der Fachrichtung/dem Schwerpunkt/ dem Wahlbaustein etc. **nach Maßgabe der Ausbildungsordnung[2] geschlossen.**

Kauffrau im Groß- und Außenhandel

Rad/Radzubehör Groß- und Außenhandel

Änderungen des wesentlichen Vertragsinhaltes sind vom/ von der Ausbildenden unverzüglich zur Eintragung in das Verzeichnis der Berufsausbildungsverhältnisse bei der Industrie- und Handelskammer anzuzeigen.

Die beigefügten Angaben zur sachlichen und zeitlichen Gliederung des Ausbildungsablaufs (Ausbildungsplan) sowie die umseitigen Regelungen sind Bestandteil dieses Vertrages.

A Die Ausbildungszeit beträgt nach der Ausbildungsordnung
36 Monate.

Die vorausgegangene
☑ schulische Vorbildung
☐ abgeschlossene betriebliche Berufsausbildung als

☐ abgebrochene betriebliche Berufsausbildung als

☐ abgeschlossene Berufsausbildung in schulischer Form mit Abschluss als

wird mit 12 Monaten angerechnet bzw. es wird eine entsprechende Verkürzung beantragt.

Das Berufsausbildungsverhältnis
beginnt am 01.08.2016 und endet am 31.07.2018 .

B Die Probezeit (§ 1 Nr. 2) beträgt 4 Monate.[3]

C Die Ausbildung findet vorbehaltlich der Regelungen nach D in

Heidelberg, TRIAL GmbH

und den mit dem Betriebssitz für die Ausbildung üblicherweise zusammenhängenden Bau-, Montage- und sonstigen Arbeitsstellen statt (§ 3 Nr. 12).

D Ausbildungsmaßnahmen außerhalb der Ausbildungsstätte (§ 3 Nr. 12) (mit Zeitraumangabe):

E Der/die Ausbildende zahlt dem/der Auszubildenden eine angemessene Vergütung (§ 5); diese beträgt zur Zeit monatlich brutto

€	823	874	949	
im	ersten	zweiten	dritten	vierten

Ausbildungsjahr.

F Die regelmäßige Ausbildungszeit in Stunden beträgt
täglich[4] 8 und/oder wöchentlich

Teilzeitausbildung wird beantragt (§ 6 Nr. 2) ja ☐ nein ☑

G Der/Die Ausbildende gewährt dem/der Auszubildenden Urlaub nach den geltenden Bestimmungen. Es besteht ein Urlaubsanspruch

Im Jahr	2016	2017	2018		
Werktage	12	27	18		
Arbeitstage	13	23	15		

H Hinweise auf anzuwendende Tarifverträge und Betriebsvereinbarungen; sonstige Vereinbarungen:

J Die beigefügten Vereinbarungen sind Gegenstand dieses Vertrages und werden anerkannt.
Ort, Datum: Heidelberg, 01.08.2016

Der/Die Ausbildende
TRIAL GmbH Franz-Sigel-Str. 188 69111 Heidelberg   *Peter Gasch*
Stempel und Unterschrift

Der/Die Auszubildende
Katja Müller
Vor- und Familienname

Der/Die gesetzlichen Vertreter/in des/der Auszubildenden:
Georg Müller   *Maria Müller*
Vater und Mutter/Vormund

---

1) Vertretungsberechtigt sind beide Eltern gemeinsam, sowie nicht die Vertretungsberechtigung nur einem Elternteil zusteht. Ist ein Vormund bestellt, so bedarf dieser zum Abschluss des Ausbildungsvertrages der Genehmigung des Vormundschaftsgerichtes.
2) Solange die Ausbildungsordnung nicht erlassen ist, sind gem. § 104 Abs. 1 BBIG die bisherigen Ordnungsmittel anzuwenden

3) Die Probezeit muss mindestens einen Monat und darf höchstens vier Monate betragen.
4) Das Jugendarbeitsschutzgesetz sowie für das Ausbildungsverhältnis geltende tarifvertragliche Regelungen und Betriebsvereinbarungen sind zu beachten.

2. Blatt = Ausfertigung für den Ausbildungsbetrieb, Seite 1 von 2

Vereinbarungen in einem Berufsausbildungsvertrag, die zuungunsten des Auszubildenden von den Vorschriften des BBiG abweichen, sind nichtig (**Unabdingbarkeit** BBiG
§ 25).

Rechte und Pflichten der Vertragspartner

Im Berufsausbildungsvertrag sind alle wesentlichen Rechte und Pflichten des Auszubildenden und des Ausbildenden festgehalten. Die Rechte des Ausbildenden sind zugleich
die Pflichten des Auszubildenden und umgekehrt.

Rechte	Die Ausbildenden haben
Berufs-ausbildung BBiG § 14	• dafür zu sorgen, dass den Auszubildenden berufliche Handlungsfähigkeit vermittelt wird, die zum Erreichen des Ausbildungszieles erforderlich ist, um das Ausbildungsziel in der vorgesehenen Ausbildungszeit zu erreichen; • selbst auszubilden oder einen Ausbilder ausdrücklich zu beauftragen; • den Auszubildenden kostenlos die Ausbildungsmittel, insbesondere Werkzeuge und Werkstoffe, zur Verfügung zu stellen, die zur Berufsausbildung und zum Ablegen von Zwischen- und Abschlussprüfungen erforderlich sind; • die Auszubildenden zum Besuch der Berufsschule sowie zum Führen von schriftlichen Ausbildungsnachweisen anzuhalten, soweit solche im Rahmen der Berufsausbildung verlangt werden, und diese durchzusehen.
Fürsorge BBiG § 14	• dafür zu sorgen, dass Auszubildende charakterlich gefördert sowie sittlich und körperlich nicht gefährdet werden; • den Auszubildenden nur Aufgaben zu übertragen, die dem Ausbildungszweck dienen und ihren körperlichen Kräften angemessen sind.
Freistellung BBiG § 15	• die Auszubildenden für die Teilnahme am Berufsschulunterricht und an Prüfungen freizustellen. Das Gleiche gilt, wenn Ausbildungsmaßnahmen außerhalb der Ausbildungsstätte durchzuführen sind.
Zeugnis BBiG § 16	• Auszubildenden bei Beendigung des Berufsausbildungsverhältnisses ein Zeugnis auszustellen. Dieses muss Angaben enthalten über Art, Dauer und Ziel der Berufsausbildung sowie über die erworbenen Fertigkeiten, Kenntnisse und Fähigkeiten des Auszubildenden (**einfaches Zeugnis**). Auf Verlangen des Auszubildenden sind auch Angaben über Verhalten und Leistung aufzunehmen (**qualifiziertes Zeugnis**).
Urlaub JArbSchG § 19, BUrlG § 3	• den nach dem Bundesurlaubsgesetz bzw. dem Jugendarbeitsschutzgesetz zustehenden Urlaub zu gewähren. Am 1. Januar noch nicht 16 Jahre: mindestens 30 Werktage Am 1. Januar noch nicht 17 Jahre: mindestens 27 Werktage Am 1. Januar noch nicht 18 Jahre: mindestens 25 Werktage Am 1. Januar über 18 Jahre: mindestens 24 Werktage
Vergütung BBiG §§ 17–19	• den Auszubildenden eine angemessene Vergütung zu gewähren. Diese ist nach dem Lebensalter des Auszubildenden so zu bemessen, dass sie mit fortschreitender Berufsausbildung, mindestens jährlich, ansteigt; • eine über die vereinbarte regelmäßige tägliche Ausbildungszeit hinausgehende Beschäftigung besonders zu vergüten oder durch entsprechende Freizeit zu vergüten; • den Auszubildenden die Vergütung auch für die Zeit der Freistellung zu zahlen und bis zur Dauer von sechs Wochen, wenn sie aus einem in ihrer Person liegenden Grund unverschuldet verhindert sind, ihre Pflichten aus dem Berufsausbildungsverhältnis zu erfüllen.

Beispiel: Entgeltabrechnung für die Auszubildende Katja Müller

Abrechnung der Brutto-Netto-Bezüge für den Monat März									Blatt 1
Personal-Nr.	Name, Vorname	Eintritt	Abt.nr.	KK-Nr.	St.-Kl.	Kinder-zahl		Sozialvers. Schlüssel	Freibetrag
000001	Katja Müller	01.08.13	143	01	1	0		1211	0
LA			Bezahlte Zeit, Stunden, Tage		% Zuschlag		Faktor		Bruttobetrag (€)
09	Ausbildungsvergütung								823,00
42	VWL								7,00
Steuer-Brutto	Soz.vers.-Brutto	Alter							Gesamt-Brutto
830,00	830,00	20							830,00
Lohnsteuer	Kirchensteuer	Sol.-Beitrag	Pflegevers.	Krankenv.		Rentenvers.	Arb.losen-ver.		Gesamtabzüge
0,00	0,00	0,00	8,51	68,06		78,44	12,45		167,46
									Netto-Verdienst
						Nettoentgelt			662,54
						– VWL			40,00
						Auszahlung			622,54

Pflichten	Auszubildende haben nach BBiG § 13
Bemühung	• sich zu bemühen, die berufliche Handlungsfähigkeit zu erwerben, die erforderlich ist, um das Ausbildungsziel zu erreichen. Sie sind insbesondere verpflichtet, die ihnen im Rahmen ihrer Berufsausbildung aufgetragenen Aufgaben sorgfältig auszuführen.
Berufsschul-besuch	• an Ausbildungsmaßnahmen teilzunehmen, für die sie nach § 15 BBiG freigestellt sind.
Weisungs-befolgung	• den Weisungen zu folgen, die ihnen im Rahmen der Berufsausbildung vom Ausbildenden, vom Ausbilder oder von anderen weisungsberechtigten Personen erteilt werden.
Betriebsordnung	• die für die Ausbildungsstätte geltende Ordnung zu beachten.
Sorgfalt	• Werkzeuge, Maschinen und sonstige Einrichtungen pfleglich zu behandeln.
Stillschweigen	• über Betriebs- und Geschäftsgeheimnisse Stillschweigen zu wahren.

Beginn und Ende des Berufsausbildungsverhältnisses

Das Berufsausbildungsverhältnis beginnt mit der Probezeit. Diese muss mindestens einen Monat und darf höchstens vier Monate betragen (BBiG § 20). **Während der Probezeit** kann das Berufsausbildungsverhältnis jederzeit ohne Einhaltung einer Kündigungsfrist gekündigt werden (BBiG § 22).

Nach der Probezeit kann das Berufsausbildungsverhältnis nur bei Einhaltung bestimmter **Kündigungsgründe und -fristen** vorzeitig beendet werden (BBiG § 22):

Kündigungsgründe und Kündigungsfristen	
wichtiger Grund	Kündigung vom Ausbildenden oder Auszubildenden **ohne Einhalten einer Kündigungsfrist**, wenn die Fortsetzung des Ausbildungsverhältnisses nicht zugemutet werden kann. Die Kündigung muss **innerhalb von zwei Wochen** nach Bekanntwerden des wichtigen Grundes erfolgen.
Aufgabe bzw. Wechsel der Berufsausbildung	Kündigung vom Auszubildenden mit einer **Kündigungsfrist von vier Wochen**, wenn er die Berufsausbildung vorzeitig beenden bzw. sich für eine andere Berufstätigkeit ausbilden lassen will.

Die Kündigung muss **schriftlich** und bei Kündigung nach der Probezeit unter Angabe der Kündigungsgründe erfolgen. Wird das Berufsausbildungsverhältnis nach der Probezeit vorzeitig gelöst, so können der Ausbildende oder Auszubildende **Ersatz des Schadens** verlangen, wenn die andere Person den Grund für die Auflösung zu vertreten hat. Dies gilt nicht bei Aufgabe oder Wechsel der Berufsausbildung. Der Schadenersatzanspruch kann nur innerhalb von drei Monaten nach Beendigung des Berufsausbildungsverhältnisses geltend gemacht werden (BBiG § 23).

Das Berufsausbildungsverhältnis endet mit dem **Ablauf der Ausbildungszeit**. Bestehen Auszubildende vor Ablauf der Ausbildungszeit die Abschlussprüfung, so endet das Berufsausbildungsverhältnis mit **Bekanntgabe des Ergebnisses der Abschlussprüfung** durch den Prüfungsausschuss (BBiG § 21). Bei Nichtbestehen verlängert sich das Berufsausbildungsverhältnis auf Verlangen des Auszubildenden bis zur nächstmöglichen Wiederholungsprüfung, höchstens um ein Jahr. Wird der Auszubildende im Anschluss an das Berufsausbildungsverhältnis **weiterbeschäftigt**, ohne dass hierüber ausdrücklich etwas vereinbart worden ist, so wird ein Arbeitsverhältnis auf unbestimmte Zeit begründet (BBiG § 24).

Beispiel: Im Berufsausbildungsvertrag wurde für das Ende der Ausbildungszeit der 31. Juli vereinbart. Der letzte Prüfungstag (in der Regel die fachpraktische Prüfung) ist der 10. Juni.

Wird die Prüfung bestanden, so endet das Ausbildungsverhältnis am 10. Juni. Wird der Auszubildende weiterbeschäftigt, dann wird ab dem 11. Juni ein Arbeitsverhältnis auf unbestimmte Zeit begründet. Bei Nichtbestehen der Prüfung endet sein Ausbildungsverhältnis am 31. Juli; es sei denn, der Auszubildende beantragt eine Verlängerung des Ausbildungsverhältnisses bis zum nächsten Prüfungstermin.

Überwachung der Berufsausbildung

Die Überwachung der Berufsausbildung, soweit sie die anerkannten Ausbildungsberufe betrifft, ist Sache der **„zuständigen Stellen des BBiG"**. Das sind vor allem die Industrie- und Handels-, Handwerks-, Steuerberater-, Ärzte- und Rechtsanwaltskammern. Bei der zuständigen Stelle ist ein **Berufsbildungsausschuss** eingerichtet, dem sechs Beauftragte der Arbeitgeber, sechs Beauftragte der Arbeitnehmer und sechs Lehrkräfte an berufsbildenden Schulen (letztere mit beratender Stimme) angehören. Der Berufsbildungsausschuss ist in allen wichtigen Angelegenheiten der beruflichen Bildung zu unterrichten und zu hören (BBiG §§ 77 ff.).

Bei Streitigkeiten aus einem bestehenden Berufsausbildungsverhältnis darf das Arbeitsgericht erst dann angerufen werden, wenn zuvor eine Verhandlung vor dem **Schlichtungsausschuss der Kammer** durchgeführt wurde, sofern ein solcher besteht. Das gilt auch, wenn gekündigt wurde.

Beschwerdeliste der Auszubildenden/besondere Mängel in der Berufsausbildung

Von 1 000 befragten Lehrlingen bezeichnen als Hauptmangel in ihrer Berufsausbildung in %

• zu wenig theoretischer Unterricht	11,4
• zu viele Befehle	9,6
• zu viel Routinearbeit	9,3
• keine gleiche Bezahlung trotz gleicher Arbeit	9,1
• Berichtsheft zu Hause schreiben	9,0
• zu wenig Berufsschule	8,1
• keine gleichwertige Behandlung trotz gleicher Arbeit	6,7
• Samstagsarbeit	6,4
• zu wenig Zwischenprüfungen	4,5
• zu wenig praktische Ausbildung	4,3
• Nichteinhaltung der tariflichen Arbeitszeit	3,8
• man wird nur schlecht gemacht und nicht gelobt (zu viel Beschimpfungen durch ältere Kollegen)	3,8
• Nichteinhaltung des Ausbildungsplanes	3,6
• unqualifizierter Ausbilder	3,3
• zu viel ausbildungsfremde Tätigkeit	3,2
• Niemand kontrolliert, was wir im Betrieb machen müssen	2,5
• keine Freistellung für die Berufsschule	0,9

Quelle: eigene Erhebung innerhalb eines Schulprojekts 2010

6.2   Jugendarbeitsschutzgesetz – JArbSchG

Jugendliche, die in einer Berufsausbildung stehen oder als Arbeitnehmer beschäftigt sind, werden durch das Jugendarbeitsschutzgesetz vor Überforderung, Überbeanspruchung und Gefährdung am Arbeitsplatz geschützt. **Jugendlicher** ist, wer 15 Jahre, aber noch nicht 18 Jahre alt ist. Als Mindestalter für die Beschäftigung Jugendlicher legt das Gesetz das 15. Lebensjahr fest. Die Beschäftigung von **Kindern** (= Personen unter 15 Jahren) ist grundsätzlich verboten. Für Jugendliche, die noch der Vollzeitschulpflicht unterliegen, gelten die gleichen Schutzvorschriften wie für Kinder.

Für die Ausbildung wesentliche Regelungen des JArbSchG im Überblick

Arbeitszeit (§§ 8, 12, 14, 15)	• Jugendliche dürfen nur an fünf Tagen in der Woche beschäftigt werden (in Ausnahmefällen auch an einem Samstag, Sonntag oder Feiertag).
	• Für Jugendliche gilt grundsätzlich eine Arbeitszeit von höchstens acht Stunden täglich und vierzig Stunden wöchentlich. Arbeitszeit ist die Zeit vom Beginn bis zum Ende der Beschäftigung ohne Ruhepausen. Kurzpausen unter 15 Minuten gelten als Arbeitszeit.
	• Die Schichtzeit (Arbeitszeit einschließlich Ruhepausen) darf zehn Stunden nicht überschreiten.
	• Wenn an einzelnen Werktagen die Arbeitszeit unter acht Stunden beträgt, dann können Jugendliche an den übrigen Werktagen derselben Woche bis zu 8,5 Stunden beschäftigt werden.
	• Der Arbeitstag eines Jugendlichen beginnt frühestens um sechs Uhr morgens und endet spätestens um 20 Uhr abends. Ausnahmen gelten für Jugendliche über 16 Jahren, die im Gaststätten- oder Schaustellergewerbe, in mehrschichtigen Betrieben, in der Landwirtschaft oder in Bäckereien arbeiten.

Für die Ausbildung wesentliche Regelungen des JArbSchG im Überblick

Freistellung (§ 9)	Der Arbeitgeber hat den Jugendlichen für die Teilnahme am Berufsschulunterricht bzw. an Prüfungen und außerbetrieblichen Ausbildungsmaßnahmen freizustellen. Darüber hinaus sind Jugendliche an dem Arbeitstag, der der schriftlichen Abschlussprüfung unmittelbar vorausgeht, freizustellen.
Berufsschulzeit (§ 9)	Auf die Arbeitszeit werden Berufsschultage mit mehr als fünf Unterrichtsstunden bzw. Berufsschulwochen mit mindestens 25 Stunden Unterricht mit acht bzw. 40 Stunden angerechnet[1].
	Der Arbeitgeber darf den Jugendlichen nicht beschäftigen
	• vor einem vor neun Uhr beginnenden Unterricht (dies gilt auch für volljährige Auszubildende),
	• an einem Berufsschultag mit mehr als fünf Unterrichtsstunden von je 45 Minuten, einmal in der Woche,
	• in Berufsschulwochen mit einem Blockunterricht von mindestens 25 Stunden an mindestens fünf Tagen.
Ruhepausen (§ 11)	Als Ruhepause gilt eine Arbeitsunterbrechung von mindestens 15 Minuten. Bei einer Arbeitszeit von mehr als 4,5 Stunden (bzw. 6 Stunden) müssen die Ruhepausen mindestens 30 Minuten (bzw. 60 Minuten) betragen.
Freizeit (§ 13)	Nach Beendigung der täglichen Arbeitszeit dürfen Jugendliche nicht vor Ablauf einer ununterbrochenen Freizeit von mindestens zwölf Stunden beschäftigt werden.
Urlaub (§ 19)	Der Arbeitgeber hat Jugendlichen jährlich bezahlten Erholungsurlaub zu gewähren. Wenn der Jugendliche am 1. Januar des Jahres noch nicht 16 Jahre (bzw. 17 Jahre, bzw. 18 Jahre) alt ist, erhält er mindestens 30 Werktage Urlaub (bzw. 27 Werktage bzw. 25 Werktage). Der Urlaub soll in der Zeit der Berufsschulferien gegeben werden. Für jeden Urlaubstag, an dem die Berufsschule besucht wird, ist ein weiterer Urlaubstag zu gewähren.
Beschäftigungsverbote und -beschränkungen (§§ 22, 23)	Kinder dürfen grundsätzlich nicht beschäftigt werden. Jugendlichen darf keine Arbeit übertragen werden, die ihre Leistungsfähigkeit übersteigt oder die besondere Unfallgefahren und gesundheitliche oder sittliche Gefahren in sich birgt. Akkordarbeit und andere tempoabhängige Arbeitsformen sowie Arbeiten unter Tage sind verboten.
Gesundheitsschutz (§§ 31, 32, 33)	Jugendliche dürfen vom Arbeitgeber nicht körperlich gezüchtigt werden. Kein Jugendlicher darf ohne ärztliches Gesundheitszeugnis (Erstuntersuchung), beschäftigt werden. Ein Jahr nach Arbeitsbeginn muss eine Nachuntersuchung stattfinden. Nach Ablauf jedes weiteren Jahres kann sich der Jugendliche erneut nachuntersuchen lassen.

---

[1] Die Freistellung des Auszubildenden für den Berufsschulunterricht beinhaltet auch die Pausen in der Schule sowie die Wegezeit von der Berufsschule zum Betrieb (BAG Az.: 5 AZR 413/99). Die **Anrechnung erfolgt** nicht auf die betriebsübliche sondern **auf die gesetzliche Höchstarbeitszeit**. Diese beträgt bei erwachsenen Auszubildenden pro Woche 48, bei jugendlichen Auszubildenden 40 Arbeitsstunden.
Ein Berufsschultag mit 9 Unterrichtsstunden wird mit 8 Arbeitsstunden angerechnet; der Auszubildende muss anschließend nicht mehr in den Betrieb. Ein zweiter Berufsschultag von 8:40–11:25 Uhr und einer Wegezeit von 0,25 Stunden wird mit 3 Arbeitsstunden angerechnet. Insgesamt würden die beiden Berufsschultage mit 11 Stunden auf die gesetzliche Höchstarbeitszeit pro Woche angerechnet. Ein volljähriger Auszubildender müsste noch 37 Stunden, ein minderjähriger Auszubildender müsste noch 29 Stunden im Betrieb ableisten.

ZUSAMMENFASSUNG

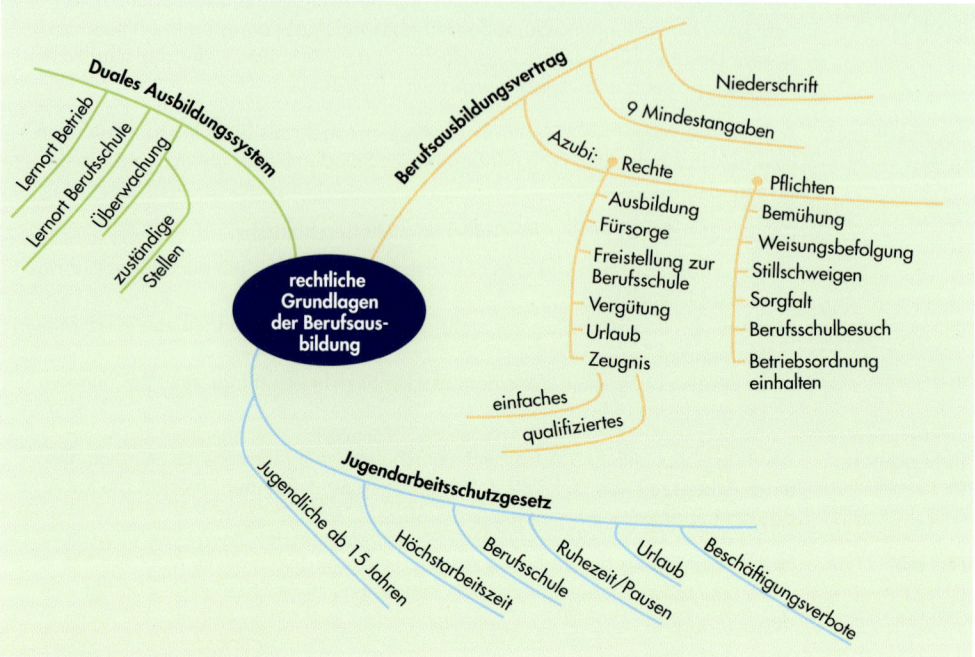

AUFGABEN

1   Schreiben Sie jeden der folgenden Begriffe auf die Kopfzeile eines DIN-A6-Kärtchens:

Duales Ausbildungssystem, Ausbildungsordnung (Inhalt), Ausbildungsvertrag (Mindestinhalt), Ausbildungsvertrag (Form), Ausbildungsvertrag (Rechte und Pflichten des Azubi), Probezeit, Zeugnis (einfaches und qualifiziertes), Mindesturlaub, Kündigungsgründe des Auszubildenden, Kündigungsgründe des Ausbildenden, Beendigung der Ausbildung (Gründe), zuständige Stellen, Weiterbeschäftigung, Unabdingbarkeit des BBiG, Entgeltabrechnung (Inhalte), Jugendarbeitsschutzgesetz (Geltungsbereich), Jugendarbeitsschutzgesetz (Vorschrittsbereiche), Jugendliche (nach JArbSchG), Kinder (nach JArbSchG), Schichtzeit, Arbeitszeit (nach JArbSchG), Beschäftigungsverbote (nach JArbSchG), Freistellung, Ruhepause (nach JArbSchG).

Sortieren Sie die Begriffskärtchen nach den Kriterien „weiß ich" oder „weiß ich nicht".

Bilden Sie Kleingruppen mit höchstens drei Mitgliedern. Erklären Sie sich gegenseitig die „Weiß-ich-nicht"-Kärtchen. Schlagen Sie dabei die ungeklärten Begriffe im Schulbuch nach oder nehmen Sie Kontakt zu einer anderen Kleingruppe auf.

Schreiben Sie die Begriffserklärungen auf die Rückseite Ihrer Kärtchen und ordnen Sie die Kärtchen unter der Leitkarte „Berufsausbildung" alphabetisch in Ihren Lernkartei-Behälter ein.

2   Bilden Sie Teams mit jeweils drei Mitgliedern (Stammgruppen). Schreiben Sie jeden der Begriffe aus Aufgabe 1 auf ein extra Stück Papier und fügen Sie diese Papierkärtchen zu einer sinnvollen Struktur zusammen. Die Struktur kann durch Pfeile, Farben, Symbole, Texte (z. B. Überschriften), Bilder oder weitere Begriffe ergänzt werden.

3 Bei einer Diskussion werden folgende Meinungen geäußert. Nehmen Sie dazu Stellung.

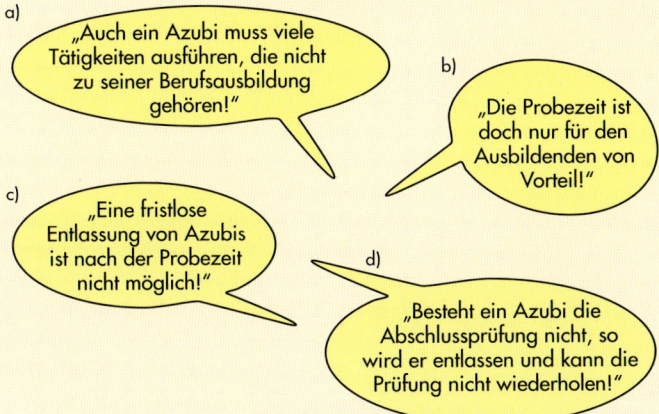

a) „Auch ein Azubi muss viele Tätigkeiten ausführen, die nicht zu seiner Berufsausbildung gehören!"

b) „Die Probezeit ist doch nur für den Ausbildenden von Vorteil!"

c) „Eine fristlose Entlassung von Azubis ist nach der Probezeit nicht möglich!"

d) „Besteht ein Azubi die Abschlussprüfung nicht, so wird er entlassen und kann die Prüfung nicht wiederholen!"

4 Vollziehen Sie die Entgeltabrechnung für die Auszubildende Katja Müller auf Seite 474 nach und vergleichen Sie diese Entgeltabrechnung mit Ihrer eigenen. Ermitteln Sie insbesondere die Prozentsätze für die Abzüge Lohnsteuer, Kirchensteuer, Solidaritätszuschlag, Pflege-, Kranken-, Renten- und Arbeitslosenversicherung, insgesamt.

5 Beurteilen Sie folgende Fälle anhand des BBiG.
   a) Die Auszubildende Sabrina Völkel soll regelmäßig die Kinder des Betriebsinhabers beaufsichtigen; Mario Töpfer muss gelegentlich Frühstück für seine Kollegen holen.
   b) Als Sabrina Völkel Artikel wiederholt falsch auszeichnet, wird sie von der Abteilungsleiterin vor den anderen Mitarbeitern mit sehr beleidigenden Äußerungen beschimpft.
   c) Mario entdeckt sein Interesse an der Datenverarbeitung. Er möchte deshalb seine Berufsausbildung als Kaufmann im Einzelhandel aufgeben und eine Ausbildung als Informatikkaufmann beginnen.
   d) Der Firmeninhaber Arthur Fritz und der Auszubildende Mario Töpfer stellen erst nach Ablauf der Probezeit fest, dass sie nicht miteinander auskommen.
   e) Als der Auszubildende Mario Töpfer vom Chef zurechtgewiesen wird, antwortet er mit dem Götz-Zitat.

6 Beurteilen Sie folgende Fälle anhand des JArbSchG.
   a) Anna ist 15 Jahre alt. Sie möchte an ihrem 16. Geburtstag mit ihrer Freundin eine Reise nach Gran Canaria unternehmen. Ihre Eltern wollen ihr nur einen Zuschuss für diese Reise geben. Das restliche Geld will Anna in den Sommerferien verdienen. Eine Bäckerei in der Nähe der Schule sucht gerade eine Aushilfe für fünf Wochen zu folgenden Konditionen: Stundenlohn 8,00 €, Arbeitszeit: Montag bis Samstag jeweils 4 Stunden.
   b) Fall wie a), mit dem Unterschied, dass Anna erst 14 Jahre alt ist.
   c) Der 16-jährige Sven ist in einem Cash-und-Carry-Markt als Auszubildender tätig. Er muss samstags arbeiten.
   d) Ein 16-jähriger Auszubildender arbeitet täglich neun Stunden.
   e) Die Auszubildende Nadine hat am Montag vormittag von 07:50 Uhr bis 13:55 Uhr Unterricht in der Berufsschule. Am Nachmittag muss Nadine im Betrieb arbeiten.
   f) Ein Auszubildender will mit seinen Eltern in Urlaub fahren. Er ist seit zwei Monaten in Ausbildung. Das Urlaubsgesuch wird abgelehnt.
   g) Jens, 15 Jahre alt, beginnt am 1. Juli in einem Textilgroßhandelsbetrieb seine Ausbildung. Im laufenden Jahr werden ihm 14 Tage Urlaub gewährt.
   h) Die Auszubildenden eines Cash-und-Carry-Marktes müssen an ihrem Berufsschultag von 07:30 Uhr bis 08:30 Uhr arbeiten. Der Berufsschulunterricht beginnt um 09:00 Uhr.

i) *Die 18-jährige Auszubildende Nancy arbeitet (einschließlich Berufsschulbesuch) montags bis freitags täglich sieben Stunden und samstags sechs Stunden.*

j) *Ein 17-jähriger Auszubildender hat bis 20:00 Uhr gearbeitet. Am nächsten Tag muss er um 07:30 Uhr wieder mit der Arbeit beginnen.*

k) *Um sich ein Moped kaufen zu können, arbeitet der 16-jährige Auszubildende Otto an seinem freien Samstag mit Zustimmung seiner Eltern als Aushilfe im Auslieferungslager eines Möbelhauses.*

7   Situation 1

Anja Ruess ist seit einem halben Jahr als Auszubildende zur Kauffrau im Groß- und Außenhandel bei der Alois Prima GmbH beschäftigt. Die Elektrogroßhandlung beschäftigt neben dem Gesellschafter-Geschäftsführer noch zwei Verkäufer, eine ungelernte Bürokraft und einen Auszubildenden zum Kaufmann im Einzelhandel. Anja ist zuständig für das Kopieren, Sortieren und Ablegen von Belegen aller Art. Manchmal wird sie auch im Empfang eingesetzt. In letzter Zeit ist sie zunehmend mit Botendiensten und dem Auspacken der eingegangenen Waren betraut. Einen direkten Ausbilder hat sie nicht, im Grunde ist für sie niemand richtig zuständig. Anja befürchtet, dass sie als „Mädchen für alles" nicht genügend mitbekommt und so nach Ende ihrer „Ausbildung" keine Chance in ihrem Beruf hat. Beim Einstellungsgespräch wollte der Inhaber Alois Prima sich persönlich um ihre Ausbildung kümmern. Er ist jedoch ständig unterwegs und hat, wie er sagt, „zu viel um die Ohren". Als Anja ihn auf sein Versprechen hinweist und anspruchsvollere Aufgaben reklamiert, antwortet er lapidar: „Lehrjahre sind keine Herrenjahre!" Anja Ruess will den Konflikt in einem Gespräch klären, notfalls den Schlichtungsausschuss der Handelskammer anrufen.

Situation 2

Martin Böttcher ist im 2. Ausbildungsjahr als Auszubildender zum Kaufmann im Groß- und Außenhandel bei der Sanitärgroßhandlung Beka KG tätig. Seit einem Monat ist eine neue Ausbildungsleiterin, Frau Lisa Berger, für ihn zuständig. Er kommt mit ihr nicht klar. Ständig hat sie an seiner Arbeitsweise und seiner Person etwas auszusetzen. Mal verlangt sie eine Krawatte, mal ist ihr seine Krawatte zu „schrill", mal arbeitet er zu langsam, mal zu schnell. Das Arbeitsklima passt Martin nicht mehr. Er trägt sich mit dem Gedanken, seine Ausbildung bei einer Firma fortzusetzen, in der sein Vater eine führende Position hat. Doch zuvor will er Frau Berger noch einmal seine Meinung sagen.

a) *Bauen Sie für die beiden Situationen eine Szenerie auf (z. B. Schreibtisch, ggf. Hintergrundbilder).*

b) *Bilden Sie mehrere Parallelgruppen (nicht mehr als sechs Mitglieder) und stellen Sie die Konfliktsituationen 1 und 2 in einem Szenenspiel vor der Klasse nach.*

c) *Bilden Sie Teams mit jeweils drei Mitgliedern (Stammgruppen) und klären Sie die Rechtslage für beide Situationen.*

d) *Bereiten Sie in Gruppen mit maximal drei Mitgliedern (Parallelgruppen bilden!) ein Rollenspiel vor, indem Sie Rollenkarten für Anja Ruess und Alois Prima (Gruppe A) bzw. Martin Böttcher und Lisa Berger (Gruppe B) entwerfen. Suchen Sie nach Argumenten für die jeweiligen Interessen und nach Möglichkeiten zur Konfliktlösung. Entwerfen Sie einen Beobachtungsbogen mit passenden Beobachtungskriterien (z. B. fachliche Sicherheit, Auftreten, überzeugende Argumentation).*

e) *Entscheiden Sie in Ihrer Gruppe, wer welche Rolle übernimmt (Auszubildender, Chef, Beobachter) und spielen Sie die Rollen durch. Der Beobachter macht sich Notizen auf seinem Beobachtungsbogen.*

f) *Zum Abschluss können zwei Gruppen (zu jeder Situation) in einem Innenkreis ihr Rollenspiel vorführen. Die Schüler im Außenkreis bewerten die Konfliktgespräche anhand des Beobachtungsbogens. Anschließend stellen sich die Gruppen den Bewertungen in einer Diskussion.*

7 Tarifvertrag – Garant des sozialen Friedens

Michael Müller (Lagerleiter) und Katja Müller (Auszubildende zur Kauffrau im Groß-handel) sitzen im Pausenraum der TRIAL GmbH. Michael Müller liest in der Tages-zeitung. Er wendet sich Katja Müller zu.

Michael Müller: „Weißt du es schon? Es gibt wieder Tarifverhandlungen. Bald bekommen wir wieder eine Gehaltserhöhung. Die Gewerkschaften fordern 5 % mehr Lohn. Das wären ... Moment mal ... rund 100,00 € mehr im Monat, das sind glatte 1 200,00 € im Jahr – das reicht für zwei Wochen Mallorca mit allem drum und dran."

Katja Müller: „Das werden doch höchstens 2 %. Das ist doch jedes Jahr dasselbe Theater. Warum können Arbeitgeber und Gewerkschaften nicht einfach gleich 2 % Lohnerhöhung vereinbaren – und der Kuchen ist gegessen. Nein, da muss alle Jahre wieder das große Säbelrasseln stattfinden."

Michael Müller: „Hoffentlich kommt es zu keinem Streik. Ich bin doch nicht in der Gewerk-schaft."

Katja Müller: „Aha, Trittbrettfahrer! Du solltest gar nichts bekommen. Ich zahle jeden Monat meine Gewerkschaftsbeiträge – und du sahnst einfach auf meine Kosten ab."

Michael Müller: „Gewerkschaft? Bleib mir vom Hals mit dem Sozi-Quatsch von vorgestern. Gewerkschaften sind doch ein Überbleibsel aus der Steinzeit. Hast du nicht gelesen, dass denen die Mitglieder scharenweise davonlaufen? Den Arbeitgeberverbänden geht es nicht viel besser."

Katja Müller: „Du blickst es wieder mal nicht. Willst du deine jährlichen Lohnerhöhungen selbst aushandeln? Deine Angst vor dem Streik ist berechtigt. Ich glaube, dass deine Ersparnis-se nicht weit reichen würden. Auch für unseren Betrieb kann es teuer werden, denk doch mal an die verärgerten Kunden, wenn wir den Laden dicht machen."

Drei Wochen später, Michael Müller und Katja Müller sitzen wieder im Frühstücks-raum.

Michael Müller: „Hast du auch dieses Schreiben von der Geschäftsleitung bekommen?"

Katja Müller: „Welches Schreiben?"

Michael Müller: „Ja, richtig! Für euch Auszubildende gilt das alles nicht. Ich lese mal vor: Die Gewerkschaft führt einen Streik im Tarifgebiet Ostwürttemberg-Ulm. Zur Abwehr dieses Streiks hat unser Arbeitgeberverband die Aussperrung gegen alle Lohn- und Gehaltsempfänger ab 3. März beschlossen. Wir erklären hiermit die Abwehraussperrung ab 15. März 0:00 Uhr. Von dieser Aussperrung ausgenommen sind alle Auszubildenden, Praktikanten und diejenigen Arbeitnehmer, die durch besondere Mitteilung für den Notdienst bestimmt wurden. Wir bedau-ern sehr bla bla bla. Da haben wir den Salat!"

1 Beschreiben Sie die Interessen der Arbeitgeber und Arbeitnehmer im Tarifkonflikt.

2 Wie kommen die Vertreter der Arbeitgeber- und Arbeitnehmerseite zu einer Einigung?

3 Weshalb ist Michael Müller gegen einen Streik? Warum gefällt ihm die Aussperrung nicht?

7.1 Tarifvertragspartner – Arbeitgeberverband und Gewerkschaft

> **Merke:** Im Gegensatz zum Arbeitsvertrag, der mit einem einzelnen Arbeitnehmer abgeschlossen wird (Individualarbeitsvertrag), gilt der **Tarifvertrag** für eine ganze Gruppe von Arbeitnehmern (Kollektivarbeitsvertrag). Er bedarf der Schriftform und muss im Betrieb ausgelegt werden.

Im Tarifvertrag vereinbaren die Tarifvertragsparteien (Sozialpartner) ihre Rechte und Pflichten sowie Vorschriften über den Inhalt, den Abschluss und die Beendigung von Arbeitsverhältnissen und über betriebliche und betriebsverfassungsrechtliche Fragen (TVG § 1).

Tarifvertragsparteien sind auf der Arbeitgeberseite entweder ein einzelner Arbeitgeber oder ein Arbeitgeberverband, auf der Beschäftigtenseite ausschließlich die für den Betrieb bzw. für die Branche zuständige Gewerkschaft. Die Tarifvertragsparteien handeln Tarifverträge in eigener Verantwortung ohne Einmischung des Staates aus (**Tarifautonomie**). Die Tarifautonomie ist durch das Grundrecht der Vereinigungsfreiheit garantiert (GG Art. 9).

Tariffähig sind nicht die Dachorganisationen der Arbeitgeber (Bundesvereinigung der Deutschen Arbeitgeberverbände – BDA) bzw. der Gewerkschaften (Deutscher Gewerkschaftsbund – DGB), sondern die regionalen Fachverbände bzw. Einzelgewerkschaften. In Baden-Württemberg sind für den Großhandel auf der **Arbeitgeberseite** der Landesverband für Groß-/Außenhandel und Dienstleistungen, auf der **Arbeitnehmerseite** der Fachbereich Großhandel Baden-Württemberg der Gewerkschaft ver.di[1] zuständig.

Tarifgebunden sind nur die Mitglieder der Tarifvertragsparteien (z. B. Mitglieder der entsprechenden Gewerkschaft bzw. des Arbeitgeberverbandes). Für sie gilt der Tarifvertrag unmittelbar und zwingend [Grundsatz der **Unabdingbarkeit**, (TVG § 3)]. Abweichende Abmachungen sind nur zulässig, wenn sie durch den Tarifvertrag gestattet sind (Tarifvertrag mit **Öffnungsklausel**) oder wenn sie Regelungen zugunsten der Arbeitnehmer enthalten [**Günstigkeitsprinzip**, TVG § 4, BetrVG § 77 (3)]. Die Tarifgebundenheit bleibt bestehen, bis der Tarifvertrag endet. Nach Ablauf des Tarifvertrags gelten seine Vereinbarungen weiter, bis sie durch eine andere Abmachung ersetzt werden (**Nachwirkung**).

Auf Antrag einer Tarifvertragspartei kann der Bundesminister für Arbeit und Soziales einen Tarifvertrag oder einzelne Bestimmungen für allgemein verbindlich erklären. Mit der **Allgemeinverbindlicherklärung** gilt der Tarifvertrag auch für die nicht tarifgebundenen Arbeitgeber und Arbeitnehmer. Nur rund 2 % aller Tarifverträge sind allgemein verbindlich.

7.2 Arten und Funktionen des Tarifvertrags

Tarifverträge können nach den beteiligten Tarifvertragsparteien, nach ihrem Inhalt und nach dem Tarifgebiet unterschieden werden.

Merkmal	Tarifvertragsarten
Tarifvertragsparteien	**Firmen- oder Haustarifvertrag:** Tarifvertrag zwischen einer Einzelgewerkschaft und einem einzelnen Arbeitgeber
	Verbandstarifvertrag: Tarifvertrag zwischen einer Einzelgewerkschaft und einem Arbeitgeber-Fachverband

---

[1] Vereinte Dienstleistungsgewerkschaft mit etwa 2,1 Mio. Mitgliedern

Merkmal	Tarifvertragsarten
Vertragsinhalt	**Vergütungstarifvertrag:** regelt die Höhe der Löhne und Gehälter und der Ausbildungsvergütungen (Laufzeit: etwa ein Jahr). **Mantel- und Rahmentarifvertrag:** regelt allgemeine Arbeitsbedingungen wie Wochenarbeitszeit, Urlaubsdauer und Urlaubsgeld, Einteilung der Lohn- und Gehaltsgruppen, Kündigungsfristen usw. (Laufzeit: meist mehrere Jahre)
Tarifgebiet	**Bundestarifvertrag:** gilt für das gesamte Bundesgebiet **Landestarifvertrag:** gilt für ein bestimmtes Bundesland **Bezirkstarifvertrag:** gilt für einen bestimmten Tarifbezirk (z. B. Nordhessen, Ostwürttemberg-Ulm)

Der einheitliche Tarifvertrag für ganze Branchen und Regionen (**Flächentarifvertrag**) gerät in letzter Zeit zunehmend unter Druck. Die Arbeitgeberverbände fordern die „Flexibilisierung des Flächentarifs" und wollen den Betrieben bzw. den Betriebsräten mehr Gestaltungsrechte bei den tariflichen Kernfragen, wie Bezahlung und Arbeitszeit, einräumen. Die Gewerkschaften verweisen darauf, dass mit der Abschaffung der Unabdingbarkeit des Tarifvertrags ein Häuserkampf von Betrieb zu Betrieb die Folge wäre und die gesellschaftlichen Funktionen des Flächentarifvertrags infrage gestellt würden.

Soziale Funktionen des Flächentarifvertrags

Friedensfunktion	Arbeitskämpfe sind während der Laufzeit eines Tarifvertrags ausgeschlossen (Wahrung des sozialen Friedens).
Ordnungsfunktion	Die Arbeitsverhältnisse sind für ganze Branchen einheitlich geregelt. Dadurch haben die Arbeitgeber in der gleichen Branche in etwa gleiche Kalkulationsgrundlagen für ihre Lohnkosten.
Schutzfunktion	Die Arbeitnehmer sind durch tarifliche Mindestarbeitsbedingungen gegen einseitige Festlegungen durch die Arbeitgeber geschützt. Weibliche und männliche Arbeitnehmer sind gleichgestellt.

7.3 Tarifvertragsverhandlungen – immer das gleiche Ritual

Tarifverhandlungen laufen immer nach dem gleichen Ritual ab: Die Gewerkschaften fordern mehr, als sie durchsetzen können; die Arbeitgeber bieten weniger an, als sie am Ende zugestehen müssen.

Argumente der Arbeitnehmer und Arbeitgeber

Die Arbeitnehmer sagen	Die Arbeitgeber sagen
• Die Lebenshaltungskosten sind gestiegen. Wir brauchen mehr Geld. • Die Unternehmen haben gut verdient. Wir wollen unseren Anteil, denn wir haben das durch unsere Arbeit erst möglich gemacht. • Die Anforderungen am Arbeitsplatz steigen dauernd und die Belastungen nehmen zu. Da muss ein Ausgleich her.	• Wir müssen wettbewerbsfähig bleiben. Zu hohe Löhne führen zu Preisen, mit denen wir nicht mehr wettbewerbsfähig sind. • Vielen Unternehmen geht es sehr schlecht. Sie können keine Lohnerhöhung verkraften, ohne dass weitere Arbeitsplätze gefährdet werden. • Mehr Lohn heißt weniger Gewinn. Weniger Gewinn heißt weniger Investitionen für Arbeitsplätze.

Sind die Verhandlungen festgefahren, haben die Tarifpartner zwei Möglichkeiten: Sie erklären das Scheitern der Verhandlungen und streben eine friedliche Einigung (Schlichtung) an oder sie organisieren Arbeitskampfmaßnahmen.

Für die **Schlichtung** richten die Tarifpartner eine Schlichtungsstelle ein, in der beide Tarifpartner vertreten sind. Meistens kommt eine bekannte „neutrale Person" dazu. Der kleine Verhandlungskreis sprengt festgefahrene Positionen. Zudem können beide Tarifpartner einen unangenehmen Schlichterspruch des „Neutralen" wesentlich leichter mittragen, ohne ihr Gesicht zu verlieren. Lehnt einer der Tarifpartner den Einigungsvorschlag der Schlichtungsstelle ab, dann endet die **Friedenspflicht**. Als letztes Mittel, einen neuen Tarifvertrag zu erzwingen, bleibt nur noch der Arbeitskampf.

Das wichtigste Arbeitskampfmittel der Gewerkschaften ist der **Streik**, bei dem die betroffenen, gewerkschaftlich organisierten Arbeitnehmer die Arbeit gemeinschaftlich niederlegen.

Voraussetzungen eines rechtmäßigen Streiks

Urabstimmung	**Mehrheitsbeschluss** (meistens 75 %) der betroffenen gewerkschaftlich organisierten Arbeitnehmer oder **Beschluss des Bundesvorstands** der Gewerkschaft. Damit mobilisieren die Gewerkschaften die Arbeitnehmer und zeigen dem Tarifgegner ihre Kampfbereitschaft („Säbelrasseln").
gewerkschaftlich organisiert	Ein Streik muss gegen die gegnerische Tarifvertragspartei geführt werden und gewerkschaftlich organisiert sein. Deshalb ist der **„wilde Streik"** rechtswidrig, ein kurzfristiger **Warnstreik** aber erlaubt.
tariflich regelbares Ziel	Der Streik muss ein Ziel verfolgen, das der Tarifgegner erfüllen kann. Deshalb sind Streiks zur Durchsetzung politischer Ziele und **Generalstreiks** (hier legen Arbeitnehmer aller Branchen gleichzeitig die Arbeit nieder) und längere **Sympathiestreiks** (Arbeitnehmer anderer Branchen solidarisieren sich) rechtswidrig.

Der Streik wird meist mit der Annahme eines Verhandlungsergebnisses (z. B. Schlichtungsspruch der Schlichtungsstelle) durch eine Urabstimmung beendet, bei der mindestens 25 % der betroffenen gewerkschaftlich organisierten Arbeitnehmer für den Streikabbruch stimmen müssen. Ein Streik kann auch durch den Beschluss des Bundesvorstands der Gewerkschaft beendet werden.

Zur Abwehr eines Streiks haben die Arbeitgeber das Kampfmittel der **Aussperrung**. Dabei verweigern die Arbeitgeber sowohl streikenden als auch arbeitswilligen Arbeitnehmern den Zutritt in ihren Betrieb. Sämtliche Arbeitsverhältnisse sind auf bestimmte Zeit ausgesetzt (**suspendiert**). Das bedeutet, dass die Lohnzahlungspflicht des Arbeitgebers während der Aussperrung entfällt. Nach Beendigung der Aussperrung werden die suspendierten Arbeitsverhältnisse fortgesetzt, die gelösten Arbeitsverträge müssen jedoch neu geschlossen werden, wenn der Tarifvertrag keine **Wiedereinstellungsklausel** enthält. Die Aussperrung verschärft zwar den Arbeitskampf, beschleunigt aber den Abschluss eines neuen Tarifvertrags.

Für Streik und Aussperrung gilt das **Prinzip der Verhältnismäßigkeit**. Keine Tarifpartei darf den Arbeitskampf so führen, dass die Gegenseite und die Volkswirtschaft über Gebühr geschwächt werden.

Bestreikte oder aussperrende Betriebe erhalten aus der Solidaritätskasse ihres Arbeitgeberverbandes eine finanzielle Unterstützung. Streikende oder ausgesperrte Gewerkschaftsmitglieder erhalten aus der Streikkasse ihrer Gewerkschaft **Streikgeld**, dessen Höhe sich nach Einkommen und Dauer der Mitgliedschaft richtet.

Beispiel: Michael Müller verdient monatlich 2 500,00 €. Er ist seit sechs Jahren Gewerkschaftsmitglied und zahlt monatlich 1 % seines Entgelts Gewerkschaftsbeitrag, also 25,00 €. Seine Gewerkschaft zahlt das 14-fache seines Monatsbeitrags als Streikgeld pro Woche aus. Damit erhält er 14 · 25 = 350,00 € Streikgeld pro Streikwoche.

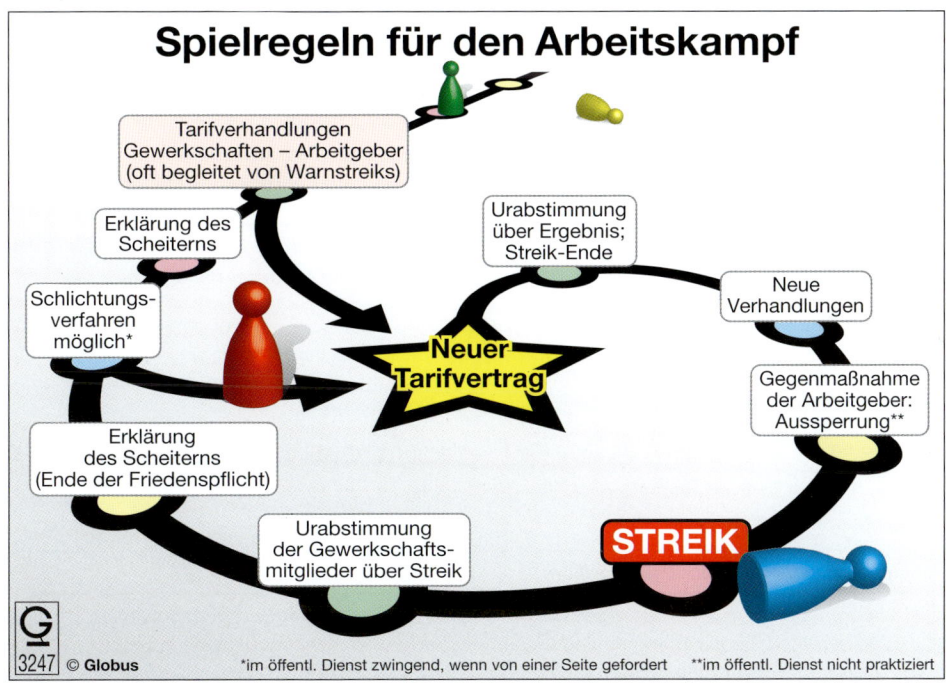

485

ZUSAMMENFASSUNG

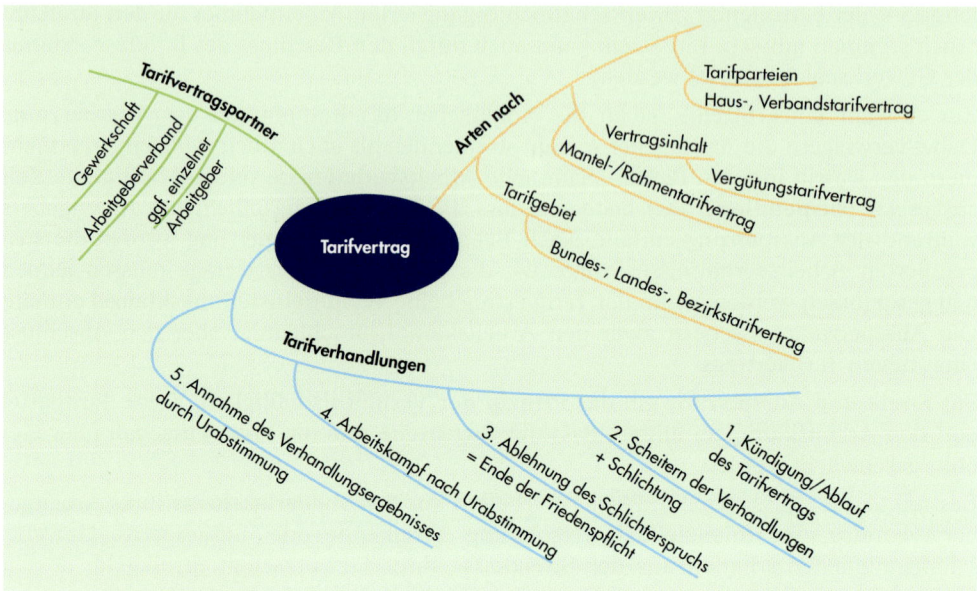

AUFGABEN

1   Schreiben Sie jeden der folgenden Begriffe auf die Kopfzeile eines DIN-A6-Kärtchens:

> Tarifvertrag (Begriff), Tarifautonomie, Tariffähigkeit, Allgemeinverbindlicherklärung, Tarifvertragsarten (nach den Tarifparteien), Tarifvertragsarten (nach dem Inhalt), Tarifvertragsarten (nach dem Geltungsbereich/Tarifgebiet), Schlichtung, Friedenspflicht, Streik (Begriff, Voraussetzungen), Aussperrung.

Sortieren Sie die Begriffskärtchen nach den Kriterien „weiß ich" oder „weiß ich nicht".

Bilden Sie Kleingruppen mit höchstens drei Mitgliedern. Erklären Sie sich gegenseitig die „Weiß-ich-nicht"-Kärtchen. Schlagen Sie dabei die ungeklärten Begriffe im Schulbuch nach oder nehmen Sie Kontakt zu einer anderen Kleingruppe auf.

Schreiben Sie die Begriffserklärungen auf die Rückseite Ihrer Kärtchen und ordnen Sie die Kärtchen unter der Leitkarte „Tarifvertag" alphabetisch in Ihren Lernkartei-Behälter ein.

2   Schildern Sie den Ablauf von
     a)   friedlichen Tarifverhandlungen,
     b)   Tarifverhandlungen mit Kampfmaßnahmen.
Tipp: Präsentieren Sie Ihre Ergebnisse mithilfe einer Plakatwand.

3   Diskutieren Sie über Vor- und Nachteile des Flächentarifvertrags.

4   Führen Sie eine Tarifverhandlung als Rollenspiel durch.

Vorschläge für Rollenkarten:

Mitglied der Gewerkschaftsdelegation
1.   Begründen Sie Ihre Forderungen nach Gehaltserhöhung und Arbeitsplatzgarantie.
2.   Weisen Sie Gegenargumente und Gegenvorschläge der Arbeitgeberseite zurück.
3.   Weisen Sie den Kompromissvorschlag des Schlichters zurück.

Mitglied der Arbeitgeberdelegation

1. Stellen Sie die Wirtschaftslage aus Sicht der Unternehmer dar und weisen Sie die Forderungen der Gewerkschaft zurück.
2. Unterbreiten Sie der Gewerkschaft einen Gegenvorschlag.
3. Lehnen Sie den Kompromissvorschlag des Schlichters ab.
4. Argumentieren Sie (innerhalb der Arbeitgeberdelegation) für die Aussperrung.

Schlichter

1. Wägen Sie die Argumente der Gewerkschaft und der Arbeitgeber gegeneinander ab.
2. Versuchen Sie, bei den Verhandlungspartnern mehr Verständnis für die Gegenseite herbeizuführen.
3. Schlagen Sie einen Kompromiss vor, der zwischen den Vorstellungen von Gewerkschaft und Arbeitgeberseite liegt.

Gewerkschaftsmitglieder (Klassenverband)

1. Begründen Sie Ihre Forderung nach Gehaltserhöhung und Arbeitsplatzgarantie.
2. Verfolgen Sie aufmerksam die Verhandlungen.
3. Stimmen Sie bei der Urabstimmung für den Streik.

Beobachter

1. Verfolgen Sie aufmerksam die Verhandlungen der Delegationen.
2. Notieren Sie die Argumente beider Seiten.
3. Beurteilen Sie, wie die Klassenkameraden ihre Rollen gespielt haben.
4. Sagen Sie dazu Ihre Meinung in der Diskussion.

a) Beurteilen Sie den Verlauf der Verhandlungen.
b) Beurteilen Sie das Verhalten ihrer Mitschüler während des Rollenspiels.

5

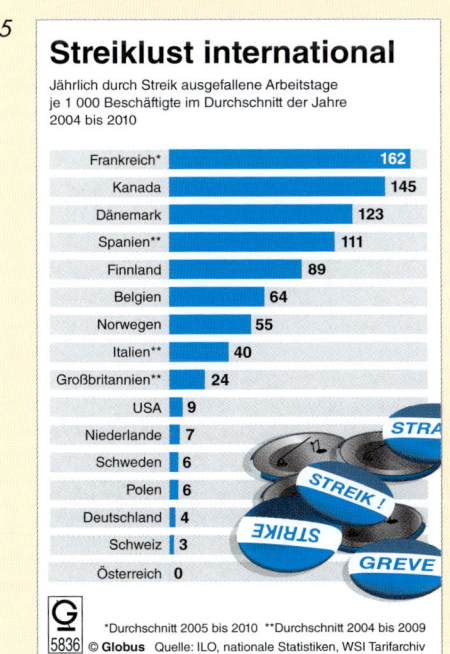

Streiklust international

Jährlich durch Streik ausgefallene Arbeitstage
je 1 000 Beschäftigte im Durchschnitt der Jahre
2004 bis 2010

Frankreich*	162
Kanada	145
Dänemark	123
Spanien**	111
Finnland	89
Belgien	64
Norwegen	55
Italien**	40
Großbritannien**	24
USA	9
Niederlande	7
Schweden	6
Polen	6
Deutschland	4
Schweiz	3
Österreich	0

G
5836   *Durchschnitt 2005 bis 2010 **Durchschnitt 2004 bis 2009
© **Globus** Quelle: ILO, nationale Statistiken, WSI Tarifarchiv

Erläutern Sie mögliche Folgen eines Arbeitskampfes für
a) die Arbeitnehmer,
b) die Arbeitgeber,
c) die Volkswirtschaft.

6 Die Streikbereitschaft ist in fast allen Industriestaaten rückläufig. Begründen Sie diese Feststellung.

8 Sozialversicherung – Fehler im System?

PROBLEM

Es geschah auf dem Weg zum Ausbildungsbetrieb. Eigentlich könnte Katja Müller mit diesem Mittwoch zufrieden sein: Bestes Wetter, das bevorstehende Wochenende fiel diesmal um zwei Tage länger aus, weil der Donnerstag ein Feiertag war und sie am Freitag einen Urlaubstag bekommen hat. Zudem hat Gulio, ihr Freund, auch Urlaub bekommen. Vergnügt tritt Katja in die Pedale ihres neu erworbenen Mountainbikes. Noch 50 Meter – dann links in die Industriestraße abbiegen. Ihr Ausbildungsbetrieb liegt auf der anderen Straßenseite. Endlich wieder Urlaub. Vier Tage Paris, Euro-Disneyland. Hoffentlich bekommt Gulio das Auto seiner Eltern. Da – ein kreischender Ton reißt sie aus ihren Gedanken. Bremsen quietschen. Beinahe wie im Traum, als sei sie gar nicht beteiligt, bemerkt Katja den Lastwagen unmittelbar vor ihr. Deutlich kann sie hinter der Windschutzscheibe das entsetzte Gesicht des Fahrers erkennen. Dann wird ihr schwarz vor Augen. Sie wacht erst wieder auf der Unfallstation auf. Ein Bein und einen Arm kann sie nicht bewegen; beide Körperteile sind komplett eingegipst. Alle möglichen Fragen schießen Katja durch den Kopf.
Wer kommt für die Krankenhausbehandlung auf? Wie lange wird meine Ausbildungsvergütung weiterbezahlt? Was passiert mit meinem Ausbildungsplatz? Was geschieht, wenn ich für den Rest meines Lebens gehbehindert bin? Wer kommt für eine mögliche Umschulung auf?

Arbeitsauftrag:
Helfen Sie Katja Müller bei der Beantwortung dieser Fragen.

SACHDARSTELLUNG

8.1 Geschichte der Sozialversicherung

Die deutsche Sozialversicherung blickt auf eine bewegte Geschichte zurück. Reichskanzler Otto von Bismarck hat sich Ende des 19. Jahrhunderts der sozialen Frage angenommen, um den innerstaatlichen Frieden zu retten. Bismarck hatte den politischen Zündstoff, der in der mangelnden sozialen Sicherung weiter Bevölkerungskreise lag, erkannt. Am 17. November 1881 verkündete er vor dem Reichstag die „Kaiserliche Botschaft" von Kaiser Wilhelm I: *„Geben Sie dem Arbeiter das Recht auf Arbeit, solange er gesund ist, sichern Sie ihm Pflege, wenn er krank ist, sichern Sie ihm Versorgung, wenn er alt ist."*

Grün-dungsjahr	Versicherungszweig	Versicherungsträger
1883	Gesetzliche Krankenversicherung	Allgemeine Ortskrankenkasse (AOK), Innungs-, Betriebskrankenkassen, Ersatzkassen (DAK-Gesundheit, KKH-Allianz, Barmer GEK usw.)
1884	Gesetzliche Unfallversicherung	Berufsgenossenschaften einzelner Branchen, Eigenunfallversicherungen (Bund, Länder, Gemeinden)
1889 bzw. 1911	Gesetzliche Rentenversicherung der Arbeiter bzw. Angestellten	Deutsche Rentenversicherung Bund (DRV) in Berlin mit Regionalträgern (z. B. DRV Schwaben, DRV Nordbayern, DRV Rheinland)
1927	Gesetzliche Arbeitslosenversicherung	Bundesagentur für Arbeit in Nürnberg mit Regionaldirektionen und örtlichen Agenturen für Arbeit
1995	Gesetzliche und private Pflegeversicherung	Pflegekassen der gesetzlichen Krankenkassen bzw. der privaten Krankenkassen

8.2   Wesentliche Leistungen der Sozialversicherung

Versicherungszweig	Versicherungspflicht	Beiträge[1]	Wesentliche Leistungen
• **Gesetzliche Krankenversicherung** (SGB I § 21, V)	Arbeitnehmer bis zur Versicherungspflichtgrenze, Rentner, Auszubildende	15,5%[2] des Bruttoentgelts, Arbeitnehmer 8,2%, Arbeitgeber 7,3%	Maßnahmen zur Früherkennung von Krankheiten, Krankenhilfe (ärztliche Behandlung durch Vertragsärzte, Arznei-, Verbands-, Heil-, Hilfsmittel, Zahn- und Krankenhausbehandlung), Krankengeld ab der 6. Krankheitswoche, kostenlose Familienhilfe für Angehörige des Versicherten ohne eigenes Einkommen usw.
• **Gesetzliche Unfallversicherung** (SGB I § 22, VII)	Arbeitgeber muss seine Arbeitnehmer versichern lassen, ebenso unentgeltlich Hilfeleistende	Je nach Gefahrenklasse des Betriebs, Arbeitgeber bringt Beiträge alleine auf (ca. 1 % der Entgeltsumme)	Maßnahmen zur Unfallverhütung, Heilbehandlung nach Arbeitsunfall (auch Wegeunfall auf Arbeitsweg) oder bei Berufskrankheiten, Rehabilitationsmaßnahmen (Kur, Umschulung, usw.), Verletzten-, Übergangsgeld, Unfallrente
• **Gesetzliche Rentenversicherung** (SGB I § 23, VI)	Arbeitnehmer, Auszubildende, unentgeltlich tätige häusliche Pflegekräfte	18,9% des Bruttoentgelts, Arbeitnehmer und Arbeitgeber je zur Hälfte, Bundeszuschuss	Regelaltersrente[3] ab dem 67. Lebensjahr, Erwerbsminderungsrente bei eingeschränkter Arbeitskraft (Leistungsvermögen pro Tag weniger als 3 Stunden: volle Rente, weniger als 6 Stunden: halbe Rente) zunächst für maximal 3 Jahre, Rehabilitationsmaßnahmen
• **Gesetzliche und private Pflegeversicherung** (SGB I § 21a, XI)	Gesetzlich und privat Krankenversicherte	2,05% des Bruttoentgelts Arbeitnehmer und Arbeitgeber[4] je zur Hälfte	bei **häuslicher Pflege:** Pflegegeld (von Pflegestufe 0 mit 120,00 bis Pflegestufe 3 mit 700,00 €/Monat), Pflegesachleistungen (von Pflegestufe 0 mit 225,00 bis Pflegestufe 3 mit 1 550,00 €/Monat); bei **stationärer Pflege:** pflegebedingte Aufwendungen (von Pflegestufe 1 mit 1 023,00 bis Pflegestufe 3 mit 1 550,00 €/Monat)

Versicherungs-zweig	Versicherungs-pflicht	Beiträge[1]	Wesentliche Leistungen
• **Gesetzliche Arbeitslosen-versicherung** (SGB I § 19, II, III)	Arbeitnehmer, Auszubildende	3,0 % des Brutto-entgelts, Arbeit-nehmer und Arbeitgeber je zur Hälfte Arbeits-losengeld II wird aus Steuermitteln finanziert	Arbeitsvermittlung, Berufsberatung, För-derung der beruflichen Weiterbildung, Arbeitslosengeld je nach Beschäfti-gungsdauer und Lebensalter längstens für 24 Monate (ohne Kind: 60 %, mit Kind: 67 % des Nettoentgelts[5]), danach Arbeitslosengeld II (Regelsatz: 391,00 €), Insolvenzgeld (rückständiges Nettoentgelt der letzten drei Monate)

8.3 Grundprinzipien der Sozialversicherung

Nach dem Grundgesetz (Art. 20) ist die Bundesrepublik Deutschland ein demokratischer und sozialer Bundesstaat. Ein wesentlicher Baustein des vom Staat geknüpften sozialen Netzes ist die Sozialversicherung. Für jeden Beschäftigten besteht grundsätzliche **Versicherungspflicht**.

Als **Beschäftigung** gelten nach SGB IV § 7

- die nichtselbstständige Arbeit, insbesondere in einem Arbeitsverhältnis. Anhaltspunkte für eine Beschäftigung sind eine Tätigkeit nach Weisungen und eine Eingliederung in die Arbeitsorganisation des Weisungsgebers;
- der Erwerb beruflicher Kenntnisse, Fertigkeiten oder Erfahrungen im Rahmen betrieblicher Berufsbildung;
- der Bezug von Krankengeld, Verletztengeld, Versorgungskrankengeld, Übergangsgeld oder Mutterschaftsgeld oder nach gesetzlichen Vorschriften Erziehungsgeld oder die Inanspruchnahme der Elternzeit oder die Leistung des Bundesfreiwilligendienstes während des Bestands eines Arbeitsverhältnisses.

Beiträge und Leistungen der Sozialversicherung sind auf dem Prinzip der **Solidargemeinschaft** („Einer für alle – alle für einen") aufgebaut. Der Bruttoverdienst jedes Arbeitnehmers wird bis zur Beitragsbemessungsgrenze mit dem gleichen prozentualen Beitragssatz belastet; d. h., dass die besser Verdienenden einen höheren Eurobetrag aufbringen. Auf der anderen Seite erhalten jedoch alle Versicherten die gleichen Leistungen.

---

[1] Ab der **Beitragsbemessungsgrenze (BBG)** bleibt der Beitrag in € unverändert (Höchstbeitrag). 2014 beträgt die monatliche BBG in der gesetzlichen **Renten- und Arbeitslosenversicherung** 5 950,00 € (alte Bundesländer) bzw. 5 000,00 € (neue Bundesländer), in der **gesetzlichen Kranken- und Pflegeversicherung** 4 050,00 € (alte und neue Bundesländer). Aus der gesetzlichen Kranken- und Pflegeversicherung kann der Arbeitnehmer austreten, wenn sein Bruttoentgelt die **Versicherungspflichtgrenze** (2014: alte und neue Bundesländer 4 462,50 €) übersteigt.

[2] Den bisherigen pauschalen Sonderbeitrag der Arbeitnehmer in Höhe von 0,9 % können die Krankenkassen ab 2015 je nach Bedarf senken oder anheben. Damit wird es ab 2015 eine verbindliche Beitragsuntergrenze von 14,6 % geben (Arbeitnehmer und Arbeitgeber je 7,3 %), wobei nur der Arbeitgeberanteil mit 7,3 % festgeschrieben ist.

[3] Das Standardrentenniveau von etwa 70 % des Ø-Nettoentgelts erreichen Arbeitnehmer, wenn sie 45 Jahre lang Rentenbeiträge eingezahlt haben (**„Eckrentner"**). Wer früher in Rente geht, muss Rentenabschläge von 0,3 % pro Monat des früheren Rentenbeginns in Kauf nehmen. Bis 2030 wird das allgemeine Rentenniveau auf rund 67 % abgesenkt. Das Renteneintrittsalter wird von 2012 bis 2029 schrittweise auf 67 Jahre erhöht.

[4] Wer keine Kinder hat und mindestens 23 Jahre alt ist, zahlt statt 1,025 % (Arbeitnehmeranteil) 1,275 % (Ausnahme Sachsen: 1,525 % bzw. 1,775 %). In Sachsen zahlen die Arbeitnehmer den vollen Beitrag für die ersten 1 % an den restlichen 0,95 % beteiligen sich die Arbeitgeber zur Hälfte (dafür wurde kein Feiertag abgeschafft).

[5] Anspruch auf Arbeitslosengeld haben Arbeitnehmer, die die Regelaltersrente noch nicht erreicht haben, die arbeitslos sind, sich bei der Agentur für Arbeit arbeitslos gemeldet haben und die Anwartschaftszeit erfüllt haben. Die Anwartschaft hat erfüllt, wer in den letzten zwei Jahren (Rahmenfrist) mindestens zwölf Monate versicherungspflichtig beschäftigt war. Die Dauer des Anspruchs richtet sich nach der Dauer der versicherungspflichtigen Arbeitsverhältnisse und nach dem Lebensalter des Arbeitslosen (SGB III §§ 136 bis 147).

Ein weiterer Grundsatz der Rentenversicherung ist der **Generationenvertrag**. Die Generation der Erwerbstätigen finanziert mit ihren Beiträgen die Renten der nicht mehr erwerbstätigen Generation. Dadurch erwerben die Jüngeren ihrerseits das Recht, im Alter von der nachfolgenden Generation versorgt zu werden (**Umlageverfahren**). Sozialer Friede und soziale Gerechtigkeit sind maßgeblich mit der Einhaltung dieses Generationenvertrags, der nirgendwo schriftlich festgehalten ist, verknüpft. Mit jährlichen Rentenanpassungen sollen die Rentner an der allgemeinen Erhöhung der Nettolöhne teilhaben (**Rentendynamisierung**). Die Rentenanpassung enthält jedoch einen **Nachhaltigkeitsfaktor**, der das Verhältnis zwischen Beitragszahlern und Rentnern berücksichtigt.

Sinkt dieses Verhältnis z. B. um 0,7 % und erhöhen sich die Nettolöhne um 1,2 %, dann erhöhen sich die Renten nur um 0,5 %. Negative Rentenanpassungen sind ausgeschlossen. (**Schutzklausel**, SGB VI § 255e).

Die künftige Rentenpolitik muss sich immer mehr an den Grundsätzen der **Demografiebeständigkeit**, der **Generationengerechtigkeit** und der **Chancen der Teilhabe auf dem Arbeitsmarkt** orientieren.

8.4 Probleme der Sozialversicherung

Die gesetzliche Sozialversicherung, einst als Maßnahme zur Sicherung des sozialen Friedens eingeführt, wird zunehmend selbst zur Gefahr für den sozialen Frieden. Die **Überalterung** der Bevölkerung bei gleichzeitig anhaltend **hoher Arbeitslosigkeit** hat die gesetzliche Sozialversicherung in **Finanzierungsnöte** gebracht. Da die lohnabhängigen Beiträge bereits die Schmerzgrenze erreicht haben, blieb nichts anderes übrig, als durch **Reformen** die Leistungen zu kürzen. Der Generationenvertrag gerät in eine Schieflage, wenn immer weniger Beitragszahlern immer mehr Leistungsempfänger (z. B. Rentner, Arbeitslose) gegenüberstehen. Entscheidend für die nachhaltige Finanzierung der gesetzlichen Rentenversicherung ist der Abbau der Arbeitslosigkeit, wirtschaftliches Wachstum, der Aufbau neuer sozialversicherungspflichtiger Beschäftigung und die Förderung der privaten Eigenvorsorge und Eigenverantwortung.

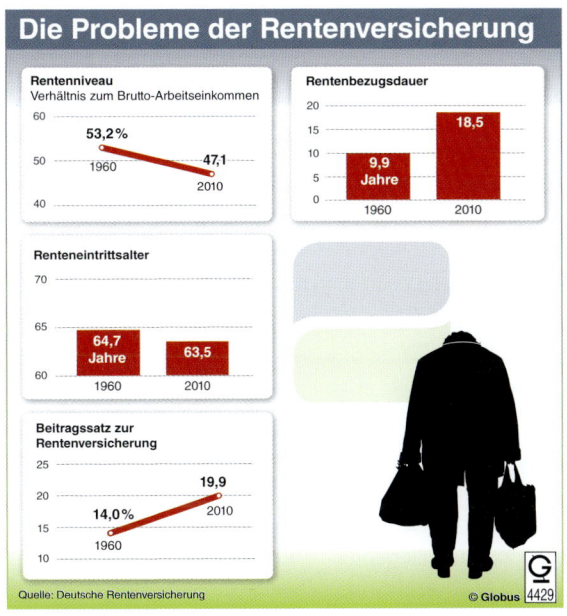

Die Probleme der Rentenversicherung

Rentenniveau
Verhältnis zum Brutto-Arbeitseinkommen
53,2 % (1960) — 47,1 (2010)

Rentenbezugsdauer
9,9 Jahre (1960) — 18,5 (2010)

Renteneintrittsalter
64,7 Jahre (1960) — 63,5 (2010)

Beitragssatz zur Rentenversicherung
14,0 % (1960) — 19,9 (2010)

Quelle: Deutsche Rentenversicherung

© Globus 4429

In Zeiten des globalen Wettbewerbs beeinträchtigen die hohen **Lohnnebenkosten** (vor allem durch die gesetzlich vorgeschriebenen Sozialleistungen, z. B. Arbeitgeberanteile zur gesetzlichen Sozialversicherung) die Wettbewerbsfähigkeit der deutschen Wirtschaft. Experten sehen in der **Abkoppelung der Sozialversicherungsbeiträge** von den Löhnen (z. B. Kopfpauschalen bei der Krankenversicherung) bzw. durch eine **Verbreiterung der Bemessungsgrundlage** (z. B. Krankenkassenbeiträge auch auf Zins- und Mieteinkünfte) eine Entlastungsmöglichkeit für die Arbeitgeber.

8.5 Private Vorsorge – Versorgungslücke schließen

Die gesetzliche Rente allein wird in Zukunft keine ausreichende Versorgung mehr im Alter gewährleisten können. Je mehr ein Arbeitnehmer verdient, desto größer wird bei einer Berufsunfähigkeit oder im Alter seine **Versorgungslücke** (Unterschied zwischen dem letzten Nettoeinkommen und der Höhe der gesetzlichen Rente) und damit die Gefahr des sozialen Abstiegs. Zukünftig wird die gesetzliche Rente eines „Standardrentners" nur noch rund 50 % seines letzten Nettoeinkommens betragen.

Um ihren Lebensstandard im Alter halten zu können, müssen Erwerbstätige dreifach vorsorgen (**Dreischichten-Modell**). Die **Basisversorgung** durch die gesetzliche Rente und die private Basisrente (1. Schicht) muss ergänzt werden durch eine **Zusatzversorgung** mit der Betriebs- und der Riesterrente (2. Schicht) und einer zusätzlichen **ergänzenden privaten Vorsorge** durch Versicherungen und andere Kapitalanlagen (3. Schicht).

Basisversorgung durch gesetzliche Rente und private Basisrente

Der Arbeitnehmer ergänzt seine Grundabsicherung durch die gesetzliche Rentenversicherung, indem er Beiträge an eine **private Rentenversicherung** zahlt. Die Beiträge sind steuerfrei, wenn die private Rentenversicherung dem Versicherten eine monatliche lebenslange **Leibrente** garantiert (**Rürup-Rente**[1]). Die Leistungen dürfen erst nach dem 60. Lebensjahr des Versicherten ausgezahlt werden. Ansprüche aus der Basisrente sind nur an engste Hinterbliebene (Ehepartner, Kinder) vererbbar Sie sind **nicht übertragbar**, beleihbar, veräußerbar oder kapitalisierbar (d. h. in einem Betrag auszahlbar).

Zusatzversorgung – betriebliche Altersvorsorge und Riesterrente

Verspricht der Arbeitgeber seinen Beschäftigten bei Erreichen des Renteneintrittsalters eine **Betriebsrente**, dann liegt eine betriebliche Altersvorsorge vor.

Durchführungswege der betrieblichen Altersvorsorge:

interne Anlageformen	• **Betriebliche Direktzusage:** Der Arbeitgeber leistet keine laufenden Einzahlungen und zahlt die Betriebsrenten aus den laufenden Erträgen des Unternehmens • **Betriebliche Unterstützungskasse:** Der Arbeitgeber zahlt in eine betriebseigene Pensionskasse ein und bringt die Betriebsrenten aus dieser Pensionskasse und laufenden Erträgen auf.
externe Anlageformen	• **Betriebliche Direktversicherung:** Der Arbeitgeber zahlt für seine Beschäftigten Beiträge an eine private Lebens- bzw. Rentenversicherung (Direktversicherung) • **Betriebliche Pensionskasse:** Der Arbeitgeber zahlt für seine Beschäftigten Beiträge an ein berufsständisches Versorgungswerk (Pensionskasse). • **Betriebliche Pensionsfonds:** Der Arbeitgeber legt Kapitalbeträge für seine Beschäftigten bei einer Kapitalanlagegesellschaft an (Pensionsfonds).

---

[1]   Bert Rürup war bis 2009 Mitglied des Sachverständigenrats.

Nur bei den externen Anlageformen kann der Arbeitnehmer beim Wechsel des Arbeitgebers sein Vorsorgeguthaben zum neuen Arbeitgeber mitnehmen. Daher werden nur diese steuerlich gefördert.

Um sich die sogenannte **Riester-Rente**[1] zu sichern, zahlt der Arbeitnehmer 4 % seines Nettoentgelts (maximal förderfähige Anlage) in einen **zertifizierten Altersvorsorgevertrag** ein. Dafür erhält er eine staatliche Zulage, die die Finanzämter nachträglich gutschreiben. Nach dem Altersvermögensgesetz (AVmG) gibt es die **Altersvorsorgezulage** (Grund- und Kinderzulage) nur dann in voller Höhe, wenn der Anleger den Mindesteigenbeitrag (4 % des Nettoentgelts abzüglich Zulagen) aufbringt. Es werden nur Anlagen gefördert, die bis zu Vollendung des 62. Lebensjahres des Anlegers gebunden sind. Bei Renteneintritt dürfen 30 % des Vorsorgekapitals sofort ausgezahlt werden.

Ein Durchschnittsverdiener mit monatlich rund 3 000,00 € Bruttoentgelt kann mithilfe dieser Riesterförderung nach 30 Beitragsjahren mit einer zusätzlichen monatlichen Rente in Höhe von 160,00 € rechnen.

Beispiel: Riesterförderung an drei Beispielen [2]

geförderte Person	Single	berufstätige Alleinerziehende mit 1 Kind	berufstätiges Ehepaar mit 2 Kindern
Bruttoeinkommen des Vorjahres	30 000,00 €	30 000,00 €	50 000,00 €
maximale förderfähige Anlage höchstens 2 100,00 € pro Jahr	**4 % p. a.** **1 200,00 €**	**4 % p. a.** **1 200,00 €**	**4 % p. a.** **2 000,00 €**
– maximale Grundzulage pro Jahr – maximale Kinderzulage pro Jahr[2]	– 154,00 € –	– 154,00 € – 300,00 €	– 308,00 € – 600,00 €
= rechnerischer Mindesteigenbeitrag (mindestens 60,00 €)	1 046,00 €	746,00 €	1 092,00 €
Zulagen in % vom Mindesteigenbeitrag	14,72 %	60,85 %	83,15 %

Ergänzende private Vorsorge – Versicherungen und Geldanlangen

Mit **Personenversicherungen** kann der Versicherungsnehmer seinen gesetzlichen Versicherungsschutz ergänzen und verbessern. Der Versicherungsschutz beginnt gründsätzlich mit der Zahlung des Beitrags.

Wichtige Personenversicherungen

Risikolebens-versicherung	Sie dient dem Hinterbliebenenschutz (Ehepartner, Kinder) im **Todesfall**. Der Beitrag richtet sich nach der abgeschlossenen Versicherungssumme, dem Gesundheitszustand des Versicherten, dem Alter bei Versicherungsbeginn und der Vertragslaufzeit.
Kapitallebens-versicherung	Hier wird die Versicherungssumme nach Ablauf der Versicherungsdauer (meist 12 Jahre und mehr) oder Erreichen eines bestimmten Lebensalters fällig. Im **Erlebensfall** bekommt der Versicherte selbst die Versicherungssumme (Garantiesumme plus Überschussanteile) ausgezahlt. Stirbt der Versicherte während der Vertragslaufzeit, dann sind seine Hinterbliebenen bis zur Höhe der Versicherungssumme abgesichert.

---

[1] Walter Riester war von 1998 bis 2002 Bundesminister für Arbeit und Sozialordnung.
[2] Für die vor dem 1.1.2008 geborenen Kinder: 185,00 € jährlich.

Berufsunfähig-keitsversicherung[1]	Nach der **Pauschalregel** bekommen die Versicherten eine vereinbarte Rente erst ab einer Berufsunfähigkeit von mindestens 50 %. Nach der **Staffelregel** zahlen die Versicherer bereits ab einem Berufsunfähigkeitsgrad von 25 %, dann aber auch nur 25 % der vereinbarten Rente. Die Rentenhöhe wächst gleichmäßig mit dem Grad der Berufsunfähigkeit. Erst ab einer 75-prozentigen Berufsunfähigkeit wird die volle vereinbarte Rente ausgezahlt.
private Rentenver-sicherung mit Ka-pitalwahlrecht	Das Altersvorsorgekapital kann bei Renteneintritt auf einmal ausgezahlt oder in Form einer lebenslangen Monatsrente ausgezahlt werden. Wird der Auszahlungszeitraum begrenzt, dann ist die monatliche Rente höher ("abgekürzte Leibrente"). Als **Einmalbeitragsversicherung** bezahlt der Versicherungsnehmer bei Vertragsabschluss die Versicherungssumme voll ein und erhält bei Eintritt in den Ruhestand eine "Sofortrente" ausbezahlt.

Bei allen nach 2005 abgeschlossenen Rentenversicherungen mit Kapitalwahlrecht und Kapitallebensversicherungen ist die Hälfte der Kapitalauszahlung steuerpflichtig.[1]

ZUSAMMENFASSUNG

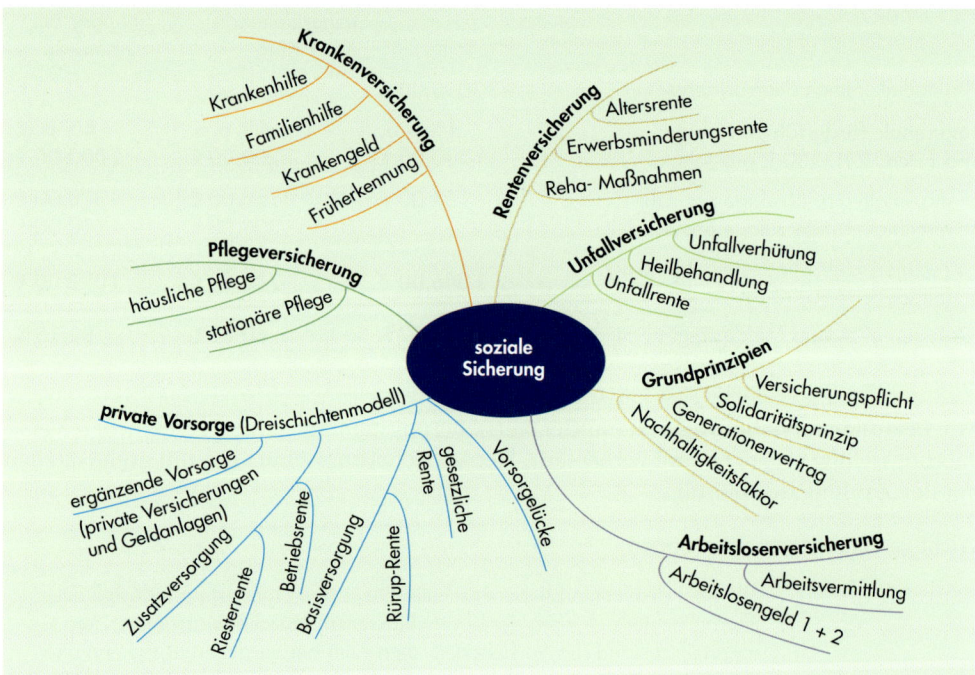

---

[1] **Berufsunfähigkeit** liegt vor, wenn eine Person ihren *erlernten Beruf* wegen Krankheit oder Behinderung nicht mehr ausüben kann. Dabei muss die Erwerbsfähigkeit gegenüber einer gesunden Person, die den gleichen Beruf ausübt, um mindestens 50 % geschmälert sein.

AUFGABEN

1. Schreiben Sie jeden der folgenden Begriffe auf die Kopfzeile eines DIN-A6-Kärtchens:

   Sozialversicherungszweige und -träger, Sozialversicherung (Personenkreis), Sozialversicherung (Beiträge), Sozialversicherung (Grundprinzipien), Krankenversicherung (Leistungen), Rentenversicherung (Leistungen), Pflegeversicherung (Leistungen), Unfallversicherung (Leistungen), Arbeitslosenversicherung (Leistungen), Beitragsbemessungsgrenze, Versicherungspflichtgrenze, Eckrentner, Generationenvertrag, Nachhaltigkeitsfaktor, Beschäftigung (SGB IV § 7), Versorgungslücke, Dreischichten-Modell, Riester-Rente, zertifizierter Altersvorsorgevertrag, Rürup-Rente, Berufsunfähigkeit, Erwerbsunfähigkeit, Berufsunfähigkeitsversicherung, Arbeitslosigkeit (SGB III § 137 f.).

   Sortieren Sie die Begriffskärtchen nach den Kriterien „weiß ich" oder „weiß ich nicht".
   Bilden Sie Kleingruppen mit höchstens drei Mitgliedern. Erklären Sie sich gegenseitig die „Weiß-ich-nicht"-Kärtchen. Schlagen Sie dabei die ungeklärten Begriffe im Schulbuch nach oder nehmen Sie Kontakt zu einer anderen Kleingruppe auf.
   Schreiben Sie die Begriffserklärungen auf die Rückseite Ihrer Kärtchen und ordnen Sie die Kärtchen unter der Leitkarte „Soziale Sicherung" alphabetisch in Ihren Lernkartei-Behälter ein.

2. Bilden Sie Teams mit jeweils drei Mitgliedern (Stammgruppen). Schreiben Sie jeden der Begriffe aus Aufgabe 1 auf ein extra Stück Papier und fügen Sie diese Papierkärtchen zu einer sinnvollen Struktur zusammen. Die Struktur kann durch Pfeile, Farben, Symbole, Texte (z. B. Überschriften), Bilder oder weitere Begriffe ergänzt werden.

3. Vorschläge zur Senkung des Krankenkassenbeitrags:

Behandlungsstopp für Alte

… Es ist gerecht, bestimmte teure medizinische Leistungen ab einer bestimmten Altersgrenze nicht mehr vorzusehen, sondern sich dann auf eine Behandlung akuter Schmerzen zu beschränken. So sollten 85-Jährigen keine künstlichen Hüftgelenke mehr eingepflanzt werden. Gesundheitsökonomen fordern einen Operationsstopp für Menschen über 75 Jahre. …

Ehepartner im Visier

… Die beitragsfreie Mitversicherung von Ehepartnern, die weder Kinder aufziehen noch Angehörige pflegen, sollte abgeschafft werden. …

Wer gesund lebt, muss belohnt werden

… Wer selten zum Arzt geht, sich körperlich und geistig fit hält oder sparsam mit Medikamenten umgeht, sollte mit Beitragsrückerstattungen belohnt werden. …

Freizeitunfälle aus dem Leistungskatalog streichen

… Versicherte sollten verpflichtet werden, sich gegen Unfälle im Haushalt, Verkehr und Sport privat zu versichern …

   a) Welche Vorschläge zur Kostensenkung im Gesundheitswesen werden gemacht?
   b) Diskutieren Sie darüber.
   c) Weshalb sind Einsparungen im Gesundheitswesen ein „zweischneidiges Schwert"?

4   Welcher Sozialversicherungszweig ist zuständig? Welche Leistungen kommen infrage?

a)   Eva Kunz bringt ihr Kind zur Vorsorgeuntersuchung (U4).

b)   Bernd Kast will etwas gegen seine Drogenabhängigkeit tun.

c)   Fritz Birke verunglückt auf dem Weg zu seinem Arbeitsplatz und zieht sich ein Halswirbel-trauma zu. Er ist acht Wochen krankgeschrieben.

d)   Frau Bader heiratet und kündigt kurz darauf ihre Arbeitsstelle.

e)   Der leitende Angestellte Alex Fröhlich ist der Meinung, dass er nicht mehr der Sozial-versicherungspflicht unterliegt. Sein Bruttogehalt beträgt monatlich 6 300,00 €.

f)   Frau Winter pflegt unentgeltlich ihre schwer kranke hilflose Mutter. Sie hilft ihrer Mutter regelmäßig beim Aufstehen und begleitet sie auf die Toilette. Eines Tages rutscht Frau Winter aus, als sie ihrer Mutter aus dem Bett helfen will, und bricht sich dabei die Hand.

g)   Ernst Kögel erleidet einen Skiunfall und ist acht Wochen arbeitsunfähig.

h)   Wegen schlechter Auftragslage seines Betriebs erhält der Ausfahrer Martin Zeeb die Kündigung.

5   Je höher das Einkommen, desto größer ist die Versorgungslücke

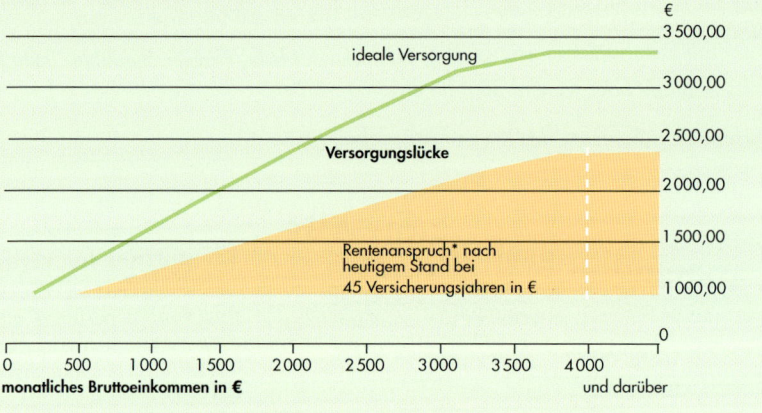

Die Riester-Rente kann nur die beschlossene Rentensenkung von 70 % auf 67 % bei einem „Eckrentner", den es nur in der Theorie gibt, ausgleichen. Der größere Teil der Versorgungslü-cke, nämlich die Absenkung des Niveaus von 70 % auf vielfach unter 50 %, kann mit der Riester-Rente nicht gedeckt werden.

Die Versorgungslücke wird größer

	Lücke vor Riester	Lücke nach Riester	
	nach 45 Beitragsjahren		tatsächliche Lücke
100 %	70 %	67 %	40 %
monatliches Nettoeinkommen	maximale Rente vor Reform	maximale Rente nach Reform	durchschnittliche Rente

Im besten Falle bekommt ein Rentner nach 2 000,00 € Nettoverdienst etwa 1 340,00 € Rente, realistisch eher nur um die 800,00 €.

a) Erläutern Sie den Begriff Versorgungslücke.
b) Stellen Sie die Höhe der Versorgungslücke anhand der obigen Abbildung oder mithilfe eines Versorgungslückenrechners (z. B. www.ruv.de) für verschiedene monatliche Netto-einkommen fest (in % und in €).
c) Weshalb steigt die Versorgungslücke (in €) mit steigendem Einkommen?
d) Erklären Sie die Begriffe „Eckrentner" und „Riester-Rente."
e) Weshalb kann die Riester-Rente allein die Versorgungslücke nicht schließen?
f) Interpretieren Sie das untere Schaubild und nehmen Sie dazu Stellung.
g) Machen Sie Vorschläge, wie Sie Ihre Versorgungslücke schließen könnten.

6 a) Erläutern Sie die Grafik auf Seite 491.
b) Wodurch gerät der Generationenvertrag zunehmend in Gefahr? Welche Lösungs-vorschläge werden diskutiert?
c) Sammeln Sie aktuelle Zeitungsartikel zum Thema „Rentenproblem", und stellen Sie Lösungsvorschläge zusammen.

7 a) Welche Bedingungen muss ein Altersvorsorgevertrag nach dem AltZertG erfüllen, wenn er die staatliche Förderung erhalten soll?
b) Erläutern Sie die staatliche Förderung der privaten Eigenvorsorge. Vollziehen Sie hierzu das Berechnungsschema auf Seite 493 nach. Berechnen Sie die maximale staatliche Förde-rung für Ihr eigenes Einkommen.
c) Beschreiben Sie die (1) förderungsfähigen Anlageformen und (2) Förderwege der betriebli-chen Altersvorsorge.

8 Holger Schneider, 26 Jahre alt, hatte einen guten Job als Kaufmann im Groß- und Außen-handel. 2 500,00 € brutto verdiente er im Monat – bis zu seinem schweren Skiunfall. Blei-bende Gesundheitsschäden machen es ihm unmöglich, seinen bisherigen Beruf oder eine gleichwertige Tätigkeit weiter auszuüben.

a) Unterscheiden Sie zwischen Berufs- und Erwerbsunfähigkeit. Welche Art der Erwerbsmin-derung liegt im dargestellten Fall vor?
b) Erläutern Sie die Absicherung durch die gesetzliche Rentenversicherung im Falle der privat verschuldeten (1) Berufsunfähigkeit bzw. (2) Erwerbsunfähigkeit.
c) Wie ist die Absicherung im Falle einer beruflich verursachten Berufs- bzw. Erwerbsunfähig-keit? Erkundigen Sie sich bei der Berufsgenossenschaft am Ort.
d) Wie hoch ist die Versorgungslücke im Falle der (1) Berufs- bzw. (2) Erwerbsunfähigkeit?
e) Nennen Sie einige Ursachen für eine dauerhafte Erwerbsminderung.
f) Wie sollte sich eine junge berufstätige Person gegen Berufsunfähigkeit absichern?
g) Unterscheiden Sie zwischen Pauschal- und Staffelregel bei einer privaten Berufsunfähig-keitsversicherung.
h) Besorgen Sie Prospekte bei örtlichen Versicherungsgesellschaften bzw. -agenturen über Be-rufsunfähigkeitsversicherungen, vergleichen Sie die Bedingungen und Leistungen und neh-men Sie zu den Ergebnissen Stellung.
i) Erstellen Sie eine Checkliste für den Abschluss einer Berufsunfähigkeitsversicherung.

9

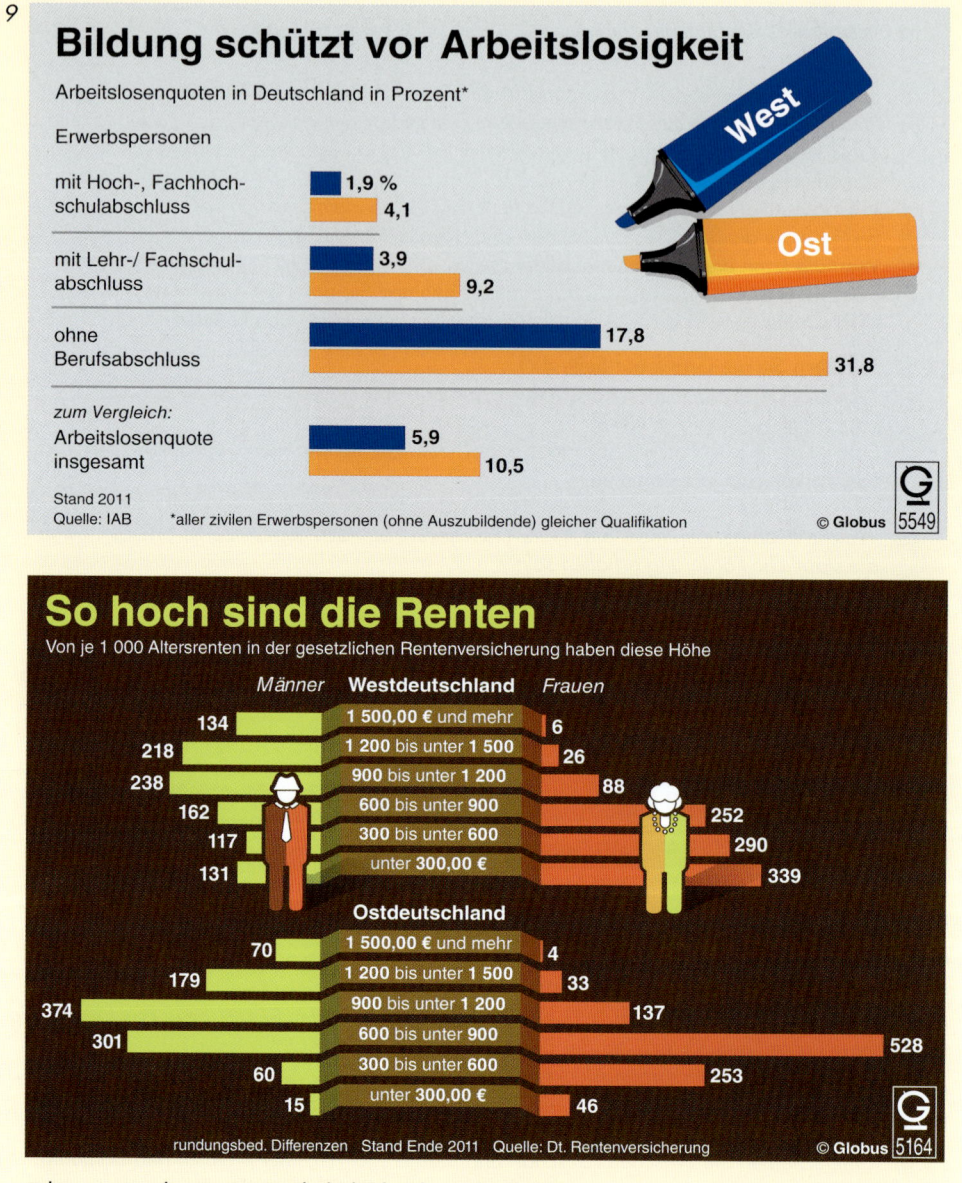

Bildung schützt vor Arbeitslosigkeit

Arbeitslosenquoten in Deutschland in Prozent*

West

Ost

Erwerbspersonen

mit Hoch-, Fachhoch-
schulabschluss
- **1,9 %**
- **4,1**

mit Lehr-/ Fachschul-
abschluss
- **3,9**
- **9,2**

ohne
Berufsabschluss
- **17,8**
- **31,8**

zum Vergleich:
Arbeitslosenquote
insgesamt
- **5,9**
- **10,5**

Stand 2011
Quelle: IAB　　*aller zivilen Erwerbspersonen (ohne Auszubildende) gleicher Qualifikation　　© Globus 5549

So hoch sind die Renten
Von je 1 000 Altersrenten in der gesetzlichen Rentenversicherung haben diese Höhe

Männer	Westdeutschland	Frauen
134	1 500,00 € und mehr	6
218	1 200 bis unter 1 500	26
238	900 bis unter 1 200	88
162	600 bis unter 900	252
117	300 bis unter 600	290
131	unter 300,00 €	339

	Ostdeutschland	
70	1 500,00 € und mehr	4
179	1 200 bis unter 1 500	33
374	900 bis unter 1 200	137
301	600 bis unter 900	528
60	300 bis unter 600	253
15	unter 300,00 €	46

rundungsbed. Differenzen　Stand Ende 2011　Quelle: Dt. Rentenversicherung　© Globus 5164

Erläutern Sie den Aussagegehalt der beiden Schaubilder.

Lernsituation: Entscheidung über die Rechtsform

UNTERNEHMENSPROFIL

Die Karl Wenz KG, Ulm, bietet alle gängigen Artikel des Bürobedarfs an und genießt in der Branche einen herausragenden Ruf. Karl Wenz ist alleiniger geschäftsführender Vollhafter (Komplementär). Er trägt sich mit dem Gedanken, den Bereich E-Business voranzutreiben. Karl Wenz ist unter der Internet-Adresse www.Karl-Wenz-Büroartikel.de weltweit im Web vertreten. Zurzeit verkauft er seine Büroartikel über den Fach-Einzelhandel. Karl Wenz will sein Sortiment in Zukunft zusätzlich über einen Webshop vertreiben. Alle Internet-Aktivitäten sollen in einer Gesellschaft mit eigener Rechtsform gebündelt werden.

Sie absolvieren in der Karl Wenz KG Ihre Ausbildung zur Kauffrau/zum Kaufmann im Groß- und Außenhandel. Laut zeitlichem Ausbildungsrahmenplan sind Sie in den nächsten zwei Monaten der Geschäftsleitung zugeordnet.

ARBEITSAUFTRÄGE

1 *Herr Wenz legt Ihnen das Protokoll der außerordentlichen Gesellschafterversammlung von letzter Woche auf den Schreibtisch.*

   „Auf dieser Versammlung habe ich die Meinungen meiner Kommanditisten Ute Menzel und Kurt Flaig zu dem neu zu gründenden Webshop eingeholt. Bitte fassen Sie die wesentlichen Aussagen zusammen, die vorgetragen wurden. Sie können diese Aussagen auch durch weitere Kriterien ergänzen, die für die Wahl der Rechtsform des Web-Unternehmens von Bedeutung sein könnten."

   Sie erstellen eine interne Mitteilung an Herrn Wenz mit einer Checkliste der wichtigsten Bestimmungsgrößen für die Wahl der Rechtsform einer Unternehmung.

2 *Nach der Besprechung Ihrer internen Mitteilung macht Herr Wenz folgenden Vorschlag:*

   „Herrn Flaig wäre es am liebsten, wenn wir bisherigen Gesellschafter in der neuen Firma unter uns bleiben könnten. Bitte organisieren Sie doch auf unserer nächsten Gesellschafterversammlung eine Kartenabfrage mit deren Hilfe wir die Probleme durch die Aufnahme weiterer Gesellschafter herausarbeiten könnten."

   Sie überprüfen den Moderationskoffer auf Vollständigkeit und besorgen Plakatwände. Da Sie auf der Gesellschafterversammlung selbst auch Karten ausfüllen wollen, notieren Sie die wichtigsten Probleme, die durch die Aufnahme weiterer Gesellschafter entstehen könnten.

3 *Das Ausbildungsgespräch in der nächsten Woche befasst sich mit dem Thema „Rechtsformen der Unternehmung".*

   Sie haben sich bereit erklärt, den Unterschied zwischen einer KG und einer GmbH als Vergleichstabelle darzustellen. Diese soll folgende Vergleichskriterien enthalten: Begriff, Gründungsformalitäten, Mindestkapital und Mindesteinlage, Haftungsverhältnisse, Geschäftsführung, Vertretung, gesetzliche Gewinn- bzw. Verlustverteilung, Besteuerung.

4 *Einen Tag vor dem Ausbildungsgespräch spricht Herr Wenz Sie an: „Wir wollen auf unserer nächsten Gesellschafterversammlung erörtern, was für und was gegen die Rechtsformen KG bzw. GmbH spricht. Wären Sie so gut und könnten Sie für unser Ausbildungsgespräch eine tabellarische Übersicht mit den Vor- und Nachteilen der beiden Rechtsformen anfertigen. Dann wäre es für uns Gesellschafter einfacher, uns für eine dieser beiden Rechtsformen zu entscheiden."*

5   Bei der Suche nach Unterlagen für das Ausbildungsgespräch stoßen Sie auf eine interne Mitteilung zur Bestellung und Anstellung des Geschäftsführers. Damit könnten Sie auf Herrn Wenz Eindruck machen. Sie beschließen, eine Tabelle anzufertigen, in der Sie die rechtliche Stellung des GmbH-Geschäftsführers mit der eines Arbeitnehmers vergleichen. Sie entscheiden sich für folgende Vergleichskriterien: Einsetzung, Vertragsgrundlage, Weisungsbefolgung, Zeugnisrecht, Sozialversicherungspflicht, Lohnsteuerpflicht, Kündigungsschutz, Arbeitsschutz.

MATERIALIEN

Auszug aus dem Protokoll der außerordentlichen Gesellschafterversammlung vom 22.05.20..

…

Karl Wenz (nach Darstellung seiner Vorstellungen):
„Ihr wisst jetzt, was ich in den nächsten Jahren vorhabe. Als Firma für den neuen Webshop habe ich mir den klangvollen Namen „Wenz Web New Media" ausgedacht. Wie ist Eure Meinung zu diesem ganzen Projekt?"

Ute Menzel (Tochter von Karl Wenz, Ärztin mit eigener Praxis):
„Ich habe bereits befürchtet, dass wir den Internetzug verpassen. Ich finde es mutig von dir, auf diesen Zug aufzuspringen. Ich selbst habe nicht viel Ahnung von diesem E-Business-Geschäft. Ich könnte aber meine Einlage aufstocken. So um die 100 000,00 € könnte ich flüssig machen."

Kurt Flaig (Inhaber eines Frisörsalons):
„Mir geht es genauso wie dir, Ute. In meinem Geschäft brauche ich jedenfalls noch kein Internet. Zu mir müssen die Kunden schon noch persönlich kommen. Den virtuellen Haarschnitt gibt es, Gott sei Dank, noch nicht. Ich bin auch dafür, dass wir den Bereich E-Business ausgliedern. Die Risiken sind dort erheblich höher als in unserem traditionellen Geschäft. Da wir uns im elektronischen Handel relativ wenig auskennen, sollten wir bei deiner New-Media-Firma das Anteilseigentum und die Geschäftsführung stärker trennen. Schon allein wegen der Fachkenntnisse. Wir brauchen für diese neue Gesellschaft ein erfahrenes Management aus der E-Business-Branche, sonst wird das nichts."

Karl Wenz:
„Diese Fachleute könnten wir dann am Gewinn, vielleicht auch am Kapital der neuen Gesellschaft, beteiligen, sodass sie bei der Stange bleiben. Ich rechne mit einem stürmischen Wachstum des elektronischen Handels. Die Eigenkapitalbasis muss diesem Wachstum ständig angepasst werden, eine einmalige Finanzspritze reicht da sicher nicht. Zur Begrenzung des Risikos schlage ich vor, die New Media zunächst als Kapitalgesellschaft zu betreiben. Am Anfang bietet sich eine Gesellschaft mit beschränkter Haftung an. Ich denke, dass diese Rechtsform nicht so kompliziert ist wie eine Aktiengesellschaft. Wir sollten uns in unseren Bekanntenkreisen nach möglichen Gesellschaftern umhören."

Kurt Flaig:
„Ich denke, wir sind uns einig, dass wir selbst auch Gesellschafter dieser neuen Unternehmung sein sollten. Am liebsten wäre es mir, wenn wir ganz unter uns bleiben könnten. Jedenfalls sollten wir den eingeführten Markennamen Wenz nutzen. Im Internet werden nur Marken akzeptiert, unter denen man sich etwas vorstellen kann. Ich mache mich mal kundig, wie der Gesellschaftsvertrag dieser neuen GmbH aussehen könnte."

Karl Wenz:

„Ich kümmere mich um die weiteren Gründungsformalitäten. Wir sollten uns in einem Monat wieder treffen und Nägel mit Köpfen machen. Zu dieser Sitzung werde ich unseren Steuerberater und unseren Rechtsanwalt hinzuziehen. Die Besteuerung einer GmbH ist auch ganz anders, wir dürfen hier keinen Fehler machen."

...

Interne Mitteilung zur Bestellung und Anstellung des Geschäftsführers

Bestellung und Anstellung eines GmbH-Geschäftsführers sind rechtlich getrennt zu behandeln: Die Bestellung richtet sich nach dem GmbH-Recht, die Anstellung nach dem besonderen Schuldrecht des BGB. Wird zwischen der GmbH und dem Geschäftsführer ein Anstellungsvertrag abgeschlossen, handelt es sich in der Regel um einen Dienstvertrag mit Geschäftsbesorgungscharakter. Die rechtliche Qualität dieses Anstellungsvertrages ist uneinheitlich und in den Einzelheiten umstritten.

Der Geschäftsführer wird zivilrechtlich grundsätzlich nicht als Arbeitnehmer angesehen. Zwar ist der Geschäftsführer von der Gesellschafterversammlung weisungsabhängig. Diese Weisungsabhängigkeit lässt sich aber nicht mit dem Direktionsrecht des Arbeitgebers vergleichen, da sie lediglich Ausdruck der gesellschaftsrechtlichen Kompetenzverteilung ist. Außerdem haben einzelne GmbH-Gesellschafter kein Direktionsrecht gegenüber dem Geschäftsführer.

Diese Auslegung des Dienstvertrages des Geschäftsführers bedeutet, dass etwa die sozialen Schutzvorschriften des Kündigungsschutzgesetzes, des Mutterschutzgesetzes, des Arbeitszeitgesetzes oder auch des Bundesurlaubsgesetzes auf ihn nicht direkt anwendbar sind. Einzelne Regelungen werden allenfalls analog angewandt, wenn die Interessenlage mit einem Arbeitnehmer vergleichbar ist. So wird etwa Fremdgeschäftsführern oder Minderheitsgesellschaftern ein Anspruch auf ein Zeugnis zugebilligt, weil sie ihre Dienste weisungsgebunden erbringen.

Steuerlich ist der Geschäftsführer dagegen grundsätzlich als nichtselbstständiger Arbeitnehmer zu behandeln, der selbst bei beherrschender Kapitalbeteiligung der Lohnsteuerpflicht unterworfen ist. Der Geschäftsführer ist auch kein Unternehmer im Sinne des Umsatzsteuergesetzes.

Das Sozialversicherungsrecht wiederum differenziert bei der Frage nach dem Vorliegen eines abhängigen Arbeitsverhältnisses nach den tatsächlichen Beherrschungsmöglichkeiten des Geschäftsführers. Bei Fremdgeschäftsführern ist eine Sozialversicherungspflicht regelmäßig anzunehmen, da sie gegenüber der Gesellschafterversammlung weisungsgebunden und durch laufende Gehaltszahlung wirtschaftlich abhängig sind. Bei Gesellschafter-Geschäftsführern muss dagegen im Einzelnen untersucht werden, ob sie die Geschicke der Gesellschaft maßgeblich beeinflussen können. Dies kann sich aus dem Stimmrecht, aus der vertraglichen Ausgestaltung des Geschäftsführerverhältnisses oder aus einer tatsächlichen beherrschenden Funktion ergeben.

Von dem Grundsatz, dass GmbH-Geschäftsführer nicht den arbeitsrechtlichen Bestimmungen unterliegen, gibt es einige Ausnahmen. Der Anstellungsvertrag kann dann als Arbeitsvertrag einzustufen sein, wenn ein Fall der sogenannten Drittanstellung vorliegt, wenn also der Anstellungsvertrag nicht mit der Gesellschaft, sondern einem Dritten abgeschlossen wurde. Dies geschieht häufig bei der GmbH & Co. KG oder anderen Konzernkonstellationen, wenn die Konzernmutter ihre leitenden Angestellten zu den Tochtergesellschaften abstellt.

Eine weitere Ausnahme kann dann bestehen, wenn ein bisheriger Angestellter der GmbH zum Geschäftsführer befördert worden ist. Hier stellt sich die Frage nach dem Schicksal des ursprünglichen Arbeitsvertrages. Das Arbeitsverhältnis kann durch die Bestellung zum Geschäftsführer aufgehoben werden oder nur ruhend gestellt werden. Hier empfiehlt sich eine ausdrückliche vertragliche Regelung im Geschäftsführervertrag.

Die Bestimmungen des Kündigungsschutzgesetzes gelten generell nicht für gesetzliche Vertreter von juristischen Personen.

Aufgrund der rechtlichen Trennung von Bestellung und Anstellung des Geschäftsführers bedeutet seine gesellschaftsrechtliche Abberufung noch nicht die Beendigung des Anstellungsvertrags, selbst dann nicht, wenn der Widerruf der Bestellung fristlos aus wichtigem Grund erfolgte.

Auch nach einer Abberufung wird das Anstellungsverhältnis nicht notwendig zum Arbeitsverhältnis. Ebenso wenig ist mit der Abberufung als Vertretungsorgan notwendig die fristlose oder fristgemäße Kündigung des Anstellungsvertrages verbunden. Die Kündigung muss eigens erklärt werden. Bis zu einer wirksamen Kündigung oder dem Abschluss eines Aufhebungsvertrages besteht das Anstellungsverhältnis fort.

Für Rechtsstreitigkeiten zwischen dem Vertretungsorgan und der juristischen Person sind nach § 5 ArbGG die Arbeitsgerichte nicht zuständig.

1 Projektmerkmale und Projektziele

Merke: Ein **Projekt**[1] ist nach DIN 69901 ein einmaliges Vorhaben, bei dem innerhalb einer Zeitspanne ein bestimmtes Ziel mit begrenzten personellen und finanziellen Mitteln erreicht werden soll.

Ein **Schulprojekt** weist folgende Merkmale auf:

- zielgerichtete Bearbeitung eines umfassenden, **vielschichtigen Themas** aus der Lebenssituation der Schüler mit beruflicher Relevanz;
- selbstständige Bearbeitung des Projektthemas in **selbst organisierten Teams**, in denen jedes Teammitglied Aufgaben übernimmt, die seinen Interessen und Neigungen entsprechen;
- Einbeziehung vieler Sinne (Augen, Ohren, Herz, Hände) durch die **Produktorientierung** (z.B. Darstellung der Ergebnisse in Form von Plakatwänden, PowerPoint-Präsentationen, Videofilmen oder in einem Rollenspiel).

Die Projektmethode verbindet Theorie und Praxis, fördert das selbstständige Lernen (Planen, Entscheiden, Durchführen, Kontrollieren) und schult die Fachkompetenz (Kenntnisse, Fertigkeiten), Methodenkompetenz (sich selbst neue Kenntnisse und Fertigkeiten aneignen) und Sozialkompetenz (Umgang und Zusammenarbeit mit anderen Menschen). Dadurch erwerben die Schüler die **Handlungskompetenz**, um berufliche Handlungssituationen und private Lebenssituationen zu bewältigen.

2 Projektmanagement – vier Projektphasen

Merke: Die zielgerichtete Vorbereitung, Planung, Steuerung, Dokumentation und Überwachung von Projekten ist Gegenstand des **Projektmanagements**. Jedes Projekt durchläuft vier Projektphasen.

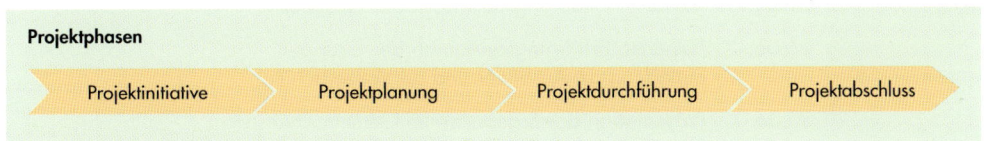

Projektphasen

Projektinitiative → Projektplanung → Projektdurchführung → Projektabschluss

2.1 Projektinitiative – Projekt skizzieren

Ausgangspunkte eines Projekts

Ausgangspunkt eines Projekts kann ein **Anlass** sein (z.B. Durchführung eines Schulfestes), ein **Projektthema** (das kann vorgegeben sein oder erst festgelegt werden) oder ein **Problem**, das gelöst werden soll.

---

[1] lat. proiectum = das nach vorn Geworfene; Entwurf, Vorhaben, Plan

Projektskizze – Grobplanung

Die Auseinandersetzung mit der Projektinitiative mündet in einer **Projektskizze**. In einer Projektskizze werden folgende Punkte dokumentiert:

- Formulierung des Projektauftrags,
- genaue Beschreibung der Aufgabenstellung (z. B. Istanalyse),
- Projektziele, z. B. Formalziele (Kosten, Termine) und Sachziele in Form eines Lastenheftes (z. B. Erstellung einer PowerPoint-Präsentation),
- Beistellungen wie notwendige Fachräume, Arbeitsmittel (PC, Pinnwände, Stifte usw.), Fachleute zwecks Expertenbefragung,
- zeitliche Grobplanung von Teilergebnissen in Form von Meilensteinen,
- Benennung der verantwortlichen Projektleitung und der Projektmitglieder,
- vorbereitende Aktivitäten (Projektunterlagen, Adressen sammeln).

Beispiel: Projektskizze für das Projekt „Präsentation des Ausbildungsbetriebs"

Projektauftrag	Sie sollen Ihren Ausbildungsbetrieb vor Mitschülern und Ausbildungsleitern vorstellen. Sammeln Sie wesentliche Merkmale Ihres Ausbildungsbetriebs und präsentieren Sie diese übersichtlich auf Plakatwänden und ggf. mit einer PowerPoint-Präsentation.
Projektziele	Terminziel: 30.06. des laufenden Schuljahres, Sachziel: Erstellung einer Plakatwand und einer damit abgestimmten PowerPoint-Präsentation Allgemeine Ziele: Arbeiten zur Bewältigung des Projektauftrags selbstständig organisieren und in Gruppenarbeit bewältigen. Fach-, Methoden- und Sozialkompetenz aneignen und festigen
Beistellungen	Fachräume mit PCs jeden Donnerstag von 14:00 bis 17:00 Uhr, alle Lehrer der Klasse, Fachleute der IHK
Meilensteine	10.03. Projektbeginn (Kick-off-Meeting)
	10.03. **Gruppeneinteilung**, z. B. sechs Gruppen à vier Schüler Gruppe 1: Vorstellung des Ausbildungsbetriebs A Gruppe 2: Vorstellung des Ausbildungsbetriebs B Festlegung der Aufgabenstellung
	17.03. Terminvereinbarungen mit Interviewpartnern
	30.03. Beginn der Befragungen
	21.04. Fixpunkt: Erfahrungsaustausch der Gruppen
	16.06. Fixpunkt: Erfahrungsaustausch der Gruppen, Einladung an Ausbilder und an Vollzeitschüler
	30.06. Präsentation der Ergebnisse im Gemeinschaftsraum
	07.07. Projektabschluss
Vorbereitung	24.03. Information der Fachlehrer
	24.03. Beantragung der außerschulischen Besuche

Die Meilensteine sollten in Form eines Balkendiagramms (Wandkalender) im Klassenraum ausgehängt werden. So können die Arbeitsgruppen jederzeit ihre Termineinhaltung kontrollieren.

2.2 Projektplanung – wer macht was, wie, bis wann?

Nur mit einer zielgerechten und detaillierten Planung kann ein Projekt erfolgreich ver-laufen.

Aktivitätenliste – Arbeitspakete festlegen

Zuerst legen die Gruppen in einer gemeinsamen Sitzung die erforderlichen Aktivitäten fest. Zur Erstellung dieser **Aktivitätenliste** können auch Experten und externe Berater hinzugezogen werden. Diese Aktivitäten (Teilaufgaben) werden zu Arbeitspaketen (Clustern, Ideenklumpen) zusammengefasst. Die Gruppen entscheiden anschließend, welche Arbeitspakete sie vorrangig bearbeiten wollen.

Auswahl der Aktivitäten mithilfe der Karten- und Punktabfrage

Hinweise zur **Kartenabfrage**

- Der Moderator stellt vier Plakattafeln (Pinnwände) auf (das reicht für 80 ovale Karten) und gibt jedem Schüler drei bis vier Karten (80 : Klassenstärke).
- Der Moderator schreibt die Leitfrage auf, liest sie vor und erläutert sie, z. B.: „Welche Informationen über den Ausbildungsbetrieb sollen erhoben werden?"
- Der Moderator weist auf folgende Punkte hin: pro ovale Karte nur eine Idee, höchstens drei Zeilen pro Karte, nur Kurzsätze, deutlich schreiben (kleine und große Druckbuchstaben).
- Der Moderator lässt die Gruppe in Ruhe schreiben und sammelt die Karten ein, wenn die Mehrzahl aufgehört hat zu schreiben.
- Der Moderator liest jede Karte vor und eine Hilfsperson pinnt die Karte an die Plakatwand. Dabei werden die Karten nach Arbeitspaketen strukturiert (Clusterung). Dabei sollte die Gruppe mitbestimmen. Der Moderator wertet nicht!
- Der Moderator fragt, ob noch ein Gedanke fehlt (Löcheranalyse), ob die Zuordnung der Karten stimmt. Er umrandet die Cluster und nummeriert diese.

Hinweise zur **Punktabfrage (Mehrpunktfrage)**

- Der Moderator bringt bei jedem Cluster ein Punktefeld an und legt Papierbögen mit Klebepunkten aus. Die Zahl der Punkte hängt von der Zahl der Cluster (Unterthemen) ab. Vorschlag: Zahl der Cluster durch zwei; bei vier Unterthemen erhält jeder Teilnehmer 4 : 2 = 2 Klebepunkte.
- Die Schüler gehen gleichzeitig zur Plakatwand und verteilen ihre Punkte.
- Der Moderator zählt die Punkte für jeden Cluster zusammen, schreibt die Punktsumme an und legt die Rangordnung fest.
- Der Moderator stellt die „Hits" noch einmal vor und fragt die Gruppe nach inhaltlichen Verbindungen zu anderen Clustern („Autobahnen").
- Die Gruppe entscheidet, wie sie die Arbeitspakete (Cluster) behandeln will.

Beispiel: Kartenabfrage mit Punktabfrage

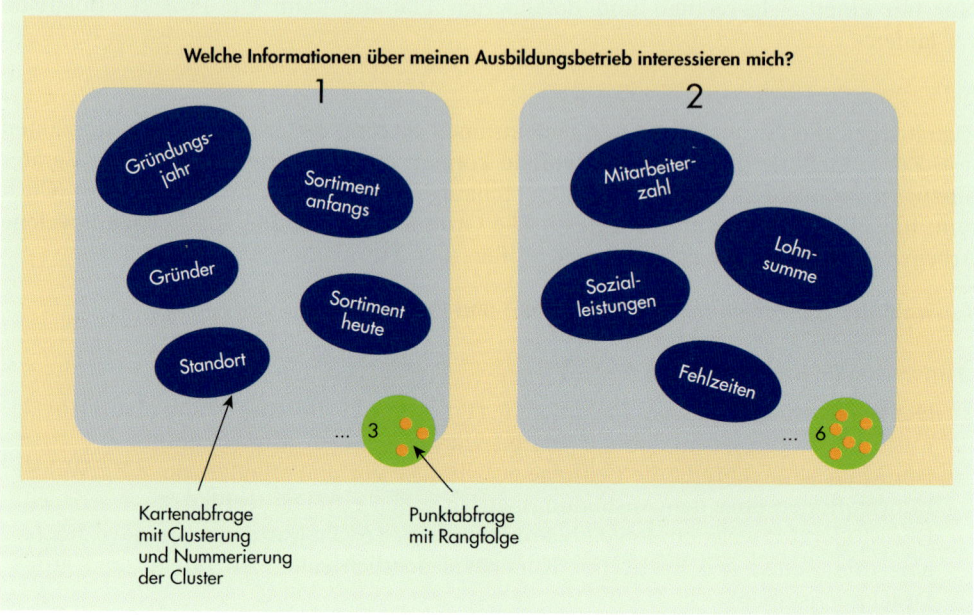

Kartenabfrage
mit Clusterung
und Nummerierung
der Cluster

Punktabfrage
mit Rangfolge

Themenliste – Themengebiete eingrenzen

Alle Arbeitspakete (Cluster) werden zu Themen ausformuliert (W-Fragen). Daraus wird eine **Themenliste** erstellt, in der sich die Schüler eintragen können. Diese vorrangigen Fragestellungen werden anschließend in Arbeitsgruppen bearbeitet. Innerhalb der Arbeitsgruppe werden die Themengebiete weiter aufgeteilt. Jeder Person wird eine Aktivität zugeordnet. Diese Person muss diese Teilaufgabe nicht alleine bearbeiten – sie ist allerdings für die ordnungsgemäße Ausführung ihrer Teilaufgabe verantwortlich.

Erstellung einer Themenliste (Grundlage für die Gruppenbildung)

Im vorliegenden Projekt werden die Gruppen nach den Ausbildungsbetrieben eingeteilt. Wenn jede Gruppe vier Schüler umfassen soll, können bei einer Klassenstärke von 24 Schülern nur sechs Ausbildungsbetriebe vorgestellt werden. Die Themenliste kann trotzdem erstellt werden, um demokratisch (mittels Mehrpunktfrage) darüber abzustimmen, welche Themengebiete (Arbeitspakete) unter den Tisch fallen sollen. Wenn jede Gruppe vier Schüler umfasst, dann können nur vier Themengebiete (Cluster) bearbeitet werden.

Beispiel: Projekt „Präsentation des Ausbildungsbetriebs"

Themenliste
1. Welche Firmengeschichte hat der Ausbildungsbetrieb?
2. Welche Sozialleistungen bietet der Ausbildungsbetrieb an?
3. Wie ist die Marktstellung des Ausbildungsbetriebs?
4. Wie ist der Ausbildungsbetrieb organisiert?

Jede Gruppe befasst sich, bezogen auf einen ausgewählten Ausbildungsbetrieb, mit denselben Themengebieten.

Arbeitsplan – Arbeitspakete festlegen

Jede Arbeitsgruppe gliedert ihre Arbeitspakete systematisch (Projektstrukturplan) und bestimmt deren logische und zeitliche Reihenfolge (Ablauf und Terminplan). Dieser **Arbeitsplan** muss bei betrieblichen Projekten um den Kapazitäts- und Kostenplan ergänzt werden.

Der Arbeitsplan wird in der ersten Gruppensitzung erstellt. Gegebenenfalls kann jede Gruppe einen Gruppensprecher wählen, der die Arbeiten koordiniert und Ansprechpartner für den Projektleiter (Lehrkraft) ist.

Erstellung eines Arbeitsplans innerhalb jeder Arbeitsgruppe

Beispiel: Gruppe 1: Präsentation des Ausbildungsbetriebs A

Projekt: Thema: Mitglieder:	Präsentation des Ausbildungsbetriebs Präsentation des Ausbildungsbetriebs TRIAL GmbH Katja Müller, Bernd Ehing, Jenny Maurer, Aydin Öger		
Themengebiet Was?	Verantwortlicher Wer?	Hilfsmittel Wie? Wo?	Termin Bis wann?
Firmenge- schichte	Katja Müller	Internetrecherche, Firmenarchiv, Befragung von Ehemaligen, Handelsregister	14.04.
Soziales	Bernd Ehing	Personalabteilung, Betriebsvereinbarungen, Internetrecherche	14.04.
Marktstellung	Jenny Maurer	Geschäftsbericht, Marketingabteilung, Zeitungsmeldungen	14.04.
Organisation	Aydin Öger	Geschäftsbericht, Organisationsabteilung	14.04.
Welche Probleme kommen auf uns zu?	Termine vereinbaren, Experten finden		
Welche Hilfe brauchen wir?	PowerPoint-Kurzlehrgang		
Sonstiges:	Laptop mit Beamer organisieren		

Die Arbeitspläne jeder Arbeitsgruppe sollten auf einer Wandtafel ausgehängt werden. So wissen der Projektleiter und alle Projektverantwortlichen, was in der jeweils anderen Arbeitsgruppe wann geschieht. Erfahrungsaustausch und Abstimmungsprozesse der Verantwortlichen verschiedener Arbeitsgruppen werden dadurch erleichtert.

2.3 Projektdurchführung – Projektergebnis präsentieren

Individuelle To-do-Liste

Wenn die Teilaufgaben logisch und zeitlich nicht voneinander abhängen, können sie von den Verantwortlichen zeitgleich (parallel) bearbeitet werden. Jedes Gruppenmitglied sollte für sich eine **To-do-Liste** (Aktivitäten mit Zeitplan) erstellen und diese mit den anderen Gruppenmitgliedern abstimmen, damit es seine Teilaufgabe rechtzeitig und ohne Hektik bearbeiten kann.

Gruppensitzungen mit Protokollierung

Der Gruppensprecher organisiert bei Bedarf Gruppensitzungen, in denen die Verantwortlichen über ihren Arbeitsfortschritt berichten.

Ablauf einer Gruppensitzung (Teambesprechung)

- Der Gruppensprecher begrüßt die Teilnehmer und stellt den Zweck der Arbeitssitzung vor.
- Das Protokoll der vorangegangenen Sitzung wird verlesen und genehmigt. Für die aktuelle Sitzung wird ein Protokollführer benannt.
- Die Verantwortlichen informieren sich gegenseitig über die Arbeitsergebnisse seit der letzten Sitzung und berichten über aufgetretene Probleme (z. B. Terminüberschreitung, Konflikte zwischen einzelnen Teammitgliedern).
- Die Teammitglieder entscheiden über die Vorgehensweise zur Behandlung der Probleme und ändern ggf. den Arbeitsplan.
- Die Sitzung endet mit einer To-do-Liste, die als Nächstes abzuarbeiten ist.
- Gegebenenfalls wird der nächste Sitzungstermin vereinbart.

Protokolle sind schneller erfassbar, wenn sie einheitlich gestaltet sind und eine fortlaufende Nummer tragen. Deshalb sollte die äußere Form als Format- oder Kopiervorlage vorgegeben werden. Eine Spalte mit Anmerkungen ermöglicht Verweise auf Anlagen.

Musterprotokoll mit Inhalten

Protokoll		Nr.
Gruppenthema:		Anmerkungen
Zeit / Ort: **Anwesende:** **Abwesende:**		
Ziele:		
Verlauf:	**Was wurde besprochen?**	
Ergebnisse:	Welche Anträge wurden gestellt? Welche Beschlüsse wurden gefasst? Welche Fragen blieben ungeklärt? Begründungen?	
Weiterarbeit: (To-do-Liste):	Weitere Aufgaben? Absichten? Ziele? Wer übernimmt welche Aufgaben?	
Termine:	Bis wann sind die Aufgaben zu erledigen? Nächste Sitzung/en:	
Protokollant: **Unterschrift:**		
Dateiname:		

Was nicht in einem Protokoll festgehalten wird, ist nicht kontrollierbar, kann schnell vergessen werden und ist anderen (z. B. fehlenden Teilnehmern) nicht zugänglich. Das

Sitzungsprotokoll sollte unmittelbar nach der Sitzung geschrieben werden. Es wird zu Beginn der nächsten Sitzung vorgelegt und genehmigt und in einem Ordner abgelegt.

Fixpunkte und Metakommunikation (Konfliktgespräch)

Stellt sich heraus, dass die Meilensteine in Gefahr sind, dann muss der Gruppensprecher den Projektleiter (Lehrkraft) und die anderen Gruppen informieren und ggf. eine Plenumssitzung beantragen. Solche Plenumssitzungen können bereits in der Projektskizze in Form von **Fixpunkten** festgelegt werden. Neben dem **Erfahrungsaustausch** dienen Fixpunkte auch dazu, die **emotionale Befindlichkeit** der Projektverantwortlichen zu überprüfen.

Beispiel: Überprüfung der emotionalen Befindlichkeit

Jedes Gruppenmitglied erhält drei Klebepunkte und klebt je einen pro Frage auf den Smiley, der seiner momentanen Gefühlslage am ehesten entspricht.

Wie empfinden Sie die bisherige Zusammenarbeit?	☺	😐	☹
Wie beurteilen Sie den momentanen Stand des Projekts?	☺	😐	☹
Wie schätzen Sie den weiteren Verlauf des Projekts ein?	☺	😐	☹

Um Konflikte unter den Gruppenmitgliedern zu behandeln, sollte der Projektleiter bzw. der Gruppensprecher **Zwischengespräche (Metakommunikation)** organisieren.

Ablauf eines **Konfliktgesprächs** → siehe BuchPlusWeb.

Expertenbefragungen – Interviewtechnik

Bei jedem Projekt müssen schulexterne Fachleute befragt werden, um Informationen zu gewinnen. Dazu sind Interviews notwendig

Interviewtechnik: Jedes Interview verläuft in drei Schritten

Vorbereitung	Durchführung	Auswertung

Vorbereitung des Interviews

Schritte	
Fragenkatalog erarbeiten	Bei einem **standardisierten Interview** wird ein Fragebogen (Checkliste) ausgearbeitet. Dieser wird dem Experten vorgelesen und von diesem Punkt für Punkt beantwortet. Dabei können Auswahlantworten vorgegeben (gebundene Fragen) oder ungebundene Fragen gestellt werden.
	Beim **freien Interview** erhält der Interviewte vorab einen Katalog mit den benötigten Informationen. Er kann selbst bestimmen, in welcher Reihenfolge er die Fragen beantwortet. Dies setzt qualifizierte Interviewer voraus.

Experten auswählen	Je nach Aufgabenstellung kommen unterschiedliche Sachverständige infrage. Über die Person des Gesprächspartners sollten Informationen beschafft werden (z. B. Namen, Titel, Positionsbezeichnung, Funktion, Adresse, Gebäude, Raum, Kommunikationsadressen).
Interviewplan erstellen	• Zweck und Sachgebiet des Interviews festlegen, z. B. Informationen zur Firmengeschichte • Termin und Dauer des Interviews festlegen • Ort des Interviews wählen (Arbeitsort des Experten, neutraler Ort oder Schule); für den Arbeitsort spricht, dass hier Unterlagen, Anschauungsmaterial und weitere Ansprechpersonen sofort verfügbar sind. • Frage einer Ton-/Videoaufzeichnung klären • Anreiseplan erstellen (Verkehrsmittel, Termin, Dauer) • Kleiderfrage klären (Krawatte, Anzug bzw. Kostüm?)

Zur Terminvereinbarung sind in der Regel Telefonate notwendig. Der Ablauf des dazu notwendigen **Telefongesprächs** sollte gut vorbereitet und in einem Rollenspiel geprobt werden: Begrüßung, Namen und Grund des Anrufs, deutliche Sprache, kurze Sätze, Alternativtermine bereithalten (Kalender), Gesprächsabschluss, Verabschiedung. Während des Telefonats sollten wichtige Informationen notiert werden. Unmittelbar nach Beendigung des Telefongesprächs sollte eine **Telefonnotiz** angefertigt werden (Namen der Gesprächspartner, Datum, Uhrzeit, Ergebnisse, ggf. vereinbarter Rückruftermin).

Es empfiehlt sich, auch das Interview vorher in der Gruppe in einem Rollenspiel einzuüben (Begrüßung, Auftreten, Reihenfolge der Fragen, Interviewer, Protokollant, Gesprächsabschluss, Verabschiedung).

Durchführung des Interviews – drei Phasen

Interviewphasen	
Einführungsphase	Begrüßung und Herstellung einer positiven Gesprächsatmosphäre („Ihr Zimmer ist aber geschmackvoll eingerichtet!" Small Talk über das Wetter bzw. die Anreise)
	Erläuterung der Projektaufgabe und des Zwecks des Interviews, Rollenverteilung kurz vorstellen: Wer stellt die Fragen? Wer führt das Protokoll? Interviews sollten immer von mindestens zwei Gruppenmitgliedern durchgeführt werden (einer fragt, einer notiert)
Interviewphase	Der Interviewer sollte darauf achten, dass er alle notwendigen Informationen erlangt. Fragen sollten so gestellt werden, dass der Experte erzählen muss (keine Ja-Nein-Fragen). Der Interviewer sollte die Aussagen des Experten immer wieder zusammenfassen, um sicherzustellen, dass er alles richtig verstanden hat. Schwierige Sachverhalte werden gemeinsam mit dem Experten formuliert und protokolliert. Bei Ton- bzw. Videoaufzeichnungen muss der Interviewte zustimmen.
Abschlussphase	• Hier kann die Meinung des Experten zu dem Projekt eingeholt werden. • Der Experte wird gebeten, fehlende Informationen bzw. Unterlagen nachzureichen. • Der Interviewer holt die Erlaubnis für spätere Rückfragen ein (Durchwahl-Telefonnummern, E-Mail-Adressen austauschen). • Die Gruppenmitglieder bedanken sich für die Auskunftsfreudigkeit und das Interesse, das der Experte entgegengebracht hat. • Verabschiedung

Auswertung des Interviews – möglichst bald

Das Interview sollte möglichst bald ausgewertet werden, damit nichts vergessen wird. Zur Auswertung gehören eine **Vollständigkeitsprüfung**, eine **Plausibilitätsprüfung** (Kann diese Antwort richtig sein?) und das **Ergebnisprotokoll**. In einem **Zusatzprotokoll** können Mängel bei der Vorbereitung und Durchführung des Interviews, Erfahrungen und eine Beurteilung des Experten festgehalten werden. Das hilft, Fehler bei künftigen Interviews zu vermeiden.

Dokumentation der Ergebnisse und des Prozesses

Über den gesamten Projektverlauf hinweg sollten alle **Unterlagen** (z. B. Sitzungsprotokolle, Telefonnotizen, Briefverkehr) sowie **Erfahrungs-, Statusberichte** und die **Zwischenergebnisse** (z. B. Text- und Bilddateien, Videoaufnahmen) in einem **Projektordner (Projekttagebuch)** bzw. in einem Plakatbehälter gesammelt werden.

Eine systematische und vollständige Dokumentation

- stellt sicher, dass sich die Projektleitung und jeder Teilnehmer jederzeit über den Projektstand und den bisherigen Projektverlauf informieren kann,
- erleichtert die abschließende Präsentation der Projektergebnisse,
- bildet die Grundlage für die abschließende Reflexion über das Projekt und für die Projektbeurteilung durch die Teilnehmer selbst bzw. durch die Projektleitung.

Präsentation der Projektergebnisse

Unter Präsentation versteht man die Darstellung von Arbeitsergebnissen vor einem ausgewählten Teilnehmerkreis. Bevor die Ergebnisse vor einem größeren Personenkreis (Klasse, andere Klassen, Ausbilder) dargestellt werden, sollte in einem kleineren Kreis (Klassenverband) geübt werden. So können Schwachstellen ohne Gesichtsverlust erkannt und ausgemerzt werden. Eventuell führt ein **Moderator** durch die Präsentation und gestaltet die Übergänge.

Vorbereitung der Präsentation – nichts vergessen

Schritte für die Vorbereitung einer erfolgreichen Präsentation	
Ziel der Präsentation festlegen	Soll dem Publikum **reines Wissen** vermittelt werden, dann sind höhere Ansprüche an die fachlichen Inhalte zu stellen. Soll beim Publikum eine **Verhaltensänderung** bewirkt werden, spielen emotionale Gesichtspunkte eine wichtige Rolle.
Planung der Präsentation	• **Zuhörerkreis** festlegen (z. B. eigene Klasse, fremde Klassen, Ausbildungsleiter, Experten) • ggf. **Namensschilder** der Vortragenden anfertigen • Erwartungen, Interessen und Vorkenntnisse des Publikums herausfinden und berücksichtigen; Inhalte möglichst anschaulich gestalten (**Visualisierung** durch Bilder, Schaubilder, Merksätze, Farben, Animationen, Videosequenzen); optische Reize verhindern Langeweile und motivieren zur Aufmerksamkeit • **Titel** der Präsentation, Reihenfolge der einzelnen Beiträge („**roter Faden**") und der einzusetzenden Medien festlegen (Gliederung erstellen und Medieneinsatz zuordnen) • **Umfang** der Ausführungen festlegen (Zeitbedarf schätzen, „weniger ist mehr", „Qualität geht vor Quantität") • **Raum belegen** und notwendige **Medien** (z. B. Laptop mit Beamer, Overhead-Projektor, Filzstifte, Stellwände für die Plakate) auf Funktion testen und einsatzbereit vorhalten; auf **Lesbarkeit** und Medienwechsel achten • **Informationsmaterial** zusammenstellen, z. B. Gliederung mit Tagesordnungspunkten, Handout, Tagesordnungspunkte aushängen, **Fragenspeicher** (Karten und Stifte bereitlegen) vorsehen

Durchführung der Präsentation – jetzt wird es ernst

	Jeder Vortrag vollzieht sich in drei Phasen:
Einstieg	• Begrüßung und Vorstellung der Vortragenden: Blickkontakt mit dem Publikum aufnehmen und halten, dabei lächeln • Thema, Ziele, Gliederung und geplanten Ablauf darstellen; Gliederung (Verlauf) auf einer Plakatwand gut sichtbar ausstellen • Publikum auf den **Fragenspeicher** hinweisen • Aufmerksamkeit des Publikums mithilfe eines **Aufhängers** gewinnen, z. B. Anekdote, Karikatur, Witz, ein Bild, kurzer Film • ggf. zur Einstimmung eine **Einpunktfrage** an das Publikum richten („Was erwarte ich von dieser Veranstaltung?") mit mehreren Antwortmöglichkeiten („nichts Neues", „interessante Informationen, „viel Überraschendes"): die Punkte zusammenzählen und das Publikum um eine Stellungnahme bitten; Zurufe und Kommentare auf das Plakat schreiben; Widersprüche „blitzen"
Hauptteil	• Projektergebnisse in der geplanten sachlogischen und zeitlichen Reihenfolge darstellen (Vortrag mit Medienunterstützung) • **Grundregeln eines guten Vortrags** beachten: **Blickkontakt** zum Publikum halten, freundlich **lächeln**, Gesagtes durch **Gestik** (Hand-, Körper- und Kopfbewegungen) und **Mimik** (Gesichtsausdrücke) verstärken, **frei sprechen** (nicht ablesen), **langsam, deutlich** und **angemessen laut** sprechen
Schluss	• wichtige Aussagen und Inhalte zusammenfassen • dem Publikum Gelegenheit für Verständnis- und Vertiefungsfragen geben; Fragenspeicher abarbeiten • Dank für die Aufmerksamkeit und das Interesse

Zur Bewertung eines Vortrags bietet sich ein Videomitschnitt an. Alle bewussten und unbewussten Elemente des Vortrags werden auf diese Weise schonungslos aufgedeckt. Doch nicht jeder Vortragende ist damit einverstanden, dass sein Vortrag aufgezeichnet wird. Zur objektiven Bewertung eines Vortrags ist ein Bewertungsbogen nützlich, in dem alle Elemente des Vortrags mit Punkten bewertet werden.

Beispiel: Bogen zur Auswertung eines Vortrags:

Nr. der Teilnehmer		1	2	3	...
	Höchst-punkte				
1. **Auftreten und Haltung** sicher – ruhig – ungezwungen – nicht nachlässig – sparsam – mit Gestik – Mimik	5				
2. **Freie Rede** frei gesprochen (Stichwort erlaubt) – nicht auswendig gelernt	5				
3. **Inhalt** Thema erfasst – nicht vom Thema abgewichen – Trennung des Wichtigen vom Unwichtigen – Thema erschöpfend behandelt – sachlich richtig	15				

4. Aufbau und Gliederung Anrede – Einleitung – Hauptteil – Schluss – Geord- nete Gedankenführung – wenige Wiederholungen	7				
5. Ausdruck deutliche Aussprache – richtige Lautstärke – Be- tonung – Wechsel im Tempo der Rede – natürliche Sprache – keine Schachtelsätze – Worte richtig angewandt – wenig Fremdworte	10				
6. Darstellung anschaulich – praktische Beispiele lebensnah – Vergleiche lebendig – überzeugend – Begründungen	5				
7. Zeit Einhalten der geforderten Redezeit, bei Zeitunter- bzw. Zeitüberschreitung je Minute 0,5 Punkte Abzug	3				

2.4 Projektabschluss – Manöverkritik üben

Ziele der Reflexion – aus Fehlern lernen

Nach der Präsentation ist es sinnvoll, dass sich die Arbeitsgruppen nochmals zusammen-setzen und sich über den Ablauf und die Ergebnisse des Projekts austauschen (reflektie-ren). Die **Reflexion** ermöglicht es, Erfahrungen für künftige Projekte zu verwerten.

Fehler bei der Vorbereitung und Durchführung des Projekts, bei der Abschluss-Präsenta-tion und beim Projektabschluss sollten erörtert und Verbesserungsmaßnahmen vorgeschla-gen werden. Zielvorstellungen und die Zielerreichung sollten verglichen und Abweichungen begründet werden.

Der Verlauf des Lernprozesses sollte bewertet und die Arbeitsanteile jedes Projektver-antwortlichen sollten eingeschätzt werden. Bei dieser Gelegenheit kann auf die Ergeb-nisse der Konfliktgespräche (Metainteraktionen) eingegangen werden und über die Qualität der Zusammenarbeit diskutiert werden.

Hilfsmittel für die Reflexion

Die Reflexion kann mithilfe eines **Fragebogens** durchgeführt werden, der von jedem Pro-jektteilnehmer ausgefüllt wird. Die Antworten werden auf einem Plakat oder auf einer Folie zusammengefasst und auf einer Abschlusssitzung erörtert.

Beispiel: Fragenkatalog für eine Projektreflexion

1. Sind Sie mit dem inhaltlichen Ergebnis Ihrer Arbeit zufrieden? Was haben Sie erreicht, was wollten Sie erreichen?
2. Wie gut war die Informationsbeschaffung? Gab es dabei Schwierigkeiten? Welche?
3. Was ist besonders gut gelaufen, was ist schlecht gelaufen?
4. Wurde intensiv gearbeitet? Gab es Leerläufe, Ablenkungen?
5. Wie lief die Arbeit in der Gruppe? Haben sich alle beteiligt? Haben einige genervt oder dominiert?

6. Wie sind Sie mit Ihrer persönlichen Mitarbeit zufrieden? Konnten Sie Ihre Ideen einbringen?
7. Wo lagen Ihre Stärken, die Sie in die Gruppe einbringen konnten?
8. Haben Sie Neues dazugelernt? Haben Sie Ihre Methoden- und Sozialkompetenz verbessern können?
9. Wie empfanden Sie die Beratung durch die Lehrkraft?
10. Was möchten Sie zukünftig verbessern? Wie?
11. Wie schätzen Sie Ihre persönliche Leistung ein? Wie die Gruppenleistung?

Eine andere Möglichkeit der Reflexion ist eine **moderierte Reflexionssitzung** mit Kartenabfrage und einer anschließenden Punktabfrage (Mehrpunktfrage).

Beispiel: Ergebnisse einer Reflexionssitzung:

Gut gefallen hat mir:

Arbeit in der Gruppe (Teamarbeit)	●●●●● ●●●●● ●●●●	14
Abwechslung, anderer Unterricht	●●●●● ●●●●	9
MitschülerInnen besser kennenlernen	●●●●● ●●	7
Selbstständiges Lernen	●●●●	4
Betriebsbesuche	●●●	3
Thema	●●	2
Nichts	●	1

Nicht gefallen hat mir:

Vorgabe des Projektthemas	●●●●● ●●●●●	10
Experten waren unvorbereitet	●●●●● ●●●	8
Experten nahmen uns nicht ernst	●●●●●	5
Nichts	●●●●●	5
Disziplinlosigkeit einiger	●●●	3
Zu lange Projektdauer	●●	2
Zu kurze Projektdauer	●●	2

Verbessern würde ich:

Nichts	●●●●● ●	6
Interessanteres Thema	●●●●●	5
Mehr Zeit	●●●	3
Abschlusspräsentation	●●●	3
Terminvereinbarung mit den Betrieben	●●	2
Mehr Hilfestellung durch Projektleiter	●●	2

Abgegebene Fragebögen:	**24**

Unter BuchPlusWeb finden Sie weitere Inhalte speziel zum Thema Lern- und Arbeitstechniken.

Abkürzungsverzeichnis

AB	Anfangsbestand		ggf.	Gegebenenfalls
AG	Aktiengesellschaft		GmbH	Gesellschaft mit beschränkter
AG	Arbeitsgericht			Haftung
AGB	Allgemeine Geschäftsbedingungen		GWG	Geringwertige Wirtschaftsgüter
AO	Abgabenordnung		HBCI	Homebanking Computer Interface
AOK	Allgemeine Ortskrankenkasse		HGB	Handelsgesetzbuch
AR	Ausgangsrechnung		HTML	Hyper Text Markup Language
ArbSchG	Arbeitsschutzgesetz		i. V.	in Vertretung (in Vollmacht)
AZ	Europäische Union		IBAN	International Bank Account
Az.	Aktenzeichen			Number
AZR	Aktenzeichen/Rundschreiben		IHK	Industrie- und Handelskammer
BAG	Bundesarbeitsgericht		InsO	Insolvenzordnung
BBiG	Berufsbildungsgesetz		ISDN	Integrated Services Digital
BEEG	Bundeselterngeld-/Elternzeitgesetz			Network
BetrVG	Betriebsverfassungsgesetz		ISO	International Organization for
BeurkG	Beurkundungsgesetz			Standardization
bfn	brutto für netto		JArbSchG	Jugendarbeitsschutzgesetz
BGA	Betriebs- und Geschäftsausstattung		k. A.	keine Angabe
BGB	Bürgerliches Gesetzbuch		KG	Kommanditgesellschaft
BGBEG	Einführungsgesetz zum BGB		LPE	Lehrplaneinheit
BGH	Bundesgerichtshof		L.u.L.	Lieferungen und Leistungen
BIC	Bank Identifier Code		MünzG	Münzgesetz
BUrlG	Bundesurlaubsgesetz		MuSchG	Mutterschutzgesetz
CD	Compact Disk		OHG	Offene Handelsgesellschaft
d. J.	dieses Jahr		OLG	Oberlandesgericht
DIN	Deutsche Industrienorm		p. a.	per annum (pro Jahr)
DVD	Digital Versatile Disk		PAngV	Preisangabenverordnung
e. K.	eingetragener Kaufmann		PC	Personal Computer
e. Kfr.	eingetragene Kauffrau		PIN	Persönliche Identifikationsnummer
e. V.	eingetragener Verein		POS	Point Of Sale
EDI	Electronic Data Interchange		Rs.	Rundschreiben
EDV	Elektronische Datenverarbeitung		SB	Schlussbestand
eG	eingetragene Genossenschaft		Schufa	Schutzgemeinschaft für allgemeine
ELV	Elektronisches Lastschriftverfahren			Kreditsicherung
E-Mail	Electronic Mail		SGB	Sozialgesetzbuch
EntgFG	Entgeltfortzahlungsgesetz		SEPA	Single Euro Payments Area
ER	Eingangsrechnung		SSL	Secure Socket Layer
EStG	Einkommensteuergesetz		TAN	Transaktionsnummer
EU	Europäische Union		TQM	Totales Qualitätsmanagement
FA	Finanzamt		u. a.	und anderes
GBO	Grundbuchordnung		VL	Vermögenswirksame Leistungen
GG	Grundgesetz		ZE	Zahlungseingang

Sachwortverzeichnis

Symbols
30-Tage-Frist 73

A
ABC-Analyse 179
Ablaufdiagramm 422
Ablauforganisation 421
Absatzgroßhändler 407
Abschreibung 392
Abschreibungsbetrag 393
Abschreibungsprozentsatz 393
abstrakter Schaden 218
Abteilung 415
Abwicklung eines Kundenauftrags 38
AfA-Tabelle 391
AGB 17
AGB-Klausel 100
aktive Veredlung 236
Aktivitätenliste 505
Aktivseite 311
allgemeine Geschäftsbedingungen 17, 99
allgemeine Handlungsvollmacht 432
Allgemeinverbindlicherklärung 482
Anfechtungsfrist 48
Anfechtung von Rechtsgeschäften 47
Anfrage 15, 193
Angebot 17
Angebotsvergleich 194
Ankaufskurs 277
Anschaffungskosten 388, 389
Anschaffungsnebenkosten 389
Anschaffungspreisminderung 389
Arbeitslosengeld 490
Arbeitslosengeld II 490
Arbeitslosenversicherung 490
Arbeitsplan 507
Arbeitszeit 476
arglistige Täuschung 47
Artvollmacht 432
ATLAS-System 115
atypische GmbH & Co. KG 464
Auditierung 448
Aufbauorganisation 414
Aufkaufgroßhändler 406
Auftragsbestätigung 44, 198
Auftragsdaten 34
Auftragsumwandlung 35
auktionsbasierter Marktplatz 202
Ausbildungsordnung 471
Ausfuhrbegleitdokument 116
Ausfuhrbürgschaft 137
Ausfuhrdeckung 138
Ausfuhrgarantie 137
Ausfuhrhandel 409

Ausfuhrkontrolle 111
Ausfuhrliste 112
Ausfuhrrisiko 135
Ausfuhrverfahren 115
Ausgangsvermerk 120
Außenhandel 406
Außenhandelsstatistik 115
Außenwirtschaftsverordnung 112
außergewöhnliches Rechtsgeschäft 434
Aussperrung 485
Auswertung eines Vortrags 512

B
Bankkarte 89
Bareinkaufspreis 283
Bargeld 81
Basisversorgung 492
Basiszinssatz 74
Bedarf 179
Bedarfsplanung 179
Beförderungskosten 19
Beitragsbemessungsgrenze 490
Belegerstellung 36
Berufsausbildung 470
Berufsausbildungsvertrag 471
Berufsbildungsausschuss 475
Berufsschulzeit 477
Berufsunfähigkeit 494
Berufsunfähigkeitsversicherung 494
Beschaffungsmarkt 230
Beschäftigung 490
beschränkte Geschäftsfähigkeit 41
Besitz 46
Bestandserhöhung 356
Bestandsminderung 358
Bestellkosten 181
Bestellpunktverfahren 185
Bestellrhythmus 184
Bestellrhythmusverfahren 185
Bestellrückstandsliste 199
Bestellsystem 197
Bestellung 33, 196
Bestellungsannahme 44, 198
Bestimmungskauf 50
Bestimmungslandprinzip 245
betriebliche Altersvorsorge 492
betriebliche Wertschöpfungskette 413
Bewertung von bebauten Grundstücken 395
Bezugskalkulation 194
Bezugskosten 378
Bezugspreis 283
Bezugsquellenermittlung 185
BIC 84
Bilanz 310

Bilanzkonto 321
Bindung an den Antrag 45
Binnenhandel 409
Bonität 16
Bonus 18
Briefentwurf 21
Briefkurs 277
Briefstil 21
brutto für netto 284
Buchgeld 81
Buchinventur 313
Buchungssatz 332
Bumerang-Methode 30
Bundeszentralamt für Steuern 246
bürgerlicher Kauf 50

C

Charge Card 88
Clearingverfahren 81
Corporate Identity 439
Corporate Social Responsibility 439
Credit Card 88
Customer-Relationship-Management 426
Customizing 426

D

Dauerauftrag 84
Debitkarte 89
Debitor 340
Debitoren 14
Deming-Kreis 447
Dilemma der Ablauforganisation 423
Direktrechnung 36
dispositiver Faktor 413
Distributionsfunktion 406
dokumentäre Zahlungsbedingung 138
Dokumentation 511
Dokumentationsfunktion 320
Dokumentenakkreditiv 141
Dokumenteninkasso 139
Double Sourcing 232
Dreisatz 266
Dreischichten-Modell 492
Drittstaaten 115
duales Ausbildungssystem 470
Dual-Use-Güter 113
Durchfuhrhandel 409
Durchgriffshaftung 457

E

Eckrentner 490
EDI 201
EFQM 447
Eigenkapital 306
Eigentum 46
Eigentumsübertragung 46
Eigentumsvorbehalt 47
einfaches Zeugnis 473
Einfuhranmeldung 241
Einfuhrgenehmigung 234
Einfuhrhandel 409
Einfuhrkontrolle 233
Einfuhrliste 233

Einfuhrverbot 233
Einfuhrverfahren 237
Eingangsabgabe 243
Eingangsrechnung 200
Einkaufskontore 188
Einkaufsverband 188
Einliniensystem 417
einseitiger Handelskauf 50
Einstandspreis 283
Einwandbehandlung 30
Einzelgeschäftsführung 456
Einzelpolice 130
Einzelprokura 433
Einzelunternehmung 458
Einzelvollmacht 432
Einzelzollanmeldung 237
e. K. 458
Electronic Banking 86
Electronic Cash 89
Electronic Data Interchange 201
elektronische Beschaffung 201
elektronischer Marktplatz 188
Elementarfaktor 413
ELV 89
englische Auktion 202
Entgeltabrechnung 474
Entscheidungsbewertungstabelle 195
E-Procurement 201
Erfolgsermittlung 320
Erfüllungsgeschäft 46
Erfüllungsort 20
ergänzende private Vorsorge 493
Erinnerungswert 393
ermäßigter Steuersatz 364
Ersatzlieferung 60
erweiterte Haftung 218
EU-Binnenmarkt 115
Euler-HERMES Kreditversicherungs AG 137
Eurozinsmethode 74
Expertenbefragung 509
Export-Begleitdokument 120
externe Kosten 441
Extrahandel 409

F

Fabrikationsrisiko 137
Fahrlässigkeit 216
Fakturierung 35
Fantasiefirma 455
Fernabsatzvertrag 102
Fernkommunikationsmittel 102
Filialprokura 433
Firma 455
Fixgeschäft 19, 218
Fixkauf 18, 51
Fixpunkt 509
Flächentarifvertrag 483
Formalziel 440
Formkaufmann 455
Freizeichnungsklausel 17, 45
Fremdkapital 306
Friedenspflicht 484
Funktionalsystem 418
Funktionsprinzip 416

G

Gattungskauf 50
Gattungssache 50
Gefahrenübergang 107
Gefahrübergang 59
Geldersatz 81
Geldkurs 277
Gemeinschaftsware 120
Generalpolice 130
Generationenvertrag 491
geometrisch-degressive Abschreibung 394
gerades Verhältnis 267
geringwertige Wirtschaftsgüter (GWG) 398
Gesamtgeschäftsführung 456
Gesamtprokura 433
gesamtschuldnerische Haftung 457
gesamtwirtschaftliche Wertschöpfungskette 413
Geschäftsanteil 462
Geschäftsfähigkeit 40
Geschäftsführer 463
Geschäftsführung 456
Geschäftsprozess 424
Geschäftsprozess Verkauf 15
Geschäftsunfähigkeit 41
Gesellschafterversammlung 463
Gesellschaft mit beschränkter Haftung 462
Gesellschaftsunternehmen 457
Gesellschaftsvertrag 11
Gesprächsführung 26
Gewichtsspesen 284
gewöhnliches Rechtsgeschäft 434
Girokonto 83
Gironetz 81
Gläubiger 338
GmbH 462
GmbH & Co. KG 464
Großhandel 406
Grundwert 270, 271
Gruppensitzung 508
Günstigkeitsprinzip 482

H

Haftung 456
Handelsgewerbe 454
Handelsregister 10, 455
Handlungsvollmacht 432
Hauptabschlussübersicht 319
Hierarchie 417
höhere Gewalt 219
Homebanking 86

I

IBAN 84
Importrisiko 248
Incoterms 106
Individualabreden 99
Informationsfunktion 320, 409
innergemeinschaftliche Lieferung 245
innergemeinschaftlicher Erwerb 245
Instanzenweg 417
Internetbanking 86
Internet-Versteigerung 204

Interviewplan 510
Interviewtechnik 509
Intrahandel 409
Intrastat 120
Inventar 313
Inventur 313
Irrtum 47
ISO 446
Istkaufmann 454
iTAN 87

J

Ja-Aber-Methode 30
Jahresfehlbetrag 305
Jahresüberschuss 305
Jugendarbeitsschutzgesetz 476
Jugendlicher 476
juristische Person 40, 454

K

Kalkulationsirrtum 48
Kannkaufmann 454
Kapitalgesellschaft 457
Kapitallebensversicherung 493
Kartell 188
Kartenabfrage 505
Kartenzahlung 88
Kauf auf Abruf 51
Kauf auf Probe 51
Kaufmann 454
Kaufvertrag 44
Kaufvertragsart 50
Kernprozess 425
Key-Account-Kunde 16
KG 460
Killerphrase 26
Kinder 476
Kommanditgesellschaft 460
Kommanditisten 460
Kommissionierung 35
Komplementäre 460
Konfliktgespräch 509
konkreter Schaden 218
Kontenplan 330
Kontenrahmen 330
Kontroll- und Planungsfunktion 320
Konventionalstrafe 218
Kooperation des Großhandels 188
körperliche Inventur 313
Körpersprache 27
Krankenversicherung 489
Kreditkarte 88
Kreditlimit 34
Kreditor 338
Kreditoren 14
Kreditrisiko 135
Kriegswaffenkontrollgesetz (KWKG) 113
Kundenanfrage 15
Kundeneinwand 29
Kündigungsfrist 475
Kündigungsgrund 475
kurzfristige Preiserhöhung 100

L

Lagerbewegung 184
Lagerhaltungskosten 182
Länderrisiko 137
Leistungsort 20
Leistungsprozess 304
Lieferantenaudit 188
Lieferantenauswahl 194, 231
Lieferbereitschaft 352
Liefererskonto 283
Lieferfähigkeit 16
Lieferungsbedingungen 19
Lieferungsverzug 216
Lieferwilligkeit 16
Limited 465
lineare Abschreibungsmethode 393
Local Sourcing 232
Ltd. 465

M

Maestro-Karte 89
Mahnstufe 75
Mahnung 73
Mahnverfahren 75
mangelhafte Lieferung 58
Manteltarifvertrag 483
Matrixorganisation 419
Maximalprinzip 440
Mehrliniensystem 418
Mehrwertsteuer 362
Meldebestand 184
Mengenplanung 181
Metakommunikation 509
Minderung 61
Minimalprinzip 440
Minus-Plus-Methode 30
Mischfirma 455
Mobilbanking 87
Motivirrtum 48
Multiple Sourcing 232

N

Nachbesserung 60
Nachhaltigkeit 445
Nachhaltigkeitsfaktor 491
nachverlegte Inventur 314
Nachwirkung 482
natürliche Person 40, 454
Nebenbücher 340
Nennung des Verkaufspreises 29
Nichtigkeit von Rechtsgeschäften 49
Nicht-rechtzeitig-Lieferung 216
Nicht-rechtzeitig-Zahlung des Käufers 72
nonverbale Kommunikation 28
Nutzungsdauer 392

O

Objektprinzip 416
öffentlicher Glaube 455
Öffnungsklausel 482
Öko-Audit 444
ökologisches Ziel 443
ökonomisches Prinzip 440

ökonomisches Ziel 440
Online-Zahlung 86
optimale Bestellmenge 181
Organe einer GmbH 463
Organigramm 13
Organisation 414

P

Passivseite 311
PDCA-Zyklus 447
permanente Inventur 314
Personenfirma 455
Personengesellschaft 457
Personenversicherung 493
persönliche Haftung 458
Pflegegeld 489
Pflegeversicherung 489
PIN 87
planmäßige Abschreibung 392
Platzkauf 20, 51
politisches Risiko 135, 138
Powershopping 202
Präsentation 511
Preisnachlass 68
Preisnennung 29
Prinzipalgeschäft 434
private Vorsorge 492
Produktaudit 448
Produktionsverbindungsgroßhändler 406
Pro-forma-Rechnung 201
Projekt 503
Projektabschluss 513
Projektdurchführung 507
Projektinitiative 503
Projektmanagement 503
Projektphase 503
Projektplanung 505
Projektskizze 504
Prokura 432
Protokoll 508
Prozentrechnung 269
Prozentrechnung auf Hundert 274
Prozentrechnung im Hundert 275
Prozentsatz 270
Prozentwert 270, 271
Prozess 424
Prozessaudit 448
Prozesshierarchie 425
Prozesskette 425
Prüfung der Eingangsrechnung 200
Punktabfrage 505

Q

qualifiziertes Zeugnis 473
Qualität 446
Qualitätsaudit 448
Qualitätsmanagement 446

R

Rabatt 18, 283
Rahmentarifvertrag 483
Rechtsfähigkeit 40
Rechtsform einer Unternehmung 456

Rechtsgeschäft 43
Rechtsordnung 40
Rechtssubjekt 40
Reflexion 513
Regelsteuersatz 364
Reinvermögen 314
Rentenversicherung 489
Riester-Rente 493
Risikolebensversicherung 493
Rückfrage-Methode 30
Rücksendung 65
Ruhepause 477
Rürup-Rente 492

S

Sachfirma 455
Sachziel 440
Sammelauftrag 34
Sammelüberweisungsvordruck 84
Satzung 11
Schadenersatz 61
Schadenersatzberechnung 218
Schlechtleistung 58
Schlichtung 484
Schuldner 340
Schutzklausel 491
Schweigen 45
Selbstbeteiligung 138
Selbstinverzugsetzung 216
SEPA-Überweisung 84
Servicegrad 352
Sicherheitsbestand 183
Skonti 92
Skonto 18
Solidargemeinschaft 490
solidarische Haftung 457
Solidarität 445
Sondervollmacht 432
Sortiment 408
Sourcing-Strategie 232
soziales Ziel 441
Sozialstandard 442
Sozialversicherung 488
Spezialvollmacht 432
Speziessache 50
Spezifikationskauf 50
Sprechtechnik 27
Stabliniensystem 418
Stammkapital 462
Stelle 415
Stellenbeschreibung 415
Steuertarif 364
Stichtagsinventur 314
Streckengeschäft 51
Streik 484
Streikgeld 485
Stückkauf 50
Supply-Chain-Management 426
Supportprozess 425
Systemaudit 448

T

TAN 87
Tarifvertrag 482

Tarifvertragspartei 482
Tarifvertragsverhandlung 483
Taschengeldgeschäft 41
Teamorganisation 423
Teilhafter 460
Telefonbanking 86
Telefonnotiz 510
Terminkauf 18
Themenliste 506
Thesaurierung 458
To-do-Liste 507
totales Qualitätsmanagement 449
TQM 449
Transithandel 409
Transportkostenübergang 107
Transportrisiko 135
Transportversicherungsdokument 129
typische GmbH & Co. KG 464

U

Überbrückungsfunktion 407
überraschende Klausel 100
Überweisung 82
UG (haftungsbeschränkt) 465
umgekehrte Auktion 202
Umlageverfahren 491
Umsatzsteuer 244, 362
Umsatzsteuer-Identifikationsnummer 246
Umwandlungsmethode 30
Umwandlungsverfahren 236
Umweltleitlinie 443
Umweltmanagement 444
Umweltrisiko 444
Unabdingbarkeit 482
unbeschränkte Haftung 456
Unfallversicherung 489
ungerades Verhältnis 268
unmittelbare Haftung 457
Unmöglichkeit 217
Unternehmensziel 439
Unternehmer 50
Unternehmergesellschaft (haftungsbeschränkt) 465
Unternehmerlohn 459
Unternehmungsleitbild 438
Untervollmacht 432
Urabstimmung 484
Urlaub 473

V

Verbraucher 50
Verbraucherschutz 98
Verbrauchsgüterkauf 20, 99
verfügbarer Lagerbestand 16
Verfügungsgeschäft 46
Vergütung 473
Verhandlungsführung 28
Verjährung 96
Verkaufsgespräch 25
Verkaufskurs 277
Verpackungskosten 19
Verpflichtungsgeschäft 43
Versandverfahren 235
Versandvorbereitung 35

Verschulden 73
Versendungskauf 20, 51
Versicherungspflichtgrenze 490
Versicherungsträger 489
Versicherungswert 136
Versicherungszweig 489
Versorgungslücke 492
Vertragsfreiheit 40
Vertragsstrafe 218
Vertretung 456
Vertretungsmacht 431
Verzugszinssatz 74
Vollhafter 460
Vorsorgeprinzip 443
Vorsteuer 364
Vortrag 512
vorübergehende Verwendung 237
vorverlegte Inventur 314

W

Währungsrechnen 276
Währungsrisiko 135
Wareneingangskontrolle 199
Warenfunktion 408
Weisungssystem 417
Wertminderung 392
Wertschöpfung 413
Wertschöpfungskette 413

Wertspesen 284
widerrechtliche Drohung 47
Widerrufsbelehrung 101
Willenserklärung 43
wirtschaftliches Risiko 138

Z

Zahlungsbedingungen 19
Zahlungsmittel 81
Zahlungsverkehr 81
Zahlungsverzug 72
zeitanteilige Abschreibung 395
Zeitplanung 183
Zertifizierungsprozess 448
Zeugnis 473
Zickzackdiagramm 422
Zieldreieck der nachhaltigen
    Entwicklung 445
Zieleinkaufspreis 283
Zielharmonie 446
Zielhierarchie 446
Zielkonflikt 446
Zielkonflikt bei der Beschaffung 181
Zieloperationalisierung 439
Zölle 244
Zollrecht 114
Zusatzversorgung 492
zuständige Stelle des BBiG 475

Bildquellenverzeichnis

Fotos und Grafiken:
Agenda21Senden, AG Mobilität: S. 10.1, 22.1, 37.1, 37.2, 37.3, 67.1, 71.1, 78.1, 197.1, 295.1, 296, 304.1, 306.1, 307.1, 307.2, 339.1, 340.1, 343.2, 344.1, 344.4, 345.2, 351.2, 353.1, 364.2, 364.5, 365.1, 365.5, 366.1, 366.5, 366.8, 368.2, 368.3, 369.2, 376.2, 377.2, 383.1, 383.2, 384.1, 385.1, 387.2
Bank-Verlag GmbH, Köln: S. 143.1
Bergmoser + Höller Verlag AG, Aachen: S. 456.1
Bundesministerium der Finanzen, Berlin, www.zoll.de: S. 118.1, 119.1, 242.1
Deutscher Genossenschafts-Verlag eG, Wiesbaden: S. 140.1
DIHK - Deutscher Industrie- und Handelskammertag e. V, Berlin: S. 472
Deutscher Sparkassen Verlag GmbH, Stuttgart: S. 83.1
dpa-infografik GmbH, Hamburg: S. 273.1, 442.1, 485.1, 487.1, 491.1, 498.1, 498.2
Fotolia Deutschland GmbH, Berlin: S. 382.1, 383.3, 387.4 (Aiona), S. 90.1, 206.1, 229.1, 293.1, 343.1, 344-3, 351.1, 368.1, 369.1, 376.1, 387.1 (amridesign), S. 12_2 (apfelweile), S. 287.1, 368.4 (beaubelle), S. 15.1, 33.1, 168.1, 341.2 (beermedia), S. 12.23 (bpstocks), S. 337.1, 338.2, 338.4, 346.1, 377.3, 387.3 (CICLISTA), Marcin Robert Balcerzak, S. 484.1 (Danomyte), S. 148.2 (Dirk Hoffmann), S. 148.1 (fotomek), S. 148.3 (iruhsa), S. 12.20, 12.24 (manu), S. 224.1, 344.1 (moonrun), S. 260.1 (mowitsch), S. 12.22 (MP2), S. 12.4 (nertuz), S. 12.3 (Reinhold Foeger), S. 365.7 (styleuneed), S. 12.21 (tukda), S. 12.6 (topae), S. 431.1 (vgstudio), S. 377.4, 378.1, 380.1 (VRD)
Hapag-Lloyd AG, Hamburg: S. 125.1
MasterCard, Frankfurt am Main: 88.1
MEV Verlag GmbH, Augsburg: S. 12.19, 39.1, 83.1, 332.1, 345.1, 377.1, 384.4, 385.3, 389, 407.1, 407.2
Nova Development Corporation, Calabasas, USA: S. 46.1, 46.2, 92.1, 92.2, 92.3, 212.1, 212.2, 212.3, 319.1, 319.2, 319.3, 319.4, 319.5, 319.6, 319.7, 319.8, 319.9, 339, 338.1, 338.5, 340.2, 341.1, 353.2, 364.1, 364.3, 364.4, 364.6, 365.2, 365.3, 365.4, 365.6, 365.7, 365.8, 366.2, 366.3, 366.4, 366.6, 366.7, 366.9, 366.10, 374.1, 374.2, 384.2, 384.3, 384.5, 384.6, 385.3, 385.4, 385.6, 385.6, 424.1, 424.2, 424.3
Project Photos, Augsburg: S. 32.1, 98.1
Statistisches Bundesamt, Berlin: S. 121.1, 121.2, 242.1, 243.1

Zeichnungen:
BV1, Köln/Steffi Becker, Bonn: S. 92.1
BV1, Köln: S. 12.7, 12.8, 12.9, 12.10, 12.11, 12.12, 12.13, 12.14, 12.15, 12.16, 12.17, 12.18, 12.19, 12.26, 12.27, 12.28, 12.29, 12.30

Umschlag:
MEV Verlag GmbH, Augsburg